本册书目

王貽樑　校點　吕友仁　審讀
苑學正　陳良中　陳　才　李慧玲　修訂

儀禮經傳通解（三）

儀禮經傳通解續卷第八

補服八　喪禮六

補　補服有五：有見本經傳記者，如父卒爲祖後者服斬之類是也；有見它記者，如「祖父卒，而後爲祖母後者三年」是也；有見注疏者，如天子諸侯父在爲祖，斬衰無期是也；又有心喪；有弔服。悉類而分之，以補經文之缺。

父卒，爲祖後者服斬。詳見不杖期章爲君之父母、妻、長子、祖父母條傳。○與諸侯爲兄弟者服斬。喪服小記○見斬衰章君條下。○女爲父喪，未練而出則三年，既練而出則已，既練而反則遂之。喪服小記○詳見斬衰章子嫁反在父之室爲父三年條下。○又案：不杖期章：爲君之父母、妻、長子、祖父母。疏云：天子諸侯父在爲祖，皆斬衰無期。○又云：爲曾祖後者服斬。○斬衰章：子嫁反在父之室。疏云：天子之女嫁於諸侯，諸侯之女嫁于大夫，仍爲父不降斬衰三年。○斬衰章諸侯爲天子條下：爲天王斬衰。疏云：諸侯諸臣皆爲王斬衰。○又斬衰章君條下：與諸侯爲兄弟者服斬。疏云：「凡與諸侯有五屬之親者皆服斬」，謂諸侯之尊，不可以本親輕服服之。○又補：齊衰不杖期章：爲王后齊衰。疏云：士爲國君斬。○又云：大夫之適子爲君，如士服斬衰。○又云：天子卿大夫適子爲天子服，如士服斬衰。○已上八條，經傳之文不具，今附見於此，以補斬衰之缺。下補疏衰三年至補緦並同。

右補斬衰

祖父卒，而后爲祖母後者三年。喪服小記○詳見不杖章祖父母條。○爲所後者之妻，若子。詳見斬衰章爲人後者傳。○女爲母喪，未練而出則三年，既練而出則已，既練而反則遂之。見補斬衰章。○又案：不杖期章祖父母條：祖父卒而后爲祖母後者三年。疏云：若祖卒時父在，己雖爲祖期，今父没祖母亡，亦爲祖母三年。○緦麻章：庶子爲父後者爲其母。傳注云：大夫卒，庶子爲母三年。○又云：士雖在，庶子爲母皆如衆人。○斬衰章：子嫁反在父之室。疏云：天子之女嫁於諸侯，諸侯之女嫁於大夫，仍爲母齊衰三年。○已上見於注疏者凡四條。

右補齊衰三年

爲所後者之妻，若子。詳見斬衰章爲人後者傳。○又案：不杖章祖父母條下：祖父卒而后爲祖母三年。注云：祖父在，適孫爲祖母服。如父在，爲母齊衰杖期。○不杖章：大夫之適子爲妻。注云：大夫之庶子爲妻杖期。○又云：大夫之適子，父没後爲妻杖期。○已上見於注疏者三條。

右補齊衰杖期

周禮司服：凡喪，爲王后齊衰。王后，小君也，諸侯爲之不杖期。○疏曰：「凡喪」者，諸侯諸臣皆爲天王斬衰、王后齊衰，故云「凡」以廣之。鄭云「王后小君也」者，解經臣爲王后著齊衰之意。鄭又云「諸侯爲之不杖期」者，案喪服不杖章云：爲君之母妻。傳曰：「何以期也？從服也。」但諸臣亦爲王斬衰，爲后期，鄭特言諸侯者，以喪服斬衰章云臣爲君，諸侯爲天子。及至不杖章直云爲君之母妻，不別見諸侯爲后之文，故鄭解之。本不見諸侯爲后者，以其諸侯爲后與臣爲之同，故不別見也。其卿大夫適子爲君夫人亦與諸臣同，士之子賤無服，當從庶人禮。服問云諸侯之「世子不爲天子服」，注云：「遠嫌也，與畿外之民同服。」服問又云：「大夫之適子爲君夫人大子，如士服。」注：「大夫不世子，不嫌也。士爲國君斬，小君期。大子，君服斬，臣從服期。」天子卿大夫適子亦當然，故云「如士服」也〔一〕。○君爲天子三年，夫人如外宗之爲君也。服問○詳見斬衰章諸侯爲天子條下。○外宗爲君夫人，猶內宗也。雜記○見斬衰章君條下。○大夫之適子爲君夫人太子，如士服。服問〔二〕○詳見斬衰章君條。○女未練而反則期。喪服小記○詳見斬衰章子嫁反在父之室爲父三年條。○世子爲妻，與大夫之適子同。小記○見不杖期章大夫之適子爲妻條下。○公子之妻爲其皇姑。詳見喪服義。○又不杖期章世父母叔父母傳注及昆弟注並云〔三〕：爲姑姊妹在室〔四〕，亦如之。爲衆子注云：女子子在室，亦如之。今案：姑姊妹女子子服，經無明文，見於注疏者有此三條，蓋姪之爲姑，兄弟之爲姊妹，父母之爲女子子，其服如此，則在室姑之爲姪，在室姊妹之爲兄弟，在室女子子之爲父母及其餘親，其服並當與男子服同。○齊衰杖期妻傳注云：適子父在，則爲妻不杖。○王爲適孫、適曾孫、適玄孫、適來孫皆齊衰，出周禮司服：凡凶事，服弁服。注云：服弁，喪冠也，其服斬衰齊衰。疏云：服弁於上下文不類者，以是喪服，故變其文也。天子諸侯絶傍期，正統之期猶不降，故兼云齊衰，其正服大功亦似不降也。大功章曰「適婦」，注云：適子之妻〔五〕。傳曰：何以大功也？不降其適也。既無所指斥，明關之天子諸侯也。又服問云：君所主，夫人妻、大子、適婦。既言君所主，服不降也，如是，則爲適孫之婦又當小功。今注止云斬衰齊衰者，以其正服齊衰是不降之首，然則，王爲適子斬衰，其爲適孫、適曾孫、適玄孫、適來孫則皆齊衰。不杖章云「適孫」，傳曰：何以期也？不敢降其適也。有適子者無適孫，孫婦亦如之。玄謂：凡父於將爲後者，非長子皆期。然則，王禮亦適子死有適孫，適孫死有適曾孫，向下皆然也。○又案：喪服傳云：始封之君不臣諸父昆弟，封君之子不臣諸父而臣昆弟。天子之義亦當然。若虞舜之與漢高，皆庶人起爲天子，蓋亦不臣諸父昆弟而有服也。○不杖章爲君之父母妻長子祖父母條下：爲王后齊衰。疏云：諸侯諸臣皆爲王后齊衰。○又云：士爲小君期。○又云：太子君服斬，臣從服期。○又云：大夫適子爲夫人大子，如士服期。○又云：天子卿大夫適子爲王后太子，如士服期。○又斬衰章君條下：與諸侯爲兄弟者服斬。疏云：兄弟俱作諸侯，則各依本服不杖期。○大功章：大夫之妾爲君之庶子。注云：士之妾爲君之衆子，亦期。○大功章適婦條：適婦不爲舅後者。注云：凡父母於子將不傳重於適，及將所傳重者，非適服之，皆如庶子不杖期。○已上見於注疏者凡十二條。

右補齊衰不杖期

宗子孤爲殤，大功衰，小功衰，皆三月。親，則月筭如邦人。詳見齊衰三月章丈夫婦人爲宗子宗子之母妻條。〇爲所後者之祖父母，若子。詳見斬衰章爲人後者傳。〇又案：齊衰三月章：曾祖。注疏云：高祖齊衰三月。〇斬衰章君條：外宗爲君夫人猶内宗也。疏云：内宗五屬之女嫁於庶人，從爲國君，齊衰三月。〇齊衰三月章：庶人爲國君。注疏云：天子圻内之民爲天子齊衰三月。又繐衰章：諸侯之大夫爲天子。疏云：圻内爲天子齊衰三月。則圻外之民不服可知。〇已上見於注疏者三條。

右補齊衰三月

夫爲人後者，其妻爲舅姑大功。小記〇見斬衰章爲人後者爲其父母報條。〇公叔木有同母異父之昆弟死，問於子游，木，當爲「朱」，春秋作「戍」〔六〕，衛公叔文子之子，定公十四年奔魯〔七〕。子游曰：「其大功乎？」疑所服也，親者屬大功是。〇疏曰：喪服無文，故子游疑之。云「親者屬大功是」者，鄭意以爲同母兄弟、母之親屬服大功是也。所以是者，以同父同母則服期，今但同母而其兄弟是親者血屬，故降一等而服大功。案聖證論王肅難鄭：禮，稱親者血屬，謂出母之身，不謂出母之子服也。若出母之子服大功，則出母之父母服應更重，何以爲出母之父母無服？王肅云：同母異父兄弟服大功者，謂繼父服齊衰，其子降一等，故服大功焉。昭難王肅云：異父昆弟恩繼於母，不繼於父，肅以爲從繼父而服，非也。狄儀有同母異父之昆弟死，問於子夏，子夏曰：「我未之前聞也，魯人則爲之齊衰。」狄儀行齊衰。今之齊衰，狄儀之問也。檀弓〇案：魏明帝景初中尚書祠部問：同母異父昆弟服應幾月？太常博士據子游、鄭注大功九月，高堂崇云：聖人制禮，外親正服不過緦，殊異外内之明理也。外祖父母以尊加，從母以名加，皆小功，舅緦服而已。外兄弟異族無屬，疏於外家遠矣，故於禮序不得有服。若以同居從同爨服，無緣大功〔八〕，乃重於外祖父母，此實先賢之過也。〇齊穀王姬之喪，穀，當爲告，聲之誤也。王姬，周女，齊襄公之夫人。魯莊公爲之大功。或曰：「由魯嫁，故爲之服姊妹之服。」或曰：「外祖母也，故爲之服。」春秋周女由魯嫁，卒，服之如内女服姊妹是也。天子爲之無服，嫁於王者之後乃服之。莊公，齊襄公女弟文姜之子，當爲舅之妻，非外祖母也，外祖母又小功也。〇疏曰：齊王姬卒，穀梁傳云：「爲之主者，卒之也。」案莊元年秋，「築王姬之館于外」，下云「王姬歸于齊」，是由魯嫁也。大功章君爲姑姊妹女子子嫁於國君者著大功之服，王姬既比之内女，故服大功也。天子無服者，以尊卑不敵故也。若嫁於王者之後，天子以賓禮待之，則亦大功也。其女反爲兄弟爲諸侯者亦大功，以喪服女子出嫁爲兄弟大功故也。案喪服云：女子子爲父後者期。謂大夫士之妻有往來歸宗之義〔九〕，故喪服傳云：「婦人雖在外，必有歸宗，曰小宗。」是也。諸侯夫人父母卒，無復歸寧之理，故諸侯夫人爲兄弟爲諸侯但大功耳。熊氏以爲服期，非也。案喪服小記云：「與諸侯爲兄弟者，服斬。」卑賤降等，雖不爲臣猶服斬衰，與此别也。〇檀弓〇又案：不杖期章：大夫之庶子爲適昆弟。傳注云：大夫適子爲庶昆弟大功。〇又云：庶昆弟相爲，亦大功。〇小功章：大夫之妾爲庶子適人者。注云：君之庶女子在室，大功；嫁於大夫，亦大功。〇大功章：皆爲從父昆弟之爲大夫者。注云：適子爲從父昆弟之爲大夫者，大功。○大功章：庶孫。注疏云：女孫在室，大功。○又司服疏云：天子諸侯爲適子之婦大功。○已上見於注疏者六條。

右補大功

適婦不爲舅後者〔一〇〕，則姑爲之小功。小記○詳見大功章適婦條下。○爲所後者妻之父母，若子。詳見斬衰章爲人後者傳。○又案：大功章適婦條下〔一一〕：適婦不爲舅後者。注云：舅姑於婦，將不傳重於適。及將所傳重者非適，服之如庶婦小功。又司服疏云：天子諸侯爲適孫之婦，小功〔一二〕。

右補小功

公子之妻，爲公子之外兄弟。謂爲公子之外祖父母從母緦。○詳見喪服義。○爲所後者之妻之昆弟，若子。詳見斬衰章爲人後者傳。○爲所後者之妻之昆弟之子，若子。同上○從母之夫，舅之妻，二夫人相爲服，君子未之言也。從，才用反。二夫人之夫，音扶。爲，于僞反。○二夫人，猶言此二人也。時有此二人同居，死相爲服者，甥居外家而非之。○疏曰：以下云「同爨緦」，故知同居也。云「甥居外家而非之」者，以言從母及舅皆是外甥稱謂之辭，故知甥也。甥來居在外姓舅氏之家，見有此事而非之也。或曰：同爨緦。爨，七亂反。○以同居生緦之親可。○疏曰：甥既將爲非禮，或人以爲於禮可許，既同爨而食，合有緦麻之親，此皆據緦麻之正者，非弔服也。凡弔服不得稱服，記云請喪夫子若喪父而無服，時朋友弔服而稱無服，故知此相爲服非弔服也。○檀弓○士妾有子而爲之緦，無子則已。士卑，妾無男女則不服，不別貴賤。○疏曰：大夫貴妾雖無子猶服之，故大夫爲貴妾緦，是別貴賤也。士妾賤，無子則不服，不別貴賤也。○小記○改葬，緦。謂墳墓以他故崩壞，將亡失尸柩也。言改葬者，明棺物毀敗，改設之，如葬時也。其奠如大斂，從廟之廟，從墓之墓，禮宜同也。服緦者，臣爲君也，子爲父也，妻爲夫也。必服緦者，親見尸柩，不可以無服，緦三月而除之。○疏曰：案既夕記朝廟至廟中更設遷祖奠，云「如大斂奠」。即此移柩向新葬之處所設之奠，亦如大斂之奠。士用豚三鼎，則大夫已上更加牲牢。大夫用特牲，諸侯用少牢〔一三〕，天子用大牢可知。又朝廟載柩之時，士用輁軸，大夫已上用輴，不用蜃車，飾以帷荒，則此從墓之墓亦與朝廟同可知。臣爲君，子爲父，妻爲夫，惟據極重而言，餘無服也。不言妾爲君，以不得體君差輕故也。不言女子子，婦人外成，在家又非常，故亦不言。諸侯爲天子，諸侯在畿外差遠，改葬不來，亦不言也。君親死已多時，哀殺已久，可以無服。但親見君父尸柩，故制服以表哀，故皆服緦也。云「三月而除」者，謂葬時服之，及其除也，亦法天道一時，故亦三月除也。若然，鄭言三等，舉痛極者而言，父爲長子，子爲母，亦與此同也。○喪服記○又案：通典漢戴德云：制緦麻具而葬，葬而除，謂子爲父，妻妾爲夫，臣爲君，孫爲祖後也。無遣奠之禮。其餘親皆弔服。魏王肅云：司徒文子改葬，其叔父問服於子思，子思曰：「禮：父母改葬，緦葬而除。不忍無服送至親也。」肅又云：本有三年之服者，道有遠近，或有艱，故既葬而除，不待有三月之服也。非父母，無服，無服則弔服加麻。○葬桓王，改葬也。改葬之禮緦，舉下緬也。緬，亡善反，遠也。○疏曰：緦者，五服最下。因葬桓王，記改葬之禮，不謂改葬，桓王當服緦也。江熙曰：葬稱公，舉五等之上。

改葬禮緦，舉五服之下，以喪緬藐遠。天子諸侯易服而葬，以爲交於神明者，不可以純凶，況其緬者乎？是故改葬之禮，其服唯輕，言緬釋所以緦也。○莊公三年春秋穀梁傳○又案：喪服小記以「五」爲「九」，疏從父昆弟之孫緦麻。○又云：兄弟之曾孫緦麻。○緦麻章：夫之諸祖父母報。注疏云：夫之從祖祖父母報，緦麻。○又云：夫之外祖父母報，緦麻。○又案：凡言「報」者，皆兩相爲服。以夫之外祖父母報推之，則外祖父母爲女子子之子之妻，緦麻。又以夫之從祖祖父母報推之，則兄弟之孫婦緦麻〔一四〕。

右補緦

五世祖免。見喪服義。○族之相爲也，宜弔不弔，宜免不免，有司罰之〔一五〕。

右補五世祖免

事師無犯無隱，服勤至死，心喪三年。詳見斬衰章父條。○師無當於五服，五服不得不親。當，猶主也。五服，斬衰至緦麻之親。○疏曰：師於弟子，不當五服之一也。而弟子之家若無師誨，則五服之情不相和親也，故云弗得不親。是師情有在三年之義，故亦與親爲類。○學記○孔子之喪，門人疑所服，子貢曰：「昔者夫子之喪顏淵，若喪子而無服，喪子路亦然。請喪夫子若喪父而無服。」弔服而加麻，心喪三年。○疏曰：禮：喪師無服。「門人疑」者，以夫子聖人，與凡師不等，當應特加喪禮，故疑所服。注知爲師弔服加麻者，案喪服朋友加麻〔一六〕，其師與朋友同，故知亦加麻也。麻，謂絰與帶也，皆以麻爲之，故云加麻也。又喪服記緦章云「朋友麻」，鄭云：「朋友雖無親而有同道之恩，相爲服緦之經帶。」是也。緦爲五服之輕，又與錫衰等同爲弔服之限，故知緦之經帶也。論云：爲師及朋友皆既葬除之，凡弔服唯有弁經皆無帶也。周禮司服及服問但云弁經，不云帶，其朋友之服，諸侯及大夫等則皆疑衰，故鄭注喪服云：朋友之相爲服，則弔服也。既特云弔服，明諸侯及大夫等皆用士之弔服，唯加緦之經帶爲異耳。喪服「朋友麻」，鄭注云：「服緦之經帶。」又下文子游「襲裘帶經而入」，鄭注云：「所弔者朋友。」是朋友相爲加帶。凡朋友相爲者，雖不當事亦弁經，故下文云「羣居則經」是也。○檀弓○又案：朋友麻，疏云：「三衰經帶同有。」當考。○孔子之喪，二三子皆經而出；尊師也。出，謂有所之適。然則，凡弔服加麻者，出則變服。羣居則經，出則否。羣，謂七十二弟子，相爲朋友服，子夏曰：「吾離羣而索居。」○檀弓○又案家語：子游曰：吾聞諸夫子：喪朋友，居則經，出則否。喪所尊，雖經而出可也。○孔子沒，三年之外，門人治任將歸，入揖於子貢，相嚮而哭，皆失聲，然後歸。子貢反，築室於場，獨居三年，然後歸。任，平聲。○朱氏集注曰：三年，古者爲師心喪三年，若喪父而無服也。任，擔也。場，冢上之壇場也。○孟子○程氏遺書曰：師不立服，不可立也，當以情之厚薄事之大小處之。如顏、閔於孔子，雖斬衰三年可也。其成己之功，與君父並，其次各有淺深，稱其情而已，下至曲藝，莫不有師，豈可一概制服？○孔子葬於魯城北，弟子皆家于墓，行心喪之禮。○又案齊衰杖期章父在爲母傳疏云：父在爲母杖期，心喪三年〔一七〕。

右補心喪三年

無服而爲位者，唯嫂叔，及婦人降而無服者麻。雖無服，猶弔服加麻袒免，爲位哭也。正言

「嫂叔」，尊嫂也。兄公於弟之妻則不能也〔一八〕。婦人降而無服，族姑姊妹嫁者也。逸奔喪禮曰：「無服袒免爲位者，唯嫂與叔。」凡爲其男子服，其婦人降而無服者麻。○疏曰：哭嫂與叔爲位，并及族姑姊妹女子出嫁於人，元是緦麻，今降而無服，亦當爲位哭之，加弔服之麻，不爲之袒免，故云「無服者麻」也。麻謂緦之絰也。兄公於弟妻不服者，卑遠之也。弟妻於兄公不服者，尊絶之也。爾雅釋親云：「婦人謂夫之兄爲兄公。」「逸奔喪禮云凡爲其男子服其婦人降而無服者麻」者，男子謂族伯叔、族兄弟之等，爲其族姑及姊妹既降無服，其族姑姊妹爲族伯叔族兄弟亦無服，男之於女，女之於男，皆無服而加麻。○奔喪

○傳曰：夫之昆弟何以無服也？其夫屬乎父道者，妻皆母道也。其夫屬乎子道者，妻皆婦道也。謂弟之妻婦者，是嫂亦可謂之母乎？故名者，人治之大者也，可無慎乎？詳見大功夫之祖父母世叔父母條。○嫂叔之無服也，蓋推而遠之也。檀弓○程氏遺書曰：問：「嫂叔古無服，今有之，何也？」曰：「禮記曰，推而遠之也，此説不是。古之所以無服者，只爲無屬。其夫屬乎父道者，妻皆母道也。其夫屬乎子道者，妻皆婦道也。今上有父有母，下有子有婦。叔父、伯父，父之屬也。故叔母、伯母之服與叔父、伯父同。兄弟之子，子之屬也，故兄弟之子之婦服與兄弟之子同。若兄弟則己之屬也，難以妻道屬其嫂。此古者所以無服，以義理推不行也。今之有服，亦是豈有同居之親而無服者？」

○朋友，麻。朋友雖無親，有同道之恩，相爲服緦之絰帶。檀弓曰：「羣居則絰，出則否。」其服，弔服也。周禮曰：凡弔，當事則弁絰。其服有三：錫衰也，緦衰也，疑衰也。王爲三公六卿錫衰，爲諸侯緦衰，爲大夫士疑衰。諸侯及卿大夫亦以錫衰爲弔服，當事則弁絰，否則皮弁，辟天子也。士以緦

衰爲喪服，其弔服則疑衰也。舊說以爲士弔服布上素下，或曰素委貌加朝服。論語曰：「緇衣羔裘。」又曰：「羔裘玄冠不以弔。」何朝服之有乎？然則，二者皆有似也。此實疑衰也。其弁経皮弁之時，則如卿大夫然。又改其裳以素，辟諸侯也。朋友之相爲服，即士弔服疑衰素裳。庶人不爵弁，則其弔服素委貌。○疏曰：云「朋友麻」者，據朋友在他國加袒免，今此在國相爲弔服，麻経帶而已。注云「朋友雖無親有同道之恩相爲服緦之経帶」者，案禮記禮運云「人其父生而師教之」，朋友成之。論語云：「以文會友，以友輔仁。」以此而言，人須朋友而成也，故云朋友雖無親，有同道之恩，故爲之服。知「緦之経帶」者，以其緦是五服之輕，爲朋友之経帶約與之等，故云緦之経帶也。云「其服弔服也」者，以其不在五服，五服之外惟有弔服，故引周禮弔服之事證此朋友麻實疑衰也。案周禮司服：「王爲三公六卿錫衰，爲諸侯緦衰，爲大夫士疑衰，其首服皆弁経。」又案服問：「公爲卿大夫錫衰以居，出亦如之，當事則弁経，大夫相爲亦然。」是諸侯及卿大夫亦以錫衰爲弔服也。云「當事則弁経」者，天子常弁経，諸侯及卿大夫當大斂、小斂及殯時乃弁経，非此時則皮弁，辟天子也。士弔服則疑衰，士卑無降服，既以緦爲喪服，不得復將緦爲弔服，故向下取疑衰爲弔服也。舊說者以士弔服無文，故以士弔服布上素下，或曰素委貌加朝服，前有此二種解者，故鄭引論語破之。云「緇衣羔裘」、「羔裘玄冠」，並是朝服。羔裘玄冠不以弔，何朝服之有乎？言朝服，亦不合首加「素委貌」，又布上素下，近是天子之朝服，又不言首所加，故非之也。故注總破二者，而云此之所服「實疑衰也」。云「又改其裳以素辟諸侯」者，諸侯卿大夫不著皮弁〔一九〕，辟天子。此諸侯之士不著疑裳而用素裳，又辟諸侯也。故「朋友之相爲服，即士弔服疑衰而素裳」，是鄭正解士之弔服。「庶人不爵弁」，則其冠素委貌，不言其服，則白布深衣也。以白布深衣，庶人之常服，又尊卑未成服以前服之，故庶人得爲弔服也。凡弔服直云素弁環絰，不言帶。或云有絰無帶，但弔服既著衰，首有絰，不可著吉時之大帶，吉時之大帶有采。麻既不加于采，采可得加於凶服乎？案此經注服緦之絰帶，則三衰絰帶同有可知。其弔服之除，案雜記云：「君於卿大夫，比葬不食肉，比卒哭不舉樂。」是知未吉則凡弔服亦當依氣節而除，並與緦麻同三月除之。爲士雖比殯不舉樂，亦既葬除之矣。○喪服記

○朋友皆在他邦，袒免，歸則已。謂無親者，當爲之主，每至袒時則袒，袒則去冠，代之以免。已，猶止也，歸有主，則止也。主若幼少，則未止。小記曰：「大功者，主人之喪，有三年者，則必爲之再祭，朋友虞祔而已。」○疏曰：朋友或共遊學皆在他國而死者，每至可袒之節，則爲之袒而免，與宗族五世袒免同。鄭云「無親者」，以其有親入五服，今言朋友，故知是義合之輕，無親者也。既孤在外，明爲之作主可知。凡喪至小斂節，主人素冠環絰以視，斂訖，投冠括髮。將括髮，先袒乃括髮。括髮，據主人齊衰已下，皆以免代冠，以冠不居，肉袒之禮故也。「主若幼少則未止」者，本以在外爲無主，與之爲主。今至家，主若幼，不能爲主，則朋友猶爲之，未止。引小記者，證主幼少不能主喪，朋友爲主之義。以雖有子，小不能主，大功爲主者，爲之再祭，謂練祥。朋友輕，爲之虞祔而已。以其又無大功已下之親，此朋友自外來及在家，朋友皆得爲主，虞祔乃去。又云小功緦麻，爲之練祭可也，是親疏差降之法也。○喪服記○今案：注云「無親」，謂在它邦無骨肉之親，故朋友爲之主，非謂朋友「是義合之輕，無親者也」，疏說非是。○又案：斬衰章君傳疏云：士無臣，故僕隸等爲之弔服加麻〔二〇〕。

右補弔服加麻

司服：凡弔事，弁經服。弁經者，如爵弁而素加環經。論語曰：「羔裘玄冠不以弔。」經大如緦之經，其服錫衰、緦衰、疑衰，諸侯及卿大夫亦以錫衰爲弔服。喪服小記曰：「諸侯弔，必皮弁錫衰。」則變其冠耳。士當事弁經疑衰，變其裳以素耳。國君於其臣弁經，他國之臣則皮弁，大夫士有朋友之恩，亦弁經。故書「弁」作「絣」，鄭司農：「絣爲弁。弁而加環經，即弁經服。」○作絣[二]，音弁。○疏曰：言「凡」者，以其弔事非一，故亦云「凡」以廣之也。云「其服錫衰、緦衰、疑衰」者，據下文陳三等弔服「錫衰」以下而說也。云「諸侯及卿大夫亦以錫衰爲弔服」者，案服問云：「君爲卿大夫錫衰以居，當事則弁經。大夫相爲亦然。」故知之也。云「喪服小記曰：『諸侯弔，必皮弁錫衰。』則變其冠耳」者，不言君而言諸侯，則是弔異國之臣法。不著弁經而云皮弁，故云「變其冠耳」。云「國君於其臣弁經」者，服問云「當事則弁經」是也。云「他國之臣則皮弁」者，喪服小記文是也。「大夫士有朋友之恩，亦弁經」者，喪服記云「朋友麻」，故知大夫於士，士自相於有朋友之恩者服麻也。大夫相於不假朋友恩，以其服問卿大夫相爲亦錫衰弁經，不言朋友也。凡弔服，天子之服下文具矣，其諸侯弔服亦應三衰俱有。但所用據文，唯有服問云：「爲卿大夫錫衰以居，出亦如之，當事則弁經。」其用緦衰、疑衰，則文王世子注「同姓之士緦衰，異姓之士疑衰」，以其卿大夫已用錫衰，故以二衰施於同姓、異姓之士也。案士喪禮注云「君弔必錫衰」者，蓋士有朋友之恩者加之，與大夫同用錫衰耳。大夫相於必用錫衰者，以大夫雖以降服，仍有小功，降至緦麻，則不得以緦衰爲弔。緦衰既不弔，明疑衰亦不可爲，故以錫衰爲弔服也。士之弔服不用錫衰者，避大夫。疑衰不用疑裳者，鄭注喪服云：「避諸侯也。」凡弔服，皆既葬除之，其大夫妻亦與大夫同，故喪服云：大夫弔於命婦錫衰，命婦弔於大夫亦錫衰。注云：「弔於命婦，命婦死也。」是也。服問云：「爲其妻出則不服。」與大夫小異耳〔一二〕。○詳見喪服制度。○庶人弔服，見前篇朋友麻疏。○弁師：王之弁絰，弁而加環絰。諸侯及孤卿大夫之弁絰，各以其等爲之，而掌其禁令。詳見制度。○凡弁絰，其衰侈袂。同上○司服：王爲三公六卿錫衰，爲諸侯緦衰，爲大夫士疑衰，其首服皆弁絰。同上○天子之哭諸侯也，爵弁絰，紂衣。紂，本又作緇，又作純，同側其反。○服士之祭服以哭之，明爲變也。天子至尊，不見尸柩，不弔服麻，不加於采。此言「絰」，衍字也，時人聞著弁絰，因云之耳。周禮：王弔諸侯弁絰緦衰。○檀弓○公爲卿大夫錫衰以居，出亦如之，當事則弁絰。大夫相爲亦然。爲其妻，往則服之，出則否。錫，思歷反。○弁絰，如爵弁而素加絰也。不當事則皮弁。出，謂以他事不至喪所。○疏曰：此明君爲卿大夫之喪，成服之後，著錫衰以居也。出，謂以他事而出，不至喪所，亦著錫衰，其首則服皮弁。君往弔卿大夫，當大斂及殯，并將葬啓殯，當如此之事，則首著弁絰，身衣錫衰。若於士，雖當事，首服皮弁，故士喪禮云君視大斂，注云皮弁服襲裘是也。「大夫相爲」，亦如君於卿大夫，不當事則皮弁，當事則弁絰，故雜記云：大夫與斂，「亦弁絰」，是也。大夫於士，雖當事，亦皮弁也。公於卿大夫之妻及卿大夫相爲其妻往臨其喪，則服錫衰，不恒著之以居。若餘事之出，則不服也。其當殯斂之事，亦弁絰也。○服問○諸侯弔必皮弁錫衰，所弔雖已葬，主人必免。主人未喪服，則君亦不錫衰〔一三〕。必免者，尊人君，爲之變也。未喪服，未成服也，既殯成服。○疏曰：皮弁錫衰者，此有二種：一云皮弁錫衰，謂弔異國臣也，若自弔己臣，則素弁環絰錫衰也，故鄭注：國君於其臣弁絰，他國之臣皮弁。一云此亦爲自弔己臣而未當事，則皮弁錫衰，至當事乃弁絰耳。「所弔雖已葬主人必免」者，謂諸侯來弔，主人必爲之重禮。凡五服，自大功以上爲重，重服爲免之節，自始死至葬卒哭後乃不復免也。小功以下輕，輕服爲免之節，自始死至殯，殯後不復免，至葬啓殯之後而免，以至卒哭如始死。今若人君來弔，雖非服免，時必爲免，以尊重人君來故也。必免，謂大功以上也，小功以下則不然也。下云「親者皆免」，注云「大功以上」是也。云「未成服」，謂未括髮、未散麻帶絰之屬。云「既殯成服」，士喪禮：既殯「三日成服」。○喪服小記○大夫有私喪之葛，則於其兄弟之輕喪，則弁絰。疏曰：私喪之葛，謂妻子之喪，至卒哭以葛代麻之後，於此之時，遭兄弟之輕喪緦麻，亦著弔服弁絰而往，不以私喪之末臨兄弟也。若成服之後，則錫衰。未成服之前，身著素裳而首服弁絰也。兄弟輕喪，謂緦麻也。大夫降一等，雖不服，以骨肉之親，不可以妻子末服而往哭之，故服弁絰也。○雜記○大夫之哭大夫，弁絰。大夫與殯，亦弁絰。弁絰者，大夫錫衰相弔之服也，如爵弁而素加環絰曰弁絰。○疏曰：「大夫之哭大夫弁絰」者，此謂成服以後，大夫往弔哭，身著錫衰，首加弁絰。「大夫與殯亦弁絰」者，此謂未成服之前，故與殯亦加弁絰，其餘則異。身著當時所服之服，故士喪禮注云：主人成服之後往則錫衰，主人未成服，君亦不錫衰，則著皮弁服也。若此，大夫主人未成服之前，身亦皮弁服而弁絰。若主人未小斂之前，則吉服而往，不弁絰也。○同上○大夫弔於命婦，錫衰。命婦弔於大夫，亦錫衰。傳曰：錫者何也？麻之有錫者也。錫者，十五升抽其半，無事其縷，有事其布，曰錫。謂之錫者，治其布，使之滑易也〔二四〕。錫者，不治其縷，哀在內也。緦者不治其布，哀在外。君及卿大夫弔士，雖當事，皮弁錫衰而已。士之相弔，則如朋友服疑衰素裳，凡婦人相弔，吉笄無首，素總。○疏曰：錫，謂不治其縷，治其布，以哀在內。緦則治縷不治布，哀在外，以其王爲三公六卿，重於畿外諸侯故也。云「君及卿大夫弔士，雖當事，皮弁錫衰而已」者〔二五〕，是士輕無服弁經之禮，有事無事皆皮弁。若然，文王世子注：諸侯爲異姓之士疑衰，同姓之士緦衰。今言士與大夫又同錫衰，此言與士喪禮注同，亦是君於此士有師友之恩者也。云「凡婦人相弔，吉笄無首，素總」者，婦人弔之首服無文，故特釋錫衰傳後乃解之。必知用吉笄無首素總者，下文女子子爲父母卒哭折吉笄之首布總，此弔服用吉笄無首素總，又男子冠，婦人笄相對，婦人喪服又笄總相對，上注男子弔用素冠，故知婦人弔亦吉笄無首素總也。○喪服記○羔裘玄冠不以弔。喪主素，吉主玄，吉凶異服。○疏曰：凶主素，吉主玄，故羔裘玄冠不以弔喪也。凡物無飾曰素。又禮祭服皆玄衣，是「喪主素，吉主玄」也。○論語○季桓子死，魯大夫朝服而弔，子游問於孔子曰：「禮乎？」夫子不答。他日，又問，夫子曰：「始死，羔裘玄冠者，易之而已，汝何疑焉？」家語○案：檀弓曰：「始死，羔裘玄冠者，易之而已。」注云：「養疾者朝服羔裘玄冠，即朝服也。始死，則易去朝服著深衣，故云易之而已。」檀弓注據養疾者言之，家語所載孔子答子游之言，據弔者言之，文同而意則異。○曾子襲裘而弔，子游裼裘而弔，曾子指子游而示人曰：「夫夫也，爲習於禮者，如之何其裼裘而弔也？」夫夫，上音扶，下如字。

〇曾子蓋知臨喪無飾，夫夫猶言此丈夫也，子游於時名爲習禮。主人既小斂，袒，括髮，子游趨而出，襲裘帶絰而入，曾子曰：「我過矣！我過矣！夫夫是也。」於主人變乃變也。所弔者朋友。〇疏曰：「子游趨而出襲裘帶絰而入」，凡弔喪之禮，主人未變之前，弔者吉服而弔。吉服，謂羔裘玄冠，緇衣素裳，又袒去上服以露裼衣，此則「裼裘而弔」是也。主人既變之後，雖著朝服而加武以絰，又掩其上服，若是朋友又加帶，則此「襲裘帶絰而入」是也。案喪大記云：「弔者襲裘加武，帶絰。」是也。

〇檀弓〇衛司徒敬子死，司徒，官氏，公子許之後。子夏弔焉，主人未小斂，絰而往。子游弔焉，主人既小斂，子游出絰，反哭。子夏曰：「聞之也與？」曰：「聞諸夫子：主人未改服則不絰。」疏曰：主人既小斂出絰反哭，與子游前裼裘弔朋友同也。此雖不云帶，凡單云「絰」則知有帶，猶如喪服云「苴絰」。檀弓爲師「二三子皆絰而出」及朋友「羣居則絰」，皆是包「帶」之文也。〇同上〇魯昭公夫人吴孟子卒，不赴于諸侯。孔子既致仕而往弔焉，適于季氏。季氏不絰，孔子投絰而不拜。以季氏無禮，故己亦不成禮。子游問曰：「禮與？」孔子曰：「主人未成服，則弔者不絰焉，禮也！」家語〇又案：春秋左氏傳云：「孔子與弔，適季氏，季氏不絻，放絰而拜。」〇魯婦人之髽而弔也，自敗於臺鮐始也。髽，側瓜反。臺鮐，上音胡，下音臺。〇時家家有喪，髽而相弔，去纚而紒曰髽〔二六〕。禮：婦人弔服，大夫之妻錫衰，士之妻則疑衰與？皆吉笄無首素總。〇纚，所買反，黑繒韜紒。〇疏曰：云「士之妻則疑衰與」者，以士妻弔服無文，故云「疑衰與」。士弔服疑衰素裳，故以爲士

妻弔服疑衰。必知弔服夫妻同者，以喪服大夫命婦俱以錫衰弔故也。云「皆吉笄無首素總」者，大戴禮文也。○檀弓

右補弔服

校勘記

〔一〕故云如士服也　句下，賀本有「○春官」二字。

〔二〕服問　「問」下，原有「疏」字，據吕本、賀本删。

〔三〕又不杖期章世父母叔父母傳注及昆弟注並云　「叔」下，原衍一「父」字，據四庫本、賀本删。

〔四〕爲姑姊妹在室　「在」，原作「右」，據朝鮮本、吕本、四庫本、賀本改。

〔五〕適子之妻　「妻」，原作「婦」，據賀本及儀禮注疏改。

〔六〕春秋作戌　「戌」，原作「戊」，據賀本改。

〔七〕定公十四年奔魯　「魯」，原作「衛」，據賀本改。

〔八〕無緣大功　「大功」上，原衍「章云」二字，據賀本删。

〔九〕謂大夫士之妻有往來歸宗之義　「之」，原作「士」，據朝鮮本、賀本改。

〔一〇〕適婦不爲舅後者　「舅」，原作「父」，據吕本、賀本及禮記正義改。

〔一一〕大功章適婦條下　「大」，原作「六」，據朝鮮本、吕本、四庫本改。
〔一二〕小功　句下，賀本有「〇已上見於注疏者凡二條」十字。
〔一三〕諸侯用少牢　「諸侯」，原作「士」，據四庫本、賀本及儀禮注疏改。
〔一四〕則兄弟之孫婦緦麻　句下，賀本有「〇已上見于注疏者凡六條」十字。
〔一五〕有司罰之　句下，賀本有小字注文「文王世子」四字。
〔一六〕案喪服朋友加麻　「加」，原作墨釘，據吕本、四庫本補。
〔一七〕心喪三年　句下，賀本有「〇已上見于疏者一條」八字。
〔一八〕兄公於弟之妻則不能也　「公」，原作「之」，據四庫本、賀本及禮記正義改。
〔一九〕諸侯卿大夫不著皮弁　「不著」，原作「否則」，據吕本、四庫本及儀禮注疏改。
〔二〇〕故僕隸等爲之弔服加麻　句下，賀本有「〇已上見于疏者一條」八字。
〔二一〕作絺　「作」，賀本無。
〔二二〕與大夫小異耳　句下，賀本有「〇春官」二字。
〔二三〕則君亦不錫衰　「君」，原脱，據賀本及禮記正義補。
〔二四〕使之滑易也　「滑」，原作「骨」，據朝鮮本。
〔二五〕云君及卿大夫弔士雖當事皮弁錫衰而已者　「已」，原作「凡」，據朝鮮本、吕本、四庫本、賀本改。
〔二六〕去纚而紒曰髽　「去」，原作「玄」，據賀本及禮記正義改。

儀禮經傳通解續卷第九

喪服變除九　　喪禮七

補

疾病，男女改服。爲賓客來問病，亦朝服也，庶人深衣。○喪大記○養有疾者不喪服，遂以主其喪。不喪服，求生主吉，惡其凶也。遂以主其喪，謂養者有親也，死則當爲之主。其爲主之服，如素無喪服。○疏曰：爲己先有喪服，養疾之時，不著己之喪服也。養者若於病者無親，疾時雖養死不得爲主，今死得爲主，故知養者於死者有親也。云「如素無喪服」者，身雖先有服，養時既去其服，今疾者身死，己爲之主，即當更服其服，不服己先有之服也。非養者入主人之喪，則不易己之喪服。入，猶來也。謂養者無親於死者，不得爲主，其有親來爲主者，素有喪服而來爲主，與素無服者異。素無服，素有服，爲今死者當服，則皆三日成也。○疏曰：若來爲喪主者，身本吉無服，既來爲主，則爲此死者服始死之服。若本有喪服，今來爲喪主，仍以先喪之服主之。所以然者，己是死者之親屬，當死者病時不得來爲養，不經變服，故今爲新死者不易己之喪服。「素無服，素有服，皆三日成也」者，謂己身若本有服及本無服，若與死者有親則皆至三日成服，皆爲死者服其服也。若本有服重而新死者輕，則爲一成服而反前服也。若新死重，則仍服死者新服也。身本吉而來爲主，則計今親而依限服之也。養尊者必易服，養卑者否。尊，謂父兄。卑，謂子弟之屬。○疏曰：易服，謂易己之喪服。○喪服小記

右疾病改服

親始死，雞斯徒跣，扱上衽，交手哭。雞斯，依注爲笄纚，音古兮反。纚，音色買反，徐所綺反。跣，悉但反。扱，初洽反。衽，而鴆反，又而甚反。○親，父母也。雞斯，當爲笄纚。親始死，去冠，三日乃去笄纚括髮也。徒，猶空也。上衽，深衣之裳前。○去，起呂反。○疏曰：言親始死，孝子先去冠，唯留笄纚也。徒，空也，無屨而空跣也。「扱上衽」者，上衽謂深衣前衽，扱之於帶，以號踊履踐爲妨，故扱之。○詳見喪禮義。○夫子曰：「始死，羔裘玄冠者，易之而已。」易，音亦。○疏曰：養疾者朝服，羔裘玄冠即朝服也。始死則易去朝服，著深衣，故云「易之而已」。○檀弓○曾子問曰：「親迎女在塗，而壻之父母死，如之何？」孔子曰：「女改服，布深衣，縞總以趨喪。」迎，魚敬反。縞，古老反。總，音摠。○布深衣縞總，婦人始喪未成服之服。○疏曰：深衣，謂衣裳相連，前後深邃，故曰深衣。縞，白絹也。總，束髮也，長八寸。女在塗，以其聞喪即改嫁服，故云「未成服之服」也。士喪禮注：「始死，婦人將斬衰者，去笄而纚，將齊衰者，骨笄而纚。」至將斂齊衰，婦人亦去笄纚而髽。皆不云縞總，

文不備也。○曾子問○巾車：王之喪車〔一〕，木車，蒲蔽犬禊，尾櫜疏飾，小服皆疏。詳見制度。

右始死變服喪服小記疏崔氏變除云：凡親始死將三年者，皆去冠笄纚如故。十五升白布深衣，扱上衽，徒跣，交手而哭。故禮記問喪云「始死」將斬衰者「雞斯」是也。其婦人則去纚衣，與男子同，不徒跣，不扱衽者，問喪文。知去纚者，鄭注士喪禮云：「始死，婦人將斬衰者去纚。」知著白布深衣者，曾子問云：「女改服，布深衣，縞總以趨喪。」鄭注云：「婦人始喪，未成服之服。」其齊衰以下，男子婦人皆吉屨無絇，其服皆白布深衣。知者，鄭注喪服變除文。又曰：始死以後，小斂之前，大夫與士皆加素冠於笄纚之上。○案：崔氏云始死婦人去纚，援鄭注士喪禮爲證。今考鄭注云：「始死，婦人將斬衰者去笄而纚，將齊衰者骨笄而纚。」即無去纚之説，乃知崔氏所得儀禮注本漏卻「笄而纚」至「骨笄而」十字，遂誤有是説，當改正。○又案：崔氏云：始死以後，小斂之前，皆加素冠於笄纚之上。案喪服小記云：將小斂，去笄纚，著素冠視斂。二説不同，恐當以小記去笄纚著素冠視斂之言爲正。○通典漢戴德喪服變除云：斬衰三年之服，始有父之喪，笄纚徒跣，扱上衽，交手哭踊無數，惻怛痛疾。孫爲祖父後者，自天子達於士，與子爲父同。父爲長子，自天子達於士，不笄纚，不徒跣，不食粥，餘與子爲父同。妻爲夫，妾爲君，笄纚不徒跣，扱上衽。○齊衰三年者：父卒始有母之喪，笄纚徒跣，扱上衽，交手哭踊無數。父卒爲繼母、君母、慈母，孫爲祖後者父卒爲祖母，服上至高祖母，自天子達於士，爲人後者爲所後之祖母以下〔二〕，妻以上，與父卒爲母同。母爲長子，妾爲君之長子，皆不笄纚徒跣也。女子子在室父卒爲母，始死笄纚，不徒跣，不扱上衽，其餘不見者，與父卒爲母同也。○齊衰杖期者：父在始有母之喪，笄纚徒跣，扱上衽，交手哭踊無數。爲出母、慈母、繼母、君母，自天子達於士。父卒爲繼母嫁，及繼母報繼子。以上並與父在爲母同。夫爲妻，始死素冠深衣，不笄纚，不徒跣。女子子在室爲母，不徒跣，不扱上衽。○齊衰不杖期者：始有祖父母之喪，則白布深衣，十五升素冠，吉屨無絇，哭踊無數，其餘應服者並同。○齊衰三月者：始有曾祖父母之喪，白布深衣，十五升素冠，吉屨無絇。其餘應服者同。女子子適人者爲曾祖父母，素總，餘與男子同。○大功親長中殤七月，無受服，始有昆弟長殤喪，白布深衣，十五升素冠，吉屨無絇。成人九月。從父昆弟之喪，與殤同。天子諸侯之庶昆弟與大夫之庶子爲其母，哭泣飲食，居處思慕，猶三年也。其餘與士爲從父昆弟相爲服同。爲人後者爲其昆弟，大夫爲伯叔父母子、昆弟之子爲士者，哭泣飲食思慕，以上並猶期也。天子爲姑姊妹女子子嫁於二王後者，諸侯爲姑姊妹女子子嫁於諸侯，大夫命婦、大夫之子、諸侯之庶昆弟爲姑姊妹女子子嫁於卿大夫者，與士之爲姑姊妹適人者服同。天子之昆弟爲姑姊妹女子子嫁於諸侯大夫者，姑姊妹適人者爲昆弟，其異於男子者，始死素總。○小功五月無受服者：始有叔父下殤之喪，白布深衣，十五升素冠，白布屨無絇。天子諸侯大夫爲嫡子、嫡孫、玄孫，以上並下殤。不爲次，飲食術爾。爲姑姊妹女子子之子、昆弟之子、夫昆弟之子下殤，爲人後者爲其昆弟姑姊妹之長殤，並哭泣飲食猶大功也。大夫之子、天子諸侯之昆弟庶子、姑姊妹女子子爲從父昆弟、從父姊妹祖父母爲孫，以上並長殤，與叔父之下殤同。姑姊妹適人者爲昆弟姪之殤，與從父昆弟之長殤同。成人小功者：從祖祖父母之喪，與下殤小功服同，餘應服者並同。○緦麻三月之服者：族祖父母始死，朝服素冠，吉屨無絇。婦爲夫曾祖父母，異於男子者，以素總也。○鄭玄云：子爲父斬衰，始死笄纚如故。諸侯爲天子，父爲長子，不徒跣，爲次於内，不歠粥。臣爲君，不笄纚，不徒跣，餘與爲父同。女子子嫁及在父室者，及妻爲夫，妾爲君，不徒跣，不扱上衽，發胸拊心，哭泣無數，髽帶如故，餘與男子同。○劉表云：母爲長子齊衰三年，始死不徒跣，拊心哭泣。女子已嫁而退在室，父卒爲母，與母爲長子同。齊衰杖期者，父在爲母，不徒跣，哭踊無數。爲曾祖父母，始死哭泣三日。爲舊君之母妻，與爲曾祖父母同。

主人出，南面，左袒，扱諸面之右。扱，初洽反，劉初輒反。○疏曰：云「扱諸面之右」者，面，前也，謂袒左袖，扱於右掖之下，帶之内，取便也。實米，唯盈。取滿而已。主人襲，反位。襲，復衣也。位在尸東。○疏曰：云「襲復衣也」者，以其鄉袒則露形，今云襲是復著衣。○士喪禮上

右飯含變服漢戴德喪服變除云：斬衰三年之服，尸既襲，服白布深衣，十五升素章甫冠，白麻屨，無絇，屨之飾如刀衣鼻，繩連以爲行戒，喪無飾，速遽故無絇。妻爲夫，妾爲君，尸既襲，白布深衣，素總白麻屨，餘與男子同。○齊衰三年者：父卒始有母之喪，尸既襲，服白布深衣，十五升素章甫冠，白麻屨無絇。女子子在室父卒爲母，尸既襲，素總。○齊衰杖期：尸既襲白布深衣，十五升素章甫冠，白麻屨無絇。○齊衰不杖期者：始有祖父母之喪，尸既襲，無變。○鄭玄云：子爲父斬衰，尸既襲，衣十五升布深衣，扱上衽，徒跣，交手哭。

小斂環絰，公、大夫、士一也。環絰者，一股，所謂纏絰也。士素委貌，大夫以上素爵弁而加此

絰焉〔三〕，散帶。○股，音古。纏，直連反。○疏曰：環絰，一股而纏也。親始死，孝子去冠，至小斂不可無飾。士素委貌，大夫以上素弁，而貴賤悉得加於環絰，故云「公大夫士一」也。云知以「一股所謂纏絰」者，若是兩股相交，則謂之絞。今云「環絰」是周迴纏繞之名，故知是一股纏絰也。又鄭注弁師云：「環絰者，大如緦之麻絰，纏而不糾。」今此所謂彼絰注也。知「士素委貌」者，武叔投冠括髮，諸侯之大夫當天子之士也。云「大夫以上素爵弁」者，雜記云「大夫與殯亦弁絰」，以大夫與他殯尚弁絰，則其子弁絰明矣。諸侯以上尊，固宜弁絰。○雜記○今案：叔孫武叔之母死，既小斂，舉尸出户，袒乃投其冠括髮，子游嗤其不知禮。疏云：括髮在小斂之後，奉尸夷于堂之前，主人爲欲奉尸，故袒而括髮在前。今武叔奉尸夷堂之後乃投冠括髮，失哀節，故子游嗤之。以此推之，則小斂之時，士素委貌，大夫以上素弁而加環絰可知，及至大斂，子亦弁絰。○又按：鄭注環絰之末有「散帶」二字，既馮尸，主人絞帶條下孔疏亦云：「小斂於户内訖，主人袒，髺髮散帶垂。」今以記文考之，小斂但言婦人帶麻，主人絞帶，不言主人帶絰，至奉尸夷於堂方言帶絰，而注説則以小斂之時散帶，疏説又以爲既小斂之後散帶，其説不同，皆不足爲據也。

○凡斂者袒，遷尸者襲。袒者，於事便也。○疏曰：凡斂，謂執大、小斂事也。事多故袒，爲便也。遷尸者襲，謂大斂於地，遷尸入棺之屬，事少故襲也。

○小斂卒斂，主人馮之踊，主婦亦如之。主人袒，説髦，括髮以麻。婦人髽，帶麻于房中。説，本作税，同他活反，徐他外反。髦，音毛。髽，側瓜反。○士既殯説髦，此云小斂，蓋諸侯禮也。士之既殯，諸侯之小斂，於死者俱三日也。婦人之髽帶麻於房中，則西房也，天子諸侯有左右房。○疏曰：「士既殯説髦」，今小斂而説者，人君禮也。

人君小斂説髦竟，而男子括髮用麻也。士小斂後亦括髮，但未説髦耳。婦人髽亦用麻，對男子括髮也。「帶麻于房中」者，帶麻，麻帶也，謂婦人要絰也。士喪禮云：「婦人之帶，牡麻結本，在房。」鄭云：婦人亦苴絰。但言帶者，婦人重帶，故云帶而略於絰也。「于房中」者，謂男子説髦括髮在東房，婦人髽帶麻于西房也。○詳見喪大記〔四〕。○卒斂，馮尸，馮，音憑。主人髺髮袒，衆主人免于房。髺，音括，劉音活。免，音問。○始死，將斬衰者雞斯，將齊衰者素冠。今至小斂，變。髺髮者，去笄纚而紒。衆主人免者，齊衰將袒，以免代冠。○疏曰：髺髮者，去笄纚而紒者，紒上著髺髮也。云「衆主人免者齊衰將袒以免代冠」者，此亦小斂節與斬衰髺髮同時，此皆據男子言之。婦人髽于室。始死，婦人將斬衰者，去笄而纚，將齊衰者，骨笄而纚。今言髽者，亦去笄纚而紒也。齊衰以上，至笄猶髽。○疏曰：云「齊衰以上至笄猶髽」者，謂從小斂著未成服之髽，至成服之笄猶髽不改，至大斂殯後乃著成服之髽，代之也。○詳見士喪禮。○既馮尸，主人絞帶，衆主人布帶。衆主人，齊衰以下。○疏曰：小斂於户内，訖，主人袒，髺髮散帶垂。經不云絞帶及齊衰以下布帶事，故記者言之。案喪服，苴絰之外更有絞帶，鄭注云：「經象大帶，又有絞帶，象革帶。齊衰以下用布。」齊衰無等，皆是布帶也。知衆主人非衆子者，以其衆子皆斬衰絞帶，故知「衆主人齊衰以下」，至緦麻首皆免也。○士喪記○動尸舉柩，袒而踊，婦人不宜袒。○詳見喪禮義。

右小斂變服案崔氏變除云：士則死日襲，明日小斂。故士喪禮云：小斂，「主人髺髮。」若大夫，死之明日襲而括髮。故鄭注喪服變除云：尸襲去纚括髮，在二日小斂之前。是據大夫也。大夫與士括髮於死者，俱二日，故鄭注問喪云：二日「去笄纚括髮。」通明大夫士也。始死以後，小斂之前，大夫與士皆加素冠於笄纚之上，故檀弓云：「叔孫武叔之母死，既小斂，舉者出尸出户，袒，且投其冠括髮。」是素冠也。以其始死哀甚，未暇分別尊卑，故大夫與士其冠皆同也。至小斂投冠括髮之後，大夫加素弁，士加素委貌，故喪大記云君大夫之喪子弁絰，又喪服變除云：小斂之後，大夫以上冠素弁，士則素委貌，其素弁素冠皆加環絰。故雜記云：「小斂環絰，君大夫士一也。」鄭注云：「大夫以上素爵弁」，「士素委貌。」是也。凡括髮之後，至大斂成服以來，括髮不改，故鄭注士喪禮云：自小斂以至大斂括髮不改。但死之三日説髦之時，以括髮因而壞損，更正其括髮，故士喪禮：既殯説髦。喪大記云：「小斂」，「説髦括髮。」是正其故括髮也，非更爲之。但士之既殯，諸侯小斂於死者，皆三日説髦同也。其齊衰以下，男子於主人括髮之時則著免，故士喪禮：小斂，「主人括髮，衆主人免。」是也。而喪服變除不杖齊衰條云：襲尸之時，云括髮者誤也。其婦人將斬衰者，於男子括髮之時，則以麻爲髽，故士喪禮云：「主人括髮」，「婦人髽于室。」其齊衰者，於男子免時，婦人則以布爲髽，故此經云男子免而婦人髽是也。其大功以下無髽也。其服斂畢，至成服以來，白布深衣不改。其斬衰，男子括髮，齊衰男子免，皆謂喪之大事斂殯之時，若其不當斂殯，則大夫以上加素弁，士加素冠，皆於括髮之上。

○叔孫武叔之母死，武叔，名州仇，毀孔子者。既小斂，舉者出尸。出户袒，且投其冠括髮，尸出户乃變服，失哀節，冠素委貌。子游曰：「知禮。」嗤之。○嗤，昌之反。○疏曰：士喪禮：「卒斂徹帷，主人西面，馮尸，踊無筭，主婦東面，馮亦如之。主人髻髮袒，衆主人免。」下云：「士舉，男女奉尸侇于堂。」喪大記亦云：卒小斂，「主人袒，説髦，髺髮以麻。」下云「奉尸夷于堂」。是括髮在小斂之後、奉尸夷于堂之前。主人爲欲奉尸，故袒而括髮在前。今武叔奉尸夷堂之後乃投冠括髮，故云「尸出户乃變服，失哀節」。云「冠素委貌」者，案雜記云：「小斂環絰，公大夫士一也。」注云：「士素委貌，大夫以上素爵弁而加此絰焉。」鄭知然者，以喪大記云：「君將大斂，子弁絰。」大夫大斂無文，明亦弁絰。大斂既爾，明小斂亦然，故云大夫以上弁絰。案武叔投冠，武叔是諸侯大夫，當天子之士，故云「士素委貌」。若然，案士喪禮：「主人括髮。」鄭注云：「始死，將斬衰者雞斯」，將「括髮者去笄纚而紒」。無素委貌者，熊氏云：士喪禮謂諸侯之士，故無素冠也。崔氏云：將小斂之時已括髮，括髮後，大夫以上加素弁，士加素委貌，至小斂訖，乃投去其冠而見括髮。今案：士喪禮及大記皆小斂卒乃括髮，無小斂之前爲括髮者，崔氏之言非也。案士喪禮：小斂括髮。鄭注喪服變除云襲而括髮者，彼據大夫以上之禮，死之明日而襲，與士小斂同日，俱是死後二日也。鄭注士喪禮一括髮之後，比至大斂自若，所以大記云：「小斂」，「主人袒説髦括髮。」是諸侯小斂之時更括髮者，崔氏云：「謂説去其髦，更正括髮，非重爲括髮也。」○檀弓

男女奉尸夷于堂，降拜賓。主人即位，襲帶絰，踊。即位，阼階之下位也[五]。有襲絰乃踊，尊卑相變也。○疏曰：襲帶絰踊者，拜賓時袒，今拜訖，襲衣加要帶首絰於序東，復位乃踊也。云「有襲絰乃踊尊卑相變也」者，案士喪禮先踊乃襲絰，此先襲絰乃踊，士爲卑，此據諸侯爲尊，故云「尊卑相變」也。**母之喪，即位而免，**免，音問。○記異者，禮：斬衰括髮，齊衰免，以至成服而冠。爲母重，初亦括

髮，既小斂則免。○疏曰：爲父喪拜賓竟而即阼階下位，又序東帶絰猶括髮。若爲母喪，至拜賓竟即位時不復括髮，以免代之，免以襲絰，至大斂乃成服也，所以異於父也。乃奠。小斂乃奠。○疏曰：乃奠者，奠謂小斂奠也。拜賓襲絰踊竟後，始設小斂之奠也。○喪大記○動尸舉柩，袒而踊。詳見小斂條。○大功以上散帶。小功緦輕，初而絞之。○疏曰：小斂之後，主人拜賓襲絰於序東，小功以下皆絞之，大功以上散此帶垂。不忍即成之，至成服乃絞。○雜記○士舉，男女奉尸侇于堂。主人拜賓，即位，襲絰于序東，侇，音夷。○疏曰：云「即位」者，謂主人拜賓訖，即鄉東方阼階下西面踊，踊訖襲絰也。乃奠。士喪禮上

右奉尸侇于堂變服案崔氏變除云：士死後二日襲帶絰。故士喪禮小斂之前陳苴絰大鬲，下本在左，要絰小焉。散帶垂，長三尺，牡麻絰，亦散垂。斂訖，主人拜賓，乃襲絰于序東。既夕禮：「三日絞垂。」鄭注云：「成服日。絞，要絰之散垂者。」是主人及衆主人皆絞散垂，此襲帶絰絞垂日數皆士之禮也。其大夫以上，成服與士不同，其襲帶絰之屬或與士同，或與士異，無文以言之。

君將大斂，子弁絰〔六〕，即位于序端。子弁絰者，未成服，弁如爵弁而素，大夫之喪，子亦弁絰。○疏曰：成服則著喪冠也，此云弁絰，是未成服。此雖以大斂爲文，其小斂時，子亦弁絰，君大夫士之子皆然，故雜記云：「小斂環絰，公大夫士一也。」云「大夫之喪，子亦弁絰」者，案雜記云「大夫與殯亦弁絰」，與他殯事尚弁絰，明自爲父母弁絰可知。其士則素冠，故武叔小斂投冠，是諸侯大夫與天子士同。

○喪大記〔七〕○主人及親者袒，袒，大斂變也。不言髽免髻髮，小斂以來自若矣。○疏曰：知袒爲「大斂變」者，前將小斂袒，今言袒下即行大斂事，故知爲大斂變也。云「不言髽免髻髮小斂以來自若矣」者，決前小斂袒男有髻髮免，婦人有髽，今大斂袒不言者，自小斂以來有此〔八〕，至成服乃改也。卒塗，主人復位，襲，乃奠。士喪禮上○凡斂者袒遷尸者襲。詳見小斂變服條。○動尸舉柩，袒而踊〔九〕。同上。○君若視斂，斂，大斂。君視大斂，皮弁服襲裘，主人成服之後，往則錫衰。主人及衆主人袒，卒塗，卒奠，君出門，主人拜送，襲，入即位，衆主人襲。士喪禮○既殯，主人説髦。既殯，置銘于肂，復位時也。今文「説」皆作「税」。○疏曰：凡説髦尊卑同，皆三日，喪大記云：「小斂」，「卒斂」，主人「説髦，髻髮以麻」。注云：「士既殯説髦。」此云小斂，蓋諸侯禮也。士之既殯，諸侯小斂，於死者俱三日也。○詳見士喪禮殯條。

右大斂變服

天子崩，三日，祝先服；祝，之六反。○祝佐含斂先病。五日，官長服；官長，大夫士。七日，國中男女服；庶人。三月，天下服。諸侯之大夫。○疏曰：「天子崩三日祝先服」者，祝，大祝、商祝也。服，服杖也。然云祝服，故知子亦三日而杖也。「五日官長服」者，大夫士也亦服杖也。「七日國中男女服」，謂畿内民及庶人在官者服，謂齊衰三月而除之。「三月天下服」者，謂諸侯之大夫爲王繐衰，既葬而除之也。然四條皆云服，何以知其或杖服，或衰服，案喪大記云：「君之喪三日，子夫人杖；

五日既殯，授大夫世婦杖。」又喪服四制云：「三日授子杖，五日授大夫杖，七日授士杖。」案如大記及四制，則知今云三日、五日是服杖明矣，其七日及三月者，唯服而已，無杖。○詳見喪大記成服條。○三日授子杖，五日授大夫杖，七日授士杖。疏曰：云五日、七日授杖，謂爲君喪也者。按喪大記大夫喪、士之喪皆云三日授子杖，同主爲其親也。今云五日、七日，故知爲君也。○喪服四制○君之喪三日，子夫人杖；五日既殯，授大夫世婦杖。三日者，死之後三日也，爲君杖不同日。人君禮大，可以見親疏也。○疏曰：大夫之喪，既殯，主人主婦室老皆杖。今君喪，親疏杖不同日，是人君禮大，可以見親疏也。大夫之喪，三日之朝既殯，主人主婦室老皆杖。疏曰：三日之朝既殯，謂死後三日，既殯之後乃杖也。主人主婦室老皆杖者，應杖者三日悉杖也。士之喪，二日而殯，三日之朝主人杖，婦人皆杖。士之禮，死與往日，生與來日。此二日於死者，亦得三日也。婦人皆杖，謂主婦容妾爲君女子子在室者。○疏曰：前經大夫之喪云「主人主婦」，此士之喪直云「婦人皆杖」，婦人是衆羣婦，故知容妾爲君及女子子在室者也。○詳見喪大記成服條。○三日，成服，杖。既殯之明日，全三日。○疏曰：云「既殯之明日」者，上厭明滅燎者，是三日之朝行大斂之事，今別言「三日成服」，則除上三日，更加一日，是四日矣。而言三日者，謂除死日數之爲三日也。○士喪禮上○三日，絞垂。成服日。絞，要絰之散垂者。○散，息但反。○疏曰：小斂日要絰，大功以上散帶垂，不言成服之時絞之，故記人言之。云「成服日」者，士禮：生與來日，則除死日，三日成服，此云「三日絞垂」之日也。小功緦麻，初而絞

之，不待三日也。〇士喪記

右成服案崔氏變除云：天子七日成服，諸侯五日，大夫士三日成服。

大夫卜宅與葬日，有司麻衣、布衰、布帶，因喪屨，緇布冠不蕤，占者皮弁。有司，卜人也。麻衣，白布深衣而著衰焉。及布帶緇布冠，此服非純吉，亦非純凶也。皮弁，則純吉之尤者也。占者尊於有司，卜求吉，其服彌吉。大夫士朔服皮弁。如筮，則史練冠長衣以筮，占者朝服。朝，直遥反。〇筮宅，謂下大夫若士也。筮史，筮人也。長衣，深衣之純以素也。長衣練冠，純凶服也。朝服，純吉服也。大夫士日朝服以朝也。〇詳見喪大記卜宅條。〇筮宅，主人皆往，兆南北面免絰。〇兆，域也，所營之處。免絰者，求吉不敢純凶。免，如字，又音勉。〇疏曰：案雜記云：「大夫卜宅與葬日，有司麻衣布衰布帶，因喪屨，緇布冠不蕤，占者皮弁。」下又云：「如筮，則史練冠長衣以筮，占者朝服。」彼有司與占者之服不純吉，亦不純凶，此乃主人之服，免絰，亦不純凶也。卒筮，主人絰。士喪禮上〇聽卜，有事於尸，則去杖。大記

右筮宅卜日變服

丈夫髽，散帶垂。散，悉但反。〇爲將啓變也。此互文以相見耳。喪服小記曰：「男子免而婦人髽。」〇爲，于僞反。見，賢徧反。免，音問〔一〇〕。〇疏曰：凡男子免與括髮散帶垂，婦人髽，皆當小斂之節。今於啓殯時亦見尸柩，故變同小斂之時，故云「爲將啓變」也。云「此互文以相見耳髽婦人之變」者，

髽既是婦人之變，則免是男子之變。今丈夫見其人不見免，則丈夫當免矣，婦人見其髽不見人，則婦人當髽矣，故云「互文以相見耳」。引喪服小記者，見未成服已前，男子免而婦人髽，既成服以後，男子冠，婦人笄。若然，小斂之時，斬衰，男子括髮，齊衰以下，男子免。不言男子括髮者，欲見啓殯之後，雖斬衰亦免，而無括髮。云「散帶垂者」，小斂節大功已上，男子皆然，若小功已下，及婦人無問輕重，皆初而絞之。○士喪禮下○主人袒，啓，遷于祖，正柩，主人襲。疏曰：襲者從殯宫袒，至此乃襲。○主人袒，乃載，卒束，襲。袒，爲載變也。○疏曰：將載，主人先袒乃載，故云「爲載變也」。卒束，是載柩訖乃以物束棺，使與柩車相持不動也。○祖。爲將祖變。○疏曰：下經「商祝御柩，乃祖」，是將祖，故主人袒，袒即變也。商祝御柩，乃祖，襲。疏曰：前袒爲祖變，今既祖訖，故踊而襲。○公賵，主人及衆主人袒。尊君命也。衆主人自若西面。賓出，主人送于門外，襲。○主人袒，乃行。袒，爲行變也。乃行，謂柩車行也。出宫襲。疏曰：襲訖而行也。○已上並士喪禮。○動尸舉柩，袒而踊。詳見小斂條。○非從柩與反哭，無免於堩。免，音問。堩，古鄧反。○言喪服出入，非此二事皆冠也。免所以代冠，人於道路不可無飾。堩，道路。○疏曰：道路不可無飾，故孝子唯送葬從柩去，及葬竟還反哭時，於道得免而行。自非此二條，則不得免於道路也。此謂葬近而反哭者，若葬遠，反哭在道，則著冠，至郊則乃反著免。故小記云：「遠葬者比反哭者皆冠，及郊而後免。」是也。○雜記

右啓殯朝祖柩行變服今案：崔氏變除云：大夫及士，男子散帶，婦人髽，與未成服時同，其服

則如喪服，故既夕禮云「丈夫髽，散帶垂」是也。

屬引，於是說載除飾，更屬引於緘耳。○說，土活反。緘，古咸反，又古陷反。主人袒，乃窆。窆，下棺也。今文窆爲封。○疏曰：主人袒者，爲下棺變。主人襲，贈用制幣玄纁，卒，袒，拜賓，襲。疏曰：卒謂贈卒，更袒拜賓。○士喪禮○爲兄弟既除喪已，及其葬也，反服其服。詳見虞變服條。○實土，主人拜鄉人，謝其勤勞。襲，如初。士喪禮○非從柩與反哭，無免於堩。詳見上柩行條。○遠葬者，比反哭者皆冠，及郊而后免，反哭。比，必利反。○墓在四郊之外。○疏曰：遠葬者，謂葬在四郊外遠處。云「比反哭者皆冠」者，既葬在遠處郊野之外，不可無飾，故至葬訖臨欲反哭之時乃皆著冠。云「及郊而后免反哭」者〔一一〕，謂著冠至郊而後去冠著免，反哭於廟。○小記○

既葬而不報虞，則雖主人皆冠，及虞則皆免。報，音赴。冠，如字，又古亂反。○有故不得疾虞，雖主人皆冠，不可久無飾也。皆免，自主人至緦麻。○疏曰：前云赴葬者，赴虞於疾葬者疾虞，今依時而葬，不依時而虞，主人以下不可久無飾也。經云及虞則皆免，承上文緦小功之下，故知主人及緦麻皆免也。○喪服小記

右葬及反哭變服案崔氏變除云：若天子諸侯，則首服素弁，以葛爲環絰。大夫則素弁加環絰，士則素委貌加環絰。故下檀弓云：「弁絰葛而葬。」鄭注云：接神「不可以純凶，天子、諸侯變服而葬，冠素弁，以葛爲環絰。」是王侯與卿大夫士異也。○弁絰葛而葬。接神之道不可以純凶，天子諸

侯變服而葬，冠素弁，以葛爲環絰。既虞卒哭，乃服受服也，雜記曰：「凡弁絰，其衰侈袂。」周人弁而葬，殷人冔而葬。冔，況甫反。○周弁、殷冔，俱象祭冠而素，禮同也。○詳見喪禮義。○子墨衰絰，敗秦師于殽，以凶服從戎，故墨之。遂墨以葬文公。晉於是始墨。後遂常以爲俗，記禮所由變。○僖公三十三年春秋左氏傳○魯莊公之喪，既葬而絰不入庫門。時子般弒，慶父作亂，閔公不敢居喪，葬已，吉服而反。正君臣，欲以防遏之，微弱之至。○弒，音試。遏，於葛反。士大夫既卒哭，麻不入。麻，猶絰也。羣臣畢虞卒哭，亦除喪也。閔公既吉服，不與虞卒哭。○與，音預。○疏曰：此一節論禮變所由也。莊公，閔公父也。絰，葛絰也，諸侯弁絰葛而葬也。魯之庫門，天子之皋門也。閔公時年八歲，不敢居喪三年，故葬竟除凶服於外，吉服反，以正君臣，所以至庫門而去絰。絰，謂葛絰。絰既不入，衰可知也。經云「大夫既卒哭，麻不入」，上云「絰不入」，故云「麻猶絰也」。其實君絰用葛，士大夫是臣，故絰用麻也。云「羣臣畢虞卒哭亦除喪也」者，閔公葬而除喪，今羣臣卒哭乃除喪者，以閔公既葬，須即位正君臣，故既葬而除，羣臣須行虞卒哭之祭，故卒哭乃除之。云「閔公既吉服不與虞卒哭」者，虞、卒哭並是凶事，閔公既服吉服，故不與也。此云「麻不入」者，亦謂不入庫門也，謂卒哭已後，麻不復入。案喪服注「卿大夫既虞、士卒哭而受服」。則既虞服葛時，禍亂迫蹙，君既服吉服，故士大夫既虞不復受服，至卒哭總除。○檀弓○葬晉悼公，踰月而葬，速也。平公即位，平公，悼公子彪。○彪，彼虯反。改服，脩官，烝于曲沃。既葬，改喪服。曲沃，晉祖廟。

烝，冬祭也。諸侯五月而葬，既葬，卒哭作主，然後烝嘗於廟。今晉踰月葬，作主而烝祭。傳言晉將有湨梁之會，故速葬。○襄十六年春秋左氏傳○王大子壽卒，穆后崩，既葬除喪，以文伯宴。叔向曰：「王一歲而有三年之喪二焉，於是乎以喪賓宴，樂憂甚矣，且非禮也。三年之喪，雖貴遂服，禮也。」詳見喪通禮哀戚條。

主人及兄弟如葬服，賓執事者如弔服。葬服者，既夕曰：「丈夫髽，散帶垂也。」○疏曰：謂葬日反，日中而虞，及二虞時，其後卒哭，即服其故服，是以既夕記注云：自卒至殯，自啓至葬，主人之禮其變同。則始虞與葬服同，三虞皆同，至卒哭、卒去無時之哭，則依其喪服，乃變麻服葛也。祝免，澡葛絰帶，布席于室中。免，音問。澡，音早。○澡，治也。治葛以爲首絰及帶，接神宜變也。然則士之屬官爲其長，弔服加麻矣。主人倚杖入，祝迎尸，一人衰絰奉篚哭從尸。一人，主人兄弟。○士虞禮○虞，杖不入於室。祔，杖不升於堂。詳見士虞設饌條。○緦、小功，虞卒哭則免。棺柩已藏，嫌恩輕，可以不免也。言則免者，則既殯先啓之間，雖有事不免。既葬而不報虞，則雖主人皆冠，及虞則皆免。有故不得疾虞，雖主人皆冠，不可久無飾也。皆免，自主人至緦麻。爲兄弟既除喪已，及其葬也反服其服，報虞卒哭則免，如不報虞則除之。小功以下。○疏曰：「緦小功虞卒哭則免」者，言遭緦小功之喪，棺柩在時則當著免，今至虞卒哭之時，棺柩雖藏已久，至虞卒哭之時亦著免也。又曰「言則免者則既殯先啓之間雖有事不免」者，以經云虞卒哭則免，明未虞之前則不免也。虞前有葬，葬是喪之大事，棺柩既啓著免可知。嫌虞與卒哭棺柩既掩不復著免，故特言虞卒哭以明之也。云「有故不得疾虞雖主人皆冠」者，前云赴葬者，赴虞於疾葬者疾虞，今依時而葬，不依時而虞，主人以下則皆冠，不可久無飾也。經云「及虞則皆免」承上文「緦小功」之下，故知主人及緦麻皆免也。○小記○有事於尸，則去杖。詳見通禮喪服之變條。

右虞變服

卒哭，獻畢，乃餞。賓出，丈夫說絰帶于廟門外。既卒哭，當變麻，受之以葛也。夕日，則服葛者爲祔期。今文「説」爲「税」。○疏曰：云「夕日則服葛者爲祔期」者，今日爲卒哭祭，明旦爲祔，前日之夕爲祔祭之期，變麻服葛。鄭云「爲祔期」，是因祔期即變之，使賓知變節故也。婦人說首絰，不說帶。不説帶，齊斬婦人帶不變也。婦人少變而重帶，帶，下體之上也。大功小功者葛帶，時亦不說者，未可以輕文變於主婦之質。至祔，葛帶以即位。○疏曰：知「齊斬婦人帶不變也」者，案喪服小記云：齊衰帶惡笄以終喪。鄭云：「有除無變。」舉齊衰，則斬衰帶不變可知。齊、斬，帶不變，則大功以下變可知。大功、小功，婦人皆葛帶。云「時亦不説者未可以輕文變於主婦之質」者，以其與主婦同在廟門外，主婦不變，大功以下亦不變。若然，夕時不變，夕後入室可以變，故至祔旦以葛帶即位也。○詳見士虞記。○斬衰三升，既虞卒哭，受以成布六升，冠七升。疏曰：斬衰三升者，此明父母之喪初死至練冠衰升數之變，并明練後除脱之差也。受以成布六升者，以言三升、四升、五升之布，其縷既麤疏，未爲成布也。六升以下，其縷漸細，與吉布相參，故稱成布也。○間傳○衰三升，三升有半，其冠六升，以其冠爲受，受冠七升。疏曰：云「以其冠爲受受冠七升」者，據至虞變麻服葛時，更以初死之冠，六升布爲衰，更以七升布爲冠，以其葬後哀殺，衰冠亦隨而變輕故也。○詳見喪服制度。○去麻服葛，葛帶三重。重，直龍反。○葛帶三重，謂男子也。五分去一而四糾之。帶輕既變，因爲飾也。婦人葛絰不葛帶。舊説云：三糾之，練而帶去一股。去一股則小於小功之絰，似非也。○去，起呂反。糾，居黝反。股，音古。○疏曰：葛帶三重者，既虞卒哭之帶，以葛代麻，帶又差小於前，以五分去一，唯有四分見在三重，謂作四股糾之，積而相重，四股則三重。未受服之前，麻帶爲兩股相合也。此直云「葛帶三重」，則首絰雖葛不三重也，猶兩股糾之也。云「五分去一而四糾之」者，以喪服傳云：五服絰帶相差，皆五分去一。故知受服之時，以葛代麻，亦五分去一。既五分去一，唯有四分見在，分爲四股而糾之。云「帶輕既變因爲飾也」者，男子重首而輕帶，既變麻用葛，四股糾之以爲飾也，則知男子首絰、婦人要帶不三重爲飾也。云「婦人葛絰不葛帶」者，案少儀云婦人「葛絰而麻帶」，又檀弓云「婦人不葛帶」，謂齊斬之婦人也。士虞禮曰：「婦人説首絰，不説帶。」注云：「不説帶，齊斬婦人帶不變也。」其大功已下，婦人亦葛帶也，故喪服大功章男女並陳，及其變服三月，受以小功衰，即葛九月。是男女共爲，即知大功婦人亦受葛也。云「舊説云三糾之練而帶去一股」者，舊説云所至練之時又三分去一，此既葬「葛帶三重」，去其一股以爲練之帶也。云「去一股則小於小功之絰似非也」者，斬衰既葬與齊衰之麻同，斬衰既練與大功之麻同，大功之帶即與小功首絰同。所云「同」者，皆五分去一。今乃三分斬衰既葬，三重之葛帶去其一股以爲練帶，則是三年練帶小於小功首絰，非五服之差次，故云「似非也」。○間傳○婦人不葛帶。疏曰：婦人重要而質，不變所重，故不葛帶，至期除之，卒哭直變絰而已。大功以下輕，至卒哭並變爲葛，與男子同。絰，首絰也，婦人輕首重要故也。○檀弓○婦人葛絰而麻帶。疏曰：此謂婦人既虞卒哭，其絰以葛易麻，故云「葛絰」。婦人尚質，所貴在要帶，則有除無變，終始是麻，故曰「麻帶」。○少儀○斬衰，絞帶。疏曰：絰帶至虞後變麻服葛，絞帶虞後雖不言所變，按公士衆臣爲君服布帶，又齊衰已下亦布帶，則絞帶虞後變麻服布，於義可也。○喪服本章○布總，箭笄，髽，衰，三年。總，子孔反〔一二〕。笄，音雞。髽，側瓜反。○疏曰：三者並終三年乃始除之矣。○案：喪服小記云：「箭笄終喪三年。」注云：「於喪所以自卷持者，有除無變。」○喪服○疏衰四升，受以成布七升，冠八升。間傳○齊衰四升，其冠七升，以其冠爲受，受冠八升。此謂爲母服也。齊衰正服五升，其冠八升。義服六升，其冠九升。亦以其冠爲受。○詳見喪服制度。○齊衰，帶惡笄以終喪。笄所以卷髮，帶所以持身。婦人質於喪，所以自卷持者有除無變。○小記○疏衰，杖，期。傳曰：齊衰大功，冠其受也。疏曰：正服齊衰五升，冠八升，既葬，以其冠爲受，受衰八升，冠九升。義服齊衰六升，冠九升，既葬，以其冠爲受，受衰九升，冠十升。降服大功衰七升，冠十升，既葬，以其冠爲受，受衰十升，冠十一升。正服大功衰八升，冠十升，既葬，以其冠爲受，受衰十升，冠十一升。義服大功衰九升，冠十一升，既葬，以其冠爲受，受衰十一升，冠十二升。帶緣各視其冠。疏曰：帶，謂布帶、象革帶者。緣，謂喪服之内中衣緣用布緣之，二者之布升數多少。視，猶比也，各比擬其冠也。○喪服本章○女子子適人者爲其父母，卒哭，子折笄首以笄，布總。折，之設反。○疏曰：卒哭，女子子哀殺，歸于夫氏，故折吉笄之首而著布總也。案斬衰章「吉笄尺二寸」，斬衰以箭，笄長尺。檀弓齊衰笄亦云尺。則齊衰已下，皆與斬同一尺，不可更變，故折吉笄首而已。其總，斬衰已六升，長六寸，鄭注總象冠數，則齊衰總亦象冠數。正服齊衰冠八升，則正齊衰總亦八升。笄總與斬衰長短爲差，但笄不可更變折其首，總亦可更變，宜從大功總十升之布總也。傳曰：折笄首者，折吉笄之首也。吉笄者，象笄也。何以言子折笄首而不言婦？終之也。有首者，若今時刻鏤摘頭矣。卒哭而喪之大事畢，女子子可以歸於夫家而著吉笄。折其首者，爲其大飾也。○鏤，劉音陋。摘，他狄反。大，音泰，劉唐餓反。○疏曰：云「吉笄象笄也」者，傳明吉時之笄以象骨爲之，據大夫士而言。案弁師，天子諸侯笄皆玉也。鄭時摘頭之物刻鏤爲之，此笄亦在頭而去首爲大飾，明首亦刻鏤之，故舉漢法況之也。出適女子與在家婦俱著惡笄，婦不言卒哭折吉笄首，女子子即言折吉笄之首，以女子外成，既以哀殺事人，可以加容，故著吉笄仍爲大飾，折去其首。○詳見喪服女子子適人者爲其父母條。○疏衰，無受。無受者，服是服而除，不以輕服受之。○疏曰：此齊衰三月章凡變除，皆因葬練祥乃行，但此服至葬即除，無變服之理，故云服是服而除。○喪服本章○大功，無受。傳曰：何以大功也？未成人也。何以無受也？喪成人者其文縟，喪未成人者其文不縟，故殤之絰不樛垂，蓋未成人也。樛，居糾反。○縟，猶數也。其文數者，謂變除之節也。○疏曰：成人之喪，既卒哭，以輕服受之，又變麻服葛，至小祥，男子除乎首，婦人除於帶，是有變除之節也。今於殤喪象物不成，則無此除之節，數月滿則除之。○詳見喪服制度經帶制條。○大功，三月，受以小功衰，即葛，九月者。疏曰：此成人大功章。傳曰：大功布九升，小功布十一升。此受之下也，以發傳者，明受盡於此也。又受麻絰以葛絰，間傳曰：「大功之葛，與小功之麻同。」凡天子、諸侯、卿大夫既虞，士卒哭而受服。正言三月者，天子諸侯無大功，主於大夫士也。○疏曰：傳以受服不言降大功與正大功，直言義大功之受者，鄭云「此受之下也」者，明受盡於此。以其小功至葬唯有變麻服葛，因故衰無受服之法，故傳據義大功而言也。引間傳者，以大功既葬，變麻爲葛，五分去一，大小與小功初死同。經正言三月者，以天子諸侯絶旁期，無大功喪，此言三月者，主於大夫士三月葬者。○喪服本章○大功八升，若九升；小功十升，若十一升。不言七升者，主於受服，欲其文相值。○疏曰：小功、大功俱有三等，此唯各言二等，以此二小功衰受二大功之冠爲衰，二大功初死，冠還用二小功之衰，故轉相受也。云「不言七升者，主於受服」者，以其七升乃是殤大功，無受，此主於受，故不言七升也。云「欲其文相值」，值者，當也。以其正大功衰八升，冠十升，與降服小功衰十升同。既葬，以其冠爲受，受衰十升，冠十一升。義服大功衰九升，其冠十一升，與正服小功衰同。既葬，以其冠爲受，受衰十一升，冠十二升。初死，冠皆與小功衰相當，故云文相值也，是冠衰之文相值。○詳見喪服制度。○小功，即葛，五月。即，就也。小功輕，三月變麻，因故衰以就葛絰帶，而五月也。間傳曰：「小功之葛，與緦之麻同。」○喪服本章

右既虞卒哭受服案崔氏變除云：至既虞卒哭之時，乃服變服，故鄭注喪服云：「天子、諸侯、卿大夫既虞，士卒哭而受服。」其受服之時，首絰要帶，男子皆以葛易之。齊斬之婦人則易首絰，不易

腰帶，大功、小功，婦人則易要帶爲葛。雖受變麻爲葛，卒哭時亦未説麻，至祔乃説麻服葛，故士虞禮云：「婦人説首絰，不説帶。」鄭云：「不説帶，齊斬婦人也。」婦人少變而重帶。大功、小功者葛帶時亦不説者，未可以輕文變於主婦之質也。至祔，葛帶以即位。按文直云婦人，不辨輕重，故鄭爲此解。

緦小功，卒哭則免，報虞卒哭則免。詳見虞變服條。○大夫士既卒哭，弁絰帶，金革之事無辟也。詳見喪通禮動作章。○巾車：王之喪車，素車棼蔽，犬褀素飾，小服皆素。詳見制度。

右卒哭變服

繐衰，既葬除之。繐，音歲。○疏曰：此繐衰是諸侯之臣爲天子，天子七月葬，既葬除之。○公子爲其母麻衣，爲其妻麻衣，皆既葬除之。喪服○既葬，各以其服除。卒哭當變，衰麻者變之，或有除者，不視主人。○疏曰：既葬，謂三月葬竟後至卒哭重親，各隨所受而變服。若三月之親至三月數滿，應除者葬竟各自除，不待主人卒哭之變，故云各以其服除也。○檀弓

右既葬除服今案：喪服記：「朋友麻。」疏曰：凡服弔服，亦當依氣節而除，並與緦麻同三月除之矣。爲士雖比殯不舉樂，其服亦當既葬除矣。○又案：疏衰三月無受者，緦麻三月者，至三月數滿葬竟各自除，當附此章。然天子、諸侯、大夫、士葬月不同，其三月除服者入，各以月數除服章。

不杖，麻屨。喪服本章，下同。○疏衰，無受。○大功，無受。傳曰：其長殤皆九月，其中殤皆七月。疏曰：五服之正，無七月之服，唯此大功中殤有之，故禮記云：「九月、七月之喪，三時。」

是也。○詳見喪服制度。○大功，即葛，九月。此成人大功章。○小功，五月。疏曰：此殤小功章不言無受者，欲互見爲義。大功言無受，此亦無受，此言五月，彼則九月、七月可知。○小功，即葛，五月。疏曰：此成人小功章。○緦麻，三月。疏曰：三月者，凡喪服變除，皆法天道，故此服之輕者法三月，一時天氣變，可以除之，故三月也。○案：喪服小記云：「緦，小功虞，卒哭則免。」衰既稱免，則衰服俟卒哭始除可知。○已上喪服。○九月、七月之喪，三時也；五月之喪，二時也；三月之喪，一時也。言喪之節應歲時之氣。○小記○除殤之喪者，其祭也必玄。殤無變，文不縟，玄冠、玄端、黄裳而祭，不朝服，未純吉也。於成人爲釋禫之服。○朝，直遥反。○疏曰：除殤之喪者，謂除長殤、中殤、下殤之喪。其祭也必玄者，其除喪祭服必玄冠、玄端，黄裳，異於成人之喪也。云「殤無變」者，無虞卒哭及練之變服。所以然者，文不縟。意在於質，不在繁縟。若成人喪服初除著朝服，禫祭始從玄端。今除殤之喪即從禫服，是文不繁縟也，故鄭注喪服云：「縟，數也。」「玄冠玄端黄裳而祭不朝服未純吉也」者，以經云「必玄」，故知玄冠、玄端也。知「黄裳」者，若其素裳則與朝服純吉同，故知黄裳也。知「不玄裳」者，以玄黄相對之色，故知釋禫之服。若云玄裳，即與上士吉服玄端同文，非釋禫服也。除成喪者，其祭也朝服縞冠。成，成人也。縞冠，未純吉祭服也。既祥祭乃素縞麻衣。○疏曰：成喪，謂成人之喪。其祥祭也，衣朝服而縞冠。所以朝服縞冠者，未純吉也。又曰：大夫朝服而祭，朝服者，玄冠、緇衣、素裳，是純吉之祭服也。今用縞冠，是未純吉之祭服也。○同上○諸父昆弟之喪，如當父母之喪，其除諸父昆弟之喪也，皆服其除喪之服，卒事反喪服。雖有親之大喪，猶爲輕服者，除骨肉之恩也。唯君之喪，不除私服。言「當」者，期大功之喪，或終始皆在三年之中。小功緦麻則不除，殤長、中乃除。○疏曰：如當者，言此諸親自始死至除服，皆在父母服內，故云「如當」也。「其除諸父昆弟之喪也，皆服其除喪之服，卒事反喪服」者，亦爲服除服，而除竟亦反先服也，此亦謂重喪葬後之時也。何以知然？既始末在重喪中，則其除自然知在重喪之葬後也。上文爲父祥尚待母葬後乃除，則輕親可知也。然但舉此輕，足明前之重。而前文云言母喪得爲父變除者，庾氏云：蓋以變除事大故也。云「雖有親之大喪，猶爲輕服者除骨肉之恩也」者，以在大喪之中得爲輕服除者，輕服是骨肉恩親，故得除之。云「小功緦麻則不除」者，案服問云：「緦之麻不變小功之葛，小功之麻不變大功之葛。」據此言之，是尋常小功緦麻不得易大功以上之服，故知有大功以上之服不得爲小功緦麻除服也。云「殤長中乃除」者，以服問云：「殤長、中變三年之葛。」既變三年之葛，明在大功以上服中，爲殤長中著服而又爲之除也。

○雜記○兄弟之喪內除。詳見大祥除服條。

右不杖以下各以月數除服○春秋哀公五年閏月，葬齊景公。閏不書，此何以書？據楚子昭卒不書。喪以閏數。數，所主反。○謂喪服大功以下諸喪，當以閏月爲數。喪曷爲以閏數？喪數略也。略，猶殺也。以月數恩殺，故并閏數。○疏曰：鄭志：趙商問曰：文六年經曰：「閏月不告朔，猶朝于廟。」穀梁傳云：「閏月，附月之餘日。喪事不數。」又哀五年閏月葬齊景公，公羊傳云：「閏月不書，此何以書？」喪以閏數。「喪數略也。」此二傳義反，於禮斷之何就？答曰：居喪之禮以月數者，數閏；以年數者，雖有閏，無與于數也。然則，鄭氏之意以爲彼云喪事不數者，謂期與三年也。此云喪以閏數者，謂大功以下也。○公羊傳祔，杖不升於堂。詳見士虞禮設饌條。○有父母之喪尚功衰，而祔兄弟之殤則練冠。雜記○詳見後並有喪服章〔一三〕。

右祔變服今案：士虞記：卒哭，「婦人説首絰，不説帶。」注云：「大功小功葛帶，時亦不説者，未可以輕文變於主婦之質。至祔，葛帶以即位。」

練，筮日筮尸視濯，皆要絰杖繩屨，有司告具而后去杖。筮日筮尸，有司告事畢而后杖，拜送賓。濯，大角反。○臨事去杖，敬也。濯，謂溉祭器也。○溉，古代反。○疏曰：練爲小祥也。皆要絰杖繩屨者，爲喪至小祥，男子除首絰，唯有要絰而病尚深，故猶有杖。屨是末服，又變爲繩麻。將欲小祥前日，豫筮占小祥之日，亦是占小祥之尸。及視濯器，則豫著小祥之服以臨此三事也。所以然者，此前三事悉是爲祭，祭欲吉，故豫服也。不言衰與冠者，亦同小祥矣。有司告具而後去杖者，有司謂執事者，鄉者變服猶杖，今執事之人既告三事辦具將欲臨事，故孝子便去杖，亦敬生故也。「筮日筮尸，有司告事畢而后杖，拜送賓」者，筮日與尸二事皆有賓來，向當臨事時去杖，今若執事之人告筮占之事已畢，則孝子更執杖以拜送於賓矣。不言視濯者，視濯輕而無賓，故不言也。○喪服小記

右練筮日筮尸變服

父母之喪，十三月而練冠。喪服四制○期之喪，十一月而練。此謂父在爲母也。○雜記○

案喪服疏云：爲妻亦申餘親，惟至十三月而除之，不練服也。○期而練。大戴記○練，練衣黃裏，縓緣。縓，七絹反，淺赤色，今之紅也。緣，悦絹反。○小祥練冠，練，中衣，以黃爲内，縓爲飾黃之色，卑於纁。縓，纁之類，明外除。○纁，許云反。○疏曰：練，小祥也。小祥而著練冠練中衣，故曰練也。練衣者，練爲中衣黃裏者，黃爲中衣裏也。正服不可變，中衣非正服，但承衰而已，故小祥而爲之黃袷裏也。縓緣者，縓爲淺絳色也，緣謂中衣領及褎緣也。裏用黃而領緣用縓者，領緣外也，明其外除，故飾見外也。又曰：纁是赤色也，其色華美。黃雖是正色，質卑於纁。爾雅釋器云：「一染謂之縓，三染謂之纁。」故言纁類也。華者在外，故云明外除。葛要絰，要，一遥反。○疏曰：葛要絰者，亦小祥後事也。小祥，男子去首絰，唯餘要葛也。繩屨無絇，絇，其俱反。○疏曰：繩屨者，謂父喪，菅屨卒哭，受齊衰蒯藨屨，至小祥受大功繩麻屨也。無絇者，絇，屨頭飾也，吉有喪無。角瑱，瑱，吐練反。○瑱，充耳也。吉時以玉，人君有瑱。○疏曰：角瑱者，瑱，充耳也，人君平常吉用玉爲之，以掩於耳，在初喪亦無，至小祥微飾，以角爲之。又曰：案吉時君大夫士皆有瑱，此唯云「人君有瑱」者，以經云「角瑱」，故鄭云「吉時以玉」，據人君吉時，又云「人君有瑱」，故知人臣凶時無瑱。鹿裘衡長袪。袪，起無反，一音丘據反。○衡，當爲横，字之誤也。袪，謂褎緣袂口也。練而爲裘，横廣之，又長之，又爲袪，則先時狹短無袪可知，吉時麛裘。○褎，本又作袖，音徐秀反。袂，面世反。○疏曰：鹿裘者，亦小祥後也，爲冬時吉凶衣裏皆有裘。吉時則貴賤有異，喪時則同用大鹿皮爲之，鹿色近白，與喪相宜也。衡長袪者，衡，横也，袪，褎緣口也。小祥之前，裘狹而短袂，又無袪，至小祥稍飾，則更易作横廣大者也，又長之，又設其袪也。

練而爲裘者，爲猶作也，前時已有裘，但短小，至小祥更作大長者。横廣之又長之爲袪，更新造之，又加此三法也。袪，裼之可也。裼，音昔。○裼，表裘也。有袪而裼之，備飾也。玉藻曰：「麛裘青豻褎，絞衣以裼之。」鹿裘亦用絞乎？○麛，音迷，本又作麑，同，鹿子也。豻，音岸，胡地野犬。絞，户交反。○疏曰：袪裼之可也者，裼謂裘上又加衣也。吉時裘上皆有裼衣，喪已後既凶質，雖有裘，裘上未有裼衣。至小祥裘既横長，又有袪爲吉轉文，故加裼之可也。案如此文，明小祥時外有衰，衰内有練中衣，中衣内有裼衣，裼衣内有鹿裘，鹿裘内自有常著襦衣。又曰：引玉藻者，以此經鹿裘直云「裼之可」，不知裼用何衣。大者曰鹿，小者曰麛，同類之物。麛裘既用絞爲裼，則鹿裘亦用絞乎？乎者，疑辭。然麛裘用青豻爲褎，則鹿裘之褎亦用青豻也。○檀弓○期而小祥，練冠縓緣，要絰不除。男子除乎首，婦人除乎帶。男子何爲除乎首也？婦人何爲除乎帶也？男子重首，婦人重帶，除服者先重者，易服者易輕者。縓，七戀反。緣，音掾，悦絹反。○婦人重帶，帶在下體之上，婦人重之，辟男子也。其爲帶，猶五分絰去一耳。○疏曰：期而小祥練冠縓緣者，父没，爲母與父同也。至小祥，又以卒哭後冠受其衰而用練，易其冠也。又練爲中衣，以縓爲領緣也。云「其爲帶猶五分絰去一耳」者，以婦人斬衰不變帶，以其重要故也。婦人既重其要，恐要帶與首絰粗細相似同，故云其爲帶猶須五分首絰去一分耳。以首尊於要，但婦人避男子而重要帶耳。○間傳○喪冠條屬，以別吉凶。三年之練冠亦條屬，右縫。詳見制度冠制條。○布總，箭笄，髽，衰，三年。疏曰：言「三年」者，此三者並終三年，乃始除之矣。案喪服小記云：婦人帶、惡笄以終喪。彼謂婦人期服者，帶與笄終喪，此斬衰帶亦練而除，笄亦終三年矣，故以三年言之。○喪服○疏衰，三年。詳見疏衰章。○齊衰帶惡笄以終喪。詳見卒哭受服條。○疏衰，杖，期。疏曰：雜記云十一月而練，父在爲母也，爲妻亦申。○喪服○再期之喪，三年也。期之喪，二年也。故期而祭，禮也。期而除喪，道也。祭不爲除喪也。此謂練祭也。禮，正月存親，親亡至今而期，期則宜祭。期，天道一變，哀惻之情益衰，衰則宜除，不相爲也。○衰，已追反。○疏曰：祭不爲除喪也者，言爲此練祭，自爲存念其親，不爲除喪而設。除喪自爲天道減殺，不爲存親。兩事雖同一時，不相爲也，故云祭不爲除喪也。此除喪謂練時除喪也，男子除首絰，女子除要帶，與小祥祭同時不相爲也。若至大祥除喪，此除喪亦兼之也。大祥祭除喪亦與同日，不相爲元意各別也。但祭爲存親，除喪爲天道之變，庾氏、賀氏並云：祭爲存親，幽隱難知。除喪事顯，其理易識。恐人疑祭爲除喪而設，故記者特明之，云「祭不爲除喪也」。祭雖不爲除喪，除喪與祭同時。總而言之，練祭、祥祭亦名除喪也，故下文云「三年而后葬者必再祭，其祭之閒不同時而除喪也」。又云：「除成喪者朝服縞冠」，是練祥之祭，總名除喪。○小記○縞冠玄武，子姓之冠也。縞，古老反，又古報反。○謂父有喪服，子爲之不純吉也。武，冠卷也，古者冠卷殊。○爲，于僞反。卷，起權反。○疏曰：姓，生也。孫是子之所生，故曰子姓。云「不純吉也」者，武用玄，玄是吉，冠用縞，縞是凶，吉而雜凶，故云「不純吉也」。卷用玄而冠用縞，冠卷異色，故云「古者冠卷殊」。如鄭此言，則漢時冠卷共材。○玉藻○巾車：王之喪車，藻車，藻蔽，鹿淺幦，革飾。詳見制度。

右練受服除服案：崔氏變除云：其斬衰至十三月練而除首絰、練冠素纓、中衣黃裏，縓爲領袖緣，布帶，繩屨無絇。若母三年者，小祥亦然。如父在，爲母十一月而練，其服變除，與父没爲母同。○今案：小祥後又有受服，經傳本無文，惟喪服斬衰章賈氏疏論斬衰不書受月之説云：斬衰初服麤〔一四〕，至葬後、練後、大祥後漸細加飾，斬衰裳三升，冠六升，既葬後以其冠爲受，衰裳六升，冠七升，小祥又以其冠爲受衰裳七升，冠八升，自餘齊衰以下受服之時，差降可知。又案：通典亦云：三月而卒哭，男子受以六升布爲衰裳，七升布爲冠。十三月小祥而練，除首絰，受以七升布爲衰裳。當考。

○季桓子喪，康子練而無衰，子游問於孔子曰：「既服練服，可以無衰乎？」孔子曰：「無衰衣者，不以見賓，何以除焉？」家語○子貢問曰：「練而牀，禮邪？」孔子曰：「非禮也。」詳見喪禮義。○古者臣有大喪，則君三年不呼其門，重奪孝子之心也。已練可以弁冕。所謂皮弁、爵弁。服金革之事，謂以兵事使之。君使之，非也，臣行之，禮也。閔子閔子騫以孝聞。要絰而服事，禮已練，男子除乎首，婦人除乎帶。既而曰：「若此乎，古之道不即人心。」既事畢言古者，不敢汙君即近也。退而致仕。退，退身也。致仕，還禄仕於君。孔子蓋善之也。善其服事外得事君之義，致仕內不失親親之恩。○宣元年春秋公羊傳

大祥吉服而筮尸。凡變除者，必服其吉服以即祭事，不以凶臨吉也。間傳曰：「大祥，素縞麻衣。」○縞，古老反。○疏曰：大祥吉服而筮尸者，吉服，朝服也，大祥之日縞冠朝服。今將欲祥，亦於前日豫服大祥之服，以臨筮日及筮尸、視濯。今唯云「尸」，不言「日」及「濯」者，從小祥可知也。大祥則并去絰杖繩屨，故不云杖絰屨。云「凡變除者必服其吉服以即祭事不以凶臨吉也」者，下云「大祥朝服縞

冠」是祥祭之時唯著朝服，此筮尸又在祥祭前，已著吉服，不以凶臨吉故也。引間傳者，以大祥之後著素縞麻衣，此云「吉服」，明非祥後之服，是朝服也，故引以證。○喪服小記

右大祥筮尸變服

父母之喪，三年而祥。喪服四制○期之喪，十三月而祥。此謂父在爲母也。○雜記○按喪服疏云爲妻亦申餘親期則除之，已見上條。○祥，主人之除也，於夕爲期，朝服。祥因其故服。朝，直遥反。○爲期，爲祭期也。朝服以期，至明日而祥祭，亦朝服，始即吉，正祭服也，喪服小記曰「除成喪者，其祭也朝服縞冠」是也。祭猶縞冠，未純吉也，既祭乃服大祥素縞麻衣。釋禫之禮云「玄衣黄裳」，則是禫祭玄冠矣。黄裳者，未大吉也。既祭乃服禫服、朝服，綅冠，踰月吉祭乃玄冠朝服，既祭玄端而居，復平常也。○禫，大感反。綅，息廉反。黑經白緯曰綅。○疏曰：祥，謂祥祭之時，主人除服之節。於夕爲期者，謂於祥祭前夕豫告明日祥祭之期。於此爲期之時，主人著朝服，謂緇衣素裳，其冠則縞冠也。祥因其故服者，謂明旦祥之時，主人因著其前夕故朝服也。云「始即吉正祭服也」者，以其往前居喪，今將除服，故云始即吉。於練祭之時不著祭服，於此祥時正著祭服，故云正祭服。此朝服謂之正祭服者，以諸侯卿大夫朝服而祭，故少牢禮云「主人朝服」是也。案上雜記端衰、喪車皆無等，則祥後并禫服尊卑上下無别，皆服此緇衣素裳也。此據諸侯卿大夫言之，故云正祭服。引喪服小記者，證此經中「朝服」是除成喪之服。云「祭猶縞冠未純吉也」者，以純吉朝服玄冠，今著縞冠，故云未純吉。云「既祭乃服大祥素縞麻衣」者，間傳文。以祥祭奪情，故朝服縞冠。祥祭雖訖，哀情未忘，其服稍重，加著縞冠

素紕麻衣。引釋禫之禮者，是變除禮也。其禮云「玄衣黃裳」，既著玄衣，應著玄冠，故云「則是禫祭玄冠矣」。云「黃裳者未大吉也」者，以大吉當玄衣素裳，今用黃裳，故云未大吉。云「既祭乃服禫服朝服綅冠」者，亦變除禮文。以祥祭之後，乃著大祥素縞麻衣，故知禫祭之後亦著禫服、朝服、綅冠也。云「踰月吉祭乃玄冠朝服」者，以少牢吉祭朝服故也。若天子諸侯以下，各依本官吉祭之服也。云「既祭玄端而居復平常也」者，謂既祭之後，同平常無事之時故也。從祥至吉，凡服有六：祥祭朝服縞冠，一也；祥訖素縞麻衣，二也；禫祭玄冠黃裳，三也；禫訖朝服綅冠，四也；踰月吉祭玄冠朝服，五也；既祭玄端而居，六也。○雜記○祥而縞。縞冠素紕也。○疏曰：祥，大祥也。縞，謂縞冠，大祥日著之，故小記：「除成喪者，其祭也朝服縞冠。」是也。○檀弓○縞冠素紕，既祥之冠也。紕，音埤，又婢支反。○紕，緣邊也。紕，讀如埤益之埤，既祥之冠也，已祥祭而服之也。間傳曰：「大祥素縞麻衣。」○疏曰：縞是生絹而近吉，當祥祭之時，身著朝服，首著縞冠，以其漸吉故也。喪服小記云：「除成喪者，朝服縞冠。」注云：「縞冠，未純吉祭服也。」雜記曰：「祥，主人之除也，於夕爲期，朝服。」鄭云：「祭服縞冠，未純吉。」雜記又云：「既祥，雖不當縞者必縞。」鄭云：「縞，祥祭之服。」據此兩經二注，皆云祥祭縞冠。若既祥之後，微申孝子哀情，故加以素紕，以素重于縞也，故此文云「既祥之冠」。間傳曰：「大祥素縞麻衣。」○玉藻○又期而大祥，素縞麻衣。喪服小記曰：「除成喪者，其祭也朝服縞冠。」此素縞者，玉藻所云：「縞冠素紕，既祥之冠。」麻衣，十五升布深衣也。謂之麻者，純用布，無采飾也。○疏曰：又「期而大祥素縞麻衣」者，謂二十五月大祥祭。此日除脫，則首服素冠，以縞紕之。身著朝服而爲大祥之祭，祭訖之後而哀情未除，更反服微凶之服。首著縞冠，以素紕之。身著十五升麻深衣，未有采緣，故云「大祥素縞麻衣」也。云「喪服小記曰：除成喪者，其祭也朝服縞冠」者，證當祥祭之時，所著之服非是素縞麻衣也。「玉藻所云縞冠素紕既祥之冠」者，證此經「大祥素縞麻衣」是大祥之後所服之服也。云「麻衣十五升布深衣也」者，案雜記篇云朝服十五升，此大祥之祭既著朝服，則大祥之後麻衣麤細當與朝服同者，故知十五升布深衣也。云「謂之麻者，純用布無采飾也」者，若有采飾，則謂之深衣，深衣篇所云者是也。若緣以素，則曰長衣，聘禮長衣是也。若緣之以布，則曰麻衣，此云麻衣是也。○間傳○弃杖者，斷而弃之於隱者。「棄」，本亦作古「弃」字。斷，丁管反。○杖以喪至尊，爲人得而褻之。○疏曰：杖是喪至尊之服，雖大祥弃之，猶恐人褻慢，斷之不堪他用，棄於幽隱之處，使不穢汙。○喪大記○三年之喪，二十五月而畢。詳見喪服義。○親喪外除，日月已竟而哀未忘。○疏曰：謂父母之喪，外謂服也，服猶外隨日月漸除，而深心哀未忘。兄弟之喪内除。日月未竟而哀已殺。○疏曰：兄弟，謂期服以下及小功緦也。内，心也，服制未釋而心哀先殺也。○今案：注説内除謂日月未竟而哀已殺，若日月未竟而哀先殺，則是不能終其喪也。外除、内除皆言日月已竟〔一五〕，服重者則外雖除而内未除，服輕者則不惟外除而内亦除也，注説失之。○有父之喪，如未没喪而母死，其除父之喪也，服其除服，卒事反喪服。没，猶竟也。除服，謂祥祭之服也。卒事既祭反喪服，服後死者之服。○疏曰：如未没喪者，謂父喪小祥後，在大祥之前、未竟之時也。于時又遭母喪，故云「而母死」也。母死既葬後，值父應大祥除服以行祥事，故云「服其除服」也。卒事，謂父祥竟，更還服母服也，故云卒事「反喪服」。若母喪未葬而值父二祥，則不得服其祥服也。所以爾者，二祥之祭爲吉，未葬爲凶，故未忍凶時行吉禮也。○雜記〔一六〕○曾子問曰：「大夫士有私喪，可以除之矣。而有君服焉，其除之也如之何？」孔子曰：「有君喪服於身，不敢私服，又何除焉？於是乎有過時而弗除也。君之喪，服除而後殷祭，禮也。」曾子問曰：「父母之喪，弗除可乎？」孔子曰：「先王制禮，過時弗舉，禮也。非弗能勿除也，患其過於制也，故君子過時不祭，禮也。」詳見喪變禮並有喪條。○巾車：王之喪車，駹車，雚蔽，然複，髹飾。詳見制度。

右大祥除服案：三年之喪，二十五月杖期之喪，十三月除之。○又案：崔氏變除云：斬衰二十五月，大祥朝服縞冠。故雜記云：「祥，主人之除也，於夕爲期，朝服。」又喪服小記云：「除成喪者，其祭也朝服縞冠。」既祥乃服十五升布深衣，領緣皆以布，縞冠素紕，故間傳云：「大祥素縞麻衣。」父在爲母，十三月而大祥，其服變除與父没爲母同。○素冠，刺不能三年也。庶見素冠兮，棘人欒欒兮，勞心慱慱兮。欒，力端反。慱，徒端反。○朱氏集傳曰：賦也。庶，幸也。縞冠素紕，既祥之冠也。黑經白緯曰縞。緣邊曰紕。棘，急也。喪事欲其總總爾哀遽之狀也。欒欒，瘠貌。慱慱，憂勞之貌。○祥冠，祥則冠之，禫則除之。今人皆不能行三年之喪矣，安得見此服乎？當時賢者庶幾見之，至於憂勞也。庶見素衣兮，我心傷悲兮，聊與子同歸兮。賦也。素冠則素衣矣。與子同歸，愛慕之詞也。庶見素韠兮，我心蘊結兮，聊與子如一兮。韠，音畢。蘊，於粉反。○賦也。

韠，蔽膝也，以韋爲之。冕服謂之韍，其餘曰韠。韠從裳色，素衣素裳則素韠也。蘊結，思之不解也。與子如一，甚於同歸矣。○詩檜國風

○有子蓋既祥而絲屨、組纓。屨，音句。○譏其早也。禮：既祥，白屨無絇，縞冠素紕。○絇，其俱反。○疏曰：此絲屨組纓，禫後之服，今既祥而著，故云「譏其早也」。云「禮既祥白屨無絇」，戴德喪服變除禮。云「縞冠素紕」者，玉藻文。素紕當用素爲纓，未用組，今用素組爲纓，故譏之。案玉藻云「玄冠綦組纓」者，若其綦組爲纓，則當以玄色爲冠。若既祥玄冠，則失禮之甚，不應直譏組纓也。案士冠禮「冬皮屨」，「夏用葛」，無云絲屨者。此絲屨，以絲爲飾，絇、繶、純之屬。故士冠禮云：「白屨，緇絇、繶、純；纁屨，黑絇、繶、純。」鄭注屨人云：絇，屨頭飾。「繶，是縫中紃。純，緣也。」有子蓋亦白屨，以素絲爲繶純也。○檀弓

中月而禫。自喪至此，凡二十七月。○士虞記

○期之喪，十五月而禫。此謂父在爲母也。○雜記

○禫而纖，無所不佩。纖，息廉反。○黑經白緯曰纖。舊説：纖，冠者采纓也。無所不佩，紛帨之屬，如平常也。纖，或作綅。○緯，音謂。紛，芬云反〔一七〕。帨，始銳反。綅，息廉反，又音侵。○疏曰：中月而禫者，中，間也，大祥之後更間一月而爲禫祭，二十五月大祥，二十七月而禫。禫而纖者，禫祭之時玄冠朝服，禫祭既訖，而首著纖冠，身著素端黃裳。又云「黑經白緯曰纖」者，戴德變除禮文。云「舊説纖冠者采纓也」者，以無正文，故以舊説而言之。云「無所不佩紛帨之屬如平常也」者，此謂禫祭既畢，吉祭以後，始得無所不佩。若吉祭之前，禫祭雖竟，未得無所不佩，以其禫後尚纖冠玄端黃裳，故知吉祭以後始從吉也。若吉祭在禫月，猶未純吉，士虞記云：「是月也，吉祭猶未配。」注云：「是月，是禫

月也。當四時之祭月則祭，而猶未以其妃配。」則禫之後月乃得復平常。○間傳○巾車：王之喪車，漆車，藩蔽，豻䄙，雀飾。詳見制度。

右禫易服○惟三祀十有二月朔，湯以元年十一月崩，至此二十六月，三年服闋。伊尹以冕服奉嗣王歸于亳。冕，冠也。踰月即吉服。○疏曰：周制，君薨之年屬前君，明年始爲新君之元年。此殷法，君薨之年而新君即位，即以其年爲新君之元年。惟三祀者，太甲即位之三年也。湯以元年十一月崩，至此年十一月爲再期除喪服也，至十二月服闋。闋，息也。如喪服息，即吉服。○書太甲○王宅憂，亮陰三祀。高宗居憂，信默三年不言。既免喪，其惟弗言。除喪，猶不言政。○書說命

孤子當室，冠衣不純采。純，諸允反，又之閏反，緣也。○早喪親，雖除喪，不忘哀也，謂年未三十者。三十壯有室，有代親之端，不爲孤也。當室，適子也。深衣曰：「孤子衣純以素。」○早喪，息浪反。適，丁歷反。○疏曰：孤子，謂二十九以下而無父者。當室，謂適子也。既少孤，故雖除服猶自素也。然深衣云「孤子衣純以素」，則嫡庶悉然。今云當室，則似庶子不同。崔靈恩云：「指謂當室者，不當室則純采。」所以然者，當室之孤内理烝嘗，外交宗族，所履之事莫不傷心，故特純素示哀也。深衣不云當室者，文略耳。又曰：三十以外，遭喪者除服後即得純采，今所言雖是除喪，未三十不得純采，若至三十則亦采也，故云「當室適子」也。○曲禮○孤子衣純以素。三十已下，無父稱孤。○疏曰：深衣用十五升布鍛濯灰治者，謂打洗鍛濯，用灰治理，使和熟也。然則，喪服麻衣雖似深衣之制，不必鍛濯灰

治，以其雜凶故也。○深衣

右既孤易服

曾子問曰：「父母之喪既引及塗，聞君薨，如之何？」孔子曰：「遂，既封改服而往。」塗，音徒。○封，亦當爲窆。改服，括髮徒跣，布深衣，扱上衽，不以私喪包至尊。○扱，初洽反。衽，而審反，又而鴆反。○疏曰：禮：親始死笄纚，小斂始括髮。今臣聞君喪即括髮，不笄纚者，若尋常是吉，今忽聞君喪，故去冠而笄纚。今臣有父母之喪，葬在於塗，首先服免，忽聞君喪，若著其笄纚，則與尋常吉同，以首不可無飾，故括髮也。○曾子問

○父母之喪偕，先葬者不虞祔，待後事，其葬服斬衰。偕，音皆。○偕，俱也，謂同月若同日死也。先葬者，母也。曾子問曰：「葬，先輕而後重。」又曰：「反葬，奠而後辭於殯，遂修葬事。其虞也，先重而後輕。」待後事，謂如此也。其葬服斬衰者，喪之隆衰宜從重也。假令父死在前月而同月葬，猶服斬衰，不葬不變服也。言其葬服斬衰，則虞、祔各以其服矣，及練祥皆然，卒事反服重。○疏曰：葬母既竟，不即虞祔而更修葬父之禮也。所以不即虞祔者，虞祔稍飾，父喪在殯，故未忍爲虞祔也。待後事者，後事謂葬父也。葬母竟不即虞祔，待葬父竟，先虞父乃虞母，所謂「祭先重而後輕」也。其葬服斬衰者，言父母俱喪而猶服斬者，從重也。雖葬母亦服斬衰葬之，以其父未葬而不得變服也。云「其葬服斬衰」，直以葬爲文，明爲母虞祔、練祥皆齊衰也。云「卒事反服重」者，卒事之日反服父喪，故云「卒事反服重」。○小記

○除服者先重者，易服者易輕者。易服，謂爲後喪所變也。○爲，于僞反〔一八〕。○疏曰：「易服謂爲後喪所變也」者，以身先有前喪重，今更遭後喪輕，服

欲變易前喪，故云爲後喪所變也。斬衰之喪，既虞卒哭，遭齊衰之喪，輕者包，重者特。疏曰：「斬衰之喪既虞卒哭」者，謂士及庶人也，故「卒哭」與「虞」並言之矣。若大夫以上，則虞受服，故喪服注云：「天子、諸侯、卿、大夫既虞，士卒哭而受服。」輕者包，言斬衰受服之時而遭齊衰初喪，男子輕要，得著齊衰要帶而兼包斬衰之帶，若婦人輕首，得著齊衰首絰而包斬衰之絰，故云「輕者包」也。重者特者，男子重首，特留斬衰之絰，婦人重要，特留斬衰要帶，是重者特也。既練，遭大功之喪，麻葛重。此言大功可易斬服之節也。斬衰已練，男子除絰而帶獨存，婦人除帶而絰獨存，謂之單，單獨也。遭大功之喪，男子有麻絰，婦人有麻帶。又皆易其輕者以麻，謂之重麻。既虞卒哭，男子帶其故葛帶絰，期之葛絰；婦人絰其故葛絰帶，期之葛帶，謂之重葛。○疏曰：云「既虞卒哭」云云者，謂大功既虞卒哭之後，大功葛帶輕於練之葛帶，故男子反帶其練之故葛帶也。云「絰期之葛絰」者，以男子練時首絰既除，今經大功又既葬，其首則絰大功之葛絰。今云「期之葛絰」，以大功葛絰既與練之葛帶麤細相似，非上下之差，故大功葛絰但粗細與期之絰同，故云絰期之葛絰，其實大功葛絰也。云「婦人絰其故葛絰帶，期之葛帶」者〔一九〕，大功既葬之後〔二〇〕，大功首絰輕於練之葛絰，故反服其練之故葛絰帶，謂婦人練後要帶已除，今大功已葬，其要則帶大功葛帶也。謂之期葛帶者，麤細與期同，其實是大功葛帶也〔二一〕。○齊衰之喪，既虞卒哭，遭大功之喪，麻葛兼服之。此言大功可易齊衰期服之節也。兼，猶兩也。不言包、特而兩言者，包、特著其義，「兼」者明有絰有帶耳。不言重者，三年之喪既練，或無絰，或無帶。言重者，以明今皆有，期以下固皆有矣。兩者，有麻有葛耳，葛者亦特其重，麻者亦包其輕。○疏曰：麻葛兼服之者，即前文「輕者包，重者特」之義。今齊衰既虞卒哭，遭大功之喪，易換輕者，男子則大功麻帶易齊衰之葛帶，其首猶服齊衰葛絰，是首有葛，要有麻，故云「麻葛兼服之」，文據男子也。婦人則首服大功之麻絰，要服齊衰之麻帶，上下俱麻，不得云麻葛兼服之也。又曰「包特著其義，兼者明有絰有帶耳」者，以卑者可包尊，須特著其尊卑之義，故於斬衰重服言之兼者，不取其義，直云絰帶麻葛兼有，故於男子齊衰輕服言之也。云「不言重者，三年之喪既練，或無絰，或無帶。言重者，以明今皆有」者，鄭以斬衰既練遭大功之喪麻葛重，此文承麻葛重下，所以不稱麻葛重者，以三年之喪既練之後，男子除首絰，是或無絰也。婦人除要帶，是或無帶也。所以稱重，以於先既單，今首絰皆有，故須稱重。云「期以下固皆有矣」者，言期喪虞卒哭男子首之與要固當皆有絰帶，婦人亦然，既不似既練之單，所以不得稱重也。斬衰之葛，與齊衰之麻同。齊衰之葛，與大功之麻同。大功之葛，與小功之麻同。小功之葛，與緦之麻同。麻同則兼服之〔一二〕。此章言有上服，既虞卒哭，遭下服之差也。唯大功有變三年既練之服，小功以下則於上皆無易焉。此言「大功之葛與小功之麻同，小功之葛與緦之麻同」，主爲大功之殤長中言之。○爲，于僞反。長，丁丈反。○疏曰：此明五服葛之與麻麤細相同，同者與後兼前服也。麻同則兼服之者，以後服之麻與前服之葛麤細同，則得服後麻兼前服葛也。案服問篇小功緦不得變大功以上，此小功之麻得變大功之葛，緦之麻得變小功之葛，謂成人大功之殤在長中，服問已釋。兼服之，服重者則易輕者也。服重者，謂特之也。則者，則男子與婦人也。凡下服虞卒哭，男子反其故葛帶，婦人反其故葛絰。其上服除則固自受，以下服之受矣。○疏曰：兼服之服重者，則前文「重者特」是也。

則易輕者也，謂男子、婦人則易換輕者，前文「輕者包」是也。又曰：云「則者則男子與婦人也」者，以前文「麻葛兼服之」，但施於男子，不包婦人。今此易輕者，男子則易於要，婦人則易於首，男子婦人俱得易輕，故云「則者，則男子與婦人也」。云「凡下服虞卒哭，男子反其故葛帶，婦人反其故葛絰」者，此明遭後喪服初喪，男子婦人雖易前服之輕，至後服既葬之後還須反服其前喪，故云「男子反服其故葛帶，婦人反服其故葛絰」。○間傳○横渠張先生曰：舊注不可用。此爲三年之喪以上而言，故作記者以斬齊及大功明之〔一三〕。若斬衰既練、齊衰既卒哭，則首帶皆葛，又有大功新喪之麻，則與齊之首絰麻葛兩施之，既不敢易斬帶之輕，以斬葛大於大功之麻，又不敢易齊首之重，輕者方敢易去，則重者固當存，故麻葛之絰兩施於首。若大功既葬，則當服齊衰之葛，不服大功之葛，所謂兼服之服重者則變輕者正謂此爾。若齊衰未葛，則大功之麻亦止當免則絰之而已。如此，喪變雖多，一用此制，前後禮文不相乖戾。○除喪者，先重者。謂練：男子除乎首，婦人除乎帶。易服者，易輕者。謂大喪既虞卒哭而遭小喪也〔一四〕，其易喪服，男子易乎帶，婦人易乎首。○疏曰：此一節論服之輕重相易及除脱之義。重，謂男首絰、女要絰，男重首，女重要。凡所重者有除無變，所以卒哭不受以輕服，至小祥各除其重也，「謂練男子除乎首，婦人除乎帶」是也。易服者易輕者，易謂先遭重喪，後遭輕喪。變先者輕，則謂男子要、婦人首也。謂先遭斬服，虞卒哭已變葛絰，大小如齊衰之麻。若又遭齊衰之喪，齊衰要首皆牡麻，牡麻則重於葛服，宜從重。而男不變首，女不易要，以其所重故也。但以麻易男要女首，是所輕故也。男子易乎帶，婦人易乎首，若未虞卒哭，則後喪不能變也。○小記○斬衰之葛與齊衰之麻同，絰之大，俱七寸五分寸之一。帶，五寸二十五分寸之十九。齊衰之葛與大功之麻同，絰之大，俱五寸二十五分寸之十九。帶，四寸百二十五分寸之七十六。麻同皆兼服之。皆者，皆上二事也。兼服之，謂服麻又服葛也，男子則絰上服之葛，帶下服之麻，婦人則絰下服之麻，固自帶其故帶也，所謂「易服，易輕者」也。「兼服」之文，主於男子。○疏曰：凡筭之法，皆以五乘母，乘母既訖，納子餘分以爲積數，然後以寸法除之。但其事繁碎，故略舉大綱也。又曰：二事，謂斬衰葛與齊衰麻同，齊衰葛與大功麻同，故云「皆上二事也」。云「男子則絰上服之葛帶下服之麻」者，以前文云「易服者，易輕者」，閒傳篇云「男子重首，則要輕也」，是男子易要帶不易首絰，故云「則絰上服之葛，帶下服之麻」也。云「婦人則絰下服之麻固自帶其故帶也」者，以下服初死，故服下服之麻，故檀弓篇云「婦人不葛帶」是也。前服受服之時不變葛，仍服前麻帶，故云「帶其故帶也」。云「兼服之文主於男子」者，言婦人絰帶俱麻，今經云「麻葛兼服之」，故云「主於男子」也。○同上○麻之有本者，變三年之葛。有本，謂大功以上也。小功以下，澡麻斷本。○上，時掌反。澡，音早。斷，丁管反。○疏曰：「麻之有本者，變三年之葛」者，謂大功以上爲帶者，麻之根本并留之，合糾爲帶。如此者，得變三年之練葛。若麻之無本，謂小功以下，其絰澡麻斷本，是麻之無本，不得變三年之葛也。言變三年葛，舉其重者，其實期之葛有本者亦得變之矣。○服問○殤長、中，變三年之葛，終殤之月筭，而反三年之葛〔二五〕。是非重麻，爲其無卒哭之稅。下殤則否。筭，徐音蒜，悉亂反。重，直勇反，徐治龍反。○謂大功之親爲殤在緦、小功者也，可以變三年之葛，正親親也。三年之葛，大功變既練，齊衰變既虞卒哭。凡喪卒哭，受麻以葛。殤以麻終喪之月數，非重之而不變，爲殤未成人，文不縟耳。下殤則否，言賤也。男子爲大功之殤中從上，服小功。婦人爲之中從下，服緦麻。○疏曰：「殤長中變三年之葛」者，謂本服大功之喪，今乃降在長、中殤。男子則爲之小功，婦人爲長殤小功，中殤則緦麻，如此者，得變三年之葛也。終殤之月筭者，謂著此殤喪服之麻，終竟此殤之月筭數，還反服三年之葛也。是非重麻爲其無卒哭之稅者，言服殤長、中之麻不改，又變三年之葛，是非重此麻也。所以服不改，又變前喪葛者，以殤服質略，初死服麻已後，無卒哭之時稅麻服葛之法，以其質略，其文不縟故也。下殤則否者，以大功以下殤，謂男子、婦人俱爲之緦麻，其情既輕，則不得變三年之葛也。案上文「麻之有本」得變三年之葛，則齊衰下殤雖是小功，亦是麻之有本，故喪服小記云：「下殤小功，帶澡麻，不絶本。」然齊衰下殤乃變三年之葛，今大功長殤麻既無本，得變三年之葛者，以其殤服質略，無虞卒哭之稅，故特得變之。若成人小功緦麻，麻既無本，故不得變也。又曰：云「正親親也」者，以大功之親，其殤所以得變三年之葛者，以大功是正親親，故重其殤也。云「三年之葛大功變既練」者，則雜記篇云：「三年之練冠，則以大功之麻易之。」是也。云「齊衰變既虞卒哭」者，則間傳篇云：「斬衰之喪，既虞卒哭，遭齊衰之喪，輕者包，重者特。」是也。云「爲殤未成人，文不縟耳」者，縟謂數也，謂禮文繁數。若成人以上，則禮繁數，故變麻服葛。今殤是未成人，唯在質略，無文飾之繁數，故不變麻服葛也。

○服問○大夫有私喪之葛，則於其兄弟之輕喪則弁経。私喪，妻子之喪也。輕喪，緦麻也，大夫降焉，弔服而往，不以私喪之末臨兄弟。○疏曰：私喪之葛者，謂妻子之喪，至卒哭以葛代麻之後，是私喪之葛。「則於其兄弟之輕喪則弁経」者，於此之時，遭兄弟之輕喪，緦麻亦著弔服弁経而往，不以私喪之末臨兄弟也。若成服之後則錫衰，未成服之前，身著素裳而首服弁絰也。○雜記○既練遭大功之喪，麻葛重。注疏見上文。○有三年之練冠，則以大功之麻易之，唯杖屨不易。謂既練而遭大功之喪者也。練除首絰，要絰葛，又不如大功之麻重也。言練冠易麻，互言之也。唯杖屨不易，言其餘皆易也。屨不易者，練與大功俱用繩耳。○要，一遥反。重，直龍反。○疏曰：此一經明先有三年練冠之節，今遭大功之麻易之。先師解此凡有三義：案聖證論云：范宣子之意，以母喪既練遭降服大功則易衰，以母之既練衰八升，降服大功衰七升，故得易之，其餘則否。賀瑒之意，以三等大功皆得易三年練衰。其三等大功，衰雖七升、八升、九升之布，有細於三年之練衰，以其新喪之重，故皆易之。皇氏云：或不易。庾氏之説，唯謂降服大功衰得易三年之練，其餘七升、八升、九升之大功，則不得易三年之練〔二六〕。今依庾説。此大功者，特據降服大功也，故下文云「而祔兄弟之殤」，雖論小功之兄弟而云降服，則知此大功之麻易據殤也。「有三年之練冠」者，謂遭三年之喪，至練時之冠以首絰已除，故特云冠。「則以大功之麻易之」者，初死者是降服大功，則以此大功之麻易三年之練。「唯杖屨不易」者，言大功無杖，無可改易，三年練與大功初喪同是繩屨，故杖屨不易。又曰：云「練除首絰」者，間傳云：首絰既除，故著大功麻絰。云「要絰葛又不如大功之麻重也」者，斬衰既練要絰與大功初死要絰麤細同，斬衰是葛，大功是麻，故云「要絰葛，又不如大功之麻重也」。云「言練冠易麻互言之也」者，麻謂絰帶。大功言絰帶，明三年練亦有絰帶；三年練云冠，明大功亦有冠。是大功冠與絰帶易三年冠及絰帶，故云「互言之」。云「唯杖屨不易言其餘皆易也」者，絰既言冠言麻，以明换易。又云「杖屨不易」，則知衰亦在易中，故言「其餘皆易」，謂冠也、要帶也、衰也，言悉易也。然練之首絰除矣，無可易也，又大功無杖，亦無可易也。而云易與不易者，因其餘有易者連言之。○雜記○既練，遇麻斷本者，於免絰之。既免去絰，每可以絰必絰，既絰則去之。免，音問，下及注不免者皆同。○練無首絰，於有事則免絰如其倫，免無不絰，絰有不免，其無事則自若練服也。○疏曰：既練遇麻斷本者，此明斬衰既練之後，遭小功之喪，雖不變服，得爲之加絰也。既練之後遭遇麻之斷本，小功之喪於免絰之者，以練無首絰，於小功喪有事於免之時，則爲之加小功之絰也。既免去絰者，謂小功以下之喪斂殯事竟，既免之後，則脱去其絰也。每可以絰必絰者，謂於小功以下之喪當斂殯之節，每可以絰之時，必爲之加麻也。既絰則去之者，謂不應絰之時則去其絰，自若練服也。又曰：有事則免絰如其倫者，倫謂倫類，雖爲之不變服，其應免絰之時，如平常有服之倫類也。云「免無不絰」者，解經「於免絰」之於，是免之時必著絰，則大斂小斂之節，衆主人必加絰也。云「絰有不免」者，解經每可以絰必絰也。云「絰謂不免但云絰」者，謂既葬之後虞及卒哭之節，但著絰不有免，以服成故也，是絰有不免者也。○服問○小功不易喪之練冠，如免，則絰其緦、小功之絰，因其初葛帶。緦之麻不變小功之葛，小功之麻不變大功之葛，以有本爲税。爲税，上如字，下吐外反。○税亦變易也。小功以下之麻，雖與上葛同，猶不變也，此要其麻有本者乃變上耳。雜記曰：「有三年之練冠，則以大功之麻易之，唯杖屨不易也。」○疏曰：小功不易喪之練冠者，言小功以下之喪不合變易三年喪之練冠，其期之練冠亦不得易也〔二七〕。「如免，則絰其緦、小功之絰」者，謂如當緦小功著免之節則首絰，其緦與小功之絰，所以爲後喪緦絰者，以前喪練冠首絰已除故也。

上經云「小功不易」，明緦不易，下經云「緦小功之絰」兼言緦者，恐免絰不及緦故也。因其初葛帶者，言小功以下之喪，要中所著仍因其初喪練葛帶，上文云「期喪既葬，則帶練之故葛帶」，此小功已下之喪亦著練之初葛帶。不云故而云「初」者，以期初喪之時變練之葛帶爲麻。期既葬之後，還反，服練之故葛帶，故言「故」也。謂其小功以下之喪不變練之葛帶，故云「初葛帶」也。「緦之麻不變小功之葛，小功之麻不變大功之葛」者，謂以輕喪之麻本服既輕，雖初喪之麻不變前重喪之葛也。以有本爲稅者，稅爲變易也。所以「緦之麻不變小功者」，以其緦與小功麻絰既無本，不合稅變前喪，唯大功以上麻絰有本者得稅變前喪也。又曰：云「稅亦變易也」者，以一經之内有變有稅兩文，故言稅亦變易也。引雜記者，欲明大功之麻，非但得易期喪之葛，亦得易三年練冠之葛也。○服問○三年之喪既練矣，有期之喪既葬矣，則帶其故葛帶，絰期之絰，服其功衰。期，音基。○帶其故葛帶者，三年既練，期既葬，差相似也。經期之葛絰，三年既練首絰除矣，爲父既練衰七升，母既葬衰八升。凡齊衰，既葬衰，或八升，或九升，服其功衰服麤衰。○疏曰：「三年之喪既練矣，有期之喪既葬矣」者，謂三年之喪練祭之後，又當期喪既葬之節也。則帶其故葛帶者，故葛帶，謂三年練葛帶也。今期喪既葬，男子則應著葛帶，與三年之葛帶麤細正同，以父葛爲重，故帶其故葛帶。絰期之絰者，謂三年練後首絰既除，故絰期之葛絰。若婦人練後麻帶除矣，則絰其故葛絰，帶期之麻帶，以其婦人不葛帶故也。服其功衰者，功衰謂服父之練之功衰也。又曰：「三年既練期既葬差相似也」者，三年既練，要帶四寸百二十五分寸之七十六，期之既葬，其帶亦然，故云「差相似」〔一二八〕，但父帶爲重，故「帶其故葛帶」也。云「經期之葛絰三年既練首絰除矣」者，以三年既練男子除於首，是男子首絰除矣，其首空，故「絰期之葛絰」，此文主於男子也。若其婦人則首絰練之故葛絰，練後麻帶已除，則要絰期之麻帶也。云「爲父既練衰七升」者，以閒傳稱：「斬衰三升，既虞卒哭，受以成布六升。」則知既練衰七升也。云「母既葬衰八升」者，此言八升者誤，當云七升，故閒傳云：「爲母疏衰四升，受以成布七升。」是既葬受時爲母衰七升也。云「凡齊衰，既葬衰，或八升，或九升」者，以父之既練、母之既葬衰皆七升，其齊衰仍有八升、九升，故更言之。八升者是正服齊衰，或九升者是，義服齊衰也。云「服其功衰服麤衰」者，功即麤也，言齊衰既有八升、九升服也，其麤者謂七升，父之衰也。經不云服其父衰而云「功衰」者，經稱三年之衰，則父爲長子及父卒爲母皆是三年。今期喪既葬反服其服，若言功衰總道三人，故不得特言服父衰也。母喪既練，雖衰八升與正服既葬齊衰同，以母服爲重，亦服母之齊衰也。皇氏云：謂三年既練之後初遭期喪。今謂此經亦三年未練之前，初有期喪未葬，爲前三年之衰爲練祭，至期既葬乃帶其故葛帶，絰期之葛絰也。必知其期喪未葬已前得爲三年練祭者，雜記篇云：「三年之喪」，「既穎，其練祥皆行。」彼謂後喪亦三年，既穎之後得行前三年之喪練祭，則知後喪期年未穎之前，得爲三年之喪而行練也。有大功之喪亦如之，大功之麻變三年之練葛，期既葬之葛帶小於練之葛帶，又當有絰，亦反服其故葛帶，絰期之絰，差之宜也。此雖變麻服葛，大小同耳，亦服其功衰。凡三年之喪既練，始遭齊衰大功之喪，絰帶皆麻。○疏曰：有大功之喪亦如之者，此明三年之喪練後有大功之喪也。大功之喪者，爲大功喪既葬，以前經云期之喪既葬，則此大功之喪亦既葬。不云既葬者，從上省文也。亦如之者，言亦帶其故葛帶，絰期之葛絰也。又曰：言大功初死之麻變三年練後之葛，首要皆麻矣，故間傳謂之重麻也。云「期既葬之葛帶」者，謂大功既葬葛帶以次差之，三寸有餘，三年練之葛帶以次差之，則四寸有餘。大功既葬葛帶小於練之葛帶，故反服練之故葛帶也。又大功既葬者首絰四寸有餘，若要服練之葛帶，首服大功既葬之葛絰，既麤細相似，不得爲五分去一爲帶之差，故首絰與期之絰五寸有餘，進與期之既葬同也，故云「絰期之絰」，是差次之宜也。此注亦主於男子矣，其婦人之服於下間傳篇具釋也。云「此雖變麻服葛大小同耳」者，大功初喪服麻之時，首絰五寸餘，要帶四寸餘，大功既葬之後，首絰應合四寸餘，要帶本合三寸餘。既服練之，要帶四寸餘，則其首絰合五分加一成五寸餘也，是大功初死之麻，齊衰既葬之葛與初死之麻大小同耳。云「亦服其功衰」者，亦上文也。服其功衰，謂服父之練衰也。以大功初喪者衰七升、八升、九升，然服父七升也。云「凡三年之喪既練，始遭齊衰大功之喪，絰帶皆麻」者，間傳篇云：斬衰「既練，遭大功之喪，既重麻」。則知斬衰既練遭齊衰灼然重麻，故云「絰帶皆麻」也。此熊氏、皇氏之説，檢勘鄭意，其義然也。崔氏云：此經大功之喪承前經之下，既有三年之練，又有期喪既葬，合大功既葬之後，故帶其練之故葛帶、絰期之葛絰，於此經文其義得通，然於間傳之文於義不合。案間傳：斬衰「既虞卒哭，遭齊衰之喪」。又云：「既練，遭大功之喪。」文各別，則此經文大功唯據三年練後，不合期喪既葬也。注云「男子絰期之葛絰，婦人帶期之葛帶」，其誤者爲期絰、期帶，謂其大功之絰、大功之帶，然於鄭注其義稍乖也，當以熊、皇爲正也。

小功無變也。無所變於大功齊斬之服，不用輕累重也。○累，劣彼反，又劣僞反。○疏曰：小功無變也，謂先有大功以上喪服，今遭小功之喪無變於前服，不以輕服減累於重也。○服問○

如三年之喪則既

潁，其練祥皆行。潁，口迥反，徐孔潁反，沈苦頂反。○言今之喪既服潁，乃爲前三年者變除而練祥祭也。此主謂先有父母之服，今又喪長子者，其先有長子之服，今又喪父母，其禮亦然。然則言未没喪者，已練祥矣。潁，草名，無葛之鄉，去麻則用潁。○疏曰：「如三年之喪則既潁，其練祥皆行」，此明前後俱遭三年之喪，後喪既受葛之後，得爲前喪。練祥既潁者，謂後喪既虞卒哭，合以變麻爲葛，無葛之鄉則用潁也。後喪既潁之後，其前喪須練祭、祥祭皆舉行之。又曰：云「此主謂先有父母之服，今又喪長子者，其先有長子之服，今又喪父母，其禮亦然」者，以經不云長子之喪，而云「三年之喪既潁」，明三年之文互包父母，故知先有長子之喪既潁也。依禮，父在不爲長子三年，今云「先有長子之服，今又喪父母」者，庾氏及熊氏並云：有父者誤也，當應云今又喪母，不得并稱父也。庾氏又云：後喪既潁，又前喪練祥皆行，若後喪既殯得爲前喪虞祔，未知然否？且依録之云「未没喪者，已練祥矣」者，以此經云三年之喪既潁，不云未没喪，則知既潁與未没喪者别也。既潁是既虞受服之時，没喪是既練之後，稱言未没是將没之文，故知練後也。若先有父喪而後母死，練祥亦然。以前文父死爲母三年也，故喪服齊衰三年章云「父卒則爲母」是也。若先有母喪而後父卒，母喪雖有期，父喪既潁，母之練祥亦皆行也。○雜記

○**有父母之喪尚功衰，而附兄弟之殤則練冠附於殤。**此兄弟之殤，謂大功親以下之殤也。斬衰、齊衰之喪練，皆受以大功之衰。此謂之功衰，以是時而附大功親以下之殤。大功親以下之殤輕，不易服。○疏曰：明有父母之喪，既練之後得附兄弟小功之殤。尚功衰者，衰謂三年練後之衰，升數與大功同，故云「功衰」。今已有父母之喪，猶尚身著功衰，今兄弟有殤在小功者，當須附祭，故云「而附兄弟之殤則練

冠附於殤」者。小功以下既輕，不合改練時之服，則身著練冠附祭於殤。○同上

右並有喪服

久而不葬者，唯主喪者不除，其餘以麻終月數者，除喪則已。其餘，謂旁親也。以麻終月數，不葬者，喪不變也。○疏曰：久而不葬者，謂有事礙不得依月葬者，則三年服，身皆不得祥除也。今云「唯主喪者」，亦欲廣説子爲父，妻爲夫，臣爲君，孫爲祖，得爲喪主，四者悉不除也。「其餘以麻終月數」者，其餘謂期以下至緦也。麻終月數者，主人既未葬，故諸親不得變葛，仍猶服麻，各至服限竟而除也。除喪則已者，謂月足而除，不待主人葬除也。然此皆藏之，至葬則反服之也，故下云「及其葬也，反服其服」是也。然雖緦亦藏服，以其未經葬故也。盧曰：其下子孫皆不除也，以主喪爲正耳。餘親者以麻，各終其月數除矣。案服問曰：「君所主，夫人、妻、大子、適婦。」謂此在不除之例，以尊主卑，不得同以卑主尊，無緣以卑之未葬而使尊者長服衰絰也。主喪不除，唯於承重之身爲其祖。若子之爲父，臣之爲君，妻之爲夫，此之不除也。○小記○又案：司徒文子曰：喪服既除，然後乃葬，則其服何服？子思答曰：三年之喪未葬，服不變除，何有焉？期大功之喪服，其所除之服以葬，既葬而除之。○孔叢子○

三年而后葬者必再祭，其祭之閒不同時而除喪。再祭，練祥也。既祔明月練而祭，又明月祥而祭，必異月者，以葬與練祥本異歲，宜異時也。已祥則除不禫。○疏曰：云「已祥則除不禫」者，以經直云「必再祭」，故知不禫。禫者，本爲思念情深，不忍頓除，故有禫也。今既三年始葬，哀情已極，故不禫也。○詳見祔練祥禫記練條。

右久不葬服

君弔則復殯服。復，反也，反其未殯未成服之服，新君事也。謂臣喪既殯後，君乃始來弔也。○詳見喪大記殯後受弔條。○君弔雖不當免時也，主人必免，不散麻。雖異國之君，免也，親者皆免。不散麻者，自若絞垂，爲人君變，貶於大斂之前、既啓之後也。親者，大功以上也。異國之君免，或爲弔。○疏曰：凡大斂之前著免，大功以上散麻，大斂以後著冠。不散麻，糾其垂也。至將葬，啓殯之後，已葬之前，亦免，大功以上亦散麻。若君弔，雖不當免時，必爲之著免，不散麻帶，貶於大斂之前及既啓之後。「雖異國之君免也親者皆免」者，己君之來其免如此，雖他國君來，與己國君同，主人爲之著免。主人既免，大功已上親者皆從主人之免，敬異國君也。異國之君尚然，己君來弔，主人著免，則親者亦免可知也。注云「不散麻者自若絞垂」者，若，如也，大斂以前散麻帶垂，大斂畢後絞其垂者。今人君來弔，自如尋常絞垂不散麻也。所以然者，爲人君變，貶於大斂之前及既啓之後也。○小記○當袒，大夫至，雖當踊，絶踊而拜之，反改成踊，乃襲。於士，既事成踊襲而后拜之，不改成踊。詳見士喪禮奉尸侇于堂拜賓條。○諸侯弔，雖已葬，主人必免。必免者，尊人君，爲之變也。○小記○凡喪服未畢，有弔者，則爲位而哭拜踊。客始來，主人不可以殺禮待之。○疏曰：凡喪服未畢者，是喪服未畢了，猶有餘日未滿，其禮已殺，若有人始來弔，當爲位哭踊，不以殺禮而待新弔之賓也。言「凡」者，五服悉然。○雜記○主人未除喪，有兄弟自他國至，則主人不免而爲主。親質不崇敬也。○疏曰：夫免必有時，若葬後唯君來弔，雖非時亦爲之免，崇敬欲新其事也。若五屬之親非時而奔，則主人不須爲之免也。嫌親始奔，亦應崇敬如君，故明之也〔二九〕。○子游曰：「既祥，雖不當縞者，必縞然後反服。」謂有以喪事贈賵來者，雖不及時，猶變服服祥祭之服以受之，重其禮也。其於此時始弔者，則衛將軍文子之爲之是矣。反服，反素縞麻衣也。○疏曰：既祥，謂大祥之後，有人以喪事來弔者。雖不當縞者，謂來弔者既晚，不正當祥祭縞冠之時。必縞然後反服者，主人必須反著此祥服，其由未來，今始弔者，雖禫祭除喪之後猶練冠而受弔，則衛將軍文子之子是也。練重，於此禫祭之前尚吉而受禮，明此來者是於前先已來，今重至，故主人著縞冠，輕于練冠也。云「其於此時始弔者則衛將軍文子之爲之」者，鄭云此者，證其來雖在後，其實事不同。衛將軍文子之子是除喪服之後始來弔，此據於先已來弔之後始來贈賵也。云「反服素縞麻衣」者，鄭恐反服夕吉服之服，此謂禫祭之前，故知反服素縞麻衣也。○雜記

右受弔變服○晉侯彪卒，既葬，諸侯之大夫欲因見新君，叔向辭之，曰：「大夫之事畢矣，送葬禮畢。而又命孤，孤斬焉在衰絰之中，其以嘉服見，則喪禮未畢，其以喪服見，是重受弔也，大夫將若之何？」皆無辭以見。昭十年春秋左氏傳○將軍文子之喪，既除喪，而后越人來弔，主人深衣練冠待于廟，垂涕洟。主人，文子之子簡子瑕也。深衣練冠，凶服變也。待于廟，受弔不迎賓也。子游觀之，曰：「將軍文氏之子，其庶幾乎？亡於禮者之禮也。其動也中。」中，丁仲反。○中禮之變。○疏曰：既除喪大祥祭之後，身著深衣，是既祥之麻衣

也。首著練冠，謂未祥之練冠也。又曰：此謂由來未弔者，故練冠。若曾來已弔，祥後爲喪事更來，雖不及祥祭之日，主人必服祥之日服以受之，故雜記云：「既祥，雖不當縞者，必縞然後反服。」注云：「謂有以喪事贈賵來者，雖不及時，猶變服服祥祭之服以受之，重其禮也。」雜記經文本爲重來者，故縞冠，衛將軍之子始來者，故練冠，故雜記注引此文者，證祥後來弔之事一邊耳。推此而言，禫後始來弔者則著祥冠。若禫後更來有事，主人則著禫服。其吉祭已後或來弔者，其服無文。除喪之後亦有弔法，故春秋文公九年秦人來歸僖公、成風之襚是也。○檀弓

生不及祖父母、諸父、昆弟，而父稅喪，己則否。稅，他活反，徐他外反。○謂子生於外者也。父以他故居異邦而生己，己不及此親存時歸見之。今其死，於喪服年月已過乃聞之，父爲之服，己則否者，不責非時之恩於人所不能也〔三〇〕，當其時則服。稅，讀如無禮則稅之稅，稅喪者，喪與服不相當之言。○疏曰：謂父先本國有此諸親，後或隨宜出遊居於他國，更取而生此子。此子生則不及歸與本國祖父以下諸親相識〔三一〕，故云「不及」，謂不及歸見也。而「父稅喪己則否」者，若此諸親死，道路既遠，喪年限已竟而始方聞〔三二〕，父則稅之。稅之，謂追服也。父雖追服而此子否，故云「己則否」也。所以否者，鄭言「不責非時之恩於人所不能也」。若時年未竟，則稅服其全服。然己在他國後生，得本國有弟者，謂假令父後又適他國更取所生之子，則爲己弟，故有弟也。○小記

○聞遠兄弟之喪，既除喪而后聞喪，免袒成踊，拜賓則尚左手。小功緦麻不稅者也，雖不服，猶免袒。尚左手，吉拜也，逸奔喪禮曰：「凡拜，吉喪皆尚左手。」○疏曰：此論小功以下之喪，既除喪之後而始聞喪之節。免袒成踊者，

小功以下應除之後服雖不稅，而初聞喪亦免袒而成其踊也，以本是五服之親爲之變也。拜賓則尚左手者，於時有賓來弔，拜賓之時尚其左手，謂左手在尚從吉拜也。○奔喪○爲君之父、母、妻、長子，君已除喪而后聞喪則不稅，臣之恩輕也，謂卿大夫出聘問以他，故久留。降而在緦、小功則稅之。謂正親在齊衰大功者，正親緦小功不稅矣。曾子問曰：「小功不稅，則是遠兄弟終無服也。」此句脱誤在是，宜承「父稅喪，已則否」。○脱，音奪。近臣，君服斯服矣，其餘從而服，不從而稅。謂君出朝覲，不時反而不知喪者。近臣，閽寺之屬也。其餘，羣介、行人、宰史也。○疏曰：近臣君服斯服矣者，鄉明臣獨行不稅，此明賤臣從君出朝覲在外，或遇險阻不時反國，比反而君諸親喪，君自稅之，而臣之卑近者則從君服之，非稅義也。其餘爲臣之貴者，羣介、行人、宰史之屬，若君親服限未除，而君既服之，則臣下亦從而服之也。若限已竟而君稅之，此臣不從君而稅。君雖未知喪，臣服已。從服者所從，雖在外自若服也。○疏曰：爲君之父母者，此謂臣出聘不在而君諸親喪，而臣後方聞其喪時，若君未除則從爲服之，若君已除則臣不稅之。所以然者，恩輕故也。降而在緦小功者則稅之。此句廣釋檀弓中曾子所説也。曾子所云小功不稅是正小功耳，若本大功以上降而在緦小功者，則爲稅之本情重故也。○小記○曾子曰：「小功不稅，據禮而言也。日月已過乃聞喪而服曰稅，大功以上然，小功輕不服。○上，時掌反。則是遠兄弟終無服也，言相離遠者，聞之恒晚。而可乎？」以己恩恠之。○疏曰：此一節論曾子恠於禮小功不著稅服之事。曾子以爲依禮小功之喪，日月已過，不更稅而追服，則是遠處兄弟，聞喪恒晚，終無服而可乎，言其不可也。曾子仁厚，禮雖如此，猶以爲薄，故恠之。此據正服小功也，故喪服小記云「降而在緦小功者則稅之」，其餘則否。鄭康成義若限内聞喪則追全服，若王肅義限内聞喪但服殘日，若限滿即止。假令如王肅之義，限内祇少一日乃始聞喪，若其成服，服未得成即除也，若其不服，又何名追服，進退無理，王義非也。○檀弓

右稅服

席蓋，重素〔三三〕，不入公門。重，直龍反。○席蓋，載喪車也，雜記曰：「士輤，葦席以爲屋，蒲席以爲裳帷〔三四〕。」重素，衣裳皆素也。○疏曰：臣有死於公宮〔三五〕，可許將柩出門，不得將喪車凶物入也〔三六〕。車比棺爲緩，宜停外也。重素，衣裳皆以素，謂遭喪之服，亦不宜著入公門也。注引雜記，證席蓋是喪車。輤，喪車邊墻也。言席蓋，蓋謂士耳，舉士爲例，卿大夫喪車亦不得入。

苞屨、扱衽、厭冠不入公門，苞，白表反〔三七〕。扱，初洽反。衽，而審反。厭，於涉反。○此皆凶服也。苞，藨也，齊衰藨蒯之菲也。問喪曰：「親始死，扱上衽。」厭，猶伏也，喪冠厭伏。苞，或爲菲。○疏曰：謂藨蒯之草爲齊衰喪屨。扱衽者，親始死，孝子徒跣扱上衽也。厭冠者，喪冠也〔三八〕，厭帖無者彊爲五服喪所著，不得著入公門也。苞謂杖齊衰之屨，故喪服杖齊衰章云：「疏屨者，藨蒯之菲也。」此云苞屨扱衽不入公門，服問云：「唯公門有稅齊衰。」注云：「不杖齊衰也，於公門有免齊衰，則大功有免絰也。」如鄭之言，五服入公門與否，各有差降。熊氏云：父之喪，唯扱上衽，不入公門，冠絰衰屨皆得入也。杖齊衰則屨不得入，不杖齊衰衰又不得入，其大功絰又不得入，其小功以下冠又不得入。此厭冠謂小功以下之冠，故云不入公門。凡喪冠皆厭，大功以上厭冠宜得入公門也。凡喪，屨案喪服斬衰用菅屨，杖齊衰用苞，不杖齊衰

用麻，大功用繩，故小記云：「齊衰三月與大功同者，繩屨。」其小功以下，鄭引舊說云：「小功以下，吉屨無絇。」書方、衰、凶器，不以告不入公門。此謂喪在内不得不入，當先告君耳。方，板也。士喪禮下篇曰：「書賵於方，若九、若七、若五。」凶器，明器也。○疏曰：此謂臣有死於公宮，應須凶具此下諸物，並宜告而後入者也。書，謂條録送死者物件數目多少，如今死人移書也。「方板也」者，百字以上用方板書之。衰者，孝子喪服也。厭冠芭屨尚不入，衰告乃入者，熊氏云：「上不入謂公宫庫、雉、路之門，今此不入公門者，國城之門，謂卿大夫之喪從外來。」恐非也。蓋公門非一，或是公之外門及百官治事之處，君許其在内殯及將葬之禮，故須告乃入也。○曲禮○三年之喪，以衰裳入朝，非禮也，是謂君與臣同國。臣有喪事而不歸反服，其衰裳以入朝，是謂君臣同國，無尊卑也。有喪不歸，唯君耳。臣有喪，當致仕而歸。○疏曰：君之喪而在國，臣有喪而不歸家，是君與臣共國也。○禮運○凡見人無免絰，雖朝於君無免絰，唯公門有税齊衰。士唯公門説齊衰。詳見喪服義。○季武子寢疾，蟜固不説齊衰而入見，曰：「斯道也，將亡矣。士唯公門説齊衰。」蟜，居表反。説，他活反，本亦作「税」，徐又申鋭反。見，賢徧反。○季武子，魯大夫季孫夙也，世爲上卿，强且專政，國人事之如君。蟜固能守禮，不畏之，矯失俗也。道，猶禮也。○檀弓○麻者不紳，執玉不麻，麻不加於采。紳，音申。○吉凶不相干也。麻，謂絰也。紳，大帶也。喪以要絰代大帶也。麻不加於采，衣采者不麻，謂弁絰者必服弔服是也。采，玄纁之衣。○疏曰：麻者不紳，麻謂絰，紳謂大帶，言著要絰者而不得復著大帶也，故在喪以絰代紳。執玉不麻者，謂平常手執玉行禮，不得服衰麻也。案聘禮：己國君薨，至於主國，衰而出。注云：

「於是可以凶服將事。」似行聘饗之事〔三九〕，執玉得服衰絰者。彼謂受主君小禮得以凶服，若行聘饗大事則吉服，故鄭云：「其聘饗之事，自若吉也。」謂得著吉服。麻不加於采者，謂弁絰之麻，不得加於玄衣纁裳之采也。○雜記○小功不説笏，當事免則説之。免，音問。○疏曰：悲哀哭踊之時，不在於記事也。小功輕不當事，可以搢笏也。○玉藻○君之喪，子、大夫，寢門之外杖，寢門之内輯之。夫人、世婦，在其次則杖，即位則使人執之。子有王命則去杖，國君之命則輯杖，聽卜、有事於尸則去杖。大夫於君所則輯杖，於大夫所則杖。輯，側立反。去，起呂反。○輯，斂也。斂者，謂舉之不以拄地也。夫人、世婦次於房中，即位堂上，堂上近尸殯，使人執杖，不敢自持也。子於國君之命輯杖，下成君，不敢敵之也。卜，卜葬、卜日也。凡喪祭，虞而有尸，大夫於君所輯杖，謂與之倶即寢門外位也，獨焉則杖。君，謂子也。於大夫所杖，倶爲君杖，不相下也。○拄，知主反。○疏曰：子大夫寢門之外杖者，子謂兼適庶及世子也。寢門，殯宫門也。子大夫廬在寢門外，得持杖拄地行以至寢門也。寢門之内輯之者，斂之不拄地，殯柩在門内，神明所在，故入門斂之不敢拄地也。若庶子至寢門，則去杖不得持入也。此大夫與子同者，謂大夫特來，不與子相隨也。若與子相隨，子杖則大夫輯，子輯則大夫去杖，故下文云「大夫於君所則輯杖」是也。夫人世婦在其次則杖者，次謂婦人居喪之地，在房内則得持杖拄地也。即位則使人執之者，婦人之位在堂，堂上有殯，若出房即位則不復自執，但使人代執之自隨，不拄地也。子有王命則去杖者，子亦謂世子也，世子若有天子之命對之則不敢杖，故去之以尊王命也。國君之命則輯杖者，國君若鄰國之君，使人來弔，雖爲敵國，而世子自卑未敢比成君，故自斂杖以敬彼君命也。聽卜有事於尸則去杖者，聽卜，謂卜葬、卜日也。有事於尸，謂虞及卒哭祔祭事尸時也。敬卜及尸，故去杖也。大夫於君所則輯杖者，君謂世子也，若大夫與世子俱來在門外位，大夫則輯杖敬嗣君也。於大夫所則杖者，大夫若不與世子俱來而與諸大夫俱在門外位，既同是爲君杖，無相敬下，故並得杖拄地也。云「大夫於君所輯杖」，謂與之俱即寢門外位也者。以經云「子大夫寢門之外杖」，故知是寢門外位。若寢門内位，則君亦輯之，大夫當去杖也。○大記○大夫之喪，大夫有君命則去杖，大夫之命則輯杖。内子爲夫人之命去杖，爲世婦之命授人杖。爲，于僞反。○大夫有君命去杖，此指大夫之子也，而云大夫者，通實大夫有父母之喪也。授人杖與使人執之同也。○疏曰：大夫有君命則去杖者，大夫即大夫嗣子也，嗣子而云大夫者，鄭云「通實大夫有父母之喪也」，對君命亦然也。大夫及嗣子有君命則去杖，以敬之也。大夫之命則輯杖者，若嗣子對彼大夫之使則斂杖，以自卑下之也。若兩大夫自相對則不去杖，敵無所下也。内子爲夫人之命去杖者〔四〇〕，内子，卿妻，若卿大夫妻有夫及長子喪，君夫人有命弔己者，皆爲夫人之命去杖也。爲世婦之命授人杖者，若有君之世婦命弔，内子敬之，則使人執杖以自隨也。世婦卑於夫人，隨而不去也。經云「大夫之喪」，不舉命婦而舉内子卿妻者，舉内子則命婦可知也，文相互也，欲見卿喪與大夫同。又曰：經云「大夫之喪」，則其子非大夫也。今云大夫有君命，是謂子爲大夫。經雖以子爲主，兼通身實爲大夫有父母喪也。○士之喪，於君命、夫人之命如大夫，於大夫、世婦之命如大夫。疏曰：「於君命夫人之命如大夫」者，謂士之子於君命，其妻於夫人之命，如大夫之禮。君命、夫人之命，皆去杖。「於大夫世婦之命如大夫」者，謂士之子於大夫之命，其妻於世婦之命，如大夫於大夫之禮。大夫之命則輯杖，世婦之命則授人杖也。「於大夫世婦之命如大夫」，定本「如大夫」作「如夫人」，二字異，義亦通。云「士之禮死與往日生與來日」者，殯是爲死者，故數往日爲三日。杖是爲生者，故數來日爲三日。云「主婦容妾爲君女子子在室」者，前經「大夫之喪」云「主人主婦」，此士之喪直云「婦人皆杖」，婦人是衆輩婦，故知容妾爲君及女子子在室者也，以其皆杖故也。○子皆杖，不以即位。子，謂凡庶子也。不以即位，與去杖同。大夫、士哭殯則杖，哭柩則輯杖。哭殯，謂既塗也。哭柩，謂啓後也。大夫士之子於父，父也尊近，哭殯可以杖。天子諸侯之子於父，父也、君也尊遠，杖不入廟門。○疏曰：子皆杖不以即位，皇氏云：子謂大夫士之庶子也。不以杖即位，辟適子也。所以知此是大夫士庶子者，見下有大夫士適子哭殯哭柩，推此大夫士適子，故知此是大夫士之庶子也。然案鄭注此云「子謂凡庶子也」，凡於貴賤則庶子是也。容人君適子入門輯杖猶得即位，庶子宜在門外之位去之，故無即門内之位理也。大夫士之適子則得哭殯哭柩，如下所説，其庶子則宜與人君之庶子同，故並不得以杖即位也。熊氏云：此文承上君、大夫、士之喪下，則此爲君、大夫、士之庶子，故注云「子謂凡庶子」，義亦通也。又曰：不以杖即位，鄭恐人疑庶子雖不得以杖即位，猶得輯之入門，故明之也。言與去杖同，凡去杖者不復輯也。「大夫士哭殯則杖哭柩則輯杖」，曰大夫士，謂大夫士之適子。哭殯則杖者，既攢塗之後於父，父也其尊偪近，故哭殯可以杖也。哭柩則輯杖者，謂將葬既啓之後對柩爲尊，則斂去其杖。又曰：哭柩謂啓後也者，啓謂將葬，啓殯而出柩也。知「非未殯之前而哭柩」者，大夫士之喪未殯之前則未杖也。云「天子諸侯之子於父父也君也尊遠杖不入廟門」者，天子諸侯其尊廣遠，廟門之内則去杖。廟門謂殯宫門者，柩之所在〔四一〕，故云廟也。○已上大記。○父在不敢杖矣，尊者在故也。堂上不杖，辟尊者之處也。辟，音避。處，昌慮反。○父在不杖，謂爲母喪也。尊者在不杖，辟尊者之處。不杖有事不趨，皆爲其感動使之憂戚也。○問喪○傳曰：公卿大夫室老、士，貴臣，其餘皆衆臣也。衆臣，杖不以即位。喪服傳○爲長子杖，則其子不以杖即位。辟尊者。○辟，音避。○疏曰：父爲長子杖，則其子不以杖即位者，其子長子之子，祖在不厭孫，其孫得杖，但與祖同處，不得以杖即位辟尊者。○雜記○爲妻，父母在，不杖不稽顙。稽，徐音啓。顙，桑黨反。○尊者在，不敢盡禮於私喪也。○詳見喪通禮拜拱條。○庶子不以杖即位。下適子也。位，朝夕哭位也。父不主庶子之喪，則孫以杖即位可也。祖不厭孫，孫得伸也。父在，庶子爲妻，以杖即位可也。舅不主妾之喪，子得伸也。○疏曰：此一節論庶子父在應杖及不應杖之節。庶子不以杖即位者，謂適庶俱有父母之喪也，適子得執杖進阼階哭位，庶子至中門處而去之，以下於適子也。「父不主庶子之喪則孫以杖即位可也」者，父主適子喪而有杖，故適子子不得以杖即位，以辟祖故耳，非厭也。今此父不主庶子喪，故庶子子則得杖即位也。祖不厭孫，孫得伸也。父皆厭子，故舅主適婦喪，而適子不杖。大夫不服賤妾，妾子亦厭而降服，以服其母也。至於祖雖尊貴而並不厭孫，故大夫降庶子而其孫不降其父也。庾云：謂雜記上：爲長子杖則其子不以杖即位。鄭注：「辟尊者。」案祖不厭孫而長子之子不以杖即位者，以祖爲其父主故辟尊，不敢俱以杖即位耳，猶如庶子之子亦非厭也。父不爲庶子主，故其子以杖即位可也。「父在庶子爲妻以杖即位可也」者，此謂庶子也。父不主其妻，故其子得爲妻以杖即位也。雜記云「爲妻，父母在不杖」，亦是庶子而云不杖者，亦謂同宫者也。又喪服注云：爲其妻「以杖即位，謂庶子也」。舅主適婦則適子不得杖，舅不主庶婦，故庶子爲妻可以杖即位。○小記○女未廟見而死，壻不杖，不菲，不次。菲，一本作「扉」，扶畏反。○疏曰：凡人爲妻齊衰杖而菲屨，今壻爲之不杖不菲不次。菲，草屨也。不次，謂不别處止哀次也。壻爲妻合服齊衰，杖而菲屨，及止哀次。今未廟見而死，其壻唯服齊衰而已。○曾子問○童子何以不杖？不能病也。婦人何以不杖？亦不能病也。詳見喪服斬衰章。○童子不杖不菲。詳見喪服斬衰章。○婦人童子不杖。詳見喪服義。○童子當室則免而杖。同上○古者貴賤皆杖，叔孫武叔朝見輪人以其杖關轂而輠輪者，於是有爵而后杖也。轂，工木反。輠，胡罪反，又胡瓦反，又胡管反。○記庶人失禮所由始也。叔孫武叔，魯大夫叔孫州仇也。輪人，作車輪之官。○仇，音求。○疏曰：關，穿也。輠，迴也。謂穿車轂中而迴轉其輪。○雜記○八十齊喪之事弗及也。王制○七十致政，惟衰麻爲喪。同上○五十不成喪，成，猶備也。所不能備，謂不致毁，不散送之屬也。七十唯衰麻在身。言其餘居處飲食與吉時同也。○疏曰：散送，謂絰帶垂散麻以送葬。玉藻云：「五十不散送。」注云：「送喪不散麻。」○大記○五十不散送。散，悉但反。○送喪不散麻，始衰不備禮。○疏曰：始死三日之前要絰散垂，三日之後乃絞之，至葬啓殯已後亦散垂，既葬乃絞。五十既衰不能備禮，故不散垂。○玉藻○子幼則以衰抱之，人爲之拜。大記○童子無緦服，聽事不麻。皆爲幼小，不備禮也。雖不服緦，猶免、深衣〔四二〕，無麻往給事也。○疏曰：無緦服者，童子唯當室，與族人爲禮有恩相接之義，故遂服本服之緦耳。若不當室則情不能至緦，故不服也。聽事不麻者，鄭注云：「雖不緦服，猶免、深衣，無麻往給事也。」案問喪及鄭注之意，皆以童子不當室則無免，而此注云「猶免」者，崔氏、熊氏並云：不當室而免者，謂未成服而來也。問喪云不當室不免者，謂據成服之後也。知猶免深衣者，以經但云「無緦服」，是但不著緦服耳，猶同初著深衣也。知免者，以問喪云免者不冠者之服，故知未成服。童子雖不當室，初著免也。○玉藻○或問曰：「免者以何爲也？」爲，于僞反。○恠本所爲施也。曰：「不冠者之所服也。」禮曰：『童子不緦，唯當室緦。』緦者其免也，當室則免而杖矣。」緦，音思。○不冠者，猶未冠也。當室，謂無父兄而主家者也。童子不杖，不杖者不免，當室則杖而免。免，冠之細別，以次成人也。緦者其免也，言免乃有緦服也。○冠，古亂反。○問喪○婦人不宜袒。同上○秃者不髽，傴者不袒。秃，吐木反。傴，紆主反。袒，徒旱反。○疏曰：婦人，謂未成人之婦人。童子，謂幼少之男子。秃者不髽，故男子秃亦不免也。傴者不袒，袒者露膊，傴者可憎，故不露也。○喪服四制○然則秃者不免，傴者不袒，跛者不踊。非不悲也，身有錮疾，不可以備禮也。傴，背曲也。○跛，補禍反，又彼我反，足廢也。錮，音故。○問喪

右雜記喪服之變

校勘記

〔一〕王之喪車　「車」，原作「服」，據賀本及周禮注疏改。
〔二〕爲人後者爲所後之祖母以下　下「爲」字，原脱，據四庫本、賀本補。
〔三〕大夫以上素爵弁而加此經焉　「大」，原作「入」，據朝鮮本、四庫本、賀本改。
〔四〕詳見喪大記　句上，賀本有「並」字。
〔五〕阼階之下位也　「下」，原作「不」，據朝鮮本、四庫本、賀本改。
〔六〕子弁絰　「子」，原作「于」，據朝鮮本、吕本、四庫本改。
〔七〕喪大記　「喪」，原脱，據四庫本、賀本補。
〔八〕自小斂以來有此　「自」，原作「固」，據朝鮮本、賀本及儀禮注疏改。
〔九〕袒而踊　「而」，原脱，據賀本及禮記正義補。
〔一〇〕音問　句下，原有「冠古亂反」四字，據賀本删。
〔一一〕云及郊而后免反哭者　「免」，原脱，據上文及禮記正義補。
〔一二〕子孔反　「子」，原作「于」，據儀禮注疏改。
〔一三〕雜記〇詳見後並有喪服章　「雜記」，據四庫本補。又，「後並有喪服」，賀本作「卒哭祔練祥禫記篇祔章」。

〔一四〕斬衰初服麤　「麤」，原作墨釘，據朝鮮本、四庫本補。
〔一五〕外除内除皆言日月已竟　「内」，原作「外」，據朝鮮本、四庫本、吕本改。
〔一六〕雜記　句上，賀本有「並」字。
〔一七〕芬云反　「云」，朝鮮本同，四庫本、吕本作「芸」。
〔一八〕爲于僞反　句原作「辟音避」，朝鮮本以爲衍文，據賀本改。
〔一九〕云婦人經其故葛絰帶期之葛帶者　下「葛」字，原作「爲」，據朝鮮本、吕本、四庫本、賀本改。
〔二〇〕大功既葬之後　「葬」，原作「華」，據朝鮮本、吕本、四庫本、賀本改。
〔二一〕其實是大功葛帶也　「是」下，原衍一「是」字，
〔二二〕麻同則兼服之　「麻」，原脱，據賀本及禮記正義補。
〔二三〕故作記者以斬齊及大功明之　「齊」，原作「衰」，據賀本改。
〔二四〕謂大喪既虞卒哭而遭小喪也　「虞」，原作墨釘，據朝鮮本、四庫本補。
〔二五〕而反三年之葛　「三」，原作「二」，據賀本及禮記正義改。
〔二六〕則不得易三年之練　「三」，原作「二」，據朝鮮本、吕本、四庫本改。
〔二七〕其期之練冠亦不得易也　「練」，原作「喪」，據賀本及禮記正義改。
〔二八〕故云差相似　「差」，原作「葬」，據朝鮮本、吕本、四庫本改。
〔二九〕故明之也　句下，賀本有「〇小記」二字。

〔三〇〕不責非時之恩於人所不能也　「時」，原作「常」，據四庫本、賀本及禮記正義改。
〔三一〕此子生則不及歸與本國祖父以下諸親相識　「子」，原脱，據四庫本、賀本及禮記正義補。
〔三二〕喪年限已竟而始方聞　「限」，原作「眼」，據四庫本、賀本及禮記正義改。
〔三三〕重素　「重素」，原誤倒，據吕本、四庫本、賀本及禮記正義改。
〔三四〕葦席以爲屋蒲席以爲裳帷　「以爲屋蒲席」，原脱，據四庫本、賀本及禮記正義補。
〔三五〕臣有死於公宫　「宫」，原作「官」，據朝鮮本、吕本、四庫本改。
〔三六〕不得將喪車凶物入也　「也」，原作「之」，據朝鮮本、賀本及禮記正義改。
〔三七〕白表反　「表」，原作「素」，據朝鮮本、四庫本、賀本改。
〔三八〕喪冠也　「喪」，原作「素」，據賀本及禮記正義改。
〔三九〕似行聘饗之事　「似」，原作「以」，據賀本及禮記正義改。
〔四〇〕内子爲夫人之命去杖者　「夫人」，原作「大夫」，據賀本及禮記正義改。
〔四一〕樞之所在　「樞之」，原作「天子」，據賀本及禮記正義改。
〔四二〕猶免深衣　「免」，原作墨釘，據朝鮮本、吕本、四庫本改。

儀禮經傳通解續卷第十

喪禮八

喪服制度十

補案：喪服各有制度，設官掌之，不如度者禁之。朝廷之制既然，則鄉黨亦自有制，以故衣服不貳而風俗同。後世漫無法度，是以異政殊俗。此知禮者所深嘆也，故設爲此篇，以補其闕。

小宗伯：王崩，縣衰冠之式于路門之外。縣，音玄。衰，七雷反。○制色宜齊同。○疏曰：式，謂制及色，故鄭云「制色宜齊同」。知式中兼有色者，案禮記問喪云：「斬衰貌若苴，齊衰貌若枲。」齊斬之衰，其色亦如貌。故鄭知式中兼有色也。○春官○大僕：縣喪首服之灋于宮門。首服之灋，謂免髽笄總廣狹長短之數。○夏官○肆師：禁外内命男女之衰不中灋者，且授之杖。不中灋，違升數與裁制者。○春官○司服：掌王之吉凶衣服，辨其名物與其用事。疏曰：云「辨其名物」者，衣服有名，則物色有異同也。○春官○衰，與其不當物也，寧無衰。惡其亂禮。不當物，謂精麤廣狹不應法制。○疏曰：衰與其不當物也者，此語乃通於五服而初發斬衰也。衰，喪服也。當，猶應也。物，謂升縷及法制長短幅數也。衰以表情，故制有法度。若精麤不應，廣狹乖法，便爲失禮，故云「寧無衰」也，是雖有不如無也。○檀弓

司服：凡凶事服弁服。服弁，喪冠也，其服斬衰齊衰。○此一條總言服制。○春官○斬衰，冠六升，受冠七升。義服、正服，其冠皆同。○疏曰：斬章有正、義，故其冠同六升也。云「受冠七升」者，據至虞變麻服葛時，更以初死之冠六升布爲衰，更以七升布爲冠。齊衰，冠七升，受冠八升。齊，音咨。○疏曰：此據父卒爲母齊衰三年而言也。正服冠八升，義服冠九升。○喪服記○齊衰大功，冠其受也。緦麻小功，冠其衰也。疏曰：云「齊衰大功，冠其受也」者，降服，齊衰四升，冠七升，既葬，以其冠爲受，衰七升，冠八升。正服，齊衰五升，冠八升，既葬，以其冠爲受，衰八升，冠九升。義服，齊衰六升，冠九升，既葬，以其冠爲受，受衰九升，冠十升。降服，大功衰七升，冠十升，既葬，以其冠爲受，受衰十升，冠十一升。正服，大功衰八升，冠十升，既葬，以其冠爲受，受衰十升，冠十一升。義服，大功衰九升，冠十一升，既葬，以其冠爲受，受衰十一升，冠十二升。以其初死，冠升皆與既葬衰升數同〔一〕，故云「冠其受也」。大功亦然。云「緦麻小功，冠其衰也」者，以其降服小功衰十升，正服小功衰十一升，義服小功衰十二升，緦麻十五升，抽其半七升半，冠皆與衰升數同，故云「冠其衰也」。○喪服疏衰杖期傳○繐衰，冠八升。繐，音歲。○喪服記○此以上言冠之升數。○斬衰，冠，鍛而勿灰。鍛，丁亂反。○疏曰：以冠爲首飾，布倍衰裳而用六升，又加以水濯勿用灰而已。冠六升勿灰，則七升已

上，皆用灰也。○詳見喪服傳。○齊衰，冠。傳曰：冠者，沽功也。疏曰：斬冠六升不言功者，六升雖是齊之末，未得沽稱，故不見人功。此三年齊冠七升，初入大功之境，故言沽功，始見人功沽麤之義，故云麤功，見人功麤大不精者也。○詳見喪服本章。○公子爲其母，練冠；爲其妻，縓冠。縓，七絹反，范倉亂反。○公子，君之庶子也。其或爲母，謂妾子也。○疏曰：練冠者，以練布爲冠。縓冠者，以布爲縓色爲冠。○詳見喪服父在爲母條。○此以上三條，言冠制人功之異。○斬衰，冠，右縫，外畢。縫，音逢，又扶用反。○右縫，小功以下左縫。外畢者，冠前後屈而出，縫於武也。○疏曰：云「右縫小功以下左」者，大功以上哀重，其冠三辟積，鄉右爲之，從陰。小功緦麻哀輕，其冠亦三辟積，鄉左爲之，從陽。二者皆條屬，但從吉、從凶不同也。云「外畢者，冠前後屈而出，縫於武也」者〔一〕，冠廣二寸，落頂，前後兩頭皆在武下，鄉外出反屈之，縫於武而爲之，兩頭縫畢鄉外，故云「外畢」。○詳見喪服本章。○冠六升，外縪。縪，音必。○疏曰：若吉冠，則從武上鄉内縪之縫，餘在内，謂之内縪。若凶冠，從武下鄉外縫之，謂之外縪。○詳見士喪禮成服條。○三年之練冠亦右縫，小功以下左。左辟象吉輕也。○辟，必亦反。○疏曰：小功以下輕，故縫同吉嚮左也。○雜記○古者冠縮縫，今也衡縫。縮，所六反。衡，依注音横，華彭反。○縮，從也。今禮制衡，讀爲横，今冠横縫，以其辟積多。○從，子容反。故喪冠之反吉，非古也。解時人之惑。喪冠縮縫，古冠耳。○疏曰：古者，自殷以上也。縮，直也，殷以上質，吉、凶冠皆直縫，直縫者辟積襵少，故一一前後直縫之，今也衡縫者。今，周也。

衡，横也。周世文冠多辟積，不復一一直縫，但多作襵而并横縫之，故「喪冠之反吉，非古也」者。周吉冠文，故多積襵而横縫也。若喪冠質，猶疏辟而直縫，是喪冠與吉冠相反，故云「喪冠之反吉」也。而時人因謂古時亦喪冠與吉冠反，故記者釋云非古也。正是周世如此耳，古則吉、凶冠同從縫。○檀弓○此以上四條，論冠縫之制。○斬衰，冠繩纓。疏曰：以六升布爲冠，又屈一條繩爲武，垂下爲纓，又齊衰冠纓用布，則知此繩纓不用苴麻，用枲麻。○喪服本章。○疏衰，冠布纓。疏曰：此布纓亦如上繩纓，以一條爲武，垂下爲纓也。○喪服本章。○緦冠繰纓。繰，音早。○繰，當爲「澡麻帶絰」之「澡」，聲之誤也，謂有事其布以爲纓。○疏曰：緦冠繰纓，緦，衰冠。治縷不治布，又用澡治緦布爲纓，以輕故也。又曰：經之「繰」字，絲旁爲之，非澡治之義，故讀從喪服小記下殤「澡麻帶絰」之「澡」。云「謂有事其布以爲纓」者，緦麻既有事，其縷就上澡之，是又治其布，故云「有事其布」，謂縷布俱治。○雜記○冠繩纓，條屬。屬，音燭。○屬，猶著也。通屈一條繩爲武，垂下爲纓，著之冠也。○疏曰：吉冠則纓武別材，凶冠則纓武同材。謂將一條繩從額上約之，至項後交過兩相，各至耳，於武綴之，各垂於頤下結之。云著之冠者，武纓皆上屬著冠，冠六升外畢是。○喪服本章○纓條屬，厭。厭，一涉反。○通屈一條繩爲武，垂下爲纓，屬之冠。厭，伏也。○疏曰：云「厭，伏也」者，以其冠在武下過，鄉上反縫著冠，冠在武下，故云「厭」也。○詳見士喪禮成服條。○喪冠條屬，以别吉凶。三年之練冠亦條屬。别，徐彼列反。○别吉凶者，吉冠不條屬也。條屬者，通屈一條繩若布爲武，垂下爲纓屬之冠象。大古喪事略也，吉冠則纓武異材焉。○材，才再反，又如字。○疏曰：此言吉冠則纓與武各别，喪冠則纓與武共材也。條屬者，屬猶著也，謂取一條繩屈之爲武，垂下爲纓以著冠，故云「條屬」也。吉凶既異，故云「別吉凶」也。三年之練冠亦條屬右縫者，三年練冠，小祥之冠也，雖微入吉，亦猶條屬，與凶冠不異也。吉冠則纓武異材焉者，玉藻云「縞冠，玄武」之屬，是異材也。材，謂材具。○雜記○喪冠不緌。緌，本又作「綏」，同耳隹反〔三〕。○去飾。○檀弓○此以上七條論纓武緌之制。○委武玄縞而后蕤。委武，冠卷也，秦人曰委，齊東曰武。玄，玄冠。縞，縞冠也。○卷，苦圓反。○疏曰：委武玄縞而后蕤者，委武皆冠卷也，秦人呼卷爲委，齊人呼卷爲武也。玄，玄冠也。縞，縞冠也。玄、縞二冠既先有別卷，後乃可蕤，故云「而后蕤」也，而大祥縞冠亦有蕤。何以知之？前既云練冠亦條屬右縫，則知縞不條屬，既別安卷，灼然有蕤也。○雜記○縞冠玄武，子姓之冠。謂父有喪服，子爲之不純吉也。○疏曰：武用玄，玄是吉，冠用縞，縞是凶，故云不純吉也。○詳見變除練受服條。○縞冠素紕，既祥之冠。疏曰：紕，緣邊，謂緣冠兩邊及冠卷之下畔。其冠與卷身皆用縞，但以素緣耳，縞是生絹而近吉。○詳見變除大祥除服條。○此三條論玄縞冠制。

右冠制又案：檀弓練「角瑱」疏曰：「人君平常用玉爲之，以掩於耳。在初喪亦無，至小祥微飾，以角爲之。」○詳見變除練條制度，附見於此。

斬衰，苴絰。傳曰：苴絰者，麻之有蕡者也。苴，七如反。絰，大結反。蕡，扶云反。○疏曰：爾雅云：「蕡，枲實。」注云：「蕡，麻子也。」以色言之謂之苴，以實言之謂之蕡。下言「牡」者，對蕡爲名。言「枲」者，對苴生稱也。枲是雄麻，蕡是子麻。○喪服本章。○疏衰，牡麻絰。傳曰：牡麻者，枲麻也。枲，思似反。○疏曰：「牡麻者，枲麻也」者，此枲對上章苴是惡色，則枲是好色，故間傳云：「斬衰貌若苴，齊衰貌若枲也。」○本章○疏衰，期，牡麻絰。本章○不杖者。本章○疏衰，牡麻絰，無受。本章○大功，牡麻絰，無受。本章○大功，牡麻絰。本章○繐衰，牡麻絰。本章○小功，澡麻帶絰。疏曰：謂以枲麻又治莩垢，使之滑淨，以其入輕竟也。○莩，音敷。垢，古口反。○本章○小功，牡麻絰。今案：喪服齊衰大功、小功皆言「牡麻絰」，則齊衰以下皆「牡麻絰」，惟殤小功一章「澡麻帶絰」。○本章○公子爲其母，麻；爲其妻，葛絰。麻者，緦麻之絰帶也。葛絰者，以葛爲絰帶。○疏曰：云「麻者緦麻之絰帶也」者，以經有二麻〔四〕，上麻爲首絰、腰絰。知一麻而含二絰者，斬衰云「苴絰」，鄭云「麻在首、在腰皆曰絰」，故知此亦然。知如緦之麻者，以其此言麻，緦麻亦云麻，又見司服弔服環絰，鄭云大如緦之絰，則此云子爲母，雖在五服外，絰亦當如緦之絰，故鄭以此麻兼緦言之也。○詳見喪服父在爲母條。○以上十一條，論首絰所用之才及有受、無受之别。○苴絰大搹，去五分一以爲帶。齊衰之絰，斬衰之帶也，去五分一以爲帶。大功之絰，齊衰之帶也，去五分一以爲帶。小功之絰，大功之帶也，去五分一以爲帶。緦麻之絰，小功之帶也，去五分一以爲帶。搹，音革。○疏曰：據鄭注，無問人之大小，皆以九寸圍之爲正。云「去五分一以爲帶」者，以其首絰圍九寸，五分去一，總七寸五分寸之一也。絰帶之等，皆以五分破寸。斬衰之絰圍九寸者，首是陽，故欲取陽數極於九。自齊衰以下，自取降殺之義，無所法象也。○詳見喪服斬衰傳。○此一條，論首絰大小之異。○苴絰大搹，左本在下。盈手曰搹，搹，扼也。中人之扼，圍九寸。○疏曰：云「苴絰者麻之有蕡者也苴絰大搹左本在下」者，士喪禮文，與此同。彼此皆云「苴絰大搹」，先據首絰而言也，鄭注無問其人之大小，皆以九寸圍之爲正。云「左本在下」者，本謂麻根。○同上○牡麻絰，右本在上。疏曰：云「牡麻絰右本在上」者，上章爲父，左本在下者，則此爲母，故右本在上也。○詳見喪服齊衰傳。○苴絰大鬲，下本在左〔五〕。牡麻絰，右本在上。苴絰，斬衰之絰也。牡麻絰者，齊衰以下之絰也。○詳見士喪禮。○此以上三條，論首絰左右本。○其長殤皆九月，纓絰。其中殤皆七月，不纓絰。絰有纓者，謂其重也。自大功已上絰有纓，以一條繩爲之，小功已下，絰無纓也。○疏曰：絰之有纓，所以固絰，猶冠之有纓以固冠，亦結於頤下也。五服之正，無七月之服，唯此大功中殤有之，故禮記云「九月、七月之喪，三時」是也。○詳見喪服大功章。○大功，牡麻絰纓。本章○此兩條，論首絰有纓、無纓之别。

右首絰制

司服：凡弔事，弁絰服。弁絰者，如爵弁而素，加環絰。絰，大如緦之絰。○疏曰：爵弁之形以木爲體，廣八寸，長尺六寸，以三十升布染爲爵頭色，赤多黑少。今爲弁絰之弁，其體亦然，但不同爵色之布而用素爲之，故云「如爵弁而素」。云「加環絰」者，凡五服之絰，皆兩股絞之。今言環絰，即與絞絰有異矣，謂以麻爲體，又以一股麻爲體糾而横纏之如環然，故謂之環絰。加於素弁之上，故言加環絰也。

云「絰大如緦之絰」者，弔服環絰大小無文，但五服之絰，緦絰最小，弔服之絰亦不過之，是以約同緦絰，故云「絰大如緦之絰」也。○詳見補弔服。

錫衰、緦衰、疑衰，服皆弁絰。

疏曰：三衰皆同弁絰，其婦人首服即鄭注喪服云「凡婦人弔服，吉笄無首，素總」是也。○詳見錫衰緦衰疑衰之制條。○又案：「大夫弔於命婦錫衰」傳疏云「凡婦人相弔，吉笄無首素總」者，女子子爲父母卒哭折吉笄之首布總。此弔服用吉笄無首素總，又男子冠、婦人笄相對，婦人喪服又笄總相將，上注男子弔用素冠，故知婦人弔亦吉笄無首素總也。○春官○弁師：

王之弁絰，弁而加環絰。

弁絰，王弔所服也，其弁如爵弁而素，而加環絰。環絰者，大如緦之麻絰，纏而不糾。司服職曰：「凡弔事，弁絰服。」○疏曰：云「其弁如爵弁而素」者，案曾子問云：「麻弁絰。」鄭云：「麻弁絰者，布弁而加環絰也。」此不言麻者，皆素爲之，故云「而素」也。云「而加環絰」者，謂先著素弁於下，乃上加環絰，故云「加」也。環絰者，大如緦之絰者。緦麻絰，五服之輕者，弔服乃五服之外，故約同之，但緦之絰則兩股，此環絰以一股纏之不糾，麤細同耳。引司服者，證弁絰是弔服之絰。

諸侯及孤卿大夫之弁絰，各以其等爲之而掌其禁令。

各以其等如其命數也。弁絰之弁，其辟積如冕繅之就，然庶人弔者素委貌。○夏官○今案：曾子問云：「麻弁絰。」注曰：「麻弁絰者，弁而加環絰。」又案雜記：「小斂環絰。」注曰：「大夫以上素爵弁而加此絰焉。」又喪大記：「君將大斂，子弁絰即位于序端。」注曰：「子弁絰者，未成服，弁如爵弁而素。」此三條與司服、弁師所謂弁絰其制並同，無少異者。又案雜記「小斂環絰」，疏家引鄭注弁師云：「環絰者，大如緦之麻絰，纏而不糾。」今此所謂彼經注也，則是疏家已合小斂環絰與弔事弁絰二者而一之矣，豈弁絰本爲弔服而設然？親始死，孝子去冠，或在道，或小斂、大斂，不可無飾，故大夫以上亦以素弁而加環絰耶？當考。

右弁絰之制婦人相弔首服附見本篇疏。○又案：弁絰葛而葬，則以葛爲環絰，虞祝免澡葛絰帶，亦是治葛以爲之。詳見變除葬變服及虞變服條。

親始死雞斯。雞斯，當爲「笄纚」，聲之誤也。○笄，古兮反。纚，色買反，徐所綺反。○疏曰：笄，謂骨笄。纚，謂韜髮之繒。○詳見喪禮義。○右論笄纚。○小斂，卒斂，主人括髮以麻。疏曰：以，用也，括髮用麻也。○詳見變除篇。○卒斂，馮尸，主人髺髮袒。髺，音括。○髺髮者，去笄纚而紒。○紒，音計。○疏曰：去笄纚而紒，紒上著髺髮也。○詳見士喪禮。○右兩條論括髮。○男子冠而婦人笄，男子免而婦人髽。冠，古亂反。○別男女也。○別，彼列反。○疏曰：此明男子、婦人冠笄髽免相對之節。但吉時男首有吉冠，則女首有吉笄，是明男女首飾之異，故云「男子冠而婦人笄」。若親始死，男去冠，女則去笄。若成服爲父，男則六升布爲冠，女則箭篠爲笄。爲母，男則七升布爲冠，女則榛木爲笄，故云「男子冠而婦人笄」也。「男子免而婦人髽」者，吉時首飾既異，今遭齊衰之喪，首飾亦別。當襲斂之節，男子著免，婦人著髽，故云「男子免而婦人髽」。免者，鄭注士喪禮云：以布「廣一寸」，「自項中而前，交於額上，卻繞紒也」，如著幓頭矣。○著，丁略反。幓，七消反。○詳見婦人笄總髽制條。○右論笄免髽。○斬衰，括髮以麻。爲母，括髮以麻，免而以布。疏曰：括髮以麻者，自項以前交於額上，卻繞紒如著幓頭焉。爲母初喪至小斂後括髮與父禮同，故亦云「括髮以麻」也。免而以布者，此謂爲母，與父異者也。男女奉尸侇于堂，記主人拜賓即位。若爲父，此時猶括髮。若爲母，於此時以免代括髮，故云爲母又哭而免。○喪服小記○卒斂，衆主人免于房。衆主人免者，齊衰將袒，以免代冠。冠，服之尤尊，不以袒也。免之制未聞，舊說以爲如冠狀，廣一寸。喪服小記曰：「斬衰括髮以麻」，「免而以布。」此用麻布爲之，狀如今之著幓頭矣。自項中而前，交於額上，卻繞紒也。○士喪禮○右兩條論括髮免。○卒斂，主人說髦。疏曰：說髦者，髦幼時翦髮爲之，至年長則垂著兩邊，明人子事親恒有孺子之義也。若父死，說左髦，母死，說右髦。二親並死，則並說之，親没不髦是也。○喪大記○既殯，主人說髦。既殯，置銘于肂，復位時也。兒生三月，鬋髮爲鬌，男角女羈。否則男左女右，長大猶爲飾存之，謂之髦。所以順父母幼小之心。至此尸柩不見，喪無飾，可以去之。髦之形象未聞。○肂，以二反。鬌，丁果反，劉徒禍反。○疏曰：云「男角女羈，否則男左女右」者，内則云，彼注云：「夾囟曰角，午達曰羈。」其狀猶未聞。○詳見士喪禮。○右兩條論髦。

右笄纚髺髮免髦之制

女改服，布深衣，縞總以趨喪。總，音摠。○縞，白絹也。總，束髮也，長八寸。○詳見變除始死變服條。○布總，箭笄，髽。笄，音雞。髽，側瓜反。○此妻妾女子子喪服之異於男子者。總，束髮。謂之總者，既束其本，又總其末。箭笄，篠竹也。髽，露紒也。猶男子之括髮。斬衰括髮以麻，則髽亦用麻。以麻者自項而前，交於額上，卻繞紒，如著幓頭焉。小記曰：「男子冠而婦人笄，男子免而婦人髽。」○篠，素了反。紒，音計。括，如字，劉音活。○疏曰：云「謂之總者既束其本又總其末」者，爲出紒後垂爲飾者而言。以其布總六升，與男子冠六升相對，故知據出見者而言也。又云「髽露紒也猶男子之括髮」者，髽有二種：案士喪禮曰：「婦人髽于室。」注云：「始死，婦人將斬衰者，去笄而纚，將齊衰者，骨笄而纚。今言髽者，亦去笄纚而紒也。齊衰以上，至笄猶髽，髽之異於括髮者，既去纚而以髮爲大紒，如今婦人露紒，其象也。」其用麻布，亦如著幓頭然。是婦人髽之制也二種者：一是未成服之髽，即士喪禮所云者是也，將斬衰者用麻，將齊衰者用布；二是成服之後露紒之髽，即此經注是也。云「斬衰括髮以麻則髽亦用麻」者，案喪服小記云：「斬衰，括髮以麻」，「免而以布」。男子髺髮與免用布有文，婦人髽用麻布無文，鄭以男子髺髮，婦人髽，同在小斂之節，明用物與制度亦應不殊。但男子陽，以外物爲名，名爲括髮；婦人陰，以內物爲稱，稱爲髽，爲異耳。傳曰：總六升，長六寸，箭笄長尺，吉笄尺二寸。長，直亮反。○總六升者，首飾象冠數。長六寸，謂出紒後所垂爲飾也。○疏曰：云「箭笄長尺，吉笄尺二寸」者，此斬之笄用箭。下記云女子子適人爲父母，婦爲舅姑用惡笄，則檀弓「南宮縚之妻之姑之喪」云「蓋榛以爲笄」是也。吉時大夫與士妻用象，天子諸侯之后夫人用玉爲笄，今於喪中，唯有此箭笄及榛二者，若言寸數，亦不過此二等，以其斬衰尺，吉笄尺二寸。檀弓南宮縚之妻爲姑榛以爲笄，亦云一尺，則大功以下不得更容差降，皆用一尺而已。又曰男子冠六升，此女子子總用布，當男子冠用布之處，故同六升，以同首飾故也。云「長六寸，謂出紒後所垂爲飾也」者，若據其束本，入所不見，何寸數之有乎？故鄭以六寸據垂之者，此斬衰六寸，南宮縚妻爲姑總八寸以下，雖無文，大功當與齊同八寸，緦麻小功同一尺，吉總當尺二寸，與笄同也。○詳見喪服斬衰章父條〔六〕。○齊衰，帶惡笄以終喪。笄，所以卷髮。帶，所以持身也。婦人質，於喪所以自卷持者，有除無變。○卷，俱免反。○疏曰：惡笄者，榛木爲笄也。○小記○箭笄終喪三年。亦於喪所以自卷持者，有除無變。○疏曰：前云惡笄以終喪，是女子爲母也。此云箭笄終喪三年，謂女子在室爲父也。○同上○女子子適人者爲其父母，婦爲舅姑，惡笄有首以髽。言以髽，則髽有著笄者明矣。○著，丁略反。○疏曰：此二者皆期服，但婦人以飾事人，是以雖居喪内，不可頓去脩容，故使惡笄而有首。云「惡笄有首以髽」，髽、笄連言，則髽有著笄明矣。傳曰：笄有首者，惡笄之有首也。惡笄者，櫛笄也。櫛，側乙反。○櫛笄者，以櫛之木爲笄，或曰榛笄。○榛，側巾反〔七〕。○疏曰：案玉藻云：沐「櫛用樿櫛，髮晞用象櫛。」鄭云：樿，白理木爲櫛。櫛即梳也，以白理木爲梳櫛也。彼樿木與象櫛相對，故鄭云：「櫛笄者，以櫛之木爲笄。」云「或曰榛笄」者，案檀弓云：「南宫縚之妻之姑之喪，夫子誨之髽，曰：『蓋榛以爲笄，長尺而總八寸。』」彼爲姑用榛木爲笄，此亦婦人爲姑，與彼同，但此用樿木，彼用櫛木不同耳，蓋二木俱用，故鄭兩存之也。○詳見喪服女子子適人者爲其父母條。○妾爲女君、君之長子，惡笄有首，布總。疏曰：與上文「婦事舅姑」齊衰同惡笄有首，布總也。○詳見齊衰母爲長子條。○南宫縚之妻之姑之喪，縚，吐刀反。○南宫縚，字子容，其妻孔子兄女。夫子誨之髽，曰：「爾毋從從爾，爾毋扈扈爾！毋，音無。○從從，音總，一音崇，又仕江反。扈，音户。○誨，教也。爾，女也。從從，謂大高。扈扈，謂大廣。爾，語助。○女，音汝。大，音泰，一音敕佐反。蓋榛以爲笄，長尺而總八寸。」榛，側巾反，木名，又士鄰反。長，直亮反。○總，束髮垂爲飾，齊衰之總八寸。○疏曰：夫子誨之作髽法曰「爾毋從從爾，爾毋扈扈爾」者，上「爾」爲女，下「爾」語辭，言期之髽稍輕，自有常法。女造髽時，無得從從而大高，又無得扈扈而大廣。既教以作髽，又教以笄總之法，其笄用木無定，故教之云。蓋用榛木爲笄，其長尺，而束髮垂餘之總八寸。喪服傳云「總六升，長六寸」，謂斬衰也。故此齊衰長八寸也，以二寸爲差也，以下亦當然，無文以言之。喪服箭笄長一尺，吉笄長尺二寸，榛笄長尺，斬衰齊衰笄一尺，降於吉笄二寸也。但惡笄或用櫛，或用榛，故喪服有櫛笄，故夫子稱「蓋」以疑之。○檀弓○男子冠而婦人笄，男子免而婦人髽。疏曰：髽者形有多種，有麻，有布，有露紒也。其形有異，同謂之髽也。今辨男女並何時應著此免、髽之服，男子之免乃有兩時而唯一種，婦人之髽則有三。其麻髽之形與括髮如一，以對男子括髮時也。斬衰括髮以麻，則婦人于時髽亦用麻也。男子括髮先去冠繼用麻，婦人亦去笄繼用麻。又知有布髽者，案此云「男子免」對「婦人髽」，男免既用布，則婦人髽不容用麻也，是知男子爲母免則婦人布髽也。知有露紒髽者，喪服傳云「布總、箭笄、髽、衰，三年」，明知此服並以三年，三年之内男不恒免，則婦人不用布髽，故知恒露紒也，故鄭注喪服云：「髽，露紒也。」且喪服所明皆是成服，後不論未成服麻布髽也。何以知然？喪服既不論男子之括免，則不容説女服之未成義也。既言髽衰三年，益知恒髽是露紒也。又就齊衰輕期髽無麻布，何以知然？案檀弓：「南宮縚之妻之姑之喪，夫子誨之髽，曰：『爾無總總爾，爾無扈扈爾。』」是但戒其高大，不云有麻布別物，是知露紒悉名髽也。又案奔喪云：「婦人奔喪，東髽。」鄭云：「謂姑、姊妹女子子也。」「去纚大紒曰髽。」若如鄭旨，既謂是姑、姊妹女子子等，還爲本親父母等，唯云「去纚大紒」不言「布麻」，當知期以下無麻布也。然露紒恒居之髽則有笄，何以知然？案笄以對冠，男在喪恒冠，婦則恒笄也，故喪服：「婦爲舅姑，惡笄有首以髽。」鄭云：「言以髽，則髽有著笄者明矣。」以兼此經注，又知恒居笄而露紒髽也。此三髽之殊，是皇氏之説。今考校，以爲正有二髽：一是斬衰麻髽，二是齊衰布髽，皆名露紒。必知然者，以喪服「女子子在室爲父」「箭笄、髽、衰」，是斬衰之髽用麻。鄭注以爲露紒，明齊衰用布亦謂之露紒髽也。「其義爲男子則免，爲婦人則髽」者，以其義於男子則免，婦人則髽，獨以別男女而已，非別有義也。賀瑒云：男去冠猶婦人去笄，義盡於此，無復別義也。○小記○又案：襄公四年藏紇救鄫侵邾，敗於狐駘，國人逆喪者皆髽，魯於是乎始髽。注：「髽，麻髮合結也。」遭喪者多，故不能備凶服，髽而已。疏曰：髽之形制，禮無明文，先世儒者各以意説。鄭衆以爲枲麻與髮相半結之；馬融以爲屈布爲巾〔八〕，高四寸，著於顙上；鄭玄以爲去纚而紒。案檀弓記稱：南宮縚之妻，孔子之兄女也，縚母喪，孔子誨之髽曰：「爾毋從從爾，爾毋扈扈爾。」鄭玄云：「從從謂太高，扈扈謂大廣。」若布高四寸，則有定制，何當慮其從從、扈扈而誨之哉？如鄭玄去纚而空露其紒，則髮上本無服矣，喪服女子在室爲父髽衰三年〔九〕，空露紒髮，安得與衰共文而謂之髽衰也？魯人逆喪皆髽，豈直露紒迎喪哉？凶服以麻，表髽字從髟，是髮之服也。杜以鄭衆爲長，故用其説，言麻髮合結，亦當麻髮半也。於時魯師大敗，遭喪者多，婦人迎子迎夫不能備其凶服，唯髽而已，同路迎喪，以髽相弔。傳言魯於是始髽者，自此以後，遂以髽爲弔服，雖有吉者，亦髽以弔人。檀弓曰：「魯婦人之髽而弔也，自敗於臺駘始也。」鄭玄云：「時家家有喪，髽而相弔。」知於是始髽者始用髽相弔也。

右婦人笄總髽制婦人首亦苴絰，詳見要絰篇婦人之帶牡麻絰本疏。

司服：掌王之吉凶衣服，凡凶事服弁服。其服斬衰齊衰。○詳見冠制條。○衰三升，三升有半，其冠六升，以其冠爲受，受冠七升。衰，斬衰也〔一〇〕。或曰三升半者，義服也。其冠六升，齊衰之下也。斬衰正服，變而受之此服也。三升，三升半，其受冠皆同，以服至尊，宜少差也。○疏曰：「衰三升，三升有半，其冠六升」，衰異冠同者，以其三升半謂縷如三升半，成布還三升，故其冠同六升也。云「以其冠爲受，受冠七升」者，據至虞變麻服葛時，更以初死之冠，六升布爲衰，更以七升布爲冠。以其葬後哀殺，衰冠亦隨而變輕故也。云「衰斬衰也」者，總二衰，皆在斬衰章也。云「或曰三升半者，義服也」者，以其斬章有正、義，子爲父，父爲長子，妻爲夫之等是正斬，云諸侯爲天子，臣爲君之等，是義斬。此三升半是義服，但無正文，故引或人所解爲證也。云「六升，齊衰之下也」者，齊衰之降服四升，正服五升，義服六升，以其六升是義服，故云「下」也。云「斬衰正服變而受之此服也」者，下注云「重者輕之故也」。云「三升，三升半，其受冠皆同，以服至尊，宜少差也」者，以父與君尊等，恩情則别，故恩深者三升，恩淺者三升半，成布還三升也。

齊衰四升，其冠七升，以其冠爲受，受冠八升。言受以大功之上也。此謂爲母也。齊衰正服五升，其冠八升；義服六升，其冠九升，亦以其冠爲受。凡不著之者，服之首主於父母。○疏曰：此據父卒爲母齊衰三年而言也。若父在，爲母在正服齊衰。云「言受以大功之上也」者，以其降服大功衰七升，正服大功衰八升。云「齊衰正服五升，其冠八升；義服六升，其冠九升，亦以其冠爲受。凡不著之者，服之首主於父母」者，上斬言三升主於父，此言四升主於母，正服已下輕，故不言從可知也。

繐衰四升有半，其冠八升。此謂諸侯之大夫爲天子繐衰也。服在小功之上者，欲著其縷之精麤也。升數在齊衰之中者，不敢以兄弟之服服至尊也。○疏曰：云「服在小功之上者欲著其縷之精麤也」者，據升數合在杖期上，以其升數雖少，以縷精麤與小功同，不得在杖期上，故在小功之上也。云「升數在齊衰之中者，不敢以兄弟之服服至尊」者，據縷如小功，小功已下乃是兄弟，故云不敢以兄弟之服服至尊，至尊則天子是也。大功八升，若九升；小功十升，若十一升。此以小功受大功之差也。不言七升者，主於受服，欲其文相值，言服降而在大功者衰七升，正服衰八升，其冠皆十升。義服九升，其冠十一升。亦皆以其冠爲受也。斬衰受之以下大功，受之以正者，重者輕之，輕者從禮，聖人之意然也。其降而在小功者，衰十升，正服衰十一升，義服衰十二升，皆以即葛及緦麻無受也。此大功不言受者，其章既著之。○疏曰：云「此以小功受大功之差也」者，以其小功、大功俱有三等[一二]，此唯各言二等，故云此以小功受大功之差也。以此二小功衰受二大功之冠，爲衰二大功，初死，冠還用二小功之衰，故轉相受也。云「不言七升者，主於受服」者，以其七升乃是殤大功，殤大功章云「無受」，此主於受，故不言七升者也。云「欲其文相值」，值者，當也，以其正大功衰八升，冠十升，與降服小功衰十升同。既葬，以其冠爲受，受衰十升，冠十一升。義服大功衰九升，其冠十一升，與正服小功衰同。既葬，以其冠爲受，受衰十一升，冠十二升。初死，冠皆與小功衰相當，故云「文相值」也，是冠衰之文相值。云「言服降而在大功者，衰七升，正服衰八升，其冠皆十升；義服九升，其冠十一升，亦皆以其冠爲受也」，降服既無受而亦覆言之者，欲見大功正服與降服冠同升數之意。必冠同者，以其自一斬及四齊衰與降大功，冠皆校衰三等。及至正大功衰八升，冠十升，冠與降大功同上校二等者，若不進正大功，冠與降同，則冠宜十一升。義大功衰九升者，冠宜十二升，則小功緦麻冠衰同降小功衰，冠當十二升。正服小功冠衰同十三升，義服小功當冠衰十四升，緦麻冠衰當十五升，十五升即與朝服十五升同，與吉無別。故聖人之意進正大功與降大功同，則緦麻不至十五升，若然，正服大功不進之，使義服小功至十四升，緦麻十五升，抽其半，豈不得爲緦乎？然者，若使義服小功十四升，則與疑衰同，非五服之差故也。云「斬衰受之以下大功受之以正者重者輕之輕者從禮聖人之意然也」者，聖人之意，重者恐至滅性，故抑之，受之以輕服，義服齊衰六升是也。輕者從禮者，正大功八升，冠十升，既葬，衰十升，受以降服小功。義服大功衰九升，冠十一升，既葬，衰十一升，受以正服小功，二等大功皆不受以義服小功，是從禮也，是聖人有此抑揚之義也。云「其降而在小功者衰十升正服衰十一升義服衰十二升皆以即葛及緦麻無受」者，文出小功緦麻章。以其小功因故衰，唯變麻服葛爲異也。其降服小功已下升數，文出間傳，故彼云：「斬衰三升，齊衰四升、五升、六升，大功七升、八升、九升，小功十升、十一升、十二升，緦麻十五升去其半。有事其縷，無事其布，曰緦，此衰之發於衣服者也。」鄭注云：「此齊衰多二等，大功、小功多一等，服主於受，是極列衣服之差也。」鄭彼注顧此文校多少而言。云「服主於受」，據此文不言降服大功、小功、緦麻之受，以其無受，又不言正服、義服齊衰者，二者雖有受，齊、斬之受，主于父母〔一二〕，故亦不言。若然，此言十升、十一升小功者，爲大功之受而言，非小功有受。彼注云是極列衣服之差者，據彼經總言是極盡陳列衣服之差降，故其言之，與此異也。○以上並喪服記。

○斬衰三升，齊衰四升、五升、六升，大功七升、八升、九升，小功十升、十一升、十二升，緦麻十五升去其半。有事其縷，無事其布，曰緦。去，起呂反。縷，力主反。○此齊衰多二等，大功、小功多一等，服主於受，是極列衣服之差也。○差，初佳反。○疏曰：「有事其縷無事其布曰緦」者，以三月之喪治其麻縷，其細如緦，故云「緦麻」，以朝服十五升抽去其半縷細而疏也。有事其縷，事謂鍛治其布纑縷也。無事其布，謂織布既成，不鍛治其布，以哀在外故也。云「此齊衰多二等大功小功多一等」者，案喪服記云「齊衰四升」，此云「齊衰四升、五升、六升」，多於喪服篇之二等，故云「多二等」也。喪服記云「大功八升若九升」，此云「大功七升、八升、九升」，喪服記又云「小功十升若十一升」，此云「小功十升、十一升、十二升」，是多於喪服一等也。云「服主於受」者，以喪服之經主於受服者。而言以大功之殤無受服，故不列大功七升，以喪服父母爲主，故略齊衰五升、六升而不言也。云「是極列衣服之差也」者，以喪服既略，故記者於是經所以齊衰多二等，大功小功多一等也。○間傳○斬衰裳。凡服，上曰衰，下曰裳。○疏曰：言「斬衰裳」者，謂斬三升布以爲衰裳。不言裁割而言斬者，取痛甚之意。案記云：衰廣四寸，長六寸。綴之於心。然衣亦總號爲衰，非止當心而已，故諸言衰皆與裳相對，至於弔服三者，亦謂之爲衰也。傳曰：衰三升。疏曰：衰三升者，不言裳，裳與衰同，故舉衰以見裳。爲君義服三升半，不言者，以縷如三升半，成布三升〔一三〕，故直言三升，舉正以包義也。○喪服本章。○疏衰裳齊，三年。疏，猶麤也。○疏曰：案上斬衰章中爲君三升半麤衰，鄭注雜記云：「微細焉則屬於麤。」則三升正服斬，不得麤名，三升半成布三升，微細則得麤稱。麤衰爲在三升斬内，以斬爲正，故没義服之麤，至此四升始見麤也。至於大功、小功，更見人功之顯，緦麻極輕，又表細密之事，皆爲哀有深淺，故作文不同也。○本章○疏衰裳齊，期。本章○不杖者。本章〇疏衰裳齊，無受者。本章〇大功布衰裳，無受者。疏曰：言大功者〔一四〕，斬衰章傳云：冠六升，不加灰。則此七升言鍛治，可以加灰矣，但麤沽而已。言大功者用功麤大，故沽疏，其言小者，對大功，是用功細小。〇本章〇大功布衰裳。疏曰：此成人大功章。〇繐衰裳。疏曰：此繐衰是諸侯之臣爲天子，天子七月葬，既葬除，此不言帶屨者，以其傳云：「小功之繐也。」則帶屨亦同小功可知。傳曰：繐衰者何？以小功之繐也。繐，音歲。〇治其縷如小功，而成布四升半。細其縷者，以繐輕也。升數少者，以服至尊也。凡布細而疏者謂之繐。〇本章〇小功布衰裳，五月者。疏曰：此殤小功章禮，言小功者，對大功是用功粗大，則小功是用功細小精密者也。〇本章〇小功布衰裳。疏曰：此成人小功章。〇緦麻，三月者。疏曰：此章五服之内輕之極者，故以緦如絲者爲衰裳，又以澡治莩垢之麻爲絰帶。傳曰：緦者，十五升抽其半，有事其縷，無事其布曰緦。謂之緦者，治其縷，細如絲也。抽，猶去也。〇疏曰：八十縷爲升，十五升千二百縷〔一五〕，抽其半六百縷。縷麤細如朝服，數則半之，可謂緦而疏服最輕故也。云「有事其縷無事其布曰緦」者，案大夫弔於命婦，錫衰，傳曰：「錫者，十五升抽其半，無事其縷，有事其布，曰錫。」二衰皆同升數，但錫衰重，故治布不治縷，哀在内故也。此緦麻衰治縷不治布，哀在外故也。〇本章〇朝服十五升，去其半而緦加灰錫也。朝，直遥反。去，起吕反。〇緦精麤與朝服同，去其半則六百縷而疏也，又無事其布不灰焉。〇疏曰：加灰錫也者，取緦以爲布，又加灰治之則曰錫，言錫然滑易也。經云去其半而緦始云加灰錫，明此緦衰不加灰，不治布故也。○雜記○此以上論衣裳升數之異。○公子爲其母麻衣，爲其妻麻衣。此麻衣者，如小功布，深衣，爲不制衰裳變也。詩云：「麻衣如雪。」練冠而麻衣縓緣，三年練之受飾也。檀弓曰：「練，練衣黄裏縓緣。」諸侯之妾子厭於父，爲母不得伸，權爲制此服，不奪其恩也。○疏曰：麻衣者，謂白布深衣。○詳見喪服父在爲母條。○斬衰裳。傳曰：斬者何？不緝也。疏曰：此對下疏衰裳齊，齊是緝，此則不緝也。○疏衰裳齊。傳曰：齊者，緝也。疏曰：緝，則今人謂之爲緶也。言齊，對斬。○凡衰，外削幅。裳，内削幅。幅三袧。袧，劉音鉤，又恪憂反。○削，猶殺也。大古冠布衣布，先知爲上，外殺其幅，以便體也。後知爲下，内殺其幅，稍有飾也。後世聖人易之，以此爲喪服。袧者，謂辟兩側，空中央也。祭服朝服，辟積無數。凡裳，前三幅，後四幅也。○殺，色界反，劉色例反。大，音泰。便，婢面反。辟，音壁。○疏曰：云「凡」者，總五服而言，故云「凡」以該之。云「衰外削幅」者，謂縫之邊幅向外。裳内削幅者，亦謂縫之邊幅向内。云「幅三袧」者，據裳而言。爲裳之法，前三幅，後四幅，幅皆三辟攝之。以其七幅，布幅二尺二寸，幅皆兩畔各去一寸爲削幅，則二七十四丈四尺。若不辟積，其腰中則束身不得就，故須辟積其腰中也。腰中廣狹在人麤細，故袧之辟攝亦不言寸數多少，但幅别以三爲限耳。鄭云「大古冠布衣布」者，案禮記郊特牲云：「大古冠布，齊則緇之。」鄭注云：「唐、虞以上曰大古也。」是大古冠布衣布也。云「先知爲上外殺其幅以便體也後知爲下内殺其幅稍有飾也」者，此亦唐、虞已上，黄帝已下。故禮運云：「未有麻絲，衣其羽皮。」謂黄帝已前。下文云：「後聖有作」，「治其絲麻，以爲布帛。」後聖謂黄帝，是黄帝始有布帛。是時先知爲上，後知爲下。便體者，邊幅向外，於體便。有飾者，邊幅向内，覩之善也。云「後世聖人易之以此爲喪服」者，又案郊特牲云：緇布冠，「冠而敝之可也。」注：「此重古而冠之耳。三代改制，齊冠不復用也。以白布冠質，以爲喪冠也。」以此言之，唐、虞已上冠衣皆白布，吉凶同，齊則緇之，鬼神尚幽闇。三代改制者，更制牟追、章甫、委貌爲行道朝服之冠；緇布冠，三代將爲始冠之冠；白布冠質，三代爲喪冠。若然，此後世聖人，指夏禹身也，以其三代最先故也。云「袧者，謂辟兩側空中央也」者〔一六〕，案曲禮云：「以脯脩置者，左朐右末。」鄭云：「屈中曰朐。」則此言袧亦是屈中之稱。一幅凡三處屈之，辟兩邊相著，自然中央空矣，幅別皆然也。云「祭服朝服，辟積無數」者，朝服，謂諸侯與其臣以玄冠服爲朝服，天子與其臣以皮弁服爲朝服，祭服者，六冕與爵弁爲祭服，不云玄端〔一七〕，亦是士家祭服中兼之。凡服，唯深衣、長衣之等，六幅破爲十二幅，狹頭向上，不須辟積，其它腰閒已外皆辟積無數，似喪冠三辟積，吉冠辟積無數也。然「凡裳，前三幅後四幅」者，前爲陽，後爲陰，故前三後四，各象陰陽也。唯深衣之等，連衣裳十二幅，以象十二月也。若齊，裳内衰外。齊，緝也。凡五服之衰，一斬四緝。緝裳者，内展之；緝衰者，外展之。○疏曰：據上齊斬五章，有一斬四齊，此據四齊而言，不一斬者，上文已論。五服衰裳縫之外内，斬衰裳亦在其中。此據衰裳之下緝之用針功者，斬衰不齊無針功，故不言也。言「若」者，不定辭，以其上有斬不齊，故云「若」也。言「裳内衰外」者，上言衰外削幅，此齊還向外展之，上言裳内削幅，此齊還向内展之，並順上外内而緝之。此先言裳者，凡齊據下裳而緝之，裳在下，故先言裳，順上下也。鄭云「齊緝也」者，據上傳而言之也。云「凡五服之衰，一斬四緝」者，謂齊衰至緦麻並齊衰，既有針功，緦之名則沒，去齊名，亦齊可知也。

言「展之」者，若今亦先展訖，乃行針功者也。負，廣出於適寸。負，在背上者也。適，辟領也。負出於辟領外旁一寸。○疏曰：以一方布置於背上，上畔縫著領，下畔垂放之，以在背上，故得負名。適辟領，即下文適也，出於辟領外旁一寸，總尺八寸也。適，博四寸，出於衰。博，廣也。辟領廣四寸，則與闊中八寸也。兩之爲尺六寸也。出於衰者，旁出衰外，不著寸數者，可知也。○疏曰：此辟領廣四寸，據兩相而言。云「出於衰」者，謂彼胸前衰而言出也。云「博廣也」者，若言博，博是寬狹之稱〔一八〕，上下兩旁俱名爲博。若言廣，則唯據横闊而言。今此適四寸，據横，故博爲廣，見此義焉。云「辟領廣四寸」者，據項之兩相向外各廣四寸。云「則與闊中八寸也」者，謂兩身當縫中央，總闊八寸，一邊有四寸，并辟領四寸，爲八寸。云「兩之爲尺六寸也」者，一相闊與辟領八寸，故兩之總一尺六寸。云「出於衰者旁出衰外」者，以兩旁辟領向前，望衰之外也。云「不著寸數者可知也」者，以衰廣四寸，辟領横廣總尺六寸，除中央四寸當衰，衰外兩旁各出衰六寸，故云不著寸數可知也。衰，長六寸，博四寸。廣袤當心也。前有衰，後有負版，左右有辟領，孝子哀戚無所不在。○疏曰：衰，長也，據上下而言也。綴於外衿之上，故得廣長當心。云「前有衰，後有負版」者，謂負廣出於適寸，及衰長六寸，博四寸。云「左右有辟領」者，謂左右各四寸。云「孝子哀戚無所不在」者，以衰之言摧，孝子有哀摧之志，負在背上者，荷負其悲哀在背也。云「適」者，以哀戚之情指適緣於父母，不兼念餘事，是其四處皆有悲痛，是無所不在也。衣帶下，尺。衣帶下尺者，要也。廣尺，足以掩裳上際也。○廣，古曠反。○疏曰：謂衣腰也。云「衣」者，即衰也。但衰是當心廣四寸者，取其衰摧在於徧體，故衣亦名爲衰。今此云衣，據在上曰衣，舉其實稱。

云「帶」者，此謂帶衣之帶，非大帶、革帶也。云「衣帶下尺」者，據上下闊一尺，若横而言之，不著尺寸者，人有麤細，取足爲限也。云「足以掩裳上際也」者，若無腰則衣與裳之交際之閒露見裏衣，有腰則不露見，故云掩裳上際也。言「上際」者，對兩旁有衽掩旁，兩廂下際也。衽，二尺有五寸。衽，所以掩裳際也。二尺五寸，與有司紳齊也。上正一尺，燕尾二尺五寸，凡用布三尺五寸。○疏曰：云「掩裳際也」者，對上腰而言，此掩裳兩廂下際不合處也。云「二尺五寸，與有司紳齊也」者，玉藻文。案彼士已上大帶垂之皆三尺，又云有司二尺有五寸，謂府史紳，即大帶也。紳，重也，屈而重，故曰紳。此但垂之二尺五寸，故云與有司紳齊也。云「上正一尺」者，取布三尺五寸，廣一幅，留上一尺爲正。正者，正方不破之言也。一尺之下，從一畔旁入六寸，乃邪向下一畔一尺五寸，去下畔亦六寸，横斷之，留下一尺爲正，如是，則用布三尺五寸得兩條衽，衽各二尺五寸，兩條共用布三尺五寸也。然後兩旁皆綴於衣，垂之向下，掩裳際，此謂男子之服。婦人則無，以其婦人之服連衣裳，故鄭上斬章注云：婦人之服「如深衣」，「則衰無帶，下又無衽。」是也。袂，屬幅。屬，音燭，劉又音蜀。○屬，猶連也。連幅，謂不削。○疏曰：屬幅者，謂整幅二尺二寸。凡用布爲衣物及射侯，皆去邊幅一寸爲縫殺，今此屬連其幅，則不削去其邊幅，取整幅爲袂。必不削幅者，欲取與下文衣二尺二寸同，縱横皆二尺二寸，正方者也。故深衣云袂中「可以運肘」，二尺二寸亦足以運肘也〔一九〕。衣，二尺有二寸。此謂袂中也。言「衣」者，明與身參齊。二尺二寸，其袖足以容中人之肱也。衣自領至腰二尺二寸，倍之四尺四寸，加辟領八寸，而又倍之，凡衣用布一丈四寸。○肱，古弘反。○疏曰：云「此謂袂中也」，上云袂，據從身向袪而言，衣據從上向掖下而言。

云「言衣者明與身參齊」者，袂所以連衣爲之，衣即身也，兩旁袂與中央身總三事，下與畔皆等變袂言衣，欲見袂與衣齊三也，故云與身參齊。云「二尺二寸，其袖足以容中人之肱也」者，案深衣云：袂中「可以運肘」。鄭注云：「肘不能不出入。」彼云「肘」，此云「肱」也。凡手足之度，鄭皆據中人爲法，故云「中人」也。云「衣自領已下」云云者，鄭欲計衣之用布多少之數。自領至腰皆二尺二寸者，衣身有前後，今且據一相而言，故云衣二尺二寸，倍之爲四尺四寸，總前後計之，故云「倍之爲四尺四寸」也。云「加闕中八寸」者，闕中謂闕去中央安項處〔二〇〕，當縫兩相，總闕去八寸，若去一相，正去四寸。若前後據長而言，則一相各長八寸，通前兩身四尺四寸，總五尺二寸也。云「而又倍之」者，更以一相五尺二寸并計之，故云又倍之。云「凡衣用布一丈四寸」者，此唯計身，不計袂與袪及負衽之等者。彼當丈尺寸自見，又有不全幅者，故皆不言也。**袪，尺二寸。**袪，魚起反。○袪，袖口也。尺二寸，足以容中人之併兩手也。吉時拱尚左手，喪時拱尚右手。○併，步頂反。拱，九勇反。○疏曰：云「袪袖口也」，則袂末接袪者也。尺二寸者，據複攝而言，圍之則二尺四寸，與深衣之袪同，故云「尺二寸，足以容中人之併兩手」也。以袪橫與深衣尺二寸，據橫而言。不言緣之深淺尺寸者，緣口深淺亦與深衣同寸半可知，故記人略不言也。○喪服記○此以上論裁造衣裳之制。

○**端衰、喪車皆無等。**喪者衣衰及所乘之車貴賤同，孝子於親一也。衣衰言端者，玄端吉時常服，喪之衣衰當如之。○疏曰：端衰，謂喪服上衣，以其綴六寸之衰於心前，故亦曰衰。端，正也，吉時玄端，服身與袂同以二尺二寸爲正，而喪衣亦如之，用衰綴心前，故曰端衰也。等，等差也，言喪之衣衰及惡車，天子至士制度同，無貴賤等差之別也，以孝子於其親情如一也。案喪服記袂二尺二寸〔二一〕，「袪尺二寸」，其制正幅，故云「端」。此云端衰，則與玄端同。○雜記○苴衰不補。

疏曰：苴衰不補者，言苴麻之衰〔二二〕，雖破不補。○喪服四制○此兩條通論衰裳之制。○縣子曰：「綌衰繐裳，非古也。」綌，去逆反，粗葛也。繐，音歲，布細而疏曰繐。○疏曰：綌，葛也。繐，布疏者，漢時南陽鄧縣能作之。記當時失禮多尚輕細，故有喪者不服麤衰，但疏葛爲衰，繐布爲裳，故云「非古」也。古，謂周初制禮時也。○檀弓○此論衰裳非古。○練，練衣黄裏，縓緣。疏曰：練，小祥也。小祥而著練冠練中衣，故曰「練」也。練衣者，練爲中衣。黄裏者，黄爲中衣裏也。縓緣者，縓爲淺絳色，緣謂中衣領及褎緣也。裏用黄而領緣用縓者，領緣外也。鹿裘衡、長、袪。疏曰：鹿裘者，亦小祥後也。冬時吉凶衣裏皆有裘，喪時同用大鹿皮爲之，鹿色近白，與喪相宜也。衡，横也。袪，褎緣口也。前時已有裘，但短小，至小祥更作大長者。横廣之，又長之，爲袪，更新造之，又加此三法也。袪，裼之可也。疏曰：裼，謂裘上又加衣也。吉時裘上皆有裼，喪已後雖有裘，裘上未有裼衣。至小祥，裘既横長，又有袪，故加裼之可也。○詳見變除練受服條。○此論練衣裳之制。

右衰裳制

女子子在室爲父，衰，三年。凡服，上曰衰，下曰裳。此但言衰不言裳，婦人不殊裳，衰如男子衰，下如深衣，深衣則衰無帶，下又無衽。○疏曰：婦人不殊裳者，以其男子殊衣裳，是以衰綴於衣，衣統名爲衰，故衰裳並見。案周禮内司服，王后六服皆單言衣，不言裳，以連衣裳，不别見裳。則此喪服亦連裳於衣，衰亦綴於衣而名衰，故直名衰，無裳之别稱也。云「衰如男子衰」者，婦人衰亦如下記所云「凡衰，外削幅」，以下之制如男子衰也。云「下如深衣」者，如深衣六幅，破爲十二，闊頭鄉下，狹頭鄉上，縫齊倍要也。云「深衣則衰無帶下」者，案下記云「衣帶下，尺」，注云：「衣帶下尺者，要也。廣尺，足以掩裳上際也。」今此裳既縫著衣，不見裏衣，故不須要以掩裳上際也。云「又無衽」者，又案下記云「衽二尺有五寸」，注云：「衽所以掩裳際也。」彼據男子陽，多變，故衣裳别。制裳，又前三幅，後四幅，開兩邊，露裏衣，是以須衽屬衣，兩旁垂之以掩交際之處。此既下如深衣縫之，以合前後兩邊不開，故不須衽以掩之也。○詳見喪服斬衰章父條。

右婦人衰制

斬衰，苴絰。疏曰：云「苴絰」者，謂苴麻爲首絰、要絰。傳曰：苴絰大搹，去五分一以爲帶。齊衰之絰，斬衰之帶也，去五分一以爲帶。大功之絰，齊衰之帶也，去五分一以爲帶。小功之絰，大功之帶也，去五分一以爲帶。緦麻之絰，小功之帶也，去五分一以爲帶。疏曰：士喪禮云：「苴絰大鬲，下本在左，腰絰小焉。」鄭注云：「絰帶之差，自此出焉。」謂子夏言絰帶之差出於士喪之絰。○詳見首絰章。今案：斬衰疏曰：云「苴絰」者，「謂苴麻爲首絰、要絰。」○疏衰，牡麻絰。此牡麻絰，亦謂牡麻爲首絰、要絰。○本章。○小功，澡麻帶絰。澡者，治去莩垢，不絶其本也。○疏曰：此殤小功章自上以來，皆帶在絰下，今此帶在絰上者，以大功已上絰帶有本，小功以下斷本。此殤小功中有下殤小功帶不絶本，與大功同，故進帶於絰上，倒文以見重，與常例不同。云「澡者，治去莩垢」

者，謂之枲麻，又治去莩垢，使之滑淨，以其入輕竟故也。○詳見喪服本章。○經殺五分而去一。疏曰：經殺者，案喪服傳云：「苴絰大搹」〔一三〕，「去五分一以爲帶。」是首尊而腰卑宜小，故五分而去一，象服數有五也。○小記○公子爲其母，麻；爲其妻，葛絰。麻者，緦麻之絰帶也。爲妻葛絰帶，妻輕。○詳見喪服父在爲母條。○此以上，論腰絰所用之才及大小之制。○苴絰大鬲，下本在左，要絰小焉。散帶垂，長三尺，牡麻絰，右本在上，亦散帶垂。苴，七如反。鬲，音革，又作搹。絰，大結反。○苴絰，斬衰之絰也。牡麻絰者，齊衰以下之絰也。○疏曰：小斂訖，當服未成服之麻也。云「亦散帶垂」者，不言尺寸，亦與苴絰同垂三尺。首絰大鬲，鬲是搤物之稱，故據中人一搤而言。大者，據大拇指與大巨指搤之，故言大也。○詳見士喪禮。○大功，牡麻絰。傳曰：殤之絰不樛垂，蓋未成人也。樛，居糾反。○不樛垂者〔一四〕，不絞其帶之垂者，雜記曰：「大功已上散帶。」○疏曰：凡喪，至小斂皆服未成服之麻，麻絰、麻帶。「大功已上散帶之垂」者，至成服乃絞之，小功以下初而絞之。今殤大功，亦於小斂服麻散垂，至成服後亦散不絞，以示未成人，故與成人異也。○詳見喪服本章。○大功以上散帶。詳見喪服變除。○下殤小功，帶澡麻不絕本，詘而反以報之。澡，音早。詘，丘勿反。○報，猶合也。下殤小功本齊衰之親，其絰帶澡率治麻爲之，帶不絕其本，屈而上，至要中合而糾之，明親重也。凡殤，散帶垂。○率，所律反，又音律。糾，居黝反，徐居虯反。散，先但反。○疏曰：澡率治麻爲之者，謂戛率其麻使其潔白也。云「帶不絕其本屈而上至要」者，其帶本垂，今乃屈所垂散麻，上至於要，然後中分麻爲兩股，合而糾之，以垂繫下也。所以然者，明親重也。「凡殤，散帶垂」者，謂成人大功以下之殤，其殤既輕，唯散麻帶垂而下，不屈而上糾之，異於下殤小功故也。○小記○此以上論腰經制造之異。○斬衰，苴，絞帶。傳曰：絞帶者，繩帶也。絞，户交反。○疏曰：以絞麻爲繩作帶，故云絞帶也。王肅以爲絞帶如要經焉，雷氏以爲絞帶在要經之下言之，則要經五分去一爲絞帶。○詳見喪服本章。○疏衰，布帶。疏曰：布帶者，亦象革帶，以七升布爲之。此即下章帶緣各視其冠是也。○詳見喪服本章。○疏衰，期。傳曰：齊衰大功，冠其受也。緦麻小功，冠其衰也。帶緣各視其冠。疏曰：帶，謂布帶、象革帶者。○詳見冠制條。○公士，大夫之衆臣，爲其君布帶。疏曰：其布帶則與齊衰同。○詳見喪服斬衰章。○以上論絞帶之制。○斬衰疏衰，既虞卒哭，去麻服葛，葛帶三重。疏曰：既虞卒哭之帶，以葛代麻，帶又差小於前，以五分去一，唯有四分見在。三重，謂作四股糾之，積而相重，四股則三重。未受服之前，麻帶爲兩股相合也。此直云「葛帶三重」，則首經雖葛不三重也，猶兩股糾之也。○詳見變除既虞卒哭受服條。○練葛要經。疏曰：小祥，男子去首經，唯餘要葛也。○詳見練受服條〔一一五〕。

右要經帶制案：本朝淳化五年贊善大夫胡旦奏議曰：小記篇有經帶差降之數，斬衰葛帶與齊衰初死麻之經同，故云經俱七寸五分寸之一。所以然者，就苴經九寸之中五分去一，以五分分之去一分，故云七寸五分寸之一。其帶又就葛經七寸五分寸之一之中又五分去一，故五寸二十五分寸之十九也。齊衰既虞變葛之時又漸細，降初喪一等，與大功初死麻絰帶同，俱五寸二十五分寸之十九也。其帶五分，首絰去一，就五寸二十五分寸之十九之中去其一分，故餘有四寸一百二十五分寸之七十六也。大功既虞變葛之時又漸細，降初喪一等，與小功初死麻絰同，俱四寸一百二十五分寸之七十六。其帶五分，首絰又五分去一，就四寸一百二十五分寸之七十六之中五分去其一分，得三寸六百二十五分寸之四百二十九。小功既虞變葛之時，又降初喪一等，與緦麻初死麻絰同。其帶五分，首絰去其一，就三寸六百二十五分寸之四百二十九之中又五分去其一分，故其餘有二寸三千一百二十五分寸之二千九百六十六分，是緦麻已上變麻服葛之數也。詔五服差降，宜依所奏。

婦人之帶，牡麻結本。婦人亦有苴絰，但言帶者，記其異。此齊衰婦人，斬衰婦人，亦苴絰也。○疏曰：知「婦人亦有苴絰」者，喪服首云「苴絰杖」，下經男子、婦人俱陳，則婦人亦有苴絰。今此經不言婦人苴絰者，記其異，謂男子帶有散麻，婦人則結本，是其異者。云「此齊衰婦人」者，以其牡麻，宜言齊衰以下至緦麻皆同牡麻也。云「斬衰婦人亦苴絰也」者，此亦據帶而言，以其帶亦名絰。喪服云「苴絰杖」，鄭云「麻在首在要皆曰絰」，則婦人有苴麻爲帶絰可知。○詳見士喪禮上。○此一條，論婦人腰絰之制。○婦人葛絰而麻帶。疏曰：婦人既虞卒哭，其絰以葛易麻，故云葛絰。帶則有除無變，終始是麻，故曰麻帶。○詳見變除既虞卒哭受服條。○此一條論婦人虞卒哭腰絰之制。

右婦人要絰帶制斬衰婦人苴麻絰，見本篇注疏。

司服：王爲三公六卿錫衰，爲諸侯緦衰，爲大夫士疑衰。君爲臣服弔服也。鄭司農云：

錫，麻之滑易者，十五升去其半，有事其布，無事其縷。緦亦十五升去其半，有事其縷，無事其布。疑衰，十四升。玄謂：無事其縷，哀在內。無事其布，哀在外。疑之言擬也，擬於吉。○易，以豉反。去，起呂反。○疏曰：天子臣多，故三公與六卿同錫衰，諸侯五等同緦衰，大夫與士同疑衰。不見三孤者，與六卿同。又不辨同姓異姓，亦以臣故也。云「君爲臣服弔服也」者，欲見臣爲君斬，君爲臣無服直弔服，既葬除之而已。鄭注喪服破升皆爲登，布八十縷爲登，登，成也。今云十五升則千二百縷〔二六〕，去其半則六百縷也。云「有事其縷」及「有事其布」者〔二七〕，皆謂以水濯治去其垢者也。玄謂「疑之言擬也擬於吉」者，以其吉服十五升，今疑衰十四升，少一升而已，故云「擬於吉」者也。凡弔皆不見婦人弔服者，以婦與夫同，故喪服云：「大夫弔於命婦錫衰，命婦弔於大夫錫衰。」是婦與夫同〔二八〕。○此一條論錫緦疑衰之等。

○凡弁經其衰侈袂。侈，昌氏反。袂，彌世反。○侈，猶大也。弁經服者，弔服也，其衰錫也、緦也、疑也。袂之小者二尺二寸，大者半而益之，則侈袂三尺三寸。○疏曰：弁經者，謂弔服也。其首著弁經，身著錫衰、緦衰、疑衰。侈，大也。其此等三衰，大作其袂，凡常之袂二尺二寸〔二九〕，此等三衰其袂半而益一，袂大三尺三寸也。若士，則其衰不侈也。故周禮司服有「玄端素端」，注云：「變素服言素端者，明異制。」大夫已上侈之，明士不侈，故稱端。○雜記○此一條論弔服之制。

○錫者何也？麻之有錫者也。錫者，十五升抽其半，無事其縷，有事其布，曰錫。謂之錫者，治其布，使之滑易也。錫者不治其縷，哀在內也。緦者不治其布，哀在外。○易，以豉反。○疏曰：但言「麻」者，以麻表布之縷也。又云「錫者十五升抽其半」者，以其縷之多少與緦同。○詳見補弔服大夫弔於命婦錫衰傳。○此一條論錫衰之制。

右錫衰緦衰疑衰之制婦人弔服，婦與夫同，附見本篇疏。

曾子問曰：「親迎女在塗，而壻之父母死，則如之何？」曰：「女改服，布深衣，縞總以趨喪。」疏曰：深衣，謂衣裳相連，前後深邃，故曰深衣。○詳見變除篇。○夫子曰：「始死羔裘玄冠者，易之而已。」疏曰：始死則易去朝服，著深衣。○詳見變除篇。○此論始死深衣之服。○齊衰大功，冠其受也。緦麻小功，冠其衰也。帶緣各視其冠。緣，如深衣之緣。○疏曰：云「緣如深衣之緣」者，案深衣目録云：深衣，「連衣裳而純之以采。」「素純曰長衣」，「有表則謂之中衣。」此既在喪服之内，則是中衣矣，而云深衣，以其中衣與深衣同是連衣裳，其制大同，故就深衣有篇目者而言之。案玉藻云：其爲「長、中，繼揜尺。」注云：「其爲長衣、中衣，則繼袂揜一尺，若今褎矣。」若然，中衣與長衣袂手外長一尺。案檀弓云：「練時，鹿裘，衡長袪。」注云：「袪，謂褎緣袂口也。」練而爲裘，横廣之，又長之，又爲袪，則先時狹短無袪可知。若然，此初喪之中衣緣亦狹短，不得如玉藻中衣繼揜一尺者也。喪中緣用布，明中衣亦用布，中衣用布雖無明文，亦當視冠。○詳見冠制條。○此論齊衰大功、小功、緦麻初喪中衣之制。○公子爲其母，麻衣縓緣；其妻，麻衣縓緣。麻衣者，如小功布，深衣，爲不制衰裳變也。○疏曰：云「縓緣」者，以繒爲縓色，與深衣爲領緣。云「爲不制衰裳變也」者，以其爲深衣，不與喪服同，故云變也。詩云「麻衣如雪」者，彼麻衣及禮記檀弓云子游麻衣、并間傳云：「大祥，素縞麻衣。」注皆云：十五升布深衣。與此小功布深衣異。引之者，證麻衣之名同，取升數則異。禮之通例，麻衣與深衣制同，但以布緣之則曰麻衣，以采緣之則曰深衣，以素緣之，袖長在外，則曰長衣，又以采緣之，袖長在衣内，則曰中衣。此三者之衣皆用朝服十五升，布六幅，分爲十二幅而連衣裳，袖與純緣則異，深衣連衣裳而純以綵素純曰長衣，有表則謂之中衣。以此言之，則長衣、中衣皆用素純。○詳見喪服父在爲母條。○此論公子爲母、妻麻衣之制。○大祥素縞麻衣。麻衣，十五升布深衣也。謂之麻者，純用布，無采飾也。○詳見變除大祥變服。○此論大祥麻衣之制。

右深衣麻衣長衣中衣之制

斬衰，苴，杖。傳曰：苴杖，竹也。削杖，桐也。疏曰：經唯云苴杖，不出杖體所用，故言苴杖者，竹也。下章直云削杖，亦不辨木名，故因釋之云削杖者，桐也。○疏衰，削杖。本章○母爲長子，削杖。嫌服男子當杖竹也，母爲長子服不可以重於子爲己。○小記○杖各齊其心，皆下本。疏曰：云「杖各齊其心」者，杖所以扶病，病從心起，故杖之高下以心爲斷也。云「皆下本」者，本，根也。○本章○杖下本，竹、桐一也。順其性也。○疏曰：云「順其性也」，謂下其根本，順木之性。○士喪記○絰殺五分而去一，杖大如絰。如要絰也。○要，一遥反。○疏曰：「杖大如絰」者，謂如要絰也，以其同在下之物故也。○小記○此言杖體所用及大小之制。

右杖制

斬衰，菅屨。傳曰：菅屨者，菅菲也，外納。屨，九具反。○疏曰：周公時謂之屨，子夏時謂之菲。案士喪禮「屨外納」，鄭注云：「納，收餘也。」○喪服本章○記：屨外納。疏曰：此則菅屨也。

云「外納」者，謂收餘末鄉外爲之，取醜惡不事飾故也。○疏衰，疏屨，三年。傳曰：疏屨者，藨蒯之菲也。藨，皮表反，劉扶表反。蒯，古怪反。○疏曰：藨是草名。案玉藻云：「屨蒯席。」則蒯亦草類。○本章○疏衰，疏屨期。本章○不杖，麻屨。此亦齊衰，言其異於上。○本章○齊衰三月與大功同者，繩屨。疏曰：大功以上同名重服，故大功與齊衰三月可同。繩屨，謂以麻繩爲屨。○喪服小記○小功。舊説：小功以下，吉屨無約也。○疏曰：約者，案周禮屨人職屨舄皆有約繶純，純者於屨口緣繶者，牙底接處縫中有條約者，屨鼻頭有飾爲行戒。吉時有行戒故有約，喪中無行戒故無約。以其小功輕，故從吉屨爲其大飾，故無約也。○喪服本章。○公士，大夫之衆臣，爲其君布帶繩屨。傳曰：繩屨者，繩菲也。繩菲，今時不借也。○喪服斬衰條。○此以上八條論屨制輕重之别。○練繩屨無約。約，其俱反。○疏曰：繩屨者，謂父喪菅屨，卒哭受齊衰蒯藨屨，至小祥受大功繩麻屨也。無約者，約屨頭飾也，吉有喪無。○檀弓○此一條論練屨之制。○周禮屨人：掌王及后之服屨，素屨、葛屨。屨有約有繶有純者，飾也。素屨者非純吉，有凶去飾。言葛屨，明有用皮時。○疏曰：素屨者，大祥時所服去飾也。葛屨者，自赤舄以下，夏則用葛爲之，若冬則用皮爲之。在素屨下者，欲見素屨亦用葛與皮故也。下經注云散屨與此素屨同是大祥時，則大祥除衰杖後身服素縞麻衣而著此素屨，故云「非純吉」。言「去飾」者，經素屨不云約繶純，故知去飾無約繶純也。辨外内命夫命婦之散屨。散，素但反。○散屨亦謂去飾。○疏曰：上明王及后等尊者舄屨訖，此明臣妻及嬪以下之屨也。凡四時之祭祀，以宜服之。祭祀而有素屨、散屨者，惟大祥時〔三〇〕。○疏曰：惟大祥時者，此據外内命夫、命婦爲王斬衰而言。初死著菅屨，卒哭與齊衰初死同疏屨，既練與大功初死同繩屨，大祥與小功初死同吉屨無絇，是以上經注云非純吉，故云「惟大祥時」也。但上經據卑云散〔三一〕，散與素一也。○此論大祥素屨散屨之制。○天官○不屨繐屨。繐，音歲。○繐屨，喪屨也。縷不灰治曰繐〔三二〕。○疏曰：案喪服記云繐衰四升有半，繐衰既是喪服，明繐屨亦是喪屨。云「縷不灰治曰繐」者，斬衰冠六升，傳云「鍛而勿灰」，則繐衰四升半不灰治可知。言此者，欲見大功末可以冠子，恐人以冠子，故於屨末因禁之也。○士冠禮○此條因冠禮見繐屨之制。

右屨制

周禮巾車：王之喪車五乘：木車，蒲蔽，犬褀，尾櫜，疏飾，小服皆疏。乘，繩證反。褀，莫歷反。櫜，沈音羔，劉姑道反。○木車，不漆者。鄭司農云：「蒲蔽，謂蠃蘭車，以蒲爲蔽，天子喪服之車，漢儀亦然。犬褀，以犬皮爲覆笭。」玄謂：蔽，車旁禦風塵者。犬，白犬皮，既以皮爲覆笭，又以其尾爲戈戟之弢。麤布飾二物之側爲之緣，若攝服云。服，讀爲箙。小箙，刀劍短兵之衣。此始遭喪所乘，爲君之道尚微，備姦臣也。書曰：以「虎賁百人逆子釗。」亦爲備焉。○蠃，魯火反，劉音果。笭，力丁反，劉音冷。弢，吐刀反。緣，悦絹反。○疏曰：云「木車不漆者」，喪中無飾，後至禫乃漆之，此明木車及下素車等皆未漆也。先鄭云「謂蠃蘭車」者，此舉漢時有蠃長蘭乘不善之車，故舉以説之也。云「犬褀以犬皮爲覆笭」者，古者男子立乘須馮軾，軾上取皮覆之，故云犬褀。玄謂蔽車旁禦風塵者，上文重翟、厭翟之等爲蔽皆是禦風塵，故知此蔽亦是禦風塵也。云「犬白犬皮」者，士喪記：「主人乘惡車，白狗幦。」是也。云「既以皮爲覆笭，又以其尾爲戈戟之弢」者，明褉與橐共用犬橐則弢也。云「麤布飾二物之側爲之緣」者，案喪服齊衰已下皆稱疏。禮之通例，凡言疏布者，皆據大功布而言。若然，則以八升布爲二物之緣也。云「若攝服」者，案既夕記云：「貳車，白狗攝服。」注云：「攝，猶緣也。狗皮緣服，差飾也。」「小箙刀劍短兵之衣」者，此小箙即既夕記云：「主人乘惡車，白狗幦，蒲蔽」，「犬服[三三]」。鄭彼注云：「笭閒兵服，以犬皮爲之[三四]。」是也。云「此始遭喪所乘」者[三五]，此喪車五乘，貴賤皆同乘之，是以士喪禮「主人乘惡車」，鄭注引雜記曰：「端衰、喪車皆無等。」「然則此惡車，王喪之木車也。」是其尊卑同也。云「爲君之道尚微備姦臣也」者，案士喪有大服，則此小服亦是其常。今言「爲君之道尚微備姦臣」者[三六]，此言非爲小兵服，以戈戟人君乃有之，然則「備姦臣」爲尾橐戈戟而言也。引「書曰」者，顧命文。彼以成王崩，子釗，康王也，康王常在尸所，以爲嫡子，故使康王出卿門外，以虎賁百人更以大子之禮迎之，別於庶子。必用虎賁「備姦臣」者，證人君有戈戟亦是備姦臣。

素車，棼蔽，犬褉，素飾，小服皆素。

棼，扶云反。○素車，以白土堊車也。棼，讀爲蕡，蕡麻以爲蔽。其褉服以素繒爲緣，此卒哭所乘，爲君之道益著，在車可以去戈戟。○堊，烏路反，又烏浴反。蕡，扶文反。○疏曰：鄭知素車「以白土堊」者，爾雅釋宮云：「地謂之黝，墻謂之堊。」堊謂以白土爲飾，則此素車亦白土爲飾可知。云「棼讀爲蕡，蕡麻」者，義取用麻爲蔽之意。云「其褉服以素繒爲緣」者，禮之通例，素有二種：其義有色飾者，以素爲白土，義有以繒爲飾，即以素爲繒，故鄭釋二素，以白繒別釋之也。云「此卒哭所乘」者，案士虞禮：

卒哭，「丈夫説經帶于廟門外，婦人説首經，不説帶。」是卒哭變服即易車。案喪服大功章注云：「凡天子、諸侯、卿、大夫既虞，士卒哭而受服。」此鄭云卒哭，據士而言也。云「爲君之道益著在車可以去戈戟」者，以經不云尾櫜，明去戈戟，故爲此解也。藻車，藻蔽，鹿淺幦，革飾。故書「藻」作「轘」，杜子春：「轘，讀爲華藻之藻。」玄謂：藻，水草，蒼色。以蒼土堊車，以蒼繒爲蔽也。鹿淺幦，以鹿夏皮爲覆笭，又以所治去毛者緣之，既練所乘。○疏曰：鄭爲「蒼色」者，且藻之水草見爲蒼艾色也。云「鹿淺幦以鹿夏皮爲覆笭」者，夏時鹿毛新生爲淺毛，故鄭云「鹿夏皮爲覆笭」也。云「又以所治去毛者緣之」者，以經云「革飾」，皮去毛曰革，故以「去毛」言之。云「此既練所乘」者，王喪十三月練是變除之節，故知此即既練所乘也。駹車，萑蔽，然幦，髹飾。萑，音丸。髹，香求反。○故書「駹」作「龍」，「髹」爲「軟」，杜子春云：「龍，讀爲駹。軟，讀爲桼垸之桼，直謂髹桼也。」玄謂：駹車，邊側有桼飾也。萑，細葦席也，以爲蔽者，漆則成藩，即吉也。然，果然也。髹，赤多黑少之色韋也。此大祥所乘。○軟，音次。桼，音七。垸，胡翫反。○疏曰：後鄭知駹爲邊側之飾者，以下文漆車全有漆，則此時未全爲漆，故知駹是邊側少有漆也。云「漆則成藩」者，下文藩蔽者因此舊蔽而漆之，則藩者以此爲本，故云漆則成藩也。云「然果然也」者，果然，獸名，是以賈氏亦云：「然，獸名也。」云「髹赤多黑少之色韋也」，知色如此者，案下注「雀，黑多赤少」，故知此髹是赤多黑少者也。云「此大祥所乘」者，以二十五月大祥除服之節，故知此車是大祥所乘也。漆車，藩蔽，豻幦，雀飾。漆車，黑車也。藩，今時小車藩，桼席以爲之。豻，胡犬。雀，黑多赤少之色韋也。此禫所乘。○豻，五旦反。禫，直感反。○疏曰：知漆是黑者，凡漆不言色者皆黑，且大夫所乘黑車及篆縵之飾直得黑名，是凡車皆黑漆也。鄭知「漆席以爲之」者，以其席即上文「雀」〔三七〕，上注云「漆則成藩」是也〔三八〕。云「豻胡犬」者，謂胡地之野犬。云「雀黑多赤少之色韋也」者，鄭以目驗雀頭黑多赤少，雀即緅也。此禫所乘者，以二十七月禫祥之節，素縞麻衣，而服禫服朝服緌冠，故知當禫所乘也。案下文大夫乘墨車，士乘棧車，皆吉時所乘之車，既言天子至士喪車五乘尊卑等，則大夫士禫亦得乘漆車，所以大夫士禫即乘漆車，與吉同者，禮窮則同也。○春官○主人乘惡車。詳見士喪禮拜君及賓章。○端衰喪車皆無等。喪車，惡車也。喪者衣衰及所乘之車貴賤同，孝子於親一也。○雜記

右喪車之制

校勘記

〔一〕冠升皆與既葬衰升數同　「數」，原作墨釘，據朝鮮本、四庫本及儀禮注疏補。

〔二〕云外畢者冠前後屈而出縫於武也者　「也者」，原誤倒，據四庫本、賀本及儀禮注疏改。

〔三〕同耳佳反　「佳」，原作「佳」，據呂本、四庫本及禮記正義改。

〔四〕以經有二麻　「經」，原作「絰」，據賀本及儀禮注疏改。

〔五〕下本在左　「下」，原作「不」，據呂本、四庫本、賀本及儀禮注疏改。

〔六〕詳見喪服斬衰章父條　「父」，賀本作「女子子在室爲父」。

〔七〕側巾反　「側」，原作「莊」，據賀本改。
〔八〕馬融以爲屈布爲巾　「巾」，原作「布」，據四庫本及春秋左傳正義改。
〔九〕喪服女子在室爲父髽衰三年　「三」，原作「二」，據四庫本、賀本改。
〔一〇〕斬衰也　「衰」，原脱，據四庫本、賀本及儀禮注疏補。
〔一一〕以其小功大功俱有三等　「俱」，原作墨釘，據朝鮮本、四庫本及儀禮注疏補。
〔一二〕主于父母　「父」，原作墨釘，據朝鮮本、四庫本及儀禮注疏補。
〔一三〕成布三升　「三」，原作「二」，據朝鮮本、四庫本、賀本改。
〔一四〕言大功者　「大」，原作墨釘，據朝鮮本、四庫本及儀禮注疏補。
〔一五〕十五升千二百縷　「十」，原作「小」，據朝鮮本、吕本、四庫本改。
〔一六〕云袧者謂辟兩側空中央也者　「央」，原作墨釘，據朝鮮本、四庫本及儀禮注疏補。
〔一七〕不云玄端　「云」，原作「去」，據朝鮮本、吕本、四庫本、賀本改。
〔一八〕博是寬狹之稱　「是」，原作「見」，據賀本及儀禮注疏改。
〔一九〕二尺二寸亦足以運肘也　「運」，原作「連」，據朝鮮本、吕本、四庫本改。
〔二〇〕闕中謂闕去中央安項處　「項」，原作「頓」，據朝鮮本、吕本、四庫本、賀本改。
〔二一〕案喪服記袂二尺二寸　下「二」字，原作「一」，據吕本、四庫本及禮記正義改。
〔二二〕言苴麻之衰　「苴」，原作「齊」，據朝鮮本、賀本及禮記正義改。

〔二三〕苴經大搹　「苴」，原作「首」，據賀本及禮記正義改。
〔二四〕不樛垂者　「不」，原脱，據賀本及儀禮注疏補。
〔二五〕詳見練受服條　句下，賀本有「〇此兩條論葛帶之制」八字。
〔二六〕今云十五升則千二百縷　「千」，原作「干」，據朝鮮本、吕本、四庫本改。
〔二七〕云有事其縷及有事其布者　「及」，原作「又」，據賀本及周禮注疏改。
〔二八〕是婦與夫同　句下，賀本有「〇春官」二字。
〔二九〕凡常之袂二尺二寸　「常」，原作「裳」，據四庫本及禮記正義改。
〔三〇〕惟大祥時　「大」，原作「夫」，據朝鮮本、吕本、四庫本改。
〔三一〕但上經據卑云散　「上」，原作「小」，據吕本、四庫本、賀本改。
〔三二〕縷不灰治曰繐　「縷」，原作「屨」，據四庫本、賀本及儀禮注疏改；「曰」，原作「白」，據朝鮮本、吕本、四庫本改。
〔三三〕犬服　「犬」，原作「大」，據四庫本及周禮注疏改。
〔三四〕以犬皮爲之　「犬皮」，原作「夫彼」，據朝鮮本、四庫本、賀本改。
〔三五〕云此始遭喪所乘者　「始」，原作「云」，據朝鮮本及周禮注疏改。
〔三六〕今言爲君之道尚微備姦臣者　「今」，原作「个」，據朝鮮本、四庫本及周禮注疏改。
〔三七〕以其席即上文雀　「雀」，賀本及毛本周禮注疏作「萑」。
〔三八〕上注云漆則成藩是也　「則」，原作「即」，據朝鮮本、賀本及周禮注疏改。

儀禮經傳通解續卷第十一

喪服義十一　　喪禮九

補

凡禮之大體，體天地，法四時，則陰陽，順人情，故謂之禮。訾之者，是不知禮之所由生也。訾，徐音紫，一音才斯反。○禮之言體也，故謂之禮，言本有法則而生也。口毀曰訾。○疏曰：此論喪之大體有四種之制。「體天地」者，言禮之大綱之體體於天地之間所生之物，言所生之物皆禮以體定之。「法四時，則陰陽，順人情」者，下文所云是也。以其無物不體，故謂之禮，故注云「禮之言體也」。若訾毀不信禮之人，是不識知禮之所由生也，言不知禮之有法則也。夫禮，吉凶異道，不得相干，取之陰陽也。吉禮、凶禮異道，謂衣服容貌及器物也。喪有四制，變而從宜，取之四時也。有恩，有理，有節，有權，取之人情也。恩者，仁也。理者，義也。節者，禮也。權者，知也。仁、義、禮、知，人道具矣。取之四時，謂其數也。取之人情，謂其制也。○疏曰：「喪有四制，變而從宜」者，言門内主恩，若於門外則變而行義。尊卑有定，禮制有恒，以節爲限。或有事故，不能備禮，則變而行權，是皆變而從宜，取人情也。其恩厚者其服重，故爲父斬衰三年，以恩制者也。爲，于僞反。○服莫重斬衰也。○疏曰：父最恩深，故特以父而言之。其實門内諸親爲之著服，皆是恩制也。門内之治恩揜義，門外之治義斷恩。資於事父以事君而敬同。貴貴尊尊，義之大者也。故爲君亦斬衰三年，以義制者也。治，直吏反。揜，於檢反。斷，丁亂反。○資，猶操也〔一〕。貴貴，謂爲大夫君也。尊尊，謂爲天子諸侯也。○疏曰：此四制之中義制也。「門内之治恩揜義」者，以門内之親恩情既多，得行私恩，不行公義，若公羊傳云：有三年之喪，君「不呼其門」。是也。「門外之治義斷恩」者，門外謂朝廷之間〔二〕，既事公朝，當以公義斷絶私恩，若曾子問：父母之喪既「卒哭，金革之事無辟」。是也。「資於事父以事君而敬同」者，言操持事父之道以事於君，則敬君之禮與父同。貴貴，謂大夫之臣事大夫爲君者也。大夫始入尊境則是貴也，此臣盡敬此君，故云貴貴也。尊尊，謂天子諸侯之臣事天子諸侯爲君者也。天子諸侯同爲南面則是尊也，此臣極敬此君，故曰尊尊也。雖復大夫與王侯有異，而其臣敬不殊，故並云義之大者也，故爲君亦斬衰三年，以義制者也。三日而食，三月而沐，期而練，毁不滅性，不以死傷生也。喪不過三年，苴衰不補，墳墓不培。祥之日鼓素琴，告民有終也，以節制者也。資於事父以事母而愛同。天無二日，土無二王，國無二君，家無二尊，以一治之也。故父在爲母齊衰期者，見無二尊也。期，音基。苴，七余反。墳，扶云反。培，步回反，徐扶來反。齊，音咨。見，賢徧反。○食，食粥也。沐，謂將虞祭時也。補、培，猶治也。鼓素琴，始存樂也。三年不爲樂，樂必崩。○疏曰：此四制之中節制也。苴麻之衰，雖破不補。一成丘陵之後，不培益其土。大祥之日得鼓素琴，此教其民哀有終極也。自此以上皆節制之事，從此以下更申明節制，欲尊歸其一，故更明無二尊之理。「資於事父以事母而愛同」者，言操持事父之道以事於母而恩愛同，恩愛雖同而服乃有異，以不敢二尊故也，故以「天無二日」及「家無二尊」之等明皆歸於一以治理之也。「沐謂將虞祭時」者，雜記云：「非虞祔練祥，無沐浴。」於祥日而鼓素琴，始存省此樂，縣而作樂在既禫之後。杖者何也？爵也。三日授子杖，五日授大夫杖，七日授士杖。或曰擔主，或曰輔病。婦人童子不杖，不能病也。百官備，百物具，不言而事行者，扶而起。言而後事行者，杖而起。身自執事而後行者，面垢而已。禿者不髽，傴者不袒，跛者不踊，老病不止酒肉。凡此八者，以權制者也。擔，是豔反，又食豔反，又餘塹反。垢，音茍。禿，吐木反。髽，側瓜反。傴，紆主反。袒，徒旱反。跛，彼我反。○五日、七日授杖，謂爲君喪也。扶而起，謂天子諸侯也。杖而起，謂大夫士也。面垢而已，謂庶民也。髽，婦人也，男子免而婦人髽。髽或爲免。○疏曰：此四制之中權制也。有不應杖而杖，又有應杖而不杖，皆是權宜。杖之所設，本爲扶病而已。爵者有德，其恩必深，其病必重，故杖爲爵者而設也。「或曰擔主」，喪服傳文，鄭注云：「擔，假也。」「尊其爲主」，「假之以杖」。「或曰輔病」者，亦喪服傳文：「非主而杖者何？輔病也。」謂庶子以下雖非適子皆杖，爲其輔病故也。婦人童子所以不杖，爲其不能病也。婦人，謂未成人之婦人。童子，謂幼少之童子。「百官備、百物具、不言而事行者」，謂王侯也。喪具觸事，委任百官，不假自言而事得行，故許子病深，雖有扶病之杖亦不能起，又須人扶乃起也。「言而后事行」者，謂大夫士既無百官百物，須己言而後喪事乃行，故不許極病，所以「杖而起」，不用扶也。「身自執事而後行者」，謂庶人也卑，無人可使，但身自執事，不可許病，故有杖不得用，但使面有塵垢之容而已也。子於父母貴賤情同而病不得一，故爲權制。髽者是婦人之大紒，重喪辮麻繞髮，秃者無髮，故不髽也。女秃不髽，男子秃亦不免也。袒者露膊，傴者可憎，故不露也。踊是跳躍，跛人脚蹇，故不跳躍也。孝子悲哀，非病不食滋味，若老及病，身已羸瘠，又使備禮，必致滅性，非制所許，故酒肉養之〔三〕。「凡此八者，以權制者也」，八者：謂應杖不杖，不應杖而杖，一也；扶而起，二也；杖而起，三也；面垢，四也；秃者，五也；傴者，六也；跛者，七也；老病者，八也。始死，三日不怠，三月不解，期悲哀，三年憂，恩之殺也。聖人因殺以制節。解，佳買反。殺，色戒反。○不怠，哭不絶聲也。不解，不解衣而居，不倦息也。○不解，古買反。此喪之所以三年，賢者不得過，不肖者不得不及，此喪之中庸也，王者之所常行也。書曰：「高宗諒闇，三年不言。」善之也。諒闇，依注諒讀爲梁，闇讀爲鶕，音烏南反，下同，徐又並如字。按：徐後音是依杜預義。鄭謂卒哭之後翦屏柱楣，故曰諒闇即廬也。孔安國讀爲諒陰，諒，信也，陰，默也。○諒，古作梁，楣謂之梁。闇，讀如鶉鶕之鶕，闇謂廬也。廬有梁者，所謂柱楣也。○楣，音眉。鶉，音淳。柱，知主反。王者莫不行此禮，何以獨善之也？曰：高宗者，武丁。武丁者，殷之賢王也。繼世即位，而慈良於喪。當此之時，殷衰而復興，禮廢而復起，故善之。善之，故載之書中而高之，故謂之高宗。三年之喪，君不言，書云「高宗諒闇，三年不言」，此之謂也。然而曰「言不文」者，謂臣下也。衰，色追反。復，扶又反。言不文，如字，徐音問。○「言不文」者，謂喪事辨不所當共也。孝經説曰：「言不文者，指士民也。」○辨，本又作辯，同皮莧反〔四〕。禮：斬衰之喪，唯而不對。齊衰之喪，對而不言。大功之喪，言而不議。緦、小功之喪，議而不及樂。唯，余癸反，徐以水反。○此謂與賓客也。唯而不對，侑者爲之應耳。言，謂先發口也。父母之喪，衰冠、繩纓、菅屨，三日而食粥，三月而沐，期十三月而練冠，三年而祥。疏曰：「三日不怠」者，謂哭不休息。「三月不解」者，謂不解衣而居。「期悲哀」者，謂期之間朝夕恒哭。「三年憂」者，謂不復朝夕哭，但憂戚而已。「恩之殺也」者，自初以降，是恩漸減殺也。「聖人因殺以制節」者，言聖人因其孝子情有減殺，制爲限節。「此喪之中庸也」者，庸，常也，言三年之喪，賢者不得過，不肖者不得不及，是喪之中平常行之節也，王者之所常行也。「書曰『高宗諒闇，三年不言』，善之也」，引書者，明古來王者皆三年喪。諒讀曰梁，闇讀曰鶕，謂廬也。謂既虞之後，施梁而柱楣，故云梁闇之中，三年不言政事。「善之」者，言是古人載之於書，美善之故也。「三年之喪君不言」者，是記者引古禮三年之喪，君則不言國事。「書云『高宗諒闇，三年不言』，此之謂也」者，此記者引書高宗所行中節，是君不言之事，故云「此之謂也」。「然而曰言不文者謂臣下也」者，是記者既稱古禮「君不言」，故又云「言不文」，故記者復解云「言不文者，謂臣下也」。「禮：斬衰之喪，唯而不對」者，謂與賓客言也但稱唯而已，不對其所問之事，侑者爲之對，不旁及也。「齊衰之喪，對而不言」者，但對其所問之事不餘言也。「大功之喪言而不議」者，但言說他事，不與人論議相問答也。「緦，小功之喪，議而不及樂」者，得議他事，但不能聽及於樂也。「三年而祥」者，此章從上以來至此，皆明三年之喪制節之事。比終茲三節者，仁者可以觀其愛焉，知者可以觀其理焉，强者可以觀其志焉。禮以治之，義以正之。孝子，弟弟，貞婦，皆可得而察焉。比，必利反。知，音智。○仁，有恩者也。理，義也。察，猶知也。○疏曰：「三節」者：自初喪至沐，一也；十三月練，二也；三年祥，三也。能終此三節者，「仁者可以觀其愛」，「知者可以觀其理」，「强者可以觀其志」也。言此自初遭喪至於喪畢，有三者之節。「仁者可以觀其愛焉」者，孝子居喪，性有仁恩，則居喪思慕可以觀其知愛親也。若不愛親〔五〕，則非仁恩也。「知者可以觀其理焉」者，孝子有知，則居喪合於道理。若不合於道理，則非知也。「强者可以觀其志焉」者，孝子堅强，其居喪則能守其志節，若無志節，則非堅强。「禮以治之」者，言用禮以治居喪之事。「義以正之」者，謂用義以正居喪之禮。「孝子」者，謂孝順之子。「弟弟」者，謂遜弟之弟。「貞婦」者，謂貞節之婦。「皆可得而察焉」者，若能依禮合義，有仁可觀其愛，有理可觀其知，有志可觀其强，則是「孝子、弟弟、貞婦」也。若無此事，則非孝子、弟弟、貞婦也，故云「可得而察焉」也。○喪服四制○再期之喪，三年也。期之喪，二年也。九月、七月之喪，三時也。五月之喪，二時也。三月之喪，一時也。期，音基。○言喪之節應歲時之氣。故期而祭，禮也。期而除喪，道也。祭不爲除喪也。此謂練祭也。禮：正月存親，親亡至今而期，期則宜祭。期天道一變，哀惻之情益衰，衰則宜除不相爲也。○疏曰：孝子之喪親，應歲時之氣。歲序改易〔六〕，隨時悽感，故一期而爲練祭，是孝子存親之心於禮當然也。親終一期，天道改變，哀情益衰，而除説其喪天道當然也。「祭不爲除喪也」者，言爲此練祭，自爲存念其親，不爲除喪而設。除喪自爲天道減殺，不爲存親，兩事雖同一時不相爲也。此除喪謂練時除喪也，男子除首絰，女子除腰帶，與小祥祭同時不相爲也。若至大祥祭與除喪亦同日，此亦兼言之也。○小記

○三年之喪何也？曰：稱情而立文，因以飾羣，別親疏貴賤之節，而弗可損益也，故曰無易之道也。稱，尺證反。別，彼列反。易，音亦，下同。○稱情而立文，稱人之情輕重而制其禮也。羣，謂親之黨也。無易，猶不易也。○疏曰：立文，立禮之節文也。飾，謂章表也。羣，謂五服之親也，因此三年之喪差降，各表其親黨。「別親疏貴賤之節，而弗可損益也」者，親謂大功以上，疏謂小功以下，貴謂天子諸侯絶期、卿大夫降期以下，賤謂士庶人服族，其節分明，使不可損益也。「故曰無易之道也」者，引舊語成文也，並有差品，其道不可改易。創鉅者其日久[七]，痛甚者其愈遲[八]。三年者，稱情而立文，所以爲至痛極也。斬衰苴杖[九]，居倚廬，食粥，寢苫，枕塊，所以爲至痛飾也。創，初良反。鉅，音巨。愈，音庾。遲，直移反。倚，於綺反。枕，之鴆反。○飾情之章表也。○疏曰：鉅，大也。夫創小則易差，創大則難愈，故曰創鉅其日久也。愈，差也。賢者喪親，傷腎乾肝斬斫之痛，其痛既甚，故其差亦遲也。既痛甚差遲，故稱其痛情而立三年之文，以表是至痛之極者也。三年之喪，二十五月而畢，哀痛未盡，思慕未忘，然而服以是斷之者，豈不送死有已，復生有節也哉？復生，除喪反生者之事也。○疏曰：言賢人君子於此二十五月之時，心之悲哀摧痛猶未能盡，憂思哀慕猶未能忘[一〇]，然而外貌喪服以是斷割，若不斷以二十五月，則孝子送死之情何時得已復吉[一一]？反

常之禮何有限節？故聖人裁斷止限二十五月，豈不是送死須有已止，反復生禮須有限制也哉？凡生天地之閒者，有血氣之屬必有知，有知之屬莫不知愛其類。今是大鳥獸，則失喪其羣匹，越月踰時焉，則必反巡。過其故鄉，翔回焉，鳴號焉，蹢躅焉，踟蹰焉，然後乃能去之。小者至於燕雀，猶有啁噍之頃焉，然後乃能去之。故有血氣之屬者莫知於人，故人於其親也，至死不窮。屬，音蜀。喪，息浪反，又如字。巡，詞均反。過，音戈，又古臥反。號，音豪。蹢，直亦反，又治革反。躅，直録反，又治六反。踟，音馳。蹰，音厨。啁，張留反。噍，子流反。頃，苦潁反。莫知之知，音智。○匹，偶也。言燕雀之恩不如大鳥獸，大鳥獸不如人。含血氣之類，人最有知而恩深也，於其五服之親，念之至死無止已也。○疏曰：天地之閒血氣之類，皆有所知，至於鳥獸小大，各能思其種類，況在於人，何有窮止也。將由夫患邪淫之人與？則彼朝死而夕忘之，然而從之，則是曾鳥獸之不若也，夫焉能相與羣居而不亂乎？夫，音扶，下同。邪，似嗟反。與，音餘，下君子與同。曾，則能反。焉，於虔反。○言惡人薄於恩，死則忘之，其相與聚處必失禮也。○疏曰：此明小人曾鳥獸之不若，若不以禮節之，安能羣居而不亂。將由夫修飾之君子與？則三年之喪，二十五月而畢，若駟之過隙，然而遂之，則是無窮也。隙，去逆反。○駟之過隙，喻疾也。遂之，謂不時除也。○疏曰：此明賢人君子於三年之喪，若駟之過隙。駟馬駿疾，空隙狹小，以駿疾而過狹小，言急速之甚。若不以禮制節之，則哀痛何時窮已。故先王焉爲之立中制節，壹使足以成文理，則釋之矣。爲，于僞反。中，如字，又丁仲反。○立中制節，謂服之年月也。釋，猶除也，去也。○去，起呂反。○疏曰：小人、君子其意不同，故先王爲之立中人之制節以爲年月限節。壹謂齊同，言君子小人皆齊同，使足以成文章義理，則釋去其服，所以三年乃成文理者，以三年一閏，天道小成，又子生三年然後免於父母之懷，故服以三年成文章義理也。然則何以至期也？言三年之義如此，則何以有降至於期也。期者，謂爲人後者，父在爲母也。○疏曰：鄭意以三年之喪何以有降至於期者，故云「爲人後者」，爲本生之父母及父在爲母。今尋經意至親以期斷是明一期可除之節，故禮期而練，男子除絰，婦人除帶，下云「加隆」，故至三年，是經意不據爲人後及父在爲母期。鄭之此釋，恐未盡經意。但既祖鄭學，今因而釋之。曰：至親以期斷。言服之正，雖至親皆期而除也。○疏曰：謂至親本以期斷，故雖爲他後及父在爲母，但一期也。是何也？問服斷於期之義也。曰：天地則已易矣，四時則已變矣，其在天地之中者莫不更始焉，以是象之也。法此變易可以期也。○疏曰：言期是一年之周而天地之氣換矣，前時已畢，今時又來，是變改矣。其在天地之中，動植之物無不於前事之終更爲今事之始也。聖人以人事法象天地，故期年也。然則何以三年也？言法此變易可以期，何以乃爲三年。曰：加隆焉爾也，焉使倍之，故再期也。焉，如字，一於虔反，下同。倍，步罪反。○言於父母加隆其恩，使倍期也。○疏曰：此釋因期及三年之義，故設問何以三年。「加隆焉爾」者，本實應期，但子恩加隆重，故三年也。「焉使倍之故再期也」者，焉猶然也，子既加隆於父母，故然猶如是倍之。言倍一期，故至再期也。由九月以下，何也？曰：焉使弗及也。言使其恩不及父母。故三年以爲隆，緦小功以爲殺，期九月以爲閒。上取象於天，下取法於地，中取則於人，人之所以羣居和壹之理盡矣。取象於天地，謂法其變易也。自三年以至緦，皆歲時之數也。言既象天地，又足以盡人聚居純厚之恩也。○疏曰：「三年以爲隆」者，謂恩愛隆重。「緦小功以爲殺」者，謂情理殺薄。「期九月以爲閒」者，是隆殺之閒也。「上取象於天，下取法於地」，天地之氣三年一閏，一期而物終，九月以象陽之數。又象三時而物成，五月以象五行。「三月」者，取象天地一時而氣變。是皆取法於天地。「中取則於人」者，子生三年然後免於父母之懷，故服三年。人之一歲情意變改，故服一期。九月、五月、三月之屬，亦逐人情而減殺。是中則於人。故能調和羣衆聚居，和諧專一，義理盡備矣。故三年之喪，人道之至文者也。夫是之謂至隆，言三年之喪，喪禮之最盛也。○疏曰：三年喪禮，於人道之中至極文理之盛者，則期以下非其至極也。「至隆」者，恩之至極隆厚也。是百王之所同，古今之所壹也，未有知其所由來者也。不知其從來，喻此三年之喪前世行之久矣。○疏曰：「未有知其所由來」者，言三年之喪行之自遠，未能識知從何代而來。孔子曰：「子生三年，然後免於父母之懷。夫三年之喪，天下之達喪也。」達，謂自天子至於庶人。○疏曰：按易繫辭「喪期無數」，尚書云「百姓如喪考妣三載」，此云不知所由來者，但上古云「喪期無數」，謂無葬練祥之數，其喪父母之哀猶三年也，故堯崩云「如喪考妣三載」，則知堯以前喪考妣已三年，但不知定在何時。其喪服所起，則黃帝、堯、舜之時雖有衣裳，仍未有喪服也。但唐虞已前喪服與吉服同，皆以白布爲之，故郊特牲云：「大古冠布，齊則緇之。」若不齊則皆用白布也，鄭注喪服其冠衰之異從三代以下，由唐虞以上曰大古，吉凶皆用白布，則知三代吉凶異也。○三年問○滕定公薨，世子謂然友曰：「昔者孟子嘗與我言於宋，於心終不忘。今也不幸至於大故，吾欲使子問於孟子，然後行事。」集注曰：定公，文公父也。然友，世子之傅也。大故，大喪也。事，謂喪禮。然友之鄒問於孟子，孟子曰：「不亦善乎！親喪固所自盡也。曾子曰：『生，事之以禮；死，葬之以禮，祭之以禮，可謂孝矣。』諸侯之禮，吾未之學也。雖然，吾嘗聞之矣。三年之喪，齊疏之服，飦粥之食，自天子達於庶人，三代共之。」齊，音資。疏，所居反。飦，諸延反。○當時諸侯莫能行古喪禮，而文公獨能以此爲問，故孟子善之。又言父母之喪，固人子之心所自盡者。蓋悲哀之情、痛疾之意，非自外至，宜乎文公於此有所不能自已也。但所引曾子之言，本孔子告樊遲者，豈曾子嘗誦之以告其門人歟〔一一〕？三年之喪者，子生三年，然後免於父母之懷。故父母之喪，必以三年也。齊，衣下縫也。不緝曰斬衰，緝之曰齊衰。疏，粗也。粗，布也。飦，糜也。喪禮：三日始食粥，既葬乃疏食。此古今貴賤通行之禮也。然友反命，定爲三年之喪。父兄百官皆不欲，曰：「吾宗國魯先君莫之行，吾先君亦莫之行也。至於子之身而反之，不可。且志曰：『喪祭從先祖。』」曰：「吾有所受之也。」父兄，同姓老臣也。滕與魯俱文王之後，而魯祖周公爲長。兄弟宗之，故滕謂魯爲宗國也。然謂二國不行三年之喪者，乃其後世之失，非周公之法本然也。志，記也，引志之言而釋其意。以爲所以如此者，蓋爲上世以來，有所傳受。雖或不同，不可改也。然志所言，本謂先王之世舊俗所傳，禮文小異而可以通行者耳，不謂後世失禮之甚者也。謂然友曰：「吾他日未嘗學問，好馳馬試劍。今也父兄百官不我足也，恐其不能盡於大事，子爲我問孟子。」然友復之鄒問孟子，孟子曰：「然，不可以他求者也。孔子曰：『君薨，聽於冢宰。歠粥，面深墨，即位而哭。百官有司，莫敢不哀，先之也。』上有好者，下必有甚焉者矣。『君子之德風也，小人之德草也。草尚之風必偃。』是在世子。」好、爲，皆去聲。復，扶又反。歠，川悦反。○不我足，謂不以我滿足其意也。然者，然其「不我足」之言。不可他求者，言當責之於己。冢宰，六卿之長也。歠，飲也。深墨，甚黑色也。即，就也。尚，加也，論語作上，古字通也。偃，伏也。孟子言但在世子自盡其哀而已。然友反命，世子曰：「然，是誠在我。」五月居廬，未有命戒。百官族人可謂曰知。及至葬，四方來觀之，顔色之戚，哭泣之哀，弔者大悦。諸侯五月而葬，未葬，居倚廬於中門之外。居喪不言，故未有命令教戒也。可謂曰知，疑有闕誤。或曰：皆謂世子之知禮也。○林氏曰：孟子之時，喪禮既壞，然三年之喪，惻隱之心，痛疾之意，出於人心之所固有者，初未嘗亡也。惟其溺於流俗之弊，是以喪其良心而不自知耳。文公見孟子而聞性善、堯舜之説，則固有以啓發其良心矣，是以至此而哀痛之誠心發焉。及其父兄百官皆不欲行，則亦反躬自責，悼其前行之不足以取信，而不敢有非其父兄百官之心。雖其資質有過人者，而學問之力亦不可誣也。及其斷然行之，而遠近見聞無不悦服，則以人心之所同然者，自我發之，而彼之心悦誠服，亦有所不期然而然者。人性之善，豈不信哉？○孟子○宰我問：「三年之喪，期已久矣。期，音基，下同。○集注云：期，周年也。君子三年不爲禮，禮必壞；三年不爲樂，樂必崩。恐居喪不習而崩壞也。舊穀既沒，新穀既升，鑽燧改火，期可已矣。」鑽，祖官反。○没，盡也。升，登也。燧，取火之木也。改火，春取榆柳之火，夏取棗杏之火，夏季取桑柘之火，秋取柞楢之火，冬取槐檀之火，亦一年而周也。已，止也。言期年則天運一周，時物皆變，喪至此可止也。尹氏曰：短喪之説，下愚且恥言之。宰我親學聖人之門，而以是爲問者，有所疑於心而不敢强焉爾。子曰：「食夫稻，衣夫錦，於女安乎？」曰：「安。」夫，音扶，下同。衣，去聲。女，音汝，下同。○禮：父母之喪，既殯，食粥，粗衰。既葬，疏食，水飲，受以成布。期而小祥，始食菜果，練冠縓緣、要絰不除，無食稻衣錦之理。夫子欲宰我反求諸心，自得其所以不忍者，故問之以此，而宰我不察也。「女安則爲之！夫君子之居喪，食旨不甘，聞樂不樂，居處不安，故不爲也。今女安，則爲之。」樂，上如字，下音洛。○此夫子之言也。旨，亦甘也。初言女安則爲之，絶之之辭。又發其不忍之端，以警其不察，而再言汝安則爲之以深責之。宰我出，子曰：「予之不仁也！子生三年，然後免於父母之懷。夫三年之喪，天下之通喪也。予也有三年之愛於其父母乎？」宰我既出，夫子懼其真以爲可安而遂行之，故深探其本而斥之。言由其不仁，故愛親之薄如此也。懷，抱也。又言君子所以不忍於親，而喪必三年之故。使之聞之，或能反求而終得其本心也。○范氏曰：喪雖止於三年，然賢者之情則無窮也。特以聖人爲之中制而不敢過，故必俯而就之。非以三年之喪，爲足以報其親也。所謂三年然後免於父母之懷，特以責宰我之無恩，欲其有以跂而及之爾。○論語○齊宣王欲短喪，公孫丑曰：「爲期之喪，猶愈於已乎？」集注曰：已，猶止也。孟子曰：「是猶或紾其兄之臂，子謂之姑徐徐云爾，亦教之孝弟而已矣。紾，之忍反。○紾，戾也。教之以孝悌之道，則彼當自知兄之不可戾，而喪之不可短矣。孔子曰：「子生三年，然後免於父母之懷」，「予也有三年之愛於其父母乎？」所謂教之以孝弟者如此，蓋示之以至情之不能已者，非强之也。王子有其母死者，其傅爲之請數月之喪。公孫丑曰：「若此者，何如也？」爲，去聲。○集注曰：陳氏曰：王子所生之母死，厭於嫡母而不敢終喪。其傅爲請於王，欲使得行數月之喪也。時又適有此事，丑問如此者，是非何如？按：儀禮：「公子爲其母，練冠」、「麻衣縓緣」，「既葬除之。」疑當時此禮已廢，或既葬而未忍即除，故請之也。曰：「是欲終之而不可得也。雖加一日愈於已，謂夫莫之禁而弗爲者也。」夫，音扶。○言王子欲終喪而不可得，其傅爲請，雖止得加一日，猶勝不加。我前所譏，乃謂夫莫之禁而自不爲者耳。○此章言三年通喪，天經地義，不容私意有所短長。示之至情，則不肖者有以企而及之矣。○孟子〔一三〕○喪父三年，喪君三年，示民不疑也。不疑於君之尊也。君無骨肉之親，不重其服，至尊不明。○疏曰：君無骨肉之親，若不爲重服，民則疑君不尊。今喪君三年與父同，示民不疑於君之尊也。○坊記○天子之與后，猶父之與母也。故爲天王服斬衰，服父之義也；爲后服資衰，服母之義也。疏曰：父母者，施教令於婦子者，故其服同。資，當爲齊，聲之誤也。○昏義○君之喪所以取三年，何也？問君之喪何取於三年之制。曰：君者，治辨之主也，文理之原也，情貌之盡也，相率而致隆之，不亦可乎？治辨，謂能治人，使人辨別也〔一四〕。文理，法理條貫也。原，本也。情，忠誠也。貌，恭敬也。致，至也〔一五〕。言人所施忠敬，無盡於君者，則臣下相率服喪而至於三年，不亦可乎？詩曰：「愷悌君子，民之父母。」彼君子者，固有爲民父母之說焉。父能生之，不能養之，養，謂哺乳之也。養，或爲食。母能食之，不能教誨之。食，音嗣。君者，已能食之矣，又善教誨之者也，食，謂祿廩。教誨，謂制命也。三年畢矣哉！君者兼父母之恩，以三年報之，猶未畢也。乳母，飲食之者也，而三月；慈母，衣被之者也，而九月；君，曲備之者也，三年畢乎哉！曲備，謂兼飲食衣被。得之則治，失之則亂，文之至也。文，謂法度也。治亂所繫，是有法度之至也。得之則安，失之則危，情之至也。情，謂忠厚。有使人去危就安，是忠厚之至也。兩至者俱積焉，以三年事之猶未足也，直無由進之耳。直，但也。○荀子○齊宣王曰：「禮，爲舊君有服，何如斯可爲服矣？」爲，去聲，下爲之同。○集注曰：儀禮曰：「以道去君而未絶者，服齊衰三月。」王疑孟子之言太甚，故以此禮爲問。曰：「諫行言聽，膏澤下於民；有故而去，則君使人導之出疆，又先於其所往；去三年不反，然後收其田里。此之謂三有禮焉。如此，則爲之服矣。」導之出疆，防剽掠也。先於其所往，稱道其賢，欲其收用之也。三年而後收其田祿里居，前此猶望其歸也。今也爲臣，諫則不行，言則不聽；膏澤不下於民；有故而去，則君搏執之，又極之於其所往；去之日，遂收其田里。此之謂寇讎。寇讎何服之有？」極，窮也。窮之於其所往之國，如晉錮欒盈也。○潘興嗣曰：孟子告齊王之言，猶孔子對定公之意也。而其言有迹，不若孔子之渾然也。蓋聖賢之别如此。楊氏曰：君臣以義合者也，故孟子爲齊王深言報施之道，使知爲君者不可不以禮遇其臣耳。若君子之自處，則豈處其薄乎？孟子曰：「王庶幾改之，予日望之。」君子之言蓋如此。

○孟子○親親尊尊長長，男女之有别，人道之大者也。言服之所以隆殺。○疏曰：此論服之降殺之義。親親，謂父母也。尊尊，謂祖及曾祖高祖也。長長，謂兄及旁親也。不言卑幼，舉尊長則卑幼可知。男女之有别者，若爲父斬，爲母齊衰，姑姊妹在室期，出嫁大功，爲夫斬，爲妻期之屬，是男女之有别也。人道之大者也，言此人間道理最大者。○喪服小記○親親以三爲五，以五爲九，上殺，下殺，旁殺，而親畢矣。殺，色界反。○己上親父，下親子，三也。以父親祖，以子親孫，五也。以祖親高祖，以孫親玄孫，九也。殺，謂親益疏者服之則輕。○疏曰：「親親以三爲五」者，又以父上親祖，以子下親孫，歸者三，今加祖及孫，故言五也。「以五爲九」者，己上祖下孫，則是五也。又以曾祖故親高祖，曾孫故親玄孫，上加曾、高二祖，下加曾、玄兩孫，以四籠五，故爲九也。然己上親父，下親子，應云以一爲三，而云「以三爲五」者，父子一體無可分之義，故相親之説不須分矣。祖孫非己一體，故有可分之義而親名著也。又以祖親曾祖，以孫親曾孫，應云以五爲七，今言九者，庾氏云：由祖以親曾、高二祖，由孫以親曾、玄二孫，服之所同義由於此也。上殺者，據己上服父祖而減殺，故服父三年，服祖減殺至期，以次減之，應曾祖大功，高祖小功，而俱齊衰三月者，喪服注云：「重其衰麻，尊尊也。減其日月，恩殺也。」不可以大功、小功旁親之服加至尊，故皆服齊衰也。「下殺」者，謂下於子孫而減殺，子服父三年，父亦宜報服，而父子首足不宜等衰，故父服子期也，若正適傳重，故喪服云「不敢降」是也。父服子期，孫卑，理不得祖報，故爲九月，若傳重者亦服期也。爲孫既大功，則曾孫宜五月，但曾孫服曾祖正三月，故曾祖報亦一時也。而曾祖是正尊，自加齊衰服，而曾孫正卑，故正服緦麻。曾孫既緦麻三月，玄孫理不容異，故服不依次減殺，略同三月。「旁殺」者，世叔之屬是也。父是至尊，故以三年，若據祖期斷，則世叔宜九月。而世叔是父一體，故加至期也。從世叔既疏加所不及，據期而殺，是以五月。族世叔又疏一等，故宜緦麻，此外無服也。此是發父而旁漸至輕也。又祖是父一體，故加至期。而祖之兄弟非己一體，故加亦不及，據於期之斷殺，便正五月。族祖又疏一等，故宜緦麻。此外無服，是發祖而旁漸殺也。又曾祖據期本應五月，曾祖之兄弟謂族曾祖既疏一等，故宜三月也。自此以外及高祖之兄弟，悉無服矣。又至親期斷，兄弟至親一體相爲而期同。堂兄弟疏於一等，故九月。從祖兄弟又疏一等，故小功。族之昆弟又殺一等，故宜三月。此外無服，是發兄弟而旁殺也。又父爲子期，而兄弟之子但宜九月。而今亦期者，且己與兄弟一體，兄弟之子不宜隔異，欲見猶子之義與己子等，所以至期。故檀弓云「兄弟之子猶子也，蓋引而進之」是也。又同堂兄弟之子服從伯叔無加，則從伯叔亦正報五月也。族兄弟之子又疏，故宜緦耳，此發子而旁殺也。又孫服祖期，祖尊故爲孫大功，兄弟之孫服從祖五月，故從祖報之小功也。同堂兄弟之孫既疏爲之，理自緦麻其外無服矣。曾祖爲曾孫三月，爲兄弟曾孫以無尊降之，故亦爲三月。而親畢矣者，結親親之義也。始自父母，終於族人，故云「親畢」也。且五屬之親，若同父則期，同祖則大功，同曾祖則小功，同高祖則緦麻，高祖外無服，亦是畢也。○同上。○傳曰：罪多而刑五，喪多而服五，上附下附列也。列，等比也。○疏曰：列，等也。言罪之與喪其數雖多，其限同五，其等列相似，故云列也。○服問○服術有六：一曰親親，二曰尊尊，三曰名，四曰出入，五曰長幼，六曰從服。術，猶道也。親親，父母爲首。尊尊，君爲首。名，世母、叔母之屬也。出入，女子子嫁者及在室者。長幼，成人及殤也。從服，若夫爲妻之父母，妻爲夫之黨服。○疏曰：此經明服術之制也。「一曰親親」者，父母爲首，次以妻、子、伯、叔。「二曰尊尊」者，君爲首，次以公、卿、大夫。「三曰名」者，若伯叔母及子婦并弟婦、兄嫂之屬也。「四曰出入」者，若女子子在室爲入，適人爲出，及出繼爲人後者也。「五曰長幼」者，長謂成人，幼謂諸殤。「六曰從服」者，即下「從服」有六等是也。按從服有六，略舉夫妻相爲而言之也。從服有六：有屬從，子爲母之黨。○疏曰：屬謂親屬，以其親屬爲其支黨，鄭舉一條耳，妻從夫，夫從妻，並是也。有徒從，臣爲君之黨。○疏曰：與彼無親，空服彼之支黨，鄭亦略舉一條，妻爲夫之君，妾爲女君之黨，庶子爲君母之親，子爲母之君母，並是也。有從有服而無服，公子爲其妻之父母。○疏曰：嫂叔無服亦是也。有從無服而有服，公子之妻爲公子之外兄弟。○疏曰：娣姒亦是也。有從重而輕，夫爲妻之父母。○疏曰：舅之子亦是也。有從輕而重，公子之妻爲其皇姑。自仁率親，等而上之至於祖，名曰輕。自義率祖，順而下之至於禰，名曰重。一輕一重，其義然也。自，猶用也。率，循也。用恩則父母重而祖輕，用義則祖重而父母輕。恩重者爲之三年，義重者爲之齊衰。然，如是也。○疏曰：仁，恩也。親，謂父母也。等，差也。子孫若用恩愛依循於親，節級而上至於祖，遠者恩愛漸輕，故名曰輕也。義主斷割，用義循祖順而下之至於禰，其義漸輕，祖則義重，名曰重也。若義則祖重而父母輕，若仁則父母重而祖輕，一輕一重。義，宜也，言人情道理宜合如是。按喪服條例，衰服表恩，若高、曾之服本應緦麻、小功，而進以齊衰踰數等之服，豈非爲尊重而然也。至親以期斷，而父母加三年，寧不爲恩深，故亦然矣。○大傳○有從輕而重，公子之妻爲其皇姑。皇，君也。諸侯妾子之妻爲其君姑齊衰，與爲小君同，舅不厭婦也。○疏曰：公子，謂諸侯之妾子也。皇姑，即公子之母也。諸侯在〔一六〕，尊厭妾子，使爲母練冠。諸侯没，妾子得爲母大功。而妾子妻不辨諸侯存没，爲夫之母期也。其夫練冠是輕也，而妻爲期是重，故云「有從輕而重」也。云「皇君也」者，此妾既賤，若惟云「姑」則有嫡女君之嫌，今加「皇」字，自明非女君，而此婦所尊與女君同，故云「君姑」也。有從重而輕，爲妻之父母。妻齊衰而夫從緦麻不降一等，言非服差。有從無服而有服，公子之妻爲公子之外兄弟。謂爲公子之外祖父母、從母緦麻。○疏曰：「公子之外兄弟」者，謂公子之外祖父母也。公子被厭不服己母之外家，是「無服」也。妻猶從公子而服公子外祖父母、從母緦麻，是「從無服而有服」也。經云惟公子外兄弟，知非公子姑之子者，以喪服小記云：「夫之所爲兄弟服，妻皆降一等。」夫爲姑之子緦麻，妻則無服。今公子之妻爲之有服，故知「公子之外祖父母、從母」也此等皆小功之服。凡小功者，謂爲兄弟。若同宗直稱兄弟，以外族故稱外兄弟也。有從有服而無服，公子爲其妻之父母。凡公子厭於君降其私親，女君之子不降也。○疏曰：雖爲公子之妻，猶爲父母期，是有服也。公子被厭不從妻服父母，是從有服而無服。○服問○從服者，所從亡則已。謂若爲君母之父母、昆弟從母也。屬從者，所從雖没也服。謂若自爲己之母黨。妾從女君而出，則不爲女君之子服。妾爲女君之黨服，得與女君同，而今俱出，女君猶爲子期，妾於義絶，無施服。○疏曰：「從服者」，按服術有六，其一是「徒從」者，徒，空也，與彼非親屬，空從此而服。彼徒中有四：一是妾爲女君之黨，二是子從母服於母之君母，三是妾子爲君母之黨，四是臣從君而服君之黨。就此四徒之中，而一徒所從雖亡則猶服，如女君雖没，妾猶服女君之黨，其餘三徒則所從亡則已，謂君母死則妾子不復服君母之黨，及母亡則子不復服母之君母，又君亡則臣不服君黨親也。其中又有妾攝女君，爲女君黨，各有義故也。今上云「所從亡則已」，已，止也，止謂徒從亡則止而不服者。云「謂若爲君母之父母昆弟從母也」者，鄭此謂略舉一隅也。「屬從」者，所從雖没也，服此明屬從也。屬者，骨血連續以爲親也，亦有三：一是子從母服母之黨，二是妻從夫服夫之黨，三是夫從妻服妻之黨。此三從，雖没猶從之服其親也，鄭特云「謂若自爲己之母黨」者，亦舉一隅也。「妾從女君而出，則不爲女君之子服」，妾服女君之子皆與女君同。此云「從而出」，謂姪娣也，姪娣從女君而入，若女君犯七出，則姪娣亦從而出。母自爲子猶期，姪娣不復服出女君之子，己義絶故也。○小記○庶子不爲長子斬，不繼祖與禰故也。尊先祖之正體，不二其統也。言不繼祖禰，則長子不必五世。○疏曰：此亦尊宗之義也。然此所明與喪服中義同而語異也。喪服明父是適爲長子斬，此明父是庶子不得爲長子服斬者也，是互相明也。但經、記文混正，不知幾世之適得遂玆極服。馬季長注喪服云：「此爲五世之適，父乃爲之斬也。」而鄭注此云：「言不繼祖禰，則長子不必五世矣。」庾氏云：用恩則禰重，用義則祖重，父之與祖各有一重，故至己承二重。而爲長子斬若不繼祖，則不爲長子斬也。如庾氏此言，則父適二世承重，則得爲長子三年也。而鄭不明言世數者，鄭是馬季長弟子，不欲正言相非，故依違而言曰不必也。然孫系於祖乃爲長子三年，而此不言庶孫，不得爲長子。必云庶子者，孫語通遠，嫌或多世，今欲明此祖非遠，故言子以示近。既義須繼祖，言不繼祖自足。又曰「與禰」者，庾氏云：若直云不繼祖，恐人謂據庶子長子死者之身不繼祖，故更言不繼祖與禰，欲明死者之父不繼祖與禰，非據死者之身。鄭注喪服云：「此言爲父後者，然後爲長子三年。」則是父之適子即得爲長子三年。此經云「必爲父適、祖適乃得爲長子斬」者，但禮有適子者無適孫，雖己是祖正，若父猶在，則己未成適，則不得重長，重長必是父没後者，故云「爲父後者，然後爲長子三年」也。然己身雖是祖庶而是父適，則應立廟，立廟則己長子傳重。當祭而不爲斬者，以是祖庶厭降，故不敢服斬。且死者其父見在，父自供祭，然禮爲後者有四條，皆不爲斬何者？有「體而不正，有正而不體，有傳重而非正體，有正體而不傳重」是也。「體而不正」，庶子爲後是也。「正而不體」，適孫爲後是也。「傳重非正體」，庶孫爲後是也。「正體不傳重」，適孫有廢疾不立是也。四者皆期，悉不得斬也。唯正體又傳重者，乃極服耳。○小記○庶子不得爲長子三年，不繼祖也。疏曰：「庶子不得爲長子三年，不繼祖也」者，按小記云：「庶子不爲長子斬，不繼祖與禰。」斬則三年，與此一也。小記云詳，故云不繼祖與禰，此文簡略，故直云不繼祖也，其義具在小記，已備釋之。○大傳○爲父後者，爲出母無服。無服也者，喪者不祭故也。適子正體於上，當祭祀也。○小記○子上之母死而不喪，子上，孔子曾孫，子思伋之子，名白，其母出。門人問諸子思曰：「昔者子之先君子喪出母乎？」曰：「然。」禮：

爲出母期，父卒爲父後者不服耳。「子之不使白也喪之，何也？」子思曰：「昔者吾先君子無所失道，道隆則從而隆，道污則從而污，污，猶殺也。有隆有殺，進退如禮。伋則安能〔一七〕。自予不能及。爲伋也妻者，是爲白也母。不爲伋也妻者，是不爲白也母。」故孔氏之不喪出母，自子思始也。記禮所由廢，非之。○疏曰：按喪服齊衰杖期章：「出妻之子爲母。」又云：「出妻之子爲父後者，則爲出母無服。傳云：與尊者爲一體，不敢服其私親。」是也。子思既在，子上當爲出母有服，故門人疑而問之。云「子之先君子」，謂孔子也。令子喪出母乎？子思曰：「然。」然猶如是也，言是喪出母故也。伯魚之母被出死，期而猶哭，是喪出母也。「子思曰：昔者吾先君子無所失道」者，道猶禮也，言吾之先君子無所失道。道有可隆則從而隆，謂父在，爲出母宜加隆厚爲之著服。「道污」者，污猶殺也，若禮可殺則從而殺。謂父卒，子爲父後，上繼至尊，不敢私爲出母禮，當減殺，則不爲之著服。「伋則安能」者，子思自以才能淺薄不及聖祖，故云「伋則何能」。鄭云：自予不能及，予猶許也，自許不能及也。○檀弓○喪服，兄弟之子猶子也，蓋引而進之也。嫂叔之無服也，蓋推而遠之也。或引或推。○疏曰：記者録喪服中有下三事：兄弟之子期，姑姊妹出適大功，皆喪服經文；嫂叔無服，喪服傳文。己子服期，昆弟之子應降一等服大功，今乃服期，故云「引」也。昆弟相爲服期，其妻應降一等服大功，今乃使之無服，是推，使疏而斥遠之也。何平叔云：夫男女相爲服，不有骨肉之親，則有尊卑之異也。嫂叔親非骨肉，不異尊卑，恐有混交之失，推而使無服也。姑姊妹之薄也，蓋有受我而厚之者也。欲其一心於厚之者，姑姊妹嫁大功，夫爲妻期。○疏曰：姑姊妹未嫁之時爲之厚，今姑姊妹出嫁之後爲之薄，蓋有夫婿受我之厚重而親之，欲一心事於厚重，故我爲之薄也。○同上。○四世而緦，服之窮也。五世袒免，殺同姓也。六世，親屬竭矣。四世，共高祖。五世，高祖昆弟。六世以外，親盡無屬。○疏曰：四世，謂上至高祖，下至己兄弟。同承高祖之後，爲族兄弟相報緦麻，是服盡於此，故緦麻服窮是四世也。爲親兄弟期，一從兄弟大功，再從兄弟小功，三從兄弟緦麻，共承高祖爲四世而緦服盡也。五世，謂共承高祖之父者也。言服袒免而無正服，減殺同姓也。六世，謂共承高祖之祖者也。言不復袒免，同姓而已，故云「親屬竭矣」。○大傳○絶族無移服，移，本作施，同以豉反。○族昆弟之子不相爲服。○疏曰：此節論親盡則無服。「絶族」者，謂三從兄弟，同高祖者爲族兄弟緦麻，族兄弟之子及四從兄弟爲族屬既絶，故無移服。在旁而及曰移，言不延移而及之也。親者屬也。疏曰：謂有親者則有服，各以其屬而爲之服。○同上。○喪紀以服之輕重爲序，不奪人親也。紀，猶事也。五廟之孫，祖廟未毀，雖及庶人，冠取妻必告，死必赴，不忘親也。刑于隱者，不與國人慮兄弟也。弗弔，弗爲服，哭于異姓之廟，爲忝祖，遠之也。素服居外，不聽樂，私喪之也，骨肉之親無絶也。文王世子○白虎通義曰：弟子爲師服者，弟子有君臣父子朋友之道也。故生則尊敬而親之，死則哀痛之，恩深義重，故爲之隆服，入則絰，出則否。○哀公問曰：「紳委章甫，委，曲貌。章甫，冠名也。有益於仁乎？」孔子作色而對曰：「君胡然焉？衰麻苴杖者，志不存乎樂，非耳弗聞，服使然也。」家語○斬衰三升，齊衰四升、五升、六升，大功七升、八升、九升，小功十升、十一升、十二升，緦麻十五升去其半。有事其縷，無事其布，曰緦。此哀之發於衣服者也。詳見喪服制度。○斬衰何以服苴？苴，惡貌也，所以首其内而見諸外也。苴，七餘反。見，賢徧反。○疏曰：苴是黎黑色，故爲惡貌也。○間傳○絰也者，實也。所以表哀戚。

○檀弓○或問曰：「冠者不肉袒，何也？」冠，音官。○怪冠衣之相爲也。曰：「冠至尊也，不居肉袒之體也，故爲之免以代之也。免，音問。○言身無飾者不敢冠。冠爲褻尊服，肉袒則著免。免狀如冠，廣一寸。○疏曰：解冠不必袒，袒不必冠之意也。此冠不居肉袒者，謂心既悲哀，肉袒形褻，故不可褻其尊服而冠也。若有吉事而内心肅敬，則雖袒而著冠，故郊特牲云「君袒而割牲」是也。然則秃者不免，傴者不袒，跛者不踊。非不悲也，身有錮疾，不可以備禮也，故曰：喪禮唯哀爲主矣。女子哭泣悲哀，擊胸傷心。男子哭泣悲哀，稽顙觸地無容。哀之至也。秃，吐録反。傴，於僂反，又紆矩反。跛，補禍反，又彼我反。錮，音故。稽，音啓。顙，桑朗反。○將踊先袒，將袒先免。此三疾俱不踊，不袒，不免，顧其所以否者，各爲一耳。擊胸傷心，稽顙觸地，不踊者若此而可。或問曰：「免者以何爲也？」爲，于僞反。○疏曰：怪成人肉袒之時須著免，今非成人，肉袒亦有著免，故問之。曰：「不冠者之所服也。禮曰：『童子不緦，唯當室緦。』緦者其免也，當室則免而杖矣。」不冠者，猶未冠也。當室，謂無父兄而主家者也。童子不杖，不杖者不免。當室則杖而免，免冠之細別以次成人也。緦者其免也，言免乃有緦服也。○疏曰：「不冠」，謂童子未冠，故著免也。「童子不緦」者，喪服經文〔一八〕，記者引之，故稱「禮曰」。不緦，言不爲族人著緦服也。唯當室緦者，謂童子無父兄當室主家事，乃爲族人著緦服。「緦者其免也」者，記者云所以此童子爲族人得著緦者，以其無父兄當室之時即著免也。孤兒當室則得免而杖，爲族人得著緦也，不當室則不得免及杖也。○問喪○男子冠而婦人笄，男子免而婦人髽。其義爲男子則免，爲婦人則髽。冠，古亂反。髽，側瓜反。○別男女也。○疏曰：此明男子、婦人冠笄髽免相對之節。「其義爲男子則免，爲婦人則髽」者，庾蔚云：其義於男子則免，婦人則髽，獨以別男女而已，非別有義也。賀瑒云：男去冠，猶婦人去笄，義盡於此，無復別義。○詳見制度。○或問曰：「杖者何也？」曰：「竹桐一也。故爲父苴杖，苴杖，竹也；爲母削杖，削杖，桐也。」言所以杖者義一也，顧所用異耳。或問曰：「杖者以何爲也？」曰：「孝子喪親，哭泣無數，服勤三年，身病體羸，以杖扶病也。」言得杖乃能起也，數或爲時。則父在不敢杖矣，尊者在故也。堂上不杖，辟尊者之處也。堂上不趨，示不遽也。此孝子之志也，人情之實也，禮義之經也。非從天降也，非從地出也，人情而已矣。辟，音避。處，昌慮反。遽，其慮反。○父在不杖，辟尊者之處不杖，有事不趨，皆爲其感動使之憂戚也。○疏曰：堂上是父之所在，辟尊者之處，所以爲母堂上故不杖也。爲母所以堂上不爲趨者，示父以閒暇不促遽也。若趨則感動父情，使父憂戚，故不杖不趨，冀不悲哀於父也。此孝子之志意，人情之實事。○問喪○裘之裼也，見美也。裼，星曆反。見，賢徧反。○君子於事以見美爲敬。○疏曰：裘之裼也，謂裘上加裼衣，褐衣上雖加他服，猶開露褐衣，見褐衣之美以爲敬也。弔則襲不盡飾也。喪非所以見美也。○玉藻○白虎通義曰：玄冠不以弔者，不以吉服臨人凶，示助哀也。○凡見人無免絰，雖朝於君無免絰，唯公門有稅齊衰。傳曰：君子不奪人之喪，亦不可奪喪也。免，音勉。稅，吐活反。○見人，謂行求見人也。無免絰，絰重也。稅，猶免也。古者說或作稅。有免齊衰，謂不杖齊衰也。於公門有免齊衰，則大功有免絰也。○疏曰：「凡見人無免絰」者，謂已有齊衰之喪無免去絰，重故也。「雖朝於君無免絰」者，以絰重，縱往朝君亦無免脱於絰也。「唯公門有稅齊衰」者，謂已有不杖齊衰之喪，至公門稅去其衰，絰猶不去也。若杖齊衰及斬衰，雖入公門，衰亦不稅也。其大功非但稅衰，又免去絰也。「傳曰君子不奪人之喪，亦不可奪喪也」，解朝君無免絰之意。引舊記以明之，言君所以許臣不免絰而入朝，以君子之人以己恕物，不可奪人喪禮，使之免絰，故許著絰也，亦不可奪喪也。非但不奪人喪，亦不可自奪喪，所以己有重喪，猶絰以見君，申己喪禮也。○服問

○男子除乎首，婦人除乎帶。男子何爲除乎首也？婦人何爲除乎帶也？男子重首，婦人重帶，除服者先重者，易服者易輕者。易服者，何爲易輕者也？斬衰之喪，既虞卒哭，遭齊衰之喪，輕者包，重者特。既練，遭大功之喪，麻葛重。齊衰之喪，既虞卒哭，遭大功之喪，麻葛兼服之。斬衰之葛與齊衰之麻同，齊衰之葛與大功之麻同，大功之葛與小功之麻同，小功之葛與緦之麻同。麻同則兼服之，兼服之服重者則易輕者也。詳見變除「練受服及並有喪變服」條。

○不能三年之喪，

而緦小功之察；放飯流歠，而問無齒決，是之謂不知務。孟子

校勘記

〔一〕資猶操也　「猶」，原作「由」，據賀本改。
〔二〕門外謂朝廷之間　「間」，原作「門」，據賀本改。
〔三〕故酒肉養之　「肉」，原作「食」，據四庫本、賀本改。
〔四〕同皮莧反　「皮莧反」三字原脱，據賀本補。
〔五〕若不愛親　「若」，原作「者」，據賀本改。下文「若不合於道理」同。
〔六〕歲序改易　「歲」字原脱，據賀本補。
〔七〕創鉅者其日久　「鉅」，原作「距」，據賀本改。下注文「鉅大也」、「故曰創鉅其日久也」同。
〔八〕痛甚者其愈遲　「甚」，原作「深」，據四庫本、賀本改。
〔九〕斬衰苴杖　「衰苴」，原作「苴衰」，據賀本改。
〔一〇〕憂思哀慕猶未能忘　「哀」，原作「悲」，據賀本改。
〔一一〕則孝子送死之情何時得已復吉　「死」下，原有「子」字，據吕本、四庫本、賀本删。
〔一二〕豈曾子嘗誦之以告其門人歟　「誦」，原作「論」，據賀本改。

〔一三〕孟子　句下，賀本有「盡心上」三字。
〔一四〕使人辨別也　「人」，賀本作「其」。
〔一五〕致至也　「至」，原作「志」，據賀本改。
〔一六〕諸侯在　「在」，原作「之」，據賀本改。
〔一七〕伋則安能　「安能」，原作「能安」，據四庫本、賀本改。
〔一八〕喪服經文　「文」，原作「云」，據四庫本、賀本改。

儀禮經傳通解續卷第十二

喪禮十

喪通禮十二〔一〕

補喪禮有可以先後次第見者，如士喪禮至卒哭祔練祥禫六篇是也。亦有終喪通用而不可以次第見者，各隨其事析爲門目，補爲此篇。

凡喪，父在父爲主，與賓客爲禮，宜使尊者。父没，兄弟同居，各主其喪。各爲其妻子之喪爲主也。祔則宗子主之。親同，長者主之；父母没，如昆弟之喪，宗子主之。不同，親者主之。從父昆弟之喪。○疏曰：「凡喪，父在父爲主」者，言子有妻子喪則其父爲主。按服問云：「君所主，夫人妻、大子、適婦。」不云主庶婦。若此所言，則亦主庶婦，是與服問違者。服問所言，通命士以上，父子異宫則庶子各自主其私喪，今此言是同宫者也。「父没，兄弟同居各主其喪」者，謂各爲其妻子爲喪主也。此言父没同居各主之，當知父在同居則父主之。「親同」，謂同三年期者。若同父母喪者，則推長子爲主。若昆弟喪，亦推長者爲主也。「不同」，謂從父昆弟親近自主之也。○奔喪○君所主，夫人妻、大子、適婦。言妻見大夫以下，亦爲此三人爲喪主也。○服問○士之子爲大夫，則其父母弗能主也，使其子主之，無子，則爲之置後。大夫之子得用大夫之禮，而士不得也。置，猶立也。○疏曰：士之子身爲大夫，若死，則父母是士，故不可爲大夫喪主。云「大夫之子得用大夫之禮」者，則前云大夫之適子服大夫之服是也〔二〕。若無適子，則以庶子當適處，若無庶子，則以族人之子當適子之處，皆得用大夫之禮。○雜記○婦之喪虞卒哭，其夫若子主之，祔則舅主之。詳見士虞禮。○主妾之喪則自祔，至於練祥皆使其子主之，其殯祭不於正室。詳見卒哭祔練祥禫記祔條。○大功者主人之喪，有三年者則必爲之再祭，朋友虞祔而已。謂死者之從父昆弟來爲喪主。有三年者，謂妻若子幼少，大功爲之再祭，則小功、緦麻爲之練祭可也。○疏曰：謂死者無近親而從父昆弟爲之主喪，故云主人喪也。「有三年者」，謂死者有妻，若子妻不可爲主而子猶幼少未能爲主，故大功者主之，爲之練祥再祭，朋友疏於大功，不能爲練祥，但爲之虞祔而已。然則大功尚爲練祥，則虞祔亦爲之可知。又曰：親重者爲之遠祭，親輕者爲之近祭，故大功爲之祥及練，小功、緦麻爲之練，朋友但爲之虞祔也。○小記○凡主兄弟之喪，雖疏亦虞之。詳見士虞禮。○男主必使同姓，婦主必使異姓。謂爲無主後者爲主也。異姓，同宗之婦也，婦人外成。○疏曰：男主以接男賓，女主以接女賓。或無適子、適婦爲正主，以他人攝主。若攝男主，必使喪家同姓之男，若攝婦主，必使喪家異姓之女。又云：異姓同宗之婦，謂喪家同宗，其婦必與喪家異姓。云「婦人外成」者，以其外成適於他族，故不得自與己同宗爲主。此云異姓者，與夫家爲異姓。○小記○其無女主，則男主拜女賓于寢門內；其無男主，則女主拜男賓于阼階下。子幼，則以衰抱之，人爲之拜。爲後者不在，則有爵者辭，無爵者人爲之拜。在竟內則俟之，在竟外則殯葬可也。喪有無後，無無主。詳見喪大記奉尸夷于堂拜賓條。○姑姊妹其夫死而夫黨無兄弟，使夫之族人主喪，妻之黨雖親弗主。此謂姑姊妹無子寡而死也。夫若無族矣〔三〕，則前後家，東西家。無有，則里尹主之。夫黨無兄弟，無緦之親也。其主喪不使妻之親而使夫之族人，婦人外成，主必宜得夫之姓類。喪無無主，諸侯弔於異國之臣，則其君爲主，里尹主之亦斯義也。○疏曰：周禮六鄉之內，二十五家爲閭，閭置一胥，中士也；六遂之內，二十五家爲里，里置一宰，下士也。然不曰里士而曰里尹，故注引王度記以證之，其記云：「百户爲里，里一尹，其禄如庶人在官者。」則里尹之禄也。云「諸侯弔於異國之臣則其君爲主」者，以己臣在國而死，他國君來弔，則君爲主。死者雖有至親，不得爲主。今此婦人之死，里尹主之，妻家之親不得爲主，亦斯義也。或曰：主之而附於夫之黨。妻之黨自主之，非也。夫之黨，其祖姑也。○雜記○大夫不主士之喪。士之喪雖無主，不敢攝大夫以爲主。○疏曰：謂士死無主後，其親屬有爲大夫者尊，不得主之。○小記○士不攝大夫，士攝大夫唯宗子。士之喪雖無主，不敢攝大夫以爲主，宗子尊可以攝之。○疏曰：士喪無主，不敢使大夫兼攝爲主，士卑故也。若宗子爲士而無主後者，可使大夫攝主之，宗子尊則可以攝之也。○同上。○大夫之喪，庶子不受弔。詳見喪大記「未小斂受弔」條。○宗子爲殤而死，庶子弗爲後也。詳見喪服「爲人後者」條。○養有疾者不喪服，遂以主其喪。非養者入主人之喪，則不易己之喪服。詳見變除「改服」條。

右主後○曾子問曰：「喪有二孤，廟有二主，禮與？」怪時有之。孔子曰：「天無二日，土無二王，嘗禘郊社，尊無二上，疏云：嘗禘郊社之時，雖衆神並在，猶先尊後卑，一一祭之，不一時總祭，故云尊無二上。未知其爲禮也。昔者齊桓公亟舉兵，作僞主以行，及反，藏諸祖廟〔四〕。廟有二主，自桓公始也。僞，猶假也。舉兵以遷廟主行，無則主命爲假主，非也。喪之二孤，則昔者衛靈公適魯，遭季桓子之喪，衛君請弔，哀公辭，不得命。公爲主，客入弔，康子立於門右北面，公揖讓，升自東階西鄉，客升自西階弔，公拜興哭，康子拜稽顙於位，有司弗辨也。今之二孤，自季康子之過也。辨，猶正也。若康子者，君弔其臣之禮也。鄰國之君弔，君爲之主，主人拜稽顙，非也，當哭踊而已。靈公先桓子，以魯哀公二年夏卒，桓子以三年秋卒，是出公也。○疏曰：桓公名小白，作霸主。亟，數也。僞，假也。言作假主以行而反藏於祖廟，故有二主也。舉兵，爲南伐楚，北伐山戎，西伐白狄，故云數舉兵也。辨，猶正也。有司，謂當時執事之有司，畏康子之威，不敢辨正，故云若康子者君弔其臣之禮也。○曾子問○公儀仲子之喪，檀弓免焉。故爲非禮以非仲子也。禮，朋友皆在他邦乃袒免。○疏曰：喪服記云：若他邦來還家而無主，猶爲之免。故鄭注云：「歸有主」，人乃止。明無主猶袒免也。若朋友俱在家〔五〕，則弔服加麻。加麻者，素弁上加緦之環絰，若一在一否亦然。故云皆在他邦乃袒免，明不皆在者則否。仲子舍其孫而立其子，此其所立非也。公儀，蓋魯同姓。周禮：適子死，立適孫爲後。○疏曰：按史記魯相公儀休，此云子服伯子，故疑魯同姓也。春秋有公鳥、公若、公儀，同稱公，故知同姓。檀弓曰：「何居？我未之前聞也。」居，讀爲姬姓之姬，齊魯之閒語助也。前，猶故也。趨而就子服伯子於門右，曰：「仲子舍其孫而立其子，何也？」去賓位，就主人兄弟之賢者而問之。子服伯子，蓋仲孫蔑之玄孫子服景伯。蔑，魯大夫。○疏曰：按賓位之法隨主人而變，小斂之前，主人未忍在主位，有事在西階下，則賓亦入門西弔於西階下，故士喪禮君使人禭，主人拜送，「拜賓，即位西階下，東面。」鄭云：「未忍即主人位也。」小斂之後，尸則出堂廉，然後有飾，主人位則在阼階下西面，賓弔者入門東，於東階下弔也，故士喪禮小斂訖，「奉尸侇於堂，主人降自西階，即位，踊，襲絰於序東」。鄭云：「即位踊，東方位也。」則衆主人不接賓，發初在東耳。檀弓之來，當在小斂之前，初於西階行譏弔，而主人未覺，後乃趨向門右問伯子焉。必知小斂前者，以仲子初喪即正適庶之位故也。未小斂而著免者，故爲非禮之弔，亦異常也。然則，子游之弔惠子是小斂後，故服衰而在門東，詳見本文注。伯子曰：「仲子亦猶行古之道也。昔者文王舍伯邑考而立武王，微子舍其孫腯而立衍也，夫仲子亦猶行古之道也。」伯子爲親者隱耳，立子非也。文王之立武王，權也。微子適子死，立其弟行，殷禮也。○疏曰：文王在殷之世，殷禮自得，舍伯邑考而立武王而言權者，殷禮若適子死，得立弟，今伯邑考在而立武王，故云權也。子游問諸孔子，孔子曰：「否，立孫。」據周禮。○檀弓○

司寇惠子之喪，惠子，衛將軍文子彌牟之弟，惠叔蘭也，生虎者。子游爲之麻衰，牡麻絰。惠子廢適立庶，爲之重服以譏之。麻衰，以吉服之布爲衰。○疏曰：朋友應著弔服加緦麻帶絰，今乃著麻衰牡麻絰，故云重服譏之。按詩云：「麻衣如雪。」又間傳云：「大祥，素縞麻衣。」皆吉服之布稱麻，故知此麻亦吉服之布也。按弔服錫衰十五升去其半，疑衰十四升，今子游麻衰乃吉服十五升，輕於弔服，而云重服以譏之者，據牡麻絰爲重，弔服弁絰大如緦之絰一股而環之，今乃用牡麻絞絰，與齊衰絰同，故云重也。文子辭曰：「子辱與彌牟之弟游，謝其存時。又辱爲之服，敢辭。」止之服也。子游曰：「禮也。」文子退，反哭，未覺其所譏。子游趨而就諸臣之位，深譏之。大夫之家臣位在賓後。○疏曰：大夫之賓位在門東近北，大夫之家臣位亦在門東而南近門，並皆北嚮，故在賓後也，故盧云：喪賓後主人同在門東，家臣賓後則近南也。文子又辭曰：「子辱與彌牟之弟游，又辱爲之服，又辱臨其喪，敢辭。」止之在臣位。子游曰：「固以請。」再不從命。文子退，扶適子南面而立，曰：「子辱與彌牟之弟游，又辱爲之服，又辱臨其喪，虎也敢不復位。」覺所譏也。虎，適子名。文子親扶而辭敬子游也。南面而立，則諸臣位在門内北面明矣。子游趨而就客位。所譏行。○同上。

○石駘仲卒，駘仲，衛大夫石碏之族。無適子，有庶子六人，卜所以爲後者，莫適立也。曰：「沐浴佩玉則兆。」言齊絜則得吉兆。〇疏曰：既有庶子六人，莫適立也，故卜所以堪爲後者。其掌卜之人謂之曰：若沐浴佩玉則得吉兆。所以須有卜者，春秋左氏昭二十六年云：「年鈞以德，德鈞以卜。王不立愛，公卿無私。」若公羊隱元年云：「立適以長不以賢，立子以貴不以長。」何休云：「適夫人無子立右媵，右媵無子立左媵，左媵無子立嫡姪娣，嫡姪娣無子立右媵姪娣，右媵姪娣無子立左媵姪娣。質家親親先立娣，文家尊尊先立姪。嫡子有孫而死，質家親親先立弟，文家尊尊先立孫。其雙生也，質家據見立先生，文家據本意立後生。」何休作膏肓難左氏云：「若其以卜，隱桓以禍，皆由此作，乃曰古制固亦謬矣。」鄭箴之云：「立嫡以長不以賢，固立長矣。立子以貴不以長，固立貴矣。若長均貴均何以别之？故須卜。禮有詢立君，卜立君，是有卜也。」是從左氏之義。五人者皆沐浴佩玉，石祁子曰：「孰有執親之喪而沐浴佩玉者乎？」不沐浴佩玉。心正且知禮。〇疏曰：居親之喪必衰絰憔悴，安有居親之喪而沐浴佩玉者乎？言不可。鄭云心正且知禮者，不信邪言，是心正。居喪不沐浴佩玉，是知禮也。石祁子兆，衛人以龜爲有知也。同上。〇成公十有五年仲嬰齊卒，仲嬰齊者何〔六〕？疑仲遂後，故問之。公孫嬰齊也。未見於經爲公孫嬰齊，今爲大夫死，見於經爲仲嬰齊。曷爲謂之仲嬰齊？爲兄後也。爲兄後，則曷爲謂之仲嬰齊？據本公孫。爲人後者，爲之子也。其稱仲何？孫以王父字爲氏也。嬰齊孰後？後歸父也。歸父使于晉未反，何以後之？叔仲惠伯，傅子赤。公子遂殺叔仲惠伯，弑子赤而立宣公。宣公死，成公幼，臧宣叔者相也。君死不哭，聚諸大夫而問焉，曰：「昔者叔仲惠伯之事，孰爲之，皆曰仲氏也。於是遣歸父之家，然後哭。歸父使晉，還至檉，聞君薨家遣，墠帷哭君成踊，反命于介，自是走之齊。魯人傷歸父之無後也，於是使嬰齊後之。弟無後兄之義，爲亂昭穆之序，失父子之親，故不言仲孫，明不與子爲父孫。○春秋公羊傳

商祝辨乎喪禮，故後主人。辨，猶別也，正也。○疏曰：商祝，謂習商禮而爲祝者，但辨曉死喪擯相之禮。故後主人，謂在主人之後，言此商祝但知禮之末節，故在主人後，言其位處卑賤也。○樂記

○大宗伯：大喪則爲上相。詳見喪大記「總目」。○小宗伯：既喪，詔相喪祭之禮。詳見喪大記「虞祭」條。○世婦：大喪，凡王后有摲事於婦人，則詔相。詳見喪大記「戒臣民」條。○大行人：若有大喪，則詔相諸侯之禮。詔相左右教告之也。○疏曰：大喪，言若見有非常之禍，諸侯爲天子斬，其哭位周旋擗踊進退皆有禮法，左右助也，須有助而告教之也。○秋官○象胥：凡國之大喪，詔相國客之禮儀而正其位。客，謂諸侯使臣來弔者。○疏曰：大喪，王、后、世子也。言「凡」，則非王喪。又象胥本主夷狄之使，亦兼掌中國之使。○秋官○内小臣：若有祭祀賓客喪紀，則擯詔后之禮事，相九嬪之禮事，正内人之禮事。擯爲后傳辭〔七〕，有所求，爲詔相正者，異尊卑也。○疏曰：三者事至無常，故云「若」。若，不定之辭也。此三者后皆有事，九嬪以下從后往也。后爲上三事須物，則小臣擯贊而傳辭，與諸司求物供所爲也。后尊云詔，詔告而已。九嬪稍卑，則言相，相，佐助之

言也。女御卑，直正之而已。○天官○肆師：凡卿大夫之喪，相其禮。相其適子。○疏曰：庶子無事，適子則有拜賓送賓之事，且卿大夫適子爲天子斬衰，故知所相者適子也。○春官右祝相○有若之喪，悼公弔焉，悼公，魯哀公之子。子游擯由左。擯，必尹反。○擯，相侑喪禮者。喪禮廢亡，時人以爲此儀當如詔辭而皆由右相，是善子游正之。孝經説曰：「以身擯侑。」○疏曰：在主人曰擯，在客曰介。庾蔚云：相主人以禮接賓，皆謂之擯。大宗伯注：「出接賓曰擯，入詔禮曰相。」少儀云：「詔辭自右。」鄭云：「立者尊右。」若己傳君之詔辭，詔辭爲尊則宜處右；若喪事則推賓居右，而己自居左。當時禮廢，言相喪亦如傳君詔辭，己自居右，子游知禮，故推賓居右，己居左也。云「孝經説曰以身擯侑」，證擯是相侑也，論語云「君召使擯」是也。○檀弓○泄柳之母死，相者由左。泄柳死，其徒由右相。由右相，泄柳之徒爲之也。柳，良久反。相，息亮反。○亦記失禮所由始也。泄柳，魯穆公時賢人也。相，相主人之禮。○疏曰：相主人之禮，相者由左。泄柳死，其徒黨相禮由右，故云「記失禮所由始也」。按孟子云：「魯穆公時公儀子爲政，子柳、子思爲臣。」子柳即此泄柳也。○雜記○杜橋之母之喪，宮中無相，以爲沽也。相，息亮反。沽，音古。○沽，猶略也。○疏曰：此論喪須立相導之事。沽，粗略也。孝子喪親，悲迷不復自知禮節，皆須人相導。而杜橋家母死，宮中不立相導，故時人謂其於禮粗略。○檀弓〔八〕○孔子在衛，司徒敬子之卒，夫子弔焉。主人不哀，夫子哭不盡聲而退，蘧伯玉請曰：「衛鄙俗不習喪禮，煩吾子辱相焉〔九〕。」孔子許之。詳見喪禮義。

君天下曰「天子」，疏曰：父天母地是上天之子，又爲天所命，子養下民。崩，曰「天王崩」。史書策辭。○疏曰：此謂告王者升假而史書載於方册之辭。王者死如從天墜下，故曰崩。然崩通於壞敗之稱，則防墓崩及春秋「沙鹿崩」是也。復，曰「天子復矣」。始死時呼魄辭也。不呼名，臣不名君也，諸侯呼字。○疏曰：王者不呼名字者，一則臣子不可名君，二則普天率土王者一人而已，故呼「天子復」，而王者必知呼己而反也。以例而言之，則王后死亦呼「王后復」也。告喪，曰「天王登假」。假，音遐。○告，赴也。登，上也。假，已也。上已者，若仙去云耳。○疏曰：此謂天王崩而遣使告天下萬國之辭，言天子上升已矣，若仙去然也。措之廟，立之主，曰「帝」〔一〇〕。天子未除喪，曰「予小子」。謙，未敢稱一人。春秋傳曰：「以諸侯之踰年即位，亦知天子之踰年即位。以天子三年然後稱王，亦知諸侯於其封内三年稱子。」生名之，死亦名之。生名之曰小子，王死亦曰小子王也。晉有小子侯，是僭取天子號也。○疏曰：嗣王既呼爲小子，若於喪中而死亦謚爲小子，王喪質，故不變稱也。晉有小子侯，哀侯之子也，應稱嗣子某，不得同天子，稱小子是僭取之。諸侯在凶服，曰「適子孤」，適，音的。○凶服，亦謂未除喪。○疏曰：諸侯，謂五等諸侯。「適子孤」者，謂擯者告賓之辭。雜記云：「相者告曰：孤某須矣。」但彼文不云適子，文不備。此直云適子孤，不云名，亦文不具也。稱孤稱名者，皆謂父死未葬之前也，故雜記曰：「孤某須矣。」凡諸侯在喪之稱。公羊未葬稱子某者，莊三十二年「子般卒」，襄三十一年「子野卒」，皆是君薨未葬稱子某也。既葬稱子，則文公十八年子惡卒，經書「子卒」是也。踰年稱君，則僖公十年里克弑其君卓〔一〕，及文公元年公即位，是踰年稱君也，謂臣子稱君。若其君自稱，猶曰子，故公羊傳文九年「諸侯於其封内三年稱子」是也。死曰薨，亦史書策辭。○疏曰：諸侯之薨，亦史策辭。若告於諸侯，則辭當謙退，故雜記云：赴於諸侯，曰「寡君不禄」。復曰「某甫復矣」。某甫且字。既葬見天子，曰「類見」，代父受國。類，猶象也，執皮帛象諸侯之禮見也，其禮亡。○疏曰：類，象也，言葬後未執玉而執皮帛以象諸侯見，故曰「類見」。然春秋之義，三年除喪之後乃見，而今云「既葬」者，謂天子或巡守至竟，故得見也。若未葬，未正君臣，故雖天子巡守，亦不見也。言謚曰「類」。使大夫行象聘問之禮也。言謚者，序其行及謚所宜，其禮亡。○疏曰：言謚，謂將葬就君請謚也。將葬之前，使人請之於天子，若檀弓云「其子戍請謚於君，曰：『日月有時，將葬矣，請所以易其名者。』」是言謚於君也。而曰類者，王肅云：請謚於天子，必以其實爲謚，類於平生之行也。何氏云：類其德而稱之，如經天緯地曰文也。鄭云：使大夫行象聘問之禮也。今按鄭旨，謂吉時遣大夫行則曰聘。今請謚遣大夫不得曰聘而名曰類，言類象聘而行禮也。天子死曰「崩」，諸侯曰「薨」，大夫曰「卒」，士曰「不禄」，庶人曰「死」。異死名者，爲人褻其無知若猶不同然也。自上顛壞曰崩。薨，顛壞之聲。卒，終也。不禄，不終其禄。死之言澌也，精神澌盡也。○疏曰：崩、薨異號，至葬同者，以臣子藏其君父安厝，貴賤同也。在牀曰「尸」，在棺曰「柩」。柩，音舊。○疏曰：尸，陳也，未殯斂陳列在牀，故曰尸，白虎通云：「失氣亡神，形體獨陳。」是也。柩，究也。三日不生，斂之在棺，死究竟於此也。白虎通曰：柩，「究也，久也」。然尸柩亦通。左氏傳「贈死不及尸」，是呼未葬之柩爲尸。死寇曰「兵」。異於凡人，當饗禄其後。○疏曰：言人能爲國家捍難禦侮，爲寇所殺者，謂爲兵。兵，器仗之名，言其爲器仗之用也。故君恒禄恤其子，異於凡人也，故鄭云「當饗禄其後」。生曰「父」，曰「母」，曰「妻」。死曰「考」，曰「妣」，曰「嬪」。嬪，婦人有法度之稱也。周禮九嬪：「掌婦學之法，教九御婦德、婦言、婦容、婦功。」○疏曰：生時所稱不言祖及夫者，以生號無别稱也。生死異稱，言其别於生時耳。若通而言之，亦通也，尚書云「大傷厥考心」，又云「聰聽祖考之彝訓」，倉頡篇云「考妣延年」，又云「嬪于虞」，詩大明云「嬪于京」，周禮九嬪之官，並非生死異稱。壽考曰「卒」，短折曰「不禄」。折，市設反。○謂有德行，任爲大夫士而不爲者，老而死從大夫之稱，少而死從士之稱。○疏曰：此並是有德未經仕而死者之稱也。壽考，老也。短折，少也。鄭知有德行任爲大夫士而不爲者，若實是大夫士，前文已顯。今更别云「卒」與「不禄」，同大夫士之稱，故知堪爲大夫士而不爲者也。○曲禮○高曰「崩」，梁山崩。厚曰「崩」，沙鹿崩。尊曰「崩」，天子之崩，以尊也。隱三年春秋穀梁傳○大凡生於天地之間皆曰「命」，其萬物死皆曰「折」，人死曰「鬼」，此五代之所不變也。疏曰：萬物無知，死者皆曰「折」。人爲有識，故死曰「鬼」。○祭法○復與書銘，自天子達於士，其辭一也。男子稱名，婦人書姓與伯仲，如不知姓則書氏。詳見喪大記復條。○君存稱「世子」，明當世父位爲君。君薨稱「子某」，緣民臣之心不可一日無君，故稱子某，明繼父也。名者，尸柩尚存，猶以君前臣名也。既葬稱「子」，不名者，無所屈也。緣終始之義，一年不二君，故稱子也。踰年稱「公」。不可曠年無君。○莊三十二年春秋公羊傳○未没喪，不稱君，示民不爭也，故魯春秋記晉喪曰：「殺其君之子奚齊及其君卓。」没，終也。春秋傳曰「諸侯於其封内三年稱子」，至臣子踰年則謂之君矣。○疏曰：僖九年秋九月，晉侯佹諸卒，其年奚齊殺，明年卓子弒，是踰年稱君。○坊記○春秋不稱楚、越之王喪。禮：君不稱天，大夫不稱君，恐民之惑也。楚、越之君僭號稱王，不稱其喪，謂不書葬也。春秋傳曰：「吴楚之君不書『葬』，辟其僭號也。」○僭，子念反。辟，音避。○坊記○祭稱孝子孝孫，喪稱哀子哀孫。詳見卒哭祔練祥禫記。有父母之喪尚功衰，而附兄弟之殤則練冠附於殤，稱「陽童某甫」，不名神也。詳見祔練祥禫記。○祝稱卜葬虞，子孫曰「哀」，夫曰「乃」，兄弟曰「某卜葬其兄」，弟曰「伯子某」。詳見士喪禮卜葬日條。○既正尸，子坐于東方，卿大夫父兄子姓立于東方，有司庶士哭于堂下北面，夫人坐于西方，内命婦姑姊妹子姓立于西方，外命婦率外宗哭于堂上北面。詳見喪大記。○庶子之正於公族者，其公大事，則以其喪服之精粗爲序，雖於公族之喪亦如之，以次主人。正者，政也。庶子，司馬之屬，掌國子之倅爲政於公族者。大事，謂死喪也。其爲君雖皆斬衰序之，必以本親也。主人，主喪者。次主人者，主人恒在上，主人雖有父兄，猶不得下齒。○疏曰：大事，謂君喪，其臣雖皆斬衰，其庶子列次之時，則以其本服之精粗爲序：衰粗者在前，衰精者在後。非但公喪如此，雖於公族之内，有死喪之事相爲亦粗者居前，精者居後，故云亦如之。以次主人者，謂雖有庶長父兄尊於主人，仍次於主人之下，使主人在上，居喪主也。○文王世子○

喪紀以服之輕重爲序，不奪人親也。紀，猶事也。○疏曰：臣服君皆斬，又以本輕者爲下，本重者爲上，不計爵尊卑爲次序者，是不奪人本親之恩，故輕重爲序也。○同上。○哭泣之位皆如其國之故，謹脩其法而審行之。詳見喪禮義。○大夫之庶子爲大夫，則爲其父母服大夫服，其位與未爲大夫者齒。詳見喪服斬衰章父條。○凡婦人，從其夫之爵位。婦人無專制生禮死事，以夫爲尊卑。○雜記

右名位○葬蔡平公，蔡太子朱失位，位在卑。不在適子位，以長幼齒。大夫送葬者，歸見昭子。昭子問蔡故，以告昭子。昭子歎曰：「蔡其亡乎！若不亡，是君也必不終。詩曰：『不解于位，民之攸塈。』今蔡侯始即位，而適卑，身將從之。」疏曰：喪大記記國君初死之禮云：「既正尸，子坐于東方。」彼言子坐東方，謂太子即所謂主人也。彼初死之時即別適庶，況其至葬君道成矣，太子失其位，位在卑，是以長幼爲適，蓋處其庶兄之下。○昭二十一年春秋左氏傳○

曾子曰：「小功不爲位也者，是委巷之禮也。譏之也。位，謂以親疏敘列哭也。委巷，猶街里委曲所爲也。子思之哭嫂也爲位，善之也。禮：嫂叔無服。婦人倡踊，有服者娣姒婦小功。倡，先也。申祥之哭言思也亦然。」疏曰：時有哭小功不爲位者，故曾子非之，云：若哭小功不爲位

者，是委細屈曲街巷之禮。言禮之末略，非禮儀正法。既言其失，乃引得禮之人子思哭嫂爲親疏之位。於時子思婦與子思之嫂有小功之服，故子思之婦先踊，子思乃隨之而哭。非直子思如此，其申祥哭妻之兄弟言思，亦如子思也。又曰：知位爲親疏叙列者，以其子思哭嫂爲位，下云「婦人倡踊」，婦人既在先，明知爲位也。○檀弓

喪用三年之仂，喪，大事，用三歲之什一。喪祭用不足曰暴，有餘曰浩。暴，猶耗也。浩，猶饒也。○疏曰：暴是殘暴物，被殘暴則虚耗，故云暴猶耗也。浩者是多大之義，堯典云：「浩浩滔天。」○王制○大宰：以九式均節財用，三曰喪荒之式。式，謂用財之節荒凶年。○疏曰：喪，謂若諸侯〔一二〕、諸臣之喪含襚贈奠賻賵之類，王家之喪所用大，非此所共也。○天官○小宰：以法掌祭祀、朝覲、會同賓客之戒具，喪荒亦如之，令百官府共其財用。共，音恭，禮本供字，皆作共，可以意求之。○法，謂其禮法也。戒具，戒官有事者所當共。○同上。○大府：山澤之賦以待喪紀。同上。○外府：喪紀，共其財用之幣齎。齎，音咨，一音祖係反。○疏曰：謂王使公卿已下聘問諸侯之行道所用，則曰幣齎。○同上。○封人：凡喪紀，則飾其牛牲。牛人：喪事共其奠牛。囿人：喪紀共其生獸、死獸之物。獸人：凡喪紀，共其死獸、生獸。腊人：喪紀共其脯腊，凡乾肉之事。𩺰人：喪紀共其魚之鮮薧。醢人：凡祭祀，共薦羞之豆實，喪紀亦如之。詳見喪大記「陳小斂奠」條。○籩人：喪事共其薦籩、羞籩。外饔：凡小喪紀，陳其鼎俎而實之。

詳見喪大記「朔月月半殷奠」條。○掌客：凡禮賓客，札喪殺禮。凡賓客死，致禮以喪用。詳見變禮「道有喪」條。○六十歲制，七十時制，八十月制，九十日脩，唯絞紟衾冒，死而後制。絞，户交反。紟，其鴆反。冒，士報反。○絞紟衾冒，一日二日而可爲者。○疏曰：「六十歲制」者，明老而預爲送終之具也〔一三〕。歲制，謂棺也。然此謂大夫以下耳，人君即位爲椑，不待六十也，其椁則死後爲之，檀弓云「旬而布材」是也。「七十時制」者，謂一時可辦是衣物之難得也，年轉老所須辦轉切也。「八十月制」者，月制謂一月可辦衣物易得者也，漸老彌切也。九十日脩者，至九十棺衣皆畢，但日日脩理之，爲近於終故也。唯絞紟衾冒四物易成，故須亡乃制也，故檀弓云「一日二日而可爲也者，君子弗爲也」。○王制○喪具，君子恥具，一日二日而可爲也者，君子弗爲也。謂絞紟衾冒。○檀弓○大司徒：以荒政十有二聚萬民，八曰殺哀。殺哀，謂省凶禮。○地官○鄉師：正歲稽其鄉器，比共吉凶二服。族共喪器，鄉共吉凶禮樂之器。吉服者，祭服也，凶服者，弔服也，比長主集爲之。喪器者，夷槃、素俎、楬豆、輁軸之屬，族師主集爲之。此三者，民所以相共也。凶器，若族喪器者也。此鄉器者，旁使相共，則民無廢事。上下相補，則禮行而教成。○疏曰：知凶服是弔服者，若人衰裳是常服，主人自共其弔服是暫服，可以相共，其庶人弔服無過素冠與深衣而已。按喪大記士並瓦槃，大夫乃用夷槃。今庶人實不得用夷槃，引之者，以況喪器，非謂庶人得用夷槃也。云「素俎楬豆」者，按士喪禮小斂有素俎，大斂有楬豆〔一四〕，兩籩無縢，此不言籩無縢者，文略也。按既夕禮士朝廟用輁軸以載柩，庶人無輁軸，引之者，亦以況義。知非族内有大夫士得用夷槃、輁軸者，以其大夫自有禄位，不在共限也。

不言棺椁，亦主人自共之也。○同上。○閭師：凡庶民，不樹者無椁，不績者無衰。疏曰：不樹者無椁者，庶人五畝之宅，樹以桑麻。今宅不毛，非直罰以里布，死後又無五寸之椁也。不績者無衰者，衰裳以布爲之，其婦人不績其麻者，死則不爲之著衰裳以罰之也。○同上。○司市：國凶荒札喪，則市無征而作布。疏曰：荒，謂年穀不熟。札，謂疫病。喪，謂死喪。恤其乏困，故市無征也。○同上。○泉府：凡賒者喪紀無過三月。鄭司農云：賒，貰也〔一五〕，以祭祀喪紀，故從官貰買物。○疏曰：先鄭之意，以祭祀喪紀二者事大，故賒與民，不取利。○同上。○酇長：酇，作管反。以時校登其夫家，比其衆寡，以治其喪紀祭祀之事。疏曰：謂民之喪紀者，族共喪器之類。○同上。○土均：禮俗喪紀祭祀，皆以其地媺惡爲輕重之法而行之，掌其禁令。疏曰：皆以地之美惡輕重者，地美則重行之，地惡則輕行之，以其禮許儉，不非無故也。云「掌其禁令」者，恐有僭踰與下逼，故禁令也。○同上。○朝士：若邦凶荒札喪，則令邦國都家縣鄙慮刑貶。慮，謀也。貶，猶減也。謂當謀緩刑，且減國用爲民困也，所貶視時爲多少之法。○秋官○小行人：若國札喪，則令賻補之。謂賻喪家，補助其不足也。○同上。○司門：凡財物犯禁者舉之，舉之，没入官。以其財養死政之老與其孤。財，所謂門關之委積也〔一六〕。死政之老，死國事者之父母也。孤，其子。○地官

右財用○隱公三年秋，武氏子來求賻。喪事無求，求賻非禮也。詳見弔禮「賻」條。○文公九年，毛伯來求金，非禮也。不書王命，未葬也。左氏傳○子思曰：「有其禮，無其

財，君子弗行也。有其禮，有其財，無其時，君子弗行也。」詳見喪禮義。○孔子曰：「斂手足形，還葬而無椁，稱其財，斯之謂禮。」同上。○子柳之母死，子碩請具，具，葬之器用。子柳，魯叔仲皮之子，子碩兄。子柳曰：「何以哉？」言無其財。子碩曰：「請粥庶弟之母。」粥，謂嫁之也。妾賤，取之曰買。子柳曰：「如之何其粥人之母以葬其母也？不可。」忠恕。既葬，子碩欲以賻布之餘具祭器，古者謂錢爲泉布，所以通布貨財。子柳曰：「不可，吾聞之也：君子不家於喪。惡因死者以爲利。請班諸兄弟之貧者。」以分死者所矜也，禄多則與鄰里鄉黨。○檀弓○孟獻子之喪，獻子，魯大夫仲孫蔑。司徒旅歸四布，旅，下士也，司徒使下士歸四方之賻布。夫子曰：「可也。」時人皆貪，善其能廉。○疏曰：孟獻子之喪，送終既具，賻布有餘，其家臣司徒敬子稟承主人之意，使旅下士歸還四方，賻主人之泉布也。皇氏以爲獻子有餘布歸之於君，君令國之司徒歸賻於四方。按春秋魯上卿季氏也，仲孫蔑之卒，季氏無謚曰敬子者，皇氏之言非也。熊氏以爲獻子家臣爲司徒，故左傳叔孫氏之司馬鬷戾，是家臣亦有司徒、司馬也。○同上。

喪事主哀。少儀○君子以喪過乎哀。易「小過」○子曰：「喪，與其易也，寧戚。」詳見喪禮義。○曾子曰：「吾聞諸夫子：人未有自致者也，必也親喪乎！」集注曰：致，盡其極也。蓋人之真情所不能自已者。○論語○子游曰：「喪致乎哀而止。」集注曰：致極其哀，不尚文飾也。○同上。○子路曰：「吾聞諸夫子：喪禮，與其哀不足而禮有餘也，不若禮不足而哀有餘也。」詳見喪禮義。○子曰：「臨喪不哀，吾何以觀之哉？」論語○始死，充充如有窮；既殯，瞿瞿如有求而弗得；既葬，皇皇如有望而弗至。練而慨然，祥而廓然。瞿，紀具反。○皆憂悼在心之貌也。求猶索物。○疏曰：親始死，孝子匍匐而哭之，心形充屈如急行道極無所復去。窮，急之容也。既殯，心形稍緩也。瞿瞿，眼目速瞻之貌，瞿瞿如有所失，而求覓之不得然也。既葬，又漸緩，栖栖皇皇無所依託，如有望彼人來而彼人不至也。練轉緩，但歎慨日月若馳之速也。至大祥而寥廓，情意不樂而已。○檀弓○縣子曰：「三年之喪如斬，期之喪如剡。」縣，音玄。期，音期。剡，以漸反。○言其痛之惻怛有淺深也。○雜記○居喪不言樂。居喪者，居父母之喪也。○曲禮○聞樂不樂。論語○孔子曰：「衰麻苴杖者，志不存乎樂，非耳弗聞，服使然也。」家語○父有服，宮中子不與於樂。母有服，聲聞焉，不舉樂。妻有服，不舉樂於其側。宮中子，與父同宮者也。禮：由命士以上父子異宮。不與於樂，謂出行見之，不得觀也。大功將至，辟琴瑟。亦所以助哀也。至，來也。小功至，不絕樂。疏曰：父有服在於宮中，則子不與於樂者，謂出行見之不得觀也。崔云：父有服齊衰以下之服也，若重服則期後猶有子姓之冠，自當不得與於樂。○雜記○大司樂：諸侯薨，令去樂。去，起吕反。○疏曰：去樂，藏之也〔一七〕。春秋傳曰：「壬午猶繹，萬入去籥。」萬言入，則去者不入藏之可知。大臣死，令弛縣。弛，釋之，若今休兵鼓之爲〔一八〕。○君於卿大夫，比卒哭不舉樂。爲士，比殯不舉樂。雜記○節哀順變也。詳見喪禮義。○三日而食，三月而沐，期而練，毁不滅性。同上。

右哀戚○孔子曰：「少連、大連善居喪，三日不怠，三月不解，期悲哀，三年憂，東夷之子也。」少，詩召反。解，佳賣反。期，音基〔一九〕。○言其生於夷狄而知禮也。怠，惰也。解，倦也。○疏云：三日之内禮不怠，謂水漿不入口之屬。「三月不解」者，謂未葬之前，朝奠夕奠及哀至則哭之屬。期悲哀者，謂練以來常悲哀朝哭夕哭之屬。三年憂，以服未除，憔悴憂戚。○雜記○顏丁善居喪。顏丁，魯人。始死，皇皇焉如有求而弗得；及殯，望望焉如有從而弗及；既葬，慨然如不及其反而息。從，隨也。慨，憊貌。○疏曰：始死皇皇，猶彷徨，如有所求物不得。及殯望望焉，如有從逐人後行而不及之貌。既葬之後，中心悲慨然如不復所及，既不可及。其反而息者，上殯後云從而不及，似有可及之理，既葬慨然如不及，謂不復可及，所以文異也。○檀弓○高子皋之執親之喪也，子皋，孔子弟子，名柴。泣血三年，言泣無聲如血出。未嘗見齒，言笑之微。君子以爲難。言人不能然。○疏云：人涕泣必因悲聲而出，若血出則不由聲也。今子皋悲無聲，其涕亦出，如血之出，故云泣血。凡人之情哀至則泣血，樂至則微笑。凡人大笑則露齒本，中笑則露齒，微笑則不見齒。○同上。○孟獻子禫，縣而不樂，比御而不入。夫子曰：「獻子加於人一等矣。」詳見卒哭祔練祥禫記。○孔子既祥，五日彈琴而不成聲，十日而成笙歌。同上。○衛定公卒，夫人姜氏既哭而息，見太子之不哀也，不内酌飲，歎曰：「是夫也，將不唯衛國之敗，其必始於未亡人。定姜言獻公行無禮，必從己始，下言暴妾使余是也。嗚呼，天禍衛國也夫！吾不獲鱄也使主社稷。」大夫聞之，無不聳懼。成公十四年春秋左氏傳○立公子裯，昭公名。穆叔不欲，曰：「是人也，居喪而不哀，在慼而有嘉容，是謂不度。不度之人，鮮不爲患。」武子不聽，卒立之。比及葬，三易衰，衰衽如故衰。於是昭公十九年矣，猶有童心，君子是以知其不能終也。襄三十一年春秋左氏傳○九月，葬齊歸，公不慼。晉士之送葬者，歸以語史趙。史趙曰：「不思親，祖不歸也。」言不思親，則不爲祖考所歸祐。叔向曰：「魯公室其卑矣！君有大喪，國不廢蒐；有三年之喪，而無一日之慼。國不恤喪，不忌君也；君無慼容，不顧親也。國不忌君，君不顧親，能無卑乎？殆其失國。」昭十一年春秋左氏傳○衛石共子卒，石買。悼子不哀。買之子石惡。孔成子曰：「是謂蹷其本，蹷，猶拔也。必不有其宗。」爲二十八年石惡出奔傳。○襄十九年春秋左氏傳○孔子之故人曰原壤，其母死，夫子助之沐椁。沐，治也。原壤登木曰：「久矣，予之不託於音也。」木，椁材也。託，寄也，謂叩木以作音。歌曰：「貍首之班然，執女手之卷然。」説人辭也。夫子爲弗聞也者而過之，佯不知。從者曰：「子未可以已乎？」已，猶止也。夫子曰：「丘聞之：親者毋失其爲親也，故者毋失其爲故也。」壤，如丈反。貍，力知反。卷，音權。從，才用反。○疏曰：此一節論孔子無大故不遺故舊之事。原壤登椁材而言曰：我遭母喪以來日月久矣，我不得託寄此木以爲音聲，於是乎叩木爲歌曰：貍首之班然，執女手之卷然。在喪而歌，非禮之甚，夫子爲若不聞也者而過去之，從者謂夫子曰：彼既無禮，子未可休已乎？言應可休已，不須爲治椁也。夫子對從者曰：丘聞之：與我骨肉有親者，雖有非禮，毋失其爲親之道。故舊者雖有非禮，毋失其爲故之道。原壤母死，登木而歌，夫子聖人與之爲友者，論語云：「故舊無大故」，則不相遺棄。彼注云：「大故，謂惡逆之事。」雖登木之歌未至於此。○檀弓○六月乙丑，王太子壽卒。秋八月，王穆后崩。太子壽之母也。晉荀躒如周，葬穆后，籍談爲介。既葬，除喪，以文伯宴，樽以魯壺。躒，力狄反。○文伯，荀躒也。魯壺，魯所獻壺樽。王曰：「伯氏，諸侯皆有以鎮撫王室，晉獨無有，何也？」籍談歸以告叔向，叔向曰：「王其不終乎！王一歲而有三年之喪二焉，天子絶期，唯服三年。故后雖期，通謂之三年。於是乎以喪賓宴，又求彝器，樂憂甚矣，且非禮也。三年之喪，雖貴遂服，禮也。王雖弗遂，宴樂以早，亦非禮也。」昭十有五年春秋左氏傳○杞孝公卒，晉悼夫人喪之，悼夫人，晉平公母，杞孝公姊妹。平公不徹樂，非禮也。襄二十三年春秋左氏傳○吳公子札自衛如晉，宿於戚，戚，孫文子之邑。聞鐘聲焉，曰：「夫子獲罪於君以在此，懼猶不足，而又何樂？夫子之在此也，猶燕之巢于幕上。君又在殯，而可以樂乎？」遂去之。不止宿。文子聞之，終身不聽琴瑟。襄二十九年春秋左氏傳○知悼子卒，未葬。知，音智。○悼子，晉大夫荀盈，魯昭九年卒。○疏曰：此一節論君有大臣之喪，不得有作樂飲酒之事。平公飲酒，與羣臣燕。平公，晉侯彪。○彪，彼虯反。師曠、李調侍，調，如字。左傳作外嬖嬖叔。○侍，與君飲也。燕禮記曰：「請旅侍臣。」鼓鐘。樂作也。燕禮：賓入門，奏肆夏，既獻而樂闋。獻君亦如之。○疏曰：鼓，猶奏也，謂燕奏鐘樂也。按燕禮記云：「若以樂納賓，則賓及庭奏肆夏。賓拜酒，主人答拜而樂闋。」是賓入門奏肆夏，既獻而樂闋。燕禮記又云：「公拜受爵而奏肆夏，公卒爵，主人升受爵以下而樂闋。」是「獻君亦如之」。知非工入升歌下管閒歌合樂之後，無時奏鐘，必以爲賓初入門奏肆夏者，以鐘師云：「以鐘鼓奏九夏。」故知聞鐘是初奏肆夏也。杜蕢自外來，聞鐘聲，曰：「安在？」蕢，苦怪反〔二〇〕。○怪之也。杜蕢，或作屠蒯。曰：「在寢。」燕於寢。杜蕢入寢，歷階而升，酌曰：「曠飲斯。」又酌曰：「調飲斯。」又酌，堂上北面坐，飲之，降，趨而出。三酌皆罰。平公呼而進之曰：飲，於鴆反。下飲斯、飲之、飲曠、飲調、飲寡人皆同。「爾飲曠何也？」曰：「子卯不樂，紂以甲子死，桀以乙卯亡，王者謂之疾日，不舉樂爲吉事，以自戒懼。○疏曰：按尚書：「時甲子昧爽，武王朝至于商郊。」是紂甲子死也。按昭十八年二月乙卯，周毛得殺毛伯過而代之，萇弘曰：毛得必亡，是昆吾稔之日也。詩云：「韋顧既伐，昆吾夏桀。」昆吾既乙卯而亡，明桀亦以乙卯被放也。知悼子在堂，斯其爲子卯也大矣。言大臣喪重於疾日也。雜記曰：「君於卿大夫，比葬不食肉，比卒哭不舉樂。」曠也，大師也，不以詔，是以飲之也。」詔，告也。大師典奏樂。「爾飲調何也？」曰：「調也，君之褻臣也。爲一飲一食，忘君之疾，是以飲之也。」疏曰：調是君之嬖褻之臣，臣當規正君過，唯欲行燕會，貪求一飲一食，忘君違禮之疾而不諫，是以飲之。「爾飲何也？」曰：「蕢也，宰夫也，非刀匕是共，又敢與知防，是以飲之也。」匕，必李反。共，音供。與，音預。防，音房，又扶放反。○防，禁放溢。○疏曰：皇氏云：非，不也。杜蕢言宰夫不以刀匕是共，乃又敢與諫爭，越官侵職，是以飲也。平公曰：「寡人亦有過焉，酌而飲寡人。」聞義則服。杜蕢洗而揚觶。觶，之豉反，字林音支，又云酒器。○舉爵於君也。禮揚作騰，揚，舉也。騰，送也。揚近得之。○疏曰：按燕禮獻君之後，行酬之初，媵爵者洗象觶，升實之序，進坐奠於薦南，是舉爵於君也。「揚」作「騰」者，謂燕禮、大射凡舉爵皆爲騰，此云揚觶，鄭云：「揚，舉也。」燕禮云媵，故鄭云：「媵，送也。」揚、騰義得兩通，但此云杜舉，揚訓爲舉，故揚近得之。○今按：燕禮注云：「媵，送也。」讀或爲揚，揚，舉也。今文「媵」皆作「騰」。公謂侍者曰：「如我死，則必毋廢斯爵也。」欲後世以爲戒。至于今，既畢獻斯揚觶，謂之杜舉。此爵遂因杜蕢爲名。畢獻，獻賓與君。○疏曰：謂侍者云：我死之後，則必毋廢棄此爵，恒當留之爲後世鑒戒。至於今，既畢獻之後，此所揚之觶，是謂之杜舉，表明此爵實杜蕢所舉。知獻君與賓者，以杜蕢此事舉爵在燕禮之初，賓主既入，得杜蕢之言不可即廢，唯獻君與賓，燕事則止。按春秋與此小異，亦所聞不同。○檀弓○

昭十有五年二月癸酉，有事于武宮，籥入，叔弓卒，去樂卒事。君在祭樂之中，聞大夫之喪，則去樂卒事，禮也。祭樂者，君在廟中祭作樂。君在祭樂之中，大夫有變，以聞，可乎？

變，謂死喪。大夫，國體也。君之卿佐是謂股肱，故曰國體。古之人重死，君命無所不通。死者不可復生，重莫大焉，是以君雖在祭樂之中，大夫死，以聞可也。○春秋穀梁傳○襄公三十有一年，公薨于楚宮。立胡女敬歸之子子野，胡，歸姓之國。敬歸，襄公妾。次于季氏。秋九月癸巳，卒，毀也。過哀毀瘠，以致滅性。○春秋左氏傳

居倚廬，哭晝夜無時。既虞，朝一哭、夕一哭而已。既練，哭無時。詳見喪服「斬衰」傳。○父母之喪，哭無時，使必知其反也。詳見喪禮義。○斬衰之哭，若往而不反。齊衰之哭，若往而反。大功之哭，三曲而偯。小功、緦麻，哀容可也。此哀之發於聲音者也。偯，於起反，說文作⿱依心，云：「痛聲。」○三曲，一舉聲而三折也。偯，聲餘從容也。○疏曰：斬衰之哭，一舉而至氣絕，如似氣往而不卻反聲也。哀容可也者，言小功緦麻其情既輕，哀聲從容，於禮可也。○間傳○曾申問於曾子曰：「哭父母有常聲乎？」曰：「中路嬰兒失其母焉，何常聲之有？」若小兒亡母啼號，安得常聲乎？○雜記○無事不辟廟門，鬼神尚幽闇也。廟，殯宮。哭皆於其次。無時哭也，有事則入即位。○疏曰：此論在殯無事之時。次謂倚廬。唯朝夕哭及賓來弔之時，則入門內即位耳。若晝夜無時之哭，則皆於廬次之中也。○小記○童子哭，不偯，不踊，不杖，不菲，不廬。菲，扶味反。○未成人者，不得備禮也，當室則杖。○疏云：按問喪云：童子「當室，則免而杖矣」。戴德云：童子當室，謂十五以上。若世子生則杖，故曾子問云子衰杖成子禮是也。皇氏云：童子當室，則備此經中

五事。特云杖者，舉重言也。○雜記○祥而外無哭者，禫而内無哭者。詳見卒哭祔練祥禫記。○國禁哭則止，朝夕之奠，即位自因也。禁哭，謂大祭祀時不哭，猶朝夕奠，自因自用故事。○疏曰：有大祭祀禁哭之時，則止而不哭。孝子於殯宫朝夕兩奠之時，即阼階下位，自因其故事而設奠也。○雜記○祭之日，喪者不哭，不敢凶服。疏曰：郊祭之旦，人之喪者不哭，又不敢凶服而出，以干王之吉祭也。○郊特牲○孔子惡野哭者。爲其變衆。周禮銜枚氏〔二一〕：禁行歌哭於國中之道者。○檀弓○公七踊，大夫五踊，婦人居間；士三踊，婦人皆居間。疏曰：此一經明諸侯至士初死在室殯踊節及明貴賤踊數也。公諸侯去死日五日而殯，則合死日六日也。七踊者：始死一踊，明日襲之時又一踊，襲明日朝一踊，又明日小斂朝一踊，爲四也；其日晚小斂時又一踊，是小斂日再踊，就於前三日爲五也；小斂明日朝又踊，爲六也；至明日大斂之朝不踊，當大斂時乃踊，凡爲七踊也。大夫五者：大夫三日殯，合死日爲四日，始死一，明日襲朝一，又明日小斂，日再小斂，明日大斂，凡五也。士三者：士三日殯，合死日數也，始死一，小斂朝不踊，至小斂時一，又明日大斂一，是凡三也。「婦人皆居間」者，謂婦人與丈夫更踊也。男子先踊，踊畢而婦人踊，踊畢賓乃踊，婦人居賓主之中間也。又云「皆居間」者，言皆以貴賤婦人悉居賓主間也。然親始死及動尸舉柩，哭踊無數，今云七、五、三者，謂爲禮有節之踊，每踊輒三者，三爲九，而謂爲一也。○雜記○士備入而后朝夕踊。備，猶盡也〔二二〕。國君之喪，嫌主人哭入則踊。○疏曰：國君喪，羣臣朝夕即位哭踊，嗣君孝子雖先入即位哭，必待羣臣皆入列位畢後乃俱踊者也。士卑最後，故舉士入爲畢也。所入有前後而相待踊者，孝子哀深，故前入也。踊須相視爲節，故俟齊也。○檀弓○孔子曰：「伯母叔母疏衰，踊不絶地。姑姊妹之大功，踊絶於地。如知此者，由文矣哉，由文矣哉！」由，用也。言知此踊絶地、不絶地之情者，能用禮文哉。能用禮文哉，美之也。伯母叔母，義也。姑姊妹，骨肉也。○雜記○戚斯嘆，嘆斯辟，辟斯踊。品節斯，斯之謂禮。詳見喪禮義。○跛者不踊。問喪

右哭踊○弁人有其母死而孺子泣者，孔子曰：「哀則哀矣，而難爲繼也。夫禮，爲可傳也，爲可繼也，故哭踊有節。」詳見喪禮義。○子蒲卒，哭者呼滅，滅，蓋子蒲名。子皋曰：「若是野哉！」非之也，唯復呼名。子皋，孔子弟子高柴。哭者改之。疏曰：唯復呼名，冀其聞名而反。哭則敬鬼神，不復呼其名，而此家哭獨呼滅，子皋深譏之，故云「野哉」，非之乃改也。○檀弓○文伯之喪，敬姜據其牀而不哭，曰：「昔者吾有斯子也，吾以將爲賢人也，蓋見其有才藝。吾未嘗以就公室。未嘗與到公室，觀其行也。季氏，魯之宗卿，敬姜有會見之禮。今及其死也，朋友諸臣未有出涕者，而内人皆行哭失聲，斯子也必多曠於禮矣夫。」内人，妻妾。○疏曰：此不哭者，謂暫時不哭，故上云晝夜哭是也。按家語云：文伯歜卒，其妻妾皆行哭失聲，敬姜戒之曰：吾聞好外者士死之，好内者女死之。今吾子早夭，吾惡其好内聞也。孔子聞之曰：女智莫若公文氏之婦知禮矣。與此不同者。彼戒婦人而成子之德，此論子之惡，各舉一邊，相包乃具。○同上。○穆伯之喪，敬姜晝哭。文伯之喪，晝夜哭。孔子曰：「知禮矣！」喪夫不夜哭，嫌思

情性也。○同上。○華周、杞梁之妻善哭其夫，而變國俗。孟子

周禮保氏：掌諫王惡而養國子以道，乃教之六儀，四曰喪紀之容。鄭司農云：喪紀之容，涕涕翔翔。玄謂：喪紀之容，纍纍顛顛。○地官○斬衰貌若苴，齊衰貌若枲，大功貌若止，小功、緦麻容貌可也。此哀之發於容體者也。苴，七徐反。齊，音咨。枲，思里反。○有大憂者面必深黑。止，謂不動於喜樂之事。枲，或爲似。○疏曰：苴是黎黑色，故爲惡。○間傳○喪容纍纍，纍，良追反。○羸，憊貌也。○疏云：「喪容纍纍」者，謂容貌瘦瘠纍纍然。色容顛顛，字又作巔，音田，又丁年反。○疏曰：顔色顛顛者，顔色憂思顛顛，不舒暢也。視容瞿瞿梅梅，瞿，紀具反，又紀力反。○不審貌也。○疏曰：「視容瞿瞿梅梅」者，瞿瞿，驚遽之貌，梅梅，猶微微，謂微昧也。孝子在喪，所視不審，故瞿瞿梅梅然。言容繭繭。繭，古典反。○聲氣微也。○疏曰：「言容繭繭」者，猶綿綿，聲氣微細繭繭然。○玉藻○君子衰絰則有哀色。表記○喪事欲其縱縱爾，縱，依注音總，急遽趨事貌。縱，讀如總領之總。吉事欲其折折爾。折，大兮反。○安舒貌。詩云：「好人提提。」故喪事雖遽，不陵節。吉事雖止，不怠。陵，躐也。止立俟事時也。怠，惰也。故騷騷爾則野，騷，素刀反。○謂大疾。鼎鼎爾則小人，謂大舒。君子蓋猶猶爾。疾舒之中。○疏曰：「詩云：好人提提」者，魏風葛屨之詩也。魏俗褊薄，遣新來婦人縫作衣裳，故述而刺之，云美好婦人初來之時提提然。引之者，證安舒之意。喪事欲疾，吉事欲舒，故云喪事雖須促遽，亦當有常不得陵越喪禮之節。吉事雖有止住之時，

不得怠惰寬慢，故喪事騷騷爾過爲急疾，則如田野之人急切無禮。若吉事鼎鼎爾不自嚴敬，則如小人然形體寬慢也。若君子之人於喪事之內得疾之中，於吉事之內得舒之中，蓋行禮之時明閑法則志意猶猶然。猶猶，是曉達之貌。○檀弓○居喪之禮，毁瘠不形，視聽不衰。爲其廢喪事。形，謂骨見。○曲禮○視不明，聽不聰，行不正，不知哀，君子病之。詳見「飲食」條。○孔子曰：「身有瘍則浴，首有創則沐，病則飲酒食肉，毁瘠爲病，君子弗爲也。毁而死，君子謂之無子。」雜記○子貢問喪，子曰：「敬爲上，哀次之，瘠爲下。顔色稱其情，戚容稱其服。」問喪，問居父母之喪。○同上。○毁不危身。詳見喪禮義。○毁不滅性。同上。○五十不致毁，六十不毁。詳見「飲食」條。○三月而沐。詳見「哀戚」條。○凡喪小功以上，非虞祔練祥無沐浴。詳見士虞禮○妻視叔父母，姑姊妹視兄弟，長中下殤視成人。視，猶比也，所比者哀容居處也。○疏曰：此一經明此等之親服雖有異，其哀戚輕重各視所正之親。妻居廬而杖，抑之視叔父母；姑姊妹出適服輕，進之視兄弟；長、中、下殤服輕，上從本親，視其成人也。○雜記

右容貌

周禮大祝：辨九𢷎，五曰吉𢷎，六曰凶𢷎。𢷎，音拜。○吉拜，拜而後稽顙，謂齊衰不杖以下者。言吉者，此般之凶拜，周以其拜與頓首相近，故謂之吉拜云。凶拜，稽顙而後拜，謂三年服者。○疏曰：云「吉拜」，謂齊衰不杖已下。喪拜而云吉者，對凶拜爲輕。此拜先作頓首，後作稽顙，稽顙還是頓

首，但觸地無容則謂之稽顙。云「齊衰不杖已下」者，以其杖齊衰入凶拜中，故雜記云：父在爲妻「不杖，不稽顙。」明知父没爲妻杖而稽顙，是以知此吉拜謂齊衰不杖已下。「此殷之凶拜」者，按檀弓云：「拜而後稽顙，頹乎其順也。稽顙而後拜，頎乎其至也。三年之喪，吾從其至者。」鄭注云：自期以下如殷可。言自期，則是齊衰不杖已下用殷之喪拜，故云此殷之凶拜也。云「周以其拜與頓首相近，謂之吉拜云」者，言相近者，非謂義相近，是拜體相近，以其先作頓首，後作稽顙，稽顙還依頓首而爲之，是其拜體相近。以其約義，故言「云」以疑之。云「凶拜稽顙而後拜謂三年服」者，此雜記云：「三年之喪即以喪拜，非三年喪以其吉拜。」又檀弓云：稽顙後拜，頎乎其至。孔子云：「三年之喪，吾從其至者。」若然，上吉拜齊衰不杖已下，則齊衰入此凶拜中。鄭不言之者，以雜記云：父在爲妻「不杖，不稽顙。」父卒乃稽顙，則是適子爲妻有不得稽顙時，故略而不言。○爲父母、長子稽顙。爲，于僞反，下同。長，丁丈反。稽，音啓。顙，素黨反，下同。○疏曰：「爲父母長子稽顙」者，謂重服先稽顙而後拜者也，父母長子並重故也。其餘期以下，先拜後稽顙也。大夫弔之，雖緦必稽顙。尊大夫，不敢以輕待之。○疏曰：前爲父母長子稽顙，謂平等來弔亦先稽顙而後拜。若爲不杖齊衰以下，則先拜賓後稽顙。今大夫弔士，雖是緦麻之親，必亦先稽顙而後拜。婦人爲夫與長子稽顙，其餘則否。恩殺於父母。○疏曰：亦先稽顙而後拜。其餘否者，謂父母也，以受重他族，其恩減殺於父母也。○喪服小記○爲妻，父母在不杖，不稽顙。尊者在，不敢盡禮於私喪也。○疏曰：此謂適子爲妻，父母見存，不敢爲妻杖，又不可爲妻稽顙，故云「不杖，不稽顙」。按喪服云：大夫爲適婦爲喪主，父爲已婦之主，故父在不敢爲婦杖。若父没母存，爲妻雖得杖而不得稽顙，不杖屬於父在，不稽顙文屬母在，故云「父母在，不杖，不稽顙」。母在不稽顙。稽顙者，其贈也拜。言獨母在於贈拜得稽顙，則父在贈拜不得稽顙。○疏曰：前明父母俱在，故不杖、不稽顙。此明父没母在，爲妻得有稽顙。「母在不稽顙」者，謂母在爲妻子尋常拜賓之法也。其稽顙者，有他人以物來贈己，其恩既重，其謝此贈之人時爲拜得稽顙，故云「其贈也拜」，於此拜時而得稽顙。○雜記○婦人吉事，雖有君賜，肅拜。爲尸坐，則不手拜、肅拜。爲喪主，則不手拜。肅拜，拜低頭也。手拜，手至地也。婦人以肅拜爲正，凶事乃手拜耳。爲尸，爲祖姑之尸也，士虞禮曰：「男，男尸；女，女尸。」「爲喪主不手拜」者，爲夫與長子當稽顙也，其餘亦手拜而已。雖，或爲唯。或曰：喪爲主則不手拜，肅拜也。○疏曰：此論婦人拜儀。婦人吉禮不手拜，但肅拜，肅拜如今婦人拜也，吉事及君賜悉然也。「爲尸坐」者，士虞禮：「男，男尸；女，女尸。」謂虞祭婦人爲祖姑作尸也。周禮「坐尸」嫌婦人或異，故明之也。若平常吉祭，則共以男子一人爲尸，示主於夫，故設同几而已。手拜，手至地。婦人爲尸，或答拜時但肅拜而不手拜也。「爲喪主則不手拜」者，婦人若有喪而不爲主，則手拜也。若爲夫及長子喪主，則稽顙不手拜。注云「手拜手至地」者，解手拜之拜但以手至地，則周禮空首。按鄭注周禮：「空首，拜頭至手。」此云「手至地」，不同者，此手拜之法，先以手至地，而頭來至手，故兩注不同，其實一也。云「婦人以肅拜爲正」者，言肅拜是婦人之常。而昏禮拜扱地，以其新來爲婦，盡禮於舅姑故也。左傳穆嬴頓首於宣子之門者，有求于宣子，非禮之正也。云「凶事乃手拜耳」者，言婦人除爲喪主，其餘輕喪凶事乃有手拜耳。鄭知然者，以經云「爲喪主則不手拜」，明不爲喪主則手拜，故云凶事乃有手拜耳。「或曰喪爲主則不手拜肅拜也」者，鄭更引或解之辭，云爲喪主不作手拜，但爲肅拜，與前爲夫、爲長子稽顙義相違，非也。○少儀○非爲人喪，問與？賜與？此上滅脱，未聞其首云何。○疏曰：注云「此上滅脱未聞其首云何」，此語接上之辭。與，語助也。豈非爲人有喪而問遺之與？人之有喪而賜與之與？平敵則問，卑下則賜，故云問與賜與。三年之喪以其喪拜，非三年之喪以吉拜。謂受問受賜者也。稽顙而後拜曰喪拜，拜而後稽顙曰吉拜。○雜記○孔子曰：「拜而后稽顙，頹乎其順也；稽顙而後拜，頎乎其至也。三年之喪，吾從其至者。」詳見喪禮義。

右拜拱○秦穆公使人弔公子重耳，重耳稽顙而不拜。穆公曰：「稽顙而不拜，則未爲後也。」詳見變禮「聞喪」條。○孔子與門人立，拱而尚右，二三子亦皆尚右。效孔子也。孔子曰：「二三子之嗜學也，嗜，貪。我則有姊之喪故也。」二三子皆尚左。復，正也。喪尚右，右，陰也。吉尚左，左，陽也。○疏曰：凶事尚右，吉事尚左。按特牲、少牢吉祭皆載右胖，士虞禮是凶事載左胖者，取義不同。吉祭載右胖者，從地道尊右，士虞禮凶祭載左胖者，取其反吉，故士虞禮「設洗於西階西南」，鄭注「反吉」是也。○檀弓

斬衰唯而不對，齊衰對而不言，大功言而不議，小功、緦麻議而不及樂。此哀之發於言語者也。齊，音咨。○議謂陳説，非時事也。○疏曰：斬衰唯而不對者，皇氏以爲親始死，但唯而已，不以言對。按雜記云：三年之喪，對而不問。爲在喪稍久，故對也。大功言而不議者，大功稍輕，得言

他事而不議論時事之是非。雜記云：「三年之喪，言而不語。」彼謂言己事，故鄭彼注云：「言，言己事也。爲人説爲『語』。」與此「言」異也。○間傳○三年之喪，言而不語，對而不問。言，言己事也。爲人説爲語。○疏曰：三年之喪言而不語者，謂大夫士言而後事行者，故得言己事不得爲人語説也。對而不問者，謂有問者得對，而不得自問於人，此謂與有服之親者行事之時，若與賓客疏遠者言，則間傳云「斬衰唯而不對，齊衰對而不言」，是也。○雜記○父母之喪，寢苫枕凷，非喪事不言。既葬，與人立，君言王事，不言國事；大夫士言公事，不言家事。既練，君謀國政，大夫士謀家事。〔一三〕此常禮也。○疏曰：此一經明居喪常禮。既葬與人立者，未葬不與人並立，既葬後可與人並立也，猶不羣立耳。君，諸侯也。王，天子也。既可並立，則諸侯可得言於天子之事，而猶不自私言己國事也。公，君也。大夫士葬後，亦得言君事而未可言私事也。庾氏云：按曾子問：「三年之喪，練不羣立，不旅行。」此言既葬而與人立得爲常禮者。鄭以下經君既葬，王政入於國。既卒哭，而服王事，是權禮，故以此經不言國事及不言家事，大判爲常禮也。且曾子問據無事之時，故不羣立，不旅行，此有事須言，故與人立也。○喪大記○言容繭繭。詳見容貌章。○居喪不言樂。非其時也。○曲禮○子張問曰：「書云『高宗三年不言，言乃讙』，有諸？」時人君無行三年之喪禮者，問「有此與？」怪之也。讙，喜説也，言乃喜説，則臣民望其言久。仲尼曰：「胡爲其不然也！古者天子崩，王世子聽於冢宰三年。」冢宰，天官卿，貳王事者。三年之喪，使之聽朝。○疏曰：此一節論世子遭喪，冢宰聽政之事。「言乃讙」者，尚書無逸云：「言乃雍。」雍、讙字相近，義得兩通，故鄭隨而解之。○檀弓○三年之喪，君不言，書云「高宗諒闇，三年不言」，此之謂也。然而曰「言不文」者，謂臣下也。孝經説曰：「言不文者，指士民也。」○喪服四制○百官備，百物具，不言而事行者，扶而起。言而后事行者，杖而起。身自執事而后行者，面垢而已。疏曰：不言而事行者，此謂王侯也。喪具觸事，委任百官，不假自言而事得行，故許子病深，有扶病之杖，亦不能起，故又須人扶乃起也。言而后事行者，此謂大夫士既無百官百物，須己言而後喪事乃行，故不許極病，所以杖而起，不用扶也。身自執事，謂庶人卑，無人可使，但身自執事不可許病，故有杖而不得用，但使面有塵垢之容而已。○同上。○子夏問於孔子曰：「居君之母與妻之喪如之何？」孔子曰：「居處、言語、飲食衎爾，於喪所則稱其服而已。」家語

右言語

斬衰，菅屨杖而歠粥者，志不在於飲食。大戴禮○歠粥，朝一溢米，夕一溢米。既虞，疏食水飲。既練，始食菜果，飯素食。詳見喪服斬衰傳。○斬衰三日不食，齊衰二日不食。大功三不食，小功、緦麻再不食，士與斂焉則一不食。故父母之喪，既殯食粥，朝一溢米，莫一溢米。齊衰之喪，疏食水飲，不食菜果。大功之喪，不食醯醬。小功、緦麻，不飲醴酒。此哀之發於飲食者也。父母之喪，既虞卒哭，疏食水飲，不食菜果。期而小祥，食菜果。又期而大祥，有醯醬。中月而禫，禫而飲醴酒。始飲酒者，先飲醴酒。始食肉者，先食乾肉。

與，音預。斂，力驗反。粥，之六反。溢，音逸。莫，音暮。食，音嗣。醯，本亦作醯，呼兮反。醴，音禮。期，音基。中月，如字，徐丁仲反。禫，大感反。○先飲醴酒、食乾肉者，不忍發御厚味。○疏曰：「斬衰三日不食」者，謂三日之內。孝經云「三日而食」者，謂三日之外乃食也。「齊衰二日不食」者，皇氏云：謂正服齊衰也。喪大記云「三不食」者，當是義服齊衰。「小功、緦麻再不食」者，喪大記云壹不食，再不食，則壹不食謂緦麻，再不食謂小功也。與此不同者，蓋所聞異也。「父母之喪既虞卒哭」者，此明父母終喪所食之節也。「又期而大祥有醯醬」者，謂至大祥之節食醯醬，則小祥食菜果之時但用鹽酪也。若不能食者，小祥食菜果之時得用醯醬也，故喪大記云：小祥「食菜果」，「以醯醬。」「中月而禫，禫而飲醴酒」，又云「食肉者先食乾肉」，喪大記云「祥而食肉」者，所聞異也。注云者，以醴酒味薄，乾肉又澁，所以先食之者，以喪服除，孝子不忍發初御醇厚之味，故飲醴酒食乾肉也。○閒傳○三日而食。詳見哀戚條。○功衰，食菜果，飲水漿，無鹽酪。不能食食，鹽酪可也。酪，音洛。食食，上如字，下音嗣。○功衰，齊、斬之末也。酪，酢酨。○雜記○周禮膳夫：王日一舉，殺牲盛饌曰舉。王日一舉，以朝食也。后與王同庖。○疏曰：以朝食也者，一日食有三時，同食一舉。大喪則不舉。疏曰：臣子一皆爲王喪啜粥，故大喪不舉也。○天官○君之喪，子、大夫、公子、衆士皆三日不食，子、大夫、公子食粥納財，朝一溢米，莫一溢米，食之無筭。士疏食水飲，食之無筭。夫人、世婦、諸妻皆疏食水飲，食之無筭。納財，謂食穀也。二十兩曰溢。於粟米之法，一溢爲米一升二十四分升之一。諸妻，御妾也。同言無筭，則是皆一溢米，或粥或飯。○疏曰：此一節廣明五服之喪，君及大夫士食飲之節也。財謂穀者，謂所食之米也，言每日納用之米，朝夕唯二溢米也。「食之無筭」者，言居喪困病不能頓食，隨須則食，故云無筭。「士疏食水飲」者，疏，粗也，食，飯也，士賤病輕，故疏食粗米爲飯，亦水爲飲。「夫人世婦諸妻皆疏食水飲」者，婦人質弱，恐食粥傷性，故言疏食水飲也。注云財「謂食穀」，是穀爲財。必言「納財」者，以一日之中或粥或飯，雖作之無時，不過朝夕二溢之米，當須豫納其米，故云納財也。大夫之喪，主人、室老、子姓皆食粥，衆士疏食水飲，妻妾疏食水飲。室老，其貴臣也。衆士，所謂衆臣。士亦如之。如其子食粥，妻妾疏食水飲。○疏曰：此經明大夫禮也。「室老子姓皆食粥」者，室老謂貴臣，子姓謂孫也。不云衆子者，主人中兼之。「衆士疏食」者，謂非室老也。按喪服傳云：「卿大夫室老、士，貴臣，其餘皆衆臣。」鄭注云：「士，邑宰。」此不云者，邑宰雖貴，以其遠於君，與衆臣同。按檀弓主人主婦歠粥，此夫人、世婦、妻皆疏食者，熊氏云：檀弓云「主婦」謂女主，故食粥也。既葬，主人疏食水飲，不食菜果，婦人亦如之，君、大夫、士一也。練而食菜果，祥而食肉。果，瓜桃之屬。○疏曰：此一節明既葬至練祥，君大夫士之食節也。「主人疏食水飲」者，熊氏云：既葬哀殺可以疏食，不復用一溢米也。食粥於盛不盥，食於篹者盥。食菜以醯醬。始食肉者，先食乾肉。始飲酒者，先飲醴酒。盥，古緩反。篹，本又作匴，又作筭，悉緩反，又蘇管反。○盛，謂今時杯杅也。篹，竹筥也。歠者不盥手，飯者盥。篹，或作簨。○疏曰：「食粥於盛不盥」者，以其歠粥不用手，故不盥食於篹者。盥者篹，謂竹筥飯盛於篹，以手就篹取飯，故盥也。「食菜以醯醬」者，謂練而食菜果者，食之時以醯醬也。「始食肉者，先食乾肉。始飲酒者，先飲醴酒」，文承既祥之下，謂祥後也。期之喪，三不食；食疏食水飲，不食菜果；三月既葬，食肉飲酒，期，終喪不食肉，不飲酒。父在，爲母爲妻，九月之喪，食飲猶期之喪也。食肉飲酒，不與人樂之。期，音基。爲，于僞反。與，音預，下同。○食肉飲酒，亦謂既葬。○疏曰：「期之喪三不食」者，謂大夫士旁期之喪。「三不食」者，謂義服也，其正服則二日不食也，故間傳云：「齊衰二日不食。」九月之喪食飲猶期之喪也者，謂事同期也。五月三月之喪，壹不食，再不食，可也。比葬，食肉飲酒，不與人樂之。叔母、世母、故主、宗子，食肉飲酒。比，必利反。○義服，恩輕也。故主，謂舊君也。言故主者，關大夫及君也。不能食粥，羹之以菜可也。謂性不能者，可食飯菜羹。有疾，食肉飲酒可也。爲其氣微。五十不成喪，成，猶備也。所不能備，謂不致毁，不散送之屬也。七十唯衰麻在身。言其餘居處飲食與吉時同也。○疏曰：此一經明五月、三月喪食之節。壹不食，謂緦麻。再不食，謂小功。并言之也，容殤降之緦麻再不食，義服小功壹不食，故總以壹不食、再不食結之，故間傳云「小功、緦麻再不食」，殤降者也。

○喪大記○居喪之禮，頭有創則沐，身有瘍則浴，有疾則飲酒食肉，疾止復初。不勝喪，乃比於不慈不孝。創，初良反，又初亮反。瘍，音羊，本或作痒。勝，音升。五十不致毁，六十不毁，七十唯衰麻在身，飲酒食肉處於内。疏曰：「不勝喪」，謂疾不食肉酒，創瘍不沐浴而滅性者也。不留身繼世，是不慈也，滅性又是違親生時之意，故云不孝。「五十不致毁」，致，極也，五十始衰，居喪乃許有毁而不得極羸瘦。「六十不毁」者，轉更衰甚，都不許毁也。魯襄公三十一年經書九月癸巳子野卒，傳云

「毁也」是也。○曲禮○喪食雖惡必充飢，飢而廢事，非禮也。飽而忘哀，亦非禮也。視不明，聽不聰，行不正，不知哀，君子病之。故有疾，飲酒食肉，五十不致毁，六十不毁，七十飲酒食肉，皆爲疑死。病，猶憂也。疑，猶恐也。○雜記○曾子曰：「喪有疾，食肉飲酒，必有草木之滋焉。」滋，音咨。○增以香味，爲其疾不嗜食。以爲薑桂之謂也。薑，居良反。○曾子所云草木之滋者，謂薑桂。○檀弓○既葬，若君食之則食之，大夫、父之友食之則食之矣。不辟粱肉，若有酒醴則辭。食，音嗣，下同。辟，音避。粱，音良。○尊者之前可以食美也。變於顔色，亦不可。○疏曰：此一經明己有喪，既葬，尊者賜食之禮，葬後情殺可從尊者奪也。「君食之」，謂君食臣也。「大夫」，謂大夫食士也。「父友」，謂父同志者也，其人並尊。若命食，孝子則可從之食也。「不辟粱肉」者，粱，粱米也，雖以粱米之飯及肉命食，孝子食之。「若有酒醴則辭」者，若酒醴飲之則變見顔色，故辭而不飲也。○喪大記○有服，人召之食不往。大功以下既葬適人，人食之，其黨也食之，非其黨弗食也。往而見食則可食也，爲食而往則不可。黨，猶親也。非親而食，則食於人無數也。○疏曰：夫親族不多，食則其食有限，若非類而食，則無復限數，必忘哀也。○雜記○三年之喪，如或遺之酒肉，則受之必三辭，主人衰絰而受之。遺，于季反。○受之必正服，明不苟於滋味。○疏曰：如或遺之酒肉，至主人衰絰而受之者，雖受之猶不得食也。尊者食之乃得食肉，猶不得飲酒，故喪大記云：「既葬，若君食之則食之，大夫、父之友食之則食之矣。不辟粱肉，若有酒醴則辭。」是也。如君命則不敢辭，受而薦之。薦於廟，貴君之禮。喪者不遺人，人遺之，雖酒肉，受也。從父昆弟以下既卒哭，遺人可也。言齊斬之喪重志，不在施惠於人。○同上。○視君之母與妻，比之兄弟，發諸顔色者，亦不飲食也。疏曰：視，比也，謂比視君之母與君之妻輕重之宜，比於己之兄弟。若其酒食不發見於顔色，則得飲食之。若發見於顔色者，亦不得飲食也。○同上。○居君之母與妻之喪，飲食衎爾。詳見前言語條。

右飲食○曾子謂子思曰：「伋，吾執親之喪也，水漿不入於口者七日。」伋，音急。漿，子良反。○言己以疾時禮而不如。子思曰：「先王之制禮也，過之者俯而就之，不至焉者跂而及之。故君子之執親之喪也，水漿不入於口者三日，杖而后能起。」俯，音甫。跂，丘豉反。○爲曾子言難繼，以禮抑之。○疏曰：曾子謂子思己居親之喪，水漿不入於口七日，意疾時人行禮不如己也。故子思以正禮抑之，云：古昔聖王制其禮法，使後人依而行之，故賢者俯而就之，不肖者跂而及之。以水漿不入於口三日，尚以杖扶病，若曾子之言，即後人難爲繼也。○檀弓○樂正子春之母死，五日而不食，曰：「吾悔之。勉强過禮。子春，曾子弟子〔二四〕。自吾母而不得吾情，吾惡乎用吾情。」惡，音烏。○惡乎，猶於何也。○疏曰：此一節論孝子遭喪哀過之事。樂正子春即曾子弟子坐於牀下者是也。禮三日，其五日，過二日。曰「吾悔之」者，悔其不以實情，勉强而至五日。自我母死而不得用吾之實情，而矯詐勉强爲之，更於何處用吾之實情乎？○同上。○悼公之喪，季昭子問於孟敬子曰：「爲君何食？」悼公，魯哀公之子。昭子，康子之曾孫，名強。敬子，武伯之子，名捷。敬子曰：「食粥，天下之達禮也。吾三臣者之不能居公室也，四方莫不聞矣。言鄰國皆知吾等不能居公室，以臣禮事君也。三臣，仲孫、叔孫、季孫氏。勉而爲瘠，則吾能，毋乃使人疑夫不以情居瘠者乎哉，我則食食。」瘠，在益反。夫，音扶。食食，上如字，下音嗣。○存時不盡忠〔二五〕，喪又不盡禮，非也。孔子曰：「喪事不敢不勉。」○同上。

宮正：大喪，則授廬舍，辯其親疏貴賤之居。詳見喪大記。○射人：作卿大夫掌事，比其廬，不敬者苛罰之。苛，謂詰問之。○疏曰：「作卿大夫掌事」者，謂王喪宜各有職掌。「比其廬」者，謂若宮正所云親者貴者居廬，當比其本服親疏及貴賤。○哭皆於其次。小記○詳見「哭踊」條。

○居倚廬，寢苫枕塊。既虞，翦屏柱楣，寢有席。既練，舍外寢。詳見喪服斬衰傳。○童子不廬。詳見「哭踊」條。○父母之喪，居倚廬，寢苫枕塊，不説經帶。齊衰之喪，居堊室，芐翦不納。大功之喪，寢有席。小功、緦麻，牀可也。此哀之發於居處者也。父母之喪，既虞卒哭，柱楣翦屏，芐翦不納。期而小祥，居堊室，寢有席。又期而大祥，居復寢。中月而禫，禫而牀。倚，於綺反。寢，本亦作寑，七審反。苫，始占反。枕，之鴆反。塊，苦對反，又苦怪反。説，吐活反。芐，户嫁反，蒲苹也。翦，子踐反。牀，徐士良反。柱，知矩反，一音張炷反。楣，音眉。復，音伏。期，音基。中，如字，徐丁仲反。禫，大感反。○疏曰：喪居處之異也。「芐翦不納」者，芐爲蒲苹，爲席翦頭爲之，不編納其頭而藏於内也。斬衰居倚廬，齊衰居堊室，論其正耳。亦有斬衰不居倚廬者，則雜記云：「大夫居廬，士居堊室。」是士服斬衰而居堊室也。亦有齊衰之喪不居堊室者，喪服小記云：「父不爲衆子次於外。」注云：「自若居寢。」是也。○間傳○三年之喪，廬堊室之中，不與人坐焉。在堊室之中，非時見乎母也不入門。堊，烏各反，字亦作惡。同見，賢徧反，注同。○在堊室之中，以時事見乎母乃後入門，則居廬時不入門。疏衰皆居堊室不廬，廬，嚴者也。言廬哀敬之處，非有其實則不居。○疏曰：廬堊室之中不與人坐者，按喪大記云：「練居堊室，不與人居。」居即坐也，與此同。○雜記○父母之喪，居倚廬，不塗，寢苫枕凷，非喪事不言。君爲廬，宫之，大夫士襢之。凷，苦内反。襢，章善反。○宫，謂圍障之也。襢，袒也，謂不障。既葬，柱楣，塗廬，不於顯者，君大夫士皆宫之。不於顯者，不塗見面。○見，賢徧反。○疏曰：「既葬柱楣」者，既葬情殺，故柱楣稍舉以納日光，又以泥塗辟風寒。「不於顯者」，言塗廬不塗廬外顯處。君大夫士皆宫之者，以大夫士既葬，故得皆宫之。凡非適子者，自未葬，以於隱者爲廬。適，丁歷反。○不欲人屬目，蓋廬於東南角，既葬猶然。○屬，音燭。○疏曰：凡非適子，謂庶子也。既非喪主，不欲人所屬目，故於東南角隱映處爲廬。經雖云未葬，其實葬竟亦然也。○喪大記○既練，居堊室，不與人居。既祥，黝堊。黝，於糾反。堊，烏路反，又烏各反，注同。○黝堊，堊室之飾也。地謂之黝，墻謂之堊。○疏曰：「不與人居」者，謂在堊室之中，猶不與人居也。「既祥黝堊」者，祥，大祥也，黝，黑也，平治其地令黑也。堊，白也，新塗堊於墻壁令白，稍飾故也。禫而從御，吉祭而復寢。復，扶又反。○從御，御婦人也。復寢，不復宿殯宮也。期居廬，終喪不御於内者，父在爲母、爲妻齊衰期者，大功布衰九月者，皆三月不御於内。爲母、爲妻，並于僞反。○疏曰：此釋禫節。禫時從御，御婦人於内也。「吉祭而復寢」者，謂禫祭之後，同月之内，值吉祭之節，行吉祭訖而後復寢。若不當四時吉祭，則踰月吉祭乃復寢。按間傳既祥復寢不同者，彼謂不復宿中門外，復於殯宮之寢，此吉祭後不復宿殯宮，復於平常之寢，文雖同，義别。婦人不居廬，不寢苫。喪父母，既練而歸。期九月者，既葬而歸。歸，謂歸夫家也。○疏曰：女子出嫁爲祖父母及兄弟爲父後者皆期九月，謂本是期而降在大功者。按喪服：女子爲父母卒哭折笄首。注云：「卒哭，喪之大事畢」，「可以歸於夫家。」此云既練歸不同者，熊氏云：喪服注云：卒哭可以歸。是可以歸之節，其實歸時在練後也。公之喪，大夫俟練，士卒哭而歸。此公，公士大夫有地者也。其大夫、士歸者，謂素在君所食都邑之臣。○疏曰：「公之喪」者，臣下呼此有地大夫之君爲公，故云公之喪。知此公是「公士大夫有地」者，以其臣大夫待練，士待卒哭，故知非正君。若正君，按雜記：「大夫次於公館以終喪，士練而歸。」彼謂正君，與此殊，故知此非正君。云「其大夫、士歸者，謂素在君所食都邑之臣」者，皇氏云：素，先也。君所食都邑，謂公士大夫之君采地〔一六〕，言公士大夫在朝廷而死。此臣先在其君所食之采邑，君喪而來服，至小祥而各反，故云歸也。大夫士父母之喪，既練而歸，朔月忌日則歸哭于宗室。諸父兄弟之喪，既卒哭而歸。歸，謂歸其宫也。忌日，死日也。宗室，宗子之家，謂殯宫也。禮：命士以上，父子異宫。○疏曰：此明庶子遭喪歸家之節。大夫士，謂庶子爲大夫士也。禮命士以上父子異宮，故大夫士有父母之喪，至小祥各歸其宮也，若適子終喪在殯宮也。朔月，朔望也。忌日，死日也。宗室，適子家殯宮也。庶子雖練各歸，至忌日及朔望則歸殯宮也。諸父諸兄弟並期爲輕，故至卒哭而各歸。賀氏云：此弟謂適弟，則庶兄爲之次，云至卒哭乃歸也。下云「兄不次於弟」，謂庶弟也。父不次於子，兄不次於弟。謂不就其殯宮爲次而居。○同上。○父不爲衆子次於外。於庶子略，自若居寢。○疏曰：衆子，庶子。次，謂中門外次也。庶子賤略之，故父不爲之次，自若常居於寢也。長子則次於外，爲喪次也。○喪服小記○大夫次於公館以終喪，士練而歸，士次於公館。大夫居廬，士居堊室。公館，公宮之舍也。練而歸之士，謂邑宰也。練而猶處公館，朝廷之士也。唯大夫三年無歸，大夫居廬，謂未練時也。士居堊室，亦謂邑宰也，朝廷之士亦居廬。○疏曰：大夫恩深禄重，故爲君喪居廬，終喪乃還家也。士練而歸，謂邑宰之士也。士卑恩輕，故至小祥而反其所治邑也。「士次於公館」者，此謂朝廷之士，雖輕而無邑事，故亦留次公館三年也。大夫位尊恩重，故居廬。士位卑恩輕，故居堊室。按：間傳云：「斬衰之喪」，「居倚廬」，既練「居堊室。」此經云大夫居廬，明未練時也，士未練之前亦當居廬。此經云士居堊室，亦謂邑宰之士，士降於大夫故也。若朝廷之士，俱服斬衰，其未練之前亦居廬也。然周禮宮正注云〔二七〕：「親者貴者居廬，疏者賤者居堊室。」引此雜記云：「大夫居廬，士居堊室。」則是大夫以上定居廬，士以下居堊室。此云朝廷之士，亦居廬是也。若與王無親，身又是士，則居堊室，則此經士居堊室是也，故鄭於宮正之注引此「士居堊室」證賤者居堊室也。若與王親，雖疏但是貴者，則亦居廬也。庾氏、熊氏並爲此說。熊氏或說云：若天子則大夫居廬，士居堊室，則雜記言是也。若諸侯則朝廷大夫士皆居廬也，邑宰之士居堊室，宫正之注是也。此義得兩通，故並存焉。○雜記○有憂者側席而坐，側，猶特也。憂不在接人，不布他面席。有喪者專席而坐。降居處也。專，猶單也。○疏曰：憂，亦謂親有病也。側，猶獨也。獨席謂獨坐，不舒他面席，明憂不在接人故也。按聘禮云：公禮賓，「公側受醴。」是側猶特也〔二八〕。專，猶單也。吉時貴賤有重席之禮，若父母始喪寢苫無席，卒哭後乃有芐翦不納。自齊衰以下，始喪而有席，並不重降居處也。○曲禮○夫晝居於内，問其疾可也；夜居於外，弔之可也。似有疾，似有喪。是故君子非有大故，不宿於外；大故謂喪憂。非致齊也，非疾也，不晝夜居於内。内，正寢之中。○疏曰：平常無事之時，或出或入，雖晝居於外，亦有入内時，雖夜居於内，亦有出外時。惟致齊與疾，無問晝夜恒居於内，故云「非致齊也，非疾也，不晝夜居於内」。注云「内正寢之中」，恐内是燕寢，故云正寢之中。必知正寢者，以其經云非致齊不居於内，致齊在正寢，疾則或容在内寢，若危篤亦在正寢。○檀弓○居君之母與妻之喪，居處衎爾。詳見言語條。

右居處

居喪之禮，升降不由阼階，出入不當門隧。常若親存。隧，道也。○曲禮○齊衰不以邊坐，大功不以服勤。爲褻喪服。邊，偏倚也。○疏曰：邊坐則大功可也。大功不勤，則齊衰固不可而小功可也。○檀弓○居喪未葬，讀喪禮；既葬，讀祭禮；喪復常，讀樂章。爲禮各於其時。○

疏曰：「居喪」者，居父母之喪也。「喪禮」，謂朝夕奠、下室朔望奠、殯宮及葬等禮也，此禮皆未葬以前。「既葬讀祭禮」者，祭禮虞、卒哭、祔、小祥、大祥之禮也。「復常」，謂大祥除服之後也。「樂章」，謂樂書之篇章，謂詩也。禫而後吉祭，故知禫後宜讀之。此上三節事須預習，故皆許讀之。○曲禮○大功廢業，或曰：大功誦可也。許其口習故也。○疏曰：業，謂所學習業。學業則身有外營，思慮他事，恐其忘哀，故廢業也。誦則在身所爲，其事稍静，不慮忘哀，故許其口習。言「或曰」者，以其事疑，故稱或曰。然録記之人，必當明禮應事無疑，使後世作法。今檢禮記，多有不定之辭。仲尼門徒親承聖旨，子游裼裘而弔，曾子襲裘而弔；又小斂之奠，或云東方，或云西方；同母異父昆弟，魯人或云爲之齊衰，或云大功。其作記之人，多云「蓋」，多云「或曰」，皆無指的，並設疑辭者。以時經幽厲之亂，又遇齊晉之强，國異家殊，樂崩禮壞，諸侯奢僭，典法訛舛，作記之人隨後撰録，善惡兼載，得失備書，記人所以不定止爲失禮者，亦兼有或人之言也。○檀弓○男女非祭非喪，不相授器。祭嚴喪遽，不嫌也。○疏曰：以經云「非祭非喪不相授器」，則是祭與喪時得相授器。祭是嚴敬之處，喪是促遽之所，於此之時，不嫌男女有淫邪之意。其相授，則女受以篚，其無篚則皆坐奠之而後取之〔一九〕。篚，非鬼反。○奠，停地也。○内則○疏衰之喪既葬，人請見之則見，不請見人。小功請見人可也。大功不以執摯，唯父母之喪不辟涕泣而見人。言重喪不行求見人爾，人來求見，己亦可以見之矣。不辟涕泣，言至哀無飾也。○疏曰：小功輕，可請見於人。然言小功可，則大功不可也。此小功文承疏衰既葬之下，則此小功亦謂既葬也。言「見人」者，謂與人尋常相見，不論執摯之事，故云「父母之喪，不辟涕泣而見人」，

是尋常相見也。而皇氏以爲見人謂執摯相見，若然，父母之喪豈謂執摯見人乎？皇氏則非也。○雜記

○既練，君謀國政，大夫士謀家事。練後漸輕，故得自謀己國家事也。○喪大記○君既葬，王政入於國；既卒哭，而服王事。大夫士既葬，公政入於家；既卒哭，弁經帶，金革之事無辟也。辟，音避，下注猶辟同。○此權禮也。弁經帶者，變喪服而弔服輕，可以即事也。○疏曰：若值國家有事，孝子不得遵常禮，故從權事。此云既葬，謂葬竟未卒哭也。「王政入於國」者，謂王政令之事入於己國也。「既卒哭而服王事」者，謂身出爲王服金革之事也。「大夫士既葬，公政入於家」者，亦權事也，謂國之政令入大夫家也。「既卒哭，弁經帶金革之事無辟也」者，此謂服國事也。「弁經帶」者，弔服也。言卒哭則有變服，今有事不得服已變服而服弔服，以從金革之事，無所辟也。變服重，弔服輕，故從戎便也，此與君互也。此言服弁經，則國君亦弁經，國君言服王事，此亦服國事也。但君尊不言奪服耳。然此云弁經帶，弁經謂弔服，帶謂喪服要經，明雖弔服而有要經，異凡弔也。注云「此權禮也」者，曾子問云：「金革之事無辟也者」，「魯公伯禽有爲爲之。」是權禮也。○同上。○庶人喪不貳事。貳之言二也，庶人終喪無二事，不使從政也。喪大記曰：「大夫士既葬，公政入於家。既卒哭，弁經帶，金革之事無辟。」○疏曰：「貳之言二也」者，上貳是副貳之貳，下二是二三之二。「喪不貳事」者，謂不爲兩事，故讀從二三之二也。引喪大記以下者，證大夫士在喪有二事也。○王制○父母之喪〔三〇〕，三年不從政。齊衰大功之喪，三月不從政。同上。○三年之喪，祥而從政。期之喪，卒哭而從政。九月之喪，既葬而從政。小功緦之喪，既殯而從政。以王制言之，此謂庶人也。從政，從爲政者教

令，謂給繇役。○疏曰：王制云：「父母之喪，三年不從政。齊衰大功，三月不從政。」此云期之喪，卒哭而從政。「九月之喪既葬而從政」，與王制不同者，此庶人依士禮卒哭與既葬同三月，故王制省文，總云三月也。若大夫士三年之喪，期不從政，是正禮也。卒哭金革之事無辟，是權禮也。○雜記

右動作○僖公九年，公會齊侯、宋子、衛侯、鄭伯、許男、曹伯于葵丘。宋其稱子何也？未葬之辭也。禮：柩在堂上，孤無外事。今背殯而出會，以宋子爲無哀矣。春秋穀梁傳○文公十有六年秋八月辛未，夫人姜氏薨。僖公夫人。毀泉臺，喪不貳事。貳事，緩喪也。喪事主哀而復毀泉臺，是以喪爲緩。○同上。○子夏曰：「金革之事無辟也者，非與？」孔子曰：「吾聞諸老聃曰：『昔者魯公伯禽有爲爲之也。』」詳見喪禮義。○子墨衰經，敗秦師于殽。詳見變除。○古者臣有大喪，則君三年不呼其門。已練可以弁冕，服金革之事，君使之，非也，臣行之禮也。閔子要經而服事，既而曰：「若此乎，古之道不即人心。」退而致仕，孔子蓋善之也。詳見變除。

校勘記

〔一〕喪通禮十二　「十二」二字原脱，據賀本補。

〔二〕則前云大夫之適子服大夫之服是也　「前」，原作「傳」，據賀本改。

〔三〕夫若無族矣　「矣」，原作「人」，據賀本改。

〔四〕藏諸祖廟　「祖」字原脱，據賀本補。

〔五〕若朋友俱在家　「家」字原脱，據賀本補。

〔六〕仲嬰齊者何　「仲」下，原有「孫」字，據賀本删。

〔七〕擯爲后傳辭　「擯」字原脱，據賀本補。

〔八〕檀弓　「檀弓」，原作「同上」，據賀本改。

〔九〕煩吾子辱相焉　「辱」字原缺，據四庫本、賀本補。

〔一〇〕曰帝　句下，原有小字注文「詳見喪大記」五字，據賀本删。

〔一一〕則僖公十年里克弒其君卓　「弒」，原作「殺」，據賀本改。

〔一二〕謂若諸侯　「謂」，原作「二」，據四庫本、賀本改。

〔一三〕明老而預爲送終之具也　「老」，原作「者」，據四庫本、賀本改。

〔一四〕大斂有楬豆　「楬」，原作「髭」，據賀本改。

〔一五〕賒貰也　「貰」，原作「貫」，據四庫本、賀本改。下文「故從官貰買物」同。

〔一六〕所謂門關之委積也　「門關」，原作「關門」，據賀本改。

〔一七〕藏之也　「也」，原作「此」，據賀本改。

〔一八〕若今休兵鼓之爲　，賀本句下有「〇春官」二字。
〔一九〕期音基　「基」，原作「朞」，據賀本改。
〔二〇〕苦怪反　「怪」，原作「央」，據四庫本改。
〔二一〕周禮銜枚氏　「銜」，原作「御」，據賀本改。
〔二二〕猶盡也　「猶」傳本作「禮」。
〔二三〕大夫士謀家事　「士」字原脱，據賀本補。
〔二四〕曾子弟子　「曾」，原作「孔」，據四庫本、賀本改。
〔二五〕存時不盡忠　「存」，原作「傷」，據四庫本、賀本改。
〔二六〕謂公士大夫之君采地　「士」字原脱，據賀本補。
〔二七〕然周禮宫正注云　「宫」，原作「言」，據四庫本、賀本改。
〔二八〕是側猶特也　「特」，原作「時」，據四庫本、賀本改。
〔二九〕其無篚則皆坐奠之而後取之　「篚」字原脱，據賀本補。
〔三〇〕父母之喪　「母」字原脱，據賀本補。

儀禮經傳通解續卷第十三

喪禮十一

喪變禮十三〔一〕

補

奔喪之禮：始聞親喪，以哭答使者盡哀。問故，又哭盡哀。親父母也，以哭答使者，驚怛之哀無辭也。問故，問親喪所由也。雖非父母，聞喪而哭，其禮亦然也。遂行，日行百里，不以夜行。雖有哀戚，猶辟害也。晝夜之分，别於昏明。哭則遂行者，不爲位。唯父母之喪，見星而行，見星而舍。侵晨冒昏，彌益促也，言唯著異也。○疏曰：「日行百里，不以夜行，唯父母之喪見星而行」，别云唯父母，則知以前兼五服也。若未得行，則成服而后行。謂以君命有爲者也，成喪服得行則行。○疏曰：此奉君命而使，使事未了，不可以己私廢於公事，故成服以俟君命，則人代己也。過國至竟，哭盡哀而止。感此念親。○疏曰：按聘禮云：「行至他國竟上而誓衆，使次介假道。」是國竟行禮之處。去時親在，今反親亡，故哭盡哀戚，感此念親也。哭辟市朝，爲驚衆也。望其國竟哭。斬衰者也，自是哭且遂行。○疏曰：下云齊衰望鄉而哭，大功望門而哭，則知斬衰望其國竟而哭。雖云斬衰，實母之齊衰亦然。至於家，入門左，升自西階，殯東，西面坐，哭盡哀，括髮袒。括髮袒者，去飾也。未成服者，素委貌深衣。已成服者，固自喪服矣。○疏曰：曲禮云：「爲人子者，升降不由阼階。」今父母新死，未忍異於生，不忍當阼階，故升自西也。若尋常在家，親始喪則笄纚，至明日小斂畢乃括髮。「未成服者素委貌深衣」者，按曾子問篇云婿親迎女，在途遭喪，「女改服，布深衣，縞總」。女子之縞總似男子之素冠，故知布深衣素冠。降堂東即位，西鄉哭成踊。已殯者位在下。○疏曰：士喪禮：小斂訖，降自西階即位。故知殯畢位在下。小斂之後，未殯之前，雖降在堂下，仍更升堂。至既殯之後，則長在阼階之下，故云既殯位在下也。襲絰于序東，絞帶反位，拜賓成踊。襲，服衣也。不於又哭乃絰者，發喪已踰日，節於是可也。其未小斂而至，與在家同耳。不散帶者，不見尸柩，凡拜賓者就其位，既拜反位哭踊。○疏曰：云「不於又哭乃絰者」，按士喪禮：小斂訖，「奉尸夷于堂」，降成踊，乃絰于序東。在家小斂當奔之禮，又哭既小斂著絰則合又哭乃絰，故云「不於又哭乃絰者，發喪已踰日，節於是可也」。云「未小斂而至，與在家同耳」者，謂威儀節度與在家同，其帶絰等自用其奔喪日數也。云「不散帶者，不見尸柩」者，以士喪禮云：既小斂，帶絰散麻，三日乃絞垂。今奔喪初至則絞帶，與在家異，故云「不散麻者，不見尸柩」也。知此絞帶非象革帶之絞帶，而必以爲絰之散垂而絞之者，要帶爲重，象革帶之絞帶爲輕，此絞當舉重者，故以爲絞絰之垂者。送賓反位，有賓後至者，則拜之成踊。送賓皆如初，衆主人兄弟皆出門，出門哭止，闔門相者告就次。次，倚廬也。于又哭，括髮袒成踊，于三哭猶括髮袒成踊。又哭，至明日朝也。三哭，又其明日朝也。皆升堂括髮袒如始至。必又哭，三哭者，象小斂、大斂時也。雜記曰：「士三踊。」其夕哭從朝夕哭，不括髮，不袒不踊，不以爲數。○疏曰：此謂奔父之喪若母之喪〔二〕，又哭則免，此下文又哭括髮袒，故知爲父也。三日成服，拜賓送賓皆如初。三日，三哭之明日也。既哭，成其喪服，杖於序東。○奔喪○奔喪者非主人，則主人爲之拜賓送賓。奔喪者自齊衰以下，入門左，中庭北面，哭盡哀。免麻于序東，即位袒，與主人哭成踊。不升堂哭者，非父母之喪，統於主人也。麻，亦絰帶也。於此言麻者，明所奔喪雖有輕者，不至喪所無改服也。凡袒者於位襲於序東，袒襲不相因位，此麻乃袒，變於爲父母也。○疏曰：前云奔喪「升自西階」，此云「中庭北面」，故云非父母之喪統屬於主人。以主人待奔之人但在東階之下不升堂，故奔喪者在庭中北面，繼統於主人也。主人唯饋奠有事之時乃升堂，若尋常無事，恒在堂下也。於又哭三哭皆免袒，有賓則主人拜賓送賓。又哭三哭，亦入門左中庭北面，如始至時也。丈夫婦人之待之也，皆如朝夕哭，位無變也。待奔喪者無變嫌賓客之也，於賓客以哀變爲敬，此骨肉哀則自哀矣。於此乃言待之，明奔喪者至三哭猶不以序入也。○疏曰：若平常五屬入哭，則與主人爲次，重者前，輕者後。今奔喪者急哀，但獨入哭，不俟主人爲次序，非唯初至如此，至主人又哭三哭皆然。故於三哭之下明其待之無變，明悉如初至，三哭猶不以常禮次序以入。若婦人奔喪，則待異於男子與賓客同，故與主人拾踊。○同上。○奔母之喪，西面哭盡哀，括髮袒，降堂東即位，西鄉哭成踊，襲免絰于序東，拜賓送賓，皆如奔父之禮。於又哭不括髮。爲母於又哭而免，輕於父也，其他則同。○疏曰：此謂適子，故經云拜賓送賓皆如奔父之禮。若庶子，則主人爲之拜賓送賓。○同上。○奔父之喪，括髮於堂上，袒降踊，襲絰于東方。奔母之喪，不括髮，袒於堂上降踊，襲免于東方。絰即位成踊，出門哭止，三日而五哭三袒。凡奔喪，謂道遠已殯乃來也。爲母不括髮，以至成服一而已，貶於父也，即位以下於父母同也。三日五哭者，始至訖夕反位哭，乃出就次一哭也，與明日、又明日之朝夕而五哭。三袒者，始至袒，與明日、又明日之朝而三也。○疏曰：奔父之喪，括髮於殯宮堂上，不笄纚者，奔喪異於初死也。袒，謂堂上去衣，降堂阼階東而踊，爲踊故袒也。襲，謂掩所袒之衣帶絰。東方，謂既踊畢，升堂襲帶絰於東序東。「奔母之喪不括髮」者，初時括髮，至又哭以後至於成服不括髮。「袒於堂上降踊」者，與父同「襲免于東方」者，東方亦東序東，父則括髮而加絰，母則不括髮而加免，此是異於父也。「絰即位成踊」者，著免加絰已後，即位於阼階之東而更踊，故云「成踊」。其即位成踊，父母同。於此之時賓來弔者，則拜之，奔喪禮所謂反位拜賓成踊是也。出門哭止者，出殯宮之門就於廬，故哭者止初來一哭，與明日、又明日朝夕之哭爲五哭也。「三袒」者，初至袒，明日朝袒，又明日朝袒，故爲三袒。雖其初死在家之時哭踊無節，今聞喪已久，奔喪禮殺，故三日五哭，異於在家也。又云：此謂已殯而來者，若未殯之前而來，當與在家同，不得減殺也。○小記○老聃曰：「見星而行者，唯罪人與奔父母之喪者乎。」曾子問○凡奔喪，有大夫至，袒拜之，成踊而後襲。於士，襲而後拜之。主人袒降哭而大夫至，因拜之，不敢成己禮乃禮尊者。或曰：大夫後至者，袒拜之，爲之成踊。○疏曰：此主人謂奔喪者身是士，初來奔喪，主人括髮於堂上，乃降堂而哭。於此時，大夫至，因拜之於東階下，不敢成己踊及襲經帶之事，待拜後始成踊襲經帶也。若士來弔，則降堂先成己禮，踊襲經帶之後，乃拜之。士謂兩士相敵，然則與兩大夫相敵則亦襲後乃拜之。云「或曰大夫後至者袒拜之爲之成踊」者，以此經但云袒拜之成踊，其餘經本又云大夫後至袒拜之爲之成踊，與此經文字多少不同，故云「或曰」。○奔喪○婦人非三年之喪，不踰封而弔；如三年之喪，則君夫人歸。夫人其歸也，以諸侯之弔禮。其待之也，若待諸侯然。謂夫人行道車服，主國致禮。夫人至，入自闈門，升自側階，君在阼，其他如奔喪禮然。女子子不自同於女賓也。宮中之門曰闈門，爲相通者也。側階亦旁階也。他，謂哭踊髽麻。闈門，或爲帷門。○疏曰：女子出適爲父母期而云三年者，以本親言也。夫人至，入自旁側闈門，不由正門升，自旁側之階，不升正階，異於女賓也。主國之君待之在阼階之上，不降階而迎也。「其他」，謂哭踊髽麻之屬，如似奔喪之禮。然嫌諸侯夫人位尊，與卿大夫之妻禮異，故明之也。○雜記○婦人奔喪，升自東階，殯東，西面坐，哭盡哀。東髽即位，與主人拾踊。髽，側瓜反。拾，其劫反。○婦人，謂姑姊妹女子子也。東階，東面階也。婦人入者，由闈門。東髽，髽於東序，不髽於房，變於在室者也。去纚大紒曰髽。拾，更也，主人與之更踊賓客之。○去，起呂反。○疏曰：「婦人入者由闈門」，雜記篇文。以諸侯夫人奔喪入自闈門，明卿大夫以下婦人皆從闈門入也。闈門，謂東邊之門。云「髽於東序」者，以男子之免在東序，故知婦人亦髽於東序，就掩映之處，在堂上也，男子則堂下也。經云「升自東階」者，謂東面之階，雜記云：「升自側階。」云「不髽於房變於在室」者，熊氏云：亦未殯之前婦人髽於室，故士喪禮云：「婦人髽於室。」若既殯之後，室中是神之所處，婦人在堂，當髽於東房。今此婦人始來奔喪，故髽於東序耳。此據天子諸侯之禮。按大記云：「婦人髽，帶麻于房中。」注云：天子諸侯之禮，「房中則西房也。」○奔喪○奔喪者不及殯，先之墓，北面坐哭盡哀。主人之待之也，即位於墓左，婦人墓右，成踊盡哀括髮。東即主人位，絰絞帶哭成踊，拜賓，反位成踊。相者告事畢。主人之待之，謂在家者也。哭於墓爲父母，則袒告事畢者，於此後無事也。遂冠歸，入門左，北面哭，盡哀括髮袒成踊。東即位，拜賓成踊。賓出，主人拜送。有賓後至者則拜之成踊〔三〕，送賓如初。衆主人兄弟皆出門，出門哭止，相者告就次。於又哭括髮成踊，於三哭猶括髮成踊，三日成服於五哭。相者告事畢。又哭三哭不袒者，哀慼已久殺之也。逸奔喪禮說：不及殯日，於又哭猶括髮，即位不袒。告事畢者，五哭而不復哭也。成服之朝爲四哭，此謂既期乃後歸至者也。其未期猶朝夕哭，不止於五哭。○疏曰：此論既葬之後，奔父母之喪禮。「主人之待之也，即位於墓左，婦人墓右」者，主人謂先在家者，非謂適子也。此奔喪者身是適子，故經云「拜賓，反位成踊」。若非適子，則不得拜賓也。「三日成服」，謂來奔喪日後三日，通奔日則爲四日。於此日成服，則五哭矣。「相者告事畢」，謂成服之日爲四哭，成服明日之朝爲五哭，此謂既葬已後而來歸，故唯五哭。○同上。○爲母所以異於父者，壹括髮，其餘免以終事，他如奔父之禮。壹括髮者，謂歸入門哭時也。於此乃言爲母異於父者，明及殯、不及殯其異者同。○疏曰：鄭恐一括髮是墓所括髮，入門則不括髮，故明之。云「壹括髮，謂入門哭時」者，謂以筵几在堂，不應入門，遂不括髮，故云謂入門時也。云「於此乃言爲母異於父者，明及殯不及殯其異者同」，釋爲母異於父，應從上文及殯奔母之喪言之。今乃於不及殯後始言爲母異於父之意，若及殯則言異於父，恐不包不及殯。若不及殯處而言之，則及殯之處灼然可知，是舉後總明前也。故云「明及殯、不及殯其異者同」，謂及殯壹括髮，不及殯亦壹括髮，是異於父者，其事同也。○同上。○凡異居始聞兄弟之喪，唯以哭對可也。惻怛之情，不以辭言爲對也。其始麻散帶絰。與居家同也，凡喪小斂而麻。未服麻而奔喪，及主人之未成絰也，疏者與主人皆成之，親者終其麻帶絰之日數。疏者，謂小功以下。親者，大功以上。疏者及主人之節則用之，其不及者亦自用其日數。○疏曰：「凡異居」者，言「凡」，非一之辭。異居別所而始聞兄弟之喪，惻隱情重，不暇問其餘事，惟哭對使者，於禮可也。「其始麻散帶絰」者，此謂大功以上兄弟其初聞喪始服麻之時，散垂要之帶絰。若小功以下服麻，則糾垂不散也。「未服麻而奔喪」者，謂道路既近，聞喪即來至，在主人小斂之前，故云「及主人之未成絰也」。「疏」，謂小功以下，值主人成服之節〔四〕，則與主人皆成就之。「親」，謂大功以上，初來奔至，雖值主人成服，未即成之，必終竟其麻帶絰滿，依禮日數而後成服也。又曰：奔喪之後，至三日而成服也。○雜記○聞兄弟之喪，大功以上，見喪者之鄉而哭。適兄弟之送葬者弗及，遇主人於道，則遂之于墓。言骨肉之親不待主人也。○疏曰：「見喪者之鄉而哭」者，謂此親兄弟同氣及同堂兄弟也。奔喪禮云：「齊衰望鄉而哭，大功望門而哭。」此云「大功以上」者，盧云：謂降服大功者也。鄭無別解，當同盧也。「適兄弟之送葬者」，此兄弟通緦小功也。適，往也，謂往送五服之親葬而不及，遇孝子葬竟已還，而此往送葬之人不得隨孝子而歸，仍自獨往於墓也。○同上。○齊衰以下不及殯，先之墓，西面哭盡哀。不北面者，亦統於主人。免麻于東方即位，與主人哭成踊，襲。有賓，則主人拜賓送賓。賓有後至者，拜之如初。相者告事畢，不言袒，言襲者，容齊衰親者或袒可。遂冠歸入門左，北面哭盡哀，免袒成踊，東即位，拜賓成踊。賓出，主人拜送，於又哭，免袒成踊，於三哭，猶免袒成踊。三日成服於五哭，相者告事畢。爲父於又哭括髮而不袒，此又哭、三哭皆言袒，袒，衍字也。○疏曰：此明既葬之後奔齊衰以下喪禮，但齊衰以下有大功、小功、緦麻，日月多少不同。若奔在葬後而三月之外，大功以上則有免麻東方三日成服〔五〕。若小功緦麻之喪，則不得有三日成服。小功以下不稅，無追服之理。若葬後通葬前未滿五月小功，則亦三日成服。其緦麻之喪，止臨喪節而來，亦得三日成服也。「東即位，拜賓成踊」者，東即位謂奔喪者於東方就哭位，拜賓謂主人代之拜賓，成踊謂奔喪者於主人拜賓之時而成踊。凡言成踊，每一節有三踊，凡三節九踊，乃謂之成也。云「不言袒言襲者，容齊衰親者或袒可」者，按經文直言「免麻于東方即位」〔六〕，不稱袒，而下云「成踊襲」，下既稱襲，則有袒理。經若言袒，恐齊衰以下皆袒，故不得總言袒也。經稱「襲」者，容有齊衰重爲之得襲，故言襲。知「爲父於又哭括髮而不袒」者，按上文爲父不及殯，歸入門左，北面哭盡哀，括髮袒，下文云「相者告就次，於又哭括髮成踊」，不言袒，是爲父於又哭括髮而不袒也。云「又哭、三哭皆言袒，袒，衍字也」者，今齊衰以下之喪，經文於又哭、三哭乃更言袒，輕喪而袒非其宜，故知經之「袒」衍餘之字也。○奔喪○奔兄弟之喪，先之墓而後之家，爲位而哭，所知之喪，則哭於宮而后之墓。兄弟先之墓，骨肉之親不由主人也。宮，故殯宮也。○疏曰：兄弟骨肉自然相親，不由主人，故先往之墓。所知之喪由主人乃致哀戚，故先哭於宮，而後至墓。○小記○有殯，聞遠兄弟之喪，雖緦必往。親骨肉也。○檀弓○大夫士將與祭于公，既視濯而父母死，則猶是與祭也。次于異宮，既祭，釋服出公門外，哭而歸，其他如奔喪之禮。如未視濯，則使人告，告者反而后哭。猶，亦當爲由。次於異宮，不可以吉與凶同處也。使者反而後哭，不敢專己於君命也。如諸父昆弟姑姊妹之喪，則既宿則與祭，卒事出公門，釋服而後歸。其他如奔喪之禮。如同宮，則次于異宮。宿則與祭，出門乃解祭服，皆爲差緩也。○疏曰：祭日前既視濯之後，而遭父母之喪，則猶是吉禮而與於祭也。「次於異宮」者，其時止次異宮，不可以吉與凶同處也。如未視濯之前遭父母之喪，則使人告於君，必待告君者反而後哭父母也。「既宿則與祭」者，宿謂祭前三日將致齊之時，既受宿戒，雖有期喪則與公家之祭。「如同宮則次於異宮」者，若諸父昆弟姑姊妹等先是同宮而死，則既宿之後出次異宮，不可以吉凶雜處故也。前遭父母之喪，既視濯而與祭，此遭期喪，宿則與祭。又前遭父母之喪，既祭釋祭服乃出公門，此者期喪出門乃解祭服，以其期喪差緩於父母，故云「皆爲差緩」。○雜記○若除喪而後歸，則之墓哭成踊，東括髮袒絰，拜賓成踊。送賓反位，又哭盡哀遂除，於家不哭。東，東即主人位，如不及殯者也。遂除，除於墓而歸。主人之待之也，無變于服，與之哭，不踊。無變於服，自若時服也。亦即位於墓左，婦人墓右。○疏曰：此一節明除服之後奔父母喪節。「則之墓哭成踊」者，亦謂主人適子初在墓南，北面哭成踊，乃來就主人之位括髮袒也。「主人之待之也無變於服」者，主人亦謂在家者，無變於服謂著平常之吉服。「不踊」者，以在家者其服已除，哀情已殺，故不踊也。云「東東即主人位」者，以東方是主人之位。經云東，故云即主人之位。云「如不及殯者也」，以上文奔父母之喪不及殯，先之墓，北面哭下云東即主人之位，除喪之後，奔其位亦如不及殯之時。云「遂除於墓而歸」者，以經云「遂除，於家不哭」，鄭恐來至家始除服，故明之。云「遂除」，謂墓所遂除服，至於家不復哭也。自齊衰以下，所以異者免麻。○疏曰：此明齊衰以下除服之後奔喪之節。唯著免麻不括髮，墓所哭罷即除此免麻者，當謂至緦麻也。○奔喪○凡爲位，非親喪，齊衰以下皆即位哭盡哀，而東免絰即位，袒成踊。謂無君事，又無故可得奔喪而以己私未奔者也。唯父母之喪則不爲位，其哭之不離聞喪之處，齊衰以下更爲位而哭，皆可行乃行。襲，拜賓反位，哭成踊。送賓反位，相者告就次，三日五哭。卒，主人出送賓，衆主人兄弟皆出門，哭止，相者告事畢，成服拜賓。三日五哭者，始聞喪訖，夕爲位乃出就次一哭也，與明日、又明日之朝夕而五哭。不五朝哭，而數朝夕備五哭而止者，亦爲急奔喪己私事當畢，亦明日乃成服。凡云五哭者，其後有賓亦與之哭而拜之。○疏曰：前云「三日成服，於五哭」，皆數朝哭五日而五哭。此三日數夕哭爲「五哭」者，前文三日五哭成服之後乃云五哭，故數成服後日之哭乃爲五，此「三日五哭」是三日之内數夕哭爲五哭。「凡云五哭者其後有賓亦與之哭而拜之」，總結從上以來四處五哭之文也。若所爲位家遠，則成服而往。謂所當奔者外喪也。外喪緩而道遠，成服乃行，容待齎。○疏曰：以外喪恩輕，故哀情緩，道路又遠，容待齎持賵贈之物，故成服乃去。○同上。○齊衰望鄉而哭，大功望門而哭，小功至門而哭，緦麻即位而哭。奔喪哭親疏遠近之差也。○疏曰：雜記云「大功」望「鄉而哭」，此云「望門而哭」者，雜記所云者謂本齊衰喪者降服大功。○同上。

右奔喪

聞喪不得奔喪，哭盡哀。問故，又哭盡哀。乃爲位，括髮袒成踊，襲絰絞帶即位，聞父母喪而不得奔，謂以君命有事，不然者不得爲位。位有鄰列之處，如於家朝夕哭位矣。不於又哭乃絰者，喪至此踰日節，於是可也。拜賓反位，成踊。賓出，主人拜送于門外，反位。若有賓後至者，拜之成踊，送賓如初。于又哭括髮袒成踊，于三哭猶括髮袒成踊，三日成服於五哭，拜賓送賓如初。不言就次者，當從其事，不可以喪服廢公職也。其在官亦告就次，言五哭者，以迫公事，五日哀殺，亦可以止。○疏曰：此一節明聞喪不得奔於所聞之處，發喪成服之禮。「聞喪不得奔」者，謂以君命有事，其事未了，故不得奔喪也。「乃爲位」者，謂以君命使故得爲位，如朝夕哭位矣。「襲絰絞帶即位」者，於此聞喪之日，哭踊畢，襲所袒之衣，著首絰絞帶之垂，即東方之位。「三日成服於五哭，拜賓送賓如初」者，三日成服，通數聞喪爲四日。五哭，謂成服之明日哭也。於此哭時，有賓來即拜而迎之，去即送之，皆如初。於五哭訖，亦可以止者也。不云「相者告事畢」，禮文略也〔七〕。又注云「不於又哭乃絰者，喪至此踰日節，於是可也」者，不於又哭，謂不於明日之又哭。此經云「又哭」，謂當日之中對初聞喪之哭乃爲又哭。於此哭後，乃絰絞帶，與明日又哭別也。初聞喪象始死，明日又哭象小斂時也。士喪禮云

「小斂乃經」，則此亦當又哭乃經。今於聞喪之日即經帶者，以喪至此赴者至踰其日節，故於是聞喪之日可加經帶也。又曰：在官，謂在官府館舍。館舍是賓之所專，有由館舍之中而作廬，故知禮畢亦告就次。云「言五哭者，以迫公事，五日哀殺，亦可以止」者，明五哭之後不復朝夕有哭，故以五哭斷之。○奔喪○父母之喪，若未得行，則成服而後行。詳見奔喪條。○哭，天子九，諸侯七，卿大夫五，士三。此臣聞君喪而未奔爲位而哭尊卑日數之差也。士亦有屬吏，賤不得君臣之名。○奔喪○大夫哭諸侯，不敢拜賓。此謂在他國聞喪者哭其舊君，不敢拜賓，辟爲主。諸臣在他國，爲位而哭，不敢拜賓。謂大夫士使於列國。與諸侯爲兄弟，亦爲位而哭。族親昏姻在異國者。○疏曰：已上三條皆在他國聞喪者。知「大夫哭諸侯」謂哭「舊君」者，以下文「諸臣在他國爲位而哭」見事之君，則知此是哭舊君也。與諸侯異姓之昏姻，又在他國不與諸侯爲臣，身又無服，故暫爲位而哭。若與諸侯同姓，是五服之内皆服斬也。○同上。○有殯，聞遠兄弟之喪，哭于側室。嫌哭殯。無側室，哭于門内之右。近南者爲之變位。○疏曰：尋常爲主當在阼階東西面，今稱門内之右，故知近南爲之變位也。必變之者，以哭於大門内之右，既非常哭之處，故繼門而近於南也。鄭云「近南」，則猶西面，但近南耳。○檀弓○有殯聞外喪，哭之他室。明所哭者異也，哭之爲位。入奠，卒奠出，改服即位，如始即位之禮。謂後日之哭，朝入奠於其殯，既乃更即位就他室，如始哭之時。○疏曰：有殯，謂父母喪未葬，喪柩在殯宮者也。外喪，謂兄弟喪在遠者也。他室，別室也。若聞外喪哭於殯宮，然則嫌是哭殯，則於別室哭之，明所哭者爲新喪也。「入奠」者，明日之朝著己重喪之服，入奠殯宫及下室。「卒奠出」者，謂卒終己奠而出，改己重喪服著新死未成服之服。「即位」，即昨日他室之位，如昨日始聞喪即位之時。

○雜記○聞遠兄弟之喪，既除喪而后聞喪，免袒成踊，拜賓則尚左手。詳見變除税服條。

○哭父之黨於廟，母妻之黨於寢，師於廟門外，朋友於寢門外，所識於野張帷。奔喪○哭朋友者，於門外之右，南面。變於有親者也。門外，寢門外。○疏曰：門外，寢門外也。右，西邊也。南面，鄉南也。鄉南爲主以對答弔客。又曰：按檀弓云：「有殯，聞遠兄弟之喪，哭于側室。無側室，哭于門内之右。」今哭門外，是變於有親也。云「門外寢門外」者，檀弓云「朋友，吾哭諸寢門之外」是也。○小記○所識者弔，先哭于家而後之墓，皆爲之成踊，從主人北面而踊。從主人而踊，拾踊也。北面，自外來便也，主人墓左西面。○疏曰：所識，謂與死者相識。今弔其家後乃往墓，統於主人故也。「皆爲之成踊」者，雖相識輕，亦爲之成踊也，皆賓主拾之。「從主人北面而踊」者，主人在墓左而西鄉，賓從外來而北面踊便也。主人先踊賓從之，故云從主人北面而踊也。○奔喪○凡爲位者壹袒。謂於禮正可爲位而哭也。始聞喪哭而袒，其明日則否。父母之哭，自若三袒也。○疏曰：此謂斬衰以下之喪，初聞喪應爲位者一袒而已，又哭、三哭則不袒。爲父母之喪，則又哭、三哭皆袒。○同上○凡爲位不奠。以其精神不存乎是。○同上。

○大夫聞君之喪，攝主而往。臣聞君之喪，義不可以不即行，故使兄弟若宗人攝行主事而往，不廢祭。大夫聞大夫之喪，尸事畢而往。賓尸事畢而往也。○昭公十有五年春秋公羊傳〇君在祭樂之中，大夫有變，以聞，可乎？大夫國體也，古之人重死，君命無所不通。詳見通禮哀戚條。

右聞喪〇晉獻公之喪，秦穆公使人弔公子重耳，獻公殺其世子申生，重耳辟難出奔，是時在翟，就弔之。且曰：「寡人聞之，亡國恒於斯，得國恒於斯。言在喪代之際。雖吾子儼然在憂服之中，喪亦不可久也，時亦不可失也，孺子其圖之！」勸其反國，意欲納之。喪，謂亡失位。孺，稚也。以告舅犯，舅犯，重耳之舅狐偃也，字子犯。舅犯曰：「孺子其辭焉。喪人無寶，仁親以爲寶。寶，謂善道可守者。仁親，親行仁義。父死之謂何？又因以爲利，欲反國，求爲後，是利父死。而天下其孰能說之？孺子其辭焉。」說猶解也。公子重耳對客曰：「君惠弔亡臣重耳，身喪父死，不得與于哭泣之哀，以爲君憂。謝之。父死之謂何？或敢有他志，以辱君義。」稽顙而不拜，哭而起，起而不私。他志，謂利心。子顯以致命於穆公，使者公子縶也。盧氏云：古者名字相配，顯當作韅。穆公曰：「仁夫公子重耳！夫稽顙而不拜，則未爲後也，故不成拜。哭而起，則愛父也；起而不私，則遠利也。疏曰：使者弔重耳，重耳受弔禮已畢，使者出門，則應遂還賓館，使者方須致穆公之命以勸重耳，故言「且曰」。言「且」者，非特弔耳，「且」者兼有餘事。使者且更言曰稱穆公之命，言寡人聞前古以來，失亡其國恒於此喪禍交代之時，得其國家亦恒在於此交代之時。言此喪禍交代之時，是得國、失國之機，求之則得，不求則失。雖吾子儼然端靜，在憂戚喪服之中，無求國之意，然身喪在外，「亦不可久」爲言辛苦也，得國之時，「亦不可失」言當求也，故云「孺子其圖之」。「父死之謂何」，言父身死亡謂是何事，正是凶禍之事。既是凶禍，豈得又因此凶禍以有爲己利欲求反國。必其如此，而天下聞之，其誰解説我以爲無罪。公子重耳用舅犯之言出而對客，既叙其弔意，又謝其欲納之言，又道不可之意。言以父死謂是何事，豈復敢悲哀之外别有他志，以屈辱君之義事乎。言己無他志，不敢受君勸以反國之義。言義者，宜也。穆公之意，以重耳反國爲宜，故云義也。「稽顙而不拜，則未爲後也」者，此穆公本意勸重耳反國，重耳若其爲後則當拜謝其恩。今不受其勸，故不拜謝。穆公以其不拜，故云「未爲後」也。所以稽顙者，自爲父喪哀號也。凡喪禮，先稽顙而後拜乃成，今直稽顙而不拜，故云「不成拜」也。今既聞父死，勸其反國之義，哀慟而起若欲攀轅然，故云「哭而起，則愛父也」。既哭而起，不私與使者，言必無心反國，是「遠利」也。鄭注知在翟弔之及「使者公子縶」者，並國語文。云：縶弔重耳而退，「弔公子夷吾於梁，如弔重耳之命。」夷吾見使者，「再拜稽首，起而不哭，退而私於公子縶曰」：「里克與我矣，吾命之以汾陽之田百萬。不鄭與我矣，吾命之以負蔡之田七十萬。亡人苟入掃除宗廟〔八〕，定社稷」，「且入河外列城五。」言亡人之所懷。按國語之説夷吾則穆公美重耳之言，皆是形夷吾而起。○檀弓○吳子壽夢卒，臨於周廟，禮也。夢，莫公反。臨，力蔭反。○文王廟也。周公出文王，魯立其廟。凡諸侯之喪，異姓臨于外，於城外向其國。同姓于宗廟，所出王之廟。同宗于祖廟，始封君之廟。同族于禰廟。父廟也。同族，謂高祖以下。是故魯爲諸姬，臨于周廟；諸姬，同姓國。爲邢、凡、蔣、茅、胙、祭，臨于周公之廟。即祖廟也。六國皆周公之支子，別封爲國，共祖周公。○襄公十二年春秋左氏傳○曾子與客立于門側，其徒趨而出，徒，謂客之旅。曾子曰：「爾將何之？」曰：「吾父死，將出哭於巷。」以爲不可發凶於人館。曰：「反哭於爾次。」次，舍也。禮：館人使專之，若其自有然。曾子北面而弔焉。檀弓○子思之母死於衛，嫁母也，姓庶氏。赴於子思，子思哭於廟。門人至，曰：「庶氏之母死，何爲哭於孔氏之廟乎？」門人，弟子也。嫁母與廟絶。子思曰：「吾過矣，吾過矣！」遂哭於他室。同上。○伯高死於衛，赴於孔子，孔子曰：「吾惡乎哭？諸兄弟，吾哭諸廟；父之友，吾哭諸廟門之外；師，吾哭諸寢；朋友，吾哭諸寢門之外；所知，吾哭諸野。於野則已疏，於寢則已重。夫由賜也見我，吾哭諸賜氏。」遂命子貢爲之主，曰：「爲爾哭也來者，拜之；知伯高而來者，勿拜也。」異於正主。○疏曰：凡喪之正主，知生知死，來者悉拜。今與伯高相知而來，不拜，故云異於正主。○同上。○孔子哭子路於中庭，寢中庭也。與哭師同，親之。有人弔者，而夫子拜之。爲之主也。既哭，進使者而問故。使者自衛來赴者，故謂死之意狀。使者曰：「醢之矣。」遂命覆醢。同上。○陳莊子死，赴於魯，魯人欲勿哭，君無哭鄰國大夫之禮。陳莊子，齊大夫陳恒之孫，名伯。繆公召縣子而問焉，縣子曰：「古之大夫，束脩之問不出竟，雖欲哭之，安得而哭之？今之大夫交政於中國，雖欲勿哭，焉得而勿哭？且臣聞之，哭有二道：有愛而哭之，有畏而哭之。」公曰：「然。然則如之何而可？」縣子曰：「請哭諸異姓之廟。」明不當哭。於是與哭諸縣氏。同上。

曾子問曰：「並有喪，如之何？何先何後？」並，謂父母若親同者同月死。孔子曰：「葬，先輕而後重；其奠也，先重而後輕：禮也。自啓及葬不奠，不奠，務於當葬者。○疏曰：若營奠父事，恐葬事遲晚，務欲輕喪先葬，使其速畢。行葬不哀次。不哀次，輕於在殯者。○疏曰：以父喪在殯爲重，今爲在殯者所壓，不敢爲母伸哀，故云：「不哀次，輕於在殯者。」反葬，奠而后辭于殯，遂修葬事。殯當爲賓，聲之誤也。辭於賓，謂告賓葬啓期也。○疏曰：知殯當爲賓、爲「告賓」者，按既夕禮云主人「請啓期，告于賓」之後，即陳葬事，設盥，陳鼎饌、夷牀之屬，下乃云祝「聲三」，是告殯之事。今先云「辭於殯」，乃云「遂修葬事」，故云「殯當爲賓」，謂詔告賓也，與既夕禮同。其虞也，先重而後輕，禮也。疏曰：按崇精問曰：葬母亦朝廟否？其虞父與母同日異日乎？焦氏答曰：内豎職云：王后之喪，朝廟則爲之蹕。是母喪亦朝廟也，虞當異日也。○曾子問○父母之喪偕，先葬者不虞祔，待後事，其葬服斬衰。詳見變除並有喪變服條。○有父之喪，如未没喪而母死，其除父之喪也，服其除服，卒事，反喪服。詳見變除。○如三年之喪，則既潁，其練祥皆行。詳見變除並有喪條。○曾子問曰：「君未殯而臣有父母之喪，則如之何？」孔子曰：「歸殯，反于君所，有殷事則歸，朝夕否。其哀雜主於君。○疏曰：歸殯父母訖，反於君所，以殯君恒在君所，家有殷事之時，則暫歸於家。若尋常朝夕，則不得歸也，故云朝夕否。盧氏云：歸殯反於君所者，人君五日而殯，故可以歸殯父母而往殯君也。若其臨君之殯，則歸哭父母而來殯君，則殯君訖乃還殯父母也。以此言之，臣有父母之喪未殯而有君喪，去君殯日雖遠，祇得待殯君訖而還殯父母，以其君尊故也。又曰：以君未殯，則君哀重而父母又喪，是親哀亦重君，與親哀既半相雜，君爲尊，故主意於君，故尋常恒在君所。大夫室老行事，士則子孫行事。疏曰：以大夫士有殷事在君所之時，則在家之朝夕之奠有闕。若朝夕恒在君所之時，則在家朝夕之奠亦闕。奠不可廢，其大夫尊，故遣室老攝行其事，士卑，則子孫攝行其事。大夫内子有殷事，亦之君所，朝夕否。」疏曰：上文明大夫之禮節，此明婦人之進止，君既殯而婦有舅姑之喪。大夫者，卿之總號。内子者，卿之適妻。此明君既殯後而婦有舅姑之喪，歸居於家，君有殷事之時，亦之君所。云「亦」者，亦同其夫也，非但夫往君所，妻亦往君所也。若尋常朝夕，則不往君所。舉此一條婦同於夫，則君既啓及君未殯而有舅姑之喪，其禮悉同夫也。○曾子問　○曾子問曰：「君薨既殯，而臣有父母之喪，則如之何？」孔子曰：「歸居于家，有殷事則之君所，朝夕否。」居家者，因其哀後隆於父母殷事，朔月、月半、薦新之奠也。○疏曰：君殯既訖，君所無事，父母新喪，故歸於家，以治父母之喪。若君喪有朔月、月半、薦新大事，則臣之適君所以哭君。若凡常朝夕，則不往哭君，唯在家爲父母治喪，故云朝夕否。若臣有父母之喪，既殯而後有君喪，則歸君所。若父母之喪有殷事之時，則來歸家，平常朝夕，則不來，恒在君處。○同上。○曾子問曰：「君既啓而臣有父母之喪，則如之何？」孔子曰：「歸哭而反送君。」言送君則既葬而歸也。歸哭者服君服而歸，不敢私服也。○疏曰：歸哭父母而反往送君，既葬畢還來歸家而治父母之喪。以此言之，父母之喪既啓而有君之喪，則亦往哭於君所而反送父母，父母葬畢而居君所。又曰：知「既葬而歸」者，以言送君則葬罷而歸，不待君之虞祭也。其君喪祔與卒哭，未知臣往君所與否？云「歸哭者服君服而歸，不敢私服也」者，謂歸哭父母猶服君服，不私服也。上文云「有君喪于身，不敢私服」，故知不私服也。○同上。○曾子問曰：「君之喪既引，聞父母之喪，如之何？」孔子曰：「遂，既封而歸，不俟子。」遂，遂送君也。封，當爲窆。子，嗣君也。○同上。○曾子問曰：「父母之喪既引及塗，聞君薨，如之何？」孔子曰：「遂，既封改服而往。」封，亦當爲窆。改服，括髮，徒跣，布深衣，扱上衽，不以私喪包至尊。○同上。○曾子問曰：「大夫士有私喪，可以除之矣。而有君服焉，其除之也如之何？」孔子曰：「有君喪服於身，不敢私服，又何除焉？重喻輕也。私喪，家之喪也。喪服四制曰：門外之治義斷恩。於是乎有過時而弗除也。君之喪服除而后殷祭，禮也。」謂主人也，支子則否。○疏曰：門外之治義斷恩，若身有君服，後遭親喪，則不敢爲親制服也。又何除焉者，謂成喪服爲重，始除服爲輕末，在親始重之日尚不獲伸，況輕末之時而可行乎，故云又何除焉。君之喪服除而后殷祭，禮也。殷祭，謂小、大二祥祭也，以其禮大，故云殷也。言初乃爲身有君服不敢爲親私除，若君服除後乃可爲親行私喪二祥之祭，以伸孝心也。庾蔚云：今月除君服，明月可小祥，又明月可大祥，猶若久喪不葬者也。若未有君服之前，私服已小祥者，除君服後但大祥而可也。注云「謂主人也，支子則否者」，主人謂適子仕宦者，適子主祭祀，故二祥待除君服而後行也。若支子仕宦，雖不得除私服，而其家適子已行祥祭，庶子於後無所復追祭，故云否也。曾子問曰：「父母之喪，弗除可乎？」疏曰：曾子又疑云：聖人制變受之期情禮之殺，使送死有已復生有節，是不許人子有不除之喪。若適子除君服後乃有殷祭之事，如喪久不葬者，此則可解。若庶子除君服後無復殷祭之事，是其爲父母之服一生不有除説之事，此於禮可乎？孔子曰：「先王制禮，過時弗舉，禮也。非弗能勿除也，患其過於制也，故君子過時不祭，禮也。」疏曰：言今日不追除服者，非是不能除改也，爲此不除，正是患其過於聖人之禮制也。又引「君子過時不祭」之事以證之，謂春雨露既濡，君子履之怵惕思親，故設祭若春時。或有事故不得行祭，至夏乃行夏祭，不復追補春祭，是過時不祭以爲禮也。故當時則祭，過時不補。前祭祥非爲感時，正是孝子爲存親，存親則前後無異，故除君服以伸孝心也。○同上。○雖諸父昆弟之喪，如當父母之喪，其除諸父昆弟之喪也，皆服其除喪之服，卒事反喪服。詳見變除。○父母之喪，將祭而昆弟死，既殯而祭。如同宮，則雖臣妾葬而後祭。祭，主人之升降散等，執事者亦散等，雖虞祔亦然。詳見卒哭祔練祥禫記練條。○有殯聞外喪，哭之他室。明所哭者異也。入奠，卒奠出，改服即位，如始即位之禮。詳見聞喪條。○王父死，未練祥而孫又死，猶是附於王父也。詳見卒哭祔練祥禫記。

右並有喪○周人有喪，魯人有喪，周人弔，魯人不弔。周人曰：「固吾臣也，使人可也。」魯人曰：「吾君也，親之者也，使大夫則不可也。」故周人弔，魯人不弔，以其下成康

爲未久也。君至尊也，去父之殯而往弔，猶不敢，況未殯而臨諸臣乎？定公元年春秋穀梁傳〔九〕

諸侯行而死于館，則其復如于其國；如于道，則升其乘車之左轂以其綏復。館，主國所致舍。復，招魂復魄。如於其國，主國館賓與使有之得升屋招魂用褎衣也。如於道，道上廬宿也。升車左轂，象升屋東榮。綏，當爲緌，讀如蕤賓之蕤，字之誤也。緌，謂旌旗之旄也，去其旒而用之，異於生也。○疏曰：五等諸侯朝覲天子及自相朝會之屬，死於館者，謂主國有司所授館舍也。雖在他國所授之舍，若復魄之禮，則與在己本國同，故云「如於其國」也。「如於道」者，如，若也，道，路也，謂若諸侯在道路死，則復魄與本國異也。乘車，其所自乘之車也。其復魄，則俱升其所乘車左邊轂上而復魄也。此車以南面爲正，則左在東也，升車左轂，象在家升屋東榮也。其五等之復，人數各如其命數，今轂上狹，則不知以幾人。崔氏云：一人而已。綏，旌旗綏也，在路死則用旌旗之綏，亦冀魂魄望見識之而還也。若王喪於國，亦建綏而復，周禮夏采云「以乘車建綏，復于四郊」是也。其輤有裧，緇布裳帷，素錦以爲屋而行。輤，載柩將殯之車飾也。輤取名於櫬與蒨，讀如蒨旆之蒨。櫬，棺也。蒨，染赤色者也。將葬載柩之車飾曰柳。裧，謂鼈甲邊緣。緇布裳帷，圍棺者也。裳帷用緇，則輤用赤矣。輤象宫室屋，其中小帳櫬覆棺者，若未大斂其載尸而歸，車飾皆如之。○疏曰：輤，謂載柩之車。「有裧」者，謂輤之四旁有物，裧垂象鼈甲邊緣。「緇布裳帷」者，輤下棺外用緇色之布以爲裳帷以圍繞棺也。「素錦以爲屋」者，於此裳帷之中又用素錦以爲屋小帳以覆棺而行者，於死處既設此飾而後行。云「輤載柩將殯之車飾也」者，以下經云「遂入適所殯」，是將殯車飾也。云「輤取名於櫬與蒨」者，言此車所以名輤凡有二義：一者取名於櫬，櫬，近尸也；二取名於蒨，蒨，草也，故云取名於櫬與蒨。云「讀如蒨旆之蒨」者，言經中輤字讀如蒨旆之蒨，按左傳定四年祝佗云封康叔以綪茷〔一〇〕，謂以蒨草染旆爲赤色，故讀此輤與彼同，是亦蒨草以染布也。云「將葬載柩之車飾曰柳」者，證此經中輤非將葬車也。云「褑謂鼈甲邊緣」者，覆説輤象鼈甲覆於棺上，中央隆高，四面漸下。褑象邊緣垂於輤之四邊，與輤連體，則亦赤也。若葬車之飾，則上用荒，不用輤也。

至於廟門，不毀墻，遂入，適所殯，唯輤爲説于廟門外。廟，所殯宫。墻，裳帷也。適所殯，謂兩楹之閒去輤乃入廟門，以其入自有宫室也。毀或爲徹，凡柩自外來者，正棺於兩楹之閒，尸亦夷之於此，皆因殯焉。異者柩入自闕，升自西階，尸入自門，升自阼階。其殯必於兩楹之閒者，以其死不於室而自外來，留之於中，不忍遠也。

大夫士死於道，則升其乘車之左轂以其綏復。

如於館死，則其復如於家。綏，亦緌也。大夫復於家以玄冕，士以爵弁服。

大夫以布爲輤而行，至於家而説輤，載以輲車，入自門，至於阼階下而説車，舉自阼階，升適所殯。大夫輤言用布，白布不染也。言輤者，達名也。不言裳帷，俱用布，無所别也。至門亦説輤乃入。言載以輲車入自門，明車不易也。輲，讀爲輇〔一一〕，或作槫，許氏説文解字曰：「有輻曰輪，無輻曰輇。」周禮又有蜃車，天子以載柩。蜃、輇聲相近，其制同乎輇，崇蓋半乘車之輪。諸侯言不毀墻，大夫士言不易車，互相明也。不易者，不易以輴也。廟中有載柩以輴之禮，此不耳。

士輤葦席以爲屋，蒲席以爲裳帷。言以葦席爲屋，則無素錦爲帳。○疏曰：用葦席屈之以爲輤棺之屋，又以蒲席爲裳帷圍繞於屋旁也。言以士云葦席以爲屋，屋當帷帳之處，故云「無素錦爲帳」矣。然大夫無以他物爲屋之文，則是用素錦爲帳矣，與諸侯同。按諸侯與大夫上有幬，旁有裳帷，内有素錦屋，今士唯云：「葦席以爲屋，蒲席以爲裳帷。」不云屋上所有之物，據文言之，葦席爲屋，則當覆上幬處，將蒲席爲裳帷，接屋之四邊以鄣棺。或曰大夫既有素錦爲帳〔一二〕，帳外上有布幬，旁有布裳帷，則士之葦席屋之外旁有蒲席裳帷，則屋上當以蒲席爲幬覆於上，但文不備也。未知孰是，故兩存焉。○雜記○其爲賓，則公館復，私館不復。其在野，則升其乘車之左轂而復。私館，卿大夫之家也，不於之復，爲主人之惡。○喪大記○曾子問曰：「爲君使而卒於舍，禮曰：『公館復，私館不復。』凡所使之國，有司所授舍，則公館已，何謂『私館不復』也？」孔子曰：「善乎問之也。自卿大夫士之家曰私館，公館與公所爲曰公館。『公館復』，此之謂也。」公館，若今縣官宫也，公所爲君所命使舍己者。○疏曰：「私館」者，謂非君命所使，私相停舍，謂之私館。公館，謂公家所造之館與公所爲者。與，及也，謂公之所使爲命停舍之處，亦謂之公館。君所命停客之處，即是卿大夫之館也，但有公命，故謂之公館也。○曾子問○曾子問曰：「君出疆以三年之戒，以椑從。君薨，其入如之何？」其出有喪備，疑喪入必異也。戒猶備也，謂衣衾親身。棺曰椑，其餘可死乃具也。○疏曰：諸侯之君或出疆朝會，其出之時，以三年之戒，以椑從。戒，備也，謂以三年喪備衣衾之屬，并以椑棺而從出。既有備，今其入也如之何？云「其餘可死乃具也」，謂除椑之外大棺與屬。若在家年老，亦死前爲之。今出疆椑從年未老，故大棺等死後乃具也。孔子曰：「共殯服，此謂君已斂，殯服謂布深衣、苴絰、散帶垂，殯時主人所服，共之以待其來也，其餘殯事亦皆具焉。○疏曰：士喪禮小斂，「苴絰大鬲」，「散帶垂」。又禮：親始死，布深衣。至成服以來不改，故知殯服布深衣苴絰散帶垂。其首服，崔氏云：小斂之前，大夫士皆素冠，小斂括髮之後，士則加素冠，大夫加素弁。云「其餘殯事亦皆具焉」，以殯不可闕，故知具焉。則子麻弁絰、疏衰菲杖，棺柩未安，不忍成服於外也。麻弁絰者，布弁而加環絰也。布弁，如爵弁而用布。杖者，爲已病。○疏曰：身著疏衰，疏衰是齊衰也。足著菲屨，菲謂藨屨也。其身已病者拄杖，故云「疏衰菲杖」也。又曰：按士喪禮云「三日成服」，今君喪在外仍著麻弁疏衰，故知不忍成服於外也。云「麻弁絰者，布弁而加環絰也」者，布弁謂吉布十五升，與子游麻衰及詩云「麻衣如雪」同。知「加環絰」者，雜記云「小斂環絰」是也。云「布弁如爵弁而用布」者，按檀弓云：「周人弁而葬，殷人冔而葬。」冔是殷之祭冠，明弁絰似周之祭冠，故知爵弁也。云「杖者爲已病」者，以士喪禮服杖同時，今服未成而已杖，故云爲已病也。入自闕，升自西階。闕，謂毁宗也，柩毁宗而入，異於生也。升自西階，亦異於生也，所毁宗殯宮門西也。於此正棺而服殯服，既塗而成服。殷柩出毁宗，周柩入毁宗，禮相變也。○疏曰：鄭恐是門闕，故云「毁宗也」，謂毁此宗廟之墻，其處空闕，故謂之闕。云「柩毁宗而入異於生也」，公羊定元年「癸亥，公之喪至自乾侯。戊辰，公即位」，「正棺於兩楹之閒，然後即位。」注云：「正棺者，象既小斂夷於堂也。」於此之時服殯服也。云「既塗而成服」者，謂菆塗既畢而成服也。檀弓云：「毁宗躐行」，「殷道也。」既云毁宗，始云躐行，先毁宗後躐行，是從内而出，故云「殷柩出毁宗」。如小斂，則子免而從柩，謂君已小斂也，主人布深衣，不括髮者，行遠不可無飾。○疏曰：士喪禮從死至成服，主人皆著深衣，故知小斂主人布深衣也。士喪禮云：小斂，「主人括髮。」今著免者，以在外遠行，不可無飾，故著免也。入自門，升自阼階。親未在棺，不忍異於生，使如生來反。○疏曰：入自門，不自闕也。升自阼階，不由西階也。君、大夫、士一節也。疏曰：非但君死於道路亦然，諸侯與大夫士一等也。○同上。○掌客：凡賓客死，致禮以喪用。死則主人爲之具而殯矣。喪用者，饋奠之物。○疏曰：若諸侯之君出行，則以三年之戒，以椑從。死時除棺之外，主人皆借之。若臣從者死，棺物皆共之〔一三〕。

右道有喪○許穆公卒于師，葬之以侯，禮也。男而以侯禮，加一等。凡諸侯薨于朝會，加一等；諸侯命有三等：公爲上等，侯、伯爲中等，子、男爲下等。死王事，加二等。謂以死勤王事。于是有以袞斂。袞衣，公服也，謂加二等。○疏曰：朝會亦王事，而別言「死王事」者，謂因王事或戰陳而死，故別其文也。○僖公四年春秋左氏傳〔一四〕

曾子問曰：「將冠子，冠者至，揖讓而入，聞齊衰、大功之喪，如之何？」冠者，賓及贊者。孔子曰：「内喪則廢，内喪同門也。○疏曰：若是大門内之喪則廢，以加冠在廟，廟在大門之内，吉凶不可同處。外喪則冠而不醴，不醴，不醴子也。○疏曰：外喪，謂大門外之喪。喪在他處，猶可以加冠，但平常吉時三加之後設醴，以禮冠者之身，今既有喪，故直三加而已，不醴之。徹饌而掃，即位而哭。如冠者未至，則廢。饌，仕戀反。掃，悉報反。○其廢者喪成服，因喪而冠。○疏曰：初欲迎賓之時〔一五〕，未知有喪醴，及饌具既已陳設，今忽聞喪，故徹去醴與饌具，又掃除冠之舊位，令使清潔更新，乃即位而哭，如賓及贊者未至，則廢而不冠也。云「其廢者喪成服，因喪而冠」者，以下文未及期日，因喪服而冠是也。如將冠子而未及期日，而有齊衰大功之喪，則因喪服而冠。」廢吉禮而因喪冠，俱成人之服。及，至也。○疏曰：吉冠是吉時成人之服，喪冠是喪時成人之服，今既有凶，廢吉禮而因喪冠，故云「俱成人之服」也。「除喪不改冠乎？」疏曰：曾子問云：此人因喪服而冠，除喪之後，不更改易而行吉冠之禮乎？孔子曰：「天子賜諸侯大夫冕弁服于大廟，歸設奠，服賜服，疏曰：此孔子引類答曾子，謂諸侯幼弱未冠，總角從事，至當冠之年，因朝天子，天子而賜諸侯大夫或弁或冕之服於天子大廟之中，榮君之賜，歸設奠祭於己宗廟，此時身服所賜之服，更不改冠也。於斯乎有冠醮，無冠醴。醮，子妙反。○酒爲醮，冠禮，醴重而醮輕，此服賜服，酌用酒，尊賜也。不醴，明不爲改冠，改冠當醴之。○疏曰：斯，此也。於此之時，唯有冠之醮法，行醮以相燕飲，無有冠之醴法，謂不用醴以禮受服者之身。所以然者，凡改冠則當用醴，今既受服於天子，不可歸還更改爲初冠，禮法然，則既因喪而冠，不可除喪更改爲吉冠也。又曰：按士冠禮云：「若不醴，則醮用酒。」是酌酒爲醮，鄭注云：「酌而無酬酢曰醮。」皇氏云：醴亦無酬酢，而云酒無酬酢者，以酒有酬酢爲常禮，故無酬酢乃謂之爲醮。云「冠禮醴重而醮輕」者，按士冠禮適子三加於阼，乃醴於客位，醴是古之酒，故爲重。士冠禮又云：「若庶子，則冠于房外南面，遂醮焉。」醮既用酒，酒是後代之法，故爲輕也。按士冠禮：「若不醴，則醮用酒。」注云：「若不醴，謂國有舊俗可行，聖人用焉不改者也。」如鄭此言，則行周禮者，適子用醴，庶子用醮，若用先王舊俗者，雖適子與庶子同用醮。先王是夏、殷也，雖在周前〔一六〕，因而用也。醮之所以異於醴者，醴則三加之後總一醴之，醮則每一加而行一醮，凡三醮也。云「酌用酒，尊賜也」者，謂諸侯大夫既受賜服而歸祭告之後，使人酌酒以飲已，榮上之賜，不酬酢也。云「不醴，明不爲改冠」者，受賜服而來，若其改而更冠，應從適子之尊冠，必酌醴以醴之，今既不醴，明不改冠也。父没而冠，則已冠掃地而祭於禰，已祭而見伯父、叔父，而後饗冠者。」饗謂禮之。○疏曰：孔子既答其問，又釋父没加冠之禮。已冠之後，掃地而祭於禰廟，已祭之而見伯父、叔父，見伯、叔之後乃饗冠者。按士冠禮「醴賓以壹獻之禮」，此云「饗冠者」，前注云「冠者，賓及贊」者，此即是饗賓及贊者。此父没而冠，按士冠禮云：「若孤子則父兄戒宿。冠之日，主人紒而迎賓，拜揖讓，立於序端。」則冠身自迎賓。皇氏云：冠者，諸父迎賓，非禮也。

○曾子問○曾子問曰：「昏禮既納幣，有吉日，女之父母死，則如之何？」吉日，取女之吉日。孔子曰：「婿使人弔。如婿之父母死，則女之家亦使人弔。必使人弔者，未成兄弟。○疏曰：以夫婦有兄弟之義，故曰未成兄弟，下云不得嗣爲兄弟。父喪稱父，母喪稱母。禮宜各以其敵者也。父使人弔之，辭云：「某子聞某之喪，某子使某如何不淑。」母則若云：「宋蕩伯姬聞姜氏之喪，伯姬使某如何不淑。」凡弔辭一耳。○疏曰：禮各宜以敵，若彼家父死，則此家遣使弔，當稱父遣使弔也。若彼家母死，則此家亦稱母遣使弔也。云「凡弔辭一耳」者，謂男弔女家，女弔男家皆云「使某如何不淑」，是弔辭一也。父母不在，則稱伯父、世母。弔禮不可廢也，伯父母又不在，則稱叔父母。○疏曰：此家父不在，彼家父亡則稱伯父，某子使某伯父某，亦不在則稱叔父。婿已葬，婿之伯父致命女氏曰：『某之子有父母之喪，不得嗣爲兄弟，使某致命。』女氏許諾而勿敢嫁，禮也。必致命者，不敢以累年之喪使人失嘉會之時。○疏曰：必待「已葬」者，葬後哀情稍殺，始兼他事。不待踰年者，不可曠年廢人昏嫁也〔一七〕。「不得嗣爲兄弟」者，夫婦有兄弟之義，或據婿爲妻父母有緦麻之服，故謂之兄弟。○婿免喪，女之父母使人請，婿弗取而後嫁之，禮也。請，請成昏。○疏曰：婿免喪之後，則應取婦。必須女之父母請者，以婿家既葬，致命於已婿既免喪，所以須請也。女之父母死，婿亦如之。」女免喪，婿之父母亦使人請，其已葬時亦致命。○同上。○曾子問曰：「親迎女在塗，而婿之父母死，如之何？」孔子曰：「女改服，布深衣，縞總以趨喪。」布深衣縞總，婦人始喪未成服之服。○疏曰：「女改服」者，謂女在塗，聞舅姑喪，即改嫁時之衣服。「嫁服」者，士妻褖衣，大夫妻展衣，卿妻則鞠衣，故士昏禮云：「女次純衣。」純衣即褖衣也。深衣，謂衣裳相連，前後深邃〔一八〕，故曰深衣。縞，白絹也。總，束髮也，長八寸。女在塗，以其聞喪即改嫁服，故云「未成服之服」也。士喪禮注：始死，婦人將斬衰者去笄而纚，將齊衰者骨笄而纚。至將斂齊衰，婦人亦去笄纚而髽。皆不云縞總，文不備也。女在塗，而女之父母死，則女反。」奔喪服期。○疏曰：經云女反，故知奔喪。喪服期云：女子「在室爲父」，「箭笄，髽〔一九〕，衰三年。」今既在塗，非復在室，故知服期。但在室之女，父卒爲母亦三年，今既在塗，故爲父母同皆期也，於時女亦改服，布深衣縞總，反而奔喪。「如婿親迎女未至，而有齊衰大功之喪，則如之何？」孔子曰：「男不入，改服於外次。女入，改服於内次。然後即位而哭。」不聞喪即改服者，昏禮重於齊衰以下。○疏曰：女既未至，聞婿家有齊衰大功之喪，則廢其昏禮，男女變服，就位哭。男，謂婿也，不入大門，改其親迎之服，服深衣於門外之次。女，謂婦也，入大門，改其嫁服，亦服深衣於門内之次。男女俱改服畢，然後就喪位而哭，謂於婿家爲位也。皇氏以爲就喪家爲位哭也〔二〇〕。然曾子唯問齊衰大功，不問小功者，以小功輕，不廢昏禮，待昏禮畢乃哭耳。故雜記云小功可以冠子取婦，明與大功及期異也。此不見喪而改服，奔喪禮注云不見喪，不改服者，崔氏云：奔喪不見喪不改服，謂不改素冠而著免，其改吉服，著布深衣素冠，聞喪即改之。又云：上文云女聞婿之父母喪在塗即改服，今女聞婿齊衰大功之喪入門始改服，故云「不聞喪即改服者，昏禮重於齊衰以下」。曾子問曰：「除喪則不復昏禮乎？」復，猶償也。○疏曰：復是反覆之義，故爲償也。曾子以初昏遭喪不得成禮，除喪之後豈不酬償更爲昏禮乎？孔子曰：「祭，過時不祭，禮也，又何反于初？」重喻輕也，同牢及饋饗相飲食之道。○疏曰：過時不祭，謂四時常祭也。謂祭重而昏輕，重者過時尚廢，輕者不復可知。熊氏云：若喪祭及禘祫祭，雖過時猶追而祭之，故禘祫志云：「昭十一年齊歸薨。十三年會於平丘，冬，公如晉，不得祫。至十四年乃追而祫之，十五年乃禘也。」又僖公八年春當禘，以正月會王人於洮，故七月而禘。故雜記云：「三年之喪」，「既穎，其練祥皆行。」是追行前練祥祭也。○同上。○曾子問曰：「女未廟見而死，則如之何？」孔子曰：「不遷於祖，不祔於皇姑，婿不杖，不菲，不次，歸葬于女氏之黨，示未成婦也。」遷，朝廟也。婿雖不備喪禮，猶爲之服齊衰也。○疏曰：婦既死於己寢，將反葬於女氏之黨，故其柩不遷移朝於婿之祖廟，祔祭之時又不得祔於皇姑廟也。皇，大也，君也。稱皇者，尊之也。菲，草屨也。不次，謂不別處止哀次也。婿爲妻合服齊衰，杖而菲屨，及止衰次。今未廟見而死，其婿唯服齊衰而已，其柩還歸葬於女氏之黨。以其未廟見，不得舅姑之命，示若未成婦，然其實已成婦，但示之未成婦，禮欲見其不敢自專也。又曰：此經但云「不杖不菲」，不云不服，故知服齊衰，其女之父母則爲之降服大功。以其非在家，婿爲之服齊衰，非無主也。○同上。○曾子問曰：「取女有吉日而女死，如之何？」孔子曰：「婿齊衰而弔，既葬而除之。夫死亦如之。」未有期三年之恩也，女服斬衰。○疏曰：所以既葬除者，婿於女未有期之恩，女於婿未有三年之恩，以婿服齊衰，故知女服斬衰。○同上。○曾子問曰：「諸侯旅見天子，入門，不得終禮，廢者幾？」旅，衆。孔子曰：「四。」「請問之。」曰：「大廟火，日食，后之喪，雨霑服失容，則廢。」大廟，始祖廟，宗廟皆然，主於始祖耳。○曾子問曰：「諸侯相見，揖讓入門，不得終禮，廢者幾？」孔子曰：「六。」「請問之。」曰：「天子崩，大廟火，日食，后、夫人之喪，雨霑服失容，則廢。」夫人，君之夫人。○曾子問曰：「天子嘗、禘、郊、社、五祀之祭，簠簋既陳，天子崩，后之喪，如之何？」孔子曰：「廢。」既陳，謂夙興陳饌牲器時也。天子七祀，言五者，關中言之。○疏曰：天子七祀言五者，周天子七祀，諸侯五祀，大夫三祀，五居其中，舉五而言，則上兼七，下通三，欲見天子及大夫其祭皆然。關，通也。○同上〔二二〕。○孔子曰：「天子崩，未殯，五祀之祭不行。既殯而祭，其祭也，尸入。三飯不侑，酳不酢而已矣。自啓至于反哭，五祀之祭不行。已葬而祭，祝畢獻而已。」既葬彌吉，畢獻，祝而後止，郊社亦然，唯嘗禘宗廟俟吉也。曾子問曰：「諸侯之祭社稷，俎豆既陳，聞天子崩，后之喪，君薨，夫人之喪，如之何？」孔子曰：「廢。亦謂夙興陳饌牲器時也。自薨比至于殯，自啓至于反哭，奉帥天子。」比，必利反。○帥，循也，所奉循如天子者，謂五祀之祭也，社稷亦然。○疏曰：天子諸侯祭禮既亡，今儀禮唯有大夫士祭禮。按特牲饋食禮：祝延尸于奥，迎尸而入，即延坐，三飯告飽，祝侑尸，尸又飯，至於九飯畢。若大夫，依少牢饋食尸食十一飯而畢，鄭注少牢云：士九飯，大夫十一飯也。則其餘有十三飯，十五飯也。按此説，則諸侯十三飯，天子十五飯。又按特牲禮：尸九飯畢，主人酌酒酳尸，尸飲卒爵，酢主人，主人受酢飲畢，酌獻祝，祝飲畢，主人又酌獻佐食。此是士之祭禮也。今約此而説天子五祀之祭也。「天子崩未殯，五祀之祭不行」者，以初崩哀感，未遑祭祀，雖當五祀祭時不得行，但五祀外神，不可以己私喪久廢其祭，故既殯，哀情稍殺而後祭也。其祭也，尸入三飯，不侑，酳不酢而已矣者，今喪既殯，不得純如吉禮，理須宜降殺。侑，勸也，故迎尸入奥之後，尸三飯告飽則止，祝更不勸侑其食使滿常數也。又熊氏云：謂迎尸入奥之後，尸三飯即止，祝不勸侑，至十五飯，於時冢宰攝主酌酒酳尸，尸受卒爵，不酢攝主，故云「三飯不侑，酳不酢而已」者，謂唯行此而已，不爲在後餘事也。「自啓至于反哭，五祀之祭不行」者，謂從啓殯以後，葬畢反哭以前，靈柩既見，哀摧更甚，故云五祀之祭不行。已葬反哭殯宫畢而行其祭，但既葬彌吉，尸入三飯之後，祝乃侑尸，尸食十五飯，攝主酳尸，尸飲卒爵而酢攝主，攝主飲畢，酌而獻祝，祝受飲畢則止，無獻佐食以下之事。所以然者，以葬後未甚吉，唯行此禮而已。「郊社亦然」者，王制云：「唯祭天地社稷，爲越紼而行事。」是與五祀同也。趙商問云：自啓至反哭，五祀之祭不行，注云郊社亦然，按王制云：「唯祭天地社稷，爲越紼而行事。」既云葬時郊社之祭不行，何得有越紼而行事？鄭答：越紼行事喪無事，時天地郊社有常日，自啓及至反哭，自當辟之。鄭言無事者，謂未殯以前是有事，既殯以後，未啓以前，是無事，得行祭禮，故有越紼行事。鄭云「郊社有常日，自啓至反哭，自當辟之」者，郊社既有常日，自啓至反哭，自當辟此郊社之日。郊社尊，故辟其日，不使相妨。五祀既卑，若與啓反哭日相逢，則五祀辟其日也。鄭言天地社稷去殯處遠，祭時踰越此紼而往赴之，五祀去殯處近，暫往則還，故不爲越紼也。云「唯嘗禘宗廟俟吉也」者，謂爲嘗禘之禮以祭宗廟，俟待於吉，故王制云「喪三年不祭」是也。其在喪，祭郊社之時，其喪所朝夕仍奠。雜記云：「國禁哭則止，朝夕之奠，即位，自因也。」人臣尚爾，明天子得也。注云「帥循也所奉循如天子」者，按上天子有祭五祀之文，今諸侯五祀亦如天子。諸侯祭社稷，其遭喪節制與五祀同，故云「社稷亦然」。按天子崩，后喪，諸侯當奔赴，得奉循天子之禮者，諸侯或不自親奔而身在國者，或唯據君薨及夫人之喪，其嗣子所祭得奉循天子也。○同上。○曾子問曰：「大夫之祭，鼎俎既陳，籩豆既設，不得成禮，廢者幾？」孔子曰：「九。」「請問之。」曰：「天子崩，后之喪，君薨，夫人之喪，君之大廟火，日食，三年之喪，齊衰，大功，皆廢。外喪自齊衰以下，行也。齊衰異門則祭。其齊衰之祭也，尸入，三飯不侑，酳不酢而已矣。大功，酢而已矣。小功、緦，室中之事而已矣。室中之事，謂賓長獻。士之所以異者，緦不祭。然則士不得成禮者十一。所祭於死者無服則祭。」謂若舅舅之子、從母昆弟。○疏曰：齊衰則祭，若遭異門齊衰之喪，其祭迎尸入室，但三飯則止，祝更不勸侑使至十一，但三飯耳。主人酌酒酳尸，尸不酢主人，唯此而已。「大功酢而已矣」，大功服輕，祭禮稍備，尸三飯，祝侑至十一飯而止，主人酌酒酳尸，尸酢主人，主人乃停，故云大功酢而已矣。若「小功、緦室中之事而已矣」者，小功與緦麻其服轉輕，祭禮轉備，其祭尸十一飯訖，主人酳尸，尸卒爵，酢主人，主人獻祝及佐食畢，次主婦獻尸，尸酢主婦，主婦又獻祝及佐食，次賓長獻尸，若平常之祭，尸得賓長獻爵則止不舉，待致爵之後尸乃舉爵，今既喪殺，賓長獻尸，尸飲以酢賓，賓又獻祝及佐食而祭畢止。凡尸在室之奥，祝在室中北厢南面，佐食在室中户西北面，但主人主婦及賓獻尸及祝佐食等三人畢則止，故云「室中之事而已矣」。若致爵之時，主婦在房中南面，主人獻賓堂上北面，皆不在室中，其室中者獻尸祝佐食耳，故此注云「室中之事，謂賓長獻」。此小功、緦麻兼内外，知者，以前文云内喪大功以上廢，則知内喪小功以下不廢也。按雜記云：臣妾死于宫中，三月而後祭之。此内喪緦麻不廢祭者，此謂鼎俎既陳，臨祭之時，故不廢也。若不當祭時，有臣妾死於宫中及大夫爲貴妾緦、庶子爲父後者，爲其母緦之屬，皆不祭。「士之所以異者緦不祭」，孔子見曾參歷問至大夫必應及士，故因廣舉士以語之。大夫唯至大功爲九，而士又加緦、小功二等合爲十一，此亦謂祭宗廟鼎俎既陳而值喪也。大夫祭值緦、小功，不辯内外皆不廢祭，而禮則小異耳。士值緦、小功，不辯内外一切皆廢祭，士輕故爲輕親伸情也。「所祭於死者無服則祭」，謂若舅舅之子、從母昆弟，此等於己雖服緦而於祖禰則無服。然此皆母親而得云無服者，祭祀以祖禰爲主，母親於己服緦，於祖禰無服，此皆母親以父爲主也。其從母父雖無服，已爲小功，熊氏云：亦廢祭也。按經云「緦不祭」，所祭於死者無服，則祭據緦爲文，似不關小功，故鄭以緦服解之，皇氏横加小功，其義非也。○同上。○大夫士將與祭于公，既視濯而父母死，則猶是與祭也。次于異宮，既祭，釋服出公門外，哭而歸，其他如奔喪之禮。如未視濯，則使人告，告者反而后哭。如諸父昆弟姑姊妹之喪，則既宿則與祭，卒事出公門，釋服而后歸。其他如奔喪之禮。如同宮，則次于異宮。詳見奔喪條。○曾子問曰：「卿大夫將爲尸於公，受宿矣，而有齊衰内喪，則如之何？」孔子曰：「出舍于公館以待事，禮也。」吉凶不可以同處。○疏曰：「出舍于公館以待事禮也」者，云且舍公館，待事畢然後歸哭也。所以出於公館者，以祭是吉〔二二〕，吉凶不可同處也。○曾子問○聘，君若薨于後，入竟則遂。既接於主國君也。○疏曰：自此盡「唯稍受之」，論聘者遭己君之喪，行非常之禮事。云「接于主國」者，謂謁關人，關人告君，君使士請事，是「接于主國」矣，故「入竟則遂」也。赴者未至，則哭于巷，衰于館。未至，謂赴告主國君者也。哭於巷者，哭於巷門，未可爲位也。衰於館，未可以凶服出見人。其聘享之事，自若吉也。今文赴作訃。○疏曰：本國遭喪，赴者有兩使：一使告聘者，一使告主國。以其赴主國之使未至，是以未可爲位受人弔禮。云「衰于館未可以凶服出見人」者，對下經赴者至則衰而出。云「其聘享之事自若吉」者，下云受饔餼之禮，故知先行聘享乃後受禮。以其主國未得赴告，故自若吉也。受禮，受饔餼也。不受饗食，亦不受加。赴者至，則衰而出，禮爲鄰國闕，於是可以凶服將事也。○疏曰：主國君使者衰而出，則主國可以闕樂。云「於是可以凶服將事」者，謂主人所歸禮，則賓可以凶服受之，其正行聘享，則著吉服矣，故雜記云「執玉不麻」是也。唯稍受之。稍，所教反。○稍，稟食也。○疏曰：禮，君行師從，卿行旅從。從者既多，不可闕於稍食。按周禮，每云稍事，皆謂米廩，以其稍稍給之，故謂米廩爲稍。歸，執圭復命于殯，升自西階，不升堂。復命于殯者，臣子之於君父存亡同。子即位，不哭。將有告請之事，宜清淨也。不言世子者，君薨也。諸臣待之，亦皆如朝夕哭位。○疏曰：臣子一列，上下文唯言子，不言羣臣，與子同。知「如朝夕哭位」者，按奔喪云奔父之喪，在家者，待之皆如朝夕哭位。故知此亦然。辯復命如聘。自陳幣至於上介，以公賜告無勞。○疏曰：上文君存時，使者復命，自陳公幣已下，至賜告之等，今復命於殯所，亦盡陳之，故言辯。知「無勞」者，勞主君出命，今君薨，不可代君出命，故知無勞也。子臣皆哭，使者既復命，子與羣臣皆哭。與介入，北鄉哭。新至别於朝夕。○疏曰：朝夕哭位在阼階下西面，今於殯前北鄉，故云「别於朝夕」也。出，袒括髮。悲哀變於外，臣也。○疏曰：按奔喪云：「至於家，入門左，升自西階」，東面哭，括髮袒於殯東。是於内者，子故也。此使者出門袒括髮，變於外者，臣故也。入門右，即位踊。從臣位，自哭至踊，如奔喪禮。○疏曰：奔喪云：袒括髮於西階東，即位，踊，襲絰於序東。此門外袒括髮，入門右即位，踊，亦當襲絰於序東，故云「自哭至踊如奔喪禮」也。○聘禮○若有私喪，則哭于館，衰而居，不饗食。私喪，謂其父母也。哭於館，衰而居，不敢以私喪自聞於主國，凶服於君之吉使。春秋傳曰：「大夫以君命出，聞喪，徐行而不反。」○疏曰：「衰而居」，謂服衰居館，行聘享即皮弁吉服，故不敢「凶服於君之吉使」也。引春秋傳者，按宣八年經書：「夏六月，公子遂如齊，至黄乃復。」公羊傳云：「其言至黄乃復何？有疾也。何言乎有疾乃復？譏。何譏爾？大夫以君命出，聞喪，徐行而不反。」何氏注：聞大喪而不反，重君命也。徐行者，爲君當使人追代之以喪，喻疾者喪猶不還，而況疾乎？是也。以此言之，使雖未出國境，聞父母之喪遂行，不敢以私廢王事，君使人代之可也。以此言之，明至彼所使之國，雖聞父母之喪不反可知，是以「哭于館，衰而居」。歸，使衆介先，衰而從之。己有齊斬之服，不忍顯然趨於往來，其在道路，使介居前，歸又請反命，己猶徐行隨之。君納之，乃朝服，既反命，出公門，釋服，哭而歸。其他如奔喪之禮，吉時道路深衣。○疏曰：「己有齊斬之服」者，爲父斬衰，爲母齊衰也。「不忍顯然趨於往來」者，解經「使衆介先衰而從之」之意。經云「歸」，據反國時，兼云「往」者，鄭意去時聞父母之喪不敢即反，亦使衆介先衰而從之，故往來並言。云「在道路使介居前」者，謂向彼國時。云「歸又請反命，己猶徐行隨之」者，此謂還國至近郊，使人請反命，君許入，猶使介居前，徐行於後，隨介至國也。「君納之乃朝服」者，以其行聘之時，猶不以凶服於君之吉使而服吉服，知此反命時，亦不以凶服於君之吉使而服朝服，如吉時反命矣。云「出公門釋服哭而歸」者，按雜記云：「大夫士將與祭於公，既視濯而父母死，則猶是與祭也，次於異宮。既祭，釋服出公門外，哭而歸。」明此亦出公門釋朝服而歸。但彼祭服，不可著出，故門内釋服。此朝服，可以著出門，乃釋服，爲異也。云「其他如奔喪之禮」者，按奔喪云：「至於家，入門左，升自西階，殯東，西面坐，哭盡哀，括髮袒，降堂東即位，西鄉哭成踴〔一三〕，襲經於序東，絞帶反位，拜賓成踴，送賓反位。有賓後至者，則拜之成踴，送賓皆如初。衆主人兄弟皆出門，出門哭止，闔門相者告就次，於又哭，括髮袒成踴，於三哭，猶括髮袒成踴。三日成服，拜賓送賓皆如初。」云「吉時道路深衣」者，以其朝服之下唯有深衣，庶人之常服，既以朝服反命，出門去朝服，還服吉時深衣，三日成服乃去之。○同上。○掌客：賓客有喪，惟芻稍之受。稍，所教反。舊，疏詔反。○不受饗食，饗食加也。喪謂父母死也。客則又有君焉。芻，給牛馬。稍，人廩也。其正禮飧饔餼，主人致之則受。○疏曰：「喪謂父母死也」者，據正賓而言。若諸侯，正應母死而有父者，或始封之君，舊爲卿大夫容有父或父有廢疾不立，已受位於祖，亦云有父也。云「客則又有君焉」者，謂介已下非直有父母，又有君喪，以其俱三年，故聘禮：「若有私喪，則哭于館衰而居。」云「芻給牛馬」者，從行之牛馬。云「稍人廩也」者，師從旅從者須給稍，即月廩是也。飧饔餼主人致之則受者，以正禮故受之，若饗食加主人致之，亦不受也。○周禮〔二四〕

○大夫以君命出，聞喪徐行而不反。聞喪者，聞父母之喪，不忍疾行，又爲君，當使人追代之。以喪喻疾者，喪尚不當反，況於疾乎？○宣八年春秋公羊傳

○聘遭喪，入竟，則遂也。遭喪，主國君薨也。入竟則遂，國君以國爲體，士既請事，已入竟矣。關人未告，則反。○疏曰：從此盡練冠以受，論主國君或夫人薨，或世子死，行變禮之事。云「以國爲體」者，聘君主以聘國，故君雖薨，而遂入。「關人未告則反」者，聘使至關乃謁關人，關人入告君，君知乃使士請事已入關，自然入矣。若「關人未告」者，君不知使者，又未入，聞主國君死，理當反矣。不郊勞，子未君也。不筵几，致命不於廟，就尸柩於殯宮，又不神之。○疏曰：不筵几，致命不於廟，決正聘設几筵也。「就尸柩於殯宮」者，國君雖以國爲體，主聘其國，但聘亦爲兩君相好，今君薨，當就尸柩，故不就祖廟也。云「又不神之」者，以其鬼神所在曰廟，則殯宮亦得爲廟，則設几筵亦可矣。但始死不忍異於生，不神之，故於殯傍無几筵也。不禮賓，喪降事也。○疏曰：既行聘享訖，不以醴酒禮賓也。主人畢歸禮，賓所飲食不可廢也。禮，謂饔餼饗食。○疏曰：知歸禮

中兼有饗食者，饗食亦有生致法，故主人亦歸之。賓唯饔餼之受。受正不受加也。○疏曰：饔餼之禮是其正，自饗食之等是其加也。不賄，不禮玉，不贈。喪殺禮，爲之不備。○疏曰：「不賄」者，謂不以束紡。「不禮玉」者，謂不以束帛乘皮以報享。「不贈」者，賓出至郊，不以物贈之也。○聘禮○遭夫人世子之喪，君不受，使大夫受于廟，其他如遭君喪。夫人世子死，君爲喪主，使大夫受聘禮，不以凶接吉也。其他，謂禮所降。○疏曰：禮記服問曰：「君所主，夫人妻、太子、適婦。」鄭注云：「言妻，見大夫以下亦爲此三人爲喪主也。」故云君爲喪主。既爲喪主，是以使大夫受聘禮，不以凶接吉也。云「其他謂禮所降」者，謂不禮以下、不贈以上，皆闕之。○聘禮○遭喪，將命于大夫，主人長衣練冠以受。遭喪謂主國君薨，夫人世子死也。此三者，皆大夫攝主人。長衣，素純布衣也。去衰易冠，不以純凶接純吉也。吉時在裏爲中衣，中衣長衣，繼皆揜尺，表之曰深衣。純袂寸半耳。君喪不言使大夫受，子未君，無使臣義也。○疏曰：此經總説上三人死，主君不得受命，故使將命於大夫。主人即大夫，故鄭云「此三者皆大夫攝主人」也。云「長衣，素純布衣」者，此長衣則與深衣同布，但袖長素純爲異。此長衣之緣以素爲之，故云素純也。「去衰易冠」者，謂脱去斬衰之服而著長衣，脱去六升、九升之冠而著練冠。云「不以純凶接純吉」者，聘禮是純吉禮。○同上。○掌客：遭主國之喪，不受饗食受牲禮。牲亦當爲腥，聲之誤也。有喪不忍煎烹，正禮飧饔餼當熟者，腥致之也。○疏曰：按聘禮：「聘遭喪，入境則遂也」，「主人畢歸禮。」注云：「禮，謂饔餼饗食」。「賓惟饔餼之受」，注云：「受正不受加。」饗食雖主人歸賓，賓不受其加。若饔，主人致之，亦應受，以其正受腥禮。○周禮〔二五〕○君之喪，未小斂，爲國賓出，拜國賓于位。疏曰：國賓，謂鄰國大夫來聘者，遇主國君之喪。○喪大記○賓入境而死，遂也。主人爲之具而殯。疏曰：具，謂始死至殯所當用。○疏曰：「賓入境而死遂也」者，若未入境即反。介攝其命，爲致聘饗之禮也。初時，上介接聞命。○疏曰：初賓受命於君之時，賓介同北面，上介接聞君命矣，以是賓死得攝其命。君弔，介爲主人。雖有臣子親因，猶不爲主人，以介與賓並命於君，尊也。○疏曰：古者賓聘，家臣適子皆從行，是以延陵季子聘於齊，其子死葬於嬴博之間，故鄭云雖有臣子親因猶不爲主人，以其介尊故也。主人歸禮幣，必以用。當中奠贈諸喪具之用，不必如賓禮。○疏曰：喪具，謂襲與小斂，大斂不必如賓禮者，不必如致飧饔之禮，束紡皮帛之類，不堪喪者之用故也。介受賓禮，無辭也。介受主國賓己之禮，無所辭也。以其當陳之以反命也。有賓喪，嫌其辭之。不饗食。疏曰：不受饗食，明受饔餼正禮也。歸，介復命，柩止于門外。門外，大門外也。必以柩造朝，達其忠心。○疏曰：知門外是大門外者，國君有三門：皐，應，路；又有三朝：内朝在路寢庭，正朝在路門外，應門外無朝，外朝當在皐門外。經直云止於門外，無入門之言，明知止於大門外、外朝之上。介卒復命，出，奉柩送之，君弔，卒殯。疏曰：當介復命之時，賓之尸柩在外朝上。介卒復命，謂復命訖出君大門，奉賓之柩送至賓之家，屍柩入殯於兩楹之間，君往就弔。「卒殯」者，謂殯訖。殯是喪之大節，故云「卒殯成節乃去」，謂君與大夫盡去。若大夫介卒，亦如之。不言上介者，小聘，上介，士也。○疏曰：大聘上介是大夫，小聘上介士，經不言上介者，欲兼見小聘之法也。若小聘上介、末介皆士，則入下文士介死中，以其下文更不見小聘賓介死法，故此兼言之也。士介死，爲之棺斂之。不具他衣物也，自以時服也。○疏曰：以士介卑，直具棺，不具他物。其士介從者，自用時服斂。君不弔焉。主國君使人弔，不親往。若賓死，未將命，則既斂于棺，造于朝，介將命。未將命，謂俟閒之後也。以柩造朝，以已至朝，志在達君命。○疏曰：前云賓入境而死謂在路死，未至國，此經更説賓至朝，俟閒之後使大夫致館，未行聘饗而賓在館死，故鄭云「以柩造朝」，「志在達君命」，則知上國外死，不以柩造朝可知。若介死，歸復命，唯上介造于朝，若介死，雖士介，賓既復命，往，卒殯乃歸。往，謂送柩。○聘禮○掌客：凡賓客死，致禮以喪用。詳見「道有喪」條。

右因吉而凶冠、昏、祭、聘。○仲遂卒于垂，壬午猶、繹；萬入去籥，春秋經在宣八年。仲遂，魯莊公之子東門襄仲。先日辛巳，有事於大廟而仲遂卒，明日而繹，非也。萬，干舞也。籥，籥舞也。傳曰：「去其有聲者，廢其無聲者。」仲尼曰：「非禮也，卿卒不繹。」繹，音亦。去，羌呂反。籥，羊勺反。○疏曰：萬是執干而舞，武舞也。籥舞，執羽吹籥而舞，文舞也。宣八年公羊傳云「去其有聲」，謂去籥舞，以吹籥有聲故也；「廢其無聲」，謂廢留萬舞而不去，以萬舞無聲故也。○檀弓○季文子將聘于晉，求遭喪之禮以行。季孫行父也。聞晉侯疾故。其人曰：「將焉用之？」文子曰：「備豫不虞，古之善教也。求而無之，實難。難卒得。○卒，寸忽反。過求，何害？」

所謂文子三思。八月，晉侯驪卒。文公六年春秋左氏傳○楚子西、子期伐吴，陳侯使公孫貞子弔焉，及良而卒，將以尸入。吴子使大宰嚭勞，且辭曰：「以水潦之不時，無乃廩然隕大夫之尸，以重寡君之憂，寡君敢辭。」上介芋尹蓋對曰：「寡君聞楚爲不道，荐伐吴國，寡君使弔君之下吏。無禄，使人逢天之慼，大命隕隊，絶世于良。廢日共積，廢行道之日，以共具殯斂所積聚之用。一日遷次。一日便遷次，不敢留君命。今君命逆使人曰『無以尸造于門』，是我寡君之命委于草莽也。且臣聞之曰：『事死如事生，禮也。』於是乎有朝聘而終、以尸將事之禮，朝聘道死，以尸行事。又有朝聘而遭喪之禮。若不以尸將命，是遭喪而還也，無乃不可乎！」吴人内之。傳言芋尹蓋知禮。○哀公十五年春秋左氏傳

以喪冠者，雖三年之喪可也。既冠於次，入哭踊三者三，乃出。言雖者，明齊衰以下皆可以喪冠也。始遭喪，以其冠月則喪服因冠矣，非其冠月待變除卒哭而冠。次，廬也。雖，或爲唯。○疏曰：謂將欲加冠而值其喪，則當成服之時因喪服加冠。非但輕服得冠，雖有三年重喪，亦可爲因喪服而冠，故云可也。「既冠於次」者，此謂加冠於廬次之中。若齊衰以下，加冠於次舍之處。「入哭踊三者三乃出」者，謂既冠之後，入於喪所，哭而跳踊，謂每節一哭而三踊，如此者三，凡爲九踊乃出就次所。知當「冠月則喪服因冠」者，以曾子問云：將冠子，未及期日而有齊衰、大功、小功之喪，則因喪服而冠。言未及期日，明及月可知，但未及冠之日耳。以此言之，知冠月則可冠也。云「非其冠月，待變除卒哭而冠」

者，按夏小正：二月「綏多士女」。是冠用二月。假令正月遭喪，則二月不得因喪而冠，必待變除受服之節乃可以冠矣。云「次廬也」者，據重服而言也。○雜記○大功之末，可以冠子，可以嫁子。父小功之末，可以冠子，可以嫁子，可以取婦。己雖小功，既卒哭，可以冠取妻。下殤之小功則不可。取，七住反，又如字。○父大功卒哭而可以冠子，嫁子，小功卒哭而可以取婦。己大功卒哭而可以冠，小功卒哭而可以取妻，必偕祭乃行也。下殤小功，齊衰之親，除喪而後可爲昏。禮，凡冠者，其時當冠則因喪而冠之。○疏曰：末，謂卒哭之後。「大功之末」云身不云父，「小功之末」云父不云身。互而相通，是大功之末可以冠子嫁子，小功之末非但得冠子嫁子，復可取婦。所以取婦必在小功之末者，以取婦有酒食之會，集鄉黨僚友，故小功之末乃可得爲也。「己雖小功既卒哭可以冠取妻」者，以前文云「父小功之末可以取婦」，恐己有小功於情爲重，不得冠取，故云可以冠取。此文云既卒哭，明上云「末」者並卒哭後也。「下殤之小功則不可」者，謂其餘小功可以冠取，若本服齊衰，下殤降在小功者，則不可冠嫁，以本服是齊衰重故也。若其長殤、中殤之大功者，庾氏云：「卒哭之後，則得與尋常大功同於大功之末可以身自冠嫁。雖本期年，但降在大功，其服稍伸，故得冠嫁也。」賀氏云：「小功下殤，本是期親，以其重，故不得冠嫁。推此言之，降在大功，理不得冠嫁。」今謂齊衰下殤尚不可冠嫁，況齊衰長、中殤之降在大功者，庾記非也。今從賀義。云「必偕祭乃行也」者，偕，俱也，父是大功之末，己亦是大功之末，乃得行此冠子嫁子。父小功之末，己亦小功之末，可以嫁取。必父子俱然，乃得行事，故云必偕祭乃行。知父子俱大功、小功者，若姑及姊妹出適，父子俱爲大功，若從祖兄弟父爲之小功，己亦爲之小功，是父子其服同也。若父有齊衰，子有大功，則不可。若父有大功，子有小功，可以冠嫁，未可以取婦。必父子俱有小功之末，可以取婦。若父是小功，已在緦麻，灼然合取可知。又云「必偕祭乃行」者，言爲諸吉禮必待祭訖乃行也。云「下殤小功，齊衰之親除喪而後可爲昏禮」者，言除訖可爲昏禮，則未除喪不可爲昏禮。經云「小功則不可」者〔二六〕，唯謂昏也，其冠嫁則可也。云「凡冠者，其時當冠，則因喪而冠之」者，鄭以經云大功、小功之末可以吉冠，則大功、小功之初當冠之時則因喪服而冠矣。鄭以前經云「以喪冠者，雖三年之喪可也」者，特據重服喪中可冠，恐輕服大功、小功者在喪不合冠，故鄭於注特明之。○同上。

○喪三年不祭，唯祭天地社稷爲越紼而行事。紼，音弗。○不敢以卑廢尊。越，猶躐也。紼，輴車索。○輴，敕倫反。○疏曰：私喪者是其卑，天地社稷是其尊，今雖遭私喪，既殯已後，若有天地社稷之祭即行之，故云「不敢以卑廢尊」也。越是踐躐之義，但未葬之前屬紼於輴以備火災，今既祭天地社稷，須越躐此紼而往祭所，故云「越紼」。云「紼輴車索」者，以停住之時指其繩體則謂之紼，若在塗人挽而行之則謂之引，鄭注雜記云：「廟中曰紼，在塗曰引。」天地社稷故有越紼之禮，六宗及山川之等卑於天地社稷，待喪終乃祭。故鄭志答田瓊云：天地郊社至尊不可廢，故越紼祭之。六宗山川之神則否。其宮中五祀在喪内則亦祭之，故曾子問云：君薨，五祀之祭不行，既殯而祭之。自啓至於反哭，五祀之祭不行，既葬而祭之。故鄭答田瓊云：五祀，宮中之神，喪時朝夕出入所祭，不爲越紼也。天地社稷之祭，預卜時日，今忽有喪，故既殯越紼行事。若遭喪之後，當天地郊社常祭之日，其啓殯至於反哭，則避此郊社祭日而爲之。按禮卒哭而祔，練而禘於廟，此等爲新死者而爲之，則非常祭也，其常祭法必待三年喪畢也。其春秋之時未至三年而爲吉祭者，皆非禮也。若杜預之意以爲既祔以後宗廟得四時常祭，三年大禘乃同於吉，故僖公三十三年：「凡君薨〔二七〕，卒哭而祔，祔而作主，特祀於主，烝嘗禘於廟。」杜注云：「新主既特祀於寢，則宗廟四時常祀。」「三年禮畢，又大禘，乃皆同於吉。」如杜之意，與三年不祭違者，按釋例云：「禮記後儒所作，不正與春秋同，是杜不盡用禮記也。」○王制○程氏遺書曰：禮言惟天地之祭「爲越紼而行事」，此事難行，既言越紼，則是猶在殯宮，於時無由致得齊，又安能脱喪服衣祭服，此皆難行。縱天地之祀爲不可廢，則消使冢宰攝爾。昔日英宗初即位，有人以此問先生曰：今人居喪，百事皆如常，特於祭祀廢之，則不如無廢爲愈也。子厚正之曰：父在，爲母喪則不敢見其父，不敢以非禮見也。今天子爲父之喪以此見上帝，是以非禮見上帝也，故不如無祭。○或問喪三年不祭，朱先生曰：程先生謂今人居喪都不能如古禮，卻於祭祀祖先獨以古禮，不行恐不得。横渠曰：如此，則是不以禮祀其親也。又曰：喪祭之禮，程、張二先生所論自不同，論正禮則當從横渠，論人情則伊川之説亦權宜之。不能已者，但家間頃年居喪，於四時正祭、三獻受胙，非居喪所可行，而俗節則唯普同一獻，不讀祝，不受胙也。如此，則於遠祖不必别議稱呼矣〔二八〕。○居喪不祭〔二九〕，伊川、横渠各有説。若論今日人家所行，則不合禮處自多，難以一概論。若用韓魏公法，則有時祭，有節祠。時祭禮繁，非居喪者所能行。節祠則其禮甚簡，雖以墨縗行事，亦無不可也。○天子崩，國君薨，則祝取羣廟之主而藏諸祖廟，禮也。卒哭成事，而后主各反其廟。詳見卒哭祔練祥禫記「卒哭」條。○天子崩，未殯，五祀之祭不行。既殯而祭，其祭也，尸入，三飯不侑，酳不酢而已矣。自啓至于反哭，五祀之祭不行。

已葬而祭，祝畢獻而已。○其齊衰之祭也，尸入，三飯不侑，酳不酢而已矣。大功，酢而已矣。小功、緦，室中之事而已矣。士之所以異者，緦不祭，所祭於死者無服則祭。以上二條詳見上因吉而凶條。○曾子問曰：「相識，有喪服可以與於祭乎？」問己有喪服，可以助相識者祭否？孔子曰：「緦不祭，又何助於人？」疏曰：身有緦服尚不得自祭己家宗廟，何得助於他人祭乎？而熊氏云：謂身有緦服，則不得自爲父母虞祔卒哭祭。」此謂同宮緦，則士爲妾有子及大夫爲貴妾是同宮緦者。若大夫士有齊衰、大功、小功、緦麻，同宮則亦不祭，若異宮則殯後得祭，故雜記云：「父母之喪，將祭而昆弟死，既殯而祭。若同宮，則雖臣妾，葬而後祭」，「虞祔亦然。」天子諸侯臣妾死於宮中，雖無服，亦不得爲父母虞祔，卒哭祭也。天子、諸侯適子死，斬衰既練乃祭，天子、諸侯爲適孫、適婦，則既殯乃祭，以異宮故也。○曾子問曰：「廢喪服，可以與於饋奠之事乎？」謂新除喪服也。孔子曰：「說衰與奠，非禮也，執事於人之神，爲其忘哀戚也。以擯相可也。」相，息亮反。○疏曰：此論大祥除服，不得與他人饋奠之事。廢，猶除也。不問可與吉祭而問可與饋奠者，以己新說喪服，吉祭禮輕，決其不可饋奠，是他人之重者，己又新始說衰，凶事相因，疑得助奠，故問之也。○曾子問[三〇]○曾子問曰：「君薨而世子生，如之何？」孔子曰：「卿大夫士從攝主，北面於西階南。」變於朝夕哭位也。攝主，上卿代君聽國政。○疏曰：公羊云：「君存稱世子，君薨稱子某。」此既君薨仍稱世子者，以其別於庶子，又用世子之禮告殯，故雖君薨猶稱世子。攝主，上卿代國政者。卿大夫士等皆衣衰服北面，文不言者，以下文云大祝禪冕，明卿大夫士等不禪冕也。注云「變於朝夕哭位」者，喪大記云：君之喪，「既正尸」，「卿大夫父兄子姓立於東方。」又士喪禮：「朝夕哭」，「丈夫即位于門外，西面北上。外兄弟在其南，南上，賓繼之，北上。」若其門内位「主人堂下直東序，西面，兄弟皆即位如外位，卿大夫在主人之南。」是朝夕内外哭位皆在東方也。今乃從攝主北面於西階南，故云變於朝夕哭位也。必於西階南者，以將告殯，近殯位故也。大祝禪冕，執束帛，升自西階盡等，不升堂，命毋哭。將有事，宜清淨也。禪冕者，接神則祭服也。諸侯之卿大夫所服禪冕，絺冕也，玄冕也。士服爵弁服，大祝禪冕則大夫。○疏曰：大祝，以大夫爲之，祝主接神，故服禪冕。禪冕，祭服也。以其將告神，故執束帛。執，持也。束帛，十端也，端則二丈。鬼神質，故用偶數也。鬼神以丈八尺爲端，鬼神之道，陰陽不測，故用陰陽之數求之。一丈象陽，八尺法陰。十端，六玄四纁，五兩，三玄二纁。纁是地色，玄是天色也。欲往告殯，故升自西階。若於堂下告則大遠，堂上告則大近殯，故升階盡等級，即不升堂。將有告事宜靜，故命毋哭。「卿大夫所服禪冕、絺冕也」者，按覲禮「侯氏禪冕」鄭注云：「禪冕者，衣禪衣而冠冕也。禪之爲言埤也。天子六服，大裘爲上，其餘爲禪。」言服禪衣而著冕，故云禪冕。言禪者，取其績繡。云「諸侯之卿大夫所服禪冕、絺冕也，玄冕也」者，此言五等諸侯之孤卿大夫唯絺冕而下，此卿兼公孤卿也。若孤卿則絺冕，若三命、再命卿大夫服玄冕，故周禮司服云：孤「自絺冕而下」，卿大夫「自玄冕而下。」周禮謂三孤六卿爲九卿，總云謂卿，四命是卿，名通於孤也。云「士服爵弁服」者，以天子大祝是大夫，諸侯則無文，若是士則爵弁。今經云「大祝禪冕」，故云「則大夫」。祝聲三，告曰：『某之子生，敢告。』聲，噫，歆警神也。某，夫人之氏也。○疏曰：言若夫人某氏之子生以告殯之辭也。直云「祝聲」，不知作何聲。論語云：「顔淵死，子曰：『噫，天喪予。』」檀弓云：「公肩假曰：『噫。』」是古人發聲多云噫，故知此聲亦謂「噫」也。凡祭祀神之所饗謂之歆，今作聲欲令神歆饗，故云「歆警神也」。升奠幣於殯東几上，哭降。几筵於殯東，明繼體也。○疏曰：謂告殯竟執束帛者升堂奠，置所執之幣於殯東几筵上畢遂哭，哭竟而降階也。按：阮諶禮圖云：「几長五尺，高尺二寸，廣二尺。」司几筵云：「凡喪事」，「右素几。」注云：「喪事，謂凡奠也。」又云：「凶事仍几。」注云：「凶事，謂凡奠几，朝夕相因，喪禮略。」以此推之，即素几是殯宮朝夕設奠之几，然殯宮几筵爲朝夕之奠常在不去，今更特設几於殯東，當明世子是繼體之主，故於常几筵之外別特設之。衆主人、卿、大夫、士，房中皆哭不踊。衆主人，君之親也。房中，婦人。盡一哀，反位，遂朝奠。反朝夕哭位。○疏曰：按士喪禮，每日之旦於朝夕哭位先哭，而後行朝奠，朝奠了又哭，今因西階前哭畢反此朝夕哭位，於位不更哭，即行朝奠禮，謂一時兼哭兩事，故云「遂朝奠」。小宰升舉幣。所主也，舉而下埋之階間。○疏曰：所以小宰舉幣，幣是小宰所主，故云所主也，故周禮小宰職云：「凡祭祀，贊玉幣爵之事。」「喪荒，受其含襚幣玉之事。」是也。必知埋之階間者，下文云「師行主命，反必告，設奠卒，斂幣玉藏諸兩階之間」，故知此幣亦埋之階間也。三日，衆主人、卿、大夫、士如初位北面，三日，負子日也，初告生時。○疏曰：三日之朝，自衆主人以下悉列西階下列位，如初日子生之儀也。以子自爲主，故不云從攝主也。大宰、大宗、大祝皆裨冕，少師奉子以衰，祝先，子從，宰宗人從，入門，哭者止。少，升召反。奉，芳勇反。從，才用反。○宰宗人，詔贊君事者。○疏曰：大宰是教令之官，大宗是主宗廟之官。初不禅冕，今得禅冕者，以爲奉子接神，故服祭服。「少師奉子以衰」者，少師主養子之官，又奉子，故與子皆著衰也。皇氏及王肅云：謂以衰衣而奉之。「祝先子從」者，祝主接神，故先進也。「少師奉子」，次從祝也。上云大宰、大宗，此直云「宰、宗人」者，皇氏云：宰則大宰，宗人則大宗也。此「祝先子從」同吉祭之禮，故特牲、少牢皆祝前主人後。若凶祭，則主人前，祝在主人後，士虞禮是也。今此亦凶而祝在前者，以其告神故也。大宰、大宗爲詔告贊君事，故次從在後也。入門，入殯宫門也。衆主人及諸臣並已先列位而哭，今祝、宰、宗三人將子入門見，故命門内在位者止哭也。子升自西階，殯前北面，祝立于殯東南隅。祝聲三，曰：『某之子某從執事，敢見。』子拜稽顙哭，見，賢徧反。○奉子者拜哭。○疏曰：「子升自西階」者，謂世子不忍從先君之階升，故由西階升。於時大宰、大宗及祝亦升，不言從者，以子爲主，故略而不言也。「殯前北面」者，殯以東爲前，謂當殯之東稍南北面也。「祝立于殯東南隅」者，祝在子之西而北面，當殯之東南，故云「殯東南隅」也。其宰及宗人，皇氏云：以次立於子之東，皆北面，若其須詔相之時，或就子前而西面也。「祝聲三」者，亦謂警神也。前告生哀甚，故盡階不升堂，此見子須近殯，故進立於殯東南隅。既警神之後，祝乃告曰：夫人某氏之子某，從執事宰、宗人等，敢見。告訖，奉子之人拜而稽顙，乃哭不踊者，未即位故也。祝、宰、宗人、衆主人、卿、大夫、士哭踊三者三，降東反位，皆袒。子踊，房中亦踊三者三，襲衰杖，踊、襲衰杖，成子禮也。○疏曰：「祝、宰、宗人、卿大夫、士哭踊三者三」，此等以子稽顙哭，故亦祝、宰、宗人在堂上北面哭，衆主人、卿、大夫、士俱在西階下北面哭而踊。每踊三度爲一節，如此者三，故云「三者三」。「降東反位」者，堂上皆降反東，在下者皆東反朝夕哭位。「降」者，謂降自西階也。「皆袒」者，以初堂上、堂下之哭非正位，故不袒，今反朝夕哭位，故皆袒。「子踊，房中亦踊」者，以上文子不踊，房中亦不踊，至此乃踊，故云「子踊，房中亦踊」，明祝、宰、宗人、衆主人及卿、大夫、士反位亦皆踊也，當子踊之時亦袒也，故下注云「踊，襲衰杖，成子禮也」。既云襲，明初時袒也。奠出。亦謂朝奠。○疏曰：恐是見子，故爲奠祭，故云「亦謂朝奠」。以告生之時遂朝奠，故云「亦謂朝奠」。知非特奠者，在殯無特告奠之法故也。大宰命祝史以名徧告于五祀山川。」因負子名之喪，於禮略也。○疏曰：按內則及左傳桓六年皆三月乃名之，今此因負子三日即名之，以喪事促遽，於禮簡略，不暇待三月也。

曾子問曰：「如已葬而世子生，則如之何？」孔子曰：「大宰、大宗從大祝而告于禰，禰，乃禮反。○告生也。○疏曰：「大宰、大宗從大祝而告于禰」者，禰，父殯宮之主也，既葬訖，殯無尸柩，唯有主在，故告於主，漸神事之故也，同廟主之名，故曰禰也。然直云三人告禰，不云攝主者，葬時攝主已弁絰葛以交神明，葬竟又服受服喪之大事便畢，攝主亦無復有此事，故子生則攝主不復與羣臣列位西階下，故自還依大宰之禮，與大宰、大宗從大祝裨冕而告殯宮中主也。不云裨冕者，未葬尚裨冕，葬後不言自顯也。不云束帛者，凡告必制幣從之可知也。三月乃名于禰，以名徧告及社稷、宗廟、山川。」疏曰：「三月乃名于禰」者，葬後神事之，故依平常之禮三日不見也。三月乃見，因見乃名，故云「乃名於禰」也。從見之人與告生不異，故不重言也。雖三日不見，其成服衰絰自依常禮也。「以名徧告及社稷、宗廟、山川」者，名於禰既畢，宰亦命祝史徧告也，不言宰命祝史，從可知也。又前不云社稷宗廟，此不云五祀，互相明也。王肅云：前三日名之，君未葬當稱子某，故三日因名之也。此經既葬稱子不稱名，故三月乃名也。○曾子問

右因凶而吉冠、昏、祭世子生。○文公二年，公子遂如齊納幣，納幣不書，此何以書？譏。何譏爾？譏喪娶也。娶在三年之外，則何譏乎喪娶？三年之内不圖婚。僖公以十二月薨，至此未滿二十五月，又禮必先納采、問名、納吉乃納幣，此四者皆在三年之内，故云耳。娶者大吉也，以爲有人心焉者，則宜於此焉變矣。春秋公羊傳

校勘記

〔一〕喪變禮十三　「十三」二字原脱，據賀本補。

〔二〕此謂奔父之喪若母之喪　「若母之喪」四字原脱，據賀本補。

〔三〕有賓後至者則拜之成踊　「者」字原脱，據賀本補。

〔四〕值主人成服之節　「人」字原脱，據賀本補。

〔五〕大功以上則有免麻東方三日成服　「上」，原作「下」，據四庫本、賀本改。

〔六〕按經文直言免麻于東方即位　「文」，原作「史」，據賀本改。

〔七〕禮文略也　「文」，原作「大」，據賀本改。
〔八〕亡人苟入掃除宗廟　「除」，原作「祭」，據四庫本、賀本改。
〔九〕定公元年春秋穀梁傳　「傳」字原缺，據賀本補，四庫本句作「詳見弔禮弔條」。
〔一〇〕按左傳定四年祝佗云封康叔以綪茷　「佗」，賀本作「鮀」。
〔一一〕輲讀爲輇　「輇」，原作「軫」，據賀本改。
〔一二〕或曰大夫既有素錦爲帳　「曰」，原作「可」，據四庫本、賀本改。
〔一三〕棺物皆共之　句下，賀本有「〇秋官」二字。
〔一四〕僖公四年春秋左氏傳　「四」，原作「七」，據賀本改。
〔一五〕初欲迎賓之時　「欲」，原作「飲」，據賀本改。
〔一六〕雖在周前　「周」，原作「用」，據賀本改。
〔一七〕不可曠年廢人昏嫁也　「嫁」，原作「禮」，據賀本改。
〔一八〕前後深邃　「邃」，原作「遠」，據呂本、賀本改。
〔一九〕簂笄鬠　「笄」下，原又有「笄」字，據賀本删。
〔二〇〕皇氏以爲就喪家爲位哭也　「家」字原脱，據賀本補。
〔二一〕同上　句上，賀本有「並」字。
〔二二〕以祭是吉　「吉」字原脱，據賀本補。

〔二三〕哭成踊　「踊」字原作「服」，據朝鮮本及禮記正義改。
〔二四〕周禮　句下，賀本有「秋官」二字。
〔二五〕周禮　句下，賀本有「秋官」二字。
〔二六〕經云小功則不可者　「經」字原脱，據賀本補。
〔二七〕故僖公三十三年凡君薨　下「三」字，原作「二」，據賀本改。
〔二八〕則於遠祖不必別議稱呼矣　「不」字原脱，據呂本、四庫本、賀本補。
〔二九〕居喪不祭　句上，賀本有「又曰」二字。
〔三〇〕曾子問　句上，賀本有「並」字。

儀禮經傳通解續卷第十四

弔禮十四[一]

喪禮十二

補

喪祝：王弔，則與巫前。喪祝與巫，以桃厲執戈在王前。○春官○男巫：王弔，則與祝前。巫、祝前王也。○同上。○典路：王弔于四方，以路從。王乘一路，典路亦以餘路從行，亦以華國。○同上。○大司馬：若師不功，王弔勞士庶子，則相。師敗，王親弔士庶子之死者，勞其傷者，則相王之禮。庶子，卿大夫之子從軍者，或謂之庶士。○夏官○太僕：掌三公孤卿之弔勞。疏曰：此等皆王親往，今使太僕者，或王有故不得親往，故使太僕也。○同上。○宰夫：凡邦之弔事，掌其戒令。詳見贈喪條。○小臣：掌士大夫之弔勞。此亦王使往。○夏官○女巫：若王后弔，則與祝前。女巫與祝前，后如王禮。○春官○女御：從世婦而弔于卿大夫之喪。從之數蓋如使者之介云。○疏曰：三夫人象三公，九嬪象孤卿，二十七世婦象大夫，女御象元士，但介數依命數爲差，則王之大夫四命，世婦之從亦四人。以無正文，故言「蓋」言「云」以疑之也。○天官○鬯人：凡王弔臨，共介鬯。介，音界。○以尊適卑曰臨。玄謂：曲禮曰：「摯，天子鬯。」王至尊，介爲執致之〔二〕，以禮於鬼神與？○疏曰：「摯天子鬯」者，彼摯下與諸侯圭，卿羔已下爲目，此天子以鬯爲摯，若卿羔之類。但天子至尊，不自執，使介爲執致之以禮於鬼神與者，無正文，蓋置於神前，故云「與」以疑之。○春官○内宗：凡卿大夫之喪，掌其弔臨。王后弔臨諸侯而已，是以言掌卿大夫云。○疏曰：諸侯爲賓王后弔臨之，卿大夫已臣輕，故王后不弔臨，遣内宗掌弔臨之事〔三〕，明爲后掌之。若然，天官世婦云：「掌弔臨于卿大夫之喪。」彼注云：「王使往弔也。」此后不弔臨大夫之喪。按喪大記諸侯夫人弔臨卿大夫者，諸侯臣少故也。○同上。○世婦：掌弔臨于卿大夫之喪。王使往弔。○疏曰：按内宗云：「凡卿大夫之喪，掌其弔臨。」注云：「王后弔臨諸侯而已。」彼上文與后事相連，彼主於后，故知此王使往也，若然，后無外事。彼弔諸侯謂三公、王子母弟，若畿外諸侯則后不弔，以王爲三公、六卿錫衰，諸侯緦衰，諸侯既輕於王之卿，卿既后不親弔，畿外諸侯不親弔可知。然喪大記諸侯夫人弔卿、大夫、士之喪者，以諸侯臣少〔四〕，故不分别尊卑，夫人皆弔之也。按司服公卿大夫皆王親弔之，此文使世婦往弔者，此蓋使世婦致禮物。但弔是大名，雖致禮亦名爲弔，是以大僕云：「掌三公六卿之弔勞。」注云：「王使往。」小臣云：「掌士大夫之弔勞。」注云：「致禮同名爲弔。」是其事也。此所弔不言三公與孤者，文不具也。○天官○寺人：凡内人弔臨于外，則帥而往，立于其前而詔相之。臨，良鴆反。○從世婦所弔。若哭其族親，立其前者，賤也。賤而必詔相之者，出入於王宮，不可以闕於禮。○疏曰：知從世婦不自弔臨者，按世婦職云：「掌弔臨于卿大夫之喪。」故内人得從之也。云「若哭族親」者，世婦所掌弔唯云弔卿大夫。云哭族親，據理而言。王后有哭族親之法，則内人、女御亦往哭之。○天官○内宗：大喪，序哭者，外、内宗及命婦。哭諸侯亦如之。疏曰：此諸侯來朝，薨於王國，王爲之緦衰者也，若檀弓云：以爵弁純衣哭諸侯。彼謂薨於本國，王遥哭之，則婦人不哭之，婦人無外事故也。○春官○外宗：大喪則叙外内朝莫哭者，哭諸侯亦如之。内、外宗及外命婦。○同上。○君臨臣喪，以巫祝桃茢執戈。詳見喪禮義。○先王之制，諸侯之喪，士弔大夫送葬。詳見「會葬」條。○弔者即位于門西東面，其介在其東南，北面西上，西於門，主孤西面。○上客臨，客立于門西，介立于其左東上，孤降自阼階拜之。同上〔五〕。○按：諸侯使人弔，含襚賵臨，同日畢事，其序則弔在前，臨在後。今以弔臨爲哀死者之事，含襚賵是贈死者之事，故舉弔臨兩條之略於此。其全文則詳見「贈喪」條，列於含襚賵之先後，庶有以見行禮之序云。○君使人弔，徹帷，主人迎于寢門外，見賓不哭。詳見士喪禮「君使人弔」條。○大夫之喪，將大斂，既鋪絞紟衾衣，君至。詳見喪大記「大斂」條。○士之喪，將大斂，君不在，其餘禮猶大夫也。同上。○君於大夫、世婦，大斂焉；爲之賜，則小斂焉。詳見喪大記「殯後受弔」條。○大夫士既殯，而君往焉。同上。○君若有賜，則視斂。詳見士喪禮「君視斂」條。○君弔，見尸柩而后踊。詳見喪大記「殯後受弔」條。○諸侯非弔死問疾而入諸臣之家，是謂君臣爲謔。詳見喪禮義。○喪，公弔之，曰：「寡君承事。」示亦爲執事來。主人曰：「臨。」君辱臨其臣之喪。○檀弓○諸侯弔於異國之臣，則其君爲主。君爲之主弔臣恩爲己也，子不敢當主，中庭北面哭不拜。○疏曰：君無弔他臣之禮，若來在此國遇主國之臣喪時，爲彼君之故而弔，故主國君代其臣之子爲主。○小記○賓入竟而死，遂也。主人爲之具而殯。君弔，介爲主人。詳見變禮。○君遇柩於路，必使人弔之。君於臣民有父母之恩。○檀弓○夫人弔於大夫士，主人出迎于門外。詳見喪大記○大夫君不迎于門外，入即位于堂下。同上。○五廟之孫，祖廟未毁，雖爲庶人，死必赴，練祥則告。族之相爲也，宜弔不弔，宜免不免，音問。有司罰之。至于賵賻承含，皆有正焉。承，音贈。○疏曰：族人雖或至賤，吉凶必須相告，弔賵含贈皆當有正禮，庶子掌其正焉。承文在賻含之閒，則贈含之類故以承爲贈。云「正」者，庶子之官治之，使賵賻隨其親疏各有正禮。○文王世子○敬弔臨賻賵，睦友之道也。臨，如字，又力鴆反。○疏曰：言君敬重弔臨賵賻，不使闕失者，是君親睦和友之道也。○同上。○上二條含襚賵通用。○公族之罪刑于隱者，弗弔，弗爲服，哭于異姓之廟，爲忝祖，遠之也。疏曰：隱，隱僻之處，謂甸師也，爲其犯罪忝辱先祖，於公法合疏遠之也。○同上。○知生者弔，知死者傷。知生而不知死，弔而不傷；知死而不知生，傷而不弔。人恩各施於所知也。弔、傷，皆謂致命辭也。雜記曰：諸侯使人弔，辭曰：「寡君聞君之喪，寡君使某如何不淑。」此施於生者，傷辭未聞也。說者有弔辭云：「皇天降災，子遭罹之，如何不淑。」此施於死者，蓋本傷辭，辭畢退皆哭。○疏曰：此論弔傷之法。若存之與亡並識，則遣設弔辭、傷辭兼行，若但識生而不識亡，則唯遣設弔辭而無傷辭，若但識亡，唯施傷辭而無弔辭也。云「辭畢退皆哭」者，然弔辭乃使口致命，若傷辭當書之於板，使者讀之而奠致殯前也。按雜記行弔之後，致含襚賵畢乃臨，若不致含襚賵，則弔訖乃臨也，故云弔傷辭畢皆哭。○曲禮

○弔於人，是日不樂。君子哀樂不同日，子於是日哭則不歌。行弔之日，不飲酒食肉焉。以全哀也。○檀弓○弔生不及哀，非禮也。詳見賵條。○凡非弔喪，非見國君，無不答拜者。禮尚往來，喪賓不答拜，不自賓客也。國君見士不答其拜，士賤。○疏曰：凡拜而不答拜者，唯有弔喪士見己君二條耳。弔所以賓不答拜者，己本來爲助執喪事，非行賓主之禮，故主人雖拜己，己不答也，故士喪禮有賓則拜之，賓不答拜是也。君不答者，謂士見己君，君尊不答也。○曲禮○入臨不翔。哀傷之，無容樂。○曲禮○有殯，聞遠兄弟之喪，同國則往哭之。喪無外事。○疏曰：以其己有喪殯，不得嚮他國〔六〕。○哭日不歌。曲禮○哭則不歌。詳見「哀有喪」條。○尊長於己踰等，喪俟事不犆弔。踰等，父兄黨也。○疏曰：俟事，謂待朝夕哭時。不犆弔，謂不非時而獨弔。○少儀○齊者不樂不弔。爲哀樂則失正散其思也。○檀弓○三年之喪，雖功衰不弔，自諸侯達諸士，如有服而將往哭之，則服其服而往。功衰，既練之服。諸侯服新死者之服而往哭，謂所不臣也。練則弔。父在，爲母功衰可以弔人者，以父在，故輕於出也。然則，凡齊衰十一月，皆可以出矣。既葬大功弔，哭

而退，不聽事焉。聽，猶待也。事，謂襲斂執綍之屬。期之喪未葬，弔於鄉人，哭而退，不聽事焉。功衰弔，待事不執事。謂爲姑姊妹無主，殯不在己族者。小功緦，執事不與於禮。禮饋奠也。○疏曰：重喪小祥後衰與大功同，故曰功衰。衰雖外輕而痛猶内重，故不得弔人也。功衰雖不弔人，若自有五服之親喪則往哭之，將往哭則不著己功衰服而依彼親之節以服之，申於骨肉之情故也。賀瑒云：若新死者服輕則不爲之制服，雖不爲重變而爲之制服。往奔喪哭之則暫服所制之服，往彼哭之事畢反服故服也。上文自諸侯達諸士，然諸侯絶期，今云服其服而往，當是敵體。又所不臣者，謂始封君不臣諸父昆弟也，故鄭明之也。大祥始除衰杖而練得弔人者，以父在爲母，故輕於出，言得出也。「既葬大功」者，謂身有大功之喪，既葬之後往弔他喪，弔哭既畢則退去，不待主人襲斂之事，期喪練弔則亦然也。期之喪未葬，謂姑姊妹無主，爲之服期喪未至於葬，往弔於鄉人之喪，不聽待主人襲斂之事焉。「功衰弔」者，謂此姑姊妹等期喪，至既葬受以大功衰，謂之功衰。至此之後，若弔於鄉人，其情稍輕於未葬之前，得待主人襲斂之時，但不親自執事。小功緦服輕，故未葬便可弔人，亦爲彼擯相，但不得助彼饋奠耳。曾子問曰：「説衰與奠，非禮也，以擯相可也。」是擯相輕而饋奠重也。○雜記○曾子問曰：「三年之喪，弔乎？」子曰：「三年之喪，練，不羣立，不旅行。君子禮以飾情，三年之喪而弔哭，不亦虚乎？」爲彼哀則不專於親也，爲親哀則是妄弔。○疏曰：云「虚」者，弔與服並虚也。○曾子問○有殯，聞遠兄弟之喪，雖緦必往；親骨肉也。非兄弟，雖鄰不往。疏無親也。所識，其兄弟不同居者皆弔。就其家弔之，成恩舊也。○疏曰：此文連上有殯之下，若其骨肉兄弟，雖緦必往，若其非兄弟骨血、疏外之人，雖鄰不往。今有既非兄弟，又非疏外，平生所共知識往來同恩好，今若身死者，兄弟雖不同居，亦就往弔之，成其死者之恩舊也。其死者兄弟不同居尚往弔之，則死者子孫就弔可知，舉疏以見親也。己有殯得弔之者，以其死者與我有恩舊。○檀弓○婦人不越疆而弔人。不通於外。○檀弓○婦人非三年之喪，不踰封而弔。雜記○五十無車者不越疆而弔人。氣力始衰。○檀弓○死而不弔者三：謂輕身忘孝也。畏，人或時以非罪攻己，己不能有以說而死之者，孔子畏於匡。厭，行止危險之下。溺。不乘橋舡。○疏曰：匡人謂孔子爲陽虎，欲殺之，論語注云：「微服而去。」謂身著微服潛行而去，不敢與匡人鬬，以媚悦之。壓，爲崩墜所壓殺也。溺，謂不乘橋舡而入水死者。何胤云：馮河、潛泳，不爲弔也。○檀弓○其國有君喪，不敢受弔。疏曰：國有君喪而臣又有親喪，則不敢受他國賓來弔，以義斷恩，哀痛主於君，不私於親也。○雜記○大夫之喪，庶子不受弔。不以賤者爲有爵者主。○檀弓

右弔臨哭附。○周人有喪，魯人有喪，周人弔，魯人不弔。周人曰：「固吾臣也，使人可也。」魯人曰：「吾君也，親之者也，使大夫則不可也。」故周人弔，魯人不弔，以其下成康爲未久也。定公元年穀梁傳○今按：禮記王制：「天子七日而殯，七月而葬。」疏曰：「其諸侯奔喪。」按異義：「公羊說：天王喪，赴者至，諸侯哭，雖有父母之喪，越紼而行事，葬畢乃還。左氏說：王喪，赴者至，諸侯既哭問，故遂服斬衰，使上卿弔，上卿會葬。經書：叔孫得臣如京師，葬襄王。以

爲得禮。」許慎按：「易下邳傅甘容説：諸侯在千里内皆奔喪，千里外不奔喪。若同姓，千里外猶奔喪，親親也。容説爲近禮。」鄭駁之云：「天子於諸侯無服，諸侯爲天子斬衰三年」，尊卑有差。按：魯夫人成風薨，王使榮叔歸含且賵，召伯來會葬，傳曰：禮也。襄王崩，叔孫得臣如周葬襄王，天子於魯既含且賵，又會葬，爲得禮。則是魯於天子一大夫，會爲不得禮可知。又左傳云：鄭游吉云：「靈王之喪，我先君簡公在楚，我先大夫印段實往，敝邑之少卿也。王吏不討，恤所無也。」豈非諸侯奔天子喪及會葬之明文。説左氏者云：諸侯不得棄其所守奔喪，自違其傳。同姓雖千里外猶奔喪，又與禮乖。但説左氏者自違其傳，云不奔喪。○邾婁子來奔喪，奔喪非禮也。禮：天子崩，諸侯奔喪會葬。諸侯薨，有服者奔喪，無服者會葬。魯與邾婁無服，故以非禮書。○定十五年公羊傳○齊孝公卒，有齊怨，不廢喪紀，禮也。弔贈之數不有廢。○僖二十七年左氏傳○文、襄之霸也，君薨，大夫弔，卿共葬事；夫人，士弔，大夫送葬。詳見「會葬」條。○滕成公之喪，使子叔敬叔弔，進書，子叔敬叔，魯宣公弟叔弓也〔七〕。進書，奉公弔書。子服惠伯爲介。及郊，爲懿伯之忌，不入。郊，滕之近郊也。懿伯，惠伯之叔父。忌，怨也。敬叔有怨於懿伯，難惠伯也。春秋傳曰：「敬叔不入。」惠伯曰：「政也，不可以叔父之私不將公事。」政，君命所爲。敬叔於昭穆以懿伯爲叔父。遂入。惠伯强之乃入。○疏曰：此論不可以私廢公之事。云「敬叔有怨於懿伯難惠伯」者，謂敬叔殺懿伯，被懿伯家所怨，恐惠伯殺己，故難惠伯不敢入也。然敬叔、惠伯同在君朝，又奉使滕國，相隨在路，不相畏難，入滕始難者，雖有怨讎，恒爲防備。今入滕國，是由主人其防備之事，不復在己，故難之。○檀弓○季文子卒，大夫入斂，公在位。在阼階西鄉。○襄公五年春秋左氏傳○隱公元年冬十有二月，公子益師卒，公不與小斂，故不書日。禮：卿佐之喪，小斂、大斂，君皆親臨之，崇恩厚也。始死，情之所篤，禮之所崇，故以小斂爲文。○左氏傳○季孫之母死，哀公弔焉。曾子與子貢弔焉，閽人爲君在，弗内也。曾子與子貢入于其廄而脩容焉，子貢先入，閽人曰：「鄉者已告矣。」曾子後入，閽人辟之。涉内霤，卿大夫皆辟位，公降一等而揖之。君子言之曰：「盡飾之道，斯其行者遠矣。」疏曰：按喪大記：君臨大夫之喪，將大斂，鋪絞紟，君至，「君即位于序端，卿大夫即位于堂廉楹西，北面東上。」是辟位者蓋少西逡巡而東面，不當北面之位。然君在，大夫得私爲二子辟位者，卿大夫等見公將降，故先辟位。或公始入升堂之後，卿大夫猶庭中北面辟位者，謂辟中庭之位少近東耳。又弔有常服，而得特爲盡飾者，謂更服新衣也。○檀弓○公行子有子之喪，右師往弔，入門，有進而與右師言者，有就右師之位而與右師言者。集注曰：公行子，齊大夫。右師，王驩也。孟子不與右師言，右師不悦曰：「諸君子皆與驩言，孟子獨不與驩言，是簡驩也。」簡，略也。孟子聞之曰：「禮：朝廷不歷位而相與言，不踰階而相揖也。我欲行禮，子敖以我爲簡，不亦異乎？」朝，音潮。○是時齊卿大夫以君命弔，各有位次。若周禮，凡有爵者之喪禮，則職喪涖其禁令，序其事，故云朝廷也。歷，更涉也。

位，他人之位也。右師未就位而進與之言，則右師歷己之位矣；右師已就位而就與之言，則己歷右師之位矣。孟子、右師之位又不同階，孟子不敢失此禮，故不與右師言也。○孟子○顔回死，魯定公弔焉，使人訪於孔子，孔子對曰：「凡在封内，皆臣子也。禮：君弔其臣，升自東階，向尸而哭，其恩賜之施，不有笇也。」笇，蘇亂反。○笇，計也，又竹器也。○家語○衛靈公適魯，遭季桓子之喪，衛君請弔，哀公辭，不得命。公爲主，客入弔，康子立于門右北面，公揖讓升自東階西鄉。客升自西階弔，公拜興哭，康子拜稽顙於位，有司弗辯也。今之二孤，自季康子之過也。曾子問○哀公使人弔蕢尚，遇諸道，辟于路，畫宫而受弔焉。哀公，魯君也。畫宫，畫地爲宫象。曾子曰：「蕢尚不如杞梁之妻之知禮也。齊莊公襲莒于奪，杞梁死焉，其妻迎其柩於路而哭之哀。莊公使人弔之，對曰：『君之臣免於罪，則有先人之敝廬在，君無所辱命。』」無所辱命，辭不受也。春秋傳曰：「齊侯弔諸其室。」○檀弓○魯人有同姓死而弗弔者，人曰：「在禮當免不免，當弔不弔，有司罰之，如之何子之無弔也？」答曰：「吾以其疏遠也。」子思聞之曰：「無恩之甚也！昔者季孫問於夫子曰：季孫，季康子肥。『百世之宗有絶道乎？』子曰：『繼之以姓，義無絶也。故同姓爲宗，合族爲屬。雖國子之尊，國子，諸侯卿大夫之子。不廢其親，所以崇愛也。是以綴之以食，序列昭穆，萬世婚姻不通，忠篤之道然也。』」孔叢子雜訓○顔淵死，子曰：「噫！天喪予！天喪予！」喪，去聲。○集注曰：噫，傷痛聲。悼道無傳，若天喪己也。○顏淵死，子哭之慟。從者曰：「子慟矣！」從，去聲。曰：「有慟乎？哀傷之至，不自知也。非夫人之爲慟而誰爲！」夫，音扶。爲，去聲。○夫人，謂顏淵。言其死可惜，哭之宜慟，非他人之比也。○胡氏曰：痛惜之至，施當其可，皆情性之正也。○論語○子張死，曾子有母之喪，齊衰而往哭之。或曰：「齊衰不以弔。」曾子曰：「我弔也與哉？」於朋友哀痛甚而往哭之，非若凡弔。○疏曰：此一節論哭朋友失禮之事。○孔子兄子有孔篾者，與宓子賤偕仕。孔子往過孔篾而問之曰：「自汝之仕，何得何忘？」對曰：「未有所得，而所忘者三：公事多急，不得弔死問疾，是朋友之道闕也。」孔子不悦，往過子賤，問如孔篾，對曰：「雖有公事，而兼以弔死問疾，是朋友篤也。」孔子喟然謂子賤曰：「君子哉，若人！魯無君子者，則子賤焉取此。」家語○載馳，許穆夫人作也。衛懿公爲狄所滅，許穆夫人閔衛之亡，傷許之小力不能救，思歸唁其兄，又義不得，故賦是詩也。疏曰：在禮，諸侯夫人父母終，唯得使大夫問於兄弟，有義不得歸，是以許人尤之，故賦詩而見己志也。○詩○初，齊豹見宗魯於公孟，見，賢偏反。○薦達也。爲驂乘焉。將作亂，而謂之曰：「公孟之不善，子所知也，勿與乘，吾將殺之。」對曰：「吾由子事公孟，子假吾名焉，故不吾遠也。遠，于萬反〔八〕。○言子借我以善名，故公孟親近我。今聞難而逃，是僭子，僭，子念反。○使子言不信也。子行事乎？吾將死之，以周事子，周猶終竟也。而歸死於公孟，其可也。」丙辰，衛侯在平壽，齊氏用戈擊公孟，宗魯以背蔽之，斷肱，以中公孟之肩，皆殺之。琴張聞宗魯死，將往弔之，仲尼曰：「齊豹之盜，而孟縶之賊，女何弔焉？」言齊豹所以爲盜，孟縶所以見賊，皆由宗魯。○昭公二十年春秋左氏傳○文公十有五年，「齊人歸公孫敖之喪」，爲孟氏，且國故也。爲，于僞反。○孟氏，公孫敖家，慶父爲長庶，故或稱孟氏。敖卒，則惠叔請之，至今期年而猶未已，爲惠叔毀請，且國之公族，故聽其歸殯而書之。襄仲欲勿哭，怨敖取其妻。惠伯曰：「喪，親之終也，雖不能始，善終可也。史佚有言曰：『兄弟致美，各盡其美，義乃終。救乏、賀善、弔災、祭敬、喪哀，情雖不同，毋絶其愛，親之道也。』」襄仲說，帥兄弟以哭之。左氏傳○鄭人殺良霄，伯有死於羊肆，羊肆，市列。子産襚之，枕之股而哭之，枕，之鴆反。斂而殯諸伯有之臣在市側者，既而葬諸斗城。斗城，鄭地名。子駟氏欲攻子産，子皮怒之曰：「禮，國之幹也，殺有禮，禍莫大焉。」乃止。斂葬伯有爲有禮。○襄三十年春秋左氏傳○陽門之介夫死，陽門，宋國門名。介夫，甲衛士。司城子罕入而哭之哀。宋以武公諱司空，爲司城。晉人之覘宋者，反報於晉侯曰：「陽門之介夫死而子罕哭之哀，而民說，殆不可伐也。」孔子聞之曰：「善哉，覘國乎！善其知微。詩云：『凡民有喪，扶服救之。』救猶助也。雖微晉而已，天下其孰能當之？」疏曰：微，非也。言晉之强盛猶不能當宋，雖非晉之强，天下更有强於晉者，誰能當之。言縱有强者，不能當宋。而已，是助句語

也。○檀弓

小宰：受其含襚幣玉之事。詳見喪大記。○大宰：以九式均節財用，三曰喪荒之式。詳見喪通禮「財用」條。○大宗伯：以喪禮哀死亡。哀，謂親者服焉，疏者含襚。○疏曰：按士喪禮：親者「不將命。」注云：「大功已上有同財之義。」無歸含法。鄭云親者服焉，據大功親已上直有服，無含法，若小功以下有含并有服也。若然，此據大夫已下而説。天子、諸侯雖無服，其含襚則有之，故春秋王使榮叔歸含且賵，士喪禮君使人襚，明天子、諸侯於臣子皆有含襚也。○春官○宰夫：凡邦之弔事，掌其戒令，與其幣器財用，凡所共者。弔事，弔諸侯諸臣。幣，所用賻也。器，所致明器也。凡喪，始死弔而含襚，葬而賵贈。其間加恩厚，則有賻焉。春秋譏武氏子來求賻。○疏曰：弔，謂王使人弔，諸侯自弔，諸臣須從王行者，并有贈喪之具，百官當共，故宰夫總戒令之，與其幣器財用凡所共者也。又曰：檀弓云：「君臨臣喪，巫祝桃茢執戈，惡之也。」此弔諸臣之法。春秋左氏王使榮叔歸含且賵，是有弔法，故云弔諸侯諸臣也。云「幣所用賻也」者，公羊傳：口實曰含，「車馬曰賵，衣服曰襚。」幣不入含襚賵中，故知是賻也。云「凡喪，始死弔而含襚，葬而賵贈，其間加恩厚則有賻焉」者，欲見賻非正禮，其賻乃是於死者恩厚乃加之，故禮記云：「弔喪弗能賻，不問其所費。」是恩厚之義也。云「春秋譏武氏子來求賻」者，隱公三年公羊文。按公羊云：「武氏子來求賻，何以書？譏。何譏爾？喪事無求，求賻非禮。」何休云：「禮本爲有財者制，有則送之，無則致哀而已，不當求，求則皇皇傷孝子心。」「蓋通於下」，何休云：「爾者，嫌天子財多不當求，下財少可求〔九〕，故明皆不當求。」鄭引此者，見王於諸侯諸臣有歸則爾，諸侯諸臣亦不得求也。顔路請子之車，孔子不與，亦是不合求，故抑之也。○天官○太府：凡邦國之貢，以待弔用。此九貢之財所給也，給弔用，給凶禮之五事。○疏曰：大宗伯云：「凶禮，哀邦國之事。」下云有喪禮、荒禮、弔禮、禬禮、恤禮五禮，皆須以財貨哀之，故云「給凶禮之五事」〔一〇〕。○職喪：凡國有司，以王命有事焉，則詔贊主人。有事，謂含禭贈賻之屬。詔贊者以告主人，佐其受之。鄭司農云：凡國，謂諸侯國。有司，謂王有司也。以王命有事，職喪主詔贊主人。玄謂：凡國有司，有司從王國以王命往。凡公有司之所共，職喪令之趣其事。令，令其當共物。有司或言公，或言國，言國者由其君所來，居其官曰公，謂遣使奉命有贈之物，各從其官出，職喪當催督也。○疏曰：「令，令其當供物」者，謂諸官依法合供給喪家者，不待王命，職喪依式令之使相供〔一一〕。○春官○諸侯使人弔，其次含禭賵臨，皆同日而畢事。言五者相次同時。○弔者即位于門西東面，其介在其東南北面西上，西於門。賓立門外，不當門。主孤西面，立於阼階下。相者受命曰：「孤某使某請事。」客曰：「寡君使某，如何不淑。」受命，受主人命以出也。不言擯者，喪無接賓也。淑，善也。如何不善，言君痛之甚，使某弔。相者入告，出曰：「孤某須矣。」弔者入，主人升堂西面。弔者升自西階，東面致命曰：「寡君聞君之喪，寡君使某，如何不淑。」子拜稽顙，弔者降反位。」出反門外位。含者執璧將命曰：「寡君使某含。」相者入告，出曰：「孤某須矣。」含玉爲璧制，其分寸大小未聞。含者入，升堂致命，子拜稽顙。含者坐委于殯東南，有葦席，既葬蒲席，降出反位。言降出反位，則是介也。春秋有既葬歸含賵襚，無譏焉，皆受之於殯宮。宰夫朝服即喪屨，升自西階，西面坐取璧，降自西階以東。朝服，告鄰國之禮也。即，就也，以東藏於内也。○疏曰：弔者既爲上客，又賵者是上介，則此含者、襚者當是副介、末介，但含襚於死者爲切，故在先陳之。襚者曰：「寡君使某襚。」相者入告，出曰：「孤某須矣。」襚者執冕服，左執領，右執要，入，升堂致命曰：「寡君使某襚。」子拜稽顙，委衣于殯東。亦於席上所委璧之北，順其上下。襚者降，受爵弁服於門内霤將命，子拜稽顙如初。受皮弁服于中庭，自西階受朝服，自堂受玄端將命，子拜稽顙皆如初。襚者降，出反位。宰夫五人舉以東，降自西階，其舉亦西面。亦西面者，亦襚者委衣時。○疏曰：上云「委衣于殯東」，又云「受爵弁」「受皮弁」「受玄端」〔一二〕，皆云「如初」，是皆在殯東西面而嚮殯。今云舉者「亦西面」，是亦如襚者西面也。其服重者使執而入，爵弁受於内霤，皮弁受於中庭，朝服受於西階，玄端受於堂。既受處不同，則陳於璧北亦重者在南。凡諸侯相襚，衣數無文，據此，其服有五，又先路褒衣不以襚，以外無文。上介賵，執圭將命曰：「寡君使某賵。」相者入告，反命曰：「孤某須矣。」陳乘黄大路於中庭，北輈，執圭將命。客使自下由路西，子拜稽顙，坐委于殯東南隅，宰舉以東。輈，轅也。自，率也。下，謂馬也，馬在路之下。覲禮曰：「路下四亞之。」客，給使者也。入設乘黄於大路之西，客入則致命矣。使，或爲史。凡將命，鄉殯將命，子拜稽顙，西面而坐委之。宰舉璧與圭，宰夫舉襚，升自西階，西面坐取之，降自西階。

賵者出，反位于門外。乃著言門外，明禮畢將更有事。○疏曰：客使，謂客之從者爲客所使，故曰客使。隱元年公羊傳云：「賵者蓋以乘馬束帛，車馬曰賵，貨財曰賻，衣被曰襚。」穀梁云：「乘馬曰賵，衣衾曰襚，貝玉曰含，錢財曰賻。」又按釋廢疾云：「天子於諸侯，含之賵之。諸侯於卿大夫，如天子於諸侯。諸侯於士，如天子於諸侯臣，襚之賵之。天子於二王之後，含爲先，襚則次之，賵爲後。諸侯相於，如天子於二王之後。」鄭知天子於二王後含襚賵者，爲約此雜記兩諸侯相敵，明天子於二王後亦相敵也。知諸侯亦然者，約雜記文。鄭知天子於諸侯含賵者，約文五年榮叔歸含且賵，三傳但譏兼禮，不譏其數是也。鄭知天子於諸侯臣襚之賵之者，約士喪禮諸侯於士有襚有賵，明天子於諸侯臣亦然。鄭知諸侯於卿大夫如天子於諸侯者，更無所尊，明尊此卿大夫含之賵之也。凡此於其妻亦如其夫，知者，約宰咺來歸惠公、仲子之賵，又約魯夫人成風之喪，王使榮叔歸含且賵以外，推此可知。上客臨曰：「寡君有宗廟之事，不得承事，使一介老某相執綍。」上客，弔者也。臨，視也。言欲入視喪所不足而給助之謙也，其實爲哭耳。相者反命曰：「孤某須矣。」臨者入門右，介者皆從之，立于其左東上。入門右，不自同於賓客。宗人納賓，升受命于君，降曰：「孤敢辭吾子之辱，請吾子之復位。」客對曰：「寡君命某毋敢視賓客，敢辭。」宗人反命曰：「孤敢固辭吾子之辱，請吾子之復位。」客對曰：「寡君命某毋敢視賓客，敢固辭。」宗人反命曰：「孤敢固辭吾子之辱，請吾子之復位。」客對曰：「寡君命使臣某毋敢視賓客，是以敢固辭。固辭不獲命，敢不敬從。」賓三辭而稱使臣爲恭也，爲恭者將從其命。客立于門西，介立于其左，東上。孤降自阼階，拜之，升，哭，與客拾踊三。拜客謝厚意。客出，送于門外，拜稽顙。疏曰：謙言使一介老臣某助主人執其葬紼，其實爲哭而來。上云「孤某須矣」是不出迎，以主人悲戚，無暇接賓。去拜送者，謝其勞辱來也。○雜記〔一三〕○族之相爲也，賵賻承含，皆有正焉。○弔臨賵賻，睦友之道也。上二條詳見弔條。○貨財曰賻，輿馬曰賵，衣服曰襚，玩好曰贈，玉貝曰含。賻、賵，所以佐生也；贈、襚，所以送死也。送死不及柩尸，弔生不及悲哀，非禮也。故賵贈及事，禮之大也。荀子○詳見喪禮義。○諸侯相襚以後路與冕服，先路與褒衣不以襚。不以己之正者施於人，以彼不以爲正服所用也。後路，貳車，貳車行在後也。○雜記○臣致襚於君，則曰「致廢衣於賈人」，賈，音價。○言廢衣不必其以斂也，賈人知物善惡也。敵者曰「襚。」衣送敵者死無謙，故曰襚也。○少儀○君無襚，大夫士畢主人之祭服，親戚之衣，受之不以即陳。詳見喪大記。○君使人襚，徹帷，主人如初，襚者左執領，右執要，入，升，致命。詳見士喪禮「始死君使人襚」。○親者襚，不將命，以即陳。詳見「始死親友襚」。○庶兄弟襚，使人以將命于室，主人拜于位，委衣于尸東牀上。同上。○朋友襚，親以進。同上。○親者兄弟不以襚進。疏曰：進，謂執之將命也。若非親者相襚，則擯者傳辭將進以爲禮節。若有親者相襚，但直將進陳之，不須執以將命也。按士喪禮，大功以上，同財之親襚，不將命，即陳於房中，小功以下及同姓等皆將命。○少儀○有襚者，則將命，擯者出請入告，主人待于位。詳見士喪禮「小斂奠後有襚者」條。○朋友親襚，如初儀。同上。○襚者以褶，則必有裳。執衣如初，升降自西階，以東。同上。○賵馬入廟門，以其主於死者。賻馬與其幣，大白兵車，不入廟門。以其主於生人也。兵車，革路也。雖爲死者來，陳之於外，戰伐田獵之服非盛者也。周禮革路建大白，以即戎。○疏曰：禮既祖訖而後賵馬，入設於廟庭，而入門者，欲以供駕魂車也，故云主於死者。以馬助生人營喪曰賻馬，幣謂以財貨賻助主人喪用，並是助主人之物，故不將入廟，故云以其主於生人也。大白，革路之旗。兵車，即革路也。雖並爲送喪之從車，而其本是田戰之具，故不可入廟門，故云戰伐田獵之服非盛者也。此謂諸侯有喪，鄰國之君有以大白兵車而賻之者。賻者既致命，坐委之，擯者舉之，主人無親受也。喪者非尸柩之事不親也。舉之，舉以東。○柩，音舊。○疏曰：坐，猶跪也，謂賻者跪委物於地，主人擯者舉而取之。主人無親受也者，吉時若人饋物，主人皆自拜受之。若有喪主於哀戚，凡有四方使者以物賻己，悉不得拜受，故使擯者受舉之而已。○少儀○若賻，入告，主人出門左西面，賓東面將命。主人拜，賓坐委之。詳見士喪禮「親賓賵奠賻贈」。○知生者賻。同上。○弔喪弗能賻，不問其所費。曲禮○公賵，玄纁束，馬兩。公，國君也。賵，所以助主人送葬也。兩馬，士制也。擯者出請入告，主人釋杖迎于廟門外，不哭。詳見士喪禮「公賵」。○賓賵者將命，賓，卿大夫士也。擯者出請入告，出告須。馬入設，賓奉幣。詳見士喪禮「親賓賵奠賻贈」。○兄弟，賵奠可也。所知則賵而不奠。同上。○書賵於方，若九，若七，若五。同上。○薦馬，馬出自道。行器：茵、苞、器，序從。主人之史請讀賵。詳見士喪禮「重出車馬奠器從讀賵」。○若奠，入告，出以賓入，將命如初，士受羊如受馬。詳見士喪禮「親賓賵奠賻贈」。○贈者將命，擯者出請，納賓如初。賓奠幣如初。若就器，則坐奠于陳。凡將禮，必請而後拜送。同上。○主人袒，乃行。至于邦門，公使宰夫贈玄纁束。主人去杖，不哭，由左聽命，賓由右致命。見士喪禮公使人贈。○知死者贈。見士喪禮「親賓賵奠賻贈」。○凡贈幣無常。同上。○贈死不及尸，非禮也。詳見本章傳「歸賵」條〔一四〕。

右贈喪含、襚、賻、賵、奠、贈。○文公四年冬十有一月壬寅，夫人風氏薨。五年春王正月，王使榮叔歸含，且賵。含者何？口實也。孝子所以實親口也，緣生以事死，不忍虛其口。天子以珠，諸侯以玉，大夫以碧，士以貝，春秋之制也，文家加飯以稻米。其言歸含且賵何？兼之。兼之非禮也。公羊傳○含一事也，賵一事也，兼歸之，非正也。禮：含、賵、襚各異人。其曰且志兼也，其不言來，不周事之用也，賵以早而含以晚。已殯故言晚。國有遠近，皆令及事理不通也。雜記曰：「含者執璧將命曰：『寡君使某含。』相者入告，出曰：『孤某須矣。』含者入，升堂致命，子拜稽顙。含者坐委於殯東南。」明君之於臣有含賵之義，所以助喪盡恩。含不必用，示有其禮。○穀梁傳○諸侯伐秦，曹桓公卒于會。魯成十三年，曹伯盧卒於師，盧謚宣，言桓，聲之誤也。諸侯請含，以朋友有相啖食之道。使之襚。非也，襚，賤者之事。襄公朝于荆，康王卒，在襄二十八年，楚言荆者，州言之。荆人曰：「必請襲。」欲使襄公衣之。魯人曰：「非禮也。」荆人强之，巫先拂柩，荆人悔之。巫祝桃茢，君臨臣喪之禮。○檀弓○邾婁考公之喪，徐君使容居來弔含，弔且含。曰：「寡君使容居坐含，進侯玉，其使容居以含。」欲親含，非也，含不使賤者，君行則親含，大夫歸含耳。言侯玉者，時徐僭稱王，自比天子。有司曰：「諸侯之來辱敝邑者，易則易，于則于，易、于雜者，未之有也。」容居以臣欲行君禮，徐君自比天子，使大夫敵諸侯，有司拒之。○疏曰：注云「君行則親含」者，上云「曹桓公卒于會，諸侯請含」是也。「大夫歸含」者，雜記諸侯之喪，「君使人弔含贈襚」是也。若是臣來，其禮簡易者，則行臣之簡易之禮。于，謂廣大，若君來，其禮廣大者，則行君之廣大之禮。「易于雜者」，謂應簡易而爲廣大，實是臣而行君禮，是君臣雜亂者，未之有也。又云：于音近迂，迂是廣大之義，論語云「子之迂也」與此同。○同上。○王有姻喪，晉使趙成如周弔，且致襚。昭公九年春秋左氏傳○秦人來歸僖公、成風之襚，禮也。秦慕諸夏，欲通敬於魯，因有翟泉之盟，故追贈僖公，并及成風。本非魯方嶽同盟，無有相赴弔之制，故不譏其緩而以接好爲禮。諸侯相弔賀也，雖不當事，苟有禮焉，書也，以無忘舊好。送死不及尸，故曰不當事。○文公九年春秋左氏傳○衛有太史曰柳莊，寢疾，獻公曰：「若疾革，雖當祭必告。」公再拜稽首，請於尸曰：「有臣柳莊也者，非寡人之臣，社稷之臣也。聞之死，請往。」不釋服而往，遂以襚之。脱君祭服以襚臣，乃親賢也。○檀弓○齊侯伐晉夷儀，敝無存先登，求自門出，死於霤下。既入城，夷儀人不服，故鬭死於門屋霤下也。齊師之在夷儀也，齊侯曰：「得敝無存者，以五家免。」給其五家，令常不供役事。乃得其尸。公三襚之，襚，衣也。比殯，三加襚，深禮厚之。與之犀軒與直蓋，犀軒，卿車。直蓋，高蓋。而先歸之。坐引者，以師哭之，停喪車以盡哀也。君方爲位而哭，故挽喪者不敢立。親推之三。齊侯自推喪車輪三轉。○定公九年春秋左氏傳○隱公三年秋，武氏子來求賻。喪事無求，求賻非禮也。蓋通于下。嫌天子財多不當求，下財少可求，故明皆不當求之。○春秋公羊傳〔一五〕○歸死者曰賵，歸生者曰賻。曰歸之者，正也；求之者，非正也。周雖不求，魯不可以不歸。魯雖不歸，周不可以求之。求之爲言，得不得未可知之辭也，交譏之。穀梁傳○伯高之喪，孔氏之使者未至，謂賻賵者。冉子攝束帛乘馬而將之。孔子曰：「異哉，徒使我不誠於伯高。」徒，猶空也。禮所以副忠信也，忠信而無，禮何傳乎？○疏曰：既無忠信，禮何傳乎，言不可傳行也。

○檀弓○孔子之衛，遇舊館人之喪，前日君所使舍己。入而哭之哀，出，使子貢說驂而賻之。子貢曰：「於門人之喪，未有所說驂，說驂於舊館，無乃已重乎？」夫子曰：「予鄉者入而哭之，遇於一哀而出涕。予惡夫涕之無從也，小子行之。」客行無他物可以易之者，使遂以往。○疏曰：論語言「顏回之喪，子哭之慟」，慟比出涕，慟則爲甚矣。又舊館之恩不得比顏回之極，而說驂於舊館，惜車於顏回者，但舊館情疏，厚恩待我，我須有贈賻，故說驂賻之。顏回則師徒之恩親，乃是常事，則顔回之死必當以物與之，顔路更請賣車爲椁，以其不知止足，故夫子抑之。○同上。○隱公元年秋七月，天王使宰咺來歸惠公、仲子之賵。咺，吁阮反。賵，芳鳳反。○宰，官。咺，名。仲子者，桓公之母。婦人無謚，故以字配姓。○疏曰：賵者，助喪之物。文五年注云：「車馬曰賵。」士喪既夕禮云：公賵玄纁、束帛、兩馬。士之制，只得駕兩馬，大夫以上皆駕四馬。此宰咺來歸賵，蓋用四馬也。贈死不及尸，尸，未葬之通稱。弔生不及哀，諸侯已上，既葬則縗麻除，無哭位，諒闇終喪。非禮也。左氏傳○今按：杜氏諸侯已上既葬則衰麻除，論詳見喪大記「作主」條〔一六〕。○仲子者，桓之母也。喪事有賵，賵者蓋以馬，以乘馬束帛。疏曰：上云以馬，與士既夕禮同，下言乘馬，與士異。車馬曰賵，貨財曰賻，衣被曰襚。公羊傳○賵者何也？乘馬曰賵，衣衾曰襚，貝玉曰含，錢財曰賻。乘，繩證反。○疏曰：士喪禮賵用兩馬，此用乘馬者，禮：大夫以上皆乘四馬，故賵用乘。而馬數雖同，其馬大小則異，故何休云：「天子馬曰龍，高七尺以上。諸侯馬曰馬，高六尺以上。卿大夫曰駒，高五尺以上。」是也。士喪禮：「公賵玄纁束。」公羊傳亦云：「以乘馬束帛。」何休云：「束帛，謂玄三纁二。」何休云：賵者覆也，當覆被亡者之身體。又云：「賻猶助也，皆助生送死之禮。襚猶遺也，遺是助死之禮。」知生者賵賻，知死者含襚爾。含者，實口之名，雜記云：將命者，執璧委於殯東。是諸侯用璧。士喪禮：「含用米貝。」是士用米貝，故傳舉貝玉總之也。○穀梁傳○宋景曹卒，景曹，宋元公夫人，小邾女，季桓子外祖母。季康子使冉有弔，且送葬，曰：

「以肥之得備彌甥也，彌，遠也。康子父之舅氏，故稱彌甥。有不腆先人之産馬，使求薦諸夫人之宰，其可以稱旌繁乎？」繁，步干反。○求，冉有名。稱，舉也。繁，馬飾繁纓也。○哀公二十三年春秋左氏傳

天子、諸侯之喪，斬衰者奠。大夫，齊衰者奠。士則朋友奠，不足則取於大功以下者，不足則反之。詳見士喪禮大斂奠章〔一七〕。○按：士喪禮朝夕奠皆有賓位拜賓，入奠、卒奠拜賓，蓋喪奠主人不親皆賓助奠。○曾子問曰：「廢喪服，可以與于饋奠之事乎？」孔子曰：「説衰與奠，非禮也，以擯相可也。」詳見變禮。○天子、諸侯之喪祭也，不斬衰者不與祭。大夫齊衰者與祭，士祭不足，則取于兄弟大功以下者。詳見喪大記虞祭章。○卒哭，獻畢，尸出門，入徹，主人不與。詳見卒哭祔練祥禫記。○賓執事者如弔服，皆即位于門外，如朝夕臨位。詳見士虞禮。○朋友虞祔而退。詳見會葬章。○曾子問曰：「相識有喪服，可以與於祭乎？」孔子曰：「緦不祭，又何助於人？」詳見變禮。○宰夫：三公六卿之喪，與職喪帥官有司而治之。凡諸侯大夫之喪，使其旅帥有司而治之。詳見喪大記「戒臣民」條。○職喪：掌諸侯之喪及卿大夫士凡有爵者之喪，以國之喪禮涖其禁令，序其事。詳見喪大記「總目」。○適有喪者曰比，適，之也，曰：某願比於將命者。比，猶比方，俱給事。童子曰聽事。疏曰：童子未成人，雖往適他喪，不敢與成人爲比方，但來聽主人以事見使，故云願聽事於將命者也。適公卿之喪，則曰聽役

於司徒。疏曰：司徒主國之事，公卿之喪，則司徒皆率其屬掌之，檀弓云：「孟獻子之喪，司徒旅歸四布。」是也。隱義云：「公卿亦有司徒官，以掌喪事也。」○少儀○童子無緦服，聽事不麻。無事則立主人之北，南面。疏曰：童子雖不緦，猶著免，深衣無絰，以往給事緦喪使役也。主人，喪主也。此童子來聽使，若有事則使之，若無事時在旁，謂在主人之北，南面。○玉藻○士之喪，胥爲侍，士是斂。詳見喪大記。○助葬必執紼。曲禮

右執事助奠、助祭、治事。○孔子之故人曰原壤，其母死，夫子助之沐椁。檀弓○孔子之喪，公西赤爲志焉。子張之喪，公明儀爲志焉。同上。

送喪不由徑，送葬不辟塗潦。辟，音避。○檀弓○會葬之禮于鄙上。從竟至墓，主爲送葬來。○竟，音境。爲，去聲。○文五年春秋穀梁傳○相趨也，出宮而退；相揖也，哀次而退；相問也，既封而退；相見也，反哭而退；朋友，虞附而退。此弔者恩厚薄、去遲速之節也。附，當爲祔。○疏曰：相趨，謂孝子本不相識，但相聞姓名而來會趨喪也。恩既輕，故柩出廟之宫門而退去。相揖，謂經會他處已相揖者也。恩微深，故待柩出自大門外之哀次而退去也。相問，謂曾相餉遺。恩轉深，故至窆竟而退也。相見，謂身經自執摯相詣往來。恩轉厚，故至葬竟，孝子反哭還至家時而退也。朋友，疇昔情重，生死同殷，故至主人虞附而退也。知生者弔，今注云弔，則知是弔生人也。○雜記○天子七月而葬，同軌畢至。言同軌，以別四夷之國。諸侯五月，同盟至。同在方嶽之盟。大夫三月，同位

至。古者行役不踰時。士踰月，外姻至。姻，猶親也。釋例曰：「萬國之數至衆，封疆之守至重，故天子之喪，諸侯不得越境而奔。脩服於其國，卿共弔葬之禮。」其諸侯相弔，則昭三十年傳云先王之制：諸侯之喪，士弔，大夫送葬，是正禮也。同位至，待其使還也。外姻至，親戚畢集也。於天子言畢至，以下不言畢者，天子海内爲家，天下聞喪，無敢不至，故言畢也。諸侯同盟，或來或否。大夫出使，本奉君命，雖或聞喪，未必盡來，故不言畢也。何休膏肓以爲：禮，士三月葬，今云踰月，左氏爲短。○隱元年左氏春秋傳

○君若載而後弔之，則主人東面而拜，門右北面而踊，出待反而後奠[一八]。詳見士喪禮。

○君于大夫，將葬，弔于宮，及出，命引之，三步則止。如是者三，君退。朝亦如之，哀次亦如之。以義奪孝子。宮，殯宮。出，謂柩已在路。退，去也。三命引之，凡移九步。君弔不必於宮，朝喪，朝廟也。次，他日賓客所受大門外舍也。孝子至此而哀，君或於是弔焉。○疏曰：君弔禮既畢，及其柩出殯宮之門，孝子號慕攀轅，柩車不動。君奪孝子之情，命遣引之，三步則止。所以止者，引者不忍頓奪孝子之情，故且止柩。君又命引之，引之者三步而止，君又命引之。如是者三，柩車遂行，君便退去。○檀弓

○適兄弟之送葬者弗及，遇主人于道，則遂之于墓。詳見變禮「奔喪」條。

○望柩不歌。曲禮

○弔于葬者必執引，若從柩，及壙，皆執紼。引，音胤。壙，苦晃反，又音曠。○示助之以力，車曰引，棺曰紼，從柩贏者。○疏曰：引，柩車索也。弔葬本爲助執事，故必相助引柩車也。若從柩及壙，皆執紼者。及，至也。紼，引棺索也。凡執引用人貴賤有數，若其數足，則餘人不得遥行，皆散而從柩也。至壙下棺窆時，則不限人數，皆悉執紼示助力也。注云「車曰引」者[一九]，引者，長遠之

名，故在車，車行遠也。紼是撥舉之義，故在棺，棺唯撥舉，不長遠也。云「從柩贏」者，贏，餘也，從柩者是執引所餘贏長者也。何東山云：天子千人，諸侯五百人，大夫三百人，士五十人。贏，數外也。○檀弓○臨喪則必有哀色，執紼不笑。曲禮○助葬必執紼。同上。○臨喪不笑。檀弓○弔非從主人也，四十者必執紼。鄉人五十者從反哭，四十者待盈坎。言弔者必助主人之事。從，猶隨也。成人二十以上，至四十丁壯時。非鄉人則長少皆反，優遠也。○雜記○乃反哭，賓弔自西階，曰：如之何？詳見士喪禮。

右會葬○文公元年二月，叔孫得臣如京師。辛丑，葬襄王。王者不書葬，此何以書？不及時書，過時書，我有往者則書。謂使大夫往也，惡文公不自往，故書葬。○春秋公羊傳○天子志崩不志葬，舉天下而葬一人，其道不疑也。志葬，危不得葬也。不得備禮葬。○穀梁傳○文四年冬，夫人風氏薨。五年，王使榮叔歸含，且賵。葬我小君成風，王使召伯來會葬，禮也。成風，莊公之妾。天子以夫人禮贈之，明母以子貴，故曰禮。○左氏傳○襄公三十有一年，滕子來會葬。○葬晉頃公，鄭游吉弔，且送葬。魏獻子使士景伯詰之曰：「悼公之喪，子西弔，子蟜送葬。今吾子無貳，何故？」對曰：「先王之制：諸侯之喪，士弔，大夫送葬，唯嘉好聘饗之事，於是乎使卿。今大夫曰『女盍從舊？』舊有豐有省，不知所從。從其豐，則寡君幼弱，是以不共。從其省，則吉在此矣，唯大夫圖之！」晉人不能詰。

昭公三十年左氏傳〇文、襄之霸也，其務不煩諸侯。君薨，大夫弔，卿共葬事。夫人、士弔，大夫送葬。先王之制：諸侯之喪，士弔，大夫送葬。蓋時俗過制，故文、襄雖節之，猶過於古。〇昭公三年左氏傳〇齊姜薨，齊侯使諸姜宗婦來送葬。宗婦，同姓大夫之婦。婦人越疆送葬，非禮。〇襄二年左氏傳〇葬楚康王，公及陳侯、鄭伯、許男送葬，至於西門之外。諸侯之大夫皆至于墓。襄公二十九年左氏傳〇鄭簡公卒，將爲葬除，司墓之室有當道者，毁之，則朝而堋，弗毁，則日中而堋。子太叔請毁之，曰：「無若諸侯之賓何？」子産曰：「諸侯之賓能來會吾喪，豈憚日中？無損於賓，而民不害，何故不爲？」遂弗毁，日中而葬。詳見喪大記「柩行」條。

谷風：「凡民有喪，匍匐救之。」匍，音蒲，又音符。匐，蒲五反，一音服。〇箋云：匍匐，言盡力也。凡於民有凶禍之事，鄰里尚盡力往救之，況我於君子家之事難易乎？固當黽勉，以疏喻親也。〇邶國風〇鄰有喪，舂不相。里有殯，不巷歌。舂，束容反。相，息亮反。〇助哀也。相，謂送杵聲。〇〇適墓不登壟。壟，力勇反，冢也。〇爲其不敬。壟，冢也。墓，塋域。〇塋，音營。〇曲禮〇適墓不歌。非樂所也。〇同上。

右哀有喪〇子食於有喪者之側，未嘗飽也。集注曰：臨喪哀，不能甘也。子於是日哭，則不歌。哭，謂弔哭。一日之内，餘哀未忘，自不能歌也。〇謝氏曰：學者於此二者，可見聖人情性之正也。能識聖人之情性，然後可以學道。○論語○子見齊衰者，雖狎必變，孔曰：狎者，素親狎。凶服者式之。孔曰：凶服，送死之衣服。○同上。○子見齊衰者、冕衣裳者與瞽者，見之，雖少必作；過之，必趨。集注曰：齊衰，喪服。冕，冠也。衣，上服。裳，下服。冕而衣裳，貴者之盛服也。瞽，無目者。作，起也。趨，疾行也。或曰：少，當作坐。○范氏曰：聖人之心，哀有喪，尊有爵，矜不成人。其作與趨，蓋有不期然而然者。○同上。○襄公十有九年，晉士匄帥師侵齊，至穀，聞齊侯卒，乃還。還者何？善辭也。何善爾？大其不伐喪也。此受命乎君而伐齊，則何大乎其不伐喪？大夫以君命出，進退在大夫也。公羊傳

校勘記

〔一〕弔禮十四　「十四」二字原脱，據賀本補。

〔二〕介爲執致之　「執」，原作「摯」，據賀本改。下文「使介爲執致之以禮於鬼神與者」同。

〔三〕諸侯爲賓王后弔臨之卿大夫己臣輕故王后不弔臨遣内宗掌弔臨之事　自「賓王后」至「遣内宗」二十一字原脱，據賀本補。

〔四〕以諸侯臣少　「諸」，原作「謂」，據四庫本、賀本改。

〔五〕同上　賀本作「並詳見贈喪條」。
〔六〕不得嚮他國　句下，賀本有「○檀弓」二字。
〔七〕魯宣公弟叔弓也　「叔弓」上，賀本有「叔肸之曾孫」五字。
〔八〕于萬反　「于」，原作「三」，據賀本改。
〔九〕下財少可求　「下財少」，原作「求少亦」，據賀本改。
〔一〇〕故云給凶禮之五事　句下，賀本有「○同上」二字。
〔一一〕職喪依式令之使相供　「依式令之使相供」，原作「依令式共之」，據賀本改。
〔一二〕受玄端　句上，賀本有「受朝服」三字。
〔一三〕雜記　句上，賀本有「並」字。
〔一四〕詳見本章傳歸賵條　句原作「詳見贈條」，據賀本改。
〔一五〕春秋公羊傳　「公羊」，原作「左氏」，據賀本改。
〔一六〕論詳見喪大記作主條　「論」，原作「○」，據賀本改。
〔一七〕詳見士喪禮大斂奠章　「大」上，原有「陳」字，據賀本删。
〔一八〕出待反而後奠　「出」字原脱，據賀本補。
〔一九〕注云車曰引者　「注」，原作「主」，據四庫本、賀本改。

儀禮經傳通解續卷第十五

喪禮十三

喪禮義十五[一]

補

白虎通義曰：喪者何謂也？喪者，亡，人死謂之喪。言其亡，不可復得見也。不直言死何？爲孝子心不忍言。尚書曰：「武王既喪。」喪禮曰：「死於適室。」知據死者稱喪也。生者喪痛之亦稱喪，禮曰：「喪服斬衰。」易曰：「不封不樹，喪期無數。」孝經曰：「孝子之喪親也，是施生者也。」天子下至庶人，俱言喪何？欲言身體髮膚俱受之父母，其痛一也。

夫禮必本於天，殽於地，列於鬼神，達於喪祭。殽，户教反，法也，徐户交反。○聖人則天之明，因地之利，取法度於鬼神，以制禮下教令也。既又祀之，盡其敬也，教民嚴上也。鬼者，精魂所歸。

神者，引物而出，謂祖廟山川五祀之屬也。民知嚴上，則此禮達於下也。○禮運○喪祭之禮，所以明臣子之恩也。喪祭之禮廢，則臣子之恩薄，而倍死忘生者衆矣。倍，音佩。○經解○凡不孝生於不仁愛也，不仁愛生於喪祭之禮不明。喪祭之禮，所以教仁愛也，致愛故能致喪祭。春秋祭祀之不絶，致思慕之心也。孝經曰：「春秋祭祀，以時思之也。」夫祭祀，致饋養之道也。死且思慕饋養，況於生而孝乎？故曰：喪祭之禮明，則民孝矣。故有不孝之獄，則飾喪祭之禮。大戴記○先王有大事，必有禮以哀之。哀樂之分，皆以禮終。分，扶問反。○大事，謂死喪也。○樂記○先王之制禮樂，人爲之節。言爲作法度以遏其欲。衰麻哭泣，所以節喪紀也。同上。○喪禮，忠之至也。謂哭踊袒襲也。備服器，仁之至也。謂小斂大斂之衣服、葬之明器。賓客之用幣，義之至也。謂來賻賵。故君子欲觀仁義之道，禮其本也。疏曰：「喪禮忠之至也」者，親戚之喪必盡忠心追念，故云忠之至也。「備服器仁之至也」者，此亦據喪禮備此小斂大斂之衣服及葬之明器，亦是仁愛之親，故云仁之至也。「賓客之用幣義之至也」者，此謂喪禮賓客用幣帛以相賻賵，於事合宜，故云義之至也。○禮器○故禮義也者，所以養生送死，事鬼神之大端也。禮運○孝子之事親也，有三道焉：生則養，没則喪，喪畢則祭。養則觀其順也，喪則觀其哀也，祭則觀其敬而時也。盡此三道者，孝子之行也。盡，子忍反。○没，終也。○祭統○子曰：孝子之事親也，病則致其憂，色不滿容，行不正履。喪則致其哀，擗踊哭泣，盡其哀情。祭則致其嚴。齋戒沐浴，明發不寐。○孝經○君子之於禮也，有直而行也，謂若始死哭踊無節也。有曲而殺也，謂若父在爲母期也。有經而等也。謂若天子以下至士庶人爲父母三年。○疏曰：「有直而行也」者，君子之於禮一事也。直而行，謂親始死，孝子哀慼哭踊無節，直任己天性而行也。「有曲而殺也」者，二事也。曲殺，謂服父斬衰三年，爲母齊衰期，是曲殺也。「有經而等也」者，三事也〔二〕。經，常也，常而等，謂上自天子下至庶人，雖尊卑有異，而服其父母則貴賤同等也。○禮器○子路曰：「吾聞諸夫子：『喪禮與其哀不足而禮有餘也，不若禮不足而哀有餘也；喪主哀。祭禮與其敬不足而禮有餘也，不若禮不足而敬有餘也。』」祭主敬。○疏曰：喪禮，居喪之禮也。與，及也。禮有餘，明器衣衾之屬也，言居喪及其哀少而禮物多也。若物多而哀少，則不如物少而哀多也。祭禮，謂祭祀之禮也。而禮有餘，謂俎豆牲牢之屬多也，言敬少而牢多也。若牲器多而敬少，則不如牲器少而敬多也。○檀弓

○林放問禮之本，集注曰：林放，魯人。見世之爲禮者，專事繁文，而疑其本之不在是也，故以爲問。子曰：「大哉問！孔子以時方逐末，而放獨有志於本，故大其問。蓋得其本，則禮之全體無不在其中矣。禮，與其奢也，寧儉。喪，與其易也，寧戚。」易，去聲。○易，治也。孟子曰：「易其田疇。」在喪禮，則節文習熟，而無哀痛慘怛之實者也。戚則一於哀，而文不足耳。禮貴得中，奢易則過於文，儉戚則不及而質，二者皆未合禮。然凡物之理，必先有質而後有文，則質乃禮之本也。○論語○夫禮之初，始諸飲食，其燔黍捭豚，汙尊而抔飲，蕢桴而土鼓，猶若可以致其敬於鬼神。捭，卜麥反，注作

擗，又作擘，皆同。汙，烏華反，一音作烏。抔，步侯反。蕢，依注音凷，苦對反，又苦怪反，土塊也。桴，音浮，鼓槌。○言其物雖質，略有齊敬之心則可以薦羞於鬼神，鬼神饗德不饗味也。中古未有釜甑，釋米捭肉加於燒石之上而食之耳，今北狄猶然。汙尊，鑿地爲尊也。抔飲，手掬之也。蕢，讀爲凷，聲之誤也。凷，堛也，謂摶土爲桴也。土鼓，築土爲鼓也。○疏曰：「夫禮之初始諸飲食」者，欲行吉禮，先以飲食爲本。但中古之時，飲食質略，雖有火化，其時未有釜甑也。「其燔黍捭豚」者，以水洮釋黍米，加於燒石之上以燔之，故云燔黍。或捭析豚肉加於燒石之上而孰之，故云捭豚。「汙尊而抔飲」者，謂鑿地汙下而盛酒，故云汙尊。以手掬之而飲，故云抔飲。「蕢桴」者，又摶土凷爲桴。皇氏云：桴謂擊鼓之物。「土鼓」者，築土爲鼓。上來之物，非但可以事生，亦可以致其恭敬於鬼神，以鬼神饗德不饗味也。「中古」者，謂神農也。明堂位云：「土鼓」、「葦籥，伊耆氏之樂。」又郊特牲云「伊耆氏始爲蜡」，蜡是報田之祭。今此云「蕢桴土鼓」，故知此謂神農也。「蕢讀爲凷」者，以經中蕢字乃是草名，不可爲桴，桴與土鼓相連，故讀爲凷。凷，堛也。及其死也，升屋而號，告曰：「皋某復。」招之於天。然後飯腥而苴孰。飯，扶晚反。苴，子餘反，又爭初反。○飯以稻米。上古未有火化，苴孰取遣奠，有火利也。苴，或爲俎。○遣，棄戰反。○疏曰：上言古代質素，此言後世漸文，謂五帝以下至於三王。及其身之死也，升上屋而號呼。「告曰皋某復」者，皋，引聲之言，某謂死者名，令其反復。魄不復，然後浴尸而行含禮，於含之時，飯用生稻之米，故云飯腥，用上古未有火化之法。「苴孰」者，至欲葬設遣奠之時，而用苞裹孰肉以遣送尸法，中古修火化之利也。故天望而地藏也，疏曰：天望，謂始死望天而招魂。地藏，謂葬地以藏尸也。體魄則降，知氣在上。知，音智。○疏曰：所以地藏者，由體魄則降，所以天望招之於天，由知氣在上。故死者北首，首，手又反。○首陰也。生者南鄉，鄉，許亮反。○鄉陽也。○疏曰：體魄降入於地爲陰，故死者北首，歸陰之義。死者既歸陰，則生者南鄉，歸陽也。皆從其初。疏曰：謂今世飯腥苴孰及死者北首，生者南鄉之等，非是今時始爲此事，皆取法於上古、中古而來，故云「皆從其初」。○禮運○禮也者，反本修古，不忘其初者也。故凶事不詔。哭泣由中，非由人也。○疏曰：本，謂心也。凶事，喪親之事也。詔，告也。孝子親喪，痛由心發，故啼號哭泣，不待外告而哀自至，是反本，還其孝性之本心也。○禮器○親始死，雞斯徒跣，扱上衽，交手哭。惻怛之心，痛疾之意，傷腎、乾肝、焦肺，水漿不入口。三日不舉火，故鄰里爲之糜粥以飲食之。雞斯，依注爲笄纚。笄，古兮反。纚，色買反，徐所綺反。扱，初洽反。○親父母也。雞斯，當爲笄纚，聲之誤也。親始死去冠，三日乃去笄纚括髮也。今時始喪者邪巾貊頭，笄纚之存象也。徒，猶空也。上衽，深衣之裳前。五藏者，腎在下，肝在中，肺在上，舉三者之焦傷而心脾在其中矣。五家爲鄰，五鄰爲里。○貊，亡瞎反，本或作貊。○疏曰：「雞斯」者，笄謂骨笄，纚謂韜髮之繒。言親始死，孝子先去冠，唯留笄纚也。「徒跣」者，徒，空也，無屨而空跣也。「扱上衽」者，上衽謂深衣前衽，扱之於帶，以號踊履踐爲妨，故扱之。「交手哭」者，謂交手拊心而爲哭也。「傷腎乾肝焦肺」者，言肺在上，性近於燥，故云焦。肝近肺，故云乾。腎近下，故云傷，言近下，性多潤而爲傷矣。舉此三者，五藏俱傷可知也。「不舉火」者，哀痛之甚，情不在食，故不舉火也。旁親以下，食不可廢，故鄰里爲之糜粥以飲食之。夫悲哀在中，故形變於外也。痛疾於心，故口不甘味，身不安美也。言人情之中外相應。三日而斂，在牀曰尸，在棺曰柩。動尸舉柩，哭踊無數。惻怛之心，痛疾之意，悲哀志懣氣盛，故袒而踊之，所以動體安心下氣也。婦人不宜袒，故發胸，擊心，爵踊，殷殷田田，如壞墻然，悲哀痛疾之至也。故曰：辟踊哭泣，哀以送之，送形而往，迎精而反也。懣，亡本反，又音滿，范音悶。殷殷，並音隱。○故袒而踊之，言聖人制法，故使之然也。爵踊，足不絶地。辟，拊心也。哀以送之，謂葬時也。迎其精神而反，謂反哭及日中虞也。其往送也，望望然，汲汲然，如有追而弗及也。其反哭也，皇皇然，若有求而弗得也。故其往送也如慕，其反也如疑。○望望，瞻望之貌也。慕者，以其親之在前。疑者，不知神之來否。汲，音急。求而無所得之也，入門而弗見也，上堂又弗見也，入室又弗見也。亡矣喪矣，不可復見已矣。故哭泣辟踊，盡哀而止矣。説反哭之義也。○疏曰：「亡矣喪矣」者，喪亦亡也，重言之者，丁寧之也。若似人之逃，不復來也。「故哭泣辟踊盡哀而止矣」者，以其不可復見，故反哭之時，哭泣辟踊，盡哀而休止也。心悵焉愴焉，惚焉愾焉，心絶志悲而已矣。祭之宗廟，以鬼饗之，徼幸復反也。愴，初亮反。惚，音忽。愾，徐音慨，苦代反。○説虞之義。○疏曰：「心悵焉愴焉」者，此明反哭之後虞祭之時也。「祭之宗廟以鬼饗之」者，謂虞祭於殯宮，神之所在，故稱宗廟。以鬼饗之，尊而禮之，冀其魂神復反也。成壙而歸，不敢入處室，居於倚廬，哀親之在外也；寢苫枕塊，哀親之在土也。壙，古晃反。○言親在外在土，孝子不忍反室自安也。入處室，或爲入宫。故哭泣無時，服勤三年，思慕之心，孝子之志也，人情之實也。勤，謂憂勞。○疏曰：「故哭泣無時」者，此明終喪思慕之心也。「服勤」者，言服處憂勞勤苦也。「人情之實也」者，言非詐僞假爲之，是人情悲慕之實也。○問喪○喪禮，哀戚之至也。節哀順變也，君子念始之者也。始，猶生也。念父母生己，不欲傷其性。○疏曰：所以「節哀」者，欲順孝子悲哀，使之漸變也。以君子思念父母之生己，恐其傷性，故「順變」也。復，盡愛之道也，有禱祠之心焉。疏曰：始死招魂復魄，盡此孝子愛親之道也。非直招魂，又分禱五祀，冀精氣之復反，故云「有禱祠之心焉」。望反諸幽，求諸鬼神之道也。鬼神處幽闇，望其從鬼神所來。北面，求諸幽之義也。疏曰：北方是幽，故復者北面，求鬼神之義。拜稽顙，哀戚之至隱也。稽顙，隱之甚也。隱，痛也。「稽顙」者，觸地無容。○疏曰：孝子拜賓之時，先爲稽顙而後拜者，哀戚之至痛。就拜與稽顙二事之中，稽顙爲痛之甚。此拜稽顙拜文在上，言將拜稽顙。飯用米貝，弗忍虚也。不以食道，用美焉耳。尊之也。食道褻，米貝美。○疏曰：死者既無所知，不忍虚其口。必用米貝者，以食道褻，米貝美，尊之不敢用褻，故用米貝美善焉爾。飯食人所造作，細碎不絜，故爲褻。米貝天性自然爲美。銘，明旌也，神明之旌。以死者爲不可別已，故以其旗識之。不可別，形貌不見。愛之，斯録之矣；敬之，斯盡其道焉耳。謂重與奠。○疏曰：「銘明旌也」，按士喪禮「爲銘，各以其物」，又司常云：「大喪，共銘旌。」注云：「王則大常。」按司常云：「王建大常，諸侯建旂，孤卿建旜，大夫士建物。」則銘旌亦然，但以尺寸易之。按士喪禮：士長三尺，大夫五尺，諸侯七尺，天子九尺。從遣車之差，以喪事略故也。若不命之士，則士喪禮云：「以緇，長半幅」，長一尺。「經末長終幅」，長二尺，總長三尺。「愛之，斯録之」者，謂孝子思念其親，追愛之道斯此也，故於此爲重，以存録其神也。「敬之，斯盡其道焉耳」者，謂於此設奠，盡其孝養之道焉耳。鄭以下文有重及奠，故以此一經爲下張本，故云重與奠也。此「愛之斯録之矣」及「敬之斯盡其道焉爾」亦得總焉於明旌之義，故士喪禮「爲銘」之下鄭注引此「愛之」「敬之」二事以解銘旌。以義得兩通，故鄭彼此二解。**重，主道也。**始死未作主，以重主其神也，重既虞而埋之，乃後作主。春秋傳曰：「虞主用桑，練主用栗。」○疏曰：言始死作重，若吉祭木主之道。主者，吉祭所以依神，在喪，重亦所以依神，故云「重，主道也」。按士喪禮云士有重無主，此據天子諸侯有主者言之。又云「重既虞而埋之乃後作主」者，謂既虞之後，乃始埋重，埋重之後，乃始作主。按：天子九虞，九虞之後乃埋重，重與祔相近，故公羊云「虞主用桑」，謂虞祭之末也。**殷主綴重焉，**綴，猶聯也。殷人作主而聯其重縣諸廟也，去顯考乃埋之。○疏曰：「殷主綴重焉」者，謂殷人始殯，置重於廟庭，作虞主訖，則綴重縣於新死者所殯之廟也。云「去顯考乃埋之」者，謂今死者世世遞遷至爲顯考，其重恒在死者，去離顯考乃埋其重及主，以其既遷無復有廟。顯考，謂高祖也。**周主重徹焉。**周人作主，徹重埋之。○疏曰：周人虞而作主，而重則徹去而埋之，故云「周主重徹焉」。但殷人綴而不即埋，周人即埋不縣於廟，爲異也。既夕禮：將葬，「甸人抗重出自道，道左倚之。」鄭注云：「重既虞將埋之。」是埋重於門外之道左也。若虞主亦埋之於祖廟門外之道左。按異義：「戴禮及公羊説虞主埋於壁兩楹之間，一説埋之於廟北牖下，左氏説虞主所藏無明文。」鄭駁之云：「按士喪禮重與柩相隨之禮，柩將出則重倚於道左，柩入於廟則重止於門西，虞主與神相隨之禮亦當然。練時既特作栗主，則入廟之時，祝奉虞主於道左。」練祭訖乃出就虞主而埋之，如既虞埋重於道左。是鄭既練埋虞主於廟門之道左也。奠以素器，以生者有哀素之心也。哀素，言哀痛無飾也。凡物無飾曰素。唯祭祀之禮，主人自盡焉爾，豈知神之所饗，亦以主人有齊敬之心也。齊，側皆反。○哀則以素，敬則以飾，禮由人心而已。○疏曰：奠，謂始死至葬之時祭名，以其時無尸，奠置於地，故謂之奠也。悉用素器者，表主人有哀素之心。又廣論虞祭之後及卒哭練祥之祭，云此等祭祀之禮，主人自盡致孝養之道焉爾。豈知神之所饗須設此祭，所以設之者，亦以主人有齊敬之心，若親存然，故設祭亦如生存也。注云「哀則以素」謂葬前，「敬則以飾」謂虞後，故士虞禮不用素器也。辟踊，哀之至也。有筭，爲之節文也。筭，數也。○疏曰：撫心爲辟，跳躍爲踊。孝子喪親，哀慕至懣，男踊女辟，是哀痛之至極也。若不裁限，恐傷其性，故辟踊有筭爲準節。文章之數，其事不一，每一踊三跳，三踊九跳都爲一節。士含死日，三日而殯，凡有三踊：初死日襲，襲而踊；明日小斂，小斂而踊；又明日大斂，大斂又踊：凡三日爲三踊也。大夫五踊，含死日四日而殯，初死日一踊，明日襲又一踊，至三日小斂朝一踊，至小斂時又一踊，至四日大斂朝不踊，當大斂時又一踊，凡四日爲五踊。諸侯七踊，含死日六日而殯，初死日一，明日襲又一，至三日小斂朝一，當小斂時又一，四日無事一，五日又一，至六日朝不踊，亦當大斂時又一，凡六日七踊。周禮王九踊，含死日八日而殯，死日一，明日襲一，其間二日爲二，至五日小斂爲二，其間二日又二，至八日大斂則其朝不踊也，大斂時又一，凡八日九踊。故云

「爲之節文也」。故雜記云：「公七踊，大夫五踊」，「士三踊。」鄭注云：「士小斂之朝不踊，君大夫大斂之朝乃不踊。」是也。袒括髮，變也。愠，哀之變也。去飾，去美也。袒括髮，去飾之甚也。有所袒，有所襲，哀之節也。疏曰：言袒衣括髮者，是孝子形貌之變也。悲哀愠恚者，是孝子哀情之變也。去其尋常吉時服飾也者，是去其華美也。孝子去飾雖有多塗，袒括髮者，就去飾之中最爲甚也。孝子悲哀，理應常袒，何以有所袒、有所襲時者，表明哀之限節。哀甚則袒，哀輕則襲。弁絰葛而葬，與神交之道也，接神之道，不可以純凶。天子諸侯變服而葬，冠素弁，以葛爲環絰，既虞，卒哭乃服受服也。雜記曰：「凡弁絰，其衰侈袂。」○疏曰：葬時居喪，著喪冠麻絰，身服衰裳，是純凶也。又尋常弁絰以麻爲環絰，今乃去喪冠著素弁，又加環絰，用葛不以麻，故云「接神之道不可以純凶」。云「天子諸侯變服而葬」者，以下云「有敬心焉」，以日月踰時，故敬心乃生。大夫與士三月而葬，敬心未生，故知天子諸侯也。云「冠素弁以葛爲環絰」者，鄭注周禮司服云：弁「如爵弁而素。」不云麻，是用素絹也。以葛與弁絰連文，故云葛環絰，然則要帶猶用麻也。云「卒哭乃服受服也」者，喪服注：「天子諸侯既虞，大夫士卒哭乃受服。」此云卒哭乃受服，是不定喪服，以大夫以上卒哭與虞其月不同，士虞與卒哭同在一月，故解爲大夫以上。既虞，士卒哭受服。此當言既虞，與喪服注會，云卒哭者誤也。引雜記「其衰侈袂」者，證既服弁絰，其衰亦改。按喪服衰袂二尺二寸，袪尺二寸，則葬時更制其衰袂三尺三寸，袪尺八寸，是改喪服之衰也。熊氏、皇氏等並爲錫衰。有敬心焉。踰時哀衰而敬生，敬則服有飾。大夫士三月而葬，未踰時。周人弁而葬，殷人冔而葬。冔，况甫反。○周弁殷冔，俱象祭冠而素，禮同也。○疏曰：士冠禮：「周弁，殷冔，夏收。」王制云：「夏后氏收而祭」，「殷人冔而祭」，「周人弁而祭。」此弁既對冔，故知俱象祭冠。歠主人、主婦、室老，爲其病也，君命食之也。歠，徐昌悦反。食，音嗣。尊者奪人易也。歠，歠粥也。○疏曰：此一節論尊者奪孝子情之法。歠者，親喪三日之後，歠粥之時。主人，亡者之子。主婦，亡者之妻。室老，家之長。相此三者，並是大夫之家貴者。爲其歠粥病困之，故君必有命食疏飯也。若非三者，雖復歠粥致疾病，君不命食之，以其賤故也。其士之主人、主婦，君不命也。喪大記主婦食疏食，謂既殯之後。此主婦歠者，謂未殯前，故問喪云：「鄰里爲之糜粥以飲食之。」反哭升堂，反諸其所作也。親所行禮之處。主婦入于室，反諸其所養也。親所饋食之處。○疏曰：謂葬窆訖，反哭升於廟。所以升堂者，反復於親所行禮之處，謂平生祭祀冠昏在於堂也。主婦反哭，所以入於室，反復於親所饋食供養之處。此皆謂在廟也，故既夕禮：主人「反哭入，升自西階，東面。」鄭注云：「反諸其所作也。」又云：「主婦入于室。」注云：「反諸其所養也。」下始云遂適殯宮，故知初反哭在廟也，下云「反哭之弔也」亦謂在廟也。反哭之弔也，哀之至也。反而亡焉，失之矣，於是爲甚。哀痛甚。殷既封而弔，周反哭而弔。封當爲窆，謂下棺也。○疏曰：注知非封土爲墳者，以既夕禮：「實土三，主人拜鄉人，乃反哭」。周既如此，殷亦然，且殷既不爲墳，故知封當爲窆。孔子曰：「殷已慤，吾從周。」慤者，得哀之始，未見其甚。○疏曰：廟是親之平生行禮之處，今反哭於廟，思想其親而不見，故哀悲爲甚。壙者非親存所在之處，今柩暫來至此，始有悲哀，未是甚極。今弔者於此而來哀情質慤，故云慤也。葬於北方北首，三代之達禮也，之幽之故也。首，手又反。○北方，國北也。○疏曰：上之訓往，下之語助。言葬於國北及北首者，鬼神尚幽闇，往詣幽冥故也。殯時仍南首者，孝子猶若其生，不忍以神待之。既封，主人贈，而祝宿虞尸。贈以幣，送死者於壙也，於主人贈，祝先歸。○疏曰：既封，謂葬已下棺，主人以幣贈死者於壙之時，祝先歸宿戒虞尸。按既夕禮：主人贈用制幣玄纁束帛也。按士虞禮記云：「男，男尸。女，女尸。」是虞有尸也。既反哭，主人與有司視虞牲。日中將虞，省其牲。有司以几筵舍奠於墓左，反，日中而虞。舍，音釋。○所使奠墓，有司來歸乃虞也。舍奠墓左，爲父母形體在此，禮其神也。周禮冢人：「凡祭墓爲尸。」○疏曰：几，依神也。筵，坐神席也。席敷陳曰筵。舍，釋也。奠，置也。墓道嚮南，以東爲左。孝子先反修虞，故有司以几筵及祭饌置於墓左，以父母形體所託，故禮其地神以安之也。「反日中而虞」者，反謂所使奠墓左，有司歸也。虞者，葬日還殯宫安神之祭名。必用日中者，是日時之正也。葬日虞，弗忍一日離也。離，力智反。○弗忍其無所歸。是日也，以虞易奠。虞，喪祭也。卒哭曰成事。既虞之後，卒哭而祭，其辭蓋曰「哀薦成事」，成祭事也，祭以吉爲成。○疏曰：既虞祭之後至於卒哭，其卒哭祭辭蓋曰成事。所以稱「蓋」者，以其士虞禮無文，唯雜記及此有卒哭成事，故鄭約之爲解，又稱「蓋」以疑之。虞祭之時，以其尚凶，祭禮未成。今既卒無時之哭，唯有朝夕二哭，漸就於吉，故云成事，祭以吉爲成故也。是日也，以吉祭易喪祭，卒哭吉祭。明日祔于祖父。疏曰：士虞禮云：「明日祔于祖父。」則祭明日祔也。其變而之吉祭也，比至於祔，必於是日也接，不忍一日末有所歸也。末，無也。日有所用接之，虞禮所謂「他用剛日」

者〔三〕。其祭，祝曰「哀薦」，曰「成事」。〇疏曰：上云虞、卒哭及祔，皆據得常正禮〔四〕。此經所云，謂不得正禮，故謂之變，以其變常禮也。所以有變者，或時有迫促，或事有忌諱，未及葬期死而即葬者，即喪服小記所云赴葬者、赴虞者，三月而後卒哭。彼據士禮而言，速葬速虞之後，卒哭之前，其日尚賒，不可無祭，謂之爲變。其既虞之後，變禮而之吉祭也。之，往也，既虞往至吉祭，其禮如何，必於是日接，謂於是三虞卒哭之間，剛日而連接其祭。所以恒用剛日接之者。孝子不忍使親每一日之間無所歸依。注云「虞禮所謂他用剛日」者，此經所云「變」者，虞禮謂之「他」也。殷練而祔，周卒哭而祔，孔子善殷。期而神之人情。〇檀弓〇子曰：「孝子之喪親也，哭不偯，偯，於豈反，俗作哀，非。說文作依，云痛聲也，音同。〇氣竭而息，聲不委曲。〇正義曰：禮記間傳曰：「斬衰之哭，若往而不反；齊衰之哭，若往而反。」此注據斬衰而言之，是氣竭而後止息。又曰：「大功之哭，三曲而偯。」鄭注云：「三曲，一舉聲而三折也。偯，聲餘從容也。」是偯爲聲餘委曲也。斬衰則不偯，故云「聲不委曲」也。禮無容，觸地無容。〇正義曰：此禮記問喪之文也。以其悲哀在心，故形變於外，所以稽顙觸地無容，哀之至也。言不文，不文，文，飾也，本或作聞，非。〇不爲文飾。〇正義曰：按喪服四制云：「三年之喪君不言。」又云：「不言而事行者，扶而起。言而後事行者，杖而起。」鄭玄云：「扶而起，謂天子諸侯也。杖而起，謂大夫士也。」今此經云「言不文」，則謂臣下也。雖則有言，志在哀慼，不爲文飾也。服美不安，不安美飾，故服縗麻。聞樂不樂，聞樂，如字。不樂，音洛。〇悲哀在心，故不樂也。食旨不甘，旨，美也。

不甘美味，故疏食水飲。此哀慼之情也。謂上六句〔五〕。三日而食，教民無以死傷生，毀不滅性，此聖人之政也。不食三日，哀毀過情，滅性而死，皆虧孝道，故聖人制禮施教，不令至於殞滅。喪不過三年，示民有終也。三年之喪，天下達禮，使不肖企及，賢者俯從。夫孝子有終身之憂，聖人以三年爲制者，使人知有愛敬之限也。爲之棺槨衣衾而舉之；周尸爲棺，周棺爲槨。衣，謂斂衣。衾，被也。舉，謂舉屍內於棺也。陳其簠簋而哀慼之；簠，音甫。簋，音軌。簠、簋，俱祭器名。○簠、簋，祭器也。陳奠素器而不見親，故哀慼也。擗踊哭泣，哀以送之；擗，婢亦反，本一作辟。踊，音勇。泣，起及反。○男踊女擗，祖載送之。○正義曰：按問喪云：「在牀曰尸，在棺曰柩。」動尸舉柩，哭踊無數，惻怛之心，痛疾之意，悲哀志懣氣盛，故袒而踊之。婦人不宜袒，故發胸擊心爵踊，殷殷田田，如壞墻然。則是女質，不宜極踊，故以擗言。據此，女既有踊，則男亦有擗，是互文也。卜其宅兆而安厝之；宅兆，兆卦也。廣雅云：「兆，葬地。」○厝，七故反，字亦作措。○宅，墓穴也。兆，塋域也。葬事大，故卜之。○正義曰：云「宅，墓穴也。兆，塋域也」者，此依孔傳也。按周禮冢人：「掌公墓之地，辨其兆域。」則兆是塋域也。云「葬事大故卜之」者，此依鄭注也。孔安國云：恐其下有伏石涌泉，復爲市朝之地，故卜之。是也。爲之宗廟，以鬼享之〔六〕。宗廟亦作庿。享之，許丈反，又作饗之。○立廟祔祖之後，則以鬼禮享之〔七〕。○祔祖，謂以亡者之神祔之於祖也。檀弓曰：「卒哭曰成事。」是日也，以吉祭易喪祭，明日祔於祖父。則是卒哭之明日而祔，未卒哭之前皆喪祭也。既祔之後，則以鬼禮享之。

然宗廟謂士以上，則春秋祭祀兼於庶人也。生事愛敬，死事哀慼，生民之本盡矣，死生之義備矣，孝子之事親終矣。」愛敬哀慼，孝行之始終也。備陳死生之義，以盡孝子之情。○孝經○禮者，謹於治生死者也。謹，嚴。生，人之始也；死，人之終也。終始俱善，人道畢矣，故君子敬始而慎終。終始如一，是君子之道，禮義之文也。夫厚其生而薄其死，是敬其有知而慢其無知也，是奸人之道而倍叛之心也。君子以倍叛之心接臧穀，猶且羞之，而況以事其所隆親乎？莊子曰：「臧與穀相與牧羊。」音義云：「孺子曰穀。」或曰：穀讀爲鬬穀於菟之穀。穀，乳也，謂哺乳小兒也。所隆親，所厚之親也。故死之爲道也，一而不可得再復也，臣之所以致重其君，子之所以致重其親，於是盡矣。以其死不可再復，臣子於極重之道不可不盡也。故事生不忠厚、不敬文謂之野，忠厚，忠心篤厚。敬文，恭敬有文飾。野，野人，不知禮者也。送死不忠厚、不敬文謂之瘠。瘠，薄。君子賤野而羞瘠，故天子棺椁十重，諸侯五重，大夫三重，士再重，禮記云：「天子之棺四重。」今云十重，蓋以棺椁與抗木合爲十重也。諸侯已下，與禮記多少不同，未詳也。然後皆有衣衾多少厚薄之數，皆有翣蔞文章之等，翣蔞，當爲蔞翣，鄭康成云：蔞翣，棺之墻飾也。以敬飾之，使生死終始若一，足以爲人願，是先王之道，忠臣孝子之極也。生死如一〔八〕，則人願皆足，忠孝之極在此也。天子之喪動四海，屬諸侯；諸侯之喪動通國，屬大夫；大夫之喪動一國，屬修士；修士之喪動一鄉，屬朋友；屬，謂付託之，使主喪也。通國，謂通好之國也。一國，謂同在朝之人也。修士，士之進修者，謂上士也。一鄉，謂一鄉内之姻族也。春秋傳曰：「天子七月而葬，同軌畢至；諸侯五月，同盟至；大夫三月，同位至；士踰月，外姻至。」庶人之喪合族黨，動州里。刑餘罪人之喪，不得合族黨，獨屬妻子，棺椁三寸，衣衾三領，不得飾棺，不得晝行，以昬殣，凡緣而往埋之，墨子曰：「桐棺三寸，葛以爲緘。」趙簡子亦云。然則，厚三寸，刑人之棺也。喪大記云：「陳衣于序東，三十稱。」今云三領，亦貶損之甚也。殣，道死人也，詩曰：「行有死人，尚或殣之。」以昬殣如掩道路之死人，惡之甚也。凡，常也。緣，因也。言其妻子如常日所服而埋之，不更絰杖也。反無哭泣之節，無衰麻之服，無親疏月數之等，夫是之謂至辱。此蓋論墨子薄葬，是以至辱之道奉君父也。〇荀子〇禮者，謹於吉凶不相厭者也。紸纊聽息之時，則夫忠臣孝子亦知其閔已，紸，讀爲注。注纊，即屬纊也。言此時知其必至於憂閔也。然而殯斂之具未有求也。垂涕恐懼，然而幸生之心未已，持生之事未輟也。卒矣，然後作具之。作之，具之。故雖備家，必踰日然後能殯，三日而成服，備，豐足也。然後告遠者出矣，備物者作矣。故殯，久不過七十日，速不損五十日。此皆據士喪禮首尾三月也。損，减也。是何也？曰：遠者可以至矣，百求可以得矣，百事可以成矣，其忠至矣，其節大矣，其文備矣。忠，誠也。節，人子之節也。文，器用儀制也。然後月朝卜日，月夕卜宅，然後葬也。月朝，月初也。月夕，月末也。先卜日知其期，然後卜宅，此大夫之禮也。士喪禮先筮宅，後卜日，此云「月朝卜日，月夕卜宅」，未詳也。當是時也，其義止，誰得行之？其義行，誰得止之？聖人爲之節制，使賢者抑情，不肖者企及。故三月之葬，其貌以生設飾死者也，殆非直留死者以安生也，貌，象也。言其象以生之所設器用飾死者，三月乃能備也。是致隆思慕之義也。同上。○喪禮者，以生者飾死者也，大象其生以送其死也。故如死如生，如存如亡，終始一也。不以死異於生，亡異於存。始卒，沐浴、鬠體、飯含、象生執也。儀禮：「鬠用組。」體，謂爪揃之屬。象生時所執持之事。不沐則濡櫛三律而止，不浴則濡巾三式而止。律，理髮也，今秦俗猶以批髮爲栗。濡，濕也。式，與拭同。士喪禮尸無有不沐浴者，此云，蓋末世多不備禮也。充耳而設瑱，士喪禮：「瑱用白纊。」飯以生稻，含以槁骨，反生術矣。生稻，禾也。槁，枯也。槁骨，貝也。術，法也。前説象其生，此已下説反於生之法。設褻衣，襲三稱，搢紳而無鉤帶矣。縉，與搢同，扱也。紳，大帶也。縉紳，謂扱笏於帶。鉤，鉤帶帶之鉤，所用弛張也。今不復解脱，故不設鉤也。褻衣，親身之衣也。士喪禮飯含後乃襲三稱，明衣不在筭，設韐帶，搢笏。禮記曰：「季康子之母死，陳褻衣。」鄭玄云：「褻衣非上服，陳之將以斂。」設掩面儇目，鬠而不冠笄矣。士喪禮：「掩用練帛，廣終幅，長五尺。」儇，與還同，繞也。士喪禮：「幎目用緇。」幎，讀如縈，縈與還義同。但鬠髮而已，不加冠及笄也。書其名，置于其重，則名不見而柩獨明矣。士喪禮：「祝取銘置于重案。」銘皆有名，而此云無，蓋後世禮變，今猶然也。薦器則冠有鍪而毋縰，明器之冠，有如兜鍪加首之形，而無韜髮之縰也。甕廡虛而不實，有簟席而無牀笫，此言棺中不施牀笫，大斂小斂則皆有也。木器不成斲，陶器不成物，薄器不成内，薄器，竹葦之器。不成内，謂有其外形，内不可用也。竽笙具而不和，琴瑟張而不均，輿藏而馬反，告不用也。禮記：「君葬用輴，四綍二碑；大夫葬用輴，二綍二碑；士葬用國車。」皆至葬時埋之。具生器以適墓，象徙道也。生器，用器也，弓矢盤盂之屬。徙，遷改也。徙道，其生時之道。器當在家，今以適墓，以象人行，不從常行之道〔九〕，更徙他道也。略而不盡，貌而不功，趨輿而藏之，金革轡靷而不入，明不用也。略而不盡，謂簡略而不盡備也。貌，形也。但有形貌，不加功精好也。趨輿而藏之，謂以輿趨於墓而藏之。趨者，速也，速藏之意也。金，謂和鸞。革，車鞅也。説文云：靷，所以引軸者也。杜元凱云：靷在馬胸。或曰：貌，讀爲邈，像也。象徙道，又明不用也。是皆所以重哀也。故生器文而不功，明器貌而不用。凡禮，事生，飾歡也；送死，飾哀也；祭祀，飾敬也；師旅，飾威也：是百王之所同，古今之所一也，未有知其所由來者也。故壙壟，其貌象室屋也。壙，墓中。壟，冢也，禮記曰：「適墓不登壟。」貌，猶意也，言其意以象生時也，或音邈。棺椁，其貌象版、蓋、斯、象、拂也。版，謂車上障蔽者。蓋，車蓋也。斯，未詳。象，衍字。拂，即茀也，爾雅釋器云：「輿革，前謂之報〔一〇〕，後謂之茀。」郭云：「以韋靶車軾」及後户也。無、帾、絲、歶、縷、翣，其貌以象菲、帷、幬、尉也。無，讀爲幠。幠，覆也，所以覆尸者也，士喪禮「幠用夷衾」是也。帾，與褚同，禮記曰：「素錦褚。」又曰：「褚幕丹質。」鄭云：「所以覆棺也。」絲歶，未詳，蓋亦喪車之飾也。或曰：絲，讀爲綏，禮記曰：「畫翣二，皆載綏。」鄭云：「以采羽注於翣首也。」⿱此禺，讀爲魚，謂以銅魚懸於池下，禮記曰：「魚躍拂池。」縷，讀爲柳，蔞字誤爲縷耳。菲，謂編草爲蔽，蓋古人所用障蔽門户者，今貧者猶然。或曰：菲當爲扉，隱也，謂隱奥之處也。或曰：菲，讀爲扉，户扇也。幬，讀爲幬帳之幬。尉，讀爲罻，罻，網也，帷帳如網也。抗折，其貌以象槾茨、番、閼也。槾，莫干反。○既夕禮：「陳明器於乘車之西，折横覆之。抗木，横三縮二〔一一〕。」無簀，窆事畢，加之壙上，以承抗席。抗，禦也，所以禦止土者。槾，扞也。茨，蓋屋也。槾茨，猶堲茨也。番，讀爲藩，籬也。閼，謂門户壅閼風塵者。抗所以禦土，折所以承抗，皆不使外物侵内，有象於槾茨藩閼也。故喪禮者，無他焉，明死生之義，送以哀敬而終周藏也。故葬埋，敬葬其形也；祭祀，敬事其神也；其銘誄繫世，敬傳其名也。事生，飾始也；送死，飾終也。終始具而孝子之事畢，聖人之道備矣。刻死而附生謂之墨，刻生而附死謂之惑，刻，損減。附，增益也。墨，墨子之法〔一二〕。惑，謂惑亂過禮也〔一三〕。殺生而送死謂之賊。大象其生以送其死，使死生終始莫不稱宜而好善，是禮之法式也，儒者是矣。同上。○喪禮之凡：凡，謂常道。變而飾，謂殯斂每加飾。動而遠，禮記：「子游曰：飯於牖下，小斂於户内，大斂於阼，殯於客位，祖於庭，葬於墓。所以即遠也。」久而平。久則哀殺如平常也。故死之爲道也，不飾則惡，惡則不哀，尒則翫，尒與邇同。翫，戲狎也。翫則厭，厭則忘，忘則不敬。一朝而喪其嚴親，而所以送葬之者不哀不敬，則嫌於禽獸矣，君子恥之。故變而飾，所以滅惡也；動而遠，所以遂敬也；遂，成也。邇則慣敬不成也。久而平，所以優生也。優生，養生也，謂送死有禮，復生有節也。○同上。○穆公之母卒，穆公，魯哀公之曾孫。使人問於曾子曰：「如之何？」問居喪之禮。曾子，曾參之子，名申。對曰：「申也聞諸申之父曰：『哭泣之哀，齊、斬之情，饘粥之食，自天子達。子喪父母尊卑同。布幕，衛也；縿幕，魯也。』」幕，所以覆棺上也。縿，縑也。縿讀如綃。衛，諸侯禮。魯，天子禮。兩言之者，僭已久矣。幕，或爲幦。○疏曰：曾申對穆公使人云「哭泣之哀」，謂有聲之哭、無聲之泣並爲哀然，故曰哭泣之哀也。「齊斬之情」者，齊是爲母，斬是爲父，父母情同，故答云之情也。「饘粥之食」者，厚曰饘，希曰粥，朝夕食米一溢，孝子以此爲食，故曰食也。「自天子達」者，父母之喪，貴賤不殊，哭泣以下，自天子至庶人如一，故云自天子達。「布，幕衛也。縿，幕魯也」者，既言齊斬、饘粥同，又言覆棺之幕。天子、諸侯各別，以布爲幕者，衛是諸侯之禮。以縿爲幕者，魯是天子之制。幕者，謂覆殯棺者也。下文云「加斧於椁上」，鄭云：「以刺繡於縿幕，加椁以覆棺，已乃屋其上，盡塗之。」如鄭此言，繡幕加斧文塗之，内以覆棺椁也。周公一人得用天子禮，而後代僭用之。故曾申舉衛與魯俱是諸侯，則後代不宜異，謂魯之諸公不宜與衛異也。○檀弓○君子行禮，不求變俗。求，猶務也。不務變其故俗，重本也，謂去先祖之國，居他國。祭祀之禮，居喪之服，哭泣之位，皆如其國之故，謹修其法而審行之。其法，謂其先祖之制度，若夏、殷。○疏曰：「祭祀之禮」者，此陳不變之事。若祭祀之禮不變，即夏立尸、殷坐尸、周旅酬六尸，及先求陰陽、犧牲騂黑之屬也。「居喪之服」者，殷雖尊貴，猶服傍親，周則以尊降服。「哭泣之位」者，殷不重適，以班高處上，周世貴正，嗣孫居其首。「皆如其國之故」者，謂故俗也。凡上諸事，悉不改革，行之如本國俗也。然上既舉三條，餘冠昏之屬從可知也。「謹修其法而審行之」者，并結前事，各令分明謹修本國之法，審慎以行之。其法謂其先祖之制度若夏殷，子孫在周者悉行其先世之禮，是不變俗也。○曲禮○孔子在衛，司徒敬子卒，夫子弔焉。主人不哀，夫子哭不盡聲而退，蘧伯玉請曰：「衛鄙俗不習喪禮，煩吾子辱相焉。」孔子許之，掘中霤而浴，霤，力救反。○室中。毁竈而綴足襲於牀。綴足，不欲令僻戾長。及葬，毁宗而躐行也。明不復有事於此也。毁宗廟而出行，神位在廟門之外也。出於大門，及墓，男子西面，婦人東面，既封而歸，殷道也。孔子行之，子游問曰：「君子行禮，不求變俗，夫子變之矣。」孔子曰：「非此之謂也，喪事則從其質而已矣。」家語○白虎通義曰：人死必沐浴於中霤何？示潔淨反本也。禮檀弓曰：「死於牖下，沐浴於中霤，飯唅於牖下，小斂於户内，大斂於阼階，殯於客位，祖於庭，葬於墓，所以即遠。」奪孝子之恩以漸也。○所以有飯唅何？緣生食，今死不欲虛其口，故唅。用珠寶物何也？有益死者形體，故天子飯以玉，諸侯以珠，大夫以米，士以貝也。同上。○冒者何也？所以揜形也。自襲以至小斂，不設冒則形，是以襲而後設冒也。言設冒者爲其形，人將惡之也。襲而設冒，言「後」，衍字耳。○疏曰：記人自問何以須冒，自答言冒所以揜蓋尸形。若未襲之前，始死事須沐浴，自既襲以後以至小斂之前，雖已著衣，若不設冒，則尸象形見，爲人所惡，是以襲而後設冒也。言後者，衍字也。襲則設冒，至小斂之前則以衣總覆於冒上。皇氏云：大斂脱冒，未之聞也。○雜記○曾子曰：「尸未設飾，故帷堂，小斂而徹帷。」仲梁子曰：「夫婦方亂，故帷堂，小斂而徹帷。」斂者動摇尸，帷堂爲人褻之。言方亂，非也。仲梁子，魯人也。○疏曰：知「方亂非」者，以小斂之後，豈無夫婦方亂之事，何故徹帷乃云方亂，明爲動摇尸柩故帷堂。按春秋定五年魯有仲梁懷，是仲梁魯人之姓，故知仲梁子魯人也。○檀弓○子曰：「嘗禘之禮，所以仁昭穆也。饋奠之禮，所以仁死喪也。」昭，上遥反。穆，亦作繆，音同。○仲尼燕居○貴本之謂文，親用之謂理。文，謂修飾。理，謂合宜。始卒之未小斂也，一也。一，謂一於古也。此以象太古時，貴本之義，故云一也。謂未有威儀節文，象太古時也。喪服之先散麻也，一也。士喪禮：始死，主人「散帶垂，長三尺。」三年之喪，哭之不文也。不文，謂無曲折也，禮記曰：「斬衰之哭，長往而不反。」○荀子○或問曰：「死三日而後斂者，何也？」曰：「孝子親死，悲哀志懣，故匍匐而哭之，若將復生然，安可得奪而斂之也？故曰三日而後斂者，以俟其生也。三日而不生，亦不生矣，孝子之心，亦益衰矣。家室之計，衣服之具，亦可以成矣。親戚之遠者，亦可以至矣。是故聖人爲之斷決以三日，爲之禮制也。」匍匐，猶顛蹷，或作扶服。○疏曰：此記者假設問三日而後斂之意也。三日斂者，以士言之，則大斂也，明大夫以上言之，則小斂也。○白虎通義曰：崩薨三日乃小斂何？奪孝子之恩以漸也。一日之時，屬纊於口上，以候絶氣。二日之時，尚冀其生。三日之時，魂氣不還，終不可奈何。故禮曰：「天子諸侯三日小斂，大夫、士二日小斂。」〇尸柩者，何謂也？　尸之爲言失也、陳也，失氣亡神，形體獨陳。　柩之爲言究也，久也，不復章也，曲禮曰：「在牀曰尸，在棺曰柩。」〇夏后氏殯於阼階，殷人殯於兩楹之間，周人殯於西階之上何？　夏后氏教以忠，忠者，厚也。　曰生吾親也，死亦吾親也，主人宜在阼。　殷人教以敬，曰死者將去，又不敢容也，故置之兩楹之間，賓主共夾而敬之。　周人教以文，曰死者將去，不可又得，故賓客之也。　檀弓記曰：「夏后氏殯於阼階，殷人殯於兩楹之間，周人殯於西階。」〇天子七日而殯，諸侯五日而殯。　事有小大，所供者不等。　故王制曰：「天子七日而殯，諸侯五日而殯，卿大夫三日而殯。」〇所以必居倚廬何？　孝子哀，不欲聞人之聲，又不欲居故處，居中門之外。　倚木爲廬，質反古也。　不在門外何？　戒不虞故也。　〇王者崩，臣下服之有先後何？　恩有深淺遠近，故制有日月。　檀弓記曰：「天子崩，三日祝先服，五日官長服，七日國中男女服，三月天下服。」〇禮：　庶人，國君服齊衰三月。　王者崩，京師之民喪三月何？　民賤，故思淺，故三月而已。　禮不下庶人，所以爲民制何？　禮不下庶人者，尊卑制度也。　服者，恩從内發，故爲之制也。　〇喪禮必制衰麻何？　以副意也。　服以飾情，情貌相配，中外相應。　故吉凶不同服，歌哭不同聲，所以表中誠也。　〇腰絰者，以代紳帶也。　所以結之何？　思慕腸若結也。　必再結之何？　明思慕無已。　〇所以必杖者，孝子失親，悲哀哭泣，三日不食，身體羸病，故杖以扶身，明不以死傷生也。　以竹杖何？取其名也。竹者，蹙也。桐者，痛也。父以竹，母以桐何？竹者，陽也。桐者，陰也。竹何以爲陽？竹斷而用之，質，故爲陽。桐削而用之，加人功，文，故爲陰也。故禮曰：「苴杖竹也，削杖桐也。」已上並見白虎通。○父母之喪，哭無時，使必知其反也。謂既練，或時爲君服金革之事，反必有祭。○疏曰：禮哭無時有三種：一是初喪未殯之前，哭不絶聲；二是殯後除朝夕之外，廬中思憶則哭；三是小祥之後，哀至而哭，或一日二日，而無復朝夕之時也。此云「哭無時」，謂小祥之後也。何以知然，下云「使必知其反」，是其可使之時也。「使必知其反也」者，使謂君使之也。既小祥哭無時，其時可爲君所使金革之事也。反，還也，若爲使還家，當必設祭告親之神，令知其反，亦出必告、反必面之義也。○檀弓○孔子曰：「拜而后稽顙，頽乎其順也；顙，徒回反。○此殷之喪拜也。頽，順也，先拜賓，順於事也。○疏曰：此一節論殷、周喪拜之異也。「拜」者，主人孝子拜賓也。「稽顙」者，觸地無容也，頽然不逆之意也。拜是爲賓，稽顙爲己，前賓後己，各以爲頽然而順序也。稽顙而後拜，頎乎其至也。頎，音懇，又音纖。○此周之喪拜也。頎，至也，先觸地，無容哀之至。○疏曰：頎，惻隱貌也。先觸地無容，後乃拜賓也，是爲親痛深貌，惻隱之至也。三年之喪，吾從其至者。」重其尚哀戚，自期如殷可。○疏曰：三年之喪，尚哀戚則從周，自期以下如殷可。此經直云「拜而後稽顙」，稽顙而後拜，鄭知拜而後稽顙是殷之喪，拜稽顙而後拜是周之喪拜者，以孔子所論，每以二代相對，故下檀弓云：「殷人既封而弔，周人反哭而弔。」又云：「殷朝而殯於祖，周朝而遂葬。」皆以殷、周相對，故知此亦殷、周相對也。但殷之喪拜自斬衰以下、緦麻以上皆拜而後稽顙，周則杖期以上皆先稽顙而後拜，不杖期以下乃作般之喪拜。此稽顙而後拜，即大祝「凶拜」，鄭注：「謂三年服者。」先拜而後稽顙，即大祝「吉拜」，鄭注云：「謂齊衰不杖以下者。」○檀弓○按家語子張有父之喪，公明儀相焉，問稽顙於孔子，孔子對之，其辭如此。○有子與子游立，見孺子慕者。有子謂子游曰：「予壹不知夫喪之踊也，予欲去之久矣。情在於斯，其是也夫！」喪之踊，猶孺子之號慕。子游曰：「禮有微情者，節哭踊。有以故興物者，衰絰之制。有直情而徑行者，戎狄之道也。哭踊無節，衣服無制。禮道則不然，與戎狄異。人喜則斯陶，陶斯咏，咏斯猶，猶，當爲摇，聲之誤也。猶斯舞，手舞之。舞斯愠，愠，猶怒也。愠斯戚，戚，憤恚。戚斯歎，歎，吟息。歎斯辟，辟，拊心。辟斯踊矣。踊，躍。品節斯，斯之謂禮。舞踊皆有節乃成禮。人死，斯惡之矣；無能也，斯倍之矣。無能，心謂之無所復能。是故制絞衾，設蔞翣，爲使人勿惡也。絞衾，尸之飾。蔞翣，棺之墻飾。周禮蔞作柳。始死，脯醢之奠，將行，遣而行之，既葬而食之。將行，將葬也。葬有遺奠食反虞之祭。未有見其饗之者也。自上世以來，未之有舍也，爲使人勿倍也。舍，猶廢也。故子之所刺於禮者，亦非禮之訾也。訾，似斯反。○訾，病也。○疏曰：有子與子游同立見孺子號慕者，有子謂子游曰：「予壹不知夫喪之踊也。」言我專壹，不知夫喪之踊也，何須有節，直似孺子慕者，其事足矣，予欲去此踊節久矣。斯，此也，言孝子之情在於此。小兒直號慕而已，其是也，夫但如小兒，其事即是，何須爲哭踊之節。子游乃對之曰：「禮有微情者。」心發於内謂之微，微者不見也。有以故興物者，興，起也，物謂哀經也。若不肖之屬本無哀情，故爲哀經，使其覩服思哀起情。企，及也，引由外來，故云興物也。若直肆己情而徑行之，無哭踊節制，乃是夷狄之道，中國禮道則不如是也。「人喜則斯陶」以下，極言哀樂之本也。喜者，外竟會心之謂也。人若外竟會心則懷抱欣悦，但始發則鬱陶未暢，故云斯陶也。「陶斯咏」者，鬱陶情轉暢，故口歌咏之也。咏歌不足，漸至自摇動身體，摇身不足乃至起舞，足蹈手揚〔一四〕，樂之極也。「舞斯愠」者，愠，怒也，外竟違心之謂也。凡喜怒相對，哀樂相生，故若舞而無節，形疲厭倦，事與心違，所以怒生，怒生於舞極，故云舞斯愠也。曲禮云「樂不可極」，即此謂也。「愠斯戚」者，怒來戚心，故憤恚起，憤恚轉深，故因發歎息，歎息不泄，故至撫心，撫心不泄，乃至跳踊奮擊，亦哀之極也。「品節斯，斯之謂禮」者，品，階格也〔一五〕；節，斷制也；斯，此也。此之謂禮生於哀樂也。若喜而不節，自陶至舞，俄頃而愠生。若怒而不節，從戚至踊，踊極則笑，故夷狄無禮，朝殯夕歌，童兒任情，倏啼欻笑。今若品節此二塗，使踊舞有數，有數則長久，故云此之謂禮。云「舞斯愠」者，凡有九句，首末各四，正明哀樂相對。中央「舞斯愠」一句是哀樂相生，故一句之中有舞及愠也。「人死斯惡之」者，以人身既死，形體腐敗，故惡之，故倍之，故制絞紟衾，設蔞翣以飾之，欲使人勿惡也。始死設脯醢之奠，以至於葬，將行，設遣奠而行送之。既葬反哭，設虞祭以食之，雖設奠祭，未曾見其死者而饗食之也。既不饗食，自上世以來，未之有舍此奠祭而不爲者，爲使人勿倍其親故也。禮意既然，不可無節，故子之所譏刺於禮。有踊節者，正是禮之所宜，非禮之病。有若見孺子之慕，唯譏哭踊有節，不譏絞衾奠祭之事，子游秖應答以辟踊即止。今更陳絞衾脯醢之事者，以有若之意欲直同孺子，生者不節其哀，死者不加其飾，故子游既言生者節哀，遂説死者加飾，備言禮之節制與夷狄不同也。○檀弓○弁人有其母死而孺子泣者，言聲無節。孔子曰：「哀則哀矣，此誠哀。而難爲繼也。失禮中。夫禮爲可傳也，爲可繼也，故哭踊有節。疏曰：「而難爲繼也」者，此哀之深，後人無能繼學之者也。「夫禮爲可傳也爲可繼也故哭踊有節」者，又廣述其難繼爲失也。夫聖人制禮，使後人可傳可繼，故制爲哭踊之節，以中爲度耳。豈可過甚，皆使後人不可傳繼乎？然雜記「曾申問於曾子曰：哭父母有常聲乎？曰：中路嬰兒失其母，何常聲之有？」則與此違者。云曾子所言是始死之時，悲哀志懣未可爲節，此之所言在襲斂之後〔一六〕，可以禮制，故哭踊有節也。所以知然者，曾申之問泛問於哭時，故知舉重時答也。此之所言哭踊有節，節哭之時在於後也。○檀弓○曾子謂子思曰：「伋，吾執親之喪也，水漿不入於口者七日。」言己以疾時禮而不如。子思曰：「先王之制禮也，過之者俯而就之，不至焉者跂而及之。故君子之執親之喪也，水漿不入於口者三日，杖而后能起。」爲曾子言難繼以禮，抑之。○疏曰：此一節論曾子疾時居喪不能以禮，子思以正禮抑之之事。曾子謂子思伋，誇己居親之喪能行於禮，故云吾水漿不入於口七日，疾時人行禮不如己也。故子思以正禮抑之，云：古昔聖王制其禮法，使後人依而行之，故賢者俯而就之，不肖者跂而及之。以水漿不入於口三日，尚以杖扶病，若曾子之言，即後人難爲繼也。○檀弓○白虎通義曰：天子大斂之後稱王者，明臣不可一日無君也，故尚書曰「王麻冕黼裳」，此斂之後也。何以知從後加王也？以尚書言迎子釗，不言迎王。王者既殯而即繼體之位何？緣民臣之心不可一日無君，故先君不可得見，則後君繼體矣。尚書曰：再拜，興對，乃受同。明爲繼體君也。緣始終之義，一年不可有二君也。故尚書曰：「王釋冕，反喪服。」吉冕受同。稱王以接諸侯，明已繼體爲君也。釋冕藏同反喪，明未稱王以統事也。不曠年無君，故踰年乃即位改元。名元年，年以紀事，君統見事矣，而未發號令也。何以言踰年即位謂改元位？春秋傳曰：「以諸侯踰年即位，亦知天子踰年即位也。」春秋曰：「元年春，王正月，公即位。」改元位也。王者改元年即事天地，諸侯改元即事社稷。王制曰：「夫喪三年不祭，唯祭天地社稷，爲越紼而行事。」春秋傳曰：「天子三年然後稱王者，謂稱王統事發號令也。」尚書曰「高宗諒陰三年」是也。論語：「君薨，百官總己聽於冢宰三年。」緣孝子之心，則三年不當也。故三年除喪，乃即位統事，即位踐祚爲主，南面朝臣下，稱王以發號令也。故天子諸侯凡三年即位，終始之義乃備。○子張曰：「書云『高宗諒陰，三年不言』，何謂也？」集注曰：高宗，商王武丁也。諒陰，天子居喪之名，未詳其義。子曰：「何必高宗，古之人皆然。君薨，百官總己以聽於冢宰三年。」言君薨，則諸侯亦然。總己，謂總攝己職。冢宰，太宰也。百官聽於冢宰，故君得以三年不言也。○胡氏曰：位有貴賤，而生於父母無以異者。故三年之喪，自天子達。子張非疑此也，殆以爲人君三年不言，則臣下無所禀令，禍亂或由以起也。孔子告以聽於冢宰，則禍亂非所憂矣。○論語○書曰：「高宗梁闇，三年不言。」何謂梁闇也？傳曰：高宗居凶廬，三年不言，百官總己以聽于冢宰而莫之違，此之謂梁闇。子張曰：「何謂也？」孔子曰：「古者君薨，王世子聽于冢宰，三年不敢服先王之服，履先王之位而聽焉。以民臣之義，則不可一日無君矣。不可一日無君，猶不可一日無天也。以孝子之隱乎，則孝子三年弗居矣。故曰義者彼也，隱者此也，遠彼而近此，則孝子之道備矣。」伏生尚書大傳〇白虎通義曰：喪禮不言者何？思慕盡情也。言不文者，指謂士民。不言而事成者，國君卿大夫杖而謝賓。財少恃力，面垢作身，不言而事具者，故號哭盡情。〇春秋不稱楚、越之王喪，禮：君不稱天，大夫不稱君，恐民之惑也。楚、越之君僭號稱王，不稱其喪，謂不書葬也。春秋傳曰：「吴、楚之君不書葬，辟其僭號也。」〇辟，音避。〇坊記〇子云：「升自客階，受弔於賓位，教民追孝也。謂反哭時也，既葬矣，猶不由阼階，不忍即父位也。未没喪，不稱君，示民不争也。故魯春秋記晉喪曰：「殺其君之子奚齊及其君卓。」殺，音弑。〇没，終也。春秋傳曰：「諸侯於其封内三年稱子。」至其臣子，踰年則謂之君矣。奚齊與卓子，皆獻公之子也。獻公卒，其年奚齊殺，明年而卓子殺矣。〇疏曰：「升自客階受弔於賓位」者，謂既葬反哭之時，孝子升自客階，受弔於堂上西方賓位之處，不敢在東方以即父位，示民追孝之心也。「未没喪不稱君」者，没，終也，謂未終三年之喪，嗣子不合稱君。所以然者，示民不令父子相争也。「殺其君之子奚齊及其君卓」者，按僖九年秋九月，晉侯佹諸卒，冬晉里克弑其君之子奚齊，十年里克弑其君卓子。公羊云其年奚齊殺，明年卓子弑，是踰年稱君。又曰：諸侯於其封内三年稱子者，此文九年公羊傳文。其臣子踰年則謂之君者，此卓子踰年弑而經書弑其君，是史之策書臣子稱君也。○同上。○白虎通義曰：臣死，亦赴告於君何？此君哀痛於臣子也。欲聞之加賻賵之禮。故春秋曰：「蔡侯考父卒」，傳曰：「卒赴而葬，禮也。」諸侯薨，赴告鄰國何？緣鄰國欲有禮也。春秋傳曰：「桓母喪，告於諸侯。」桓母賤，尚告於諸侯，諸侯薨，告鄰國明矣。諸侯夫人薨，告天子者，不敢自廢政事，天子亦欲知之，當有禮也。春秋曰：「天王使宰咺來歸惠公、仲子之賵。」譏「不及事」。仲子者，魯君之貴妾也，何況於夫人乎？○諸侯薨，使臣歸瑞珪於天子何？諸侯以瑞珪爲信，今死矣，嗣子諒闇，三年之後乃當更爵命，故歸之，推讓之義。禮曰：「諸侯薨，使臣歸瑞珪於天子。」○天子聞諸侯薨，哭之何？慘怛發中，哀痛之至也。使大夫弔之，追遠重終之義也。故禮檀弓曰：「天子哭諸侯，爵弁純衣。」又曰：「遣大夫弔，詞曰：『皇天降災，子遭離之難，嗚呼哀哉，天王使臣某弔。』」○臣子死，君往弔之何？親與之共治民，恩深義重厚，欲躬見之。故禮雜記曰：「君弔臣，主人待于門外，見馬首不哭。君至，主人先入，君升自阼階西向哭。主人居中庭，從哭。」或曰：大夫疾，君問之無數；士疾，一問之而已。大夫卒，比葬不食肉，比卒哭不舉樂，士比殯不舉樂。已上並同上。○君臨臣喪，以巫祝桃茢執戈，惡之也，茢，音列，徐音例，杜預云「黍穰也」，鄭注周禮云「苕帚」。惡，烏路反，下同〔一七〕。○爲有凶邪之氣在側，君聞大夫之喪，去樂卒事而往，未襲也。其已襲，則止巫去桃茢。桃，鬼所惡。茢，萑苕，可掃不祥。○凶邪，似嗟反，下注同。萑，音完。苕，大彫反。○疏曰：此君謂天子，臣喪未襲之前，君往臨弔，則以巫執桃，祝執茢，又使小臣執戈。所以然者，惡其凶邪之氣。必惡之者，所以異於生人也。注云「君聞大夫之喪去樂卒事」者，昭十五年公羊傳文。鄭必知往者，以下云柳莊之卒，衛侯不脱祭服而往，明其王有大臣之喪，亦當然，以聞喪即往，故知未襲也。云「已襲則止巫去桃茢」者，襲謂死之明日，則止巫門外去桃茢，祝代巫而入，又小臣執戈。按喪大記：「大夫之喪，將大斂」，君往，「巫止于門外」，「祝先入。」又士喪禮：大斂而往，「巫止于廟門外，祝代之，小臣二人執戈先，二人後。」此皆大斂之時，小斂及殯更無文，明與大斂同。直言巫止，無桃茢之文。喪大記雖記諸侯之禮，明天子亦然。所以異於生也。生人無凶邪。喪有死之道焉，言人之死有如鳥獸死之狀，鳥獸之死，人賤之。先王之所難言也。難，乃旦反。○聖人不明説，爲人甚惡之。○檀弓○三年之喪與新有昏者，期不使。以衰裳入朝，期，居其反。朝，直遥反，注同。非禮也，是謂君與臣同國。臣有喪昏之事而不歸，反服其衰裳以入朝，是謂君臣共國，無尊卑也。有喪昏不歸，唯君耳。臣有喪昏，當致仕而歸。○疏曰：「三年之喪與新有昏者期不使」者，若君有喪昏則恒在於國不歸，臣有喪昏則歸鄉家，一期之間不復使役也，故云「期不使」。「以衰裳入朝非禮也」者，今臣之有喪乃不致事，身著衰裳而入君朝，是爲非禮也。「是謂君與臣同國」者，君之喪昏而在國，臣有喪昏而不歸家亦在國，是君與臣同國。○禮運○諸侯非問疾弔喪而入諸臣之家，是謂君臣爲謔。謔，許約反。○無故而相之，是戲謔也。陳靈公與孔甯、儀行父數如夏氏以取殺焉。○孔甯，本又作寧，按左傳作寧，公羊作甯，各依字讀。父，音甫。數，色角反。取殺，申志反，或如字。○同上。○郊之祭也，喪者不敢哭，凶服者不敢入國門，敬之至也。祭者，吉禮，不欲聞見凶人。○疏曰：此一節論祭祀之禮，以是吉禮大事，故喪與凶服皆辟之。○祭義○白虎通義曰：大夫使受命而出，聞父母之喪，非君命不反者，蓋重君也。故春秋傳曰：「大夫以君命出，聞喪，徐行不反。」○凶服不敢入公門者，明尊朝廷，吉凶不相干。故周官曰：「凶服不入公門。」曲禮曰：「居喪不言樂，祭事不言凶，公庭不言婦女。」論語曰：「子於是日哭，則不歌。」○臣下有大喪，不呼其門者，使得終其孝道，成其大禮。春秋傳曰：「古者臣有大喪，君三年不呼其門。」已上並見白虎通義。○貨財曰賻，輿馬曰賵，衣服曰襚，玩好曰贈，玉貝曰唅。此與公羊、穀梁之説同。玩好，謂明器琴瑟笙竽之屬。何休曰：此皆春秋之制也。賻，猶覆也；賵，猶助也：皆助生送死之禮。襚，猶遺也，遺是助死者之禮也。知生則賵賻，知死則襚唅之也。賻賵所以佐生也，贈襚所以送死也。送死不及柩尸，弔生不及悲哀，非禮也。皆謂葬事。故吉行五十，犇喪百里，賵贈及事，禮之大也。既説弔贈及事，因明奔喪亦宜行遠也，禮記奔喪曰：「日行百里，不以夜行。」○荀子○白虎通義曰：贈襚何謂也？贈之爲言稱也。玩好曰贈。襚之爲言遺也。衣被曰襚。知死者則贈襚，所以助生送死，追恩重終，副至意也。賻賵者，助也，所以相佐給不足也。故弔辭曰：「知生則賻賵。」貨財曰賻，車馬曰賵。○婦人不出境弔者，婦人無外事，防淫佚也。禮雜記曰：「婦人越疆而弔，非禮也。」而有三年喪，君與夫人俱往。禮：妻爲父母服，夫亦當服。○有不弔三何？爲人臣子常懷恐懼，深思遠慮，志在全身。今乃畏厭溺死，用爲不義，故不弔也。檀弓曰：「不弔三：畏，厭，溺也。」畏者，兵死也。禮曾子記曰：「大辱加於身，支體毀傷[一八]，即君不臣，士不交，祭不得爲昭穆之尸，食不得昭穆之牲，死不得葬昭穆之域也。」已上並見白虎通義。○三月之殯何也？此殯謂葬也。曰：大之也，重之也，所致隆也，所致親也，將舉錯之，遷徙之離宮室而歸丘陵也，先王恐其不文也，是以繇其期，足之日也。所至厚至親，將徙而歸丘陵，不可急遽無文飾，故繇其期足之日，然後葬也。繇，讀爲由。由，從也。故天子七月，諸侯五月，大夫三月，皆使其須足以容事，事足以容成，成足以容文，文足以容備，曲容備物之謂道矣。須，待也，謂所待之期也。事，喪具也。道者，委曲容物備物者也。齊衰苴杖、居廬食粥、席薪枕塊，是君子之所以爲愅詭其所哀痛之文也。愅，變也。詭，異也。感動其所哀痛而不可無文飾，故制爲齊衰苴杖之屬，言本皆因於感動也。卜筮視日，齊戒修塗，几筵饋薦告祝，如或饗之。賓出，主人拜送，反易服，即位而哭，如或去之。此雜説喪祭也。易服，易祭服，反喪服也。賓出，祭事畢，即位而哭，如神之去然也。哀夫敬夫！事死如事生，事亡如事存，狀乎無形影，然而成文。狀，類也。言祭祀不見鬼神，有類乎無形影者，然而足以成人道之節文也。○荀子○子思曰：「喪：三日而殯，凡附於身者，必誠必信，勿之有悔焉耳矣；三月而葬，凡附於棺者，必誠必信，勿之有悔焉耳矣。言其日月，欲以盡心修備之。附於身，謂衣衾。附於棺，謂明器之屬。喪三年以爲極亡，去已久遠而除其喪。則弗之忘矣。則之言曾。故君子有終身之憂，念其親。而無一朝之患，毁不滅性。故忌日不樂。樂，如字。史，音岳。○謂死日。言忌日，不用舉吉事。○疏曰：「三日而殯」者，據大夫、士禮，故云三日也。凡附於身者，謂衣衾也。夫祀必求仁者之粟，故送終之物悉用誠信，必令合禮，不使少有非法後追悔咎焉。耳矣者，助句之辭。三月而葬，亦大夫、士禮也。附，謂明器之屬，亦當必誠信不追悔也。喪三年以爲極亡，言服親之喪已經三年以爲極亡，可以棄忘，而孝子有終身之痛，曾不暫忘於心也。注云「則之言曾」，故君子有終竟，已身恒慘念親，此則是不忘之事。雖終身念親，而不得有一朝之間有滅性禍患，恐其常毁，故唯忌日不爲樂事，他日則可防其滅性故也。所以不滅性者，父母生己，欲其存寧，若滅性傷親之志，又身已絶滅，無可祭祀故也。○檀弓○喪之朝也，順死者之孝心也。朝，直遥反。○朝，爲遷柩於廟。○疏曰：人子之禮：出必告，反必面，以盡孝子之情。今此所以車載柩而朝，是順死者之孝心也。然朝廟之禮，每廟皆朝，故既夕禮云：「其二廟，則饌于禰廟。」下云降柩如初適祖，則天子諸侯以下，每廟皆一日。至遠祖之廟，當日朝畢則爲祖祭，至明日設遣奠而行。其哀離其室也，故至於祖考之廟而后行，殷朝而殯於祖，周朝而遂葬。疏曰：「其哀離其室也」者，謂死者神靈悲哀，棄離其室，故至於祖考之廟，辭而後行。殷人尚質，敬鬼神而遠之，死則爲神，故云朝而殯於祖廟。周則尚文，親雖亡没，故猶若存在，不忍便以神事之，故殯於路寢，及朝廟遂葬。夫子不論二代得失，皆合當代之禮，無所是非。以此言之，則周人不殯於廟。按僖八年致哀姜，左傳云：「不殯於廟」，「則弗致也。」則正禮當殯於廟者。鄭康成以爲春秋變周之文從殷之質，故殯於廟。杜預以爲不以殯朝廟。未詳孰是。○孔子謂「爲明器者知喪道矣，備物而不可用也。」神與人異道則不相傷。哀哉，死者而用生者之器也，不殆於用殉乎哉。殉，辭俊反，以人從死曰殉。○殆，幾也。殺人以衛死者曰殉，用其器者，漸幾於用人。○幾，音祈，又音機。「其曰明器，神明之也。」神明死者，異於生人。塗車芻靈，自古有之，芻，初拘反。○芻靈，束茅爲人馬。謂之靈者，神之類。明器之道也。言與明器同。孔子謂「爲芻靈者善」，謂「爲俑者不仁」，不殆於用人乎哉！俑，音勇。○俑，偶人也，有面目，機發有似生人。孔子善古而非周。○疏曰：造作形體偶類人形，故史記有土偶人、木偶人是也。云「孔子善古而非周」者，古謂周以前，虞以後。虞氏以來始有塗車芻靈，周初即用偶人也。冢人職云：「鸞車象人。」司農注云：「象人，謂以芻爲人。」康成注引此謂爲俑者不仁，是象人即俑人也。其餘車馬器物猶爲塗車芻靈，故校人：「大喪，飾遣車之馬，及葬埋之。」鄭注云：「言埋之，則是馬塗車之芻靈。」是偶人之外，猶有塗車芻靈之制，雖或用木，無機械發動。偶人謂之俑者，皇氏云：機械發動踊躍，故謂之俑也。○孔子曰：「之死而致死之，不仁而不可爲也；之死而致生之，不知而不可爲也。知，音智。○之，往也。死之、生之，謂無知與有知也。爲，猶行也。○疏曰：「而致死之」者，謂之無復有知，是不仁之事而不可爲也。「而致生之」者，謂雖死猶致生之意，是不知之事而不可爲也。是故竹不成用，瓦不成味，木不成斲，味，依注音沫。○成，猶善也。竹不可善用，謂邊無縢。味，當作沬，沬，靧也。○靧，音悔。○疏曰：竹不善用，謂竹器邊無縢緣也。「瓦不成味」者，味猶黑光也，今世亦呼黑爲沬也。瓦不善沬，謂瓦器無光澤也。「木不成斲」者，斲，雕飾也，木不善斲。鄭注云：味當作沬。沬，靧也，靧謂靧面。證沬爲光澤也。琴瑟張而不平，竽笙備而不和，和，胡卧反。○無宫商之調。○調，直弔反。○疏曰：琴瑟張絃而不調平，竽笙備而無宫商調和也。有鍾磬而無簨虡。簨，息允反。虡，音巨。○不縣之也。横曰簨，植曰虡。○疏曰：鄭云「不縣之也」者，按典庸器云：「大喪，廞筍虡。」明知有而不縣之也。其曰明器，神明之也。言神明死者也。神明者，非人所知，故其器如此。○疏曰：注云者，神明微妙無方，不可測度，故云「非人所知」也。○仲憲言於曾子曰：仲憲，孔子弟子原憲。○疏曰：按仲尼弟子傳云：「原憲，字子思。」彼注云：「魯人也。」其時與曾子評論三代送終器具之義也〔一九〕。「夏后氏用明器，示民無知也。所謂致死之。殷人用祭器，示民有知也。所謂致生之。周人兼用之，示民疑也。」言使民疑於無知與有知。曾子曰：「其不然乎，其不然乎！疏曰：曾子聞憲所説不是，故重稱不然，深鄙之也。夫明器，鬼器也；祭器，人器也。夫古之人，胡爲而死其親乎？」疏曰：曾子鄙憲言，既畢而自更説其義也。言三代用此器送亡者，非是爲有知與無知也，正是質、文異耳。夏代文，言鬼與人異，故純用鬼器送之，非言爲無知也。殷世質，言雖復鬼與人有異，亦應恭敬是同，故用恭敬之器，仍貯食送之，非言爲有知也。周家極文，言亡者亦宜鬼事，亦宜敬事，故并用鬼、敬二器，非爲示民言疑惑也。然周唯大夫以上兼用耳，士唯用鬼器不用人器。夫古之人胡爲而死其親乎者，古謂夏時也，言古人雖質，何容死其親乎？若是無知，則是死之義也。○並同上。○或問於曾子曰：「夫既遣而包其餘，猶既食而裹其餘與？君子既食則裹其餘乎？」曾子曰：「吾子不見大饗乎？夫大饗既饗，卷三牲之俎歸于賓館，父母而賓客之，所以爲哀也，子不見大饗乎？」遣，棄戰反，注同。與，音餘，注異與同。卷，紀轉反，又厥挽反。歸，如字，又音匱。○言遣既奠而又包之，是與食於人已而裹其餘將去，何異與君子寧爲是乎。言傷廉也，既饗歸賓俎，所以厚之也。言父母家之主今賓客之，是孝子哀親之去也。○疏曰：「君子既食則裹其餘乎」者，或人云君子於他家既食之後，則更裹其餘食去乎？寧有是也，不應如此。既設遣奠，亦不應包餘而去。曾子謂或人爲吾子豈不見大饗賓客之禮乎？謂大饗賓客既畢，主人卷斂三牲俎上之肉歸於賓館，已家父母今日既去，遂同賓客之疏，是孝子所以悲哀也。爲此之故，包遣奠而去。「子不見大饗乎」者，重結前文以語或人也。○雜記○曾子弔於負夏，負夏，衛地。主人既祖，填池，填池，依注音奠徹。○祖，謂移柩車去載處爲行始也。填池，當爲奠徹，聲之誤也。奠徹，謂徹遣奠，設祖奠。○處，昌慮反。遣，棄戰反。推柩而反之，推，昌隹反。○反於載處，榮曾子弔，欲更始。降婦人而後行禮。禮：既祖而婦人降，今反柩，婦人辟之，復升堂矣。柩無反而反之，而又降婦人，蓋欲矜賓於此婦人，皆非。從者曰：「禮與？」怪之。曾子曰：「夫祖者，且也，且，未定之辭。且胡爲其不可以反宿也？」從者又問諸子游曰：「禮與？」疑曾子言非。子游曰：「飯於牖下，小斂於户内，大斂於阼，殯於客位，祖於庭，葬於墓，所以即遠也。故喪事有進而無退。」明反柩非。曾子聞之曰：「多矣乎，予出祖者。」善子游言且服。○疏曰：「既祖填池」者，按既夕禮：啓殯之後，柩「遷于祖」，「重先，奠從」，「柩從」，「升自西階。」「正柩于兩楹閒，用夷牀。」鄭注云：「是時柩北首。」設奠於柩西，此奠謂啓殯之奠也。質明徹去，啓奠乃設遷祖之奠於柩西，至日側乃卻下柩，載於階閒，乘蜃車，載訖降下遷祖之奠，設於柩車西，當前束時柩猶北首，前束近北。前束者，謂棺於車束有前後，故云前束。乃飾柩，設披屬引，徹去遷祖之奠，遷柩嚮外而爲行始，謂之祖也。婦人降，即位於階閒，乃設祖奠於柩西，至厥明徹祖奠，又設遣奠於柩車之西，然後徹之，苞牲取下體以載之遂行。此是啓殯之後至柩車出之節也。曾子弔於負夏氏，正當主人祖祭之明旦，既徹祖奠之後，設遣奠之時而來弔。主人榮曾子之來，乃徹去遣奠，更設祖奠，又推柩少退而返之嚮北，又遣婦人升堂，至明旦，婦人從堂更降而後乃行遣車禮。從曾子者意以爲疑，問曾子云：此是禮與？曾子既是主人榮己，不欲指其錯失，爲之隱諱云：夫祖者，且也。且是未定之辭，祖是行始，未是實行，且去住二者皆得。既得且住，何爲不可以反宿，明日乃去。云「祖謂移柩車去載處爲行始」者，按既夕禮注云：「束棺於柩車。賓出，遂匠納車於階閒。」柩從兩楹卻下載於車，乃迴車南出，是爲祖也。祖，始也，謂將行之始也。云「奠徹，謂徹遣奠設祖奠」者，按既夕禮：祖之明旦，徹祖奠，設遣奠。曾子正當設遣奠時來，主人乃徹去遣奠，還設祖奠。似若不爲遣奠，然經云主人既祖，祖之明日既徹祖奠之時，故謂之既祖。鄭云「祖，謂移柩車去載處」者，解正祖之名也。皇氏、熊氏皆云：曾子雖今日來弔，遥指昨日爲既祖，於文賒緩，其義非也。云「禮既祖而婦人降」者，既夕禮文。以既祖柩車南出，階間既空，故婦人得降立階間。今柩車反還階間，故婦人辟之升堂。婦人既已升堂，柩車未迴南出，則婦人未合降也。今乃降之者，以曾子賢人，欲矜誇賓於此婦人也。言「皆非」者，柩無反而反之，是一非；既反之，未迴車南出，不合降婦人而降之，是二非也。多猶勝也，曾子自知己説之非，聞子游之答，是故善服子游也，故言子游所説出祖之事勝於我所説出祖也。○檀弓○子云：「喪禮每加以遠。浴於中霤，飯於牖下，小斂於户内，大斂於阼，殯於客位，祖於庭，葬於墓，所以示遠也。霤，力救反。○遠之，所以崇敬也。阼，或爲堂。殷人弔於壙，周人弔於家，示民不背也。」既葬哀而哭踊，於是弔之。子云：「死，民之卒事也，吾從周。周於送死尤備。以此坊民，諸侯猶有薨而不葬者。」疏曰：云「死民之卒事也吾從周」，言死是民之終卒之事，宜須送終備具。若殷人弔於壙，情猶未盡，即壙上而弔，於送死大簡。周人孝子反哭，至家乃後始弔於送死殷勤，是情禮備具，故云「吾從周」也。○坊記○喪祭械用皆有等宜，械，器也。皆有等級，各當其宜也。夫是之謂復古，是王者之制也。荀子○白虎通義曰：祖於庭何？盡孝子之恩也。祖者，始也，始載於庭也。乘軸車辭祖禰，故名爲祖載也。禮曰：「祖於庭，葬於墓。」又曰：「適祖昇自阼階。」○禮有以多爲貴者：天子崩七月而葬，五重八翣；諸侯五月而葬，三重六翣；大夫三月而葬，再重四翣。此以多爲貴也。詳見喪大記飾棺章。○有以大爲貴者：棺椁之厚，丘封之大。此以大爲貴也。禮器○白虎通義曰：崩薨別號至墓同，何也？時臣子藏其君父，安厝之義，貴賤同。葬之爲言下藏之也。所以入地何？人時於陰，含陽光，死始入地，歸所與也。○白虎通義曰：天子七月而葬，諸侯五月而葬何？尊卑有差也。天子七月而葬，同軌必至。諸侯五月而葬，同會必至。所以慎終重喪也。○謚者何也？謚之爲言引也，引烈行之跡也，所以進勸成上務德也。故禮特牲曰：「古者生無爵，死無謚。」此言生有爵，死當有謚也。死乃謚之何？言人行終始不能若一，故據其終始，從可知也〔二〇〕。士冠經曰：「死而謚之今也。」所以臨葬而謚之何？因衆會，欲顯揚之也。黄帝先黄後帝何？古者順死生之稱，各持行合而言之。美者在上，黄帝始制法度，得道之中，萬世不易，名黄自然也，後世雖聖，莫能與同也。後世得與天同，亦得稱帝，不能制作〔二一〕，故不得復稱黄也〔二二〕。謚或一言，或兩言何？文者以一言爲謚，質者以兩言爲謚。故尚書曰：「高宗，殷宗也。」湯死後世稱成湯，以兩言爲謚也。號無質文，謚有質文何？號者，始也。爲本，故不可變也。周已後用意尤文，以爲本生時號令善，故有善謚，故合文、武王也〔二三〕。合言之則上其謚，明別善惡，所以勸人爲善，戒人爲惡也。帝者，天號也。以爲堯猶謚，顧上世質直，死後以其名爲號耳。所以謚之爲堯何？爲謚有七十二品。禮記謚法曰：「翼善傳聖謚曰堯，仁聖盛明謚曰舜，慈惠愛民謚曰文，剛强理直謚曰武〔二四〕。」天子崩，臣下至南郊謚之者何？以爲人臣之義，莫不欲褒大其君，掩惡揚善者也。故之南郊，明不得欺天也。故曾子問：「孔子曰：『天子崩，臣下之南郊告謚之。』」諸侯薨，世子赴告天子，天子遣大夫會其葬而謚之何？幼不誄長，賤不誄貴〔二五〕，諸侯相誄，非禮也。臣當受謚於君也。卿大夫老歸死有謚何？謚者，别尊卑，彰有德也。卿大夫歸無過，猶有禄位，故有謚也。夫人無謚者何？無爵故無謚。或曰：夫人有謚。夫人，一國之母，修閨門之内，羣下亦化之，故設謚以彰其善惡。春秋傳曰：「葬宋恭姬。」傳曰：「其稱謚何？賢也。」傳曰：「哀姜者何？莊公夫人也。」卿大夫妻無謚何？賤也。八妾所以無謚何？卑賤，無所能豫〔二六〕，猶士卑小不得有謚也。太子夫人無謚何？本婦人隨夫，太子無謚，其夫人不得有謚也。天子太子，元士也，士無謚，知太子亦無謚也。附庸所以無謚何？卑小無爵也。王制曰：「爵禄，凡五等。」附庸本無爵也。后夫人於何所謚之？以爲於朝廷。朝廷本所以治政之處，臣子共審謚白之於君，然後加之。婦人天夫，故但白君而已。何以知不之南郊也？婦人本無外事，何爲於郊也？禮曾子問曰：「唯天子稱天以誄之。」唯者，獨也，明天子獨於南郊耳。顯號謚何法？法日未出而明，月已入有餘光也〔二七〕。○王者巡狩崩于道，歸葬何？夫太子當爲喪主，天下皆來奔喪，京師四方之中也。即如是，舜葬蒼梧，禹葬會稽，于時尚質，故死則止葬，不重煩擾也。○諸侯爲天子斬衰三年何？「普天之下，莫非王土，率土之濱，莫非王臣。」臣之於君，猶子之於父，明至尊臣子之義也。○喪服經曰：

「諸侯爲天子斬衰三年。」天子爲諸侯絶期何？示同愛百姓，明不獨親也。○故禮中庸曰：「期之喪達乎諸侯，三年之喪達乎天子。」卿大夫降緦，重公正也。已上並見白虎通義。○古之葬者，厚衣之以薪，葬之中野，不封不樹，喪期無數。後世聖人易之以棺椁，蓋取諸大過。衣，於既反。○取其過厚。○疏曰：不云上古，直云「古之葬者」，若極遠者則云上古，其次遠者則直云古。則「厚衣之以薪葬之中野」猶在穴居結繩之後，故直云古也。「不封不樹」者，不積土爲墳，是不封也。不種樹以標其處，是不樹也。「喪期無數」者，哀除則止，無日月限數也。「後世聖人易之以棺椁」者，若禮記云「有虞氏瓦棺」，未必用木爲棺也，則禮記又云殷人之棺椁，以前云椁無文也。「取諸大過」者，送終追遠，欲其甚大過厚，故「取諸大過」也。○易○孟子自齊葬於魯，反於齊，止於嬴。充虞請曰：「前日不知虞之不肖，使虞敦匠事。嚴，虞不敢請。今願竊有請也，木若以美然。」集注曰：充虞，孟子弟子，嘗董治作棺之事者也。嚴，急也。木，棺木也。以、已通。以美，泰美也。曰：「古者棺椁無度，中古棺七寸，椁稱之。自天子達於庶人。非直爲觀美也，然後盡於人心。度，厚薄尺寸也。中古，周公制禮時也。椁稱之，與棺相稱也。欲其堅厚久遠，非特爲人觀視之美而已。不得，不可以爲悦；無財，不可以爲悦。得之爲有財，古之人皆用之，吾何爲獨不然？」不得，謂法制所不當得。得之爲有財，言得之而又爲有財也。或曰：爲，當作而。且比化者，無使土親膚，於人心獨無恔乎？比，猶爲也。化者，死者也。恔，快也。言爲死者不使土近其肌膚，於人子之心，豈不快然無所恨乎？吾聞之也：君子不以天下儉其親。送終之禮，所當得爲而不自盡，是爲天下愛惜此物，而薄於吾親也。○孟子○魯平公將見孟子，嬖人臧倉曰：「孟子之後喪踰前喪，君無見焉！」公曰：「諾。」集注曰：孟子前喪父，後喪母。踰，過也，言其厚母薄父也。諾，應辭也。樂正子入見，曰：「君奚爲不見孟軻也？」曰：「或告寡人曰『孟子之後喪踰前喪』，是以不往見也。」曰：「何哉君所謂踰者？前以士，後以大夫；前以三鼎，而後以五鼎與？」曰：「否，謂棺椁衣衾之美也。」曰：「非所謂踰也，貧富不同也。」孟子○喪不慮居，謂責舍宅以奉喪。毀不危身。謂憔悴將滅性。喪不慮居，爲無廟也；毀不危身，爲無後也。檀弓○子游問喪具，夫子曰：「稱家之有亡。」子游曰：「有無惡乎齊？」稱，尺證反。亡，皇如字，無也。○惡，音烏。齊，才細反。○惡乎齊，問豐省之比。夫子曰：「有，毋過禮。苟亡矣，斂首足形，形，體。還葬，還，音旋。○還之言便也，言已斂即葬，不待三月。縣棺而封，不設碑綍，不備禮封，當爲窆。窆，下棺也，春秋傳作塴。人豈有非之者哉？」不責於人所不能。○疏曰：夫子曰稱家之有亡，稱，猶隨也，亡，無也，言各隨其家計豐薄有無也。子游曰有無惡乎齊，惡乎，猶於何也。子游言：若必隨家之有無，貧富於何可齊，故子游疑而問之。夫子曰有毋過禮，此答是稱富家也。毋猶不也，禮有節限，設若家富有正禮可依，而不得過禮。苟亡矣，斂首足形，此答貧家也。亡，無也，家無財也。但使衣衾斂於首足形體，不令露見而已。還葬，還，便也，禮雖衆多，葬日有數。若貧者斂竟便葬，不須停殯待其月數足也。還之言便也，言已斂即葬，不待三月也。縣棺而封，封即窆，窆下棺内壙中也。貴者則用碑繂，若貧而即葬者，但手縣棺而下之，同於庶人。不待碑繂，不設碑繂，不備禮。○檀弓○子思之母死於衛，子思，孔子孫，伯魚之子。伯魚卒，其妻嫁於衛。柳若謂子思曰：「子，聖人之後也。四方於子乎觀禮，子蓋慎諸。」柳若，衛人也，見子思欲爲嫁母服，恐其失禮，戒之。嫁母，齊衰期。子思曰：「吾何慎哉！吾聞之：有其禮，無其財，君子弗行也；謂時可行，而財不足以備禮。有其禮，有其財，無其時，君子弗行也。謂財足以備禮，而時不得行者。吾何慎哉！時所止則止，時所行則行，無所疑也。喪之禮，如子贈襚之屬，不踰主人。○疏曰：云「嫁母齊衰期」者，嫁母之服，喪服無文。按喪服杖期章云：「父卒，繼母嫁，從爲之服報。」則親母可知，故鄭約云「齊衰期」也。又鄭止言齊衰期，不言嫡庶，故譙周、袁準並云：父卒母嫁，非父所絶。嫡子雖主祭，猶宜服期，而喪服爲出母期，嫁母與出母俱是絶族，故知與出母同也。張逸問：舊儒世本皆以孔子後數世皆一子，禮：適子爲父後，爲嫁母無服。檀弓説子思從於嫁母服何？鄭答云：子思哭嫂爲位，必非適子。或者兄若早死無繼，故云數世皆一子。又曰：謂若嫁母之家，主人貧乏，斂首足形，還葬，已雖有財，不得過於主人，故下注：「喪之禮，如子贈襚之屬，不踰主人。」是也。○同上。○子路曰：「傷哉貧也！生無以爲養，死無以爲禮也。」孔子曰：「啜菽飲水盡其歡，斯之謂孝，斂手足形〔二八〕，還葬而無槨，稱其財，斯之謂禮。」還，音旋。稱，尺證反。○還，猶疾也，謂不及其日月。○疏曰：孔子以子路傷貧，故答之云「啜菽飲水」。以菽爲粥，以常啜之飲水，更無餘物，以水而已。雖使親啜菽飲水，盡其歡樂之情，謂使親盡其歡樂，此之謂孝，答上生無以爲養。「斂手足形」者，親亡但以衣棺斂其頭首及足，形體不露，還速葬而無椁材，稱其家之財物所有以送終，此之謂禮，答上死無以爲禮。○同上。○墨者夷之因徐辟而求見孟子，孟子曰：「吾聞夷子，墨者。墨之治喪也，以薄爲其道也。夷子思以易天下，豈以爲非是而不貴也？然而夷子葬其親厚，則是以所賤事親也。」集注曰：莊子曰：「墨子生不歌，死無服，桐棺三寸而無椁。」是墨之治喪，以薄爲道也。易天下，謂移易天下之風俗也。夷子學於墨氏而不從其教，其心必有所不安者，故孟子因以詰之。徐子以告夷子，夷子曰：「儒者之道，古之人『若保赤子』，此言何謂也？之則以爲愛無差等，施由親始。」徐子以告孟子，孟子曰：「夫夷子，信以爲人之親其兄之子爲若親其鄰之赤子乎？彼有取爾也。赤子匍匐將入井，非赤子之罪也。且天之生物也，使之一本，而夷子二本故也。若保赤子，周書康誥文，此儒者之言也。夷子引之，蓋欲援儒而入於墨，以拒孟子之非己。又曰愛無差等，施由親始，則推墨而附於儒，以釋己所以厚葬其親之意，皆所謂遁辭也。孟子言人之愛其兄子與鄰之子，本有差等。書之取譬，本爲小民無知而犯法，如赤子無知而入井耳。且人物之生，必各本於父母而無二，乃自然之理，若天使之然也。故其愛由此立，而推以及人，自有差等。今如夷子之言，則是視其父母本無異於路人，但其施之之序，姑自此始耳。非二本而何哉？然其於先後之間，猶知所擇，則又其本心之明有終不得而息者，此其所以卒能受命而自覺其非也。蓋上世嘗有不葬其親者。其親死，則舉而委之於壑。他日過之，狐狸食之，蠅蚋姑嘬之。其顙有泚，睨而不視。夫泚也，非爲人泚，中心達於面目。蓋歸反虆梩而掩之。掩之誠是也，則孝子仁人之掩其親，亦必有道矣。」因夷子厚葬其親而言此，以深明一本之意。上世，謂太古也。委，棄也。壑，山水所趨也。蚋，蚊屬。姑，語助聲，或曰螻蛄也。嘬，攢共食之也。顙，額也。泚，泚然汗出之貌。睨，邪視也。視，正視也。不能不視，而又不忍正視，哀痛迫切，不能爲心之甚也。非爲人泚，言非爲他人見之而然也。所謂一本者，於此見之，尤爲親切。蓋惟至親故如此，在他人，則雖有不忍之心，而其哀痛迫切不至若此之甚矣。反，覆也。虆，土籠也。梩，土轝也。於是歸而掩覆其親之尸，此葬埋之禮所由起也。此掩其親者，若所當然，則孝子仁人所以掩其親者，必有其道，而不以薄爲貴矣。徐子以告夷子，夷子憮然爲閒曰：「命之矣！」憮然，茫然自失之貌。爲閒，有頃。○孟子○古之喪禮，貴賤有儀，上下有等：天子棺椁七重，重，直龍反。諸侯五重，大夫三重，士再重。今墨子獨生不歌，死不服，桐棺三寸而無椁，以爲法式。以此教人，恐不愛人，以此自行，固不愛也。物皆以任力稱情爲愛，今以勤儉爲法而爲之太過，雖欲饒天下，更非所以爲愛也。未敗墨子道，墨子是一家之事，故不可以敗也。崔云：未壞其道。雖然歌而非歌，哭而非哭，樂而非樂，是果類乎？其生也勤，其死也薄，其道大觳。觳，苦角反，徐尸角反，郭、李皆云：無潤也。使人憂，使人悲，其行難爲也，恐其不可以爲聖人之道。反，下孟反。反天下之心，天下不堪。墨子雖獨能任，奈天下何？離於天下，其去王也遠矣。任，音壬。○莊子○世俗之爲説者曰：「太古薄葬，棺厚三寸，衣衾三領，葬田不妨田，故不掘也。此蓋言古之人君也。三領，三稱也。禮記「君陳衣于序東」，「西領南上。」故以領言。葬田不妨田，言所葬之地不妨農耕也。殷已前平葬，無丘壠之識。亂今厚葬飾棺，故掘也。」是不及知治道，而不察於抇不抇者之所言也。抇，胡骨反，穿也。○抇，發冢也。凡人之盜也，必以有爲。其意必有云爲也。聖王之生民也，皆使厚優而不得以有餘過度，皆使寬泰知足，又不得以有餘過度。故曰：「天下有道，盜其先變乎！」衣食足，知榮辱。夫亂今而後反是：上以無法使，下以無度行，知者不得慮，能者不得治，賢者不得使。於是桀、紂羣居，而盜賊擊奪以危上矣。言在上位者如桀、紂也。若是，則有何尤抇人之墓、抉人之口而求利矣哉？抉，挑也，抉人口取其珠也。夫太古薄葬，故不抇也，亂今厚葬，故抇也。是特奸人之誤於亂説，以欺愚者，夫是之謂大奸。是時墨子之徒説薄葬以惑當世，故以此譏之。○荀子〔二九〕○國子高曰：「葬也者，藏也。藏也者，欲人之弗得見也。是故衣足以飾身，棺周於衣，椁周於棺，土周於椁，言皆所以爲深邃，難人發見之也。國子高，成子高也。成，謚也。反壤樹之哉！」壤，而丈反〔三〇〕。○反，復也。怪不如大古也，而反封樹之意在於儉，非周禮。○復，扶又反。大，音泰。○疏曰：此一節論重古非今之事。子高之意，人死可惡，故備以衣衾棺椁，欲其深邃，不使人知。今乃反更封壤爲墳，而種樹以標之哉，言不可封壤種樹也。國子意在於儉，非周禮之法。○檀弓○白虎通義曰：葬之爲言下藏之也。

所以入地何？人時於陰，含陽光，死始入地，歸所與也。○葬於城郭外何？死生別處，終始異居。易曰「葬之中野」，所以絶孝子之思慕也。傳曰：「作樂於廟，不聞於墓。哭泣於墓，不聞於廟。」所以於北方何？就陰也。○所以有棺槨何？所以掩藏形惡也。不欲令孝子見其毀壞也。棺之爲言完，所以藏尸令完全也〔三一〕。槨之爲言廓，所以開廓辟土，無令迫棺也。○有虞氏瓦棺，今以木何？虞尚質，故用瓦。夏后氏益文，故易之以堲周，謂堲木相周，無膠漆之用也。殷人棺槨，有膠漆之用。周人浸文，牆置翣，加巧飾。喪葬之禮〔三二〕，緣生以事死，生時無，死亦不敢造。太古之時，穴居野處，衣皮帶革，故死衣之以薪，内藏不飾。中古之時，有宮室衣服，故衣之幣帛，藏以棺槨，封樹識表，體以象生。夏殷彌文，齊之以器械，至周大文，緣夫婦生時同室，死同葬之。○合葬者，所以固夫婦之道也。故詩曰：「穀則異室，死則同穴。」又禮檀弓曰：「合葬，非古也。自周公已來，未之有改也。」已上並同白虎通義。○太公封於營丘，比及五世，皆反葬於周〔三三〕。比，必利反。○齊太公受封，留爲太師，死葬於周，子孫生焉，不忍離也。五世之後乃葬於齊，齊曰營丘。君子曰：樂，樂其所自生。禮，不忘其本。言其似禮樂之義。古之人有言曰：狐死正丘首，仁也。首，手又反。○正丘首，正首丘也。仁，恩也。○疏曰：此一節論忠臣不欲離王室之事。太公封於營丘，及其死也，反葬於鎬京，陪文、武之墓。其太公子孫，比及五世，雖死於齊，以太公在周，其子孫皆反葬於周也。言

「反葬」者，既從周嚮齊，今又從齊反往歸周。君子善其反葬似禮樂之意，故云先王所制樂者，「樂其所自生」，謂愛樂己之王業所由生，以制樂名。若舜愛樂，其王業所由能紹堯之德，即樂名大韶。禹愛樂，其王業所由，由治水廣大中國，則樂名大夏。「禮不忘其本」者，謂先王制禮，其王業根本由質而興，則制禮不忘其本而尚質也。若王業根本由文而興，制禮尚文也，是不忘其本也。禮之與樂，皆是重本，今反葬於周，亦是重本，故引禮樂以美之。君子既引禮樂，又引古之人有遺言云狐死正丘首，謂狐之死正首而嚮丘。所以正首而嚮丘者，丘是狐窟穴根本之處，雖狼狽而死，意猶嚮此丘，是有仁恩之心也。今五世反葬，亦仁恩之心也。○檀弓○延陵季子適齊，於其反也，其長子死，葬於嬴、博之閒。長，丁丈反。嬴，音盈。○季子名札〔三四〕，魯昭二十七年，吳公子札聘於上國是也。季子讓國居延陵，因號焉，春秋傳謂延陵、延州來。嬴、博，齊地，今泰山縣是也。孔子曰：「延陵季子，吳之習於禮者也。」往而觀其葬焉。往弔之。其坎深不至於泉，深，式鴆反。○以生恕死。其斂以時服，以行時之服，不改制節。既葬而封，廣輪揜坎，其高可隱也。廣，古曠反。隱，於忍反。○亦節也。輪，從也。隱，據也。封可手據，謂高四尺所。既封，左袒，右還其封且號者三，曰：「骨肉歸復于土，命也。若魂氣則無不之也，無不之也。」號，戶高反。○還，圍也。號，哭且言也。命，猶性也。而遂行。行去也。孔子曰：「延陵季子之於禮也，其合矣乎！」疏曰：按襄二十九年季札來聘於魯，遂往聘齊、衛及晉，知非此時子死。而云昭二十七年聘上國者，此云孔子聞之往而觀其葬焉。若襄二十九年，孔子纔年九歲，焉得觀其葬而善之，故爲昭二十七年也。此即季子本封延陵，後讓國又居之，鄭舉後事言耳。延陵，一名延州來，故左傳云延州來季子聘於上國。云「以生恕死」者，言坎以深不至泉，以生時不欲近泉，故死亦不至於泉，以生時之意以恕於死者。云「亦節也」者，以上斂以行時之服，不更制造，是其節也。今封墳廣輪揜坎，其高可隱，又是有其節制，故云「亦節」也。云「謂高四尺所」者，言墳之高可四尺之所，以人長八尺，低而據之，半爲四尺，且約上墳崇四尺，故云四尺所，「所」是不定之辭。○同上。

○子夏問於孔子曰：「殷人既窆而弔於壙〔三五〕，周人反哭而弔於家，如之何？」孔子曰：「反哭之弔也，哀之至也。反而亡矣，失之矣，於斯爲甚，故弔之。死，人卒事也，殷以愨，吾從周。殷人既練之明日而祔于祖，周人既卒哭之明日祔于祖。祔，祭神之始事也。周以戚，吾從殷。」戚，猶促也。○家語○子夏問曰：「三年之喪卒哭，金革之事無辟也者，禮與？初有司與？」辟，音避。與，音餘。○疑有司初使之然。孔子曰：「夏后氏三年之喪，既殯而致事。殷人既葬而致事。致事，還其職位於君，周卒哭而致事。記曰：『君子不奪人之親，亦不可奪親也。』此之謂乎。」二者，恕也，孝也。子夏曰：「金革之事無辟也者非與？」疑禮當有然。孔子曰：「吾聞諸老聃曰：『昔者魯公伯禽有爲爲之也。』有爲，于僞反。○伯禽，周公子，封於魯，有徐戎作難，喪卒哭而征之，急王事也。征之，作費誓。今以三年之喪從其利者，吾弗知也。」時多攻取之兵，言非禮也。○疏曰：子夏以人遭父母三年之喪，卒哭之後，國有金革戰伐之事，君使則行，無敢辭辟，爲是禮當然與？爲當初時有司强逼遣之與？又曰：皇氏云：夏后氏尚質，孝子喪親恍惚，君事不敢久留，故既殯致事還君。殷人漸文，思親彌深，故既葬畢始致事還君。周人極文，悲哀至甚，故卒哭而致事。知周卒哭致事者，以喪之大事有三：殯也，葬也，卒哭也。夏既殯，殷既葬，後代漸遠，以此推之，故知周卒哭也。又曰：人臣喪親，在上君子許其致事，君子謂人君也。人臣有親之喪，在上君子許其致事，是不奪人喪親之心。此謂恕也，以己情恕彼也，據君許於下也。「亦不可奪親」者，謂臣遭親之喪，若不致事，是自奪思親之心也，故遭喪須致事，是不奪情以從利禄，此謂孝也，此據孝子之身也。言孝子居喪，不可以不致事，人君不可以不許。舊記先有此文，故孔子引之，故云此之謂乎。「子夏曰金革之事無辟也者非與」，孔子既前答周人卒哭而致事，則無從金革之理。子夏既見周代行金革無辟之事，謂其禮當然，故問孔子云：金革之事無辟也者，豈非禮也與？疑其於禮當然，又意謂見魯君居喪有金革之事，豈是禮也與？疑其非禮也，故問之。孔子曰吾聞諸老聃曰昔者魯公伯禽有爲爲之也者，孔子對云：金革之事無辟也者當亦有之，吾聞諸老聃曰：昔者魯君伯禽卒哭而從金革，時有徐戎作亂，東郊不開，故征之，有爲爲之也。○曾子問

○子夏問於夫子曰：「凡喪小功已上，虞祔練祥之祭，皆沐浴。於三年之喪，子則盡其情矣。」孔子曰：「豈徒祭而已哉？三年之喪，身有瘍則浴，首有瘡則沐，病則飲酒食肉。毁瘠而病，君子不爲也。毁則死者，君子謂之無子。且祭之沐浴爲齊潔也，非爲飾也。」家語

○子路問於孔子曰：「魯大夫練而牀，禮邪？」孔子曰：「吾不知也。」練，小祥也。禮記曰：「期而小祥，居堊室，寢有席，又期而大祥，居復寢，中月而禫，禫而牀也。」子路出謂子貢曰：「吾以夫子爲無所不知，夫子徒有所不知。」子貢曰：「女何問

哉？」子路曰：「由問：『魯大夫練而牀，禮邪？』夫子曰：『吾不知也。』」子貢曰：「吾將爲汝問之。」子貢問曰：「練而牀，禮邪？」孔子曰：「非禮也。」子貢出，謂子路曰：「女謂夫子爲有所不知乎？夫子徒無所不知，汝問非也。禮，居是邑，不非其大夫。」懼於訕上。○荀子○按家語有一條語意與此同，但彼云練而杖，此云練而牀，按禮經練猶有杖，至大祥始除，當以荀子爲正。○子夏三年之喪畢，見於孔子，孔子與之琴，使之絃侃侃而樂作，而曰：「先王制禮，不敢不及。」子曰：「君子也。」閔子三年之喪畢，見於孔子，孔子與之琴，使之絃切切而悲作，而曰：「先王制禮，弗敢過也。」子曰：「君子也。」子貢曰：「閔子哀未盡，夫子曰『君子也』，子夏哀已盡，又曰『君子也』，二者殊情而俱曰『君子』，賜也惑，敢問之。」孔子曰：「閔子哀未忘，能斷之以禮；子夏哀已盡，能引之及禮。雖均之『君子』，不亦可乎？」孔子曰：「無體之禮，敬也；無服之喪，哀也；無聲之樂，歡也。」家語○子路有姊之喪，可以除之矣而弗除也。孔子曰：「何弗除也？」子路曰：「吾寡兄弟而弗忍也。」孔子曰：「先王制禮，行道之人皆弗忍也。」弗除，如字，徐治慮反。○行道，猶行仁義。子路聞之，遂除之。疏曰：庾蔚云：子路緣姊妹無主後猶可得反服，推己寡兄弟亦有申其本服之理，故於降制已遠而猶不除，非在室之姊妹欲申服過期也。是子路已事仲尼始服姊喪，明姊已出嫁，非在室也。○檀弓○子夏喪其子而喪其明，喪，息浪反，下喪爾明同〔三六〕。○明，目睛〔三七〕。曾子弔之。曾子哭，子夏亦哭，曰：「天乎，予之無罪也！」曾子怒曰：「商，女何無罪也？吾與女事夫子於洙泗之閒，退而老於西河之上，使西河之民疑女於夫子，爾罪一也；喪爾親，使民未有聞焉，爾罪二也；言居親喪無異稱。喪爾子，喪爾明，爾罪三也。而曰女何無罪與？」音餘。子夏投其杖而拜曰：「吾過矣，吾過矣！吾離羣而索居亦已久矣。」離羣，上音詈。索，悉各反，猶散也。○同上。○君子有終身之喪，忌日之謂也。忌日不用，非不祥也，言夫日志有所至，而不敢盡其私也。夫，音扶。○忌日，親亡之日。忌日者，不用舉他事，如有時日之禁也。祥，善也。志有所至，至於親以此日亡，其哀心如喪時。○疏曰：此一節明孝子終身念親不忘之事。「忌日不用非不祥也」者，謂忌日不用舉作他事者何，非謂此日不善，別有禁忌不舉事也。「言夫日志有所至而不敢盡其私也」者，所以不舉者，言夫忌日，謂孝子志意有所至，極思念親，不敢盡其私情而營他事，故不舉也。○祭義○文王之祭也，事死者如事生，思死者如不欲生，忌日必哀，稱諱如見親。祀之忠也，如見親之所愛，如欲色然，其文王與。思死者如不欲生，言思親之深也。如欲色者，以時人於色厚假以喻之。詩云：「明發不寐，有懷二人。」文王之詩也。祭之明日，「明發不寐」，饗而致之，又從而思之。祭之日，樂與哀半，饗之必樂，已至必哀。樂，音洛。○「明發不寐」，謂夜而至旦也。祭之明日，謂繹日也，言繹之夜不寐也。二人，謂父母容尸侑也。○疏曰：「思死者如不欲生」者，言文王思念死者，意欲隨之而死，如似不復欲生。「稱諱如見親」者，言文王在廟中，上不諱下，於祖廟稱親之諱，如似見親也。○同上。○父沒而不能讀父之書，手澤存焉爾；母沒而杯圈不能飲焉，口澤之氣存焉爾。圈，起權反。○孝子見親之器物，哀惻不忍用也。圈，屈木所爲，謂巵匜之屬。○巵，音支。匜，以支反。○疏曰：「父沒而不能讀父之書，手澤存焉爾」者，凡孝子之情，父沒之後而不忍讀父之書，謂其書有父平生所持手之潤澤存在焉，故不忍讀也。「母沒而杯圈不能飲焉，口澤之氣存焉爾」者，言孝子母歿之後，母之杯圈不忍用之飲焉，謂母平生口飲潤澤之氣存在焉，故不忍用之。經云「不能」者，謂不能忍爲此事。書是男子之所有，故父言書。杯圈是婦人所用，故母言杯圈也。○玉藻○曾皙嗜羊棗，而曾子不忍食羊棗。集注曰：羊棗，實小黑而圓，又謂之羊矢棗。曾子以父嗜之，父沒之後，食必思親，故不忍食也。公孫丑問曰：「膾炙與羊棗孰美？」孟子曰：「膾炙哉！」公孫丑曰：「然則曾子何爲食膾炙而不食羊棗？」曰：「膾炙所同也，羊棗所獨也。諱名不諱姓，姓所同也，名所獨也。」肉聶而切之爲膾。炙，炙肉也〔三八〕。○孟子○子路見於孔子曰：「昔者由事二親之時，常食藜藿之實，爲親負米百里之外。親歿之後，南遊於楚，從車百乘，積粟萬鍾，累茵而坐，列鼎而食，願欲爲親負米不可得也。枯魚銜索，幾何不蠹。二親之壽，忽若過隙。」孔子曰：「由也事親，可謂生事盡力，死事盡思者也。」家語○曾子曰：「身也者，父母之遺體也。行父母之遺體，敢不敬乎？父母既沒，慎行其身，不遺父母惡名，可謂能終矣。不遺，如字，又于季反。仁者，仁此者也；禮者，履此者也；義者，宜此者也；信者，信此者也；强者，强

此者也。樂自順此生，刑自反此作。父母既没，必求仁者之粟以祀之。此之謂禮終。樂，音岳，皇五教反。○祭義

校勘記

〔一〕喪禮義十五　「十五」二字原脱，據賀本補。
〔二〕三事也　「三」，原作「二」，據四庫本、賀本改。
〔三〕虞禮所謂他用剛日者　「者」，四庫本、賀本作「也」。
〔四〕皆據得常正禮　「皆」，原作「階」，據賀本改。
〔五〕謂上六句　「六」，原作「五」，據賀本改。
〔六〕以鬼享之　句下，賀本有「春秋祭祀以時思之」八字。
〔七〕則以鬼禮享之　句下，賀本有「寒暑變移益用增感以時祭祀展其孝思也正義曰」二十字。
〔八〕生死如一　「如」上，賀本有「始終」二字。
〔九〕不從常行之道　「從」，原作「徙」，據賀本改。
〔一〇〕前謂之靷　「靷」，原作「革」，據四庫本、賀本改。
〔一一〕横三縮者二　「二」，原作「五」，據賀本改。

〔一二〕墨墨子之法　上「墨」字原脱，據賀本補。
〔一三〕謂惑亂過禮也　「過」，原作「其」，據賀本改。
〔一四〕足蹈手揚　「手」字原脱，據賀本補。
〔一五〕階格也　「階」，原作「偕」，據四庫本、賀本改。
〔一六〕此之所言在襲斂之後　「後」，原作「日」，據賀本改。
〔一七〕下同　「下」，賀本作「注」。
〔一八〕支體毁傷　「支」諸本皆作「皮」，據白虎通義改。
〔一九〕其時與曾子評論三代送終器具之義也　「也」上，原有「上」字，據吕本、四庫本、賀本删。
〔二〇〕從可知也　「從」，原作「後」，據賀本改。
〔二一〕不能制作　「制」上，原有「立」字；「作」下，原有「之時」二字，俱據賀本删。
〔二二〕故不得復稱黄也　「稱」字原脱，據賀本補。
〔二三〕故合文武王也　「合」，原作「舍」，據賀本改。
〔二四〕剛强理直謚曰武　「剛」字原脱，據四庫本、賀本補。
〔二五〕幼不誄長賤不誄貴　「長賤不誄」四字原脱，據賀本補。
〔二六〕無所能豫　「豫」，原作「務」，據賀本改。
〔二七〕月已入有餘光也　「月」字原脱，據賀本補。

〔二八〕斂手足形　「手」，賀本作「首」。下注文「斂手足形者」同。
〔二九〕荀子　句下，賀本有「正論」二字。
〔三〇〕壤而丈反　「丈」，原作「文」，據四庫本、賀本改。
〔三一〕棺之爲言完所以藏尸令完全也　二「完」字，原作「皃」，據賀本改。
〔三二〕喪葬之禮　「葬」，原作「祭」，據四庫本、賀本改。
〔三三〕皆反葬於周　「反」，原作「及」，據四庫本、賀本改。
〔三四〕季子名札　「札」，原作「礼」，據吕本、四庫本、賀本改。
〔三五〕殷人既窆而弔於壙　「窆」，原作「定」，據賀本改。
〔三六〕下喪爾明同　「喪」上，原有「喪」字，據賀本删。
〔三七〕明目睛　「目睛」二字原脱，據賀本補。
〔三八〕炙炙肉也　上「炙」字原脱，據四庫本、賀本補。

儀禮經傳通解續卷第十六

喪服圖式目録此係喪禮外一卷，今第次通解續卷第十六。

五服圖
本宗服圖附制服輕重之義〔一〕
爲人後者爲其本宗服圖
女子子適人者爲其本宗服圖
爲姑姊妹女子子適人者服圖
天子諸侯正統旁期服圖
大夫降服或不降服圖
丈夫婦人爲大宗服圖

己爲母黨服圖
母黨爲己服圖
姑姊妹女子子之子及内外兄弟相報服圖
妻爲夫黨服圖
己爲妻黨服圖
妻黨爲己服圖
臣爲君服圖
附無服爲位哭〔二〕
臣從君服圖
君爲臣服圖
妾爲君及其黨服圖
公卿大夫士爲妾服圖〔三〕

五服義例

五服升數
降正義服例

從報名加生服例

五服式

始死變服圖

將小斂變服圖

髺髮免髽圖髺髮免髽之節附

襲絰帶旁通圖

男子成服旁通圖冠衰裳制附

婦人成服旁通圖

杖

喪車制圖

奔喪變服圖

並有喪變服圖

弔服圖

啓葬反哭虞卒哭變服圖

男子卒哭受服旁通圖

婦人卒哭受服旁通圖
男子練除服受服圖
大祥服圖
禫服圖
五服古今沿革〔四〕
三年之喪
本宗服
夫黨服
母黨服
女子子適人爲本宗服
爲姑姊妹女子子適人者服
降服

五服圖

己爲本宗服圖詳見喪服及補服本章。

高祖父齊衰三月。				
曾祖父齊衰三月。	曾祖之昆弟也族曾祖父緦。			
祖父齊衰不杖期。	祖之昆弟也從祖祖父小功報。	族曾祖父之子也族祖父緦。		
父斬衰三年。	世叔父齊衰不杖期。	從祖祖父之子也從祖父小功報。	族祖父之子也族父緦。	
己	昆弟齊衰不杖期。	世叔父之子也從父昆弟大功。	從祖父之子也從祖昆弟小功。	族父之子也族昆弟緦。
子長子斬衰三年，衆子不杖期。	昆弟之子齊衰不杖期。	從父昆弟之子小功報。	從祖昆弟之子緦。	
孫適不杖期，庶大功。	昆弟之孫小功報。	從父昆弟之孫緦。		
曾孫緦。	昆弟之曾孫緦。			
玄孫緦。				

（續表）

高祖母齊衰三月。				
曾祖母齊衰三月。	族曾祖母緦。			
祖母齊衰不杖期。	從祖祖母小功報。	族祖母緦。		
母父卒齊衰三年，父在杖期。	世叔母齊衰不杖期。	從祖母小功報。	族母緦。	
妻齊衰杖期。	昆弟妻無服〔五〕。	從父昆弟之妻	從祖昆弟之妻	族昆弟之妻
婦適大功，庶小功。	昆弟子婦大功。	從父昆弟之子婦緦報。	從祖昆弟之子婦	
孫婦適小功，庶緦。	昆弟之孫婦緦報。	從父昆弟之孫婦		
曾孫婦無服。	昆弟曾孫婦無服。			
玄孫婦無服。				

姑、姊妹、女子子在室服並與男子同，適人無主者亦同，嫁反者亦同。

附制服輕重之義〔六〕詳見喪服傳及喪服義。

據「至親以期斷，父母加隆三年」，祖父母以尊加期，以次減之，應曾祖父母大功，高祖父母小功，而俱齊衰三月者，喪服注云：「重其衰麻，尊尊也；減其日月，恩殺也。」不可以大功、小功、旁親之服加至尊也。○子服父母三年，故父母服子期。若正適傳重，則三年。父服子期，故祖服孫大功，若傳重亦三年。○孫既大功，則曾孫宜小功。但曾孫服曾祖齊衰三月，故曾祖報亦三月也，玄孫亦緦。○婦從夫服舅姑期，故舅姑從子而服適婦大功，庶子之婦小功，適孫之婦小功，庶孫之婦緦，是其差也。○世叔父者，父之兄弟，若據祖期，則世叔父母宜九月。而世叔父是父一體，故加至期。從世叔父母經謂之「從祖父母」，既疏，加所不及，據期而殺，是以五月。族世叔父母經謂之「族父母」〔七〕。疏，故緦。○祖父加至期，祖父之昆弟經謂之「從祖祖父」〔八〕。加所不及，據期斷，是以五月。族祖父又疏一等，故緦。○曾祖父據期斷〔九〕，本應五月。曾祖之兄弟經謂之「族曾祖父母」，既疏一等，故緦。○兄弟期，以次疏一等，故從昆弟大功，從祖昆弟小功，族昆弟緦。○兄弟之妻無服者，子道、婦道推之，謂其無屬也。○父爲衆子期〔一〇〕，兄弟之子宜九月，今亦期者，兄弟之子猶子也。從父昆弟之子服從世叔無加，故報亦小功也。○祖爲孫大功，以次疏一等，故兄弟之孫小功，從父昆弟之孫緦。○曾祖爲曾孫三月，兄弟曾孫以無尊降之，故亦緦。○曾孫婦兄弟之孫與夫之諸叔父母報緦。○先師朱文公曰〔一一〕：父母本是期，加成三年。祖父母、世父母、叔父母本是大功，加成期。其從祖伯父母、叔父母小功者，乃正服之不加者耳。

三小功四緦麻

今按：從祖祖父者，祖之昆弟也。其子謂從祖父，又其子謂從祖昆弟，又其子謂從祖昆弟之子，凡四世。上三世以祖父己旁殺之義推之，皆當服小功，名爲三小功。下一世以子旁殺之義推之，當服緦。

此三小功一緦，與己同出曾祖〔一二〕。○族曾祖父者，曾祖父之兄弟也。其子謂族祖父，又其子謂族父，又其子謂族昆弟，凡四世。以曾祖祖父已旁殺之義推之，皆當服緦麻，名爲四緦麻，此即禮記大傳云〔一三〕：「四世而緦，服之窮也。」四世皆名爲族，族，屬也，骨肉相連屬，故以族言之。此四緦麻與己同出高祖爲四世，旁推亦四世，四世既有服，則高祖有服明矣。○沈存中云：高祖齊衰三月，不特四世祖爲然，凡逮事皆當服齊衰三月。高祖，蓋通稱耳。

五世六世

大傳曰：五世袒免，殺同姓也。六世親屬竭矣。繫之以姓而弗别，綴之以食而弗殊，雖百世而昏姻不通者，周道然也。疏云：五世，謂共承高祖之父者也。言服袒免而無正服，減殺同姓也。六世，謂共承高祖之祖，不復袒免同姓而已，故云親屬竭矣。注云：繫之弗别，謂若今宗室屬籍也。

本宗服之變者

祖。

父卒，爲祖後者服斬。

祖母。

祖父卒，爲祖母後者三年。○祖父卒時，父在，已雖爲祖期，今父没，祖母亡，亦爲祖母三年。○祖父在而祖母卒，其服如父在爲母杖期。

母。

君母、繼母、慈母服皆與母服同。○繼母嫁杖期報。先師朱文公曰：本生繼母，蓋以名服。如伯叔父之妻於己有何撫育之恩，但其夫屬乎父道，則妻皆母道，況本生之父所再娶之妻乎？○又曰：儀禮事事都載在裏面，其間曲折難行處，他都有个措置得恰好，因舉一項父卒繼母嫁從爲之服報。傳曰：「何以期，貴終也」。嘗爲母子，貴終其恩。此爲繼母服之義。

庶子爲其母。

公子爲其母練冠麻，麻衣縓緣，既葬除之。君卒，庶子爲其母大功。○大夫之庶子爲其母大功，大夫卒，庶子爲其母三年。○士在庶子爲母杖期，父卒爲母三年。○以上公子及大夫士之庶子不承後者如此，若承後則皆緦，按緦章庶子爲父後者爲其母是也。

出妻之子爲母。

出妻之子爲母杖期，爲父後者則爲出母無服。

庶母。

士爲庶母緦，大夫以上爲庶母無服。先師朱文公曰：父妾之有子者，禮經謂之庶母，死則爲之服緦麻三月，此其名分固有所繫，初不當論其年齒之長少。然其爲禮之隆殺，則又當聽從尊長之命，非子弟所得而專也。

三母：子師、慈母、保母。

國君有三母，無服，天子諸侯之子同。大夫及公子之適妻子亦得立三母，小功章云：君子子爲庶母慈己者。注云：君子子者，大夫及公子之適妻子。又云〔一四〕：三母不言師保，慈母居中，服之可知也。大夫之子有食母，所謂慈母是也。此慈母與斬衰章慈母如母義異。

乳母。

大夫之子有食母，謂之慈母，若慈母有疾病或死，則使此賤者代之養子，爲乳母，其服緦。

妻。

大夫之適子爲妻不杖期。○世子爲妻與大夫之適子同。○大夫之適子，父没，爲妻杖期。○大夫之庶子爲妻杖期。○公子爲妻縓冠葛絰帶，麻衣縓緣，既葬除之。

子。

父爲長子三年，疏云：其不得三年者有四種：一，正體不得傳重，謂適子有廢疾，不堪主宗廟；二則傳重非正體，庶孫爲後是也；三則體而不正，庶子爲後是也；四則正而不體，適孫爲後是也。

庶子不得爲長子三年。

有問：周制有大宗之禮，乃有立適之義，立適以爲後，故父爲長子三年。今大宗之禮廢，無立適之法，而子各得以爲後，則長子、少子當爲不異，庶子不得爲長子三年者不必然也，父爲長子三年者，亦不可以適、庶子論也。先師朱文公答曰〔一五〕：宗子雖未能立，然服制自當從古，是亦愛禮存羊之意，不可妄有改易也。如漢時宗子法已廢，然其詔令猶存賜民當爲父後者爵一級，是此禮意猶在也，豈可謂宗法廢而衆子皆得爲父後乎？

女子子在室，父卒，爲母三年。

問：内則云：女子十五而笄，二十而嫁，有故二十三而嫁。言二十三而嫁，不止一喪而已，故鄭氏注並云父母喪也。若前遭父服未闋，即得爲母三年，則是有故二十四而嫁，不止二十三也。答曰：内則之説亦大概言之耳，少遲不過一年，二十四而嫁，亦未爲晚也。

殤服。

叔父、姑、昆弟、姊妹子、女子子、昆弟之子、女子子、適孫，凡十一種人〔一六〕，並長、中殤大功，下殤小功。庶孫、從父、昆弟三種人長、中殤小功，下殤緦。從祖父、從祖昆弟、從父昆弟之子、昆弟之孫四種人長殤緦。

伊川先生曰：無服之殤更不祭。下殤之祭，父母主之，終父母之身。中殤之祭，兄弟主之，終兄弟之身。上殤之祭，兄弟之子主之，終兄弟之子之身。若成人而無後者，兄弟之孫主之，亦終其身。凡此皆以義起也。

爲殤後者。

爲殤後者，以其服服之。注云：言爲後者，據承之也。殤無爲人父之道，以本親之服服之。疏云：爲殤後者，謂大宗子在殤中而死，族人爲後，大宗而不復後，此殤子爲子也，以其父無殤義故也。既不後殤而宗不可絶，今來爲後殤者之人，不以殤者之爲父而依兄弟之服服此殤也。注言據承之者，既不與殤爲子，則不應云爲後。今言爲後，是據己承其處爲言也。

期功緦服。

横渠張子曰：近世喪祭無法度，惟致隆三年，自期以下未始有衰麻之變，祭先之禮一用流俗，節序燕褻不嚴。○先生繼遭期功之喪，始治喪服輕重如禮，家祭始行四時之薦，曲盡誠潔。聞者始或疑笑，終乃信而從之，一變從古者甚衆，皆先生倡之。○又詩曰：有喪不勉道終非，少爲親嫌老爲衰。舉世但知隆考妣，功緦不見我心悲。時爲人以親，嫌不服功喪〔一七〕。

爲人後者爲其本宗服圖詳見喪服、補服。

高祖父				
曾祖父	族曾祖父			
祖父	從祖祖父	族祖父		
父父母並不杖期。	世叔父姑小功。	從祖父	族父	
爲人後者	長殤小功。昆弟大功。姊妹適人小功〔一八〕。	從父昆弟	從祖昆弟	族昆弟
子	昆弟之子	從父昆弟之子	從祖昆弟之子	
孫	昆弟之孫	從父昆弟之孫		
曾孫	昆弟之曾孫			
玄孫				

（續表）

高祖母				
曾祖母	族曾祖母			
祖母	從祖祖母	族祖母		
母	世叔母	從祖母	族母	
妻夫爲人後者，其妻爲舅姑大功報。	昆弟妻〔一九〕	從父昆弟之妻	從祖昆弟之妻	族昆弟之妻
婦	昆弟子婦	從父昆弟之子婦	從祖昆弟之子婦	
孫婦	昆弟之孫婦	從父昆弟之孫婦		
曾孫婦	昆弟之曾孫婦			
玄孫婦				

按本經記：爲人後者，於兄弟降一等報。○又按大功章爲人後者爲其昆弟，疏云：於本宗餘親皆降一等。其見於經及傳注者，父母、舅姑、昆弟、姑姊妹及昆弟之殤而已，凡不見者，以此求之。

有問：安常習故是如何？先師朱文公曰：云云如親生父母，子合當安之。到得立爲伯叔父後，疑於伯叔父有不安者，這也是理合當如此。然而，自古却有大宗無子則小宗之子爲之後。這道理又却重，只得安於伯叔父母，而不可安於所生父母，喪服則爲所後父母服三年，所生父母只齊衰，不杖期。○有問濮議。曰：歐公説不是，韓公、曾公亮和之，温公、王珪議是。范鎮、吕誨、范純仁、吕大防皆彈歐公，但温公又於濮安懿王邊禮數太薄，須於中自有斟酌可也。歐公之説斷然不可，且如今有人爲人後者，一日，所後之父與所生之父相對坐，其子來唤所後父爲父，終不成又唤所生父爲父，這自是道理不如此。試坐仁宗於此，亦坐濮王於此，英宗過焉，終不成都唤兩人爲父。只緣衆人道是死後爲鬼神不可考，胡亂呼都不妨，都不思道理不可如此。先時仁宗有詔云：朕皇兄濮安懿王之子猶朕之子也。此甚分明，當時只以此爲據足矣。

女子子適人者爲其本宗服圖詳見喪服。

妾爲私親服附。

按：公妾以及士妾爲其父母期。又記云：妾爲私兄弟如邦人，然則其服與女子子適人者同矣。

			曾祖父曾祖母齊衰三月。			
		從祖祖母	祖父祖母齊衰不杖期。	從祖祖父		
	從祖母	世叔母大功。	父母齊衰不杖期。	世叔父姑大功。	從祖父從祖姑緦報。	
從祖兄弟之妻〔二三〕	從父兄弟之妻	兄弟之妻小功。	女子適人者	兄弟姊妹爲父後者不杖期，餘大功。	從父兄弟從父姊妹小功報	從祖兄弟從祖姊妹緦報。
	從父兄弟之子婦〔二二〕	姪之妻小功報〔二〇〕。		姪大功報長中殤小功下殤緦	從父兄弟之子	
		兄弟之孫婦〔二一〕		兄弟之孫		

喪服小記：爲父母喪，未練而出則三年，既練而出則已。未練而反則期，既練而反則遂之。疏云：

父母喪，未小祥而被夫遣歸，值小祥，則隨兄弟服三年之受，既已絶夫族，故其情更隆於父母也。若父母喪已小祥而女被遣，其期服已除。若反本服，須隨兄弟之節。兄弟小祥之後無變服之節〔二四〕，故女遂止也。未練而反則期者，謂先有喪而爲夫所出，今未小祥而夫命己反，則還夫家，至小祥而除，是依期服也。既練而反則遂之者，若還家已隨兄弟小祥服三年之受，而夫命反之則猶遂三年乃除〔二五〕，隨兄弟故也。○大功章女子子適人者爲衆昆弟〔二六〕，疏云：爲本親降一等是其常。

爲姑姊妹女子女孫適人者服圖

祖行	父之姑緦。歸孫爲祖父之姊妹也。		
父行	姑大功。	從祖姑緦報。	
己	姊妹大功。	從父姊妹小功。	從祖姊妹緦報。
女子大功。	兄弟之女子大功。	從父兄弟之女緦〔二七〕。	
女孫小功。	兄弟之女孫緦。		

姑姊妹、女子子適人無主者，姑姊妹報。不杖期傳曰：何以期也？爲其無祭主故也。注曰：無主後者，人之所哀憐，不忍降之。

天子諸侯正統旁期服圖詳見喪服及補服。

天子諸侯絶旁期，尊同則不降。正統之期不降，於衆子絶而無服。

君爲姑嫁於國君者大功。

世叔父無服。

姑

兄弟俱作諸侯，服不杖期。

兄弟無服。

姊妹

君爲姊妹嫁於國君者大功。

君爲女子子嫁於國君者大功。

衆子無服。

君爲昆弟女子子嫁於國君者大功。

（續表）

	高祖父齊衰三月。	高祖母
爲曾祖後者斬衰三年。	曾祖父齊衰三月。	曾祖母
爲祖後者斬衰三年。父有廢疾，孫爲祖後亦斬衰三年。	祖父齊衰期。	祖母
	父斬衰三年。	母齊衰三年。
	己	
	子長子斬衰，適子長殤中殤大功。	婦適大功。
有適子者無適孫。	孫適孫齊衰期。	孫婦小功。
適曾孫期。	曾孫緦。	曾孫婦
適玄孫期。	玄孫緦。	玄孫婦

按不杖期章爲君之父母、妻、長子、祖父母。傳曰：父母、長子，君服斬。父卒，然後爲祖後者服斬。注云：此爲君矣，而有父若祖之喪者，謂始封之君也。若是繼體，則其父若祖有廢疾不立。今君受國於曾祖。疏曰：鄭意以父祖有廢疾，必以今君受國於曾祖，不取受國於祖者，若今君受國於祖，祖薨則羣臣爲之斬，何得從服期，故鄭以新君受國於曾祖。趙商問：已爲諸侯，父有廢疾，不任國政，不任喪事而爲其祖服制度之宜，年月之斷云何？答云：父卒爲祖後者三年斬，何疑。趙商又問：父卒爲祖後者三年已聞命矣，所問者父在爲祖如何，欲言三年，則父在，欲言期，復無主斬杖之宜，主喪之制，未知所定？答曰：天子諸侯之喪，皆斬衰無期。○又按：司服：凡凶事，服弁服。注云：其服斬衰、齊衰。疏云：天子、諸侯絶旁期，正統之期猶不降，故兼云齊衰。其正服大功，亦似不降也。大功章曰：適婦。注云：適子之婦。傳曰：何以大功也，不降其適也。既無所指斥，明關之天子、諸侯也。如是，則爲適孫之婦又當小功，今注止云斬衰齊衰，以其正服齊衰是不降之首。然則，王爲適子斬衰，其爲適孫、適曾孫、適玄孫、適來孫則皆齊衰，有適子者無適孫，孫婦亦如之。然則，王禮亦適子死有適孫，適孫死有適曾孫，向下皆然也。又按喪服傳云：始封之君，不臣諸父昆弟。封君之子，不臣諸父而臣昆弟。天子之義亦當然。若虞、舜之與漢高，皆庶人起爲天子，蓋亦不臣諸父昆弟而有服也。

先師朱文公因言孫爲祖承重。頃在朝檢此條不見，後歸家檢儀禮疏，説得甚詳正，與今日之事一般，乃知書多看不辨。舊來有明經科，便有人去讀這般書，注疏都讀過。自王介甫新經出，廢明經，學究科人更不讀書，卒有禮文之變，更無人曉得，爲害不細。

大夫降服或不降圖

大夫爲世父母、叔父母爲士者大功。

世叔父母

大夫之子爲世叔父母、姑、無主者，爲大夫、命婦者不杖期，報。

大夫、大夫之妻、大夫之子、公之昆弟爲姑嫁於大夫者大功。

姑〔二九〕

大夫、大夫之子、公之昆弟爲姑適士者小功。

公之庶昆弟、大夫之庶子爲從父昆弟之爲大夫者相爲服大功。

大夫、大夫之子、公之昆弟爲從父昆弟小功。

從父昆弟

大夫爲昆弟爲士者大功。

大夫之庶子爲適昆弟不杖期。

公之庶昆弟、大夫之庶子爲昆弟大功。

昆弟

大夫之子爲昆弟、姊妹無主者、爲大夫命婦者不杖期，報。

大夫公之昆弟、大夫之子爲其昆弟姊妹長殤小功。大夫、大夫之妻、大夫

昆弟之子

大夫之子爲昆弟之子、無主者爲大夫命婦者不杖期，報〔二八〕。

	曾祖父母
	祖父母　大夫爲祖父母爲士者不杖期。
大夫、大夫之子、公之昆弟爲姑長殤小功〔三〇〕。	父母　公之庶昆弟、大夫之庶子爲其母大功。
之子、公之昆弟爲姊妹嫁於大夫者大功。 姊妹〔三一〕　大夫之庶子爲適昆弟之長殤、中殤大功，下殤小功。大夫、大夫之子、公之昆弟爲姊妹適士者小功。	己妻　大夫之適子爲妻不杖期。世子爲妻不杖期。公之庶昆弟、大夫之庶子爲其妻大功。
女子子	大夫爲庶子之爲士者大功。大夫爲適子之長殤、中殤大功。大夫公之昆弟、大夫之子爲其庶子之長殤小功。 子　大夫之子爲子、女子子無主者、爲大夫命婦者不杖期。 女子子　大夫、大夫之妻、大夫之子、公之昆弟爲女子子嫁於大夫者大功，爲適士者小功。大夫公之昆弟、大夫之子爲女子子之長殤小功。
	孫　適孫爲士者不杖期。大夫、大夫之子、公之昆弟爲庶孫小功。

問：喪祭之禮至周公然後備，夏、商而上想甚簡略。先師朱文公曰：然。親親、長長、貴貴、尊賢，夏、商而上大概只是親親、長長之意，到得周來，則又添得許多貴貴底禮數。如始封之君不臣諸父昆弟，封君之子不臣諸父而臣昆弟。期之喪，天子諸侯絶，大夫降。然諸侯大夫尊同，則亦不絶不降；姊妹嫁諸侯者，則亦不絶不降，此皆貴貴之義。上世想皆簡略，未有許多降殺貴貴底禮數。凡此皆天下之大經，前世所未備，到得周公搜剔出來立爲定制，更不可易。

丈夫婦人爲大宗服圖 詳見齊衰三月章。

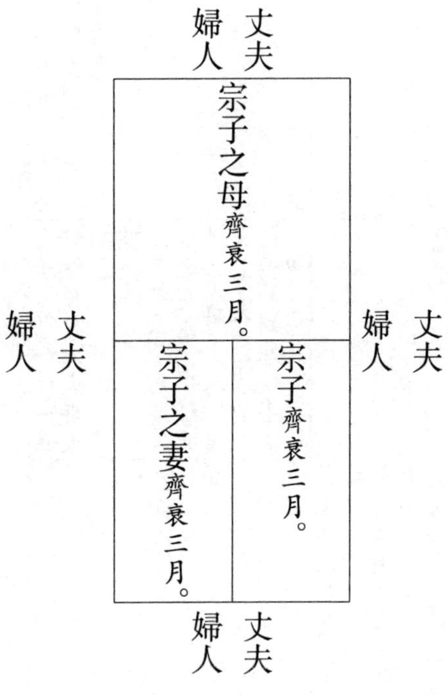

本經記〔三一〕：「宗子孤爲殤，大功衰，小功衰，皆三月。親則月筭如邦人。」注云：「與宗子有期之親者，成人服之齊衰期，長殤，大功衰九月，中殤，大功衰七月，下殤，小功衰五月。有大功之親者，成人服之齊衰三月。卒哭，受以大功衰九月。其長殤、中殤，大功衰五月，下殤，小功衰三月。有小功之親者，成人服之齊衰三月。卒哭，受以小功衰五月。其殤與絶屬者同。有緦麻之親者，成人及殤，皆與絶屬者同。」疏云：「自大功親以下，盡小功親以上，成人月數雖依本服皆服齊衰者〔三二〕，以其絶屬者猶齊衰三月，明親者無問大功、小功、緦麻皆齊衰。三月既葬受服，乃始受以大功、小功衰也。」宗子之母在，則不爲宗子之妻服。疏云：宗子母年七十已上，則宗子妻得與祭，宗人乃爲宗子妻服。

己爲母黨服圖 詳見喪服。

	君母之父母小功。外祖父母小功。母之君母小功。	
君母之姊妹小功。從母小功，報。長殤緦，報。	母	君母之昆弟從服緦。舅緦。
從母之子緦。	己	舅之子緦。

君母之父母從母。君母在則不敢不從服，君母不在則不服。〇爲君母後者，君母卒則不爲君母之黨服。〇爲母之君母〔三四〕，母卒則不服。〇庶子爲後者，爲其外祖父母、從母舅，無服。不爲後，如邦人。〇出妻之子爲外祖父母無服。〇爲慈母之父母無服。〇母出則爲繼母之黨服，母死則爲其母之黨服。爲其母之黨服，則不爲繼母之黨服。先師朱文公曰：姊妹於兄弟未嫁期，既嫁則降爲大功。姊妹之身知不降也，故姨母重於舅也。〇又問：從母之夫、舅之妻皆無服，何也？曰：先王制禮，父族四，故由父而上，爲族曾祖父緦麻，姑之子、姊妹之子、女子子之子皆由父而推之也。母族三，母之父母、從母、母之兄弟。恩止於舅〔三五〕，故從母之夫、舅之妻皆不爲服，推不去故也。妻族二，妻之父、妻之母。乍看時似乎雜亂無紀，子細看則皆有義存焉。

母黨爲己服圖詳見喪服。

	外祖父母	
從母	母	舅
從母之子	己外祖爲外孫緦。舅報甥緦。從母報姊妹男女小功。舅之子報姑之子緦。從母昆弟緦。	舅之子

姑姊妹女子子之子及内外兄弟相報服備見前圖

女子子之子服緦，即外祖父母爲外孫是也。○姊妹之子服緦，即舅報甥是也。○姑之子服緦，即舅之子報姑之子是也。○舅之子，内兄弟也。姑之子，外兄弟也。

伊川先生曰：報服，若姑之子爲舅之子服是也。異姓之服，只是推得一重。若爲母而推，則及舅而止。若爲姑而推，可以及其子，故舅之子無服。卻爲既與姑之子爲服，姑之子須當報之也，故姑之子、舅之子其服同。

妻爲夫黨服圖

			夫之曾祖父緦。
		夫之諸祖父緦報。	夫之祖父大功。
	夫之從祖父緦。	夫之叔父長殤小功，中、下緦。夫之世叔父大功。夫之姑小功，報，長殤緦。	舅齊衰不杖期。
夫之再從昆弟	夫之從父昆弟	夫之昆弟 夫之姊妹小功，報，長殤緦。	夫斬衰。
	夫之從父昆弟之子	子女子子長、中殤大功，下殤小功。夫之昆弟之子齊衰不杖期。女子適人者大功。	子長子齊衰三年，餘並見本宗五服圖。
	從父昆弟之孫	夫之昆弟之孫緦。	孫適不杖期，庶大功，長中殤大功，下殤小功〔三六〕。

（續表）

夫之曾祖母緦。			
夫之祖母大功。	夫之諸祖母緦報。		
姑齊衰不杖期。	夫之世叔母大功。	夫之從祖母緦。	
己	娣姒婦小功報。	夫之從父昆弟之妻緦。	
婦適婦杖期，衆婦大功。	夫之昆弟之子婦緦。	夫之從父兄弟之子婦	夫之再從兄弟之婦
孫婦緦〔三七〕。	夫之昆弟之孫婦緦。	夫之從父昆弟之孫婦	

己爲妻黨服圖

按服問云：有從重而輕，爲妻之父母。有從有服而無服，公子爲其妻之父母。

妻父緦。	妻母緦。
己	妻

妻黨爲己服圖

妻父爲婿緦。	妻母爲婿緦。
己	妻

附無服爲位哭〔三八〕

無服而爲位者，唯嫂叔。雖無服，猶弔服加麻，袒免，爲位哭也。○詳見補服「弔服加麻」。

○妻之昆弟爲父後者死，哭之適室，以其正也。子爲主，袒免哭踊。親者主之。○免，音問。夫入門右，北面辟正主。○辟，音避。使人立于門外。告來者，狎則入哭。狎，相習知者。○狎，户甲反〔三九〕。父在，哭于妻之室；不以私喪干尊〔四〇〕。非爲父後者，哭諸異室。疏曰：此一節論哭無服者之事。適室，正寢也。禮：女子適人者爲昆弟，爲父後者不降，以其正故也，故姊妹之夫爲之哭於適室之中庭也〔四一〕。子爲主者，子，己子也。甥服舅緦，故命己子爲主受弔拜賓也。袒免哭踊者，冠尊不居肉袒上，必先免，故凡哭哀則踊，踊必先袒，袒必先免，故袒免哭踊也〔四二〕。夫入門右者，夫謂此子之父，即哭妻之兄弟者也。言夫者，據妻之爲喪也。子既爲主，位在東階之下，西嚮，父入門右，近南而北嚮哭也。鄭注知此北面者，鄭推子既爲主在阼階下西嚮，父不爲主，若又西嚮，便似二主，故入門右而北面，示辟爲主之處也。鄭所以知父必北面者〔四三〕，曾子問云：衛靈公弔季康子，魯哀公爲主，康子立於門右北面。辟主人之位也。父在哭于妻之室者，若父在則適室由父，故但於妻室之前哭之，亦子爲主，使人立於門外也。非爲父後者哭諸異室者，按奔喪禮妻之黨哭諸寢，此哭於適室及異室者，寢是大名，雖適室及妻室異室總皆曰寢。此云子哭踊，下文申祥之哭〔四四〕，言思婦人倡踊，知夫入門右亦踊，但文不備耳。○曾子曰：「小功不爲位也者，是委巷之禮也。譏之也。位，謂以親戚叙列哭也。委巷，猶街里委曲所爲也。○街，音佳。子思之哭嫂也爲位，善之也。禮：嫂叔無服。婦人倡踊。

有服者，娣姒婦小功。倡，先也。○倡，昌尚反。申祥之哭言思也亦然。」説者曰：言思，子游之子，申祥妻之昆弟，亦無服。過此以往，獨哭不爲位。○檀弓〔四五〕

勉齋先生嘗曰：此兩條是一類事，皆是無服爲位而哭，又有婦人倡踊，與子爲主一節與其它條不甚相類，合附何處，擬議未定者久之。今不幸梁木其壞，無從訂定。又禮編十五卷係成書，無從附入，姑附於此。

臣爲君服圖

天子王后	諸侯爲天子斬衰。 諸侯之夫人爲天子期。服問云：夫人如外宗之爲君也。 天子之女嫁於諸侯，爲父斬衰，爲母齊衰。 公卿大夫士爲天子斬衰。 公卿大夫之妻爲天子期。 卿大夫適子爲天子亦如士服斬衰。 諸侯之大夫爲天子繐衰裳七月〔四六〕。
諸侯夫人	卿大夫士爲諸侯斬衰。 大夫之妻爲諸侯期。雜記云：外宗爲君夫人猶内宗也。 諸侯之女嫁於大夫，爲父斬衰，爲母齊衰。 與諸侯爲兄弟，雖在異國服斬衰。 與諸侯五屬之親皆服斬衰。 大夫之適子爲君如士服斬衰。 寄公爲所寓齊衰三月。 大夫致仕者爲舊君齊衰三月。
公卿大夫	貴臣爲公卿大夫斬衰。傳曰：室老、士，貴臣也，其餘皆衆臣也。注云：室老，家相也。士，邑宰也。 衆臣爲公卿大夫斬衰，布帶繩屨。疏曰：言厭於天子諸侯，故降。其衆臣布帶繩屨二事，其餘服杖冠絰，則如常也。
士	士無臣，雖有地，不得君稱，故僕隸等爲其喪弔服加麻。

（續表）

天子王后	諸侯夫人	公卿大夫	士
庶人爲國君齊衰三月。 注：天子圻内之民爲天子亦如之。 仕而未有禄者違而君薨，弗爲服也。 違大夫之諸侯，違諸侯之大夫，不反服。 世子不爲天子服。 天子圻外之民不服。 大夫不接見天子者，無服。 士不接見，亦無服。	大夫待放未去者爲舊君齊衰三月。 大夫在外待放已去者，其妻長子爲舊國君齊衰三月。 庶人爲國君齊衰三月。庶人爲府史胥徒在官者言之。		

凡内宗、外宗皆據有爵者。

内宗有二：

周禮内女之有爵者，謂同姓之女，是一也。

雜記云君之五屬之内女，是二也。

外宗有三：

周禮外宗之女有爵，通卿大夫之妻，一也。

君之姑姊妹之女、舅之女從母，是二也。諸侯外宗之婦，若姑之子婦、從母之子婦，是三也。○按：夫人如外宗之爲君也。疏云：此文外宗是諸侯外宗之婦也。若姑之子婦、從母之子婦，其夫是君之外親，爲君服斬，其婦亦名外宗，爲君服期。○又按：外宗爲君夫人，猶内宗也。注云：外宗，謂姑姊妹之女、舅之女及從母皆是也。疏云：此外宗與前章外宗爲君别也。

臣從君服圖

君之祖父母齊衰不杖期，詳見《正統服圖》。	
君之父母齊衰不杖期。	大夫致仕者爲舊君之母齊衰三月。
爲王后齊衰期，諸侯公卿大夫同。 卿士大夫爲小君期。 内宗、外宗爲夫人期。 小君齊衰不杖期。	大夫之適子爲君夫人如士服期，天子卿大夫之適子爲王后亦然。 大夫致仕者爲舊君之妻齊衰三月。
世子齊衰不杖期。	大夫之適子爲太子如士服期，天子卿大夫之適子爲太子亦然。

臣爲君之祖父母服，按鄭注云〔四七〕：此謂始封之君也。若是繼體，則其父若祖有廢疾不立，今君受國於曾祖。疏云：若今君受國於祖，祖薨則羣臣爲之斬，何得從服期？故鄭以新君受國於曾祖，故君服斬，臣從服期。

臣爲君之父服，按前注，亦謂始封之君也。若是繼體，則其父有廢疾不立。今君受國於祖，故君服斬，臣從服期。○已上二條詳見正統服圖。

君之母非夫人，則羣臣無服，惟近臣及僕驂乘從服。

臣之妻於夫人無服。

士之子及庶人爲君之夫人無服。

君爲臣服圖君爲臣服弔服，互見弔服圖。

天子	王爲三公六卿錫衰 不見三孤者，與六卿同。 爲諸侯緦衰 爲大夫士疑衰
諸侯	公爲大夫錫衰以居 按文王世子注：同姓之士緦衰，異姓之士疑衰。以其卿大夫已用錫衰，故以二衰施於同姓、異姓之士。
大夫	貴臣緦 此謂公士大夫之君也。士，卿士也，殊其臣妾貴賤而爲之服。

先師朱文公曰：儀禮不是古人預作一書如此，初間只以義起，漸漸相襲，行得好，只管巧。至於情文極細密、極周緻處，聖人見此意思好，故録成書。只看古人君臣之際〔四八〕，如君臨臣喪，坐撫當心，要絰而踊。今日之事至於死生之際，恝然不相關，不啻如路人，所謂君臣之義安在。祖宗時，於舊執政亦嘗親臨，自渡江以來一向廢此，只秦檜之死，高宗臨之，後來不復舉云云。〇有言本朝於大臣之喪待之甚厚，因舉哲宗哀臨温公事。先師朱文公曰：温公固是如此，至於嘗爲執政已告老而死，祖宗亦必爲之親臨罷樂。看古禮，君於大夫小斂往焉，大斂往焉，於士既殯往焉，何其誠愛之至，今乃恝然。古之君臣所以事事做得成，緣是親愛一體。

公族有死罪，則磬于甸人。公素服不舉，如其倫之喪，無服。

妾服圖妾爲君之黨服得與女君同，女君服見妻爲夫黨圖。

君	妾爲君斬衰。
女君	妾爲女君不杖期。
君之子	爲君之長子三年與女君同。 公妾、大夫之妾爲其子期。自爲其子期，妾不得體君，爲其子得遂也。 士之妾爲君之衆子亦期，無降。 爲君之庶子適士者小功。出降與女君同。 大夫之妾爲君之庶子大功。降其庶子與女君同。 大夫之妾爲君之庶子長殤小功。殤降與女君同。 大夫之妾爲庶子適人者小功。

妾從女君而出，則不爲女君之子服。

女君死，則妾爲女君之黨服。攝女君，則不爲先女君之黨服。

公卿大夫士爲妾服圖〔四九〕

公卿大夫爲貴妾緦	士妾有子而爲之緦

女君於妾無服。

天子諸侯於妾無服。

五服義例

五服衰冠升數

斬衰三年。

正服衰三升，冠六升。既葬，以其冠爲受，衰六升，冠七升。

義服衰三升有半，冠六升。既葬，以其冠爲受，衰六升，冠七升。

齊衰三年、齊衰期、齊衰不杖。

降服衰四升，冠七升。既葬，以其冠爲受，衰七升，冠八升。

正服衰五升，冠八升。既葬，以其冠爲受，衰八升，冠九升。

義服衰六升，冠九升。既葬，以其冠爲受，衰九升，冠十升。

齊衰三月。

義服衰六升，冠九升，無受。

大功九月。

殤降服衰七升，冠十升，無受。

成人降服衰七升，冠十升。既葬，以其冠爲受，衰十升，冠十一升。

自斬衰至大功降服凡八條，冠皆校衰差三等〔五〇〕。

正服衰八升，冠十升。既葬，以其冠爲受，衰十升，冠十一升。

義服衰九升，冠十一升。既葬，以其冠爲受，衰十一升，冠十二升。

已上二條，冠皆校衰差二等。

繐衰裳四升有半。冠八升。既葬，除之。

小功五月。

殤降服衰十升，冠升同，無受。

成人降服衰十升，冠升同，即葛五月，無受。

正服衰十一升，冠升同，即葛五月，無受。

義服衰十二升，冠升同，即葛五月，無受。

緦麻三月。

降正、義同衰，十五升抽其半。冠升同，無受。

已上衰冠升數并受服出本經記。賈氏疏詳見喪服制度「衰裳」條。又有既練受服，見練變服受服圖。

降正義服例

斬衰三年。

正服衰三升。

父。

父爲長子。

爲人後者。

妻爲夫。

妾爲君。
女子子在室爲父。
女嫁反在父之室爲父三年。
傳：父卒，然後爲祖父後者服斬。
義服衰三升有半。
諸侯爲天子。
君。
公士大夫之衆臣爲其君布帶繩屨。
齊衰三年。
降服衰四升。
父卒爲母。
繼母如母。
慈母如母。
記：祖父卒，而后爲祖母後者三年。
正服衰五升。
母爲長子。

妾爲君之長子。

齊衰杖期。

正服衰五升。

父在爲母。按：父在爲母，乃降齊衰三年而爲杖期，當是降服，經傳注疏無明文，當考。

妻。

出妻之子爲母。

父卒繼母嫁從爲之服報。

齊衰不杖期。

降服衰四升。

爲人後者爲其父母報。

女子子適人者爲其父母。

公妾以及士妾爲其父母。

正服衰五升。

祖父母。

世父母叔父母。

大夫之適子爲妻不降。

昆弟。
衆子。
昆弟之子。
大夫之庶子爲適昆弟不降。
適孫。
女子子適人者，爲其昆弟之爲父後者不降。
姑姊妹、女子子，適人，無主者，姑姊妹報，不降。
公妾大夫之妾爲其子。
女子子爲祖父母不降。
大夫之子爲世叔父母、子、昆弟、昆弟之子、姑姊妹、女子子無主者、爲大夫命婦者，唯子不報不降。
大夫爲祖父母適孫爲士者不降。
義服衰六升。
爲夫之君。
爲君之父母、妻、長子、祖父母。
妾爲女君。
婦爲舅姑。

繼父同居者。

夫之昆弟之子。

齊衰三月。

義服衰六升〔五一〕。

寄公爲所寓。

丈夫、婦人爲宗子、宗子之母妻。

爲舊君、君之母妻。

庶人爲國君。

大夫在外，其妻長子爲舊國君。

繼父不同居者。

曾祖父母。

大夫爲宗子。

舊君。

曾祖父母爲士者，如衆人，不降。

女子子嫁者、未嫁者，爲曾祖父母，不降。

大功無受者。

降服衰七升。

子、女子子之長殤、中殤。

叔父之長殤、中殤。

姑姊妹之長殤、中殤。

昆弟之長殤、中殤。

適孫之長殤、中殤。

大夫之庶子爲適昆弟之長殤、中殤。

公爲適子之長殤、中殤。

大夫爲適子之長殤、中殤。

義服衰九升。

夫之昆弟之子、女子子之長殤、中殤。

大功九月。

降服衰七升。

姑姊妹女子子適人者。

爲人後者爲其昆弟。

女子子適人者爲衆昆弟。

大夫爲世叔父母、子昆弟、昆弟之子爲士者。
公之庶昆弟、大夫之庶子爲母妻昆弟。
女子子嫁者、未嫁者爲世父母、叔父母、姑姊妹。
正服衰八升。
從父昆弟。
庶孫。
適婦不降。
姪丈夫婦人報。
公之庶昆弟、大夫之庶子，皆爲其從父昆弟之爲大夫者不降。
大夫、大夫之妻、大夫之子、公之昆弟，爲姑姊妹女子子嫁於大夫者，有出降，無尊降。
君爲姑姊妹女子子嫁於國君者，有出降，無尊降。
義服衰九升。
夫之祖父母、世父母、叔父母。
爲夫之昆弟之婦人子適人者。
大夫之妾爲君之庶子。
繐衰裳。

義服衰四升半。
諸侯之大夫爲天子。

殤小功

降服衰十升。
叔父之下殤。
適孫之下殤。
昆弟之下殤。
大夫庶子爲適昆弟之下殤。
姑姊妹女子子之下殤。
爲人後者爲其昆弟之長殤。
從父昆弟之長殤。
昆弟之子、女子子之下殤。
姪庶孫丈夫婦人之長殤。
大夫公之昆弟、大夫之子，爲其昆弟、庶子、姑姊妹、女子子之長殤。
大夫之妾爲庶子之長殤。
義服衰十二升。

夫之叔父之長殤。

夫之昆弟之子、女子子之下殤。

小功五月。

降服衰十升。

從父姊妹。

孫適人者。

爲人後者，爲其姊妹適人者。

大夫、大夫之子、公之昆弟、爲從父昆弟庶孫〔五二〕、姑姊妹、女子子適士者。

大夫之妾爲庶子適人者。

正服衰十一升。

從祖祖父母、從祖父母報。

從祖昆弟。

外祖父母。

從母丈夫婦人報〔五三〕。

庶婦。

君母之父母、從母。

君子子爲庶母慈己者。
義服衰十二升。
夫之姑姊妹、娣姒婦報。
緦麻三月。
降服衰十五升抽其半。
庶孫之中殤。注云：「中」當作「下」。
從祖父、從祖昆弟之長殤。
從父昆弟姪之下殤。
從母之長殤，報。
從父昆弟之子之長殤。
昆弟之孫之長殤。
庶子爲父後者爲其母。
正服衰升數與降服同。
族曾祖父母。
族祖父母。
族父母。

族昆弟。

庶孫之婦。

從祖姑姊妹適人者，報。

外孫。

從祖昆弟之子。

曾孫。

父之姑。

從母昆弟。

甥。

婿。

妻之父母。

姑之子。

舅。

舅之子。

君母之昆弟。

義服衰升數與降服同。

夫之叔父之中殤、下殤。

夫之姑姊妹之長殤。

士爲庶母。

貴臣、貴妾。

乳母。

夫之諸祖父母，報。

爲夫之從父昆弟之妻。

按：儀禮經傳嘗論降服而無正服、義服之文，惟疏家之説乃始有降、有正、有義三等〔五四〕。子爲父，臣爲君，妻爲夫之等，是正斬。諸侯爲天子，臣爲君之等是義斬。姑姊妹出適之等爲降。婦人爲夫之族類爲義。後之言禮者皆宗之，則其説有不可廢者，惟疏衰三年與不杖二章其説不同。按疏衰期傳疏曰：降服齊衰四升，正服齊衰五升，義服齊衰六升。又按喪服記斬衰三升，疏曰：齊衰降服四升，正服五升，義服六升。又曰：降服四升。此據父卒，爲母齊衰三年而言者。夫父卒，爲母齊衰三年，而謂之降服者，以子爲父母恩愛本同，今爲父斬衰三升，爲母齊衰四升，是爲父厭降斬衰三升而爲齊衰四升也。亦如殤大功、小功章有降、有正、有義，而降服最重，蓋以殤故降齊衰而爲大功，或降大功而爲小功也。又按：不杖章疏曰：此章有降、有正、有義。夫不杖章所以有降服者，謂爲人後者爲其父母、女子子適人者爲其父母之類，皆是降斬衰、齊衰三年而爲不杖期也。此義亦甚明白，無可疑者，故今據此義例開列在前。又按：疏家於喪服篇首

第五明喪服章次以精粗爲序，其説又曰：三年齊衰但有正而無降義。則與疏衰期傳、喪服記疏文所説不同。又謂不杖章有正有義而無降，亦與不杖章疏文不同，彼此立説自相抵牾〔五五〕。此不可曉，當考。

從報名加生服例〔五六〕

降、正、義服之中，其取義又有不同者：有從服，有報服，有名服，有加服〔五七〕，又有生服。

從服：

婦爲舅姑不杖期。妻從夫而服。

爲夫之君不杖期。妻從夫而服。

爲君之父母、妻、長子、祖父母不杖期。臣從君而服。

夫之祖父母、世父母、叔父母大功。妻從夫而服。

大夫之妾爲君之庶子大功。妾從君而服。

君母之父母、從母小功。子從母而服。

妻之父母緦。夫從妻而服。

舅緦。子從母而服。

君母之昆弟緦。子從母而服，詳見母黨服圖。

報服：

繼母嫁，從爲之服報，杖期。

爲人後者爲其父母報，不杖期。

昆弟之子不杖期，世叔父報。

姑姊妹、女子子適人，無主者，姑姊妹報，不杖期。

夫之昆弟之子不杖期，世叔母報。

大夫之子爲世父母、叔父母、子、昆弟、昆弟之子、姑姊妹、女子子無主者、爲大夫命婦者報，不杖期，

唯子不報。

姪丈夫婦人報，大功。

從祖祖父母、從祖父母報，小功。

從母丈夫、婦人報，小功。

夫之姑姊妹、娣姒婦報，小功。

從祖姑姊妹適人者報，緦。

從母之長殤，報，緦。

夫之諸祖父母報，緦。

甥緦。舅報。

婿緦。妻之父母報。

姑之子緦。舅之子報。

名服：

世母、叔母不杖期。以母名服。

士爲庶母緦。以母名服。

乳母緦。以母名服。

從母昆弟緦。以母名服。

加服：

爲外祖父母小功。以尊加也。外親之服不過緦，以言祖是尊名，故加至小功。

從母丈夫婦人報，小功。以名加也。

君子子爲庶母慈己者小功。以慈己加也。

生服：

娣姒婦報〔五八〕，小功。以其相與居室中，則生小功之親焉。

爲夫之從父昆弟之妻。以其相與同室，則生緦之親焉。

按：蜀譙周曰：若不本夫爲倫，唯取同室而已，則親娣姒與堂娣姒不應有殊。婦人於夫之昆弟本有大功之倫從服，其婦有小功之倫，於夫從父昆弟有小功之倫從服，其婦有緦麻之倫也。夫以遠之而不服，故婦從無服而服之。然則，初而異室，猶自以其倫服。

五服式

始死變服圖〔五九〕詳見喪服變除本篇〔六〇〕、崔氏及漢戴德說。

按問喪云：親始死笄纚。注云：親，謂父母也。則是斬衰與齊衰同，但男子去笄纚，婦人去笄而纚耳。又按儀禮注但有斬衰、齊衰之别，則爲母改服無異旁親，今從問喪注。

	笄纚	總	衣	屨
斬衰齊衰男子	問喪注疏：始死，孝子先去冠，惟留笄纚二日乃去之。		十五升白布深衣，扱上衽。	無屨而徒跣
婦人	士喪注：去笄而纚。問喪注則爲母同。	縞總	深衣同男子，不扱衽。	不徒跣
齊衰旁親以下			白布深衣崔氏變除	吉屨無絇崔
婦人	士喪注：骨笄而纚。	縞總	白布深衣崔	吉屨無絇崔

（續表）

笄		問喪疏云：笄，謂骨笄。○長短之制未詳。
纚	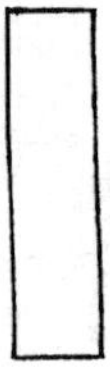	問喪疏云：纚謂韜髮之繒。言親始死，孝子先去冠，惟留笄纚也。○古者男子、婦人吉時皆有笄纚。○曲禮注云：古人垂髮，以纚韜之。○士冠禮云：緇纚廣終幅，長六尺。
縞總		曾子問疏云：縞，白絹也，總束髮也，長八寸。○按：此雖是女在塗，聞舅姑喪，改服之總。疏引士喪禮釋婦人始喪未成服之服，其制蓋通用歟？
屨約〔六一〕	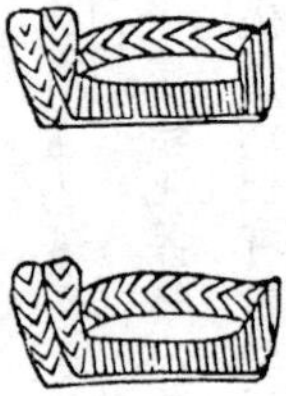	按周禮屨皆有約。○儀禮疏：約者，屨頭飾也。喪無飾，故無約。○詳見「成服屨」條。

按崔氏云：始死，加素冠於笄纚之上。始死去冠，惟留笄纚，不應遽加素冠於笄纚之上。按喪服小記：斬衰，括髮以麻。疏云：將小斂，去笄纚著素冠，視斂訖，投冠而括髮。當以喪服小記之疏爲正。

將小斂變服圖

環絰雜記云：小斂環絰，公、大夫、士一也。注云：環絰一股，所謂纏絰也。士素委貌，大夫以上素爵弁而加此絰焉。疏云：親始死，去冠，今至小斂不可無飾，士素委貌，大夫以上素弁，而貴賤悉得加此環絰也。知以一股而纏者，若是兩股相交則謂之絞。今云環絰是周回纏繞之名，又鄭注弁師云：環絰者，大如緦之麻絰，纏而不糾。○今按：緦絰之大，見襲絰帶圖。

素爵弁按雜記注：大夫以上素爵弁。疏：大夫以上素爵弁者，雜記云：大夫與殯亦弁絰。以大夫與他殯尚弁絰，則其子弁絰明矣。諸侯以上尊，固宜弁絰。○又按〔六二〕：司服：凡弔事弁絰服。疏云：爵弁之形，以木爲體，廣八寸，長尺六寸，以三十升布染爲爵頭色，赤多黑少。今爲弁絰之弁，其體亦然，但不同爵色之布而用素爲之，故云如爵弁而素。

素委貌按雜記注云：士素委貌〔六三〕。疏云：知士素委貌者，武叔投冠括髮，諸侯之大夫當天子之士也。○按士冠禮：主人玄冠朝服。注云：玄冠，委貌也。玄者，冠與服同色，身著玄端則首著玄冠。凡服玄端，必兼言委貌，劉定公云：吾與子端委以治民，晏平仲端委立於虎門之外。是也。是知玄冠即委貌是也。但委貌制度今無所考，惟漢輿服志云：委貌冠、皮弁冠同制，長七寸，高四寸，制如覆杯，前高廣，後卑鋭。但委貌用皂繒爲之，若喪禮以素爲之。

深衣按崔氏變除云：自始死至成服，白布深衣不改。然則，旁親屨亦不改歟？

今按雜記：小斂環絰。注云：大夫以上，素爵弁而加此絰焉。又喪大記：君將大斂，子弁絰即位於序端。又按曾子問云：麻弁絰。注曰：弁而加環絰。此三條與司服、弁師所謂弔服弁絰其制並同，此若可疑者。又按雜記：小斂環絰。疏家引鄭注弁師云：環絰者，大如緦之絰，纏而不糾。今此所謂彼經注也，則是疏家已合小斂環絰與弔事弁絰二者而爲一矣。豈弁絰本爲弔服而設，然親始死，孝子去冠，或在道，或小斂、大斂不可無飾，故大夫以上亦必素弁而加環絰歟？又按：雜記云大夫與殯亦弁絰，以大夫視它殯尚弁絰，則其子弁絰視斂明矣。崔氏變除乃云：爵弁委貌環絰，乃括髮之後始用之。其不然又明矣。〇又按：士喪禮主人拜賓之後乃奠之，前云襲絰，所謂絰者，首絰與要絰散帶之總稱，則知散帶在乃奠之前，而雜記小斂環絰注家乃加散帶二字，注説非是。

髺髮免髽圖

髺髮士喪禮云：主人髺髮袒。注云：始死，將斬衰者雞斯。今至小斂變，又將初喪服也。髺髮者，去笄纚而紒。麻布爲之，狀如今之著幓頭矣。自項中而前，交于額上，却繞紒也。今文「髺」作「括」。〇今按喪服小記云：斬衰，括髮以麻，爲母括髮以麻，免而以布。疏云：爲母初喪至小斂後括髮，與父禮同。至尸出堂，子拜賓事之時，猶與爲父不異。唯爲父則括髮，以至大斂而成服。若母喪，則襲絰帶乃奠，則已著布免矣。此爲母與父異者也。

免士喪禮云：衆主人免〔六四〕。注云：始死，將齊衰者素冠。今至小斂將袒，以免代冠。免之制未聞，舊説以爲如冠狀，廣一寸，用布爲之，狀如今之著幓頭矣。亦自項中而前，交於額上，却繞紒也。〇按此經文唯言衆主人，而賈氏士喪記疏云：齊衰以下至緦麻，首皆免也。〇其所用布之升數未詳。

髽士喪禮云：婦人髽於室。注云：始死將斬衰，婦人去笄而纚，將齊衰，婦人骨笄而纚。今至小斂，盡去笄纚而露紒也。髽之異於髺髮者，既去纚而以髮爲大紒，如今婦人露紒，其象也。其用麻布，亦如著幓頭者。疏云：將斬衰，婦人去笄纚而麻髽。將齊衰，婦人去骨笄與纚而布髽也。〇其大功以下之髽，按賈氏疏，則自齊衰以下至緦皆布髽。

右括髮免髽，乃小斂至大斂未成服之制。又有變禮，括髮免髽者，奔喪是也。有啓殯見棺柩變同小斂之時者，既夕禮「丈夫髽散帶垂」是也。大要不出此三節，而免之用爲尤廣。蓋喪禮未成服以前，莫重於袒括髮。檀弓曰：袒括髮，去飾之甚也。括髮以麻，免以布。又曰：免，不冠者之所服。則免之禮稍殺於袒括髮也。是故小斂爲父括髮而至於成服，爲母則即位之後不括髮而爲免。小斂有括髮，有免，及啓殯，則雖斬衰亦免而無括髮，以至卒哭，不惟此也。自斬至緦皆有免，五世無服者亦袒免，童子當室免，朋友在它邦亦袒免，君弔雖不當免，時必免，是免之用爲尤廣也。故今析括髮、免、髽爲三條，而逐條開具所用之節於下。

括髮之節：

小斂，主人括髮袒。士喪禮大斂注云：不言髽免括髮者，小斂以來自若矣。

奔喪括髮。詳見奔喪變服圖。

免之節：

爲父小斂馮尸，衆主人免。

爲母小斂，主人即位而免。爲父括髮。

啓殯至卒哭，免。詳見啓葬反哭虞卒哭變服圖。

喪服小記曰：諸侯弔，雖已葬，主人必免。疏云：凡五服，自大功以上爲重。重服爲免之節，自始死至葬，卒哭後乃不服免也。小功以下爲輕，輕服爲免之節，自始死至殯，殯後不復免。至葬啓殯之後而免，以至卒哭，如始死。若人君來弔，雖非服免時必爲免，以尊重人君故也。〇又曰：君弔雖不當免也，主人必免，不散麻，雖異國之君，免也，親者皆免。〇已上君弔免。

主人未除喪，有兄弟自他國至，則主人不免而爲主。親質不崇敬異於君也。〇此不免。

奔喪免。詳見奔喪變服圖。

童子當室免。此本不當免而免。

五世袒免。

朋友在他邦袒免。已上五服之外袒免。

髽之節：

小斂髽。

啓殯髽。詳見啓葬反哭虞卒哭變服圖。

奔喪變。詳見奔喪變服圖。

司馬公書儀曰：括髮，先用麻繩撮髻，又以布爲頭𦄘。齊衰以下皆免，用布或縫絹廣寸〔六五〕，婦人髽亦紐麻爲繩〔六六〕。齊衰以下亦用布絹，皆如幓頭之制。自項向前交於額上，却遶髻如著幓頭也。〇先師朱文公曰：儀禮注疏以男子括髮與免及婦人髽皆如著幓頭然，幓頭如今之掠頭，編子自項而前交於額上，却繞髻也。免，或讀如字，謂去冠。〇藍田吕氏曰：免，以布爲卷幘，以約四垂短髮而露其髻於冠，禮謂之缺項冠者。必先著此缺項而後加冠，故古者有罪免冠而缺項獨存，因謂之免。免者以其與冕弁之冕其音相亂〔六七〕，故改音問。

襲絰帶旁通圖儀禮注疏所論絰帶寸分之數甚密而難用，約法甚疏而易見。今圖只用約法，後成服、受服圖準此。

	首絰	要絰象大帶者。	絞帶象革帶者。
斬衰男子	以苴麻爲之，圍九寸，不去莩垢，下本在左。	苴麻爲之，圍七寸二分，散垂，至三日絞之，惟年五十不散垂。	亦苴麻爲之，王肅以爲其大如要絰，雷氏以爲比要絰又五分去一。
婦人	同前	亦苴麻爲之，但初即絞之，仍結其本，不散垂。	同前
齊衰男子	以牡麻爲之，圍七寸二分，右本在上，雖齊衰三年亦同。	牡麻爲之，圍五寸七分有奇，散垂。	布爲之，降齊衰布七升，正齊衰八升，義齊衰及三月皆九升。
婦人	同前	牡麻爲之，圍同前，但即結本耳。	同前
大功男子	以牡麻爲之，圍五寸七分有奇，右本在上。	牡麻爲之，圍四寸六分有奇，散垂。	布爲之，降大功十升，正大功十升，義大功十一升。
婦人	同前	牡麻及圍同前，但結本耳。大功以上絰帶有本，小功以下斷本，爲殤小功帶不絕本。	同前
小功男子、婦人同	正服、義服以牡麻爲之，唯殤服以澡治莩垢之麻爲之，圍皆四寸六分有奇。	正服、義服牡麻，殤服澡麻，不絕本，詘而反以報之，圍三寸五分有奇，並不散垂。	布爲之，降小功十升，正小功十一升〔六八〕，義小功十二升。
緦麻男子、婦人同	澡麻爲之，圍三寸五分有奇。	澡麻爲之，圍二寸八分有奇。	布爲之，十五升抽其半。

斬衰，首絰左本，有繩纓。	下本在左〔六九〕。		男子、婦人皆用之。
齊衰以下，首絰右本，大功以上有繩纓，小功以下無纓。	右本在上。	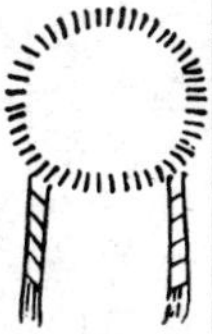	男子、婦人皆用之。
大功以上，要絰散垂。		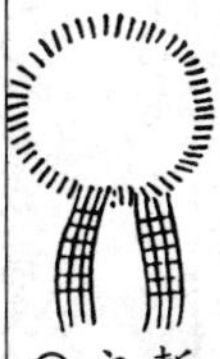	斬衰至大功，男子皆散垂，不忍即成之，至成服乃絞。○五十不散垂。○婦人之帶牡麻結本不散垂。
小功以下，要絰結本。			蓋初而絞之，不待成服絞垂也。
斬衰，麻絞帶。			男子、婦人皆用之。斬衰章疏云：婦人亦有二苴絰與絞帶，以備喪禮。
齊衰以下，布絞帶。			男子、婦人皆用之。

先師朱文公曰：首絰右本在上者，齊衰絰之制，以麻根處著頭右邊，而從額前向左圍向頭後，却就右邊元麻根處相接，即以麻尾藏在麻根之下，麻根搭在麻尾之上，綴殺之，有纓者，以其加於冠外，故須着纓方不脱落也。○問絰帶之制，曰：首絰大一搤，只是拇指與第二指一圍。腰絰較小，絞帶又小於腰絰。腰絰象大帶，兩頭長垂下，絞帶象革帶，一頭有彄子，以一頭串於中而束之。○又曰：革帶是正帶以束衣者，不專爲佩而設。大帶乃申束之耳。申，重也，故謂之申。○按〔七〇〕：士喪禮：小斂，馮尸，主人括髮袒，衆主人免於房，婦人髽於室。又士喪記曰：既馮尸，主人絞帶，衆主人布帶。喪大記曰：婦人髽帶麻於房中。以此觀之，則知小斂馮尸之後，括髮免髽之時，主人已絞帶，衆主人已布帶，婦人已帶麻，特主人未襲絰爾。藍田呂氏曰：婦人不俟男子襲絰亦先帶麻者，以其無絞帶、布帶，且質略少變，故因髽而襲絰也。但喪服斬衰章疏云：婦人亦有絞帶、布帶以備喪禮。呂氏云無絞帶、布帶，當考。

男子成服旁通圖冠衰裳制附。

	斬衰
冠	冠用布六升。○通屈一麻繩爲武，垂下爲纓。○辟積之，縫向右。○惟用水濯，勿用灰鍛。○條屬。○外畢。○三辟積，廣二寸。
首絰	此首絰即奉尸夷於堂時襲絰帶所用者，已見前圖。○後並同。
衰	布三升。○外削幅。○不縪。○前有衰。○後有負版。○左右有辟領。○衰長六寸。○衣帶下尺。○兩旁有衽二尺有五寸。○衣二尺有二寸。○袂屬幅。○袪尺二寸。
裳	布同上。○內削幅。○不縪。○前三幅。○後四幅，前後不連。
要絰	取前所著散垂者而絞之。○其圍之大小已見前襲絰帶圖。
絞帶	此苴麻絞帶即襲絰帶時所服者。
杖	苴，惡之竹爲之。○長與心齊，大如要絰，圍七寸二分有奇。
屨	菅屨，草爲之。○外納，謂向外爲之。○亦名菲屨。

（續表）

	冠	首絰	衰	裳	要絰	絞帶	杖	屨
義服	同前	同前	布三升有半，而成布還三升。○餘同前。	布同上。○餘同前。	同前	同前，惟公士大夫之衆臣布帶。	竹杖。○同前。	同前，惟公士大夫之衆臣繩屨。
齊衰三年	降服冠用布七升，正服布八升。○以布爲武，垂下爲纓。○布用灰鍛治之。○餘並同前。	同前	降服布四升。○正服布五升。○緝外展之。○餘同前。	緝其下内展之。○餘同前。	同前	此布絞帶亦襲絰時所服者，詳見前〈襲絰帶圖〉。	桐木爲之。○削方。○長與心齊。○本在下，大如要絰，圍五寸七分有奇。	疏屨，亦用草爲之。○亦名苞屨。
杖期	制並同前，惟用布八升。	同前	布五升。○爲母之制同前。○負版辟領衰，惟孝子於父母有之。	布同上。○制同前。	同前	同前〔七一〕	同前	疏屨
不杖期	降七升，正八升，義九升。○制同前。	同前	降服四升，正服五升，義服六升。	布同上。○制同前。	同前	同前	此後並不杖。	麻屨
三月	制同不杖期義服。	同前	並同前。	布同上。○制同前。	同前	同前		繩屨

（續表）

	冠	首絰	衰	裳	要絰	絞帶	杖	屨
大功殤服	冠用布十升。○餘並同前。	同前	布七升。○餘同前。	此後布並同上。○制並同前。	惟此一章經不絞垂，蓋殤服未成人，其文不縟也。	同前		同前
大功正服	制並同前。	同前	布八升。		同前	同前		同前
大功義服	制並同前，惟用布十一升。	同前	布九升。		同前	同前		同前
繐衰	冠八升。		布四升有半，縷如小功。		帶亦同小功。			吉屨無絇。
小功殤服	冠用布十升。○辟積之縫向左。○餘並同前。	後並同前。	布十升。		自此以下，絰初即絞之矣，今仍著耳。			同前
小功正服	冠十一升。		布十一升。		後並同前。			下並同〔七二〕。

	冠	首絰	衰	裳	要絰	絞帶	杖	屨
小功義服	冠十二升。		布十二升。					
緦麻	冠布十五升抽其半。〇澡纓。		布十五升抽其半。					

附 成服冠制（七三）

斬衰

辟積縫向右，詳見前圖（七四）。

外畢三辟積，廣二寸（七五）。

繩纓（七六）。

齊衰大功

冠制並同前布武（七七）。

辟亦向右。

布纓（七八）。

小功緦麻

冠同前。

辟積縫向左。

餘同前。

小功布武，布纓同前，澡纓緦則澡武。則武亦采也。（七九）

按：五服之喪冠，其制之異者有四。○升數之不同，一也。凡布八十縷爲升。○斬衰正服、義服冠皆六升。○齊衰三年杖期與不杖期降服冠皆七升，正服冠皆八升，義服冠皆九升，齊三月冠九升。○大功殤服、大功正服與小功殤服冠皆十升。○大功義服與小功正服冠皆十一升，小功義服冠十二升，緦冠十五升抽其半。○繩纓之與布纓、澡纓，二也。惟斬衰用枲麻繩爲纓，自齊三年至小功皆用布爲纓。○緦冠澡纓。○繩之大小、布之升數未詳。右縫之與左縫，三也。大功以上哀重，辟積之縫向右。○小功以下哀輕，辟積之縫向左。○雜記○勿灰之與灰，四也。惟斬衰鍛而勿灰，蓋以水濯之而已，勿用灰。自齊三年以下，皆用灰治之。○緦則有事，其縷復以灰治之也。其制之同者亦四。○條屬，一也。屬，猶著也。著之冠，垂之爲纓也。○吉冠纓武異材，凶冠纓武同材。○斬衰則用一條繩，齊衰以下則皆用一條布從額上約之，至項後交過兩相，各至耳綴之爲武，其餘垂而結之頤下者，爲纓。○外畢，二也。外畢者，冠落額，前後兩頭皆在武下向外出，反屈之縫於武而爲之兩頭縫畢向外。按曲禮云：厭冠不入公門。厭，猶伏也。喪冠厭伏是五服同名，由在武下出反屈之，故得厭伏之名。○又檀弓云：古者冠縮縫，今也衡縫。故喪冠之反吉，非古也。是吉冠則辟積無數，横縫亦兩頭皆在武上，向内反屈而縫之，不得厭伏之名。○辟積之數，三也。自斬至緦，其冠皆三辟積。○廣狹之制，四也。自斬至緦，其冠皆廣二寸。

公子爲其母練冠。諸侯之妾子厭於父，爲母不得伸，權爲制此服。○練冠者，以練布爲冠。

公子爲其妻縓冠。縓，淺絳也，一染謂之縓。爲妻縓冠，妻輕。

附成服衰裳制〔八〇〕

衰制

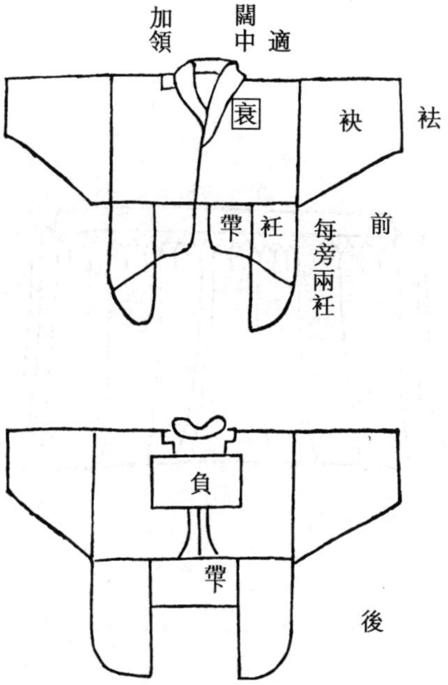

此圖係按先師朱文公家禮纂出，仍加領於闊中者，乃與儀禮注合。

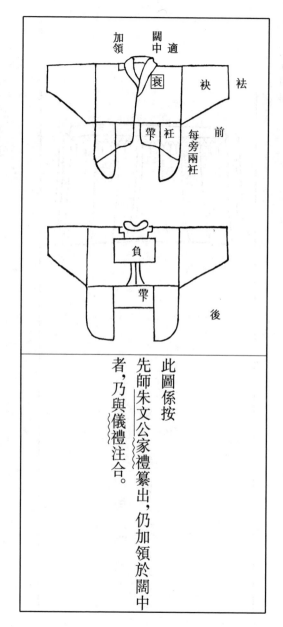

裳制

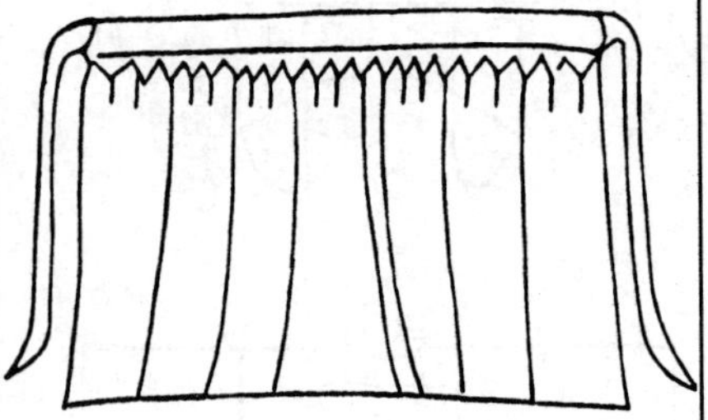

用布爲之，前三幅，後四幅，前後不連。每幅作三輒，輒皆屈其兩邊相著而空其中也。

衰分制圖

負亦名負版。○用布方一尺八寸，綴於背上，領下垂之。

適亦名辟領。○喪服記云：適博四寸，出於衰。○注云：博，廣也。辟領廣四寸，則與闊中八寸也。○疏云：辟領廣四寸者，據横闊而言，謂項之兩相向外各廣四寸也。闊中八寸者，據兩身當縫中央而言，謂一邊四寸，則中總闊八寸也。○今按：此謂度兩身既畢，即將兩身疊作四重，於領上取方裁入四寸，却以所裁者辟而摺之，垂於兩旁，使領中開處方闊八寸也。

衰用布長六寸，博四寸，綴於外衿之上，故得廣長當心。

衣帶下尺注云：衣帶下尺者，要也，廣尺足以掩裳上際也〔八一〕。○疏云：謂衣腰也。云帶者，此謂衣帶之帶，非大帶、革帶也。云衣帶下尺者，據上下闊一尺。若横而言之，不著尺寸者，人有粗細取足爲限也。有衣腰，則衣與裳交際之間不露見，故云掩裳上際也。

袵上係裁布圖。○下係沓綴圖。○注云〔八二〕：袵，所以掩裳際也。上正一尺，燕尾一尺五寸〔八三〕，凡用布三尺五寸〔八四〕。○疏云：上正一尺者，取布三尺五寸，廣一幅，留上一尺爲正，正者，正方不破之言也。一尺之下，從一畔旁入六寸，乃邪向下一畔一尺五寸，去下畔，亦六寸横斷之，留下一尺爲正。如是，則用布三尺五寸，得兩條袵，袵各二尺五寸，兩條共用布三尺五寸也。

衣身也。○記云：二尺有二寸。○注云：此謂袂中也。言衣者，明與身參齊二尺二寸，其袖足以容中人之肱也。衣自領至要二尺二寸，倍之四尺四寸，加辟領八寸而又倍之，凡衣用布一丈四寸。

袂袖也。○疏云：屬幅者，謂整幅二尺二寸，不削去其邊幅，取整幅爲袂。必不削幅者，欲取與下文衣二尺二寸，縱横皆二尺二寸，正方者也。

祛袖口也。○廣尺二寸。

今按：衰服、〇衣、〇衽、〇袂、〇袪，〇齊下自斬至緦皆同〔八五〕，惟〇衰、〇負版、〇左右辟領。〇據儀禮注云：前有衰，後有負版，左右有辟領，孝子哀戚之心無所不在。疏云：衰者，孝子有哀摧之志。負者，負其悲哀。適者，指適緣於父母，不念餘事。若然，則此衰、負版、左右辟領四者惟子爲父母用之，旁親皆不用歟？司馬温公書儀：父母、舅姑、夫君之服存古制度。齊衰之服，布幞頭，布襴衫，布帶。大功以下，隨俗用絹爲之。〇先師朱文公曰：温公儀凶服斬衰古制，而功緦又却不古制，是何説也？古者五服皆用麻，但布有差等，皆有冠絰，但功緦之絰小耳。〇家禮：斬衰衣裳用極粗生布，齊衰用次等粗生布，杖期又用次等生布，不杖期及齊衰三月又用次等生布，大功用稍粗熟布，小功用稍熟細布，緦麻用極細熟布。

婦人成服旁通圖

	斬衰
總	六升布爲總。〇束其本末出紒，後所垂者長六寸。
笄	笄，以箭篠爲之。〇長尺。
髽	斬衰，婦人於男子括髮之時已用麻髽矣。〇今既成服，男子著冠矣，婦人只是露紒之髽，而著布總箭笄。〇至啓殯時，則復用麻髽。〇若賓客弔，男子著免之時，則加布髽。
首絰	已見襲絰帶圖。
衰裳附	婦人之衰制、其用布升數及削幅不緝與夫負版、辟領、衰等並同男子。〇但無帶下，又無衽。〇其裳之制，用布六幅，破爲十二幅，如深衣之下連綴於衣，故婦人但言衰，不言裳也。〇布三升。
要絰	婦人要絰初即絞之，無變也，已見襲絰帶圖。
絞帶	已見襲絰帶圖。
杖	竹杖。〇制同男子。
屨	制同男子〔八六〕。

（續表）

	總	笄	髽	首絰	衰裳附	要絰	絞帶	杖	屨
義服	同前	同前。○惟妾爲君之長子雖服斬，然只用惡笄。	同前		同前			同前	
齊衰三年	降七升。○正服八升。○垂長六寸。	惡笄者，櫛笄也，○榛木爲之，○長尺，下云有首。	同前		降四升，正五升，緝衰外展之，裳内展之。○餘並同前。			桐杖。○制同男子。	
齊衰杖期	布八升，長八寸。	同前	杖期以下，婦人於男子括髮之時用布爲髽矣。今成服，只是露紒之髽，而著布總惡笄。		布五升。○餘同前。			同前	

（續表）

	不杖期	齊衰三月	大功殤服	大功正服
總	降七升，正服八升，義服九升。○長八寸。	布九升，○長八寸。	布十升，○長八寸。	布十升，○長八寸。
笄	同前。惟女子子適人者爲其父母、婦爲舅姑及妾爲女君惡笄有首。○餘無明文，未詳。			
髽	同前		大功以下，皇氏云：皆露紒。疏云：無髽。	
首絰				
衰裳附	降四升，正五升，義六升。○自此以下，其削幅緝展及連裳等制並同前。○但未必有負版、辟領及當心之衰也。	同前	布七升，○餘同前。	布八升，○餘同前。
要絰				
絞帶				
杖	此後並不杖。			
屨				

（續表）

	總	笄	髽	首絰	衰裳附	要絰	絞帶	杖	屨
大功義服	布十一升，○長八寸。				布九升，○餘同前。				
小功殤服	布十升，○長一尺。				布十升，○餘同前。				
小功正服	布十一升，○長一尺。				布十一升，○餘同前。				
小功義服	布十一升，○長一尺。				布十二升，○餘同前。				
緦麻	布十五升抽其半，○長一尺。				布十五升抽其半，○餘同前。				

自斬至緦，成服皆布總。

束髮謂之總，既束其本，又總其末。○按：始死，婦人皆縞總。今此

成服，則用布爲之。○其布之升數象男子冠數，具見前條。○其長，則斬衰總長六寸。○注：六寸，謂出紒後所垂爲飾者也。○期總八寸。○大功總亦八寸。○小功、緦麻同一尺。○吉總當尺二寸也。期以下皆孔疏云。○布總終喪。○婦人相弔者素總，所謂素者布歟？縞歟？未詳。

斬衰箭笄。箭，篠竹也，以箭篠爲笄也。○按：始死將斬衰，婦人去笄，至男子括髮著麻髽之時，猶不笄。今成服，始用箭笄。○箭笄長尺。○婦人箭笄終喪，婦人質，有除無變也。○惟妾爲君之長子，雖服斬衰，不著箭笄。見下「惡笄」條。

齊衰惡笄有首。惡笄者，櫛笄也。○惡者，木理粗惡，非木名也。○或曰：榛笄也，以榛木爲之也。○有首者，若漢之刻鏤摘頭矣。○按檀弓，榛以爲笄長尺者，婦爲姑也。然則，凡惡笄皆長尺歟？○按儀禮傳，女子子適人者爲其父母，婦爲舅姑，惡笄有首，及妾爲女君之長子亦惡笄有首，餘無明文，則齊衰輕期之笄未詳。○婦人惡笄終喪，惟女子子既卒哭而歸夫家，則折吉笄之首以笄。吉笄者，象骨爲之，吉時有首，爲其太飾，故折之。

大功以下笄。未詳。○今按：女子子既卒哭，折吉笄之首以笄。又歸人相弔者吉笄無首素總，則此大功以下之笄，或者亦吉笄無首而加以布總歟？

斬衰以下髽。髽之制，先儒所釋各不同，今條具在下。○士喪服篇注云：髽，露紒也，猶男子之括髮。斬衰括髮以麻，則髽亦用麻。以麻者自項而前交於額上，却繞紒如著幓頭焉。○賈氏疏曰：髽有二種：一是未成服之髽，即士喪禮所云將斬衰者用麻，將齊衰者用布是也；二者，成服之後露紒之髽是也。又云：自斬至緦，婦人皆露紒而髽。○喪服小記孔氏疏引皇氏之説曰：婦人之髽有三：有麻，有布，有露紒也。其形雖異，皆謂之髽也。一者麻髽，謂斬衰括髮以麻，則婦人於時髽亦用麻是也。二者布髽，謂男子免對婦人髽，男免既用布，則婦人不容用麻也。是知男子爲母免時，則婦人布髽。三者露紒之髽，謂如喪服傳云：髽衰三年。三年之内男不恒免，則婦人必不恒用布髽，故知恒露紒也。又就齊衰輕期髽無麻布，雖女子子既嫁者爲本親父母髽亦無麻布，是知露紒悉名髽也。又云：然恒居露紒之髽，則有笄。○孔疏雖引皇氏説，則又駮之曰：今考校止有二髽（八七），一是斬衰麻髽，二是齊衰布髽，皆名露紒。其將斬衰者，於男子括髮之時，則以麻爲髽，其將齊衰者，於男子免時，則以布爲髽。至葬之時，婦人之髽則與未成服之時同，其大功以下則無髽矣。○今考三説互有得失，更當加詳。○喪服四制云：秃者不髽。

杖詳見喪大記、成服變除、雜記。

斬衰三年，父母妻期皆杖。

君之喪三日，子夫人杖。○五日既殯，授大夫世婦杖。○又曰：諸達官之長杖。

大夫之喪，三日之朝既殯，主人、主婦、室老皆杖。

士之喪，二日而殯，三日之朝，主人杖，婦人皆杖，子皆杖。

已上杖之日先後。

童子不杖。○婦人不杖。此亦童子婦人。

已上不當杖。

父在，爲母不敢杖。尊者在。○庶子不以杖即位。子皆杖不以即位，與去杖同，下適子。○爲長子杖，則其子不以杖即位。祖不厭孫，孫得杖，但與祖同處。不得以杖即位，辟尊者。爲妻，父母在不杖。不敢盡禮於私喪。

已上本當杖而不杖。

婦人不爲主而杖者，姑在爲夫杖。○母爲長子杖。○女在室，爲父母其主喪者不杖，則子一人杖。○庶子父在爲妻，以杖即位。舅不主妾之喪〔八八〕，子得伸也。○父不主庶子喪，則孫以杖即位。祖不厭孫，孫得伸也。○童子當室，則免而杖。

已上若不當杖而杖。

君之喪子，大夫寢門之外杖，寢門之内輯之。輯，斂也，斂之不以拄地。殯柩在門内，神明所在。○大夫世婦在其次則杖，即位則使人執之。○子有王命則去杖。世子若有天子之命，則不敢杖。○國君之命則輯杖。鄰國之君使人來弔。○聽卜有事於尸，則去杖。敬卜及尸。○大夫於君所，則輯杖。敬嗣君也。○於大夫所，則杖。同爲君杖，無相敬下。○大夫之喪，大夫有君命則去杖。去杖，以敬也。大夫之命則輯杖。斂杖以自卑下。○内子爲夫人之命去杖。君夫人有命弔已者。爲世婦之命，授人杖。君之世婦命弔内子。○士之喪，於君命、夫人之命如大夫。皆去杖，如大夫之禮。於大夫世婦之命，如大夫。大夫之命則輯杖，世婦之命授人杖也，如大夫之禮。○大夫士哭殯則杖，哭柩則輯杖。哭殯既塗，哭柩啓後。○堂上不杖。辟尊者之處，爲其感動憂戚。○虞杖不入於室，祔杖不升於堂。

已上杖之容節。

喪車制圖詳見喪服制度。

始遭喪所乘　木車
不漆者。
蒲蔽
以蒲爲蔽，蔽謂車旁禦風塵者。
犬⿰衤冥尾櫜疏飾
犬，白犬皮。既以皮爲覆笭，又以其尾爲戈戟之弢，粗布飾二物之側爲之緣。
小服皆疏
服讀爲菔。小菔，刀劍短兵之衣，皆以粗布。

卒哭所乘　素車
以白土堊車也。
棼蔽
棼讀爲薠，薠麻以爲蔽。
犬⿰衤冥素飾
以素繒爲緣。
小服皆素
以素繒爲緣。

既練所乘　藻車
水草蒼色，以蒼土堊車。
藻蔽
以蒼繒爲蔽。
鹿淺⿰衤冥革飾
以鹿夏皮爲覆笭，又以所治去毛者緣之。

大祥所乘　駹車
駹車邊側有漆飾〔八九〕。
雚蔽
細葦席。
然⿰衤冥髤飾
然，果然，獸名。髤，赤多黑少之色，韋也。

禫所乘　漆車
黑車。
藩蔽
即上文葦席漆即成藩。
豻⿰衤冥雀飾
豻，胡犬名。雀頭，黑多赤少，雀即緅也。

司馬温公曰：父母之喪不當出，若爲喪事及有故不得已而出，則乘樸馬，布裹鞍轡。以代古惡車，婦人以布幕車檐。

奔喪變服圖

奔父喪。

升自西階〔九〇〕，殯東。西面坐，哭盡哀。　括髮袒。

降堂東即位，西鄉哭，成踊。　襲絰於序東，絞帶，反位。

於又哭。　括髮袒。

於三哭。　括髮袒。

三日。　成服。

奔母喪。

西面哭，盡哀。　括髮袒。

降堂東即位，西鄉哭，成踊。　襲絰絞帶。

於又哭。　不括髮爲母於又哭而免，輕於父也。

於三哭及三日成服，如奔父喪之禮。

小記曰：奔父母之喪，出門哭止，三日而五哭三袒〔九一〕。出殯宫之門就於廬，故哭者止。初來一哭，與明日朝夕、又明日朝夕之哭爲五哭也。三袒者，初至袒，明日朝袒，又明日朝袒，故爲三袒。又云：此謂已殯而來者，若未殯之前而來，當與在家同，不得減殺也。

婦人奔喪。

升自東階，殯東。西面坐，哭盡哀。東髽即位，與主人拾踴。髽於東序，不髽於房，變於在室者。○襲經以後同前。

夫人奔喪。

夫人至，入自闈門，升自側階，君在阼，其它如奔喪禮然。

奔喪者不及殯。

先之墓，北面坐，哭盡哀，成踴。　括髮

東即主人位。　經絞帶

遂冠歸，入門左(九二)，北面哭盡哀。　括髮袒

於又哭。　括髮成踴

於三哭。　括髮成踴

三日。　成服

齊衰以下奔喪，三免袒。○不及殯，四免袒，大略與奔父母喪同，但免與括髮異耳。○凡異居，

聞兄弟之喪，其始麻散帶絰，未服麻而奔喪，及主人之未成絰也。疏者與主人皆成之，親者終其麻帶絰之日數。若家遠，則爲位，三日五哭，成服而往。

聞喪不得奔喪。謂以君命有事者。

爲位。	括髮袒，成踊，襲絰絞帶，即位。拜賓，反位。
於又哭。	括髮袒，成踊。
於三哭。	括髮袒，成踊。
三日。	成服。
道有喪。	
君出疆薨，大夫士一節也。	
其入也子。	麻弁絰。布弁而加環絰。
	疏衰。齊衰。
	菲。足著菲屨，麻弁，疏衰菲屨，不忍成服於外也。
	杖。服未成而已，杖爲已病也。
入自闕，升自西階，於此正棺。	服殯服。
既塗。	成服。

如小斂，則子免，布深衣而從柩。

入自門，升自阼階。

服殯服及成服，亦當同前。

並有喪變服圖詳見變除並有喪變服、不杖除服、大祥除服。

斬衰之喪，既虞卒哭，遭齊衰之喪，輕者包，重者特。

言斬衰受服之時而遭齊衰初喪，男子輕要，得著齊衰牡麻帶而兼包斬衰之帶。若婦人輕首，得著齊衰牡麻經而包斬衰之經，故云輕者包。〇男子重首，特留斬衰葛經。婦人重要，又不葛帶，特留斬衰麻帶，故云重者特。

既練，遭大功之喪，麻葛重。

斬衰已練，男子除經，而帶獨存，婦人除帶而經獨存。遭大功之喪，男子有麻經，婦人有麻帶，又皆易其輕者以麻，謂之重麻。〇既虞卒哭，男子帶其故葛帶經期之葛經，婦人經其故葛經帶期之葛帶，謂之重葛。疏云：大功既虞卒哭之後，大功葛帶輕於練之故葛帶，故男子反帶其練之故葛帶也。云經期之葛經者，以男子練時首經既除，今經大功又既葬，其首則經大功之葛經。婦人練後要帶已除，今大功已葬，其要則帶大功之葛帶也。謂之期葛經帶者，以其粗細與期經帶同，其實是大功葛經帶也。

齊衰之喪，既虞卒哭，遭大功之喪，麻葛兼服之。

齊衰既虞卒哭，遭大功之喪，男子則以大功麻帶易齊衰之葛帶，其首猶服齊衰葛經，是首有葛，要有麻，故云麻葛兼服之。〇婦人則首服大功之麻經，要服齊衰之麻帶，上下俱麻，不得云麻葛兼服之也。

三年之喪，既練矣，有期之喪，既葬矣，則帶其故葛帶經期之經，服其功衰。有大功之喪亦如之。

謂當三年之喪，練祭之後，又當期喪，既葬之節也，則帶其故葛帶，謂三年練之故葛帶也。蓋期帶與三年葛帶粗細正同，以父葛爲重，故帶其故葛帶。○經期之經者，三年練首經既除，故經期之葛經〔九三〕。○若婦人練後麻帶除矣，則經其故葛經帶期之麻帶，以婦人不葛帶故也。○服其功衰者，謂父之功衰也。

麻之有本者，變三年之葛。

三年練葛，遇大功以上之喪，麻之有本者得以變之，小功以下澡麻斷本則否。○又按禮記曰：有三年之練冠，則以大功之服易之，唯杖屨不易。與此條意同。

殤長、中變三年之葛，終殤之月筭而反三年之葛。

殤長、中，謂大功之親爲殤，在小功緦者也。可以變三年之葛，正親親也。凡喪卒哭受麻以葛，惟殤長、中未成人文不縟，無卒哭受麻以葛之法，故終殤之月筭而反三年之葛。

既練，遇麻斷本者，於免經之。既免去經，每可以經必經，既經則去之。

謂斬衰既練，遭小功之喪，是麻之斷本者雖不變服得爲之加經，以練無首經。於小功喪有事於免之時，則爲之加小功之經也。小功之喪斂殯事竟，既免之後，則脱去其經，當斂殯之節，每可以經之時，必爲之加麻也。不應經之時，則去其經，自若練服也。○今按服問〔九四〕：小功不易喪之練冠，如免，則經其緦、小功之經，因其初葛帶。○又按雜記：功衰，祔兄弟之殤。則不易練冠。與此條意同。

大夫有私喪之葛，則於其兄弟之輕喪則弁經。

私喪，妻子之喪也。輕喪，緦麻也。大夫降焉，弔服而往，不以私喪之末臨兄弟。疏云：若成服之後則錫衰，未成服之前〔九五〕，身著素裳而首著弁絰也。

又父母之喪，偕其葬服斬衰。○父未没喪而母死，其除父之喪也，服其除服。○父母之喪，既引，聞君薨，遂既封，改服而往。○三年之喪，既顈，爲前喪練祥。○三年之喪，如有服而將往哭之，則服其服而往。○如當父母之喪除，諸父昆弟之喪，則服其除服。已上皆並有喪變除事。

弔服圖詳見補服「内弔服加麻及弔服」條及喪大記「襲絰帶小斂奠」條。

主人未小斂而弔。

弔者易羔裘玄冠。此據家語夫子曰：始死羔裘玄冠者，易之而已。○裼裘而弔。此據子游裼裘而弔疏云：主人未變之前，弔者吉服。謂羔裘玄冠，緇衣素裳，又袒去上服，以露裼衣。○按：疏云羔裘玄冠與家語不同，當考。

主人既小斂而弔。

弔者襲裘。喪大記曰：弔者襲裘加武帶絰。小斂之後來弔者，以上朝服揜襲裘上裼衣加武者。武，吉冠之卷也。主人既袒括髮，故弔者加武，明不改冠，亦不免也。帶絰者，帶謂要帶，絰謂首絰，以朋友之恩加緦之絰帶也。主人既襲帶絰，故弔者亦襲裘帶絰也，所謂子游襲裘帶絰而入是也。

主人既成服而弔。

凡弔事弁絰服。弁絰，如爵弁而素，加環絰。○爵弁環絰，詳見將小斂變服圖。

凡弁絰，其衰侈袂。凡衰之袂二尺有二寸，錫衰、緦衰、疑衰其袂半而益一，袂大三尺三寸也。若士，則其衰不侈也。○錫衰，麻之滑易者，十五升去其半，有事其布，無事其縷。緦衰，十五升去其半，有事其縷，無事其布。疑衰，吉服十五升，今疑衰十四升，少一升而已。疑之言擬也，擬於吉也。

三衰絰帶同有。疏。

羔裘玄冠不以弔。

王弔服

弁絰

王三衰，其首皆弁絰。

錫衰王爲公卿。

緦衰王爲諸侯。

疑衰王爲大夫士。

天子遥哭諸侯，爵弁絰緇衣。

諸侯弔服

弁絰

- 錫衰君於大夫士有朋友之弁絰。錫衰，君爲卿大夫。
- 緦衰同姓之士。（當事則弁絰。）
- 疑衰異姓之士。

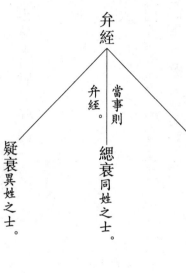

諸侯弔異國之臣

皮弁　　錫衰

大夫相爲弔服

弁經　　錫衰

士朋友相爲服弔服加麻

緦經帶　　疑衰素裳

庶人弔服

素委貌　　白布深衣

婦人弔服

婦與夫同凡弔皆素服。婦人弔服者，以婦與夫同。大夫弔於命婦錫衰，命婦弔於大夫亦錫衰。

魯婦人髽而弔，自敗於臺駘始。

先師朱文公家禮：凡弔皆素服。○幞頭衫帶皆以白生絹爲之。

啓葬反哭虞卒哭變服圖

	啓		葬		反哭
免	丈夫免。○凡男子括髮免散帶垂，婦人髽，皆當小斂之節。斬衰，男子括髮，齊衰以下至緦麻，男子免。今於啓殯亦見尸柩，故變同小斂之時。但啓殯之後，雖斬衰亦免，而無括髮。	婦人髽。男子免，則婦人髽。啓後著免，至卒哭其服同。	婦人同前〔九六〕。	非從柩與反哭，無免於怛。○遠葬者比反哭者皆冠，及郊而後免，反哭。	婦人同前。
弁絰		檀弓：弁絰葛而葬。注云：接神之道，不可以純凶。天子、諸侯變服而葬，冠素弁，以葛爲環絰，大夫則素弁加環絰，士則素委貌加環絰。			
衰絞帶杖屨。	並同成服。兄弟既除喪已，及其葬也，反服其服。○士虞禮：一人衰制，奉篚哭從尸。注：一人，主人兄弟也。○有事於尸則去杖。○虞杖不入於室。				
散帶垂	散帶垂者，小斂之節，大功已上男子皆然，今啓殯亦如之。自啓至葬其服同，至卒哭乃變其服焉。				

（續表）

	虞		卒哭	
免	主人及兄弟如葬服。○祝免澡葛絰帶，布席於室中。○既葬而不赴虞，則雖主人皆冠，及虞則皆免。○緦、小功虞卒哭則免，注云：虞前有葬，葬是喪之大事，著免可知。今至虞卒哭之時，棺柩已藏，亦著免也。○爲兄弟既除喪已，及其葬也，反服其服，報，虞卒哭則免。	婦人同前。	報虞卒哭則免。○緦小功卒哭則免。	婦人同前。
弁絰				
衰絞帶杖屨。	士虞禮：一人衰絰奉篚哭從尸。注：一人，主人兄弟也。○有事於尸則去杖。○虞杖不入於室〔九七〕。			
散帶垂				

按既夕禮云：丈夫髽，散帶垂，即位如初。注云〔九八〕：爲將啓變也，此互文以相見耳。髽，婦人之變。疏云：「此互文以相見耳。髽婦人之變」者，髽既是婦人之變，則免是男子之變。今丈夫見其人不見免，則丈夫當免矣。婦人見其髽不見人，則婦人當髽矣。故云互文以相見耳。啓後著免，至卒哭其服同，以其反

哭之時，無變服之文，故知同也。又按士虞禮云：主人及兄弟如葬服。疏云：葬服者。既夕曰：丈夫髽，散帶垂也。此唯謂葬日反日中而虞及三虞爲然，其後卒哭即服其故服，是以既夕禮注云：自卒至殯，自啓至葬，主人之禮其變同。則始虞與葬服同，三虞皆同。至卒哭，卒去無時之哭，則依其喪服，乃變麻服葛也。司馬温公書儀曰：啓殯之日，五服之親皆來會，各服其服入，就位哭。注云：自啓殯至於卒哭，日數甚多。今也成服，若使五服之親皆不冠而袒免，恐其驚俗，故但各服其服而已。○張南軒先生三家喪禮云：主人及衆主人皆去冠絰，以邪布巾帕頭。注云：參酌開元禮新修。

男子卒哭受服旁通圖 詳見變除及制度

	斬衰
冠	右縫，○條屬，○外畢，○辟積，○廣狹之制，並同成服。○所不同者，布用七升。
首絰去麻服葛。無葛之鄉，則用潁。	圍七寸二分有奇，○猶兩股糾之也。
衰裳	其制並同成服，○但用布六升，○又負，適衰三者，用與不用未詳。
要絰用葛或潁。	圍五寸七分有奇。○間傳云：葛帶三重。○鄭注云：謂作四股糾之，積而相重，四股則三重也。
絞帶	斬衰章：疏絞帶，虞後變麻服，布七升布爲之。
杖	仍成服竹杖。
屨	斬衰卒哭受，齊衰蒯藨屨，所謂疏屨是也。

（續表）

	齊衰三年	杖期及不杖期	齊衰三月義服
冠	降服八升，正服九升，○餘同成服之制。	杖期正服九升，○不杖期降服八升，正服九升，義服十升，○餘同前。	布十升，○餘同前。
首絰去麻服葛。無葛之鄉，則用潁。	圍五寸七分有奇，○餘同前。	同前。	同前。
衰裳	降服七升，正服八升，○餘同前。	杖期正服八升，○不杖期降服七升，正服八升，義服九升，○餘同前。	布九升，○餘同前。
要絰用葛或潁。	圍四寸六分有奇，○餘同前。	同前。	同前。
絞帶	布八升。	布九升。	布十升。
杖	仍桐杖。	杖期同前。○不杖期，則元無也。	此後已無。
屨	未詳，恐當同前〔九九〕。	未詳。	未詳。

（續表）

	冠	首絰去麻服葛。無葛之鄉，則用潁。	衰裳	要絰用葛或潁。	絞帶	杖	屨
大功正服	布十一升，○餘同前。○但既云受以小功衰，則恐當左縫耳。	圍四寸六分有奇。	布十升，○餘同前。	圍三寸五分有奇。	布十一升。		未詳。
大功義服	布十二升，○餘同前。	同前。	布十一升，○餘同前。	同前。	布十二升。		未詳。
小功	無受。	圍三寸五分有奇。	因故衰無受。	圍二寸八分有奇。	無受。		未詳。

大夫士既卒哭，弁絰帶、金革之事無辟也。注云：此權禮也。弁絰帶者，變喪服而弔服輕，可以即事也。○晉文公卒，子墨衰絰敗秦師於殽，遂墨以葬文公，晉於是始墨。

或問先師朱文公曰：今之墨衰可便於出入而不合於禮經，如何？曰：若能不出則不服之亦好，但要出外治事，則只得服之。喪服四制説：「百官備，百物具，不言而事行者，扶而起。言而後事行者，杖而起。身自執事而後行者，面垢而已。」蓋惟天子諸侯始得全伸其禮，庶人皆是自執事，不得伸其禮。

婦人卒哭受服旁通圖

	斬衰	齊衰三年	杖期	不杖期
總	布七升。	降服八升，正服九升。	正服九升。	降服八升，正服九升，義服十升。
笄	箭笄無變。	惡笄無變。	惡笄無變。	同前。惟女子子適人者歸夫家，折吉笄之首，以笄輕。期以下未詳。
髽	露紒無變。	露紒無變。	同前。	同前。
首絰以葛易麻。	圍七寸二分有奇。	圍五寸七分有奇〔一〇〕。	餘同前。	同前。
衰裳附	布六升，○其制並同成服。○負適等用與不用未詳。	降服七升，正服八升，○餘同前。	正服八升。	降服七升，正服八升，義服九升。
要絰	仍其故麻帶。	同前。	同前。	同前。
絞帶	布七升。	布八升。	布九升。	同前。
杖	仍竹杖。	仍桐杖。	同前。	自此以下元無杖。
屨	無明文，恐與男子同。			

（續表）

	大功正服	大功義服	小功
總	布十一升。	布十二升。	無受。
笄	未詳。	未詳。	未詳。
髽	同前。孔疏云：大功以下無髽。	同前。	同前。
首絰以葛易麻。	圍四寸六分有奇。	同前。	圍三寸五分有奇。
衰裳附	布十升。	布十一升。	因故衰無受。
要絰	圍三寸五分有奇。	同前。	圍二寸八分有奇。
絞帶	布十一升。	布十二升。	無受。
杖			
屨			

男子練除服受服圖除服先重者男子除首絰。

	斬衰十三月而練。	齊衰十二月而練。	齊衰期十一月而練。
練冠	以練易其冠，條屬右縫。	自練冠以下並同前。	自練冠以下並同前。
角瑱	人君以瑱小祥微飾以角爲之。		
衰	以卒哭後冠受其衰。		
中衣	練中衣黄裏縓緣。		
葛絰	小祥除首絰，唯餘要葛。		
鹿裘	横長袪，袪裼之可也。		
絞帶	未詳。		
杖	仍竹杖。	杖仍桐杖。	
屨	與大功初喪繩屨同。	屨未詳。	

婦人練除服受服圖婦人除要帶。

	總	笄	髽	首經	衰	杖	屨
斬衰妻爲夫〔一〇一〕，女子子在室爲父。	練有受服，則布總升數當與冠同。	仍箭笄。	仍露紒。	仍苴葛。	女子子在室，至小祥練祭受衰七升，總八升，嫁反者亦如之。	仍竹杖。	未詳。
齊衰婦爲舅姑〔一〇二〕，女子子適人者爲父母，見前卒哭受服圖。	同前。	仍箭笄。	仍露紒。	仍苴葛。	以卒哭後冠受其衰。	仍桐杖。	

縞冠玄武子姓之冠。父有喪服，子爲之不純吉。武用玄，玄是吉。冠用縞，縞是凶。

按：練再受服，經傳雖無明文，謂既練而服功衰，則記禮者屢言之。服問曰：「三年之喪既練矣，期之喪既葬矣，則服其功衰。」雜記曰：「三年之喪，雖功衰不弔。」又曰：「有父母之喪，尚功衰，而祔兄弟之殤則練冠。」是也。按大功之布有三等，七升、八升、九升，而降服七升爲最重。斬衰既練而服功衰，是受以大功七升布爲衰裳也。故喪服斬衰章賈氏疏云：「斬衰初服粗，至葬後、練後、大祥後，漸細加飾。斬衰裳三升，冠六升，既葬後，以其冠爲受，衰裳六升，冠七升。小祥，又以其冠爲受，衰裳七升，冠八升。」女子子嫁，反在父之室，疏云：「至小祥，受衰七升，總八升。」又按間傳：「小祥練冠。」孔氏疏云：「至小祥，以卒哭後冠受其衰，而以練易其冠。」故今據此例開具在前。而横渠張子之説又曰：「練衣必煅鍊大功之布以爲衣，故言功衰，功衰上之衣也。以其著衰於上，故通謂之功衰。必著受服之上，稱受者，以此得名。受，蓋以受始喪斬疏之衰而著之變服，其意以喪久變輕，不欲摧割之心亟忘于内也。」據横渠此説，謂受以大功之衰，則與傳記注疏之説同。謂煅鍊大功之布以爲上之衣，則非特練中衣，亦練功衰也。又取成服之初衰長六寸，博四寸，縫於當心者，著之於功衰之上，是功衰雖漸輕，而長六寸博四寸之衰猶在，不欲哀心之遽忘也。此説則與先儒異，今並存之，當考。

司馬温公曰：古者既葬、練、祥、禫，皆有受服，變而從輕，今世俗無受服。自成服至大祥，其衰無變，故於既葬别爲家居之服，是亦受服之意也。○横渠張子曰：父在爲母服三年之喪，則家有二尊，有所嫌也。處今之宜，但可服齊衰一年外，可以墨衰從事，可以合古之禮，全今之制。

大祥服圖除衰服。○杖斷而棄之於隱者。

豫告祭期所服	祥祭所服	既祥所服
朝服縞冠，祥祭前一日豫告明日祥祭之期。於此爲期之時，主人著朝服，其冠則縞冠，朝服緇衣素裳。縞是生絹而近吉，身著朝服，首著縞冠，以其漸吉故也。	朝服縞冠，明旦祥祭之時，主人因著前夕故朝服，以祭始即吉正祭服也。祭猶縞冠，未純吉也。	素縞麻衣，祭訖之後，哀情未忘，更反著微凶之服，首著縞冠，以素紕之。紕，緣邊也，謂緣冠兩邊及冠卷之下畔，其冠與卷身皆用縞，但以素紕耳，以素重於絹也。身著十五升麻深衣，未有采緣。
素韠，詩檜風素冠：庶見素韠兮。注云：韠，蔽膝也，以韋爲之。冕服謂之韍，其餘曰韠。韠從裳色，素裳則素韠也。今按：詩所謂素冠者，其縞冠素紕歟？		
素屨，周禮屨人：掌王后之服屨，素屨葛屨。注云：屨有絇，有繶，有純者，飾也。素屨者，非純吉，有凶去飾者。夏用葛，冬用皮。	散屨，屨人：辨外内命夫命婦之散屨。注云：散屨亦謂去飾也。經據卑云散，散與素一也。	

禫服圖詳見喪服變除篇大祥除服章「祥主人之除」條之注〔一〇三〕。

禫祭所服	玄衣黄裳。
既祭所服	朝服綅冠〔一〇四〕。
踰月吉祭所服	玄冠朝服。
既祭所服	玄端而居。

問中月而禫，先師朱文公答曰：中月而禫，猶曰中一以上而附。漢書亦云間不一歲，即鄭注虞禮爲是，故杜佑亦從此説，但檀弓云是月禫，徙月樂之説爲不同耳。今既定以二十七月，即此等不須瑣細如此尋討，枉費心力，但於其間自致其哀足矣。○又曰：二十五月祥後便禫，看來當如王肅之説，於是月禫，徙月樂之説爲順，而今從鄭氏之説，雖是禮疑從厚，然未爲當。○又曰：喪禮只二十五月，是月禫，徙月樂。○按後五服古今沿革宋王淮之議乃後世通行之制，與此説不同。

按禮記曰：孝子有終身之憂。忌日之謂也。古無忌祭禮，近日諸先生方考及此。○横渠張子曰：古人於忌日不爲薦奠之禮，特致哀示變而已。○又曰：凡忌日必告廟，爲設諸位不可獨享，故迎出廟，設於他次，既出則當告諸位。雖尊者之忌，亦迎出。此雖無古制，可以意推。薦用酒食，不焚楮幣，其子孫食素。○張子文集：「忌日變服：爲曾祖、祖，皆布冠而素帶麻衣；爲曾祖、祖之妣，皆素冠布帶麻衣，爲父，布冠帶麻衣麻履；爲母，素冠布帶麻衣麻履；爲伯叔父，皆素冠帶麻衣〔一〇五〕；爲伯叔母，麻衣素帶；爲兄，麻衣素帶；爲弟、姪，易褐不肉；爲庶母及嫂，亦不肉。

先師朱文公曰〔一〇六〕：唐人忌日服黲，今不曾製得，只用白生絹衫帶黲巾。○問〔一〇七〕：忌日衣服飲食如何？答曰：橫渠忌日衣服有數等，今恐難遽行，但主祭者易以黲素之服可也。○問：忌日當哭否？曰：若是哀來時，自當哭。又問衣服之制，曰：某有弔服絹衫絹巾，忌日則服之。○又問喪服制度，答曰：此等處但熟考注疏即自見之，其曲折難以書尺論也。然喪與其易也寧戚，此等處未曉，亦未害也。○又問：喪服用古制恐駭俗，不知當如何？曰：駭俗猶小事，但恐考之未必是耳。若果考得是，用之亦無害。○又問居喪冠服，答曰：今考政和五禮，喪服却用古制，準此而行，則亦無特然改制之嫌。○因說生事葬祭之必以禮，聖人說得本闊，人人可用，不特爲三家僭禮而設。因言今人於冠昏喪祭一切苟簡徇俗，都不知所謂禮者，又如何責得他違與不違。古禮固難行，然近世一二名公所定之禮及朝廷五禮新書之類，人家儻能相與講習時舉而行之，不爲無補。又云：周禮太繁細，亦自難行。今所編禮書，只欲使人知之而已。觀孔子欲從先進與寧儉寧戚之意，往往得時得位，亦不必盡循周禮。必須參酌古今，別自制爲禮以行之。所以告顔子者，可見世固有人硬欲行古禮者〔一〇八〕，然終是情文不相稱。○今所以集禮書也，只是略存古之制度，使後之人自去減殺，求其可行者而已。若必欲一一盡如古人衣服冠屨之纖悉具備〔一〇九〕，其勢也行不得。問：温公所集之禮如何？曰：早是詳了，如喪服一節也大詳。爲人子者方遭喪禍，使其一一欲纖悉盡如古人制度，有甚麽心情去理會。古人此等衣服冠屨每日接熟於耳目，所以一旦喪禍，不待講究便可以如禮。今却間時都不曾理會，一旦荒迷之際，欲旋講究，此勢之必難行者。必不得已，且得從俗之禮而已，若有識禮者相之可也。〇又曰：若聖人有作古禮未必盡用，須別有箇措置。若聖人有作，視許多瑣細制度皆若具文，且是要理會大本大原。曾子臨死丁寧説及：君子所貴乎道者三：動容貌，斯遠暴慢矣；正顔色，斯近信矣；出辭氣，斯遠鄙倍矣。籩豆之事，則有司存。上許多是大本大原，如今所謂理會許多正是。籩豆之事，曾子臨死教人不要理會這箇，夫子焉不學，而亦何常師之有？惟是孔子却都曾理會來。孟子已是不説細碎，答滕文公喪服只説：諸侯之禮，吾未之學也，吾嘗聞之矣。三年之喪，齊疏之服，飦粥之食，自天子達於庶人。這三項便是大原大本。

五服古今沿革

三年之喪

子爲父，臣爲君，斬衰三年。子爲母，齊衰三年。

詩檜國風素冠：刺不能三年也。〇滕定公薨，世子使然友問於孟子，孟子曰：三年之喪，齊疏之服，飦粥之食，自天子達於庶人，三代共之。然友反命，定爲三年之喪。父兄百官皆不欲，曰：吾宗國魯先君莫之行，吾先君亦莫之行也，至於子之身而反之，不可。且志曰：喪祭從先祖。曰：吾有所受之也。謂然友曰：吾他日未嘗學問，好馳馬試劍。今也父兄百官不我足也，恐其不能盡於大事。子爲我問孟子。然友復之鄒問孟子，孟子曰：然，不可以他求者也。孔子曰：君薨，聽於冢宰，歠粥，面深墨，即位而哭，百官有司莫敢不哀，先之也。然友反命，世子曰：然，是誠在我。五月居廬，未有命戒。百官族人可，謂曰知。及至葬，四方來觀之，顔色之戚，哭泣之哀，弔者大悦。○漢文帝遺制，革三年之喪，其令天下吏民：令到出臨三日，皆釋服。殿中當臨者，皆以旦夕各十五舉音，禮畢罷。非旦夕臨時，禁無得擅哭。臨服大紅，「紅」與「功」同。十五日，小紅十四日，纖七日，釋服〔一一〇〕。他不在令中者，皆以此令比類從事。布告天下，使明知朕意。喪期之制，自後遵之不改。應劭注曰：凡三十六日而釋服，此以日易月也。師古曰：此喪制者，文帝自率己意創而爲之，非有取於周禮也，何爲以日易月乎？三年之喪，其實二十七月，豈有三十六月之文。應氏既失之於前，而近代學者因循繆説，未之思也。成帝時丞相翟方進母終，既葬三十六日，除服視事，自以爲身備漢相，不敢踰國典。然而原涉行父喪三年，名彰天下。河間惠王行母喪三年，詔書褒稱以爲宗室儀表。是則喪制三年能行者，貴之矣。○後漢安帝元初三年十一月丙戌，初聽大臣二千石、刺史行三年喪。○晉武帝居文帝喪，臣民皆從權制，三日除服。既葬，帝亦除之，然猶素冠疏食，哀毁如居喪者。秋八月，帝將謁崇陽陵，羣臣奏言：秋暑未平，恐帝悲感摧傷。帝曰：朕得奉瞻山陵，體氣自佳耳〔一一一〕。又詔曰：漢文不使天下盡哀，亦帝王至謙之志。當見山陵，何心無服，其議以衰絰從行，羣臣自依舊制。尚書令裴秀奏曰：陛下既除而復服，義無所依。若君服而臣不服，亦未敢安也。詔曰：患情不能跂及耳，衣服何在。諸君勤勤之至，豈苟相違。遂止。中軍將軍羊祜謂傅玄曰：三年之喪，雖貴遂服，禮也。而漢文除之，毀禮傷義。今主上至孝，雖奪其服，實行喪禮。若因此復先王之法，不亦善乎？玄曰：以日易月，已數百年，一旦復古，難行也。祜曰：不能使天下如禮，且使主上遂服，不猶愈乎？玄曰：主上不除而天下除之，此爲但有父子，無復君臣也。乃止。羣臣奏請易服復膳，詔曰：每感念幽冥而不得終苴絰之禮，以爲沉痛，況當食稻衣錦乎？適足激切其心，非所以相解也。朕本諸生家傳禮來久，何至一旦便易此情於所天？相從已多，可試省孔子答宰我之言，無事紛紜也。遂以疏素終三年。○司馬光曰：三年之喪，自天子達于庶人，此先王禮經百世不易者也。漢文師心不學，變古壞禮，絶父子之恩，虧君臣之義。後世帝王不能篤於哀戚之情，而羣臣諂諛莫肯釐正。至於晉武，獨以天性矯而行之，可謂不世出之賢君〔一一二〕。而裴、傅之徒，固陋庸臣，習常玩故，不能將順其美，惜哉！○泰始十年八月，葬元皇后於峻陽陵，帝及羣臣除喪即吉。博士陳逵議，以爲「今時所行，漢帝權制。太子無有國事，自宜終服」。尚書杜預以爲「古者天子、諸侯三年之喪，始同齊斬，既葬除服，諒闇以居，心喪終制，故周公不言高宗服喪三年而云諒闇，此服心喪之文也。叔向不譏景王除喪，而譏其宴樂已早，明既葬應除而違諒闇之節也。君子之於禮，存諸内而已。禮非玉帛之謂，喪豈衰麻之謂乎？太子出則撫軍，守則監國，不爲無事，宜卒哭除衰麻，而以諒闇終三年。」帝從之。杜既定皇太子諒闇議，摯虞答杜書曰：僕以爲除服誠合事宜，附古則意有未安。五服之制成於周室，周室以前仰迄上古，雖有在喪之哀，未有行喪之制。故堯稱遏密，殷曰諒闇，各舉其事而言，非未葬降除之名也。禮有定制，孝景之即吉，方進之從時，皆未足爲準。蓋聖人之於禮，譏其失而通其變。今皇太子未就東宫，猶在殿省之内，故不得伸其哀情，以宜奪制，何必附之於古哉。於時外内卒同杜義，或者謂其違禮以合時，杜亦不自解説，退使博士段暢撰集書傳，條諸實事，成言以爲定證焉。按：杜預違經悖禮，淪斁綱常，當爲萬世之罪人，坐以不孝莫大之法。而司馬公特言其不如陳逵之言質略而敦實，非所以明世教也。有論詳見喪大記「作主」條下。○東晉康帝建元元年正月晦，成恭杜皇后周忌，有司奏，至尊周年應改服。詔曰：君親名教之重也，權制出於近代耳。於是素服如舊，固非漢、魏之典也。○又魏孝文帝太和十四年九月，魏太后馮氏殂，魏主勺飲不入口者五日，既葬，猶衰麻聽朝政。十五年二月，齊遣散騎常侍裴昭明、侍郎謝竣如魏弔，欲以朝服行事。主客曰：弔有常禮，以朱衣入凶庭可乎？昭明等曰：受命本朝，不敢輒易，往返數四。魏主命著作郎成淹與之言，昭明曰：魏朝不聽使者朝服出何典禮？淹曰：羔裘玄冠不以弔，此童稚所知也。昭明曰：齊高皇帝之喪，魏遣李彪來弔，初不素服，齊朝亦不以爲疑，何今日而見逼耶？淹曰：齊不能行亮陰之禮，踰月即吉。彪不得主人之命，固不敢以素服往厠其間。今皇帝仁孝，居廬食粥，豈得以此方彼乎？昭明曰：三王不同禮，孰能知其得失？淹曰：然則虞舜、高宗非邪？昭明、竣相顧而笑曰：非孝者無親，何可當也？乃對曰：弔服惟主人裁之，然違本朝之命，返必獲罪矣。淹曰：使彼有君子，卿將命得宜，且有厚賞，若無君子，卿出而光國，得罪何傷？自當有良史書之。乃以衣幍給之。夏，魏遣員外散騎常侍李彪等聘於齊，齊爲置宴設樂，彪辭曰：主上孝思罔極，興墜正失。朝臣雖除衰絰，猶以素服從事，是以使臣不敢承奏樂之賜。從之。九月，魏主祥祭於廟，冬十月謁永固陵，十一月禫祭，遂祀員丘明堂，饗羣臣，遷神主於新廟。胡氏管見曰：孝文慕古力行，尤著於喪禮。其始終情文，亦粲然可觀矣。自漢以來，未之有也。方孝文之欲三年也，在廷之臣無一人能將順其美者，莫不沮遏帝心，所陳每下。若非孝文至情先定，幾何不爲他説所惑耶。其初守禮違衆，欲行通喪甚力，其終也乃不能三年，於是期而祥，改月而禫。是用古者父在爲母之服不中節矣，無乃摇其本，遂殺其末耶。○後周武帝建德三年〔一一三〕，叱奴太后崩，帝居倚廬，朝夕供一溢米。羣臣表請，累旬乃止。及葬，帝衵跣行至陵所〔一一四〕，行三年之制，五服之内亦令依禮〔一一五〕，斯道古無儔。胡氏管見曰：自漢文短喪之後，能斷然行三年之喪者，惟晉武帝、周高祖，可謂難得矣。然春秋之義責備賢者，晉武既爲裴、杜所惑。周高祖衰麻苫塊卒三年之制，最爲賢行，然推明通喪止於五服之内，不及羣臣，非所以教天下，著於君臣之義也。而又在喪，頻出遊幸，無門庭之寇，興師伐鄰，皆禮所不得爲者，由高祖不學，左右無稽古之臣以輔成之也。○唐元陵遺制：天下人吏敕到後出臨三日，皆釋服，無禁婚娶、祠祀、酒肉。其宫殿中當臨者，朝夕各十五舉音。皇帝宜三日聽政，十三日小祥，二十五日大祥，二十七日而釋服。○本朝元豐八年九月四日，承議郎秘書省正字范祖禹言：先王制禮，以君服同於父，皆斬衰三年，蓋恐爲人臣者不以父事其君，此所以管乎人情也。自漢以來，不惟人臣無服，而人君遂亦不爲三年之喪。唯國朝自祖宗以來，外廷雖用易月之制，而宫中實行三年之喪。且易月之制，前世所以難改者，以人君自不爲服也。今君上之服已如古典，而臣下之禮猶依漢制，是以百官有司皆已復其故常，容貌衣冠無異於行路之人，豈人之性如此其薄哉？由上不爲之制禮也。今羣臣易月而人主實行喪，故十二日而小祥，期而又小祥，二十四日大祥，再期而又大祥。夫練祥不可以有二也，既以日爲之，又以月爲之，此禮之無據者也。古者再期而大祥，中月而禫，禫者祭之名也，非服之色也。今乃爲之黲服三日然後禫，此禮之不經者也。既除服，至葬而又服之，蓋不可以無服也。祔廟而後即吉，纔八月矣，而遽純吉無所不佩，此又禮之無漸者也。易月之制，因襲故事，已行之禮，不可追也。臣愚以爲當令羣臣朝服〔一一六〕，止如今日而未除衰，至期而服之，漸除其重者，再期而又服之，乃釋衰，其餘則君服斯服可也。至於祥〔一一七〕，不必爲之服，惟未純吉以至於禫〔一一八〕，然後無所不佩，則三年之制略如古儀〔一一九〕。詔禮官詳議，以聞其後。禮部尚書韓忠彦等言：朝廷典禮，時異其宜〔一二〇〕，不必循古。若先王之制，不可盡用，則當以祖宗故事爲法。今言者欲令羣臣服喪三年，民間禁樂如之，雖過山陵，不去衰服，庶協古之制。緣先王恤典節次甚明，必欲循古，則又非特如臣僚所言故事而已。今既不能盡用，則當循祖宗故事及先帝遺制。詔從之〔一二一〕。○紹熙五年，焕章閣待制侍講朱熹言：臣聞三年之喪，齊疏之服、饘粥之食，自天子達于庶人，無貴賤之殊。而禮經敕令子爲父、嫡孫承重爲祖父，皆斬衰三年。蓋嫡子當爲父後以承大宗之重而不能襲位以執喪，則嫡孫繼統而代之執喪，義當然也。然自漢文短喪之後，歷代因之，天子遂無三年之喪。爲父且然，則嫡孫承重從可知已。人紀廢壞，三綱不明，千有餘年，莫能釐正。及我大行至尊壽皇聖帝，至性自天〔一二二〕，孝誠内發，易月之外，猶執通喪，朝衣朝冠，皆以大布，超越千古拘攣牽制之弊，革去百王衰陋卑薄之風，甚盛德也，所宜著在方册，爲世法程，子孫守之，永永無斁。而間者遺誥初頒，太上皇帝偶違康豫，不能躬就喪次，陛下實以世嫡之重仰承大統，則所謂承重之服著在禮律。所宜遵壽皇已行之法，易月之外，且以布衣布冠視朝聽政，以代太上皇帝躬親三年之喪，而一時倉猝，不及詳議，遂用漆紗淺黃之服，不惟上違禮律，無以風示天下。且將使壽皇已革之弊〔一二三〕，去而復留，已行之禮，舉而復墜。臣愚不肖，誠竊痛之。然既往之失不及追改，唯有將來啓殯發引禮當復用初喪之服，則其變除之節尚有可議。欲望陛下仰體壽皇聖孝成法，明詔禮官稽考禮律，預行指定。其官吏軍民男女方喪之禮，亦宜稍爲之制，勿使肆爲華靡。布告郡國，咸使聞知。庶幾漸復古制，而四海之衆有以著於君臣之義，實天下萬世之幸。○又語録曰：文帝不欲天下居三年之喪，不欲以此勤民，所爲大綱類墨子。○又問短喪，答曰：漢文葬後三易服，三十六日而除，固已賢於後世之自始遭喪便計二十七日而除者。然大者不正，其爲得失，不過百步、五十步之閒耳，此亦不足論也。向見孝宗爲高宗服，既葬猶以白布衣冠視朝，此爲甚盛之德，破去千載之謬。前世但爲人君，自不爲服，故不能復行古禮。當時既是有此機會，而儒臣禮官不能有所建明，以爲一代之制，遂使君服於上而臣除於下，因陋踵訛，深可痛恨。竊謂當如孝宗所制之禮，君臣同服而略爲區別，以辨上下。十三月而服練以祥〔一二四〕，二十五月而服襴幞以禫〔一二五〕，二十七月而服朝服以除，朝廷州縣皆用此制。燕居許服白絹巾、白涼衫、白帶，庶人吏卒不服紅紫三年。如此緜密，似亦允當，不知如何？○又曰：如三年喪其廢如此長遠，壽皇要行便行了，也不見有不可行處。○方喪無禫，見於通典，云是鄭康成説，而偏檢諸篇未見其文，不敢輕爲之説。但今日不可謂之方喪，期服則甚明，不可誣耳。儀禮喪服傳「爲君之祖父母、父母」條下疏中趙商問答極詳，分明是畫出今日事，往時妄論亦未見此論，今乃得之矣，知學之不可不博如此，非細事也。左杜所記多非先王禮法之正，不可依憑。要之，三代之禮，吉凶輕重之間須自有互相降厭處，如顧命、康王之誥之類自有此等禮制，禮畢却反喪服，不可爲此，便謂一切釋服也。心喪無禫，亦見通典，乃是六朝時太子爲母服期已除，而以心喪終三年。當時議者，以爲無禫，亦非今日之比也。○又問：儀禮諸侯爲天子斬衰三年，傳曰：君，至尊也。注：天子諸侯及卿大夫有地者皆曰君。庶人爲國君齊衰三月，注：不言民而言庶人，庶人或有在官者，天子畿内之民服天子亦如之。以是觀之，自古無有通天下爲天子三年之制，前輩恐未之考。先生曰：後世士庶人既無本國之君服，又無至尊服，則是無君，亦不可不示其變，如今涼衫亦不害，此亦只存得些影子。又問：士庶亦不可久，庶人爲國君亦止齊衰三月，諸侯之大夫爲天子亦止小功緦衰。或問：有官人嫁娶在祔廟後。先生曰：只不可帶花用樂，少示其變。○君之喪，士庶亦可聚哭，但不可設位。某在潭州時，亦多有民庶欲入衙來哭，某初不知，外面自被門子止約了。待兩三日方知，遂出榜告示，亦有來哭者。

三年之喪，二十五月而畢。

宋武帝永初九年，黄門侍郎王準之議：鄭玄喪制二十七月而終，學者多云得禮。按晉初用王肅議，祥禫共月，遂以爲制。江左以來，唯晉朝施用，搢紳之士猶多遵鄭義，宜使朝野一體。詔可。

今服制令：諸三年之喪，十三月小祥除首絰，二十五月大祥除衰裳、要絰、杖，二十七月禫祭，踰月從吉。

本宗服

曾祖父母齊衰三月，高祖父母同。

唐貞觀十四年，侍中魏徵奏：謹按：高祖、曾祖舊服齊衰三月，請加爲齊衰五月。○問魏徵加服，先師朱文公答曰：觀當時所加曾祖之服仍爲齊衰，而以五月，非降爲小功也。今五服格仍遵用之，雖於古爲有加，然恐亦未爲不可也。○開元禮：爲曾祖父母齊衰五月，高祖父母齊衰三月。

今服制令：爲曾祖父母齊衰五月，女適人同。爲高祖父母齊衰三月，女適人同。父卒，爲祖後者服斬。

晉蔣萬問范宣：嫡孫亡，無後，次子之後可得傳祖重不？宣答曰：禮：爲祖後者三年，不言適庶，則通之矣。無後猶取繼，況見有孫而不承之耶？庶孫之異於適者，但父不爲之三年，祖不爲之周，而孫服父祖不得殊也。○本朝皇祐元年十一月三日，大理評事石祖仁言：先於八月十五日祖父太子太傅致仕中立身亡，叔國子博士從簡成服後於十月十五日身亡，祖仁是嫡長孫，欲乞下太常禮院定奪合與不合承祖父重服。詔禮院詳定。博士宋敏求議曰：按子在，父喪而亡，嫡孫承重，禮令無文。通典：晉或人問徐邈〔一二六〕：嫡孫承重在喪中亡，其從弟已孤，未有子姪相繼，疑於祭事。邈答曰：今見有諸孫，而事同無後，甚非禮意。禮：宗子在外，則庶子攝祭，可使一孫攝主而服本服。期除則當應服三年不？何承天答曰：既有次孫，不得無服。但次孫先已制齊衰，今不得更易服，當須中祥乃服練。裴松之曰：次孫本無三年之道。無緣忽於中祥重制。如應爲後者，次孫宜爲喪主終三年，不得服三年之服。而司馬操駮之，謂二説無明據，其服宜三年也。自開元禮以前，嫡孫卒則次孫承重，況從簡爲中子已卒，而祖仁爲嫡孫乎？大凡外襄終事，内奉靈席，有練祭、祥祭、禫祭，可無主之者乎？今中立之喪未有主之者，祖仁名嫡孫而不承其重，乃曰從簡已當之矣而可乎。且三年之喪，必以日月之久而服之有變也。今中立未及葬，未卒哭，從簡已卒，是日月未久而服未經變也，焉可無所承哉？或謂已服期，今不當接服斬而更爲重制。按儀禮：子嫁，反在父之室，爲父三年。鄭康成注：謂遭喪而出者，始服齊衰期，出而虞，則以三年之喪受。杜佑號通儒，引其義附前問答之次，況徐邈、承天之説已爲操駁之〔一二七〕，是服可再制明矣。又舉葬必有服，今祖仁宜解官，因其葬而制斬衰，其服三年。後有如其類而已葬者，用再制服。通歷代之闕，折衷禮文以沿人情，謂當如是，請著爲定式。」詔如敏求議。○熙寧八年閏四月，集賢校理、同知太常禮院李清臣言：「檢會五服年月敕斬衰三年加服條『嫡孫爲祖』，注謂：『承重者。爲曾祖、高祖後者亦如之。』又祖爲嫡孫正服條注云：『有嫡子則無嫡孫。』又準封爵令：『公侯伯子男皆子孫承嫡者傳襲，若無嫡子及有罪疾立嫡孫，無嫡孫以次立嫡子同母弟，無母弟立庶子，無庶子立嫡孫同母弟，無母弟，立庶孫、曾孫以下準此。』究尋禮令之意，明是嫡子先死而祖亡以嫡孫承重，則體無庶叔，不繫諸叔存亡，其嫡孫自當服三年之服，而衆子亦服爲父之服。若無嫡孫爲祖承重，則須依封爵令嫡庶遠近以次推之。而五服年月敕『不立庶孫承重本』條，故四方士民尚疑爲祖承重之服，或不及上稟朝廷，則多致差誤。欲乞特降朝旨，諸祖亡，無嫡孫承重，依封爵令傳襲條，子孫各服本服。如此，則明示天下，人知禮制，祖得繼傳，統緒不絶，聖主之澤也。」事下太常禮院詳定，於是禮房看詳：「古者封建國邑而立宗子，故周禮適子死，雖有諸子，猶令適孫傳重，所以一本統、明尊尊之義也。至於商禮，則適子死立衆子，然後立孫。今既不立宗子，又不常封建國邑，則不宜純用周禮。欲於五服年月敕適孫爲祖條修定注詞云：『謂承重者。』爲高祖、曾祖後亦如之。嫡子死，無衆子，然後適孫承重，即嫡孫傳襲封爵者，雖有衆子猶承重。」從之。

今服制令：諸適子死，無兄弟則嫡孫承重，若適子兄弟未終喪而亡者，嫡孫亦承重。其亡在小祥前者，則於小祥受服，在小祥後者，則申心喪，並通三年而除。嫡孫爲祖母及爲曾高祖後者，爲曾高祖母準此。無嫡孫，則嫡孫同母弟。無同母弟，則衆長孫承重。即傳襲封爵者不以嫡庶長幼，雖有嫡子兄弟皆承重，曾孫、玄孫亦如之。

祖父卒而後爲祖母後者三年，庶祖母，無明文。

漢文帝所生薄太后，以景帝前二年崩，天子朝臣並居重服。○東晉安帝崇和四年，太皇太后李氏崩，祠部郎中徐廣議：左氏春秋母以子貴，成風稱夫人，文公服三年之喪。凡子於父之所生，體尊義重。且禮：祖不厭孫，固宜遂服。若嫌禮文不存，則宜從重，同爲祖母後齊衰三年。百官一周。廣又尋按漢文所生薄太后亡，朝臣亦居重服。太常殷茂曰：太皇太后名稱雖尊，而據非正體，主上纂承宗祖，不宜特重，謂齊服爲安。徐野人云：若以魯侯所行失禮者，左傳不見議責，而漢代持服與正嫡無異。殷太常所言服事〔一二八〕，於禮中尋求俱無明文。然徐之所言〔一二九〕，專據春秋也。車胤答云：漢代皆服重，且大體已定，此當無復翻革耶。於是安帝服齊衰三年，臣僚並服周，於西堂設菰廬，神武門施凶門桓歷。○宋庾蔚之謂：公羊明母以子貴者，明妾貴賤，若無嫡子，則妾之子爲先立。又子既得立，則母隨貴，豈謂可得與嫡同耶？成風稱夫人，非禮之正。小記言妾子不世祭，穀梁傳言於子祭於孫止，此所明凡妾，非謂有加崇之禮者也。古今異禮，三代殊制。漢魏以來，既加庶以尊號徽旗章服，爲天下小君，與嫡不異，故可得服重耳。○本朝寶元二年八月十三日，三司度支判官、集賢校理薛紳言：祖母萬壽縣太君王氏卒。祖母王氏是先臣所生母，服紀之制，罔知所適，伏乞申詔有司檢詳條制，俯降朝旨，庶知遵守。詔送太常禮院詳定。禮官言：五服年月敕：齊衰三年爲祖後者，祖卒則爲祖母。注云：爲曾高祖母亦如之。又曰：齊衰不杖期爲祖父母。注云：父之所生庶母亦同，唯爲祖後者乃不服。又按通禮義纂：爲祖後者，父所生庶母亡，合三年否？記云：「爲祖母後三年。」不言嫡庶，然奉宗廟，當以貴賤爲差，庶祖母不祔於皇姑，已受重於祖，當爲祭主，不得申於私恩也。又曰：禮無服庶祖母之文，有爲祖庶母後者之服。晉王廙義曰：受命爲後，則服之無嫌。婦人無子，託後族人，猶爲之服，況其子孫，又莫敢卑其祖也。且妾子，父没爲母得申三年，孫無由獨屈，當服之也。今薛紳係爲庶孫不爲祖後，受重於父，合申三年之制。史館檢討、同知太常禮院王洙言：五服年月敕與新定令文及通禮正文内五服制度，皆聖朝典法，此三處並無爲父所生庶母服三年之文。唯義纂者是唐世蕭嵩、王仲立等撰集，本名開元禮義鑑，開寶中改修爲開寶通禮義纂，並依舊文，不曾有所增損，非創修之書，未有據以決事。其所引義纂兩條，皆近世諸儒之説，不出於六經之文。臣已别狀奏駁，伏乞降狀付外令御史臺、刑部審刑院、大理寺與禮院同共定奪聞奏，所貴禮法之官參議其極，畫一之典，無輒重輕。詔太常禮院與御史臺詳定聞奏。衆官參詳：耀卿，王氏子。紳，王氏孫，尤親於慈母、庶母、庶祖母也。耀卿既亡，紳受重，當服之也。又薛紳頃因籍田覃恩，乞將叙封母氏恩澤，回受與故父所生母王氏，其薛紳官爵未合叙封祖母。蓋朝廷以耀卿已亡，紳是長孫，敦以孝道，特許封邑，豈可王氏生則輒邀國恩，没則不受重服？況紳被王氏鞠育之恩，體尊義重，合令解官持齊衰三年之服。詔從之。

適孫祖父在爲祖母服，如父在爲母。

今服制令：嫡孫祖在爲祖母齊衰杖期。按通禮五服制度：父卒母嫁及中妻之子爲母，及爲祖後，祖在，爲祖母，雖期除，仍心喪三年，祖父母不杖期。

開元禮：祖父母不杖期。父所生庶母同。唯爲祖後者乃不服。

今服制令：爲祖父母不杖期。女子同，諸孫於父所生庶母服亦同，唯爲祖後者不服。

父在，爲母杖期，心喪三年。

宋文帝元嘉十七年，元皇后崩，皇太子心喪三年。禮：心喪者有禫〔一三〇〕、無禫，禮無成文，世或兩行。皇太子心喪畢，詔使博士議。有司奏：喪禮有禫〔一三一〕，以祥變有漸，不宜便除即吉，故其間服以綅縞也〔一三二〕。心喪已經十三月，大祥十五月，禫變除〔一三三〕，禮畢餘一期〔一三四〕，不應復有再禫。宣下以爲永制。詔可。○唐前上元元年，武后上表請父在爲母終三年之服，詔依行焉。開元五年，右補闕盧履冰上言：唯禮，父在，爲母一周除靈，三年心喪。請仍舊章，庶叶通禮。於是下制令百官詳議。刑部郎中田再思建議云：上古喪服無數，自周公制禮之後，孔父刊經以來，方殊厭降之儀，以標服紀之節。重輕從俗，斟酌隨時。循古未必是，依今未必非也。履冰又上疏曰：天無二日，土無二君，家無二尊，以一理之也。所以父在爲母服周者，避二尊也。左散騎常侍元冲行奏議：今若捨尊厭之重，虧嚴父之義，事不師古，有傷名教。百僚議竟不決。後中書令蕭嵩與學士改修五禮，又議請依元敕父在爲母齊衰三年爲令，遂爲成典〔一三五〕。○先師朱文公曰：喪禮須從儀禮爲正。如父在爲母期，非是薄於母，只爲尊在其父，不可復尊在母，然亦須心喪三年。這般處皆是大項事，不是小節目，後來都失了，而今國家法：爲所生父母皆心喪三年，此意甚好。○又問儀禮父在爲母，曰：盧履冰議是。但條例如此，不敢違耳。

今服制令：子爲母齊衰三年。父卒爲母與父在爲母同。

出妻之子爲母杖期。父卒母嫁，無明文。

漢石渠議：問：父卒母嫁，爲之何服？蕭太傅云：當服周。爲父後則不服。韋玄成以爲父没則母無出義，王者不爲無義制禮。若服周，則是子貶母也，故不制服也。宣帝詔曰：婦人不養舅姑，不奉祭祀，下不慈子，是自絶也。故聖人不爲制服，明子無出母之義，玄成議是也。石渠禮議：又問：夫死，妻稚子幼，與之適人，子後何服？韋玄成對：與出妻子同服周。或議以子無絶母，應三年。蜀譙周據繼母嫁猶服周，以親母可知，故無輕也。○宋庾蔚之云：母子至親，本無絶道，禮所親者屬也。出母得罪於父，猶追服周。若父卒母嫁而反不服，則是子自絶其母，豈天理耶！宜與出母同〔一三六〕。皆制假寧二十五月〔一三七〕，是終其心喪耳。○本朝景祐三年八月九日，太常博士、直史館宋祁言：前祠部員外郎、集賢校理郭稹，生始數歲即遭父喪〔一三八〕，而母邊氏更適王氏。今邊不幸而聞，稹乃解官行服。以臣愚管見，深用爲疑。伏見五服制度敕「齊衰杖期降服」之條曰：父卒母嫁及出妻之子爲母。其左方注曰：謂不爲父後者。若爲父後者，則爲嫁母無服。侍御史劉夔奏曰：父卒，爲出母杖期及爲父後者無服。周、孔定禮，初無此制。今博士宋祁謂郭稹不當解官行服。臣謹按天聖六年敕、開元五服制度、開寶通禮並載齊衰降杖期例，與祁所言不異。又假寧令：諸喪，斬衰三年、齊衰三年並解官；齊衰杖期及爲人後者爲其父母，若庶子爲後爲其母，亦解官，申其心喪；母出及嫁，爲父後者雖不服，亦申心喪。注云：皆爲生己者。今龍圖閣學士王博文、御史中丞杜衍同年並爲出嫁母解官行喪，若使生爲母子，没同路人，則必虧損名教，上玷孝治。事體至重，不可不細加詳審。劉智釋云：雖爲父後，猶爲嫁母齊衰。譙周云：父卒母嫁，非父所遣，爲之服周可也。昔孔鯉之妻爲子思之母，鯉卒而嫁於衛〔一三九〕，故檀弓曰：子思之母死，柳若謂子思曰：子聖人之後也，四方於子乎觀禮，子盍慎諸。子思曰：吾何慎哉？石苞問淳于睿曰：爲父後者，不爲出母服，嫁母猶出母也。睿引子思之義爲答，且言聖人之後服嫁母，明矣。詳觀古賢考究之論，則積之行服不爲過矣。詔並送太常禮院、御史臺同共詳定聞奏。翰林學士馮元奏：謹按儀禮、禮記正義、開寶通禮、五服年月敕，言爲父後者爲出母無服。惟通禮義纂引唐天寶六年制：出母、嫁母並終服三年。又引劉智釋議：雖爲父後，猶爲出母、嫁母齊衰，卒哭乃除。二者並存，其事相違何也？竊詳天寶六年之制，言諸子爲出母、嫁母，故云並終服三年。劉智釋議言爲父後者爲出母、嫁母，故云猶爲齊衰，卒哭乃除。二理昭然，各有所謂，固無疑也。況天聖中五服年月敕：父卒母嫁及出妻之子爲母降杖期，則天寶六年出母嫁母之服雖三年之制，不可行用。又五服年月敕但言母出及嫁，爲父後者雖不服，亦申心喪，即不言解官。臣以爲若專用禮經，則是全無服施之。今世理有未安，若俯同諸子杖期，又於條制更相違戾。欲乞自今後子爲父後，無人可奉祭祀者，依通禮義纂、劉智釋議服齊衰之服，卒哭乃除，踰月乃祭，仍申心喪，不得作樂，即與儀禮、禮記正義、通典〔一四〇〕、通禮、五服年月敕爲父後，爲出母、嫁母無服之言不相遠也。如諸子非爲父後者，爲出母、嫁母，依五服年月敕降服齊衰杖期，亦解官申其心喪〔一四一〕，則與通禮、五服制度言雖周除仍心喪三年，及刑統言出妻之子合降其服，皆二十五月内爲心喪，其義一也。以此論之，則國朝見行典制與古之正禮合，則餘書有偏見之説不合禮經者皆不可引用也。臣今所議，欲乞依前所陳，自今後子爲父後，委實無人可奉父祖祭祀者，並依聖朝見行典制施行。詔：今後似此，並聽解官以申心喪。

今服制令：母出及嫁，爲父後者，雖不服，亦申心喪。

爲人後者，爲其父母不杖期，報。

今服制令：爲人後者，爲其父母不杖期，亦解官申心喪。

繼母嫁從爲之服報〔一四二〕，杖期。

宋崔凱云：父卒，繼母嫁，從爲之服，報。鄭玄云：嘗爲母子，貴終其恩也。按王肅云：若不隨則不服。凱以爲出妻之子爲母及父卒繼母嫁從爲之服報，此皆爲庶子耳，爲父後者皆不服也。傳云：與尊者爲體，不敢服其私親。此不獨爲出母言，繼母發。繼母嫁，已隨則爲之服，則是私也。爲父後者，亦不敢服也。鄭玄云：嘗爲母子，貴終其恩，不别嫡庶。王肅云：隨嫁乃爲之服。此二議，時人惑焉。凱以爲齊衰三年章：繼母如母。則當終始與母同，不得隨嫁乃服，不隨則不服，如此者不成如母。爲父後者則不服，庶子皆服也。庾蔚之謂：王順經文，鄭附傳説。王即情易安，於傳亦無礙。繼嫁則與宗廟絶，爲父後者，安可以廢祖祀而服之乎？○唐龍朔二年，所司奏：同文正卿蕭嗣業嫡繼母改嫁身亡，請申心制。付所司議定奏聞。司禮太常伯隴西郡王博義等奏稱：緬尋喪服，唯出母特言出妻之子，明非生己，則皆無服。是以令云母嫁，又云出妻之子。出言其子，以著所生，嫁則言母，通包養嫡，俱當解任，並合心喪。嫡繼慈養，皆非所生。嫁雖比出稍輕，於父終爲義絶。繼母之嫁，既殊親母，慈嫡義絶，豈合心喪？今諸凡非所生父卒而嫁，爲父後者無服，非承重者服周，並不心喪。又禮：庶子爲其母緦麻三月。既是所生母服，准例不合解官。令文漏而不言，於是終須條附。集文武官九品以上議，得司衛正卿房仁裕等七百三十六人議，請一依司禮狀，嗣業不解官。詔從之。〇開元禮：父卒，繼母嫁從爲之服，報。若繼母出則不服，若繼母出嫁，子從而寄育則服，不從不服。

今服制令：父卒，爲繼母嫁，已從之齊衰杖期。謂繼母嫁而子從之寄育者，若不從，或繼母出則不服。

庶子爲父後者，爲其母緦麻三月。注疏云：大夫後者昔。

晉孝武泰元中，太常車胤上言：禮：庶子爲後，爲其母緦麻三月。自頃公、侯、卿士，庶子爲後，爲其庶母同之於嫡。禮記云：爲父後，爲出母無服。無服也者，不祭故也。今身承祖宗之重，而以庶母之私廢烝嘗之事，求之情禮，失莫大焉〔一四三〕。又升平中，故太宰武陵王所生母喪，表求齊衰三年，詔聽依樂安王故事，制大功九月。興寧中，故梁王逢所生母喪，亦求三年，詔依太宰故事，同服大功。並無居廬三年之文，尚書奏依樂安王大功爲正。詔可。

開元禮：庶子爲父後者，爲其母緦麻三月。

今服制令：庶子爲後者，爲其母緦麻三月，若無嫡母及嫡母卒，則爲所生母服，其外祖父母、舅、從母並不服。亦解官，申其心喪。

繼母爲長子，無明文。

開元禮：繼母爲長子齊衰三年。

今服制令：齊衰三年。

適婦大功，庶婦小功，兄弟子婦大功〔一四四〕。

貞觀十四年，侍中魏徵奏：適子婦舊服大功，請加爲周〔一四五〕。衆子婦舊服小功，今請與兄弟子婦同服大功九月。○問：魏徵以兄弟子之婦同於衆子婦。先師朱文公曰：禮經嚴適，故儀禮適婦大功，庶婦小功，此固無可疑者，但兄弟子之婦則正經無文，而舊制爲之大功，乃更重於衆子之婦。雖以報服使然，然於親疏輕重之間亦可謂不倫矣，故魏公因太宗之問而正之。然不敢易其報服大功之重，而但升適婦爲期，乃正得嚴適之義。升庶婦爲大功，亦未害于降殺之差也。前此未喻，乃深譏其兄弟子婦而同於衆子婦爲倒置人倫，而不察其實，乃以衆子婦而同於兄弟子之婦也，幸更詳之。○按儀禮婦服舅姑期，故舅姑服適婦大功。今升適婦爲期，雖得嚴適之義，又非輕重降殺之義，當考。

今服制令：舅姑爲適婦不杖期，爲衆子婦大功，爲兄弟子之婦大功。

嫂叔無服。

貞觀十四年，太宗謂侍臣曰：同爨尚有緦麻之恩，而嫂叔無服，宜集學者詳議。侍中魏徵等議曰：制服亦緣恩之厚薄。或有長年之嫂遇孩童之叔，劬勞鞠育，情若所生。在其生也，愛之同於骨肉；及其死也，則推而遠之。求之本源，深所未喻。謹按嫂叔舊無服，今請小功五月，報。制可。至開元二十年〔一四六〕，中書令蕭嵩奏依貞觀禮爲定。○先師朱文公曰：嫂叔之服，先儒固謂雖制服亦可，則徵議未爲失也。○又問嫂叔無服，而程先生云：後聖有作，須爲制服。曰：守禮經舊法，此固是好，纔説起定，是那箇不穩。然有禮之權處，父道母道亦是無一節安排，看推而遠之，便是合有服。但安排不得，故推而遠之。若果是鞠養於嫂，恩義不可已，是他心自住不得，又如何無服得。

今服制令：爲兄弟妻，爲夫之兄弟小功五月。

夫黨服

婦爲舅姑不杖期。

本朝乾德三年十一月，秘書監、大理寺汝陰尹拙等言：按律婦爲舅姑服期，儀禮喪服傳、開元禮義纂、五禮精義、續會要、三禮圖等所載婦爲舅姑服期。後唐劉岳書儀稱婦爲舅姑服三年，與禮律不同，然亦集敕行用〔一四七〕，請別裁定之。詔百官集議。尚書省左僕射魏仁浦等二十一人奏議曰：謹按内則云：婦事舅姑，如事父母。即舅姑與父母一也。古禮有期年之説，雖於義可稽，書儀著三年之文，實在禮爲當。蓋五服制度，前代損益已多，只如嫂叔無服，唐太宗令服小功；曾祖父母舊服三月，增爲五月；適子婦大功，增爲期；衆子婦小功，增爲大功；父在爲母服周，高宗增爲三年；婦人爲夫之姨舅無服，明皇令從夫而服，又增舅母服緦麻，又堂姨舅服袒免，訖今遵行，遂爲典制。又況三年之内〔一四八〕，几筵尚存，豈可夫衣粗衰，婦襲紈綺？夫婦齊體，哀樂不同，求之人情，實傷至治。況婦人爲夫有三年之服，於舅姑而止服周，是尊夫而卑舅姑也。且昭憲皇太后喪，孝明皇后親行三年之服，可以爲萬代法矣。十二月丁酉始令婦爲舅姑三年齊斬，一從其夫。○横渠張子曰：古者爲舅姑齊衰期，正服也。今斬衰三年，從夫也。

今服制令：婦爲舅斬衰三年，夫爲祖、曾高祖後者，其妻從服亦如之。○婦爲姑齊衰三年，嫡孫爲祖、曾高祖後者，其妻從服亦如之。

夫之高祖父母。無明文。

開元禮：爲夫之曾祖、高祖父母緦。

今服制令：緦。

夫之從父昆弟之子緦。

今服制令：爲夫同堂兄弟之子小功。

夫之從祖兄弟之子。無明文。

開元禮：爲夫之從祖兄弟之子緦。

今服制令：爲夫再從兄弟之子緦。

夫之昆弟之孫緦。
今服制令：爲夫之兄弟之孫小功。
夫之昆弟之孫女適人。無明文。
今服制令：爲夫之兄弟之孫女適人緦。
夫之兄弟之曾孫。無明文。
今服制令：爲夫兄弟之曾孫緦。
夫之從父昆弟之孫。無明文。
今服制令：爲夫同堂兄弟之孫緦。
夫之昆弟之子婦緦。
今服制令：爲夫兄弟之子婦大功。
夫之從父兄弟之子婦。無明文。
今服制令：爲夫同堂兄弟之子婦緦。
夫之外祖父母。無明文。
開元禮：爲夫之外祖父母報緦。
今服制令：爲夫之外祖父母緦。
夫之舅及從母。無明文。

開元禮：爲夫之舅及從母報緦。

今服制令：爲夫之舅及從母緦。

母黨服

舅緦。

從母小功。

唐貞觀十四年，太宗謂侍臣曰：舅之與姨，親疏相似而服紀有殊，理未爲得。於是侍中魏徵等議曰：舅爲母族之本，姨乃外戚他族〔一四九〕，求之母族，姨不與焉。考之經文，舅誠爲重。故周王念齊，稱舅甥之國；秦伯懷晉，切渭陽之詩。在舅服止一時，爲姨居喪五月，徇名求實，逐末棄本，蓋古人或有未達。謹按：舅服緦麻，請與從母同小功。制可。○先師朱文公曰：外祖父母止服小功，則姨與舅合同爲緦麻。魏徵反加舅之服以同於姨，則爲失耳。

舅母無服。

開元二十三年制曰：朕以爲親姨舅既服小功五月，則舅母於舅三年之服。以服制情，則舅母之服不得全降於舅也，宜服緦麻。制從之。

堂姨舅無服。

開元二十三年制曰：堂姨舅，今古未制服，朕思敦睦九族，引而親之，宜服袒免。侍中裴耀卿、中書令張九齡等奏曰：臣等謹按大唐新禮：親舅加至小功，與從母同服。此蓋當時特命，不以輕重遞增，蓋不欲參於本宗，慎於變禮者也。今聖制親姨舅小功，更制舅母緦麻，堂姨舅袒免等服，取類新禮，垂示將來，通於物情，自我作則，羣儒夙議，徒有稽留，並望准制施行。制從之。按本朝乾德三年左僕射魏仁浦等奏云：唐明皇增舅母服緦麻，又堂姨舅服袒免，訖今遵行，遂爲定制。又按今服制及温公書儀等書，並不見有舅母服緦麻及堂姨舅袒免之文，更考開寶通禮、五服年月敕。

甥緦。

貞觀年中，八座奏：今舅同姨小功五月，而舅報於甥服猶三月。謹按：傍尊之服，禮無不報。故甥爲從母五月，從母報甥小功，甥爲舅緦麻，舅亦報甥三月，是其義矣。今甥爲舅使同從母之喪，則舅宜進甥以同從母之報。今請修改律疏，舅報甥亦小功。制可。

今服制令：爲甥小功。

甥之婦。無明文。

今服制令：爲甥之婦緦。

女子子適人者爲本宗服

女適人者爲從祖祖父母。無明文。

開元禮：爲兄弟之孫女適人者報緦。

今服制令：女適人者爲從祖祖父母緦。

從祖祖姑適人者爲兄弟之孫。無明文。

開元禮：從祖祖姑適人者報緦。
今服制令：女適人者爲兄弟之孫緦。
女適人者爲從祖父母。無明文。
開元禮：女子子適人者從祖父母報緦。
今服制令：女適人者爲從祖父母報緦。
女適人者爲兄弟之孫。無明文。
今服制令：爲兄弟之孫緦。
女適人者爲從父兄弟之子。無明文。
今服制令：爲同堂兄弟之子緦。
女爲姊妹子之婦。無明文。
今服制令：爲姊妹子之婦緦。
女爲姪之妻。無明文。
今服制令：女在室及適人者爲姪之妻小功。

爲姑姊妹女子子適人者服

出母爲女適人者。無明文。
開元禮：出母爲女子子適人者大功。女服同。

今服制令：大功。

兄弟之女孫適人者。無明文。

開元禮：爲兄弟之孫女適人者報緦。

今服制令：兄弟之女孫適人者緦。

從祖祖姑適人者。無明文。

開元禮：爲從祖祖姑適人者報緦。

今服制令：爲從祖祖姑適人者緦。

從父兄弟之女適人者。無明文。

開元禮：女子子適人者從祖父母報緦。

今服制令：爲同堂兄弟之女適人者緦。

降服

諸侯絶旁周，卿大夫絶緦。

漢魏故事無五等諸侯之制，公卿朝士服喪，親疏各如其親。○魏制：縣侯比大夫。按：大夫之庶妹在室大功，適人降一等，當小功。○晉制：王公五等諸侯成國置卿者及朝廷公孤之爵，皆傍親絶周，而傍親爲之服斬。卿校位從大夫者，皆絶緦。摯虞以爲古者諸侯臨君之國，臣諸父兄。今之諸侯不同乎古，其尊未全，不宜便從絶周之制，而令傍親服斬衰服之重也。諸侯既然，則公孤之爵亦宜如舊。昔魏武帝建安中已曾表上，漢朝依古爲制，事與古異，不皆施行，宜定新禮皆如舊。詔從之。○琅琊中尉王奥問國王爲太宰武陵服事云〔一五〇〕：太宰降爲庶人，諸侯貴，與庶人不敵，爲不降耶？昆弟俱仕，一人爲大夫，一人爲士，便降，況諸侯而全持庶人服乎？徐邈答云：按禮以貴降賤，王侯絶周。以尊降卑，餘尊所厭，則公子服其母妻昆弟，不過大功。以嫡別庶，則父之所降，子亦不敢不降也。此三者，舊典也。昔魏武在漢朝爲諸侯制而竟不立，荀公定新禮，亦欲令王公五等皆旁親絶周。而摯仲理駮以爲今諸侯與古異，遂不施行，此則是近代成軌也。記又云「古者不降」，故孟皮得全齊衰。然則殷周立制，已自不同，所謂質文異宜，不相襲禮。晉世所行遠同斯義。

喪禮後序〔一五一〕

昔文公朱先生既脩家、鄉、邦國、王朝禮，以喪、祭二禮屬勉齋黄先生編之。迨文公屬纊之前，所與手書尤拳拳以修正禮書爲言。先生服膺遺訓，不敢少忘，然其書久未脱稿。嘉定己卯，先生歸自建鄴，奉祠家居。先取向來喪禮藁本精專修改，至庚辰之夏而書成，凡十有五卷。復嘗伏而讀之，大哉書乎，秦漢以下未嘗有也，復何足以窺其閫奥！然竊聞其略曰：禮，時爲大，要當以儀禮爲本。今儀禮惟有喪服、士喪、士虞僅存，而王、侯、大夫之禮皆缺。近世以來，儒生誦習，知有禮記而不知有儀禮；士大夫好古者，知有唐開元以後之禮，而不知有儀禮，昔之僅存者皆廢矣。今因其篇目之僅存者，爲之分章句，附傳記，使條理明白而易考，後之言禮者有所據依，不至於棄經而任傳，遺本而宗末。故總包尊卑上下之服，則有喪服；明士禮之節文次序，則有士喪禮上、士喪禮下、士虞禮。凡上下通用之禮於此士喪禮、士虞禮，應載者亦附於此〔一五二〕。王侯大夫之禮關於綱常者爲尤重，儀禮既缺其書，後世以來，處此大變者咸幽冥而莫知其原，取具臨時，沿襲鄙陋，不經特甚，可爲慨嘆。今因小戴喪大記一篇，合周禮、禮記諸書以補其缺，而王侯、大夫之禮莫不粲然可考，故有喪大記上、喪大記下。本經士喪、士虞、補經喪大記皆至虞禮而止，而王、侯、大夫、士卒哭祔練祥禫之禮又無所稽決，故有卒哭祔練祥禫記。本經喪服之外，凡服之散見於傳記注疏者莫得而推尋，故有補服。哀殺有漸則變除有節，其文錯出於經傳者不可不表而出之，故有喪服變除。喪服當辨其名物，衰與其不當物也寧無衰，故有喪服制度。聖人制服之意文理密察，不可以不明，故有喪服義。喪禮之外，三年通行之禮其目不一〔一五三〕，故有喪通禮〔一五四〕。變禮非常，情文尤密，故有喪變禮。賓弔主人之禮不可以無所考，故有弔禮。禮之數可陳也，其義難知也，故有喪禮義。於是喪禮之本末經緯莫不悉備。既而又念喪禮條目散闊，欲撰儀禮喪服圖式一卷以提其要，而附古今沿革於其後。草具甫就而先生没矣，嗚呼，此千古之遺憾也！先生所脩祭禮，本經則特牲、少牢、有司徹，大戴禮則釁廟，已上四卷未分章句，入注疏。所補者則自天神、地祇、百神、宗廟以至因事而祭者，如建國、遷都、巡守、師田、行役、祈禳及祭服、祭器，事序始終，其綱目尤爲詳備。先生嘗爲復言：「祭禮用力甚久，規模已定，每取其書翻閱而推明之間一二條，方欲加意脩定而未遂也。」嗚呼，禮莫重於喪、祭，文公以二書屬之先生，其責任至不輕也。先生於二書也，推明文、武、周公之典，辨正諸儒異同之論，掊擊後世蠹壞人心之邪説，以示天下後世，其正人心、扶世教之功至遠也。而喪服圖式、祭禮遺藁尚有未及訂定之遺恨，後之君子有能繼先生之志者出而成之，是先生之所望也。抑復又聞之先生曰：「始余創二禮粗就，奉而質之先師，先師喜謂余曰：『君所立喪、祭禮規模甚善，他日取吾所編家、鄉、邦國、王朝禮，其悉用此規模更定之。』」嗚呼，是又文公拳拳之意。先生欲任斯責而卒不果也，豈不痛哉！同門之士以復預聞次輯之略，不可以無言也，復因敬識其始末如此以告來者。喪禮一十五卷前已繕寫，喪服圖式今別爲一卷，附於正卷帙之外，以俟君子，亦先生平日之志云。嘉定辛巳七月日門人三山楊復謹序。

校勘記

〔一〕附制服輕重之義　此七字原脱，據賀本補。
〔二〕附無服爲位哭　此六字原脱，據賀本補。
〔三〕公卿大夫士爲妾服圖　「卿」，原作「士」，據賀本改；「士」字原脱，據賀本補。
〔四〕五服古今沿革　「古今」二字原脱，據四庫本補。
〔五〕昆弟妻無服　「妻」，原作「婦」，據四庫本、賀本改；「無服」二字原脱，據賀本補。
〔六〕附制服輕重之義　「附」字原脱，據賀本補。
〔七〕族世叔父母經謂之族父母　上「母」字原脱，據賀本補。
〔八〕祖父之昆弟經謂之從祖祖父　「昆」，原作「兄」，據吕本、四庫本、賀本改。
〔九〕曾祖父據期斷　「父」，原作「若」，據吕本、四庫本、賀本改。
〔一〇〕父爲衆子期　「衆」字原脱，據賀本補。
〔一一〕○先師朱文公曰　賀本此段文字另起行。
〔一二〕與己同出曾祖　「己」，原作「忽」，據四庫本、賀本改。
〔一三〕此即禮記大傳云　「大」字原脱，據賀本補。
〔一四〕又云　「又」，原作「疏」，據賀本改。

〔一五〕先師朱文公答曰　此段原另起一行排印，據四庫本、賀本改。

〔一六〕凡十一種人　「十」，原作「寸」，據四庫本、賀本改。

〔一七〕嫌不服功喪　「服」，原作「特」，據四庫本改。

〔一八〕長殤小功昆弟姊妹大功適人小功　上「小」字，原作「大」，據賀本改；又「適人」下，原有「者」字，據賀本删。

〔一九〕昆弟妻　「妻」原作「婦」，據四庫本、賀本改。

〔二〇〕小功報　此三字原脱，據賀本補。

〔二一〕兄弟之孫婦　此五字原缺，據四庫本、賀本補。

〔二二〕從父兄弟之子婦　此七字原缺，據四庫本、賀本補。

〔二三〕從祖兄弟之妻　此六字原缺，據賀本補。

〔二四〕兄弟小祥之後無變服之節　「變服」，原作「服變」，據賀本改。

〔二五〕而夫命反之則猶遂三年乃除　「命反」，原作「反命」，據賀本改。

〔二六〕大功章女子子適人者爲衆昆弟　此段原另起一行排印，據四庫本、賀本改。

〔二七〕從父兄弟之女緦（及下文「兄弟之女孫緦」）　二「緦」字原脱，據賀本補。

〔二八〕大夫之子爲昆弟之子無主者爲大夫命婦者不杖期報　「者」，原作「昔」，據四庫本、賀本改。

〔二九〕姑　「姑」字，原在上注文前，據賀本改移至中間。

〔三〇〕大夫大夫之子公之昆弟爲姑長殤小功　「大夫之子公之昆弟」，原作「公之昆弟大夫之子」，據賀本改。
〔三一〕姊妹　此二字原在上注文前，據賀本改移至中間。
〔三二〕本經記　「本經」二字原脱，據賀本補。
〔三三〕成人月數雖依本服皆服齊衰者　上「服」字原脱，據賀本補。
〔三四〕爲母之君母　上「母」字，原作「君」，據賀本改。
〔三五〕母族三母之父母從母母之兄弟恩止於舅　「從」，字原作「之」，據賀本改。
〔三六〕此格文字原全脱，據四庫本補。
〔三七〕「婦」、「孫婦」二格文字原僅有一「婦」字，此據四庫本補。
〔三八〕附無服爲位哭　「附」字原脱，據賀本補。
〔三九〕狎户甲反　「户」，原作「尸」，據賀本改。
〔四〇〕不以私喪干尊　「干」，原作「于」，據賀本改。
〔四一〕故姊妹之夫爲之哭於適室之中庭也　「庭」原作「夷」，據賀本改。
〔四二〕故袒免哭踊也　「免」字原脱，據四庫本、賀本補。
〔四三〕鄭所以知父必北面者　「鄭」，原作「郭」，據四庫本、賀本改。
〔四四〕下文申祥之哭　「下」，原作「上」，據賀本改。

〔四五〕檀弓　句上，賀本有「並」字。
〔四六〕諸侯之大夫爲天子繐衰裳七月　「七月」二字原脱，據賀本補。
〔四七〕按鄭注云　「鄭注」，原作「賈氏疏」，據四庫本、賀本改。
〔四八〕只看古人君臣之際　「看」，原作「有」，據四庫本、賀本改。
〔四九〕公卿大夫士爲妾服圖　「卿」，原作「士」，據賀本改；「士」字原脱，據賀本補。
〔五〇〕冠皆校衰差三等　「差」字原皆脱，據賀本補。下文「冠皆校衰差二等」同。
〔五一〕義服衰六升　「衰」字原皆脱，據賀本補。「大功無受者」條之「義服衰九升」、「殤小功」條之「義服衰十二升」同。
〔五二〕爲從父昆弟庶孫　「爲從父昆弟」五字原脱，據賀本補。
〔五三〕從母丈夫婦人報　「母」，原作「祖」，據賀本改。
〔五四〕惟疏家之説乃始有降有正有義三等　「乃始」二字原缺，據賀本補。
〔五五〕彼此立説自相抵牾　「彼此立」三字原缺，據賀本補。
〔五六〕從報名加生服例　此句原缺，據四庫本、賀本補。
〔五七〕有名服有加服　「名」，原作「加」；「加」，原作「名」，俱據賀本改。
〔五八〕娣姒婦報　句上，原有「夫之」二字，據賀本删。
〔五九〕始死變服圖　「服」下，原有「旁通」二字，據賀本及本卷前目録删。

〔六〇〕詳見喪服變除本篇　「詳」，原作「注」，據賀本改。
〔六一〕屨絇　此下二圖原脱，據呂本、賀本補。
〔六二〕又按　「又」，原作「今」，據賀本改。
〔六三〕士素委貌　「士」字原脱，據賀本補。
〔六四〕衆主人免　「主」字原脱，據賀本、四庫本補。
〔六五〕用布或縫絹廣寸　「用」，原作「喪」，據賀本改。
〔六六〕婦人髽亦紐麻爲繩　「紐」，原作「細」，據賀本改。
〔六七〕免者以其與冕弁之冕其音相亂　「免者」，原作「者免」，據賀本改。
〔六八〕正小功十一升　「十一」，原作「七」，據賀本改。
〔六九〕下本在左　「左」，原作「在」，據四庫本、賀本改。
〔七〇〕按　本段文字原另起一行排印，據四庫本、賀本排。
〔七一〕同前　本欄六條「同前」原皆脱，據賀本補。
〔七二〕下並同　此三字原脱，據賀本補。
〔七三〕附成服冠制　「附」字原脱，據賀本及本卷前目録補。
〔七四〕辟積縫向右詳見前圖　句原作「後冠前繩武」五字，義當釋上圖，此據賀本改。
〔七五〕外畢三辟積廣二寸　句原作「外畢辟積縫向右」，此據賀本改。

〔七六〕繩纓　賀本作「左本在下」。

〔七七〕冠制並同前布武　「前」字原漫漶，據賀本補。

〔七八〕布纓　賀本作「右本在上」。

〔七九〕澡纓則武亦采也　「則武亦采也」五字，賀本作「右本在上」四字。

〔八〇〕附成服衰裳制　「附」字原脱，據賀本補。

〔八一〕廣尺足以掩裳上際也　此句原脱，據賀本補。

〔八二〕注云　「注」，原作「疏」，據賀本改。

〔八三〕燕尾一尺五寸　「一」，原作「二」，據賀本改。

〔八四〕凡用布三尺五寸　「三」，原作「二」，據賀本改。

〔八五〕齊下自斬至緦皆同　「齊」，原作「帶」，據呂本、四庫本改。

〔八六〕制同男子　句原脱，據賀本補。

〔八七〕今考校止有二髽　「止」，原作「正」，據四庫本、賀本改。

〔八八〕舅不主妾之喪　「妾」，原作「庶婦」，據賀本改。

〔八九〕駹車邊側有漆飾　「飾」，原作「傷」，據四庫本、賀本改。

〔九〇〕升自西階　「西」，原作「東」，據賀本改。

〔九一〕三日而五哭三祖　下「三」字，原作「二」，據四庫本、賀本改。

〔九二〕入門左　「左」，原作「右」，據賀本改。
〔九三〕故經期之葛絰　「葛」字原脱，據賀本補。
〔九四〕今按服問　「今按」，原作「又變」，據賀本改。
〔九五〕未成服之前　「服」下，原又有「服」字，據賀本删。
〔九六〕婦人同前　此句原脱，據賀本補。
〔九七〕士虞禮一人衰絰奉篚哭從尸注一人主人兄弟也○有事於尸則去杖○虞杖不入於室　此段三十三字原脱，據賀本補。
〔九八〕注云　「注云」，原作「非」，據賀本改。
〔九九〕恐當同前　「恐」，原作「冠」，據賀本改。
〔一〇〇〕圍五寸七分有奇　句原作「圍同前」，據賀本改。
〔一〇一〕妻爲夫　原「斬衰」右衍「妻爲夫」三字，據賀本删彼存此。
〔一〇二〕齊衰　原「齊衰」右有「婦爲舅姑」四字，因此有「婦爲舅姑」，故據四庫本删彼而存此。
〔一〇三〕詳見喪服變除篇大祥除服章祥主人之除條之注　句原作「詳見變除疏義」六字，據賀本改，又四庫本作「詳見補服本篇」。
〔一〇四〕朝服縞冠　句上原有「禫服」二字，據賀本删。
〔一〇五〕爲伯叔父皆素冠帶麻衣　「父」字原脱，據賀本補。

〔一〇六〕先師朱文公曰　句原作「又曰」二字，據賀本改。
〔一〇七〕問　「問」，原作「又曰」，據賀本改。
〔一〇八〕可見世固有人硬欲行古禮者　「硬」，原作「便」，據賀本改。
〔一〇九〕若必欲一一盡如古人衣服冠屨之纖悉具備　「衣」，原作「及」，據賀本改。
〔一一〇〕纖七日釋服　「纖七日」三字原脱，據賀本補。
〔一一一〕體氣自佳耳　「佳」，原作「圭」，據賀本改。
〔一一二〕可謂不世出之賢君　「出」字原脱，據賀本補。
〔一一三〕後周武帝建德三年　「建德三年」，原作「母」，據賀本改。
〔一一四〕帝袒跣行至陵所　「行至」二字原脱，據賀本補。
〔一一五〕五服之内亦令依禮　句原作「五服内並依禮」，據賀本改。
〔一一六〕臣愚以爲當令羣臣朝服　「當」，原作「宜」，據四庫本、賀本改。
〔一一七〕至於祥　「祥」，原作「禫」，據賀本改。
〔一一八〕惟未純吉以至於禫　「禫」，原作「祥」，據賀本改。
〔一一九〕則三年之制略如古儀　「儀」，原作「議」，據賀本改。
〔一二〇〕時異其宜　「其」，賀本作「異」。
〔一二一〕詔從之　「詔」字原脱，據賀本補。

〔一二二〕至性自天　「性」，原作「聖」，據賀本改。

〔一二三〕且將使壽皇已革之弊　「革」，原作「華」，據四庫本、賀本改。

〔一二四〕十三月而服練以祥　「月」，原作「日」，據賀本改。

〔一二五〕二十五月而服襴幞以禫　「十」，原作「〇」，據賀本改。

〔一二六〕晉或人問徐邈　「或」、「問」二字原脱，據賀本補。

〔一二七〕況徐邈承天之説已爲操駁之　「承天」，原作「范宣」，據賀本改。

〔一二八〕殷太常所言服事　「言」，原作「望」，據賀本改。

〔一二九〕然徐之所言　「徐」，原作「後」，據賀本改。

〔一三〇〕心喪者有禫　句原作「有心喪禫」，據賀本改。

〔一三一〕喪禮有禫　「禫」，原作「祥」，據賀本改。

〔一三二〕故其間服以綅縞也　「縞」字原脱，據賀本補。

〔一三三〕大祥十五月禫變除　「禫」上，原有「祥」字，據賀本删。

〔一三四〕禮畢餘一期　「一期」，原作「情一周」，據賀本改。

〔一三五〕遂爲成典　「成」原缺，據賀本補。

〔一三六〕宜與出母同　「同」，原作「周」，據賀本改。

〔一三七〕皆制假寧二十五月　「假寧」，原作「寧假」，據賀本改。

〔一三八〕生始數歲即遭父喪　「遭」，原作「鍾」，據賀本改。
〔一三九〕鯉卒而嫁於衛　「鯉」字原脱，據賀本補。
〔一四〇〕通典　「典」，原作「與」，據賀本改。
〔一四一〕亦解官申其心喪　「喪」，原作「服」，據賀本改。
〔一四二〕繼母嫁從爲之服報　「繼」字原脱，據賀本補。又此行原接上行排印，此亦據賀本另起一行。
〔一四三〕失莫大焉　「莫」，原作「奠」；「焉」，原作「爲」，俱據四庫本、賀本改。
〔一四四〕兄弟子婦大功　「大」，原作「小」，據賀本改。
〔一四五〕請加爲周　「加」，原作「却」，據賀本改。
〔一四六〕至開元二十年　「開元」二字原脱，據賀本補。
〔一四七〕然亦集敕行用　「集」，原作「準」，據四庫本、賀本改。
〔一四八〕又況三年之内　「又」，原作「伏」，據賀本改。
〔一四九〕姨乃外戚他族　「戚」，原作「成」；「族」，原作「姓」，皆據賀本改。
〔一五〇〕琅琊中尉王奥問國王爲太宰武陵服事云　「奥」，原作「哭」，據賀本改。
〔一五一〕喪禮後序　此標題原脱，據賀本補。
〔一五二〕凡上下通用之禮於此士喪禮士虞禮應載者亦附於此　「於此」，原作「附見」；「應載者」，原作「庶人禮」，俱據賀本改。

〔一五三〕三年通行之禮其目不一　「禮」，原作「理」，據賀本改。

〔一五四〕故有喪通禮　「故」字原脱，據賀本補。

儀禮經傳通解續卷第十七

祭禮一

特牲饋食禮一〔一〕

鄭目録云：特牲饋食之禮，謂諸侯之士祭祖禰，非天子之士。而於五禮屬吉禮。○疏曰：曲禮云：「大夫以索牛，士以羊豕。」彼天子大夫、士。此儀禮特牲、少牢，故知是諸侯大夫、士也。且經直云「適其皇祖某子」，不云考。鄭云「祖禰」者，祭法云：「適士二廟」，「官師一廟」。官師謂中下之士，祖禰共廟，亦兼祭祖，故經舉祖兼有禰者，鄭達經意，祖禰俱言也。若祭無問一廟二廟，皆先祭祖後祭禰，是以文二年左傳云：「文、武不先不窋。」子不先父是也。若祭無問尊卑、廟數多少，皆同日而祭畢，以此及少牢惟筮一日，明不別日祭也。

經十五

特牲饋食之禮，不諏日。諏，子須反。○祭祀自孰始，曰饋食。饋食者，食道也。諏，謀也。士賤職褻，時至事暇可以祭，則筮其日矣，不如少牢大夫先與有司於廟門諏丁巳之日。○疏曰：「饋食者，食道也」者，食道是生人飲食之道。孝子於親，雖死，事之若生，故用生人食道饋之也。云「饋食」者，士大夫祭祀自孰始也。天子諸侯饋孰已前，仍有灌鬯、朝踐、饋獻之事，但饋食見進黍稷。云饋孰，見牲體而言。天子諸侯堂上朝踐饋獻後，迎尸於堂，亦進黍稷牲體。「不諏日」，謂不如大夫已上預前十日與臣諏日而筮之，如少牢大夫先與有司於廟門諏丁巳之日也。鄭云「時至事暇可以祭」者，若祭時至有事不得暇，則不可以私廢公故也。若大夫已上尊時至，唯有喪故不祭，自餘有公事及病，使人攝祭。**及筮日，主人冠端玄，即位于門外，西面。**冠端玄，玄冠、玄端。下言玄者，玄冠有不玄端者。門，謂廟門。○疏曰：云「冠端玄」，謂玄冠、玄端也。「下言玄者、玄冠有不玄端」者，不玄端則朝服。下記云「助祭者朝服」，謂緇布衣而素裳。然則，玄端一冠，冠兩服也。云「門謂廟門」，見士冠禮。**子姓兄弟如主人之服，立于主人之南，西面北上。**所祭者之子孫，言子姓者，子之所生。小宗祭而兄弟皆來與焉，宗子祭則族人皆侍。○與，音預。○疏曰：鄭注喪大記云：「姓之言生也。」云子之所生則孫是也。云「小宗祭而兄弟皆來與焉」者，喪服小記云：「繼别爲宗，繼禰者爲小宗。」鄭注云：「小宗有四：或繼高祖，或繼曾祖，或繼祖，或繼禰，皆至五世則遷。」若然，繼禰者，長者爲小宗親弟等，雖異宫，皆來祭；繼祖者，從父昆弟皆來祭；繼曾祖者，從祖昆弟皆來祭；繼高祖者，族祖昆弟皆來祭。是皆舉小宗而言也。云「宗子祭則族人皆侍」者，禮記：「别子爲祖，繼别爲大宗，繼禰爲小宗。」若然，大宗子祭，一族之内皆來助祭。引之者，證經子姓兄弟據小宗有服者，若據大宗兼有絶服者也。**有司羣執事如兄弟**

服，東面北上。士之屬吏也。○疏曰：云「如兄弟服」者，如主人冠端玄。左傳云：「士有隸子弟。」謂此言爲屬吏。席于門中，闑西，閾外。闑，魚列反。閾，于逼反，又況逼反。○爲筮人設之也。古文「闑」作「槷」，「閾」作「蹙」。○爲，于僞反，下爲神同。○疏曰：按士冠禮云：「筮與席，所卦者具饌于西塾。」乃言「布席于門中」，「筮人執筴，抽上韇，兼執之」。此不言具饌於西塾，而經但言「席于門中」，「取筮于西塾」，又不云抽上韇者，皆是互見省文之義。筮人取筮于西塾，執之，東面受命于主人。筮人，官名也。筮，問也。取其所用問神明者，謂蓍也。○疏曰：凡卜筮，實問於鬼神。謂卜用龜，龜知生數一二三四五之神，筮用蓍，蓍知成數七八九六之神，則此鄭云「神明者」也。若然，神既爲生成之神，鄭云謂蓍者，則著亦有神，易繫辭有：「蓍之德圓而神。」宰自主人之左贊命，命曰：「孝孫某，筮來日某，諏此某事，適其皇祖某子，尚饗。」宰，羣吏之長。自，由也。贊，佐也，達也。贊命由左者，爲神求變也。士祭曰歲事，此言某事，又不言妃者，容大祥之後，禫月之吉祭。皇，君也。言君祖者，尊之也。某子者，祖字也，伯子、仲子也。尚，庶幾也。○長，丁丈反，下同。妃，音配，又芳非反。○疏曰：贊命之事，非長不爲，故知羣吏之長也。士冠禮：「宰自右少退，贊命。」鄭注云：「贊，佐也。命，告也。佐主人告所以筮也。」少儀曰：「贊幣自左，詔辭自右。」此祭祀，故宰自左贊命，爲神求吉，故變於常禮也。云「士祭曰歲事」，按下宿賓云「薦歲事」，據吉祭而言，又少牢吉祭云「以某妃配」，即與士虞記云「中月而禫，是月也，吉祭猶未配」。此與彼文同，故知是禫月吉祭，非常時吉祭，所以不言歲事而云某事也。云「言君祖者尊之也」者，天子諸侯名曾祖爲皇考，此士亦云皇祖，故云尊之也。筮者許諾，還即席，西面坐，卦者在左。卒筮，寫卦，筮者執以示主人。還，音環。○士之筮者坐，蓍短由便。卦者主畫地識爻，爻備，以方寫之。○疏曰：云「士之筮者坐蓍短由便」者，少牢云：史「釋韇立筮」。鄭注云：「卿大夫之蓍長五尺，立筮由便。」與士不同。知蓍有長短者，按三正記云：「天子蓍長九尺，諸侯七尺，大夫五尺，士三尺。」是也。經云「卒筮寫卦」乃云「筮者執以示主人」，則寫卦者非筮人，故鄭云「卦者主畫地識爻，爻備，以方寫之」也。主人受視，反之。反，還。筮者還，東面，長占。卒，告于主人，占曰吉。長占，以其年之長幼旅占之。○疏曰：經直云「長占」，知非長者一人。而云「長幼旅占之」者，士冠禮云：「筮人還東面旅占。」明此亦是長幼旅占。經直云「長」者，見從長者爲始也。若不吉，則筮遠日，如初儀。遠日，旬之外日。○疏曰：按曲禮云「吉事先近日」，「喪事先遠日」，此尊卑禮同也。又云：「旬之内曰近某日，旬之外曰遠某日。」此尊卑有異。云旬之内曰近某日，據士禮而言。若大夫已上，假令孟月祭，於前月下旬筮來月之上旬，不吉，又於孟月之上旬筮中旬，中旬不吉，又於中旬筮下旬，下旬又不吉，即止不祭。今云「遠日旬之外日」者，謂士禮上旬不吉，更於上旬外筮中旬，爲旬之外日，非謂如大夫已上「旬之外」謂旬前爲旬外也。宗人告事畢。

右筮日

前期三日之朝，筮尸，如求日之儀。命筮曰：「孝孫某，諏此某事，適其皇祖某子，筮某之某爲尸，尚饗。」三日者，容宿賓視濯也。某之某者，字尸父而名尸，連言其親，庶幾其馮依之也。大夫士以孫之倫爲尸。○馮，音憑。○疏曰：前期二日宿賓，一日視濯，此經乃祭前三日筮尸，故鄭云「容宿賓視濯」。言容者，爲筮尸之後、祭日之前有二日容此二事也。經直云某之某，鄭知「字尸父而名尸」者，曲禮云：爲人子者，「祭祀不爲尸」。然則尸卜筮無父者。又云「卒哭乃諱」，諱則不稱名，故知尸父云某是字。尸既對父，故某爲名。云「連言其親庶幾其馮依之也」者，尸父前世與所祭之父同時，同時必相識知，今又筮其子爲尸，尸又與所祭之子相識，父子皆同類，故連言其親，庶幾其神馮依之也。云「大夫士以孫之倫爲尸者，按祭統云：「夫祭之道，孫爲王父尸。所使爲尸者，於祭者子行也。父北面而事之，所以明子事父之道也。」注云：「祭祖則用孫列，皆取於同姓之適孫也。天子諸侯之祭，朝事筵尸於户外，是以有北面事尸之禮。」如是，則天子諸侯宗廟之祭，亦用孫之倫爲尸。而云大夫士者，但天子諸侯雖用孫之倫，取卿大夫有爵者爲之，故鳧鷖詩祭尸之等皆言「公尸」，又曾子問云：「卿大夫將爲尸於公。」若大夫士祭尸皆取無爵者，無問成人與幼皆得爲之，故曾子問「孔子曰：祭成喪者必有尸，尸必以孫，孫幼則使人抱之」。是也。

右筮尸

乃宿尸，宿，讀爲「肅」。肅，進也。進之者，使知祭日當來。凡「宿」，或作「速」，記作「肅」，周禮亦作「宿」。○疏曰：「凡宿或作速」，謂一部之内或作「速」者，若公食大夫「速賓」是也。「記作肅」者，曲禮云「主人肅客而入」是也。「周禮亦作宿」者，大宗伯「宿眡滌濯」是也。是以鄭泛云「或」也。主人立于尸外門外，子姓兄弟立于主人之後，北面東上。不東面者，來不爲賓客。子姓立於主人之後，上當其後。○疏曰：云「不東面者」，爲尸者父象主人有子道，故主人北面不爲賓客，不敢當尊，故不東面。冠禮宿賓主人東面，此北面不同也。云「上當其後」者，子姓兄弟北面陪主人，後東頭爲上者，不得過主人，故爲上者當主人之後。尸如主人服，出門左，西面。不敢南面當尊。○疏曰：少牢云：主人「即位於廟門外之東方，南面。」以其大夫尊，有君道，故南面當尊。此士之孫倫爲尸，雖被宿，猶不敢當尊也。主人辟，皆東面北上。辟，芳益反，一音避。○順尸。主人再拜，尸答拜。主人先拜，尊尸。○疏曰：下文宿賓賓先拜，主人乃答拜，今此尊尸，是以主人先拜也。按少牢云：「吉，則遂宿尸，祝擯，主人再拜稽首。告曰：孝孫某」云云。「尸拜，許諾。」祝先釋辭訖，尸乃拜。此尸答拜後，宗人乃擯辭者，士尸卑，主人拜尸即答拜，不得擯辭訖。大夫之尸尊，尊得釋辭訖乃拜。宗人擯辭如初，卒曰：筮子爲某尸，占曰吉，敢宿。「宗人擯」者，釋主人之辭。「如初」者，如宰贊命筮尸之辭。「卒曰」者，著其辭所易。○疏曰：云「如初」者，如宰贊命筮尸之辭。按筮尸時雖不見宰贊命，以其云「筮尸如求日之儀」，筮日時有宰贊命，則筮尸時亦有宰贊命可知，故此得如之也。云「卒曰者著其辭所易也」者，前筮尸辭云「筮某之某爲尸尚饗」，易已上之辭也。祝許諾，致命。受宗人辭，許之，傳命於尸。始宗人祝北面，至於傳命，皆西面受命，東面釋。○疏曰：上文始時主人與子姓兄弟立於尸門外北面，重行則宗人與祝相隨亦皆北面，故云「始宗人祝北面」。至於尸出門左西面，主人避之門西東面定位訖，宗人進主人之前，西面鄉之受命，受命訖，尸既西面，明宗人旋鄉東面釋之可知。尸許諾，主人再拜稽首。其許，亦宗人受於祝而告主人。○疏曰：祝受尸許諾辭，旋西面告宗人，宗人告主人，尸許諾，主人乃再拜稽首。尸入，主人退。相揖而去，尸不拜送，尸尊。○疏曰：知「相揖而去」者，約下篇少牢云主人退，尸送，揖不拜是也。此尸不送者，士卑，故尸被宿之後不送也。大夫尊，尸雖受宿，猶送大夫也。

右宿尸

宿賓，賓如主人服，出門左，西面再拜，主人東面答再拜。宗人擯曰：「某薦歲事，吾子將涖之，敢宿。」涖，音利，又音類。○薦，進也。涖，臨也。言吾子將臨之，知賓在有司中，今特肅之，尊賓耳。○疏曰：以上無戒文，今宿之，云「吾子將涖之」，明知賓在有司內可知。按前文「有司羣執事如兄弟服，東面北上」，鄭云「士之屬吏」。此云賓在有司內，則賓是士之屬吏可知。下記云「公有司門西北面東上，獻次衆賓。私臣門東北面西上，獻次兄弟」。賓是士之屬吏，内言私臣，據己自辟除者。言公有司者，是士之屬吏命於其君者。言「賓在有司中」者，諸士選以爲賓以下，若在門外時，同在門西東面北上。及其入爲賓及衆賓者，適西階以俟行事。公有司不選爲賓者，門西北面。私臣不選爲賓，門東北面。門外不列者，以其未有事。入門而列者，爲將行事。公有司門西，私臣門東，二者皆無事，故經不見，記人乃辨之，見其與於獻也。「今特肅之，尊賓耳」者，賓有司之内不嫌不助祭。今特宿之者，將使爲賓也。賓曰：「某敢不敬從。」主人再拜，賓答拜，主人退，賓拜送。

右宿賓

厥明夕，陳鼎于門外，北面北上，有鼏。亡狄反。○厥，其也，宿賓之明日夕。門外北面，當門也。古文「鼏」爲「密」。○疏曰：經直云「門外」，不言門之東西，故知「當門」。下篇少牢陳鼎在門東，此當門者，士卑避大夫故也。棜在其南，南順，實獸于其上，東首。棜，於庶反。○順，猶從也。棜之制，如今大木轝矣〔一〕。上有四周，下無足。獸，腊也。○轝，音預。○疏曰：下篇少牢：「牲北首東上，司馬刲羊，司士擊豕，宗人告備，乃退。」不言獸，少牢五鼎明有獸可知，不言之者，已有二牲，略其小者，故不言也。下文牲在西，「北首東足」，此實獸棜上東首，不與牲相統，故云變吉。云「棜之制如今大木轝」者，鄭舉漢法以曉，古諸禮禮記及儀禮言棜者，以無足解之。云「獸腊也」者，特牲三鼎言豕、魚、腊，按周禮腊人鄭注云「小物全乾爲腊」，故知豕云牲，魚，水物。云獸是腊可知。牲在其西，北首，東足。其西，棜西也。東足者，尚右也。牲不用棜，以其生。○疏曰：豕不可牽之，縛其足，陳於門外，首北出棜，東其足，寢其左，以其周人尚右，將祭故也。云「牲不用棜以其生」者，對腊死用棜而言之。設洗于阼階東南，壺禁在東序，豆籩鉶在東房，南上，几席兩敦在西堂。鉶，音刑。敦，音對，又都愛反，後放此。○東房，房中之東，當夾北。西堂，西夾室之前近南耳。○夾，古洽反，劉古協反，後皆同。○疏曰：大夫士直有東房西室，若言房則東房矣。故士冠禮：「陳服于房中西墉下，東領北上。」不言東。又昏禮「側尊甒醴于房中」，亦不言東。如此之類，皆不言東，以其直有一房，不嫌非東房，故不言東。今此經特言東房，明房内近東邊，故云東房也。又與少牢籩豆所陳相反，少牢近於西方，此經則房中之東也。夾室，半以南爲之，以壁外相望，則當夾北。言「當夾北」者，以其夾室在房近南東，故云「房中之東當夾北」也。云「西堂西夾之前近南耳」者，按爾雅注：「夾室前堂」謂之相。此在西堂在西相，故云西夾之前近南也。主人及子姓兄弟即位于門東，如初。初，筮位也。賓及衆賓即位于門西，東面北上。不蒙如初者〔三〕，以賓在而宗人祝不在。○疏曰：上經主人及子姓兄弟即位於門東如初筮位，今賓及衆賓者即是前者有司羣吏執事，當言如初。不言者，以宰前筮時在門東贊主人辭，今宰在門西同行，又宗人祝離位，賓西北東面南上，異於筮位時，故不言如初也。宗人祝立于賓西北，東面南上。事彌至，位彌異。宗人祝，於祭宜近廟。○疏曰：祭事彌至。「位彌異」者，謂宗人祝近門離本位，故云「位彌異」。主人再拜，賓答再拜。三拜衆賓，衆賓答再拜。衆賓再拜者，士賤旅之，得備禮也。○疏曰：三拜衆賓，謂衆賓無問多少，總三拜之。旅，衆也。衆賓答再拜者，士賤，衆賓得備禮，按有司徹衆賓「皆答一拜」注云：人人從上至下，皆一一獨答拜。以卿大夫尊，賓賤，純臣故也。主人揖入，兄弟從，賓及衆賓從，即位于堂下，如外位。從，如字，又才用反，後以意求之。○爲視濯也。宗人升自西階，視壺濯及豆籩，反降，東北面告濯具。濯，溉也。不言敦鉶者，省文也。東北面告，緣賓意欲聞也。言濯具，不言絜，以有几席。○疏曰：上文初饌時云「豆籩鉶在東房」，明敦及鉶亦視可知，不言敦鉶者，省文故也。云「東北面告，緣賓意欲聞也」者，經云「即位于堂下，如外位」，則主人在東階之下，宗人降自西階，宜東面告濯具，以賓在西，亦欲聞之故也。云「言濯具不言絜以有几席」者，凡洗濯當告潔，不洗者告具而已。几席不在洗內，故直告濯具不言絜，嫌通几席亦在洗濯之限。賓出，主人出，皆復外位。爲視牲也。宗人視牲，告充。雍正作豕。充，猶肥也。雍正，官名也。北面以策動作豕，視聲氣。○疏曰：經云「作」是動作之言，故知以策動作豕。云「視聲氣」者，祭祀之牲當充盛肥，若聲氣不和，即是疾病，不堪祭祀。宗人舉獸尾，告備，舉鼎鼏，告絜。備，具。請期，曰羹飪。而甚反。○肉謂之羹。飪，孰也。謂明日質明時而曰肉孰〔四〕，重豫勞賓。宗人既得期，西北面告賓有司。○疏曰：按少牢云：「宗人曰：旦明行事〔五〕。」此不云旦明行事而云「羹飪」者，彼大夫尊，有君道，可以豫勞賓，故云時節，此士卑，無君道，故不云旦明而云羹飪，是以鄭云「重豫勞賓」，羹飪乃來也。云「宗人既得期西北面告賓有司」者，門外賓位在門西東面，今既得期，西北面告賓與有司，使知祭日當來也。告事畢，賓出，主人拜送。

右陳鼎拜賓，視牲告期○記：設洗，南北以堂深，東西當東榮。榮，屋翼也。水在洗東，祖天地之左海〔六〕。篚在洗西，南順，實二爵、二觚、四觶、一角、一散。順，從也。言南從，統於堂也。二爵者，爲賓獻爵止，主婦當致也。二觚，長兄弟酌衆賓長爲加爵，二人班同，迎接並也。四觶：一酌奠；其三，長兄弟酬賓。卒受者，與賓弟子、兄弟弟子舉觶於其長，禮殺，事相接。禮器曰：「貴者獻以爵，賤者獻以散。尊者舉觶，卑者舉角。」舊説云：爵一升，觚二升，觶三升，角四升，散五升。○疏曰：云「二爵」者，以一爵獻尸，尸奠之未舉，又一爵主婦當致者。按經主婦致爵於主人〔七〕，婦人不見，就堂下洗，當於內洗，則主婦致爵於主人時不取堂下爵。而云「主婦當致」者，謂主婦當受致之時用此爵也。云「四觶」：一嗣子舉奠啐酒奠於鉶南，餘有三在，主人洗一觶酬賓奠於薦北，賓舉奠於薦南，此觶又未舉。餘有二觶在，又長兄弟洗觶爲加爵，衆賓長爲加爵如初，爵止此，觶亦未舉。餘有一觶在，乃羞之後〔八〕，賓始舉奠觶行旅酬辯，卒受者以虛觶奠於下篚，還有二觶至，爲加爵者作止爵，長兄弟亦坐舉其奠觶酬賓，如賓酬兄弟之儀以辯，卒受者未實觶於篚時，賓弟子、兄弟弟子洗觶，各酌舉觶於其長，即用其篚二觶，是三觶並用也，故注云「卒受者，與賓弟子、兄弟弟子舉觶於其長」也。云「禮器曰貴者獻以爵」者，謂賓長獻尸，主人致爵於主婦是也。「賤者獻以散」，上「利洗散」是也。「尊者舉觶」，謂若「酌奠之」及「長兄弟酬賓」之等是也。「卑者舉角」，謂主人獻用角。鄭云不用爵者，下大夫也。則大夫尊用爵，士卑用角是也。

壺，棜禁，饌于東序，南順，覆兩壺焉。蓋在南。明日卒奠，冪用綌，即位而徹之，加勺。覆壺者，盝瀝水，且爲其不宜塵。冪用綌〔九〕，以其堅潔。禁言棜者，祭尚厭飫，得與大夫同器，不爲神戒也。○疏曰：未奠不設冪，卒奠乃設之，故曰「卒奠冪用綌」。棜之與禁，因物立名，大夫尊，以厭飫爲名，士卑，以禁戒爲稱。復以有足無足立名，故禮記注云：「無足有似於棜。」士曰禁，由有足，以士虞禮云：「尊于室中」，「兩甒醴酒」，「無禁」。禁由足生名。禮記云：大夫用棜，士用禁。及鄉飲酒、鄉射皆非祭禮，是以雖大夫去足猶存禁名。至祭則去足名爲棜，禁不爲神戒也。

夙興，主人服如初，立于門外東方，南面視側殺。夙，早也。興，起也。主人服如初，則其餘有不玄端者。側殺，殺一牲也。○疏曰：按下記云：「特牲饋食，其服皆朝服玄冠、緇帶緇韠。」注云：「於祭服此也。皆者，謂賓及兄弟，筮日、筮尸、視濯亦玄端，至祭而朝服。朝服者，諸侯之臣與其君日視朝之服。大夫以祭，今賓兄弟緣孝子欲得嘉賓尊客以事其祖禰，故服之。緇韠者，下大夫之臣。夙興，主人服如初，則固玄端。」是也。鄭云「其餘有不玄端」者，明亦有著玄端者，是以下記人辨之云「唯尸祝佐食玄端，玄裳、黄裳、雜裳可也，皆爵鞸」。鄭注云：「與主人同服。」是有同服者，有著朝服者，故鄭云其餘有不玄端者也。云「視側殺」也者，國語云：「禘郊之事，天子必自射其牲。」諸侯降天子，故宗廟亦親殺。大夫士不敢與君同，故視之而不親殺之。「側殺殺一牲」者，按冠禮云：「側尊一甒醴，在服北。」鄭注云：「側，猶特也。無偶曰側。」以其無玄酒。是以少牢云：「司馬刲羊，司士擊豕。」以其二牲，不云側也。主婦視饎爨于西堂下。饎，尺志反。○炊黍稷曰饎，宗婦爲之。爨，竈也。西堂下者，堂之西下也。近西壁，南齊於坫。古文「饎」作「糦」，周禮作「𩞄」。○疏曰：「主婦視饎爨」，明主婦自爲也。云「爨竈也」者，周公制禮之時謂之爨，至孔子時則謂之竈。云「西堂下者堂之西下也」者，以其爲爨不可正在堂下，當逼西壁爲之，故云「堂之西下近西壁」。又知「南齊于坫」者，按既夕記云：「設棜于東堂下，南順，齊于坫。」明在東西堂下，皆齊於坫可知〔一〇〕。主婦視饎爨，猶主人視殺牲。亨于門外東方，西面北上。亨，普庚反。○亨，煮也。煮豕魚腊以鑊，各一爨。詩云：「誰能亨魚，溉之釜鬵。」○鬵，音尋。○疏曰：少牢云：「羹定，雍人陳鼎五，三鼎在羊鑊之西，二鼎在豕鑊之西。」羹飪，實鼎，陳于門外，如初。初，視濯也。尊于户東，玄酒在西。户東，室户東。玄酒在西，尚之。凡尊，酌者在左。○疏曰：若據房户東西，則舉東房而言。今直云「户東」，故知室户東也。云「玄酒在西，尚之。凡尊酌者在左」者，左爲上尊，今云玄酒在西，故云尚之。是以鄉飲酒、鄉射皆玄酒在西，事酒在東〔一一〕，若燕禮、大射唯君面尊〔一二〕，不從此義也。實豆籩鉶，陳于房中，如初。如初者，取而實之，既而反之。○疏曰：經云「實豆籩」者，取豆籩實之。又言「陳于房中如初」者，明既而反之可知也。執事之俎，陳于階閒，二列，北上。執事，謂有司及兄弟。二列者，因其位在東西，祝主人主婦之俎亦存焉。不升鼎者，異於神。○疏曰：鄭知經「執事之俎」祝主人主婦亦存焉者，見士虞記祝俎「陳于階閒敦東」，彼虞不致爵，故不見主人主婦俎。明此吉祭有致爵，主人主婦陳於階閒可知，以主婦亦是執事之人也。少牢主人主婦無俎者，以三獻禮成爲儐尸，正祭無致爵，故主人主婦無俎，儐尸行三獻致爵乃有俎。下大夫不儐尸者，亦於三獻尸爵止，行致爵乃有俎也。云「不升鼎者異於神」者，前俎升鼎而入設於階前，此鼎在門外不入而言陳於階閒二列，故知不升鼎。盛兩敦，陳于西堂，藉用萑，几席陳于西堂，如初。藉，慈夜反。萑，音完。○盛黍稷者，宗婦也。萑，細葦。古文用爲于。○疏曰：知盛黍稷是宗婦者，以其黍稷是宗婦所主。尸盥匜水，實于盤中，簞巾，在門内之右。設盥水及巾，尸尊，不就洗，又不揮。門内之右，象洗在東，統於門東，西上。凡鄉内，以入爲左右；鄉外，以出爲左右。○疏曰：云「不揮」者，揮振去水使手乾，今有巾，故不揮也。是以僖二十三年左氏傳云：公子重耳在秦，「秦伯納女五人，懷嬴與焉。奉匜沃盥，既而揮之」，懷嬴怒。是也。云「門内之右象洗在東」者，東謂門東，據向内爲右，故鄭云：「統於門東，西上。」祝筵几于室中，東面。爲神敷席也，至此使祝接神。○疏曰：按上視濯時云「宗人祝立于賓西北，東面南上」，鄭注云：「事彌至，位彌異。宗人祝，於祭宜近廟。」至入廟時，宗人獨升視濯，及出門外視牲告充，未有使祝之文。至此臨祭使祝敷神席，故云「至此使祝接神」。主婦纚笄宵衣，立于房中，南面。纚，所買反，又所綺反。○主婦，主人之妻，雖姑存，猶使之主祭祀。纚笄，首服。宵，綺屬也。此衣染之以黑，其繒本名曰宵。詩有「素衣朱宵」，記有「玄宵衣」，凡婦人助祭者同服也。內則曰：「舅没則姑老，冢婦所祭祀賓客，每事必請於姑。」○疏曰：云「雖姑存猶使之主祭祀」者，謂姑老不堪祭祀，故姑存猶使之主祭祀也。云「纚」者，謂若士冠禮廣終幅，長六尺。笄，安髮之笄，非冠冕之笄。冠冕之笄男子有，婦人無。若安髮之笄，男子婦人俱有。婦人笄對男子冠，故內則云「男女未冠笄」，又喪服小記云「男子冠而婦人笄」是也。云宵衣是綾綺之屬，鄭注內司服云男子褖衣黑，士喪禮有褖衣，與士冠玄端爲一，玄端黑，是男子褖衣亦黑，則此婦人宵衣亦黑，可知其玄則黑類也，故鄭引玉藻「君子狐青裘，玄宵衣以裼之」證婦人玄宵衣亦黑也。云「其繒本名宵」者，此字據形聲爲「綃」，但詩及禮記、儀禮皆作「宵」字，故鄭云其繒本名曰宵，故引詩及禮記爲證。引詩者，直取字爲證。引記謂禮記玉藻，非直取「證」字爲「宵」，亦以證婦人宵衣爲玄也。云「凡婦人助祭者同服也」者，經及記不見主婦及宗婦異服之文，故知同服，對男子助祭祝佐食等與主人服異也。少牢云：「主婦贊者一人，亦髮鬄，衣移袂。」與主婦同，其餘雖不移袂，同亦宵衣可知。內司服天子、諸侯、王后以下助祭皆不同者，人君尊卑差等，大夫士卑，服窮則同也。主人及賓兄弟羣執事，即位于門外，如初。宗人告有司具。具，猶辦也。主人拜賓如初，揖入即位如初。初，視濯也。佐食北面立于中庭。佐食，賓佐尸食者，立於宗人之西。○疏曰：按下記云：「佐食，當事則户外南面，無事則中庭北面。」據此而言，則此經謂無事時也。云「立于宗人之西」者，特牲吉禮，主人行事由阼階〔一三〕，宗人亦在阼階南擯主人，佐食北面於中庭，明在宗人之西可知。

右祭日夙興，主人主婦陳設，拜賓即位○記：特牲饋食，其服皆朝服玄冠、緇帶緇韠。於祭服此也。皆者，謂賓及兄弟，筮日、筮尸、視濯，亦玄端，至祭而朝服。朝服者，諸侯之臣與其君日視朝之服。大夫以祭。今賓兄弟緣孝子欲得嘉賓尊客以事其祖禰〔一四〕，故服之。緇韠者，下大夫之臣。夙興，主人服如初，則固玄端。○疏曰：上經云：筮日，「主人冠玄端」，「子姓兄弟如主人之服」，「有司羣執事如兄弟服」，筮尸，云「如求日之儀」。至於視濯，又不見異服，故知皆玄端。至祭日夙興，云「主人服如初」，初即玄端，明其餘不如初，是朝服可知。是以此注云「皆者，謂賓及兄弟」也。云「朝服者，諸侯之臣與其君日視朝之服，大夫以祭」者，按玉藻云諸侯朝服「以日視朝」、下少牢云「主人朝服」是也。緇韠「下大夫之臣」者，士冠禮云：「主人玄冠朝服，緇帶素韠。」韠與裳同色，大夫之臣朝服素韠，此緇韠，故云下大夫之臣。云「夙興，主人服如初，則固玄端」，引上經者直言「皆朝服」，恐主人亦在其中，故引證主人服玄端與兄弟異也。唯尸、祝、佐食玄端〔一五〕，玄裳、黄裳、雜裳可也，皆爵韠。與主人同服。周禮士之齊服有玄端、素端，然則玄裳上士也，黄裳中士，雜裳下士。○疏曰：周禮司服士之「齊服有玄端、素端」，引之者，欲見士之齊服有一玄端而裳則異，故鄭云「然」，見玄端一而裳有三也。士冠亦有玄端三等裳，而引司服者，以特牲祭祀時，彼據齊時四命已上齊祭異冠，大夫齊祭同冠，故就此祭祀引齊時冠服爲證也。○牲爨在廟門外東南，魚腊爨在其南，皆西面。饎爨在西壁。饎，炊也。西壁，堂之西墻下。舊説云：南北直屋梠，稷在南。○疏曰：上經云「主婦視饎爨于西堂下」，雖是西堂下，逼西壁爲之，故以舊説辯之也。「舊説」者，按爾雅釋宮曰：「檐謂之樀。」孫氏云：謂屋梠，周人謂之梠，齊人謂之檐。謂承檐行材。○籩，巾以綌也，纚裏。棗烝，栗擇。籩有巾者，果實之物多皮核，優尊者，可烝裹之也。「烝」、「擇」互文。舊說云：纚裏者皆玄被。○裏之，音果。○疏曰：言「多皮核」者，栗多皮，棗多核。○鉶芼，用苦若薇，皆有滑，夏葵，冬荁。苦，苦荼也。荁，堇屬，乾之，冬滑於葵，詩云：「周原膴膴，堇荼如飴。」○疏曰：荁，冬乾用之。不用葵而用荁，明知冬則滑於葵也。詩言「堇荼」，即荁之類也。

主人及祝升，祝先入，主人從，西面于户内。祝先入，接神宜在前也。少牢饋食禮曰：「祝盥於洗，升自西階。主人盥，升自阼階。祝先入，南面。」○疏曰：注引少牢者，證主人户内西面，其時祝北墉下南面，以其未有祝行事之法，直監納祭而已，下文乃云「祝在左」，爲孝子釋辭乃有事也。主婦盥于房中，薦兩豆，葵菹、蝸醢，醢在北。蝸，力禾反。○主婦盥，盥於内洗。昏禮：「婦洗在北堂，直室東隅。」○直，音值。宗人遣佐食及執事盥，出。命之盥出，當助主人及賓舉鼎。主人降，及賓盥，出。主人在右，及佐食舉牲鼎，賓長在右，及執事舉魚腊鼎，除鼏。長，丁丈反，下注放此。○及，與也。主人在右，統於東。主人與佐食者，賓尊不載。少牢饋食禮：魚用鮒，腊用麋，士腊用兔。○鮒，音附。○疏曰：鼎在門外北上，東爲右人，西爲左人。右人尊，入時在鼎前；左人卑，入時在鼎後。主人升，乃以東爲主。今在堂下，主人在右，故云「統於東」也。「賓尊不載」者，以賓主當相對爲左右，以賓尊不載牲，以故使佐食對主人，使賓爲右人，而使執事在左而載也。宗人執畢，先入，當阼階南面。畢狀如乂，蓋爲其似畢星取名焉。主人親舉，宗人則執畢導之。既錯，又以畢臨匕載，備失脱也。

雜記曰：「枇用桑，長三尺。」「畢用桑」，「三尺，刊其本與末。」枇、畢同材明矣。今此枇用棘心，則畢亦用棘心。○疏曰：云「蓋爲其似畢星取名焉」者，按詩云：「有捄天畢，載施之行。」無正文，故云「蓋」以疑之也。云「主人親舉宗人則執畢導之」，以經言「宗人執畢先入」，是導之也。又知「既錯，又以畢臨匕載，備失脱也」者，以經云「當阼階南面」，明鄉主人執畢臨匕載備失脱可知也。云「今此枇用棘心，則畢亦用棘心」者，按下記云「棘心匕刻」是也。雜記喪祭匕畢同用桑，吉祭匕用棘心，則畢亦棘心也。鼎西面錯，右人抽扃，委于鼎北。右人，謂主人及賓。既錯，皆西面俟也。贊者錯俎，加匕。贊者執俎及匕從鼎入者，其錯俎東縮，加匕，東柄，既則退，而左人北面也。○疏曰：云「其錯俎東縮加匕東柄」者，少牢云「俎皆設于鼎西，西肆」，又云「匕皆加于鼎，東枋」，則此加匕於鼎東柄可知。云「既則退而左人北面也」者，以其俎從於鼎西，其人當北面於其南載之，便是以昏禮亦云「北面載，執而佐」是也。乃朼。右人也，尊者於事指使可也。左人載之。佐食升肵俎，鼏之，設于阼階西。肵，音祈。○肵，謂心舌之俎也。郊特牲曰「肵之爲言敬也」，言主人之所以敬尸之俎。古文「鼏」皆作「密」。○疏曰：下記云「肵俎心舌皆去本末，午割之，實於牲鼎。載心立，舌縮俎」是也。引郊特牲者，見敬有肵俎送於尸前。卒載，加匕于鼎。卒，已也。已載，畢亦加焉。○疏曰：主人匕牲體，宗人以畢助之。主人匕事訖，加之於鼎，則宗人既事亦加於鼎可知。主人升，入復位。俎入，設于豆東，魚次，腊特于俎北。入設俎，載者。腊特，饌要方也。凡饌必方者，明食味人之性所以正。○疏曰：知載人設俎者，以其經卒載下即云入設，不見別人，明是載者設可知。云「腊特饌要方也」者，按經豆在神坐之前，豕俎入設於豆東，魚俎又次其東，若腊俎復在東，則饌不得方，故腊俎特於俎北，取其方故也。主婦設兩敦黍稷于俎南，西上，及兩鉶芼設于豆南，南陳。芼，亡報反。○宗婦不贊敦鉶者，以其少，可親之。芼，菜也。○疏曰：按少牢：主婦設金敦，宗婦贊三敦。以其多，故使宗婦贊。此士祭祀二敦少，故不使宗婦贊主婦，可親也。祝洗，酌奠，奠于鉶南，遂命佐食啓會。佐食啓會，却于敦南，出立于户西〔一六〕，南面。會，古外反。○酌奠，奠其爵觶。少牢饋食禮：啓會，乃奠之。○疏曰：引少牢者，按少牢「祝酌奠，遂命佐食」，佐食啓會乃奠者，彼大夫禮，與此士禮相變，是以異。主人再拜稽首，祝在左。稽首，服之甚者。祝在左，當爲主人釋辭於神也〔一七〕。祝祝曰：「孝孫某，敢用剛鬣嘉薦普淖，用薦某事於皇祖某子，尚饗。」○祝曰，州又反。淖，女孝反。○疏曰：引少牢「祝祝」已下者，欲見迎尸之前，釋孝子之辭也。卒祝，主人再拜稽首。

右主人、主婦及祝、佐食陳設陰厭○記：棘心匕，刻。刻，若今龍頭。○凡祝呼，佐食許諾。呼，猶命也。○肵俎，心舌皆去本末，午割之，實于牲鼎，載，心立，舌縮俎。午割，從横割之，亦勿没。立、縮順其牲，心舌知食味者，欲尸之饗此祭，是以進之。○疏曰：云「載心立舌縮俎」者，少牢云：「舌皆切本末，亦午割勿没，其載于肵，横之。」此言縮俎者，彼言横，據俎上爲横，此言縮，據鄉人爲縮，是以少牢云「皆進下」是也。云「亦勿没」者，亦少牢文，謂四面皆鄉中央割之，不絶中央少許，謂之勿没也。

祝迎尸于門外，尸自外來，代主人接之。就其次而請，不拜，不敢與尊者爲禮。周禮掌次：「凡祭祀，張尸次。」○疏曰：云「尸自外來代主人接之」者，下注云「主人不迎尸，成尸尊」故也。云「就其次而請不拜，不敢與尊者爲禮」者，凡平賓客皆在門西，主人出門左西面拜。今此經直云「迎尸于門外」，不言祝拜、尸答拜，是祝出就次，尸乃出次迎之而入門，是不敢與尊者爲禮。引周禮者，證門外張尸次之事也。主人降，立于阼階東。主人不迎尸，成尸尊。尸，所祭者之孫也。祖之尸，則主人乃宗子；禰之尸，則主人乃父道，事神之禮，廟中而已。出迎則爲厭。○厭，一葉反。○疏曰：祭統云：「君迎牲而不迎尸，別嫌也。尸在廟門外則疑於臣，在廟中則全於君。君在廟門外疑於君，入廟門則全於臣，全於子。」鄭云：「不迎尸者，欲全其尊也。尸，神象也。鬼神之尊在廟中，人君之尊出廟門則伸。」此士禮雖無君道，亦尊尸。主人不迎，迎之尊不成，不迎之則成尸之道尊也。云「尸所祭者之孫也」者，禮記云「孫爲王父尸」是也。云「祖之尸則主人乃宗子」者，以其祭祖，兄弟來助祭，大宗五宗皆然。書傳云：「宗子將有事，族人皆入侍也。」云「禰之尸則主人乃父道」者，祭統云：「孫爲王父尸，所使爲尸者，於祭者子行也。父北面而事之，所以明子事父之道也，此父子之倫也。」注云：「祭祖則用孫列，皆取於同姓之適孫。」是其禰之尸，則主人乃父道也。云「事神之禮廟中而已出迎則爲厭」，出廟門主人有君厭臣之義，故不迎也。尸入門左，北面盥，宗人授巾。侍盥者執其器就之，執簞者不授巾，賤也。宗人授巾，庭長尊。少牢饋食禮曰：「祝先入門右，尸入門左。」○疏曰：引少牢者，見上經陳盥在門右。今尸入門左，尸尊不就盥槃匜巾等，鄉門右就尸之義也。尸至于階，祝延尸，尸升，入，祝先，主人從。延，進，在後詔侑曰延，禮器所謂「詔侑武方」者也〔一八〕。少牢饋食禮曰：「尸升自西階，入，祝從。主人升自阼階，祝先入，主人從。」○侑，音又。武，音無。○疏曰：云「在後詔侑曰延」者，按士虞禮：「尸謖，祝前鄉尸。」鄭注云：「前，道也。祝道尸，必先鄉之爲之節。」彼祝居尸前道之，此則在尸後詔之，故云延也。云「禮器所謂詔侑武方」者，彼注「武，無也」。祝詔侑尸無常，謂若檀弓子事父母，「左右就養無方」也。尸即席坐，主人拜妥尸。妥，他果反。○妥，安坐也。尸答拜，執奠，祝饗，主人拜，如初。饗，勸彊之也。其辭取於士虞記，則宜云：「孝孫某，圭爲孝薦之，饗。」舊説云：明薦之。○彊，其丈反。○疏曰：喪祭稱哀，吉祭稱孝，故士虞記：卒哭，饗尸，辭曰：「哀子某，圭爲哀薦之，饗。」此既吉祭，宜云：「孝孫某，圭爲孝薦之，饗。」以其改哀云孝，故曰「宜云」也。引「舊説」者，證圭爲絜明之義也。祝命挼祭，尸左執觶，右取菹，擩于醢，祭于豆閒。挼，依注音墮，許恚反，劉相恚反，後隋祭、挼祭皆放此。○命，詔尸也。挼祭，祭神食也。士虞禮古文曰「祝命佐食墮祭」。周禮曰：「既祭則藏其墮。」「墮」與「挼」讀同耳。擩醢者，染於醢。○擩，如悦反，劉而玄反，又而誰反，後同。○疏曰：鄉者設饌，未迎尸，陰厭，厭飫神。今尸來升席而挼祭，祭訖當食神餘。引周禮而云「墮與挼讀同」，則二字通用。佐食取黍稷肺祭授尸，尸祭之，祭酒，啐酒，告旨。主人拜，尸奠觶答拜。啐，七内反。○肺祭，刌肺也。旨，美也。祭酒，穀味之芬芬者。齊敬共之，唯恐不美。告之美，達其心，明神享之。○刌，寸本反。齊，側皆反。共，音恭。○疏曰：知肺祭是「刌肺也」者，下記「刌肺三」鄭注「爲尸主人主婦祭」〔一九〕，此經云「肺祭」，明是刌肺，非舉肺也。祭鉶，嘗之，告旨。主人拜，尸答拜。鉶，肉味之有菜和者。曲禮曰：「客絜羹，主人辭不能亨。」○和，戶卧反，下同。絜，丑慮反〔二〇〕。○疏曰：云「鉶肉味之有菜和」者，此即公食大夫牛藿、羊苦、豕薇之等是也，以其盛之鉶器，因號羹爲鉶。引曲禮者，證鉶羹有五味調和。絜者，調和之義，故「告旨」。若大羹則不調，以鹽菜無絜調之理也。祝命爾敦，佐食爾黍稷于席上，爾，近也。近之，便尸之食也。設大羹湆于醢北。湆，去及反。○大羹湆，煮肉汁也。不和，貴其質，設之所以敬尸也。不祭，不嚌，大羹不爲神，非盛者也。士虞禮曰：「大羹湆自門入。」今文「湆」皆爲「汁」。○疏曰：云「醢北」者，爲薦左。按公食大夫、昏禮大羹湆皆在「薦」右，此在左者，神禮變於生人。士虞禮大羹湆設於鉶南在右，與生人同。云「不和貴其質」者，桓二年左氏傳云「大羹不和以鹽菜」，是貴其質也。云「不爲神」者，陰厭時未設，尸來始設爲尸，故士虞記云：「無尸，則禮及薦饌皆如初。」「不挼祭，無大羹湆胾，從獻。」有尸即有大羹湆從獻，縱有亦不祭不嚌，是不爲神爲尸，非盛者也。引「士虞禮曰大羹湆自門入」者，證迎尸後乃從獻來也。舉肺脊以授尸，尸受振祭，嚌之，左執之，肺，氣之主也。脊，正體之貴者。先食啗之，所以導食通氣。○先，悉薦反，又如字。啗，七敢反。乃食，食舉。舉言食者，明凡解體皆連肉。○疏曰：「乃食」，謂食肺。云「食舉」，謂骨體正脊從俎舉鄉口，因名體爲舉。凡牲體或七，或二十七，皆舉骨節而言。今言食不可空食骨，以體皆連肉也。主人羞肵俎于腊北，肵俎主於尸，主人親羞，敬也。神俎不親設者，貴得賓客以神事其先。○疏曰：云「肵俎主於尸」者，以其入後乃設之，故知主於尸。主人親進者，敬尸故也。前神俎使載者設之者，欲得尊賓嘉客以事其先故也。尸三飯，告飽。祝侑，主人拜。三飯，告飽，禮一成也。侑，勸也。或曰又，勸之使又食。少牢饋食禮侑辭曰：「皇尸未實，侑也。」佐食舉幹，尸受，振祭，嚌之。佐食受，加于肵俎，舉獸幹魚一，亦如之。幹，長脅也。獸，腊其體數與牲同。○疏曰：幹，長脅，出下記。云「獸腊其體數與牲同」者，亦見下記云「腊如牲骨」是也。尸實舉于菹豆。爲將食庶羞，舉謂肺脊。佐食羞庶羞四豆，設于左，南上，有醢。庶，衆也。衆羞以豕肉，所以爲異味。四豆者，膮、炙、胾、醢。南上者，以膮炙爲上，以有醢不得綪也。○膮，許堯反。炙，章夜反，下同〔一一〕。○疏曰：按公食大夫云：「旁四列，西北上。膷以東〔一二〕，臐、膮、牛炙。炙南，醢，以西，牛胾，醢。」注云：「先設醢，綪之次也。」此四豆有醢，則不得先設，非綪之次故也。又復一醢不得與胾炙相對，相對之法，炙在南，醢在北，胾在北，醢在南，如此見得綪。故少牢云：「韭菹醓醢〔一三〕」、「葵菹蠃醢。」「韭菹在南，葵菹在北綪。」又云：「羞胾兩瓦豆，有醢，亦用瓦豆，設于薦豆之北。」注云：「四豆亦綪。羊胾在南，豕胾在北。」皆有醢亦得綪者，以其四豆胾醢具相對，故鄭云綪也。尸又三飯，告飽，祝侑之，如初。禮再成也。舉骼及獸魚，如初。尸又三飯，告飽，祝侑之，如初。骼，音格，又音各，後同。○禮三成。獸魚如初者，獸骼、魚一也。舉肩及獸魚，如初。不復飯者，三三者，士之禮大成也。舉，先正脊，後肩，自上而却下，綪而前，終始之次也。○復，扶又反，下同。三，息暫反。○疏曰：先舉正脊，自上也。次舉脅，即却也。後舉骼，即下綪。終舉肩，即前也。前者，牲體之始；後者，牲體之終：故云終始之次也。佐食盛肵俎，俎釋三个。佐食取牲魚腊之餘，盛於肵俎，將以歸尸。俎釋三个，爲改饌於西北隅遺之。所釋者，牲腊則正脊一骨、長脅一骨及臑也，魚則三頭而已。个，猶枚也，今俗言物數有若干個者，此讀然。○盛，音成。臑，乃報反。○疏曰：云「俎釋三个，爲改饌於西北隅遺之。所釋者牲腊，則正脊一骨、長脅一骨、及臑也」，知者，按下記云「尸俎：右肩、臂、臑、肫、胳、正脊二骨、横脊、長脅二骨、短脅」，今尸舉正脊一骨、長脅一骨及骼肩，則脊脅各有一骨在。前脚三節，後脚二節，各舉其一訖。前脚舉肩訖，宜次盛臂；後脚舉胳訖，宜次盛肫。前後各一節，及横脊以歸。前脚唯有臑在，并脊脅各一骨爲三也。舉肺脊加于肵俎，反黍稷于其所。尸授佐食，佐食受而加之，反之也。肺脊初在菹豆。○疏曰：經直云「肺脊加于肵俎」，鄭知尸不自加而授與佐食，佐食受而加之者，約少牢云：「上佐食受尸牢肺正脊，加于肵。」鄭注云：「受者，尸授之也。」云「肺脊初在菹豆」者，上文云「尸實舉于菹豆」是也。主人洗角，升酌，酳尸。酳，以刃反，又士刃反。○酳，猶衍也，是獻尸也[二四]。云酳者，尸既卒食，又欲頤衍養樂之。不用爵者，下大夫也。因父子之道質而用角，角加人事略者。今文「酳」皆爲「酌」。○疏曰：經云「酳尸」，知是「獻尸」者，下有主婦洗爵獻尸，并賓長獻尸，故知此是主人酳尸也[二五]。云「不用爵者下大夫也」者，少牢云「主人降洗爵」，「酌酒，乃酳尸」，用爵不用角也。云「因父子之道質而用角，角加人事略」者，既辟大夫不用爵，次當用觚而用角，因無臣助祭，父子相養之道而用角者，父子是質角，加人事略，得用功少故也。尸拜受，主人拜送，尸祭酒，啐酒，賓長以肝從。○疏曰：此直言肝從，亦當如少牢：「賓長羞牢肝，用俎，縮執俎，肝亦縮，進末，鹽在右。」此亦不言者，文不具也。尸左執角，右取肝，擩于鹽，振祭，嚌之，加于菹豆。卒角，祝受尸角，曰：送爵，皇尸卒爵。主人拜，尸答拜。曰送爵者，節主人拜。

右迎尸正祭〇記：沃尸盥者一人，奉槃者東面，執匜者西面，淳沃，執巾者在匜北。匜北，執匜之北，亦西面。每事各一人，淳沃，稍注之。今文「淳」作「激」。宗人東面，取巾，振之三，南面授尸，卒執巾者受。宗人代授巾，庭長尊。〇尸入，主人及賓皆辟位，出亦如之。辟位，逡遁。〇尸俎：右肩、臂、臑、肫、胳、正脊二骨、横脊、長脅二骨、短脅。尸俎，神俎也。士之正祭禮九體，貶於大夫，有併骨二，亦得十一之名，合少牢之體數，此所謂放而不致者。凡俎實之數奇，脊無中，脅無前，貶於尊者，不貶正脊，不奪正也。「正脊二骨」、「長脅二骨」者，將舉於尸，尸食未飽，不欲空神俎。〇疏曰：云「亦得十一之名合少牢之體數」者，謂少牢正體之數十一，若牢並骨并數則十七。鄭云「此所謂放而不致」者，致，至也，所謂禮器彼鄭注云：「謂若諸侯自山龍以下。」皆有放象。諸侯山龍以下，至日月星辰，卿大夫又不山龍。此士併骨二數乃得十一，除此唯九而已，亦是放而不至也。云「凡俎實之數奇」者，有九，有七，有五，是奇數，以其鼎俎奇，故實數亦奇而相稱也。云「脊無中脅，無前貶於尊者。不貶正脊，不奪正也」者，以少牢大夫禮三脊脅具有，此但有二體，貶於大夫也等。貶牲體，不貶正脊者，不奪其正。長脅亦不貶者，義與正脊同。云「正脊二骨，長脅二骨」者，將舉於尸，尸食未飽，不欲空神俎，此脊與脅二骨本爲餕厭飫所設也。膚三，爲蓑用二，厭飫一也。〇蓑，劉子峻反，與「餕」同。離肺一，離，猶挫也。小而長，午割之，亦不提心，謂之舉肺。〇疏曰：云「亦不提心」者，言「亦」，謂亦少儀云：「牛羊之肺離而不提心。」鄭注云：「提猶絶也，挫離之不絶中央少許者。」是也。刌肺三，爲尸主人主婦祭。今文「刌」爲「切」。魚十有五，魚，水物，以頭枚數，陰中之物，取數於月十有五日而盈。少牢饋食禮亦云「十有五而俎」，尊卑同，此所謂經而等也。○疏曰：云「魚水物以頭枚數」者，對三牲與腊以體數也。云「取數於月十有五日而盈」者，按禮運云：月「三五而盈，三五而闕」。文出於彼也。云「此所謂經而等」者，亦所謂禮器彼鄭注云「謂若天子以下至士庶人爲父母三年」是也。引之者，諸魚數亦尊卑同也。**腊如牲骨。**不但言體，以有一骨、二骨者。○疏曰：云「不但言體以有一骨二骨者」，若但言體，體有九，有十一，則不兼二骨者。若言牲骨，則一骨、二骨兼在其中，故直言「如牲骨」也。

祝酌授尸，尸以醋主人。醋，才各反。○醋，報也。祝酌不洗，尸不親酌，尊尸也。古文「醋」作「酢」。○疏曰：尸當酢主人，宜親洗爵酌酒，不親洗酌尸，尊故也。**主人拜受角，尸拜送，主人退，佐食授挼祭。**退者，進受爵反位。尸將嘏主人，佐食授之挼祭，亦使祭尸食也。其授祭，亦取黍稷肺祭。○疏曰：云「挼祭亦使祭尸食也」者，前祝命尸挼祭，祭神食，今命主人祭，尸食亦如尸祭神食，故云「亦」也。云「其授祭亦取黍稷肺祭」者，亦如上佐食取黍稷肺祭授尸，尸祭之相似，故云「亦」也。**主人坐，左執角，受祭，祭之。祭酒，啐酒，進聽嘏。**嘏，古雅反。○聽，猶待也。受福曰嘏，嘏，長也，大也，待尸授之以長大之福也。**佐食摶黍授祝，祝授尸，尸受以菹豆，執以親嘏主人。**摶，大官反。○獨用黍者，食之主，其辭則少牢饋食禮有焉。○疏曰：按少牢云：「祝與二佐食皆出，盥于洗，入，二佐食各取黍於一敦，上佐食兼受，摶之，以授尸，尸執以命祝。」卒命祝，祝受以東，北面于户西，以嘏于主人。」但少牢不親嘏者，大夫尸尊，又大夫禮文。此親嘏者，士尸卑禮質故也。云「其辭則少牢饋食禮有焉」者，按少牢云：祝「以嘏于主人，曰：皇尸命工祝，承致多福無疆于女孝孫，來女孝孫，使女受禄于天，宜稼于田，眉壽萬年，勿替引之。」是也。云「獨用黍者食之主」者，按上文云「爾黍于席上」，不云爾稷者，以稷雖五穀之長，不如黍之美，故云「食之主」。主人左執角，再拜稽首受，復位，詩懷之，實于左袂，挂于季指，卒角，拜，尸答拜。挂，俱責反，一音卦，注同。○詩，猶承也，謂奉納之懷中。季，小也。實於左袂，挂袪以小指者，便卒角也。少牢饋食禮曰：「興受黍，坐振祭，嚌之。」○奉，芳勇反。○疏曰：右手執角，左手挂袪，以小指不於左手。言「便卒角」者，飲酒之時，恐其遺落，故挂以小指，故云便卒角也。主人出，寫嗇于房，祝以籩受。變黍言嗇，因事託戒，欲其重稼嗇。嗇者，農力之成功。○疏曰：按少牢云：主人出，「宰夫以籩受嗇黍，主人嘗之，納諸内」。此大夫尊，直見大夫出，宰夫以籩受。此主人寫嗇於房，祝以籩受，以其士賤故也。云「變黍言嗇，因事託戒，欲其重稼嗇」者，以黍者五穀之名，非農力成功之稱，故以黍爲嗇，欲其重稼嗇。

右尸醋主人

筵祝南面，主人自房還時。主人酌獻祝，祝拜受角，主人拜送。設葅醢俎。行神惠也。先獻祝以接神，尊之。葅醢皆主婦設之，佐食設俎。○疏曰：佐食接尸，故後獻之，祝接神先獻之。云「葅醢皆主婦設之，佐食設俎」者，前獻尸時葅醢主婦設之，亞獻及致爵於主人籩豆，亦皆主婦設之，則此設葅醢亦主婦可知。又知佐食設俎，約少牢：「主人獻祝」，「佐食設俎」。故此亦佐食設俎可知。祝左執角，祭豆，興取肺，坐祭，嚌之，興加于俎。坐祭酒，啐酒，以肝從。祝左執角，右取肝，擩于鹽，振祭，嚌之，加于俎。卒角，拜。主人答拜，受角，酌獻佐食，佐食北面拜受角，主人拜送。佐食坐祭，卒角，拜，主人答拜，受角，降，反于篚，升，入復位。疏曰：云「主人答拜，受角，酌獻佐食」者，按上獻祝有俎，此獻佐食不言俎者，上經云「執事之俎，陳於階間，二列北上」，鄭注云：「執事，謂有司。」以佐食亦在有司內者，下記云「佐食俎，觳折脊脅」也。又下經賓長獻節鄭注云：「凡獻佐食皆無從，其薦俎獻兄弟以齒設之。」若少牢獻佐食俎即設於兩階之間西上，大夫將賓尸，故即設佐食俎，至於賓尸時，佐食無俎也。

右主人獻祝、佐食○記：祝俎：髀脡，脊二骨，脅二骨。凡接於神及尸者，俎不過牲三體，以特牲約，加其可併者二，亦得奇名。少牢饋食禮羊豕各三體。○疏曰：云「祝俎」，直云「脅二骨」，謂代脅也。以尸俎無脡脊，祝則有之，尸俎無代脅，祝俎有代脅可知。云「凡接於神及尸」者，祝、佐食、賓長、長兄弟、宗人之等是也。接神者，謂祝與佐食。佐食、尸未入，爲神設俎却會，祝酌奠於鉶南，故曰接神也。接尸者，賓爲三獻，長兄弟爲加爵，尸盥，宗人授巾，皆是與尸相接也。知皆三體者，下「佐食俎觳折脊脅」也，「賓骼，長兄弟及宗人折其餘如佐食俎」，故知皆三體也。「以特牲約加其可併者二」骨者，是尊祝也，佐食〔二六〕已下卑無加，故下注云「三體，卑者從正」是也。云「少牢饋食禮羊豕各三體」者，二牲各三體，共六體。不奇者，通腊髀爲七，則亦奇數也。以其腊既兩髀屬於尻不殊，故爲一體。膚一，離肺一。○佐食俎，觳折，脊脅。三體，卑者從正。○疏曰：直云「脊脅」，不定體名，欲見得便用之。少牢：佐食「俎設於兩階之間，其俎折，一膚。」鄭注云：「折者，擇取牢正體餘骨，折分用之。有脅而無薦，亦遠下尸。」是無定體也。膚一，離肺一。

主婦洗爵于房，酌，亞獻尸。亞，次也，次猶貳〔二七〕。主婦貳獻，不夾拜者，士妻儀簡耳。○疏曰：少牢主婦亞獻尸時夾拜，此士妻下之，故云「儀簡耳」。尸拜受，主婦北面拜送。北面拜者，辟內子也。大夫之妻拜於主人北，西面。○疏曰：按少牢云：「主婦洗于房中，出酌，入戶，西面拜，獻尸。」鄭注云：「入戶西面拜，由便也。不北面者，辟人君夫人也。拜而後獻者，當俠拜也〔二八〕。」又云：「尸拜受，主婦主人之北，西面拜送爵。」是也。若大夫妻貴辟人君，夫人士妻賤，不嫌得與人君、夫人同也。宗婦執兩籩，戶外坐，主婦受，設于敦南。兩籩棗栗，棗在西。○疏曰：下記云「籩，巾以綌也，纁裏，棗烝，栗擇」是也。知「棗在西」者，依士虞禮云主婦亞獻尸時云：「自反兩籩，栗棗設於會南，棗在西。」鄭云：「尚棗，棗美。」故知也。祝贊籩祭，尸受，祭之，祭酒，啐酒。籩祭，棗栗之祭。其祭之亦於豆祭。○疏曰：上經尸挼祭時云「右手取菹擩于醢，祭于豆閒」，又「佐食取黍稷肺祭授尸，尸祭之」，不言其處，明亦祭於豆閒。今此「祝贊籩祭」亦不言其處，亦祭於豆閒可知。又按有司徹云尸「取韭菹，擩于豆，祭于豆閒」，又「尸取𩞁蕡，宰夫贊者取白黑以授尸，尸受，兼祭于豆祭」，是籩豆同祭於豆閒也。兄弟長以燔從，尸受，振祭，嚌之，反之。燔，音煩。○燔，炙肝也。○疏曰：云「反之」者，謂反燔於長兄弟。羞燔者受，加于肵，出。出者，俟後事也。○疏曰：謂主婦獻祝之時，更當羞燔於祝。下文主婦獻祝籩燔從如初儀，明獻祝時亦長兄弟羞燔可知，故鄭注云「俟後事也」。尸卒爵，祝受爵，命送如初。送者，送卒爵。

右主婦亞獻尸

酢，如主人儀。尸酢主婦，如主人儀者，自祝酌至尸拜送，如酢主人也。不易爵，辟内子。○疏曰：云「不易爵，辟内子」者，男女不相襲爵，今襲爵者辟内子，是以少牢云：「祝受尸爵，尸答拜。易爵，洗酌授尸，主婦拜受爵，尸答拜。」是易爵也。主婦適房，南面。佐食挼祭，主婦左執爵，右撫祭，祭酒，啐酒，入，卒爵，如主人儀。撫挼祭，示親祭，佐食不授而祭於地，亦儀簡也。入室卒爵，於尊者前成禮，明受惠也。○疏曰：云「佐食不授而祭於地，亦儀簡也」者，少牢大夫妻云：「上佐食挼祭，主婦西面于主人之北受祭。」此佐食祭於地，主婦撫之而已，故云「亦儀簡」。云「亦」者，亦前不夾拜也。

右尸酢主婦

獻祝，籩燔從，如初儀，及佐食，如初。卒，以爵入于房。及佐食如初，如其獻佐食，則拜主人之北，西面也。○疏曰：此無正文，以佐食北面拜受，主婦不宜與佐食同面拜送。又言如初，明與主人同西面拜，故鄭云拜主人之北西面。

右主婦獻祝及佐食

賓三獻，如初，燔從如初，爵止。初，亞獻也。尸止爵者，三獻禮成，欲神惠之均於室中，是以奠而待之。○疏曰：自此盡卒復位，論賓長獻尸及佐食并主人主婦致爵之事。此一科之内，乃有十一爵：賓獻尸，一也；主婦致爵於主人，二也；主人酢主婦，三也；主人致爵於主婦，四也；主婦酢主人，五也；尸舉奠爵酢賓長，六也；賓長獻祝，七也；又獻佐食，八也；賓又致爵於主人，九也；又致爵於主婦，十也；賓獻主人酢，十一也。云「初亞獻也」者，知不初獻者，以主婦亞獻承初獻後，賓長又承亞獻後，故知如亞獻不得如初獻也，又面位及燔從皆如亞獻也。云「三獻禮成欲神惠之均於室中是以奠而待之」者，謂尸得三獻而禮成，言其實飲三爵。祝與佐食亦得三獻，主人主婦各得一酢而已。未得獻，是神惠未均，奠而待之者，待主人主婦致爵乃均也。按下文「衆賓長爲加爵如初，爵止」鄭注云：「尸止爵者，欲神惠之均於在庭。」止得一獻亦言均，則不以爵數爲均，直據得一獻則爲均也。

右賓長獻尸爵止

席于户内。爲主人鋪之，西面，席自房來。主婦洗爵，酌，致爵于主人。主人拜受爵，主婦拜送爵。主婦拜，拜於北面也。今文曰主婦洗酌爵。○疏曰：云「主婦拜，拜於北面也」者，約有司儐尸於堂，主婦致爵於主人，主人致爵於主婦，北面於阼階上答拜是也。宗婦贊豆如初，主婦受，設兩豆兩籩。初，贊亞獻也。主婦薦兩豆籩，東面也。○疏曰：上主婦亞獻時但云「宗婦執兩籩」，又云「祝贊籩祭」，無豆。此云「贊豆如初」，明贊豆之時與贊籩同，故得言如初。知「東面」者，以主人西面故也。俎入設，佐食設之。○疏曰：有司下大夫不儐尸者，主婦致爵於主人時，佐食設俎，彼室内行事，與士禮略同，故鄭知「佐食設之」也。主人左執爵，祭薦，宗人贊祭。奠爵，興取肺，坐絶祭，嚌之，興加于俎，坐挩手，祭酒，啐酒。絶肺祭之者，以離肺長也。少儀曰：「牛羊之肺，離而不提心。」豕亦然。挩，拭也。挩手者，爲絶肺染汙也。刌肺不挩手。古文「挩」皆作「説」。○疏曰：少儀注云：「提，猶絶也。」不絶中央少許者。引之證離肺長而不絶，故須絶之。云「刌肺不挩手」者，以其先已斷絶，取祭之，不須以手絶之，故不挩手也。肝從，左執爵，取肝擩于鹽，坐振祭，嚌之。宗人受，加于俎。燔亦如之。興，席末坐卒爵，拜。於席末坐卒爵，敬也。一酌而備，再從而次之，亦均。○疏曰：此決上主人獻尸，賓長以肝從，主婦獻尸，兄弟以燔從。今一酌而肝燔從，則與尸等，故云「亦均」。主婦答拜，受爵，酌醋，左執爵，拜，主人答拜。坐祭，立飲，卒爵，拜，主人答拜。

右主婦致爵于主人，受爵酌醋○記：胙俎：臂，正脊二骨，横脊，長脅二骨，短脅。主人尊，欲其體得祝之加數。五體，又於加其可併者二，亦得奇名。臂，左體臂。○疏曰：云「臂左體臂」者，以其尸用右，不云折，明全升主人。又云臂，明左臂可知。脅骨多，不嫌得與尸同用右體，猶脊然也。膚一，離肺一。

主婦出，反于房。主人降，洗酌，致爵于主婦。席于房中，南面。主婦拜受爵，主人西面答拜，宗婦薦豆、俎，從獻，皆如主人。主人更爵酌醋，卒爵，降，實爵于篚，入復位。主人更爵自酢，男子不承婦人爵也。祭統曰：「夫婦相授受，不相襲處，酢必易爵，明夫婦之别。」○疏曰：按上主婦獻尸，尸酢主婦不易爵，鄭注云「辟内子」，致爵於主人，則易爵也。若然，按下記設洗「篚在洗西」，「實二爵」，鄭注云：「二爵者，爲賓獻爵止，主婦當致也。」此賓長所獻爵，尸奠之，未舉其篚，唯有一爵，得云「易」者，上主婦亞獻洗爵於房中，則房中有爵。又主婦獻祝及佐食訖，以爵入於房後，主婦致爵於主人，還是房内爵後，主人致爵於主婦者，是下篚之爵。主婦飲訖，實於房中之篚，主人更取房内之爵以酌酢，酢訖奠於下篚。云「主人更爵」者，謂酌酢爵與房内爵相更，鄭注下記云「主婦當致」者，謂主人致爵於主婦，則用下篚内之爵也。

右主人致爵于主婦，更爵酌醋○記：主婦俎，縠折。縠，户角反，又苦角反。○縠，後足。折，分後右足以爲佐食俎，不分左臑折，辟大夫妻。○疏曰：云「縠後足」者，按既夕記云：「明衣裳」，「長及縠。」鄭注云：「縠，足跗也。」是縠後足也。云「分後右足以爲佐食俎」者，經不云後右足，鄭知者，以少牢主婦用左臑，此士妻辟之，不用左臑用後右足。不用後左足，左足太卑。其餘如阼俎。餘，謂脊脅膚肺。

三獻，作止爵。賓也，謂三獻者，以事命之。作，起也。舊説云：賓入户〔二九〕，北面，曰：皇尸請舉爵。尸卒爵，酢，酌獻祝及佐食。洗爵，酌致于主人主婦，燔從皆如初。更爵，酢于主人，卒，復位。洗乃致爵，爲異事新之。「燔從皆如初」者，如亞獻及主人主婦致爵也。凡獻佐食皆無從，其薦俎，獻兄弟以齒設之。賓更爵自酢，亦不承婦人爵。○疏曰：上文賓獻尸獻祝及佐食皆不洗，今致於主人洗，故決之也。按下篇不儐尸洗爵致於主人，注云「以承佐食，賤新之」，此云「爲異事新之」，注不同者，但異事則是承賤，承賤後則事異，言雖不同，理則一也。云「燔從皆如初」者，如上主婦亞獻尸及祝皆肝從燔從，此皆燔從無肝從，故經注云「燔從皆如初」。云「凡獻佐食皆無從」者，謂主人主婦及賓長獻佐食皆無從，故云凡。鄭言此者〔三〇〕，以經「獻祝及佐食洗爵致於主人主婦燔從皆如初」在獻佐食下，嫌獻佐食亦然有燔從，故鄭辯之。若然，佐食得獻與祝得獻同，亦得如初，但無從爲異。云「其薦俎獻兄弟以齒設之」者，以上佐食得獻時不見有設薦俎之文，下記云「佐食，於旅也齒於兄弟」，故佐食薦俎亦與兄弟同時設也。

右賓作尸止爵及獻祝、佐食、主人、主婦等

主人降阼階，西面拜賓，如初，洗。拜賓而洗爵，爲將獻之。如初，視濯時，主人再拜，賓答拜，三拜衆賓，衆賓答再拜。賓辭洗，卒洗，揖讓升，酌，西階上獻賓，賓北面拜受爵，主人在右答拜。就賓拜者，此禮不主於尊也。賓卑則不專階，主人在右，統於其位。○疏曰：按鄉飲酒、鄉射賓主獻酢各於其階，至酬乃同階，此因祭如初，賓非爲尊之，所尊者謂尸也。又賓是士家有司卑，不得專階，故就之，使不得專階，對鄉飲酒、鄉射得專階也。云「主人在右統於其位」者，以其賓位在西階上北面，以東爲右，主人位在阼階，故云統於其位。鄭言此者，主人就西階，異於飲酒，主人在右則與飲酒禮同，以言主人常居右也。薦脯醢，設折俎。凡節解者皆曰折俎，不言其體。略云折俎，非貴體也。上賓骼，衆賓儀，公有司設之。○疏曰：按下記云「賓骼」，鄭云：「骼，左骼也。賓俎全體，尊賓也。」折骨而曰折俎，明凡節解牲體皆曰折，升於俎，故名折俎。與臑折同名，其折義則異，彼折骨。云「不言其體，略云折俎，非貴體也」者，按下記云「賓骼」，骼是牲體，此經云折俎者用骼「非貴體」，故略云「折俎」。若然，經尸俎祝佐食及主人主婦俎體皆不言之，而鄭注獨云賓俎不言體者，尸祝等經不言牲體，亦不言折，以其體貴故也。此賓俎不言牲體而言折，明非貴體也。云「上賓骼衆賓儀」者，按下記唯云「賓骼」，其衆賓已下皆殺脅不言儀，鄭見有司徹主人獻賓儀，「司士設俎」，「羊骼一」；又云衆賓長「拜受爵」，「其脅體儀也」，注云：「儀者，尊體盡，儀度餘骨，可用而用之。尊者用尊體，卑者用卑體而已。」是也。云「公有司設之」者，此即有司徹所云司士是也。下文云公有司在門西，則此設俎者也。賓左執爵，祭豆，奠爵，興取肺，坐絶祭，嚌之，興加于俎，坐挩手，祭酒，卒爵，拜。主人答拜，受爵，酌酢，奠爵拜，賓答拜。主人酌自酢者，賓不敢敵主人，主人達其意。○疏曰：云賓不敢與主人爲敵酢之，是以主人酌以自酢達賓意故也。若鄉飲酒、鄉射賓皆親酢主人，以其賓尊，行敵禮故也。主人坐祭，卒爵，拜。賓答拜，揖，執祭以降，西面奠于其位，位如初，薦俎從設。位如初，復其位東面。少牢饋食禮：「宰夫執薦以從，設于祭東；司士執俎以從，設于薦東。」是則皆公有司爲之與？○與，音余。○疏曰：以賓位在西階下東面，今受獻於西階上，經云「執祭以降西面奠于其位」，又言「位如初」，明復西階下東面位可知也。衆賓升，拜受爵，坐祭立飲，薦俎設于其位，辯。主人備答拜焉，降，實爵于篚。辯，音徧，後皆同。○衆賓立飲，賤不備禮。鄉飲酒記曰：「立卒爵者不拜既爵。」備，盡，盡人之答拜。

右獻賓及衆賓○記：賓與長兄弟之薦自東房，其餘在東堂。東堂，東夾之前，近南。○疏曰：其餘，謂衆賓兄弟之薦也。○公有司門西，北面東上，獻次衆賓。私臣門東，北面西上，獻次兄弟。升受，降飲。獻在後者，賤也。祭祀有上事者貴之，亦皆與旅。○與，音預。○疏曰：公有司獻在衆賓後，私臣獻在兄弟後，故「獻在後者，賤也」。云「祭祀有上事者貴之」者，謂衆賓兄弟次賓之卑，得獻衆賓擇取公有司可執事者，謂前舉鼎匕載羞從獻衆賓，擇取公有司酬爵之屬。如此者，門外在有司羣執事中入門列在東面爲衆賓，餘者在門西位也。兄弟雖無上事，亦皆在西面位，族親故也。私臣獻在兄弟後者，職賤。公有司在衆賓後，不執事賤於執事者，故曰「有上事者貴之」。宗人獻與旅齒於衆賓，則公有司是也。佐食於旅齒於兄弟，則私臣之中擇爲賓使爲佐食是也。是以前文「佐食北面立於中庭」，注云「佐食，賓佐尸食」是也。按前賓得獻「薦脯醢，設折俎」注云：「公有司設之。」及獻兄弟薦脀注云：「私人爲之。」與二者皆使執事，云非執事者，以受獻者不得自設俎，暫使二者設之，非本執事之人。然則公有司、私臣薦俎，皆使徒隸爲之與？云「亦皆與旅」者，上宗人獻旅云「齒於衆賓，佐食旅齒於兄弟」，是但言獻次不言旅，以宗人佐食約之與旅者，亦此二人也。若天子諸侯祭祀，其位無文。此公有司在門西北面東上，私臣在門東北面西上，天子諸侯祭祀可依此位矣。同姓無爵者在阼階前，西面北上，卿西階前，東面北上，大夫在門東北面，士門西北面，旅食在其後。少牢下篇云：衆賓位在門東北面，既獻在西階西南，衆賓繼上賓而南，天子諸侯之賓其位或依此與？按祭統云：「凡賜爵，昭爲一，穆爲一，昭與昭齒，穆與穆齒。凡羣有司皆以齒，此之謂長幼有序。」此不見昭穆位者，主人衆兄弟非昭穆乎？故彼注昭穆，猶特牲、少牢饋食之禮主人之衆兄弟也，羣有司猶衆賓，下及執事者，君賜之爵，謂若酬之是也。若其有爵者，則以爵序之，何故然也？按文王世子，其在外朝，則以官；其在宗廟之中，則如外朝之位。宗人授事，以爵以官，是不以姓。其獻之亦以官，故祭統云：「尸飲五，君洗玉爵獻卿。尸飲七，以瑶爵獻大夫。尸飲九，以散爵獻士及羣有司。皆以齒，明尊卑之等。」是也。以此差之，知無爵者從昭穆，有爵者則以官矣。宗人獻與旅，齒於衆賓。尊庭長，齒從其長幼之次。佐食，於旅齒於兄弟。○賓骼，長兄弟及宗人折，其餘如佐食俎。長，丁丈反，注及後皆同。○骼，左骼也。賓俎全體，尊賓。不用尊體，爲其已甚，卑而全之，其宜可也。長兄弟及宗人折，不言所分，略之。○疏曰：尸用右骼，故知賓所用左骼可知。云「長兄弟及宗人折不言所分」，故知略之也。衆賓及衆兄弟、内賓、宗婦，若有公有司、私臣，皆殽脀。殽，户交反。脀，之丞反，後同。○又略。此所折骨，直破折餘體可殽者升之俎，一而已。不備三者，賤。祭禮，接神者貴。凡骨有肉曰殽。祭統曰：「凡爲俎者，以骨爲主。」貴者取貴骨，賤者取賤骨。貴者不重，賤者不虚，示均也。俎者，所以明惠之必均也。善爲政者如此，故曰見政事之均焉。公有司，亦士之屬，命於君者也。私臣，自己所辟除者。○疏曰：云「又略」者，上文長兄弟及宗人直言折，不言所折骨體，已是略。此又不言折而言殽脀，是又略也。言此所折骨，值有餘體，即破之可也。云「祭禮接神者貴」者〔三〕，謂長兄弟及宗人已上俎皆三，皆有嚌肺，以接神及尸貴，故三體。自衆賓已下折體而已，不接神及尸，賤無獻故也。宗人雖不獻，執巾以授尸，亦名接也。引祭統者，見貴賤皆有骨，示均之義。云「己所辟除」者，則府史之等不命於君者也。膚一，離肺一。

尊兩壺于阼階東，加勺，南枋，西方亦如之。勺，時灼反。○爲酬賓及兄弟，行神惠，不酌上尊，卑異之，就其位尊之。兩壺皆酒，優之，先尊東方，示惠由近。禮運曰：「澄酒在下。」○疏曰：上文獻賓及兄弟皆酌上尊者，獻是嚴正，故得與神靈共尊。至此旅酬禮褻，故不敢酌上尊。按司尊彝職四時之祭云「皆有罍，諸臣之所酢」，少牢上下大夫堂下皆無尊者，士卑得與人君同，大夫尊，辟人君故也。云「兩壺皆酒優之」者，設尊之法皆有玄酒，今兩壺皆酒無玄酒，優之也。云「先尊東方示惠由近」者，東方主人位，西方賓位，今先設東方，乃設西方者，見酒由主人來〔三二〕，故云「示惠由近」爲始。引禮運者，彼注「澄」爲「沈」，齊酒是三酒，酒所以飲諸臣，證此壺尊酒飲在下者也。主人洗觶，酌于西方之尊，西階前北面酬賓，賓在左。先酌西方者，尊賓之義。主人奠觶拜，賓答拜。主人坐祭，卒觶，拜，賓答拜。主人洗觶，賓辭。主人對，卒洗，酌，西面，賓北面拜。西面者，鄉賓位，立於西階之前，賓所答拜之東北。○鄉，許亮反。○疏曰：以經云「主人對，卒洗，酌，西面，賓北面拜」，主人西面授，賓北面答拜，明主人不得南過於賓，故鄭以義言之，云「立於西階之前，賓所答拜之東北」也。主人奠觶于薦北。奠酬於薦左，非爲其不舉。行神惠，不可同於飲酒。○疏曰：以其神惠右不舉，生人飲酒左不舉。今行神惠不可同於飲酒，故奠於左，與生人相變，故有司徹云：二人舉觶，酬尸侑，「侑奠觶于右」。鄭注云：「奠于右者，不舉也。神惠右不舉，變於飲酒。」是也。此酬奠於薦左，下文賓舉爲旅酬，以其神惠故也。言「不可同飲酒」者，謂不可同於鄉飲酒，故鄉飲酒記云：「將舉者於右，奠者於左。」其義與此別。此下文奠觶於薦南，明將舉，以初在北飲酒，將舉奠於薦南，便其復舉。賓坐取觶，還東面，拜，主人答拜。賓奠觶于薦南，揖復位。還東面，就其位薦西，奠觶薦南，明將舉。○疏曰：云「揖復位」者，則初奠時少南於位可知。云「還東面」者，則初賓坐取觶薦東西面可知，故鄭注云「還東面，就其位薦西」也。

右堂下設尊酬賓，賓奠觶

主人洗爵，獻長兄弟于阼階上，如賓儀。酬賓乃獻長兄弟者，獻之禮成於酬，先成賓禮，此主人之義。亦有薦脀設於位，私人爲之與？○與，音余。○疏曰：云「酬賓乃獻長兄弟者，獻之禮成於酬」者，以其獻賓之禮以酬副之，乃禮成，故冠禮云：「乃禮賓以一獻之禮。」鄭注云：「獻酢酬，賓主人各兩爵而禮成。」又鄉飲酒：獻及酬賓訖，乃獻介。又此文獻賓即酬賓乃獻兄弟，故鄭注「獻之禮成於酬」也。云「亦有薦脀設于位」者，以經云「獻長兄弟於阼階上，如賓儀」，則長兄弟初受獻於阼階上時，亦薦脯醢，設折俎於阼階上，祭訖乃執以降設於下位，皆當如賓儀。鄭下注云「設薦俎於其位」者，據執祭以降及其位而言也。言「亦」者，亦賓。鄭必知有薦俎者，見於下記云「長兄弟及宗人折」是也。云「私人爲之與」者，私人者即私臣，下記云「私臣門東北面西上」是也。以賓薦，公有司設之〔三三〕，則兄弟薦俎，私人可知。以無正文，故言「與」以疑也。洗獻衆兄弟，如衆賓儀。獻卑而必爲之洗者，顯神惠。此言如衆賓儀，則如衆賓洗明矣。○疏曰：上獻衆賓時雖不言洗，此云「獻衆兄弟如衆賓儀」，明獻衆賓洗可知。不言者，舉下以明上，省文之義也。

右堂上獻長兄弟、衆兄弟〔三四〕○記：長兄弟及宗人折，其餘如佐食俎。詳見上文「獻賓」條，下並同。衆兄弟若有公有司、私臣，皆殽脀，膚一、離肺一。○賓與長兄弟之薦自東房，其餘在東堂。○私臣門東北面西上，獻次兄弟。

洗，獻内兄弟于房中，如獻衆兄弟之儀。内兄弟，内賓宗婦也。如衆兄弟，如其拜受，坐祭，立飲，設薦俎於其位而立。内賓，位在房中之尊北。不殊其長，略婦人者也。有司徹曰：「主人洗獻内賓於房中，南面拜受爵。」○疏曰：云「内賓宗婦也」者，此總云「内兄弟」，下記云「内賓、宗婦」，按彼注云：「内賓，姑姊妹。宗婦，族人之婦。」若然，兄弟者服名，故號婦人爲兄弟也。云其「位在房中之尊北」者，按下記云：「尊兩壺于房中西墉下，南上。内賓立于其北，東面南上。宗婦北堂，東面北上。」是也。云「不殊其長，略婦人」者，決上文獻賓於西階上，獻兄弟於阼階上，皆殊其長，此不殊，故云略之。引有司徹者，欲見此内賓受獻時亦南面拜受爵，故下注云「内賓之長亦南面答拜」，言「亦」者，亦前受獻時。前雖無文，約有司徹内賓之長亦南面答拜。主人西面答拜，更爵酢，卒爵，降，實爵于篚，入復位。爵辯乃自酢，以初不殊其長也。内賓之長，亦南面答拜。○疏曰：云「爵辯乃自酢，以初不殊其長也」者，對上賓與長兄弟不待獻衆賓、衆兄弟徧，主人先自酢也。云「内賓之長亦南面答拜」者，獻時不殊其長，酢時猶如賓及兄弟，殊其長，與男子同，男子、婦人、衆賓以下皆無酢也。

右獻内賓、宗婦于房中○記：尊兩壺于房中西墉下，南上。爲婦人旅也。其尊之節亞西方。○疏曰：先尊東方者，亦惠由之也。西方雖是賓，以其男子，故在前設尊。此處爲房内，婦人設尊，故知亞次西方。又經云「尊兩壺于阼階東」，又云「西方亦如之」，明其相亞次。此房内婦人之尊，上文不見者，異之於婦人。内賓立于其北，東面南上，宗婦北堂，東面北上。二者所謂内兄弟。内賓，姑姊妹也。宗婦，族人之婦，其夫屬於所祭爲子孫。或南上，或北上，宗婦宜統於主婦，主婦南面。北堂，中房而北。○疏曰：言「所謂」者，上經云主人「洗，獻内兄弟于房中，如獻衆兄弟之儀」是也。言宗婦，則其夫屬於所祭死者之子孫之妻皆稱婦也。云「或南上或北上」，云内賓、姑姊妹、賓客之類南上，自取曲禮云：「東鄉西鄉，以南方爲上。」宗婦雖東鄉，取統於主婦，故北上，主婦南面故也。云「北堂中房而北」者，謂房中半已北爲北堂也。○内賓、宗婦，皆殽脀，膚一、離肺一。詳見上文「獻衆賓」條。○宗婦贊薦者，執以坐于户外，授主婦。

長兄弟洗觚爲加爵，如初儀，不及佐食。洗致如初，無從。大夫士三獻而禮成，多之爲加也。不及佐食，無從，殺也。致，致於主人、主婦。○殺，所界反，下皆同。○疏曰：云「如初儀」者，如賓長三獻之儀。但賓長獻十一爵，此兄弟之長加獻則降，唯有六爵，以其闕主人主婦致爵，并酢四爵及獻佐食五。唯有六在者：洗觚爲加獻，一也；尸酢長兄弟，二也；獻祝，三也；致爵於主人，四也；致爵於主婦，五也；受主人酢，六也。云「大夫士三獻而禮成」者，天子大祫十有三獻，四時與禘唯有九獻，上公亦九獻，侯伯七獻，子男五獻，卿大夫士略同三獻而祭禮成也。是以多之者爲加。若主人飲酒禮，卿大夫三獻，士唯一獻而已。祭禮士與大夫同者，攝盛，葬奠亦與大夫同少牢五鼎，又乘車建旜亦與卿大夫同也。

右長兄弟爲加爵

衆賓長爲加爵如初，爵止。尸爵止者，欲神惠之均於在庭。○疏曰：庭賓及兄弟雖得一獻，未得旅酬，其已得三獻，又别受加爵，故停之，使庭行旅酬，是以云「尸爵止者，欲神惠之均於在庭」也。

右衆賓長爲加爵爵止

嗣舉奠，盥入，北面再拜稽首。嗣，主人將爲後者。舉，猶飲也。使嗣子飲奠者，將傳重累之者。大夫之嗣子不舉奠，辟諸侯。○傳，大專反。○疏曰：云「嗣主人將爲後」者，不言適而言將爲後者，欲見無長適，立庶子及同宗爲後皆是，故泛言將爲後也。云「舉猶飲也」者，非謂訓舉爲飲，直是嗣子舉而飲之耳。云「將傳重累之」者，將使爲嗣牽累崇敬承重祭祀之事，是以使飲之而獻也。云「大夫之嗣子不舉奠辟諸侯」者，按文王世子云：「其登餕獻受爵，則以上嗣。」注云：「上嗣，君之適長子。」以特牲饋食禮言之，受爵，謂上嗣舉奠也。獻，謂舉奠洗爵酌入也〔二五〕。餕，謂宗人遣舉奠盥祝命之餕也。大夫之嗣無此禮，辟君也。今按少牢無嗣子舉奠之事，故此注云「辟諸侯」。士卑不嫌得與人君同，故有嗣子舉奠之事也。奠者，即上文「祝奠，奠於鉶南」是也。郊特牲云：「舉斝角，詔妥尸。」鄭注云：「始入，舉奠斝若奠角。將祭之，祝則詔主人拜」，安之，「使之坐，尸即至尊之坐。或時不自安，則以拜安之。天子奠斝，諸侯奠角。」彼鄭注意亦引此特牲祝酌奠於鉶南也。尸執奠，進受，復位，祭酒，啐酒，尸舉肝，舉奠左執觶，再拜稽首。進受肝，復位，坐食肝，卒觶，拜，尸備答拜焉。食肝，受尊者賜，不敢餘也。備，猶盡也。每拜答之，以尊者與卑者爲禮，略其文耳。古文「備」爲「復」。○疏曰：直言受肝，明有鹽，是以下記云「嗣舉奠，佐食設豆鹽」是也。云「食肝，受尊者賜，不敢餘也」者，食之當盡，以其食若不盡，直云嚌之而已。此經云「食肝」，明不敢餘也。舉奠洗酌入，尸拜受，舉奠答拜，尸祭酒，啐酒，奠之，舉奠出，復位。啐之者，答其欲酢己也。奠之者，復神之奠觶。嗣齒於子姓，凡非主人，升降自西階。○疏曰：云「啐之者，答其欲酢己也」者，鄉飲酒、鄉射主人獻賓，賓皆啐酒洗爵，即酢主人。此嗣子獻尸，尸啐之，亦欲酌己〔三六〕，故啐之，其實無酢也。云「嗣齒於子姓」者，姓之言生，子之所生謂孫行者，今嗣亦孫之流，故齒之也。云「凡非主人升降自西階」者，按曲禮云：爲人子者，「升降不由阼階」。是以雖嗣子亦宜升降自西階，適子孫不升阼階，故於此總言「凡」也。

右嗣舉奠○記：嗣舉奠，佐食設豆鹽。肝宜鹽也。

兄弟弟子洗，酌于東方之尊，阼階前北面舉觶于長兄弟，如主人酬賓儀。弟子，後生也。○疏曰：云「如主人酬賓儀」者，謂如上文主人酬賓，就其階，同北面，並拜乃飲，卒爵，拜，洗，酌，乃西面，賓北面拜位，故言「如」，此亦然。弟子洗觶酌於東方之尊阼階前，東面獻長兄弟，長兄弟北面拜，受弟子奠於薦南，長兄弟坐取觶，還西面拜，弟子北面答拜，長兄弟奠於薦北，揖復位。若有司徹云：「兄弟之後生者，舉觶於其長。」長在左，弟子自飲訖，「升酌，降，長拜受於其位。舉爵者東面答拜」。鄭注云：「拜受、答拜不北面者，儐尸禮殺。」此不儐尸，則拜送皆北面可知也。「弟子後生」者，此即有司徹云「兄弟之後生者」是也。

右弟子舉觶于長兄弟

宗人告祭脀，脀，俎也。所告者，衆賓、兄弟、内賓也。獻時設薦俎於其位，至此禮又殺，告之祭，使成禮也。其祭皆離肺，不言祭豆可知。○疏曰：云「告祭脀」者，謂告衆賓之等〔三七〕。知無長賓者，以其初得獻時，即祭肺於階上，此獻時乃設薦俎於其位，故此無長賓也。云「獻時設薦俎於其位」者，得獻時薦於堂下及房内之位。云「至此禮又殺，告之祭，使成禮也」者，按上文加爵致爵不及佐食，無從殺也，此告之祭使成禮，是再殺，故云「又殺」也。衆賓言薦俎從設，言薦即豆，故云不言祭豆可知。乃羞。羞，庶羞也。下尸，胾醢豆而已。此所羞者，自祝主人至於内賓，無内羞。○疏曰：知羞非薦羞者，上文受獻時皆設薦俎於其位，故知此羞是庶羞，非薦也。上爲尸「佐食羞庶羞，四豆設於左」，鄭注：「四豆：膮、炙、胾、醢。」此祝以下薦羞降於尸，當去膮、炙，故云「胾醢豆而已」。云「此所羞者自祝主人至於内賓」者，言自祝下及内賓及衆賓兄弟皆在可知。又下記云公有司「獻次衆賓」，私臣「獻次兄弟」，則内賓亦及之，是以少牢下篇云「乃羞庶羞于賓、兄弟、内賓及私人」，不儐尸亦云乃羞於賓、兄弟、内賓及私人，辯是也。若然，少牢與有司徹儐尸與不儐尸，庶羞與房中羞皆與尸、佐食及祝、主人、主婦皆同時羞之者，彼上下大夫禮尊，故得與尸同時羞，此士禮卑，故不得與尸同也。云「無内羞」者，以其尸尊尚無内羞，況祝卑，故無内羞也。賓坐取觶，阼階前北面酬長兄弟，長兄弟在右。薦南奠觶。○疏曰：自此盡「實觶于篚」論行旅酬之閒作止爵之事，但此特牲之禮，堂下行旅酬無筭爵，並有室中者不與旅酬之事。上大夫儐尸與旅酬不與無筭爵之事，故别使二人舉觶於尸侑，尸侑得舉爲旅酬，徧及堂下尸與旅酬者，以其儐尸在堂，禮殺故也。若下大夫不儐尸者，堂下無旅酬，直行無筭爵於堂下而已，尸則不與之。所以下大夫無旅酬，直有無筭爵者，以其禮尸於室中辟國君，堂下不設尊，故無旅酬，直行無筭爵而已。以其堂上與神靈共尊〔三八〕，不得與尸行旅酬，故屈之。此特牲堂下得旅酬，無筭爵並行者，以其堂下與神靈别尊，故爲加爵禮尸於室中，酌上尊，堂下旅酬行神惠，酌下尊，故上大夫及士之祭禮旅酬行無筭爵，或行或不，皆參差不等也。賓酬長兄弟，長兄弟在右。下文長兄弟酬衆賓長自左受旅如初，是賓主相酬，主人常在東。其同在賓中，則受酬者在左。若鄉飲酒賓酬主人，主人立於賓東，主人酬介，介立於主人之西，其衆賓受介，「酬者自介右」，鄭注云：「尊介，使不失故位。」衆受酬者受自左，異其義也。賓主相酬各守其位，不以尊卑變，同類之中受者於左，尊右也。賓奠觶拜，長兄弟答拜，賓立卒觶，酌于其尊，東面立。長兄弟拜受觶，賓北面答拜，揖復位。其尊，長兄弟尊也。此受酬者拜，亦北面。○疏曰：以其旅酬無筭爵，以飲者酌己尊，酬人之時酌彼尊。是各自其酒，故無筭爵。賓弟子及兄弟弟子舉觶於其長，各酌於其尊也。云「此受酬者拜亦北面」者，以經長兄弟拜受觶不言面位，故鄭云受酌者拜亦北面，言「亦」者，亦賓北面也。長兄弟西階前北面，衆賓長左受旅，如初。旅，行也。受行酬也。初，賓酬長兄弟。長兄弟卒觶，酌于其尊，西面立，受旅者拜受。長兄弟北面答拜，揖復位。衆賓及衆兄弟交錯以辯，皆如初儀。交錯，猶言東西。爲加爵者作止爵，如長兄弟之儀。於旅酬之閒言作止爵，明禮殺並作。○疏曰：前衆賓之長爲加爵如初爵止，今還使爲加爵者作止爵也，故云「如長兄弟之儀」。云「於旅酬之閒言作止爵，明禮殺並作」者，此決上文賓三獻「爵止」，鄭注云：「三獻禮成，欲神惠之均於室中，是以奠而待之。」故有室中主人、主婦致爵訖，乃三獻作止爵。此衆賓長爲加爵如初爵止，鄭注云「尸爵止者，欲神惠之均於在庭」，而堂下庭中行旅酬未訖，爲加爵者作止爵，故鄭注云「禮殺並作」也。長兄弟酬賓，如賓酬兄弟之儀，以辯。卒受者，實觶于篚。長兄弟酬賓，亦坐取其奠觶，此不言交錯以辯，賓之酬不言卒受者，實觶於篚，明其相報，禮終於此，其文省。○

疏曰：云「長兄弟酬賓亦坐取其奠觶」者，亦謂亦上賓坐取薦南奠觶。此長兄弟所舉奠觶者，即上弟子舉觶於其長是也。云「明其相報，禮終於此，其文省」者，以其賓舉奠觶於長兄弟行旅酬盡皆徧，長兄弟舉觶於賓行旅酬亦皆徧，故云「相報禮終」。言「明」者，嫌其不終。所以嫌者，賓之酬不言卒受者，此不言交錯以辯，嫌其不卒不辯，其實賓之酬亦卒受者，實觶於篚，此亦交錯以辯，故鄭云文省。賓弟子及兄弟弟子洗，各酌于其尊，中庭北面西上，舉觶于其長，奠觶拜，長皆答拜。舉觶者祭，卒觶，拜，長皆答拜。舉觶者洗，各酌于其尊，復初位，長皆拜。舉觶者皆奠觶于薦右。奠觶，進奠之於薦右，非神惠也。今文曰「奠于薦右」。○疏曰：云「奠觶進奠之於薦右，非神惠也」者，按上「尊兩壺於阼階東，加勺，南枋，西方亦如之」，鄭注云：「爲酬賓及兄弟，行神惠。」至此云非神惠者，彼三獻止爵，欲得神惠均於室中，衆賓長爲加爵止爵者，欲神惠均於在庭，故止爵，行旅酬得爲神惠。至別爲無筭爵，在下自相勸，故爲非神惠，故奠於薦右，同於生人飲酒，舉者奠於薦右也。長皆執以興，舉觶者皆復位，答拜。長皆奠觶于其所，皆揖其弟子，弟子皆復其位。復其位者，東西面位。弟子舉觶於其長，所以序長幼，教孝弟。凡堂下拜，亦皆北面。○疏曰：上既言皆復位答拜，此復重云復位，則上文復位復在庭初舉北面位。此重言復位者，當復東西面位可知。云「凡堂下拜亦皆北面」者，前主人酬賓，弟子舉於其長行旅酬及無筭爵，兄弟弟子，賓弟子舉觶皆北面，則知凡堂下雖不見面位者皆北面拜可知。爵皆無筭。筭，數也。賓取觶酬兄弟之黨，長兄弟取觶酬賓之黨，唯己所欲，亦交錯以辯，無次第之數。因今接會，使之交恩定好，優勸之。

右旅酬及無筭爵○記：宗人獻與旅，齒於衆賓。佐食，於旅齒於兄弟。詳見上文獻賓。○主婦及内賓、宗婦亦旅，西面。西面者，異於獻也。男子獻於堂上，旅於堂下。婦人獻於南面，旅於西面。内賓象衆賓，宗婦象兄弟，其節與其儀依男子也。主婦酬内賓之長，酌奠於薦左。内賓之長，坐取奠於右。宗婦之娣婦，舉觶於其姒婦，亦如之。内賓之長坐取奠觶，酬宗婦之姒，交錯以辯。宗婦之姒亦取奠觶，酬内賓之長，交錯以辯。内賓之少者，宗婦之娣婦，各舉觶於其長〔三九〕，並行交錯，無筭。其拜及飲者，皆西面，主婦之東南。○娣，大計反。姒，音似，本或作「似」。○疏曰：云「西面者異於獻也」者，以受獻時南面也。云「男子獻於堂上，旅於堂下」者，見上經。云「婦人獻於南面，旅於西面」者，見於有司徹。云「其節與其儀依男子也」者，謂依上經旅酬及無筭爵早晚行事之節，皆依男子也。云「主婦酬内賓之長，酌奠於薦左，内賓之長坐取奠於右」者，此約上經主人洗觶酌於西方之尊，西階前酬賓時主人奠觶於薦北，賓坐取觶，奠觶於薦南是也。云「宗婦之娣婦舉觶於其姒婦亦如之」者，此亦約上經兄弟弟子洗，酌於東方之尊，阼階前北面舉觶於長兄弟，如主人酬賓儀是也。云「内賓之長坐取奠觶酬宗婦之姒，交錯以辯」者，此亦上經正行旅酬節賓坐取觶，阼階前北面酬長兄弟云交錯以辯，皆如初儀是也。云「宗婦之姒亦取奠觶酬内賓之長，交錯以辯」者，此亦約旅酬節云：長兄弟酬賓，如賓酬兄弟之儀，以辯，卒受者實觶於篚。是也。云「内賓之少者，宗婦之娣婦各舉觶於其長」者，此亦約上經正行無筭爵時云賓弟子及兄弟弟子各酌於其尊，舉觶於其長下云爵皆無筭是也。云「其拜及飲者皆西面，主婦之東南」者，此經云亦旅西面，故知其拜受及拜送飲皆西面，又亦旅酬之法飲皆西面，知在主婦之東南者，以其不背主婦，又得邪角相向也。

利洗散，獻于尸，酢及祝，如初儀。降，實散于篚。散，悉但反，下皆同。○利，佐食也。言利，以今進酒也。更言獻者，以利待尸禮將終，宜一進酒，嫌於加酒亦當三也。不致爵，禮又殺也。○疏曰：利與佐食乃有二名者，以上文設俎啓會爾敦之時以黍稷爲食，故名佐食。今進以酒，酒所以供養，故名利，利即養也，故鄭云「以今進酒也」。少牢名「佐食，上利執羊俎，下利執豕俎」者，大夫禮文，故即兩見其名。長兄弟及衆賓長爲加爵於尸不言獻，今進酒更言獻，不言加爵，故鄭君解其義以利事尸。禮將終，宜一進酒，不似長兄弟助宗子祭祀爲加爵，衆賓之長助主人祭祀設爲加爵，嫌此佐食同彼二者爲加爵，故變言獻，是以鄭云嫌亦當三也。「亦」者，亦上主人獻，主婦獻，賓長爲三獻也。長兄弟爲加爵，衆賓長爲加爵，通洗散獻尸亦三，都并尸飲六，士祭事尸禮畢也。云「不致爵禮，又殺也」者，上文云「長兄弟洗觚爲加爵，如初儀，不及佐食，洗致如初，無從」。注云：「不及佐食，無從，殺也。」此又不致，故云又殺也。主人出，立于户外，西南。事尸禮畢。

右尸卒食○記：尸卒食，而祭饎爨、雍爨。雍，孰肉，以尸享祭，竈有功也。舊説云：宗婦祭饎爨，亨者祭雍爨，用黍肉而已，無籩豆俎。禮器曰：「燔燎于爨。夫爨者，老婦之祭，盛於盆，尊於瓶。」○疏曰：云亨者，則周禮亨人之官，其職主實鑊水爨亨之事，以供外内饔，故使之祭饔爨也。云「用黍肉而已，無籩豆俎」者，亦約禮器云盆瓶知之。引禮器者，按彼云孔子曰：「臧文仲焉知禮」，「燔柴於奥。」鄭注云：「奥，當爲爨，字之誤也，或作『竈』。」「時人以爲祭火神，乃燔柴。」又云：「夫爨，老婦之祭也，盛於盆，尊於瓶。」注云：「老婦，先炊者也。盆、瓶，炊器也。明此祭先炊非祭火神，燔柴似失之。」引之者，證祭爨之事也。

祝東面告利成，利，猶養也。供養之禮成，不言禮畢，於尸閒之嫌。○養，羊亮反，下同。供，九用反。○疏曰：少牢云：「主人出立於阼階上，南面，祝出立於西階上，東面。祝告曰：利成。」此户外告利成，彼階上告利成，以尊者稍遠於尸，若天子、諸侯，禮畢於堂下告利成。故詩楚茨云：「禮儀既備，鐘鼓既戒。孝孫徂位，工祝致告。」鄭注云：「鐘鼓既戒，戒諸在廟中者，以祭禮畢，孝孫往位堂下西面位也。祝於是致孝孫之意，告尸以利成也。」云「不言禮畢，於尸閒之嫌」者，禮畢，於尸閒暇無事，有發遣尸之嫌，故直言利成而已也。尸謖，祝前，主人降。謖，所六反。○謖，起也。前，猶導也。少牢饋食禮曰：「祝入，尸謖，主人降立於阼階東，西面。祝先，尸從，遂出於廟門。」前尸之儀，士虞禮備矣。○疏曰：引少牢者，證大夫禮主人立位與士不同，又證前尸出廟之事。云「前尸之儀士虞禮備矣」者，彼有室中出户、降階、出廟，前尸之事，故云備矣。祝反，及主人入，復位。命佐食徹尸俎，俎出于廟門。俎所以載肵俎，少牢饋食禮曰：有司受歸之。○疏曰：引少牢者，是少牢下篇有司徹下大夫不賓尸之禮，彼云：佐食徹尸俎，佐食乃出尸俎於廟門外，有司受歸之。此士禮不儐尸，與下大夫同，故引以相證也。

右事尸禮畢○記：賓從尸，俎出廟門，乃反位。賓從尸，送尸也。士之助祭，終其事也。俎，尸俎也。賓既送尸，復入反位者，宜與主人爲禮，乃去之。○疏曰：云「士之助祭終其事也」者，謂送尸爲終其事，既送尸爲終其事，則更無儐尸之禮。若上大夫有儐尸者，尸出，賓不送，以其事終於儐尸故也。

徹庶羞，設于西序下。爲將餕，去之。庶羞主爲尸，非神饌也。尚書傳曰：「宗室有事，族人皆侍終日，大宗已侍於賓奠，然後燕私。燕私者何也？已而與族人飲也。」此徹庶羞置西序下者，爲將以燕飲與？然則自尸祝至於兄弟之庶羞，宗子以與族人燕飲於堂，内賓宗婦之庶羞，主婦以燕飲於房。○爲，于僞反。去，起吕反。飲與，音余。○疏曰：知非神饌而云「爲尸」者，以其尸三飯後始薦庶羞〔四〇〕，故徹之乃餕也。凡餕者，尸餕鬼神之餘，祭者餕尸之餘，義取鬼神之惠徧廟中，庶羞非鬼神惠，故不用也。引尚書傳者，證徹庶羞不入於房而設於西序下，以擬燕故也。必知祭有燕者，按楚茨詩云「鼓鐘送尸」，下云「備言燕私」。注云：「祭祀畢，歸賓客之俎，同姓則留與之燕，所以尊賓客、親骨肉也。」其上大夫當日儐尸，安有燕，故有司徹上大夫云「主人退」，注云：「反於寢也。」是無燕私。若下大夫不儐尸，與此士禮同，亦當有燕也。云「與」者，以經直言「設于西序下」，不言燕，引書傳爲證有燕，故言「與」以疑之也。云「然則自尸祝」以下，知義如此者，以兄弟受獻於堂上〔四一〕，主婦内賓受獻於房中，尸出之後，堂房無事，故知燕時男子在堂，婦人在房可也。**筵對席，佐食分簋鉶。**爲將餕分之也。分簋者，分敦黍於會，爲有對也。敦，有虞氏之器也，周制士用之。變敦言簋，容同姓之士得從周制耳。祭統曰：「餕者祭之末也，不可不知也。」是故古之人有言曰：善終者如始。餕其是已。是故古之君子曰：尸亦餕鬼神之餘，惠術也〔四二〕，可以觀政矣。○疏曰：云「敦有虞氏之器」者，禮記明堂位云「有虞氏之兩敦」，上文黍稷之敦是周制，士用之。云「言簋容同姓之士得從周制耳」者，大夫異姓既用異代之器，故少牢、特牲皆用敦，則同姓之士當同周制用簋，故經言分簋。引祭統者，證餕是鬼神之惠徧廟中，若國君之惠徧境内，是可以觀政之事也。宗人遣舉奠及長兄弟盥，立于西階下，東面北上，祝命嘗食，䬸者舉奠許諾。升，入，東面，長兄弟對之，皆坐。佐食授舉，各一膚。命，告也。士使嗣子及兄弟䬸，其惠不過族親。古文「䬸」皆作「餕」。○疏曰：此決下篇少牢二佐食及二賓長餕，明惠大及異姓，不止族親而已。主人西面再拜，祝曰：䬸有以也。兩䬸奠舉于俎，許諾，皆答拜。以，依注音似，或如字。○以，讀如「何其久也、必有以也」之以。祝告䬸，釋辭以戒之，言女䬸此，當有所以也。以先祖有德而享於此祭，其坐，䬸其餘，亦當以之也。少牢饋食禮不戒者，非親昵也〔四三〕。舊説曰：主人拜下䬸席南。○女，音汝，下同。○疏曰：何其久也，必有以也，此辭在詩邶風旄丘篇。此經云「有以也」者，以先祖有功德，子孫當嗣之，而廟食先祖亦合享此祭，故讀從之也。云「少牢饋食禮不戒者」，二佐食與二賓長非親昵也。引「舊説」者，以經直言主人西面拜，不見其處，故引舊説以明下䬸席南。若是者三。丁寧戒之。皆取舉，祭食，祭舉，乃食。祭鉶，食舉。食乃祭鉶，禮殺。○疏曰：前正祭之時，尸祭鉶嘗之，告旨訖，佐食爾黍於席上，尸始食。今餕食乃祭鉶，故決云禮殺故也。卒食，主人降洗爵，宰贊一爵，主人升酌，酳上䬸，上䬸拜受爵，主人答拜，酳下䬸，亦如之。少牢饋食禮曰：「贊者洗三爵，酌，主人受於户内，以授次䬸。」舊説云：主人北面授下䬸爵〔四四〕。○疏曰：引少牢者，欲見此禮主人亦受於户内以授次䬸。引「舊説」，以此經云「酳下䬸」，主人面位無文，當北面也。主人拜，祝曰：「酳，有與也。」如初儀。主人復拜爲戒也。與，讀如諸侯以禮相與之與。言女酳此，當有所與也。與者，與兄弟也。既知似先祖之德，亦當與女兄弟，謂教化之。○疏曰：諸侯以禮相與之與，見禮記禮運。言此者，戒嗣子與長兄弟及衆兄弟相教化，相與以尊先祖之德也。兩養執爵拜，答主人也。祭酒，卒爵，拜，主人答拜。兩養皆降，實爵于篚。上養洗爵，升酌，酢主人，主人拜受爵。下養復兄弟位，不復升也。上養即位坐，答拜。既授爵戶內，乃就坐。○疏曰：以其主人位在戶內，下餕席南西面，故知上餕授爵於戶內乃就坐。主人坐祭，卒爵，拜。上養答拜，受爵，降實于篚。主人出立于戶外，西面。事餕者禮畢。

右養

祝命徹阼俎豆籩，設于東序下。命，命佐食。阼俎，主人之俎。宗婦不徹豆籩，徹禮略，各有爲而已。設於東序下，亦將燕也。○疏曰：云「祝命徹阼俎」者，是佐食徹之，當徹阼俎之時，堂下賓兄弟俎畢出，故下文云「佐食徹阼俎，堂下俎畢出」是也。云「宗婦不徹豆籩，徹禮略，各有爲而已」者，以宗婦贊設豆籩，佐食設俎，理應佐食徹俎，宗婦徹豆籩，以徹禮略，故宗婦豆籩今佐食并徹之也〔四五〕。云「各有爲而已」者，謂宗婦徹祝俎豆籩，佐食徹阼俎豆籩，是各自有爲，何必依前所設之時也。祝執其俎以出，東面于戶西。俟告利成，少牢下篇曰：「祝告利成，乃執俎以出。」○疏曰：按有司徹：下大夫不儐尸，改饌於西北隅，訖，主人出立於阼階上，西面，祝執其俎以出，立於西階上，東面，司宮闔牖戶。祝告利成，乃執俎以出於廟門外，有司受歸之。彼不儐尸之禮，亦與此特牲禮同，故引爲證也。宗婦徹祝豆籩入于房，徹主婦薦俎。宗婦既並徹，徹其卑者。士虞禮曰：「祝薦席，徹入于房。」○疏曰：宗婦不徹主人豆籩而徹祝豆籩入房者，爲主婦將用之爲燕。祝兩豆籩而主婦用之者，祝接神尸之類，主婦燕姑姊妹及宗女宜行神惠，故主人以薦羞并及祝庶羞燕宗人於堂。主婦以祝籩豆燕內賓於房，是其事也。云「宗婦既並徹，徹其卑」者，以宗婦不徹主人籩豆而徹祝與主婦，是徹其卑者，故得並徹。引士虞禮者，以經自有入房之文，注更引士虞禮者有嫌也。嫌者以主婦薦俎先在房，嫌經入房又爲徹。

右徹俎將用之爲燕

佐食徹尸薦俎敦，設于西北隅，几在南，厞用筵，納一尊，佐食闔牖户，降。厞，扶未反。○厞，隱。不知神之所在，或諸遠人乎？尸謖而改饌爲幽闇，庶其饗之，所以爲厭飫。少牢饋食禮曰：「南面，如饋之設。」此所謂當室之白，陽厭也。則尸未入之前，爲陰厭矣。曾子問曰：「殤不備祭，何謂陰厭、陽厭也？」○厭，一豔反。飫，於庶反。○疏曰：云「不知神之所在或諸遠人乎」，禮記郊特牲之文。彼論正祭與繹祭之事，此爲陽厭。引之者，欲見孝子求神非一處，故先爲陰厭之事也。引少牢者，見彼大夫禮陽厭南面，此士禮東面，雖位不同，當室之白則同。按曾子問庶殤爲陽厭之事，故彼云：「凡殤與無後者，祭於宗子之家，當室之白，尊於東房，是謂陽厭。」鄭注云：「當室之白，謂西北隅得户之明者也。」凡言厭者，謂無尸直厭飫神，尸未入之前爲陰厭，謂祭於奧中不得户明，故名陰厭，對尸謖之後，改饌於西北隅爲陽厭，以向户明，故爲陽厭也。「孔子曰有陰厭，有陽厭」，見曾子問。祝告利成，降出，主人降，即位，宗人告事畢。賓出，主人送于門外，再拜。拜送賓也。凡去者不答拜。○疏曰：云「凡去者不答拜」者，云「凡」，總解諸文主人拜送賓皆不答拜。鄭注鄉飲酒云：「禮有終。」是也。若賓更答拜，是更崇新敬禮，故不答也。佐食徹阼俎，堂下俎畢出。記俎出節，兄弟及衆賓自徹而出，唯賓俎有司徹歸之，尊賓者。○疏曰：有司徹歸尸侑之俎不儐尸，歸尸俎皆不見歸賓俎，鄭所以知歸賓俎者，上文賓出，主人送於門外，再拜，明賓不自徹俎，主人使歸之。若助君祭，必自徹其俎。鄭注曲禮：「大夫以下，或使人歸之。」是以魯郊不致燔俎於大夫〔四六〕，孔子不脱冕而行。士大夫家尊賓，使歸之自餘，亦自徹而去也。

右改饌西北隅陽厭

校勘記

〔一〕特牲饋食禮一　「一」字原脱，據賀本補。

〔二〕如今大木轝矣　「矣」，原作「反」，據四庫本、賀本改。

〔三〕不蒙如初者　「蒙」，原作「象」，據賀本改。

〔四〕謂明日質明時而曰肉孰　「謂明日」，原作「請期曰」，據四庫本、賀本改。

〔五〕宗人曰旦明行事　「曰」字原脱，據賀本補。

〔六〕祖天地之左海　「左」，原作「右」，據四庫本、賀本改。

〔七〕按經主婦致爵於主人　「主」字原脱，據四庫本、賀本補。
〔八〕乃羞之後　「乃」，四庫本作「尸」。
〔九〕鼏用綌　「鼏」，四庫本作「冪」。
〔一〇〕又知南齊于坫者按既夕記云設棜于東堂下南順齊于坫明在東西堂下皆齊於坫可知　「者按既夕記云設棜于東堂下南順齊于坫明在東西堂下皆齊于坫」二十七字原脱，據賀本補。
〔一一〕事酒在東　「事」，原作「尊」，據賀本改。
〔一二〕若燕禮大射唯君面尊　「面」，原作「西」，據賀本改。
〔一三〕主人行事由阼階　「由」，原作「面」，據賀本改。
〔一四〕今賓兄弟緣孝子欲得嘉賓尊客以事其祖禰　「今」，原作「命」，據四庫本、賀本改。
〔一五〕佐食玄端　「玄端」二字原脱，據賀本補。
〔一六〕出立于户西　「户」字原脱，據賀本補。
〔一七〕當爲主人釋辭於神也　「人」字原脱，據賀本補。
〔一八〕禮器所謂詔侑武方者也　「侑」，原作「宥」，據賀本改。
〔一九〕下記刌肺三鄭注爲尸主人主婦祭　「祭」字原脱，據賀本補。
〔二〇〕絜丑慮反　「丑」，原作「立」，據賀本改。
〔二一〕下同　「同」，原作「肝」，據四庫本改。

〔二二〕 膷以東　「膷」，原作「脚」，據賀本改。
〔二三〕 韭菹醓醢　「醓」，原作「醢」，據四庫本、賀本改。
〔二四〕 是獻尸也　「尸」下，原有「衍」字，據四庫本、賀本删。
〔二五〕 故知此是主人酳尸也　「酳」，賀本作「獻」。
〔二六〕 佐食　「食」下，原有「也」字，據賀本删。
〔二七〕 次猶貳　「次」，原作「文」，據四庫本、賀本改。
〔二八〕 當俠拜也　「俠」，四庫本作「夾」。
〔二九〕 賓入户　「户」，原作「尸」，據賀本改。
〔三〇〕 鄭言此者　「此者」二字原脱，據賀本補。
〔三一〕 云祭禮接神者貴者　「接」，原作「挼」，據四庫本、賀本改。
〔三二〕 見酒由主人來　「酒」，原作「猶」，據四庫本、賀本改。
〔三三〕 以賓薦公有司設之　「司」，原作「私」，據賀本改。
〔三四〕 右堂上獻長兄弟衆兄弟　「上」，原作「下」，據賀本改。
〔三五〕 獻謂舉奠洗爵酳入也　「入」，原作「又」，據四庫本、賀本改。
〔三六〕 亦欲酌己　「酌」，賀本作「酢」。
〔三七〕 謂告衆賓之等　「賓」字原脱，據四庫本、賀本補。

〔三八〕以其堂上與神靈共尊　「上」，原作「下」，據賀本改。
〔三九〕各舉觶於其長　「觶」，原作「奠」，據賀本改。
〔四〇〕以其尸三飯後始薦庶羞　「飯」，原作「飲」，據賀本改。
〔四一〕以兄弟受獻於堂上　「上」，四庫本作「下」。
〔四二〕惠術也　「惠」，原作「東」，據四庫本、賀本改。
〔四三〕非親昵也　「昵」，原作「明」，據四庫本、賀本改。
〔四四〕主人北面授下養爵　「下」，原作「于」，據賀本改。
〔四五〕故宗婦豆籩令佐食并徹之也　「令」，四庫本作「命」。
〔四六〕是以魯郊不致燔俎於大夫　「于」，原作「士」，據四庫本、賀本改。

儀禮經傳通解續卷第十八

少牢饋食禮二[一]

祭禮二

鄭目録云：諸侯之卿大夫祭其祖禰於廟之禮。於五禮屬吉禮。大戴第八，小戴第十一，别録第十六。○疏曰：鄭知「諸侯之卿大夫」者，曲禮下云「大夫以索牛」，用大牢是天子卿大夫，明此用少牢爲諸侯之卿大夫可知。賓尸是卿，不賓尸爲下大夫，爲異也。

經十六

少牢饋食之禮，少，詩召反，後放此。○禮將祭祀，必先擇牲，繫於牢而芻之。羊豕曰少牢，諸侯之卿大夫祭宗廟之牲。○疏曰：按周禮地官充人職云：「掌繫祭祀之牲牷，祀五帝，則繫於牢而芻之三月，享先王亦如之。」注云：「牢，閑也。必有閑者，防禽獸觸齧也[二]。養牛羊曰芻。三月，一時節氣成。」按楚語，諸侯卿大夫等雖不得三月，亦皆有養牲之法，故鄭據焉。言芻之唯據羊，若豕則曰豢，故地官槁人職云：「掌豢祭祀之犬。」注云：「養犬豕曰豢。」樂記亦云：「豢豕作酒，非以爲禍。」不言豕曰豢，文略也。云「羊豕曰少牢」者，對三牲具爲大牢。若然，豕亦有牢稱，故詩公劉云：「執豕于牢。」下經云「上利升牢心舌」，注云：「牢，羊豕也。」是豕亦稱牢也。但非一牲即得牢稱，若一牲即不得牢名，故郊特牲與士特牲皆不言牢也。日用丁己。音紀，注皆同。○内事用柔日，必丁己者，取其令名，自丁寧，自變改，皆爲謹敬。必先諏此日，明日乃筮。○疏曰：按曲禮文：「外事以剛日，内事以柔日。」内事謂冠昏祭祀，出郊爲外事，謂征伐巡守之等。甲丙戊庚壬爲剛日，乙丁己辛癸爲柔日。今直言「丁己」者，鄭云取其令名故也。云「必先諏此日明日乃筮」者，以其舉事尚朝旦，不可今日謀日即筮，是以此文云「日用丁己」，乃云「筮旬有一日」，是别於後日乃筮也。筮旬有一日。旬，十日也，以先月下旬之己，筮來月上旬之己。○疏曰：知旬爲十日者，此云旬有一日，以先月下旬之己筮來月上旬之己，除後己之前，通前己爲十日，十日爲齊後己日則祭。若然，筮日即齊乃可，故下文筮日即云「乃戒官」，不云厥明也。鄭直云「下旬己」、「上旬己」，據用己一日而言。若用丁，言先月下旬丁筮來月上旬丁，若丁己之外辛乙之等皆然。鄭必言來月上旬，不用中旬、下旬者，吉事先近日故也。筮于廟門之外，主人朝服西面于門東，史朝服，左執筮，右抽上韇，兼與筮執之，東面受命于主人。朝，直遥反，後朝服皆放此。韇，徒木反。○史，家臣，主筮事者。○疏曰：云「主人朝服西面于門東」者，此爲將筮故西面。按下文「爲期于廟門外，主人門東南面」，注云「主人不西面者，大夫尊，於諸官有君道也」者，彼不爲卜筮之事，故主人南面也。又主人朝服者爲祭而筮還服祭服，是以上篇特牲筮亦服祭服玄端。以此而言，天子諸侯爲祭卜筮亦服祭服。按司服云：「享先王則衮冕。」祭義云：「易抱龜南面，天子衮冕北面，雖有明知之心，必進斷其志焉。」是爲祭而卜還服、祭服，則諸侯爲祭卜筮服、祭服可知。若爲他事，卜筮則異於此。孝經注云：「卜筮冠皮弁，衣素積，百王同之不改易。」士冠「主人朝服」，注云「尊蓍龜之道」故也。云「史家臣主筮事」者，按雜記大夫士筮亦云「史練冠長衣」，是史主筮事也。主人曰：「孝孫某，來日丁亥，用薦歲事于皇祖伯某，以某妃配，某氏，尚饗。」丁，未必亥也，直舉一日以言之耳。禘于大廟禮曰：不得丁亥，則己亥、辛亥亦用之，無則苟有亥焉者可也。薦，進也，進歲時之祭事也。皇，君也。伯某，且字也。大夫或因字爲謚，春秋傳曰：魯「無駭卒」，「請謚與族」，「公命之以字爲展氏」。是也。某仲、叔、季〔三〕，亦曰仲某、叔某、季某也。某妃，某妻也。合食曰配。某氏，若言姜氏、子氏也，尚，庶幾。饗，歆也。○大廟，音泰，下文大筮、大祝皆同。○疏曰：「丁未必亥也，直舉一日以言之耳」者，以日有十，辰有十二，以五剛日配六陽辰，以五柔日配六陰辰，若云甲子乙丑之等，以日配辰，丁日不定，故云「丁未必亥」。經云「丁亥」者，不能具載，舉一日以丁當亥而言。餘或以己當亥，或以丁當丑，此等皆得用之也。云「禘于大廟禮」者，大戴禮文。云「不得丁亥則己亥、辛亥亦用之」者，鄭云此吉事先近日，唯用上旬。若上旬之内不得丁己以配亥，或上旬之内無亥以配日，則餘陰辰亦用之。故春秋宣八年經書「辛巳，有事于大廟」，文二年經書「八月丁卯，大事于大廟」，昭十五年經書「二月癸酉，有事于武宫」，桓十四年「乙亥嘗」，此等皆不獨用丁己之日與亥辰也，蓋無則苟有亥焉可也。必須亥者，按月令云：「乃擇元辰」，天子乃耕。注云：「元辰，蓋郊後之吉亥也。」陰陽式法：亥爲天倉，祭祀所以求福，宜稼於

田，故先取亥。上旬無亥，乃用餘辰也。云「伯某且字也」者，以某在伯下。若某在子上者，某是伯、仲、
叔、季，以某且字不得在子上故也。云「大夫或因字爲謚」者，謂因二十冠而字爲謚。知者，以某且字者，
觀德明功。若五十字以伯仲，人人皆有，非功德之事，故知取二十冠而字爲謚也。隱八年春秋左氏傳
云：「無駭卒，羽父請謚與族。公問族於衆仲，衆仲對曰：天子建德，因生以賜姓，胙之土而命之氏。諸
侯以字爲謚，因以爲族。」「公命以字爲展氏。」彼無駭之祖公子展以展爲謚，在春秋前，無駭取以爲族，故
公命爲展氏是也。此經云伯某，是正祭之稱也。若時有告請及非常祭祀，則去伯直云且字。言某甫，則
聘禮：「賜饔，惟羹飪，筮一尸，若昭若穆。僕爲祝，祝曰：孝孫某」，「薦嘉禮於皇祖某甫」。是也。若卿
大夫無謚，正祭與非常祭一，皆言五十，字在子上，與士正祭禮同，則云某子，故聘禮記云「皇考某子」是
也。特牲士禮無謚，正祭稱皇考某子。若士告請之祭則稱且字，故士虞記云「適爾皇祖某甫」是也。史
曰：「諾。」西面于門西，抽下韇，左執筮，右兼執韇以擊筮。將問吉凶焉，故擊之以動其神。易
曰：「蓍之德圓而神。」○疏曰：史既曰諾，乃之於門西閾外，西面述命乃筮也。云「左執筮」及下云「擊
筮」，筮者皆是蓍，以其用蓍爲筮，因名蓍爲筮。云「兼執韇」者，上文已用右手抽上韇，此經又用右手抽下
韇，是二韇兼執之也。云「易曰蓍之德圓而神」者，鄭彼注云：「蓍形圓而可以立變化之數，故謂之神也。」引
之者，證蓍有神，故擊而動之也。遂述命曰：「假爾大筮有常，孝孫某，來日丁亥，用薦歲事于皇
祖伯某，以某妃配，某氏，尚饗。」述，循也，重以主人辭告筮也。假，借也，言因蓍之靈以問之。常，吉凶
之占繇。○重，直用反。繇，直又反。○疏曰：云「遂述命」者，史既受主人命，乃右還向閾外西面遂述上主

人之辭，謂之述命，述命訖，乃連言曰「假爾大筮有常」。此是即席西面命筮，與述命同爲一辭者，對士喪禮卜葬日云不述命，若述命即與即席西面命龜異，鄭注云：「述命，命龜異，龜重，威儀多也。」對此大夫少牢述命命筮同，筮輕威儀少爲文也。云「常吉凶之占繇」者，謂應凶告吉，應吉告凶，則不常。此吉凶之占，依龜之繇辭。繇辭則占龜之長，若易之爻辭以占筮也。乃釋韇，立筮。卿大夫之蓍長五尺，立筮由便。○疏曰：云「卿大夫之蓍長五尺」者，大戴禮、三正記皆有此文。立筮由便，以其蓍長立筮爲便，對士之蓍三尺坐筮爲便。若然諸侯蓍七尺，天子蓍九尺，立筮可知。卦者在左坐，卦以木，卒筮，乃書卦于木，示主人，乃退占。卦者，史之屬也。卦以木者，每一爻畫地以識之，六爻備，書於版。史受以示主人，退東面旅占之。○疏曰：云「卦者史之屬也」者，以其筮是史〔四〕，故知卦者是史之屬也。云「書於版」者，釋經書「卦于木」，木即版也。云「史受以示主人」者，以經書卦是畫卦者，恐是卦者以示於主人，以卦者卑，宜還使筮，史受以示主人也。吉，則史韇筮，史兼執筮與卦以告于主人，占曰從。從者，求吉得吉之言。○疏曰：以主人之祭本以求吉，今以疑而問筮，筮而得吉，是從主人本心，故曰從者，是求吉得吉之言也。乃官戒，宗人命滌，宰命爲酒，乃退。滌，大歷反。○官戒，戒諸官也。當共祭祀事者，使之具其物且齊也。滌，溉濯祭器，埽除宗廟。○共，音恭。齊，側皆反，下同。溉，古愛反，一本作「濯」。○疏曰：云「官戒〔五〕，戒諸官也。當共祭祀事者，使之具其物且齊也。滌，溉濯祭器，埽除宗廟」者，此其筮祭日得吉，當以祭事，故知官戒戒諸官有此數事。此等皆事見於下文，故鄭總而言也。若不吉，則及遠日，又筮日如初。及，至也。遠日，後丁若後己。○疏曰：云「遠日後丁若後己」者，按上曲禮云：「喪事先遠日，吉事先近日。」近日，即上旬丁己是也。若上旬丁己不吉，則至上旬又筮中旬丁己，不吉，至中旬又筮下旬丁己，不吉則止不祭，以其卜筮不過三也，是以鄭云「後丁若後己」也。

右卿大夫祭前十日先筮日

宿，宿，讀爲「肅」，肅，進也。大夫尊，儀益多，筮日既戒諸官以齊戒矣，至前祭一日，又戒以進之，使知祭日當來。古文「宿」皆作「羞」。○疏曰：云「大夫尊儀益多」者，其大夫宿戒兩有，士有宿而無戒，是儀略，故云大夫儀多也。此直是儀多而云「益多」者，據士尸一宿，下文大夫尸再宿是「儀益多」，益多猶云彌多也。此云「前祭一日，又戒以進之，使知祭日當來」，并下文「明日朝服筮尸」，並是前祭一日。唯下文「前宿一日宿戒尸」者是前祭二日，以言前一日，明祭前二日可知也。前宿一日，宿戒尸。皆肅諸官之日，又先肅尸者，重所用爲尸者，又爲將筮。○又爲，于僞反。○疏曰：云「皆肅諸官之日」者，解經「宿」是肅諸官之日。云「又先肅尸」者，總解經「前宿一日，宿戒尸」，謂是肅諸官之日，前又先肅尸校一日，當祭前二日也。云「重所用爲尸」者，肅諸官唯一肅，尸有再肅，是重所用爲尸者故也。云「又爲將筮」者，亦是肅之使知祭日當來故也。若然宿與戒前後名不同，今合言之者，以前有十日之戒，後有一日之宿。若單言戒，嫌同十日；若單言宿，嫌同一日。故宿戒並言，明其别也或可。此是初戒尸，云「宿戒尸」者，故加「宿」字於戒上也。明日，朝筮尸，如筮日之禮。命曰：「孝孫某，來日丁亥，用薦歲事于皇祖伯某，以某妃配，某氏，以某之某爲尸，尚饗。」筮卦占如初。某之某者，字尸父而名尸也。字尸父，尊鬼神也。不前期三日筮尸者，大夫下人君，祭之朝乃視濯，與士異。○疏曰：云「某之某者字尸父而名尸也」者〔六〕，按曲禮云：父在「不爲尸。」注云：「爲其失子道，然則尸卜筮無父者。」若然，凡爲人尸者父皆死矣，死者當諱其名。今對尸，故知不稱尸父之名，故上「某」是尸之父字，下「某」爲尸名。是生者可稱名，是以云「字尸父而名尸」也。云「字尸父，尊鬼神也」者，以不稱名是尊鬼神也。特牲士禮云「前期三日」「筮尸」，此祭前一日筮尸，吉遂宿尸者。天子諸侯前期十日卜，得吉日則戒諸官散齊，至前祭三日卜尸得吉，又戒宿諸官使之致齊。士卑不嫌，故得與人君同三日筮尸，但下人君不得散齊七日耳。大夫尊不敢與人君同，直散齊九日前祭一日筮尸并宿諸官致齊也。云「祭之朝乃視濯與士異」者，亦是士卑，得與人君同祭前一日視濯，大夫尊，不敢與人君同，故與士異也。云「與士異」，亦是下人君，下人君亦是與士異，互換省文爲義也。

吉，則乃遂宿尸，祝擯。筮吉又遂肅尸，重尸也。既肅尸，乃肅諸官及執事者。祝爲擯者，尸，神象。○疏曰：諸官一肅，上已宿尸訖，今筮吉又肅、再肅者，是重尸者也。云「既肅尸，乃肅諸官及執事」者，此重解上文「宿」，是此宿尸後事，置於上文者，彼爲前宿一日宿戒尸之事，故云，其實當在此重肅尸之後也。云「祝爲擯者尸神象」者，決前筮尸時皆主人出命，至此使祝擯，以尸是神象，故使祝擯也。按特牲使宗人擯，主人辭，又有祝共傳命者，士卑不嫌兩，有與人君同。此大夫尊，下人君，故闕之，唯有祝擯而已。又此尸不言出門面位，按特牲：主人宿尸時，「尸如主人服，出門左，西面」。鄭注云：「不敢南面當尊。」則大夫之尸尊，尸出門徑南面，故主人與尸皆不在門東門西也。

主人再拜稽首。祝告曰：「孝孫某，來日丁亥，用薦歲事于皇祖伯某，以某妃配，某氏，敢宿。」告尸以主人爲此事來。尸拜，許諾。主人又再拜稽首。主人退，尸送，揖，不拜。尸不拜者，尸尊。○疏曰：凡賓主之禮，賓去主人皆拜送。今云「尸送揖不拜」者，以大夫尸尊故也。若不吉，則遂改筮尸。即改筮之，不及遠日。○疏曰：此決上文筮日不吉，筮遠日者，以日爲祭祀之本，須取丁己之類，故須取遠日後旬丁。此筮尸不吉，不須退至後旬，故筮不待遠日也。

右筮尸，宿尸及宿諸官

既宿尸，反，爲期于廟門之外。爲期，肅諸官而皆至，定祭早晏之期，爲期亦夕時也。言既肅尸反爲期，明大夫尊，肅尸而已。其爲賓及執事者，使人肅之。○疏曰：云「爲期肅諸官而皆至」者，宿尸及宿諸官與爲期皆於祭前之日也。特牲云「厥明夕，陳鼎于門外」，又下文「請期曰羹飪」是夕時，則此大夫禮爲期亦夕時可知也。經云「宿尸反」，即云「爲期」，明大夫不自肅賓，以下可知，故云「使人肅之」也。主人門東南面，宗人朝服北面，曰：「請祭期。」主人曰：「比於子。」比，毗志反，次也，注同。○比次早晏，在於子也。主人不西面者，大夫尊，於諸官有君道也。爲期，亦唯尸不來也。○疏曰：言「比次早晏」者〔七〕，一日一夜辰有十二，冬日夏夜長短不同，是以推量比次日辰之早晏也。云「主人不西面者大夫尊，於諸官有君道也」者，決特牲主人門外西面，士卑於屬吏，無君道故也。云「爲期亦唯尸不來也」者，言亦特牲爲期時，賓及衆賓位於門西時無尸，此大夫禮餘賓之等並來，亦唯尸不來，是以主人南面亦爲無尸也。宗人曰：「旦明行事。」主人曰：「諾。」乃退。旦明，旦日質明。

右宗人請祭期

明日，主人朝服即位于廟門之外，東方南面。宰宗人西面北上。牲北首東上。司馬刲羊，司士擊豕，宗人告備，乃退。刲，苦圭反。○刲、擊，皆謂殺之。此實既省，告備乃殺之，文互者，省文也。尚書傳：羊屬火，豕屬水。○疏曰：按特牲視牲與視殺別日，今少牢不言視牲，直言刲、擊、告備，乃退者，省文也。祭義云：「君牽牲，穆答君，卿大夫序從。既入門，麗于碑，卿大夫袒，而毛牛尚耳。」諸侯禮殺於門内，此大夫與特牲士皆殺於門外者，辟人君也。云「刲擊皆謂殺之」者，豕言擊，動之使鳴，是視牲也。羊言刲，謂殺之，是視殺也。雍人概鼎匕俎于雍爨，雍爨在門東南，北上。概，古愛反。○雍人，掌割亨之事者。爨，竈也，在門東南，統於主人，北上。羊豕魚腊皆有竈，竈西有鑊。凡概者，皆陳之而後告絜。○疏曰：云「雍人掌割亨之事」者，周禮饔人職文。云「凡概者皆陳之而後告絜」者，按特牲視濯時皆陳之，視訖告絜，此亦當然。廩人概甑甗匕與敦于廩爨，廩爨在雍爨之北。甑，子孕反。甗，魚展反，又音言〔八〕，劉音彥，又魚變反。敦，音對，劉都愛反，後皆放此。○廩人，掌米入之藏者。甗如甑，一孔。匕，所以匕黍稷者也。古文「甑」爲「烝」。○疏曰：云「廩人掌米入之藏」者，周禮地官廩人職文，以其穀入倉人，米入廩人故也。云「甗如甑一孔」者，按冬官陶人職云：甗「實二鬴，厚半寸，脣寸。甑實二鬴，厚半寸，脣寸，七穿。」鄭司農云：「甗，無底甑。」以其無底，故以「一孔」解之。云「匕所以匕黍稷者也」者，上雍人云：匕者所以匕肉。此廩人所掌米，故云匕黍稷也。司宮概豆、籩、勺、爵、觚、觶、几、洗、篚，于東堂下。勺、爵、觚、觶，實于篚。卒概，饌豆籩與篚于房中，放于西方。設洗于阼階東南，當東榮。放，猶依也。大夫攝官，司宮兼掌祭器也。○疏曰：按特牲云：「宗人升自西階，視壺濯及豆籩，反降，東北面告濯具。」鄭注云：「不言絜，以有几席。」

若然，彼几席不概，則几洗篚三者亦不概，而并言之者，以其同降於東堂下，故繼觚觶連言之，其實不概也。云「大夫攝官司宮兼掌祭器」者，下文司宮筵神席於奧，此又掌豆籩之等，故鄭云「攝官」。按內則鄭注云「諸侯兼官」者，彼對天子，天子六卿，諸侯三卿兼六卿。此則大夫對諸侯，諸侯具官，大夫攝官也。

右視殺視濯

羹定，雍人陳鼎五，三鼎在羊鑊之西，二鼎在豕鑊之西。定，多佞反。○魚腊從羊，膚從豕，統於牲。○疏曰：云「魚腊從羊，膚從豕，統於牲」者，上文概鼎時鄭云：「羊豕魚腊皆有竈。」今陳鼎宜各當其鑊，此三鼎在羊鑊之西，二鼎在豕鑊之西，故云魚腊從羊，膚從豕也。其實羊豕魚腊各有鑊也。此直有羊豕，言皆有鑊，前注何知魚腊皆有竈？按士虞禮云：「側亨于廟門外之右，東面。」魚腊爨在其南。士之魚腊皆有爨，則大夫魚腊皆有鑊可知，故羊豕魚腊皆有竈也。司馬升羊右胖，髀不升，肩、臂、臑、膊、骼，正脊一、脡脊一、横脊一、短脅一、正脅一、代脅一，皆二骨以並。腸三、胃三、舉肺一、祭肺三，實于一鼎。胖，音判。髀，步禮反，又方爾反。臑，奴到反，又人于反。膊，劉音純，說文之允反。骼，音格，又音各，下同。脡，他頂反。○升，猶上也。上右胖，周所貴也。髀不升，近竅，賤也。肩、臂、臑，肱骨。膊、骼，股骨。脊從前爲正，脅旁中爲正。脊先前，脅先後，屈而反，猶器之綍也。並，併也。脊脅骨多，六體各取二骨併之，以多爲貴。舉肺一，尸食所先舉也。祭肺三，爲尸、主人、主婦。古文「胖」皆作「辯」，「髀」皆作「脾」，今文「並」皆爲「併」。○綍，側耕反，後同。併，步頂反。辯，音徧，一皮莧反。脾，必爾反，又婢支反。○疏曰：上十一體言「一」者，見其體也。下言「皆二骨以並」，見一體皆有二骨也。云「脊從前爲正，脅旁中爲正，脊先前，脅先後，屈而反，猶器之綼」也，云「先前」者正脊是也，「先後」者即短脅是也。故特牲記云：尸俎：「正脊二骨、横脊、長脅二骨、短脅。」鄭注云：「脊無中，脅無前」，貶也。明代脅最在前也。「脊先前，脅先後」者，取綼屈之義。若然，脊以前爲正，其次名脡，却後名横脡者，取脡，脡然直，後言横者，取闊於脡。凡名骨皆隨形名之，唯言正者以義取稱焉。此言綼者，指解脊不取肩胳也。若尸舉牲體則脅肩胳爲綼，故鄭注特牲云：先舉正脊，後肩，自上而却下，綼而前，終始之次也。故尸舉牲體如綼也。按下注云「升之以尊卑」，此注云「猶器之綼也」，若綼則不得見尊卑，若以尊卑升復不得見綼，兩注似乖者。凡牲體四支爲貴，故先序肩、臂、臑、膞、胳爲上是尊，然後序脊、脅於下是卑。次應先言正脅，而先言短者，又取綼之義也。但所序骨體各有宜，不可準定也。若然，既以尊卑升之，而祭肺貴序在下者，腸胃及肺在内，不得與外體爲尊卑之次，當以腸内自爲先後之次也。云「脊脅骨多，六體各取二骨併之，以多爲貴」者，此經肩臂已下皆言「一」，至十一體之下總言「皆二骨」。知二骨據脊脅骨多，六體各取二骨者，按特牲記肩臂臑肫胳不言二骨，至序脊脅即言二骨以並，故知此言「皆二骨」亦據脊脅可知也。司士升豕右胖，髀不升，肩、臂、臑、膞、胳、正脊一、脡脊一、横脊一〔九〕、短脅一、正脅一、代脅一，皆二骨以並。舉肺一、祭肺三，實于一鼎。豕無腸胃，君子不食溷腴。○溷，音患，又胡困反〔一〇〕。○疏曰：云「君子不食溷腴」，禮記少儀文。彼注云：「腴，有似於人穢。」故樂記注云：「以穀食犬豕曰豢。」是似人也。雍人倫膚九，實于一鼎。倫，擇也。膚脅革肉，擇之取美者。○疏曰：知「膚脅革肉」者，下文云「膚九而俎」，亦横載革順，故知膚是脅革肉也。司士又升魚腊，魚十有五而鼎，腊一純而鼎，腊用麋。司士又升，副俘者，合升左右胖曰純，純，猶全也。○疏曰：云「司士又升副俘」者，謂是第三俎，其司士與前文司士升豕者別。知者，以下經云「司士三人升魚腊膚」，則此豕、魚、腊宜各一人，又此升鼎宜俱時，明是副俘者，非升豕者可知。云「俘」者，按諸子職云：「掌國子之倅。」鄭云：「是公卿大夫之副貳。」則此云俘亦副之別名。以其副牲鼎，故云「副俘」也。卒脀，皆設扃冪，乃舉，陳鼎于廟門之外，東方北面北上。脀，之承反。○北面北上，鄉內相隨。古文「冪」皆爲「密」。司宮尊兩甒于房戶之閒，同棜，皆有冪。甒有玄酒。甒，亡甫反。○房戶之閒，房西室戶東也。棜無足，禁者，酒戒也。大夫去足改名，優尊者。若不爲之戒然。古文「甒」皆作「廡」，今文「冪」作「鼏」。○疏曰：云「棜無足，禁者，酒戒也。大夫去足改名，優尊者。若不爲之戒然」者，此決特牲用棜仍云禁，此改名曰棜，是優尊者，若不爲神戒然。鄉飲酒雖是大夫禮，猶名「斯禁」者，尋常飲酒異於祭祀也。司宮設罍水于洗東，有枓。設篚于洗西，南肆。枓，音主。○枓，㪺水器也。凡設水用罍，沃盥用枓，禮在此也。○㪺，九于反，劉苦侯反。○疏曰：云「凡設水用罍，沃盥用枓，禮在此也」者，言「凡」，總儀禮一部內用水者皆須罍盛之，沃盥水者皆用枓爲之。鄭言「禮在此」者，以士冠禮直言「水在洗東」，士昏禮亦直言「水在洗東」，鄉飲酒、特牲記亦云，然皆不言罍器，亦不云有枓，其燕禮、大射雖云罍水又不言有枓，故鄭注總云「凡」此等設水用罍，沃盥用枓，其禮具在此，故餘文不具，省文之義。改饌豆籩于房中，南面，如饋之設，實豆籩之實。改，更也，爲實之更之，威儀多也。如饋之設，如其陳之左右也。饋設東面。○疏曰：前司宮概豆籩訖，饌豆籩放於西方，今欲實之，乃更設豆籩於房中南面，如饋之禮東面設然者。此大夫禮威儀多，決特牲士禮視濯時豆籩鉶在東房，至實豆籩時直云「豆籩鉶陳於房中，如初」，鄭云：「如初者，取而實之，既而反之。」是其不改籩豆之處，因而實之，是士禮威儀略也。小祝設槃匜與簞巾于西階東。爲尸將盥。○疏曰：按特牲直云「尸盥匜水，實于盤中，簞巾，在門内之右」，不言其人，未聞也。知非祝者，彼下文始言「祝筵几于室中」，注云：「至此使祝接神。」明前非祝也。

右實鼎及豆、籩、槃匜等

主人朝服即位于阼階東，西面。爲將祭也。司宫筵于奥，祝設几于筵上，右之。布陳神坐也。室中西南隅謂之奥，席東面近南爲右〔一一〕。○疏曰：按特牲云「祝筵几」，鄭云：「使祝接神。」此使司宫者，此大夫禮異於士，故司宫設席，祝設几。大夫官多，故使兩官共其事，亦是接神，故祝設几也。主人出迎鼎，除鼏，士盥，舉鼎，主人先入。道之也，主人不盥不舉。○疏曰：此決特牲主人降及賓盥，士禮自舉鼎。此大夫尊，不舉，故不盥。司宫取二勺于篚，洗之，兼執以升，乃啓二尊之蓋冪，奠于棜上，加二勺于尊，覆之，南柄。二尊，兩甒也。○疏曰：「二尊兩甒」者，即上「司宫尊兩甒于房户之閒」是也。知二勺兩尊用之者，玄酒雖有不酌，重古，如酌者然也。鼎序入，雍正執一匕以從，雍府執四匕以從，司士合執二俎以從，司士贊者二人皆合執二俎以相從入。相，息亮反。○相助。陳鼎于東方，當序，南于洗西，皆西面北上，膚爲下。匕皆加于鼎，東枋。枋，彼命反。○膚爲下，以其加也。南於洗西，陳於洗西南。○疏曰：此云「膚爲下」，門外陳鼎時不言，至此言之者，以膚者豕之實。前陳鼎在門外時未有俎，據鼎所陳則膚在魚上，今將載於俎，設之最在後，故須分別之也。云「膚爲下以其加」者，以羊無別俎而豕有膚俎，故謂之加，以加爲下也。洗當東榮，近東也，其陳鼎，鼎當東序，則近西也。而言「南於洗西」，則鼎陳於洗西稍近南，東西不得與洗相當也。俎皆設于鼎西，西肆。肵俎在羊俎之北，亦西肆。肵，音祈。○肵俎在北，將先載也。異其設文，不當鼎。○疏曰：云「異其設文不當鼎」者，羊俎在羊鼎西，今云「肵俎在羊俎北」，不繼鼎，明不當鼎也。若繼鼎言者，即在鼎西也。宗人遣賓就主人，皆盥于洗，長枇。長，丁丈反，注同。○長枇者，長賓先，次賓後也。主人不枇，言就主人者，明親臨之。古文「枇」作「匕」。佐食上利升牢心舌，載于肵俎，心皆安下切上，午割勿没。其載于肵俎，末在上，舌皆切本末，亦午割勿没，其載于肵，横之，皆如初爲之于爨也。牢，羊豕也。安，平也。平割其下，於載便也。凡割本末，食必正也。午割，使可絶。勿没，爲其分散也。肵之爲言敬也，所以敬尸也。周禮祭尚肺，事尸尚心舌，心舌知滋味。今文「切」皆爲「刌」。○疏曰：經言「皆如初爲之于爨也」者，以前膚鼎時不見心舌，嫌不在爨，故明之。云「皆」者，羊豕皆有心舌也。按特牲記云：「肵俎，心舌皆去本末，午割之，實于牲鼎，載，心立，舌縮俎。」即是未入鼎時則制此心舌然也。既未入鼎時先制之，是以雖出爨亦得爲皆如初爨也。云「凡割本末食必正也」者，鄉黨孔子云「割不正不食」，故割本末爲食正也。云「肵之爲言敬也」者，郊特牲文。彼云「肵之爲言敬也」，言所以敬尸也。云「周禮祭尚肺」者，禮記明堂位云：「有虞氏祭首，夏后氏祭心，殷祭肝，周祭肺。」是周之禮法祭肺。而此肵俎不取肺而用心者，以其事尸尚心舌。「心舌知滋味」者，故特牲記鄭注亦云：「心舌知食味者，欲尸之饗。」此祭是以進之。若然，舌之所嘗五味，乃是心之所知酸苦也，故心舌併言之。佐食遷肵俎于阼階西，西縮，乃反。佐食二人上利升羊，載右胖，髀不升。肩、臂、臑、膊、骼，正脊一、脡脊一、横脊一、短脅一、正脅一、代脅一，皆二骨以並。腸三、胃三，長皆及俎拒。舉肺一，長終肺。祭肺三，皆切。肩、臂、臑、膊、骼，在兩端。脊、脅、肺、肩，在上。升之以尊卑，載之以體次，各有宜也。拒，讀爲介距之距。俎距，脛中當横節也。凡牲體之數及載，備於此。○疏曰：「升羊載右胖」者，准例實鼎曰升，實俎曰載。今實俎而言升者，以其升者上也，是以載俎，升載兩言之也。但此經所載牲體多少一依上文，升鼎不異而重序之者，以其載俎之時，恐與入鼎時多少有異，故重序之。舉肺、祭肺上已言，今又言之者，以其上升鼎時直言舉肺一、祭肺三，不言長短。上所以不言長短者，以其入鼎時三者未制，故不辯長短。至此載俎乃制長短及切之，故具辯之也。若然，上升鼎時不制者，若升鼎制之，恐二肺雜亂，是以升俎乃制之。若然，心舌未升鼎時已午割勿没不言，至載俎乃言午割者，彼二者其體殊異不雜亂，故俎乃一辯而已。云「肩臂臑膊胳在兩端，脊脅肺肩在上」者，此是在俎之次。俎有上下，猶牲體有前後，故肩臑在上端，膊胳在下端，脊脅肺在中，其載之次序：肩、臂、臑、正脊、脡脊、横脊、代脅、長脅、短脅、肺、腸、胃、膊、胳也。云「升之以尊卑」者，即上文「上利升羊」以下序其在鼎也。云「載之以體次」者，俎法四體，尊於脊脅，即經四體在兩端，脊脅肺在中者，故云「各有宜」也。云「拒讀爲介距之距」者，按左氏傳昭二十五年云：「季、郈之雞鬥，季氏介其雞。」鄭氏云：「介，甲，爲雞著甲。」又云「郈氏爲之金距」，注云：「金距，以金踏距。」今鄭君合取季氏之介，又取郈氏之距，而云介距之距也。引之者，彼距在雞足爲距，此俎距在俎爲横也，是以云「俎距，脛中當横節也」〔一二〕。按明堂位云：「俎，有虞氏以梡，夏后氏以嶡，殷以椇，周以房俎。」注云：「梡，斷木爲四足而已。嶡之言蹷也，謂中足爲横距之象，周禮謂之距。」彼注云周禮謂之距，即指此俎距而言，是距爲俎足中央横者也。此言「俎距脛中當横節」者，按明堂位「夏后氏以嶡」，謂中足之横。下仍有殷之椇，謂横，下仍有曲撓之足。下又有周之房俎，謂四足下更有跗。鄭云「上下兩閒，有似於堂房」，是横下更有二事，故言脛中當横節也。云「凡牲體之數及載備於此」者，按此經節折前體肩、臂、臑兩相爲六，後體膊、胳兩相爲四，短脅、正脅、代脅兩相爲六，脊有三，總爲十九體。唯不數觳二，通之爲二十一體。二觳正祭不薦於神尸，故不言，是牲體之數備於此。言「及載備於此」者，上經云「升於鼎」，此經云「載於俎」，是其及載備於此也。下利升豕，其載如羊，無腸胃。體其載于俎，皆進下。進下，變於食生也。所以交於神明，不敢以食道，敬之至也。鄉飲酒禮進腠，羊次其體，豕言進下，互相見。○見，賢徧反。○疏曰：云「進下變於食生也」者，決公食大夫、鄉飲酒牲體皆進腠。腠是本，是食生人之法，此言進末，末爲終，謂骨之終，食鬼神法，故云「變於食生」也。云「所以交於神明」者，郊特牲文。云「不敢以食道」，檀弓文。云「羊次其體，豕言進下，互相見」者，「羊次其體」即上經「上利升羊」以下，是次其體。言「互相見」者，羊言體，亦進下，豕言進下，亦次其體也。司士三人，升魚、腊、膚。魚用鮒，十有五而俎，縮載，右首，進腴。鮒，音附。○右首進腴，亦變於食生也。有司載魚横之，少儀曰：「羞濡魚者進尾。」○疏曰：云「右首進腴，亦變於食生也」者，凡載魚爲生人，首皆向右進鰭，其祭祀亦首皆在右進腴，生人死人皆右首陳設在地，地道尊右故也。鬼神進腴者，腴是氣之所聚，故祭祀進腴也。生人進鰭者，鰭是脊，生人尚味，故公食大夫云：「魚七，縮俎，寢右。」鄭注云：「右首也。寢右，進鰭也。乾魚近腴，多骨鯁。」是也。云「有司載魚横之。少儀曰羞濡魚者進尾」，引之者，欲見正祭與儐尸載魚禮異，又與生人食禮不同。以其尸之禮，上大夫載魚横之，於人爲縮，於俎爲横，既見乾魚則進首可知。復取少儀者，濡魚進尾見與乾魚異。有司徹進首是上大夫繹祭儐尸之禮，有乾魚横於俎，宜進其首。則少儀羞濡魚者，是天子諸侯繹祭可知，以其天子諸侯繹祭乾濕皆有，乾魚則進首，鮮魚則進尾。必知是天子諸侯繹祭者，以其大夫儐尸云「加膴祭」，少儀云「祭膴」，又與儐尸加膴祭於上同，故知義然也。腊一純而俎，亦進下，肩在上。如羊豕。凡腊之體，載禮在此。○疏曰：以其諸經唯有腊文，無升載之事，唯有此經所載之法，故云「載禮在此」也。膚九而俎，亦横載，革順。列載於俎，令其皮相順。亦者，亦其骨體。○疏曰：云「列載於俎，令其皮相順」者，解經「革順」，謂以此膚之體相次而作行列，以膚革相順而載也。云「亦其骨體」者，上牲體横載文不明，故舉膚亦横載以明之，此膚言横，則上羊豕骨體亦横載可知也。

右舉鼎匕載

卒脀，祝盥于洗，升自西階。主人盥，升自阼階。祝先入，南面，主人從，户内西面。將納祭也。主婦被錫，衣侈袂，薦自東房，韭菹、醓醢坐奠于筵前。主婦贊者一人，亦被錫，衣侈袂，執葵菹、蠃醢以授主婦。主婦不興，遂受，陪設于東，韭菹在南，葵菹在北。主婦興，入于房。被錫，讀爲「髲鬄」。古者或剔賤者刑者之髮以被婦人之紒爲飾，因名髲鬄焉。此周禮所謂次也。不纚笄者，大夫妻尊，亦衣綃衣而侈其袂耳。侈者，蓋半士妻之袂以益之，衣三尺三寸，袪尺八寸。韭菹醓醢，朝事之豆也。而饋食用之，豐大夫禮。葵菹在綪。今文「鬄」爲「緆」，「蠃」爲「蝸」。○髲鬄，上皮義反，下大計反，劉吐歷反，下同。緆，音羊。蝸，力禾反。○疏曰：云「主婦贊者一人亦被錫」者，此被錫侈袂與主婦同，既一人與主婦同，則其餘不得如主婦，當與士妻同纚笄綃衣。若士妻與婦人助祭，一皆纚笄綃衣，以綃衣下更無服，服窮則同，故特牲云「凡婦人助祭者同服」是也。云「被錫讀爲『髲鬄』」者，欲見鬄取人髮爲之之義也。云「古者或剔賤者刑者之髮以被婦人紒爲飾，因名髲鬄焉」者，此解名髲鬄之意。按哀公十七年左傳説衛莊公登城望戎州，見己氏之妻髮美，使髡之，以爲吕姜髢，是其取賤者髮爲鬄之事也。云「此周禮所謂次也」者，按周禮追師云掌王后以下副編次。三翟者，首服副，鞠衣、襢衣首服編，褖衣首服次。鄭彼注：「副，首飾，若今步摇。編，編列髮爲之，若假紒。次，次第髮長短爲之，所謂髲鬄。」鄭云所謂髲鬄者，指此文也，是彼此相曉也。云「不纚笄者，大夫妻尊」者，此決特牲主婦纚笄，士妻卑故也。云「亦衣綃衣」者，亦如特牲士妻主婦綃衣也。綃衣者，六服外之下者。云「而侈其袂耳，侈者，蓋半士妻之袂以益之，衣三尺三寸，袪尺八寸」者，士妻之袂二尺二寸，袪尺二寸，三分益一，故衣三尺三寸，袪尺八寸也，故内司服注亦爲此解也。或云衣三尺三寸，或云袂，俱合義，是以喪服記云：亦名袂爲衣也。云「韭菹醓醢朝事之豆也」者，按周禮醢人職：「朝事之豆」，「韭菹、醓醢、昌本、麋臡、菁菹、鹿臡、茆菹、麇臡。」彼天子八豆，今大夫取二豆爲饋食，用之豐大夫禮故也。若然，葵菹、羸醢亦天子饋食之豆，今大夫用之。鄭不言者，彼饋食當其節天子八豆，此大夫取二而已，故不須言之。云「葵菹在緈」者，以其韭菹在南，醓醢在北，今於次東，葵菹在北，羸醢在南，是其緈次之也。佐食上利執羊俎，下利執豕俎，司士三人執魚、腊、膚俎，序升自西階，相從入，設俎。羊在豆東，豕亞其北，魚在羊東，腊在豕東，特膚當俎北端。相，助也。主婦自東房，執一金敦黍，有蓋，坐設于羊俎之南。婦贊者執敦稷以授主婦，主婦興受，坐設于魚俎南。又興受贊者敦黍，坐設于稷南。又興受贊者敦稷，坐設于黍南。敦皆南首，主婦興，入于房。敦有首者，尊者器飾也，飾蓋象龜。周之禮，飾器各以其類，龜有上下甲。今文曰「主婦入于房」。○疏曰：「敦有首者，尊者器飾也，飾蓋象龜」，知有此義者，以其經曰敦南首，明象龜蟲獸之形，故云首。知「象龜」者，以其蓋形龜象故也。云「周之禮飾器各以其類」者，按周禮梓人云「外骨，内骨」、「以脰鳴者」、「以胸鳴者」之類，鄭云：「刻畫祭器，博庶物也。」又周禮司尊彝有雞彝之等，是周之禮飾器各以其類也。云「龜有上下甲」者，欲言此敦蓋取象之意。以龜有上下甲，故敦蓋象之，是亦取其類也。敦蓋既象龜，明簋亦象龜爲之，故禮器云：「管仲鏤簋朱紘。」注云：「謂刻而飾之。大夫刻爲龜耳，諸侯飾以象，天子飾以玉。」言以玉飾之，還依大夫象形爲飾也。天子則簋敦兼有，九嬪職云：「凡祭祀贊玉齍。」注云：「玉齍，玉敦，受黍稷器。」是天子八簋之外，兼用敦也。特牲云：「佐食分簋鉶。」注云：「爲將餕。」「敦，有虞氏之器也，周制士用之。變敦言簋，容同姓之士得從周制耳。」則同姓大夫亦用簋，特牲、少牢用敦者，異姓大夫士也。明堂位云：「有虞氏之兩敦，夏后氏之四璉，殷之六瑚，周之八簋。」鄭注云：「皆黍稷器，制之異同未聞。」按周禮舍人注「圓曰簋」，孝經注直云「外方曰簋」者，據而言。若然，云未聞者，據殷已上未聞，周之簋則聞矣。故易「損卦」云：「二簋可用享。」注云：「離爲日，日圓，巽爲木，木器象。」是其周器有聞也。孝經緯鉤命決云：「敦規首上下圓相連，簠簋上圓下方，法陰陽。」是有聞。而鄭云「未聞」者，鄭不信之故也。

祝酌奠，遂命佐食啓會。佐食啓會蓋，二以重，設于敦南。會，古外反。重，直容反，下及注同。○酌奠，酌酒爲神奠之，後酌者，酒尊，要成也。特牲饋食禮曰：「祝洗酌奠，奠于鉶南。」重累之。○疏曰：迎尸之前將爲陰厭，爲神不爲尸，故云「爲神奠之」也。云「後酌者酒尊要成也」者，上經先設餘饌，此經乃酌者，酒尊，物設饌要由尊者成，故後設之也。引特牲者，酌奠之處當在鉶南，此經不言，故引爲證也。云「重累之」者，以黍稷各二，二者各自當重累於敦南卻合之也。主人西面，祝在左，主人再拜稽首。祝祝曰：「孝孫某，敢用柔毛剛鬣，嘉薦普淖，用薦歲事于皇祖伯某，以某妃配，某氏，尚饗。」主人又再拜稽首。祝祝，下之又反。鬣，力輒反。淖，女孝反。○羊曰柔毛，豕曰剛鬣。嘉薦，菹醢也。普淖，黍稷也。普，大也。淖，和也。德能大和，乃有黍稷。春秋傳曰：「奉盛以告曰：絜粢豐盛。」謂其三時不害而民和年豐也。○疏曰：云「羊曰柔毛，豕曰剛鬣」，曲禮文。羊肥則毛柔，豕肥則鬣剛也。引春秋者，證黍稷太和之義，左氏桓六年傳文。此之所言，隨季梁辭也。

右迎尸之前先爲陰厭

祝出迎尸于廟門之外，主人降立于阼階東，西面。祝先入門右，尸入門左。主人不出迎尸，伸尊也。特牲饋食禮曰：「尸入，主人及賓皆辟位出，亦如之。」祝入門右者，辟尸盥也，既則後尸。

○辟，音避，又房益反，下同。○疏曰：云「主人不出迎尸伸尊也」者，禮記云「君迎牲而不迎尸」，別嫌也。尸在廟門外則疑於臣，在廟中則全於君，故主人皆不出迎尸。尸在廟門外爲臣道，故主人不出迎尸，伸尊也。引特牲者，尸出入時主人與賓西位上，皆逡巡辟位，敬尸也。云「既則後尸」者，下經云「祝延尸，尸升自西階，入，祝從」，注云：「由後詔相之曰延。」是後尸也。宗人奉槃，東面于庭南。一宗人奉匜水，西面于盤東。一宗人奉簞巾，南面于盤北。乃沃尸盥于盤上，卒盥，坐奠簞，取巾，興，振之三，以授尸，坐取簞，興以受尸巾〔一三〕。奉，芳勇反。○庭南，没霤。○疏曰：庭南者，於庭近南，是没盡門屋霤，近門而盥也。是以特牲亦云：「尸入門」，「北面盥」。繼門而言，即亦此没霤者也。祝延尸，尸升自西階，入，祝從。由後詔相之曰延，延，進也。周禮曰：大祝「相尸禮」。祝從，從尸升自西階。○疏曰：「周禮曰大祝相尸禮」，注云：「延其出入，詔其坐作。」是也。主人升自阼階，祝先入，主人從。祝接神，先入宜也。尸升筵，祝、主人西面立于户内，祝在左。主人由祝後而居右，尊也。祝從尸，尸即席，乃卻居主人左。○疏曰：「祝先入」，至主人入而居祝之右者，以祝從尸後詔侑之，故在尸後。主人前，及尸即筵，主人與祝西面，則主人尊，故「卻居主人左」。祝主人皆拜妥尸，尸不言，尸答拜，遂坐。妥，他果反。○拜妥尸，拜之使安坐也。尸自此答拜，遂坐而卒食，其閒有不啐奠，不嘗鉶，不告旨，大夫之禮，尸彌尊也。不告旨者，爲初亦不饗，所謂曲而殺。○疏曰：按爾雅：「妥，安坐也。」故云「拜妥尸，拜之使安坐也」。按特牲云：尸「啐酒，告旨」。主人拜，尸答拜。祭鉶嘗之，告旨。」不得遂坐。此經云「答拜遂坐」，故鄭解其「遂坐而卒食」之意，以「其閒有不啐奠，不嘗鉶，不告旨」也。特牲所云嘗鉶，謂嘗豕鉶，此「不嘗鉶」，亦謂不嘗豕鉶也。按下云「嘗羊鉶」，則此不嘗豕鉶可知。「不告旨」者，既不啐奠，故無告也。言大夫之禮尸彌尊者，既不啐奠，又不嘗鉶，不告旨，是彌尊也。云「不告旨」者，爲初亦不饗者。按特牲：迎「尸即席坐，主人拜妥尸，尸答拜，執奠，祝饗，主人拜如初」。注云：「饗，勸强之也。其辭取於士虞記，則宜云：孝孫某圭爲而孝薦之饗。」是士賤不嫌得與人君同，大夫尊，嫌與人君同，故初不饗，後亦不告旨，故云「不告旨者，爲初亦不饗也」。云「所謂曲而殺」者，禮器文。彼注云：「謂若父在，爲母期。」不得申。故引爲證。若然，「曲而殺」爲初不饗而言也。

祝反南面。未有事也。墮祭，爾敦，官各肅其職，不命。○墮，許規反，劉相規反，下同。○疏曰：云「未有事也」者，釋祝反南面也。云「墮祭爾敦」，文在下經。「官各肅其職不命」者，言祝無事之義。按宿諸官各肅其事，不須命，故祝得反南面。尸取韭菹，辯擩于三豆，祭于豆間。上佐食取黍稷于四敦，下佐食取牢一切肺于俎，以授上佐食，上佐食兼與黍以授尸，尸受，同祭于豆祭。辯，音偏。擩，如悦反，劉而誰反。○牢，羊豕也。同，合也，合祭於菹豆之祭也〔一四〕。黍稷之祭爲墮祭，將食神餘，尊之而祭之。今文「辯」爲「徧」。○疏曰：云「黍稷之祭爲墮祭」者，肺與黍稷俱得爲墮，故周禮守祧職「既祭則藏其墮」。墮中豈不能兼肺，肺與黍稷俱祭於菹上〔一五〕，既藏之，明肺與黍稷器不動，人就器減取之，故特得墮名。舉肺則全取，因上絶之不得墮稱，及其藏之并有墮名也。云「將食神餘尊之而祭之」者，謂陰厭是神食，後尸來即席食，尸餕鬼神之餘，故尸亦尊神而祭之。以其凡祭者皆不是盛主人之饌，故以祭之爲尊也。上佐食舉尸牢肺正脊以授尸，上佐食爾上敦黍于筵上，右之。爾，近也，或曰移也。右之，便尸食也。重言上佐食，明更起，不相因。○疏曰：曲禮云：「飯黍無以箸。」是古者飯食不用匙箸。若然，器即不動，器中取之，故移之於席上便尸食也。云「重言上佐食明更起不相因」者，前舉尸牢肺時坐而取之，興以授尸，不因此坐取肺，即爾敦黍，明更坐爾黍而起，不因前坐也。按特牲云「黍稷」，此不云稷者，文不具，其實亦爾之也。主人羞肵俎，升自阼階，置于膚北。羞，進也。肵，敬也。親進之，主人敬尸之加。○疏曰：郊特牲訓肵爲敬，今此主人親進之，故鄭云「敬尸之加」。以其爲尸特加，故云「加」也。若然，特牲三俎膚從豕俎，故肵在腊北，此五俎有膚俎，故肵在膚北。上佐食羞兩鉶，取一羊鉶于房中，坐設于韭菹之南。下佐食又取一豕鉶于房中以從，上佐食受，坐設于羊鉶之南，皆芼，皆有柶。尸扱以柶，祭羊鉶，遂以，祭豕鉶，嘗羊鉶。芼，亡報反。柶，音四。扱，初洽反。○芼，菜也。羊用苦，豕用薇，皆有滑。○疏曰：「芼菜」者，菜是地之芼。知「羊用苦，豕用薇，皆有滑」者，按公食大夫記云「鉶芼，牛藿、羊苦、豕薇，皆有滑」是也。食舉，舉，牢肺正脊也。先食啗之〔一六〕，以爲道也。○疏曰：此食舉在羞肵之下，特牲食舉在羞肵之上，不同者，彼特牲食舉下乃云「羞肵俎」者，是其正以食舉。後尸即嚌幹之屬，即加於肵俎，故食舉後即進肵是正也。此食舉在羞肵之下者，由主人敬尸，故先羞肵不退在下也。特牲爾敦下設大羹，此不云者，大羹不爲神，直是爲尸者，故此不言儐尸乃有也。云「舉牢肺正脊也」者，上文云「上佐食舉尸牢肺，正脊以授尸」，尸受祭肺明。今食先云食舉，是上牢肺正脊也。云「先食啗之以爲道也」者，按特牲：「舉肺脊以授尸。」注：「肺，氣之主也。脊，體之貴也。先食啗之，所以道食通氣〔一七〕。」是也。三飯。食以黍。○疏曰：知先食黍者，以前文先言「爾黍」，故知先食黍也。上佐食舉尸牢幹，尸受，振祭，嚌之。佐食受，加于肵。嚌，才計反。○幹，正脅也。古文「幹」爲「肝」。○疏曰：上文食舉是正脊，故知此食幹亦先取正脅也。特牲云食幹，鄭注爲「長脅也」。彼記序九體有長脅無代脅者，按鄭注云「脊無中，脅無前，貶於尊者」，故與此異也。上佐食羞胾兩瓦豆，有醢，亦用瓦豆，設于薦豆之北。胾，莊吏反。○設於薦豆之北，以其加也。四豆亦縪。羊胾在南，豕胾在北，無膴膮者，尚牲不尚味。○膴，許云反。膮，許堯反。○疏曰：特牲略於少牢，故有豕膮。此少牢二牲，故不尚味而無膴膮也。尸又食，食胾。上佐食舉尸一魚，尸受，振祭，嚌之。佐食受，加于肵，横之。又，復也。或言食，或言飯。食，大名，小數曰飯。魚横之者，異於肉。○數，所角反。○疏曰：云「食大名」者，以其論語文多言食，故云「食，大名」也。云「小數曰飯」者，此少牢、特牲言三飯、五飯、九飯之等，據一口謂之一飯，五口謂之五飯，據小數而言，故云小數曰飯也。云「魚横之者異於肉」者，魚在俎縮，肉在俎則横，其同在肵，俎仍横之。魚本縮，今則横矣，與牲體異，故云魚横異於肉也。必知肉在肵仍横者，但言「加于肵」，不云縮，則與本俎同横可知也。大夫不儐尸者，於此時亦當設大羹，此主爲大夫不儐尸者，大羹之文也。又食，上佐食舉尸腊肩，尸受，振祭，嚌之。上佐食受，加于肵。腊魚皆一舉者，少牢二牲，略之。腊必舉肩，以肩爲終也。別舉魚腊，崇威儀。○疏曰：特牲三舉獸魚，以其牲少故也。此少牢二牲略之者，體足可舉，故腊魚一舉以略之。云「腊必舉肩」者，以腊如牲骨，但舉一肩，肩尊，以爲終取其成義。云「別舉魚腊，崇威儀」者，特牲云：尸三飯，佐食舉獸幹魚一，亦如之。尸又三飯，舉骼及獸魚如初。尸又三飯，舉肩及獸魚如初。獸魚常一時同舉，而此獸魚別舉，大夫之禮，故云崇威儀。按特牲先舉腊後魚，此少牢後舉腊者，彼特牲三俎腊皆三舉，故後舉魚，此少牢腊魚皆一舉，故使腊在後肩，取其終義故也。又食，上佐食舉尸牢骼，如初。如舉幹也。又食，不舉者，卿大夫之禮，不過五舉，須侑尸。○疏曰：云「五舉」者：舉牢肺，一也；又舉牢幹，二也；又舉一魚，三也；又舉腊肩，四也；又舉牢骼，五也：是卿大夫之禮五舉也。尸告飽，祝西面于主人之南，獨侑，不拜。侑曰：「皇尸未實，侑。」侑，勸也。祝獨勸者，更則尸飽。實，猶飽也。祝既侑，復反南面。○疏曰：云「侑，勸也。祝獨勸者，更則尸飽」者，此決特牲九飯三侑，皆祝主人共侑，不更以侑者，以士禮九飯，縱更亦不飽，故不更。此大夫禮十一飯，更則飽，故有更，是以使祝獨侑與主人更之義。云「祝既侑，復反南面」者，户内主人及祝有事之位。尸席北，祝無事之位，今侑訖，亦復尸北南面位也。此與特牲皆有尸飯法，天子諸侯亦當有之，故大祝九拜之下云：「以享侑祭祀。」注云：「侑勸尸食而拜。」若然，士三飯即告飽而侑，大夫七飯告飽而侑，諸侯九飯告飽而侑，天子十一飯而侑也。尸又食，上佐食舉尸牢肩，尸受，振祭，嚌之。佐食受，加于肵。四舉牢體，始於正脊，終於肩，尊於始終。○疏曰：正脊及肩皆體之貴者，故先舉正脊爲食之始，後舉肩者爲食之終，故云「尊於始終」。尸不飯，告飽。祝西面于主人之南。祝當贊主人辭。○疏曰：以其西面是祝之有事之位，故從南向西面位也。主人不言，拜侑。祝言而不拜，主人不言而拜，親疏之宜。○疏曰：云「祝言而不拜」者，疏也。「主人不言而拜」者，親也。故云「親疏之宜」。尸又三飯。爲祝一飯，爲主人三飯，尊卑之差。凡十一飯，下人君也。上佐食受尸牢肺正脊，加于肵。言受者，尸授之也。尸授牢幹而實舉於菹豆，食畢，操以授佐食焉。○操，七刀反。○疏曰：此按上文初食舉謂正脊與牢肺，不言置舉之所，下文即言「三飯，上佐食舉尸牢幹，尸受振祭嚌之。佐食受加于肵」，至此尸十一飯後乃言「上佐食受尸牢肺正脊，加于肵」者，是卻本，初食約特牲舉肺脊，其時尸實舉於菹豆。今尸食畢，尸乃於菹豆上取而授上佐食，上佐食受而加於肵，故言「受尸牢肺正脊，加于肵」也。

右尸入正祭

主人降洗爵，升，北面酌酒，乃酳尸。尸拜受，主人拜送。酳，音胤，又士刃反。○酳，猶羡也。既食之而又飲之，所以樂之。古文「酳」作「酌」。○食，音寺。飲，於鴆反〔一八〕。樂，音洛。○疏曰：云「酳猶羡也」者，取饒羡之義，故以爲樂之也。尸祭酒，啐酒，賓長羞牢肝，用俎，縮執俎，肝亦縮，進末，鹽在右。羞，進也。縮，從也。鹽在肝右，便尸擩之。古文「縮」爲「蹙」。○疏曰：云「鹽在肝右，便尸擩之」者，鹽在肝右，據賓長西面手執而言尸東面。若至尸前，鹽在尸之左，尸以右手取肝鄉左擩之，是其便也。尸左執爵，右兼取肝，擩于俎鹽，振祭，嚌之，加于菹豆。卒爵，主人拜，祝受尸爵，尸答拜。兼，兼羊豕。祝酌授尸，尸醋主人，主人拜受爵，尸答拜，主人西面奠爵，又拜。醋，才各反。○主人受酢酒，俠爵拜，彌尊尸。○疏曰：尸酢主人，使祝代尸酌者，已是尊尸。今主人拜受，受訖，又拜，爲俠，是彌尊尸也。上佐食取四敦黍稷，下佐食取牢一切肺，以授上佐食，上佐食以綏祭。綏，許規反，劉相規反，并注「挼」及「墮」亦放此，下皆同。○綏，或作「挼」，「挼」讀爲「墮」。將受嘏，亦尊尸餘而祭之。古文「墮」爲「肵」。○疏曰：經中綏是車綏，或有禮本作「挼」者，故亦讀從周禮守祧「既葬則藏其墮」，取墮減之義也。云「將受嘏」者，下文主人受嘏之時先墮祭，是以佐食授黍稷，與主人爲墮禮。主人左執爵，右受佐食，坐祭之，又祭酒，不興，遂啐酒。右受佐食，右手受墮於佐食也。至此言坐祭之者，明尸與主人爲禮也。尸恒坐，有事則起。主人恒立，有事則坐。○疏曰：云「尸常坐，有事則起。主人常立，有事則坐」者，按禮器云「周坐尸」，曲禮云「立如齊」，鄭云「齊謂祭祀時」，則是尸常坐，主人祭時則常立。經云「坐祭之」，謂墮祭尸餘是尸與主人爲禮，是主人有事乃坐也。尸答主人拜乃立，是尸有事則起也。祝與二佐食皆出，盥于洗，入，二佐食各取黍于一敦，上佐食兼受，摶之，以授尸，尸執以命祝。摶，大官反。○命祝以嘏辭。○疏曰：謂命祝使出嘏辭以嘏於主人，下文是也。卒命祝，祝受以東，北面于户西，以嘏于主人曰：「皇尸命工祝，承致多福無疆于女孝孫。來女孝孫，使女受禄于天，宜稼于田，眉壽萬年，勿替引之。」女，音汝。○嘏，大也，予主人以大福。工，官也。承，猶傳也。來讀曰釐，釐，賜也。耕種曰稼。勿，猶無也。替，廢也。引，長也。言無廢止時〔一九〕，長如是也。古文「嘏」爲「格」，「禄」爲「福」，「眉」爲「微」，「替」爲「𣏌」，「𣏌」或爲「𢧵」〔二〇〕。「𢧵」、「替」聲相近。○𣏌，音決。𢧵，大結反。○疏曰：云「嘏，大也」者，郊特牲云：「嘏，長也，大也。」故鄭云「予主人以大福」。按特牲尸親嘏主人，此尸使祝嘏主人者，大夫尸尊，故不親嘏。特牲無嘏，文不具也。主人坐奠爵，興，再拜稽首；興，受黍，坐振祭，嚌之，詩懷之，實于左袂，挂于季指，執爵以興。坐卒爵，執爵以興。坐奠爵拜，尸答拜，執爵以興。出，宰夫以籩受嗇黍，主人嘗之，納諸内。挂，具責反，又音卦。○詩，猶承也。實於左袂，便右手也。季，猶小也。出，出户也。宰夫，掌飲食之事者。收斂曰嗇，明豐年乃有黍稷也。復嘗之者，重之至也。納，猶入也。古文「挂」作「卦」。○疏曰：云「出，出户也」者，以主人位在户内西面，今云出，故知是出户也。此「宰夫以籩受嗇」，大夫之禮。特牲：主人出，寫嗇於房，祝以籩受。彼士禮，與大夫異也。按春官鬱人云「大祭祀，與量人受舉斝之卒爵而飲之」，鄭云：「斝，受福之嘏，聲之誤也。王酳尸，尸嘏王，此其卒爵也。少牢饋食禮：主人受嘏，詩懷之，卒爵，執爵以興，出，宰夫以籩受嗇黍，主人嘗之，乃還獻祝。」此鬱人受王之卒爵，亦王出房時也，是王受嘏與大夫同也。按楚茨詩：「既齊既稷，既匡既敕。」注云：「嘏之禮，祝徧取黍稷牢肉魚，擩於醢，以授尸，孝孫前就尸受之，天子使宰夫受之以筐，祝則釋嘏辭以敕之。」天子嘏辭與大夫同也。云「復嘗之者，重之至也」者，前已嚌之是已嘗，今復言嘗是重受福之至也。特牲不言復嘗者，文不具也。

右主人酳尸，尸醋主人，命祝嘏

主人獻祝，設席南面，祝拜于席上，坐受。室中迫狹。○疏曰：言迫狹大夫士廟室也。皆兩下五架，正中曰棟，棟南兩架，北亦兩架。棟南一架名曰楣，前承檐以前名曰庪。棟北一架爲室南壁而開户，即是一架之開廣爲室，故云迫狹也。必知棟北一架後乃爲室者，昏禮：主人延賓升自西階，「當阿，東面致命」。鄭云：「阿，棟也。入堂深。」明不入室，是棟北乃有室也。主人西面答拜。不言拜送，下尸。○疏曰：上主人酳尸，尸拜受，主人拜送。今主人獻祝，祝拜受，主人答拜。拜送禮重，答拜禮輕。今言答拜，故云「不言拜送，下尸」也。薦兩豆菹醢。葵菹，蠃醢。○疏曰：上云「韭菹醓醢」，鄭云：「朝事之豆也，而饋食用之，豐大夫禮。」上亦云葵菹蠃醢，是饋食之豆，當饋食之節，是其常事，故不言豐大夫禮，今祝用之，亦其常事，故知用「葵菹蠃醢」也。佐食設俎，牢髀，橫脊一、短脅一、腸一、胃一、膚三、魚一，橫之，腊兩髀，屬于尻。屬，音燭。尻，苦刀反。○皆升下體，祝賤也。魚橫者，四物共俎，殊之也。腊兩髀屬於尻，尤賤，不殊。○疏曰：言「升下體」者，髀與短脅橫脊皆羊豕之下體，屬於尻，又腊之下體，爲祝賤故也。云「魚橫者，四物共俎，殊之也」者，以其魚猶在俎縮載，今橫者爲四物共俎橫而殊之也。縮其七物而云「四物」者，據羊豕魚腊，故云四物也。云「尤賤」者，羊豕體不屬於尻，以腊用左右胖，故有兩髀。言髀屬於尻。尻在中，謂髀於尻相連屬不殊，是尤賤也。周祝賤，常連之也。祝取菹擩于醢，祭于豆閒，祝祭俎。大夫祝俎無肺，祭用膚。遠下尸，不嚌之，膚不盛。○疏曰：云「大夫祝俎無肺，祭用膚，遠下尸」者，按特牲尸俎有祭肺、離肺，祝俎有離肺，無祭肺，是下尸。今大夫尸俎亦皆有祝，則離肺、祭肺俱無，是遠下尸也。云「不嚌之，膚不盛」者，決離肺，祭訖嚌之，加於俎，今以無肺，祭不盛故也。凡膚皆不嚌，獨於此言之者，以其以膚替肺，肺則嚌，此則不嚌，故須言之也。祭酒，啐酒，肝牢從。祝取肝擩于鹽，振祭，嚌之，不興，加于俎。卒爵，興。亦如佐食授爵乃興，不拜既爵，大夫祝賤也。○疏曰：「亦如佐食授爵乃興」者，此經直云「卒爵興」，不云授爵，故特明之。按下文主婦獻祝〔二一〕，祝卒爵，坐授主婦爵，主婦又獻二佐食，二佐食坐授主婦爵，主婦獻祝與獻二佐食同，明主人獻祝，祝授主人爵亦與二佐食同可知。云「不拜既爵，大夫祝賤也」者，此決特牲「祝卒角拜，主人答拜」，以士卑故祝不賤。此大夫尊，故祝賤，不拜既爵也。主人酌獻上佐食，上佐食戶内牖東北面拜，坐受爵，主人西面答拜。佐食祭酒，卒爵拜，坐授爵，興。不啐而卒爵者，大夫之佐食賤，禮略。○疏曰：特牲士之佐食亦啐。大夫佐食賤，禮略，天子諸侯禮雖亡，或可對天子諸侯佐食啐乃卒爵，貴故也。俎設于兩階之間，其俎折，一膚。折，之設反，後同。○佐食不得成禮於室中。折者，擇取牢正體餘骨，折分用之。有脀而無薦，亦遠下尸。○疏曰：云「有脀而無薦，亦遠下尸」者，有脀即經俎實是也，無薦謂無菹醢也。既無胏，已是下尸，又無薦，是遠下尸也。主人又獻下佐食，亦如之。其脀亦設于階間，西上，亦折，一膚。上佐食既獻則出，就其俎。特牲記曰佐食「無事則中庭北面」，謂此時。

右主人獻祝與佐食

有司贊者取爵于篚以升，授主婦贊者于房戶。男女不相因。特牲饋食禮曰：佐食卒角，主人受角，「降，反于篚」。○疏曰：云此直云有司「授婦，贊者于房」，按禮記内則云：「非祭非喪，不相授器。其相授，則女受以篚。其無篚，則皆坐奠之，而後取之。」此經雖不言受以篚及奠於地之事，亦當然也。云「男女不相因」者，按特牲：佐食卒角，主人受角，「降，反于篚。升，入復位」。訖，主婦乃「洗爵于房，酌，亞獻尸。」是不相因爵也。引特牲者，證男女不相因爵，主婦不取此爵也。婦贊者受，以授主婦。主婦洗于房中，出酌，入户，西面拜，獻尸。入户西面拜，由便也。不北面者，辟人君夫人也。拜而後獻者，當俠拜也。昏禮曰：「婦洗在北堂，直室東隅。」○辟，音避。○疏曰：云「入户西面拜，由便也」者，下注云：「此拜於北，則上拜於南，由便。」云「不北面者，辟人君夫人也」者，按特牲：「主婦北面拜。」注云：「北面拜者，辟内子也。」則是士妻卑，不嫌得北面與人君夫人同也。尸拜受，主婦主人之北，西面拜送爵。拜於主人之北，西面，婦人位在内，此拜於北，則上拜於南，由便也。尸祭酒，卒爵，主婦拜。祝受尸爵，尸答拜。易爵，洗酌授尸。祝出易爵，男女不同爵。主婦拜受爵，尸答拜。上佐食綏祭，主婦西面于主人之北受祭，祭之，其綏祭如主人之禮，不嘏，卒爵拜，尸答拜。不嘏，夫婦一體。綏，亦當作「挼」，古文爲「肵」。主婦以爵出，贊者受，易爵于篚，以授主婦于房中。贊者，有司贊者也。易爵，亦以授婦贊者，婦贊者受房户外，入授主婦。○疏曰：知「贊者，有司贊者也」者，上文云「有司贊者取爵於篚」，此還是上有司贊者也。主婦洗，酌，獻祝，祝拜，坐受爵，主婦答拜于主人之北。卒爵，不興，坐授主婦。不俠拜，下尸也。今文曰「祝拜受」。主婦受，酌獻上佐食于户内，佐食北面拜，坐受爵，主婦西面答拜。祭酒，卒爵，坐授主婦。主婦獻下佐食，亦如之。主婦受爵以入于房。不言拜於主人之北，可知也。爵奠於内篚。

右主婦亞獻尸及獻祝與佐食

賓長洗爵獻于尸，尸拜受爵，賓户西北面拜送爵。尸祭酒，卒爵，賓拜，祝受尸爵，尸答拜。祝酌授尸，賓拜受爵，尸拜送爵，賓坐奠爵，遂拜，執爵以興，坐祭，遂飲，卒爵，執爵以興，坐奠爵拜，尸答拜。賓酌獻祝，祝拜，坐受爵，賓北面答拜。祝祭酒，啐酒，奠爵于其筵前。啐酒而不卒爵，祭事畢，示醉也。不獻佐食，將儐尸，禮殺。○疏曰：經云「尸祭酒卒爵」者，按特牲：賓長獻爵止。注云：「欲神惠之均。」於室中待夫婦致爵。此大夫禮，或有儐尸者致爵在儐尸之上，故不致爵，爵不止也。若然，有司徹尸作止爵三獻，致爵於主人，主人不酢主婦，又不致爵於主婦，下大夫不儐尸，賓獻尸止爵，主婦致爵於主人酢主婦，主人不致於主婦，特牲主人與主婦交相致爵。參差不同者，此以尊卑爲差降之數，故有異也。上大夫得儐尸，故致爵，上辟人君。下大夫不儐尸，故增酢主婦而已。士卑不嫌與君同，故致爵具也。注云「不獻佐食，將儐尸，禮殺」者，以其祝與佐食俱是事神及尸，是以獻尸并及之，故主人主婦獻祝與佐食。今賓獻祝不及佐食者，但爲待儐尸，故於賓長獻，是祭末禮殺，故不及佐食，闕之也。

右賓長獻尸及祝

主人出立于阼階上，西面，祝出立于西階上，東面。祝告曰：「利成。」利，猶養也。成，畢也。孝子之養禮畢。○養，子亮反，下同。祝入，尸謖，主人降立于阼階東，西面。謖，所六反。○謖，起也。謖，或作休。祝先，尸從，遂出于廟門。事尸之禮，訖於廟門〔一二〕。○疏曰：云「事尸之禮訖於廟門」者，上祝迎尸於廟門，今禮畢，又送尸於廟門，按禮記：「尸在廟門外，則疑於臣。」是以據廟門爲斷。

右祭祀畢，尸出廟

祝反，復位于室中，主人亦入于室，復位。祝命佐食徹肵俎，降設于堂下阼階南。徹肵俎不出門，將儐尸也。不云尸俎，未歸尸。○疏曰：特牲佐食徹尸俎出廟門者，送尸也。「肵俎而以儐尸」者，儐尸將更食魚肉，當加於肵俎，未得即送尸家，儐尸訖并後加者得歸之也。司宮設對席，乃四人蓑。蓑，音餕。○大夫禮，四人餕，明惠大也。○疏曰：祭統云：「凡餕之道」，「而興施惠之象也」。特牲二人餕，惠之小者，大夫四人餕，明惠之大者也。上佐食盥升，下佐食對之，賓長二人備。備四人餕也，三餕亦盥升。○疏曰：「下佐食對之」者，不謂東西相當，直取上佐食東面，下佐食西面爲對，以其下佐食西面近北，故不得東西相當也。云「賓長二人備」者，亦不東西相當，以其一賓長在上佐食之北，一賓長在下佐食之南，是亦不東西相當也，故云「備」不言「對」也。司士進一敦黍于上佐食，又進一敦黍于下佐食，皆右之于席上。右之者，東面在南，西面在北。○疏曰：「東面在南」，據上佐食。「西面在北」，據下佐食。「右之」者，飯用手，右之便故也。資黍于羊俎兩端，兩下是餕。資，猶減也。減置於羊俎兩端，則一賓長在上佐食之北，一賓長在下佐食之南。今文「資」作「齎」。○疏曰：云「兩下是餕」者，據二賓長於二佐食爲下，故云「一賓長在上佐食之北，一賓長在下佐食之南」，以地道尊右故也，二佐食皆在右。若然，羊俎兩閒南北面置之，故二賓長於俎一端取黍也。必知上佐食東面近南，下佐食西面近北者，以其尸東面近南。今尸起，上佐食居尸坐處，明知位次如此。司士乃辯舉，蓑者皆祭黍，祭舉。辯，音徧，下同。○舉，舉膚。今文「辯」爲「徧」。○疏曰：知舉是「舉膚」者，以其尸舉肺，餕者下尸，明不舉肺當舉膚，是以特牲云佐食授餕者「各一膚」，明此大夫禮亦舉膚也。主人西面，三拜餕者，餕者奠舉于俎，皆答拜，皆反取舉。三拜，旅之，示徧也。言反者，拜時或去其席。在東面席者，東面拜；在西面席者，皆南面拜。○疏曰：知面位如此者，以主人在户内西面三拜餕者，餕者在東面而答主人拜，可知在西面位者，以主人在南西面，不得與主人同面而拜，明迴身南面向主人而拜，故鄭以義解之如此也。司士進一鉶于上餕，又進一鉶于次餕，又進二豆湆于兩下，乃皆食，食舉。湆，去及反。○湆，肉汁也。○疏曰：「又進二豆湆于兩下」者，以其神坐之上，止有羊豕二鉶，一進與上佐食，一進與下佐食，故更羞二豆湆于兩下。湆者從門外鑊中來，以兩下無鉶，故進湆也。卒食，主人洗一爵，升酌，以授上餕。贊者洗三爵，酌，主人受于户内，以授次餕。若是以辯，皆不拜受爵。主人西面，三拜餕者，餕者奠爵，皆答拜，皆祭酒，卒爵，奠爵，皆拜，主人答一拜。不拜受爵者，大夫餕者賤也。答一拜，略也。古文「一」爲「壹」也。○疏曰：云「不拜受爵者，大夫餕者賤也」者，決特牲使嗣子與兄弟餕爲貴，故拜受爵也。云「答一拜略也」者，特牲亦無再拜法，此云「略」者，以其四餕皆拜，主人總答一拜，故云略也。餕者三人興，出。出，降實爵於篚，反賓位。上餕止，主人受上餕爵，酌以醋于户内，西面坐奠爵，拜。上餕答拜，坐祭酒，啐酒。主人自酢者，上餕獨止，當尸位，尊不酌也。○疏曰：特牲上餕親自酌酢主人，此上餕不酌者，上餕嘏主人，故在尸位不可親酌。特牲上餕酌者，以上餕不嘏主人，既卒爵三餕俱出，上餕酢主人，少牢禮備，又嘏主人，故不酌也。上餕親嘏曰：「主人受祭之福，胡壽保建家室。」親嘏，不使祝授之，亦以黍。○疏曰：言「亦」者，亦上皇尸命工祝嘏主人以黍，此亦以黍，上文司士進敦，乃分黍於羊俎兩端，不言稷，故知亦黍也。主人興，坐奠爵拜，執爵以興，坐卒爵，拜。上餕答拜，上餕興，出，主人送乃退。送佐食不拜，賤。○疏曰：賓主之禮，賓出主人皆拜送。此佐食送之而不拜，故云「賤」也。

右徹肵俎行餕

校勘記

〔一〕少牢饋食禮二　「二」字原脱，據賀本補。

〔二〕防禽獸觸齧也　「獸」字原脱，據賀本補。

〔三〕某仲叔季　「某」，賀本作「其」。

〔四〕云卦者史之屬也者以其筮是史　「卦者史之屬也者以其」九字原脱，據四庫本、賀本補。

〔五〕云官戒　「官」字原脱，據四庫本、賀本改。

〔六〕云某之某者字尸父而名尸也者　「而」上，原有「而名尸父」四字，據四庫本、賀本删。

〔七〕言比次早晏者　「次」字原脱，據賀本補。

〔八〕又音言　「又」上，原有「又音」二字，據四庫本、賀本删。
〔九〕横脊一　此三字原脱，據四庫本、賀本補。
〔一〇〕又胡困反　「胡」字原脱，據賀本補。
〔一一〕席東面近南爲右　「面」，原作「西」，據賀本改。
〔一二〕是以云俎距脛中當横節也　「以」，原作「距」，據賀本改。
〔一三〕振之三以授尸坐取簞興以受尸巾　「以授尸坐取簞興」七字原脱，據賀本補。
〔一四〕合祭於葅豆之祭也　「葅」，原作「俎」，據賀本改。
〔一五〕肺與黍稷俱祭於葅上　「葅」，原作「苴」，據賀本改。
〔一六〕先食啗之　「食」，原作「飲」，據賀本改。
〔一七〕所以道食通氣　「食」，原作「氣」，據四庫本、賀本改。
〔一八〕飲於嫣反　「嫣」字原缺，據賀本補。
〔一九〕言無廢止時　「止」，原作「上」，據賀本改。
〔二〇〕替爲柍柍或爲蠘　「柍柍」，原作「袂袂」，皆據賀本改。下同。
〔二一〕按下文主婦獻祝　「祝」，原作「況」，據四庫本、賀本改。
〔二二〕訖於廟門　「門」下，原有「外」字，據賀本删。

儀禮經傳通解續卷第十九

有司徹　　祭禮三

鄭目録云：少牢之下篇也。大夫既祭儐尸於堂之禮。祭畢，禮尸於室中。天子、諸侯之祭，明日而繹。有司徹於五禮屬吉。大戴第九，小戴第十二，別録：少牢下篇第十七〇疏曰：言「大夫既祭儐尸於堂之禮」者，謂上大夫室内事尸，行三獻禮畢，別行儐尸於堂之禮。又云「祭畢禮尸於室中」者，據下大夫室内事尸行三獻，無别行儐尸於堂之事，即於室内爲加爵禮尸，即下文云「若不儐尸」以下是也。

經十七

有司徹，徹，直列反，字又作「撤」。〇徹室中之饋及祝佐食之俎。卿大夫既祭而賓尸，禮崇也。賓尸則不設饌西北隅，以此薦俎之陳有祭象，而亦足以厭飫神。天子、諸侯，明日祭於祊而繹，春秋傳曰：

「辛巳，有事于大廟，仲遂卒于垂，壬午猶繹。」是也。爾雅曰：「繹，又祭也。」○祊，百庚反。○疏曰：云「徹室中之饋」者，室內之饋主於尸饌，薦俎黍稷皆名饋。下大夫不儐尸，餕訖云：「有司官徹饋，饌于室中西北隅」，彼鄭注云：「官徹饋者，司馬、司士舉俎，宰夫取敦及豆。」則此饋內兼數物，唯無肵俎。肵俎，上篇佐食徹之，先設於堂下也。又言「及祝佐食之俎」者，祝亦有薦在室內北墉下，佐食之俎在兩楹之間無薦，此等見於上篇。今徹祝與佐食并爲文者，賤者省文之義。其實祝薦俎在室內，佐食俎在階間，此直云有司不言官，下大夫不儐尸，云官徹者，彼爲更饌西北隅，爲陽厭，故見官也。肵俎亦用儐尸，不使有司同時徹者，肵俎本爲尸，故設之徹之，皆不與正俎同時而後設先徹。按楚茨詩云：「諸宰君婦，廢徹不遲。」此不言者，彼人君禮，故不同也。云「卿大夫既祭而儐尸，禮崇也」者，對下大夫不儐尸，禮不崇也。云「以此薦俎之陳有祭象，而亦足以厭飫神」者，對下大夫尸出之後改饌西北隅，爲厭飫神，今儐尸者雖不設饌西北隅，以此薦俎之陳有祭象，亦足以厭飫神，亦下大夫也。云「天子諸侯明日祭於祊而繹」者，欲見天子諸侯尊，別日爲之，與卿大夫禮異。但祊與繹二者俱時爲之，故郊特牲云：「繹之於庫門內，祊之於東方」，「失之矣。」鄭注云：「祊之禮宜於廟門外之西室，繹又於其堂，神位在西。」此「其祭禮簡而事尸禮大。」引春秋傳者，此宣八年左氏傳：「辛巳，有事于大廟，仲遂卒于垂。」卿佐卒輕於正祭，不合廢，但繹祭禮輕，宜廢而不廢，故譏之云：「壬午猶繹。」引之者，證人君別日爲繹。又見二者雖同時而大名繹，故孔子書繹不書祊。引爾雅者，爾雅釋天文，彼云：「周曰繹，商曰肜，夏曰復胙。」復胙者，復昨日之胙祭。殷曰肜者，義取肜肜祭不絕。周曰繹者，取尋繹前祭之事。但祊者有正祭祊，有明日又祭之祊。禮器云：「爲祊乎外。」注：「祊祭，明日之繹祭也。謂之祊者，於廟門之旁，因名焉。其祭之禮，既設祭於室而事尸於堂，孝子求神非一處。」是也。此祊是明日又祭，故於廟門外。若正祭祊，即於廟門内，故楚茨詩云：「祝祭于祊，祀事孔明。」毛傳云：「祊，門内也。」鄭云：「孝子不知神之所在，故使祝博求之乎廟門内之旁，待賓客之處，祀禮於是甚明。」是正祭祊在門内也。郊特牲云：「索祭祝於祊，不知神之所在於彼乎，於此乎，或諸遠人乎。祭於祊，尚曰求諸遠者與？」亦是祭之明日祊，故云求諸遠者。但此大夫儐尸同日正祭之牲，天子諸侯禮大，别日又别牲，故牛人云：「享牛求牛。」鄭云：「享，獻也。獻神之牛，謂所以祭者也。求，終也〔一〕。終事之牛，謂所以繹者也。」是其别牲也。埽堂。爲賓尸新之。少儀曰：「氾埽曰埽，埽席前曰拚。」○爲，于僞反，下同。氾，芳劒反。埽，索到反。拚，方問反。○本篇音注同上篇者，俱不重出〔二〕。○疏曰：「爲賓尸新之」者，正祭於室之時，堂亦埽訖，今將儐尸，又埽之，故云爲儐尸新之。引少儀者，若直埽席前，止可云拚，今云埽不云拚，明於堂廟氾埽。司宫攝酒，更洗，益整頓之。今文「攝」爲「聶」。○疏曰：士冠禮「再醮攝酒」注云：「攝，猶整也。整酒，謂撓之。」「洗」當作「撓」，謂賓尸唯徹室中之饋，亦因前正祭之酒，更撓攪添益整新之也。乃燅尸俎，燅，音尋，劉徐鹽反，注燖同。○燅，温也。温尸俎於爨，肵亦温焉。獨言温尸俎，則祝與佐食不與賓尸之禮。古文「燅」皆作「尋」，記或作「燖」。春秋傳曰：「若可燖也，亦可寒也。」○與，音預。○疏曰：知「温尸俎於爨」者，見下文云「卒燅，乃升羊、豕、魚三鼎」，故知先温於爨之鑊，乃後升之於鼎也。「肵亦温焉」，知者，按下文載俎所舉在肵，肩胳脊脅皆在載於俎，明亦温可知。又云「獨言温尸俎則祝與佐食不與儐尸之禮」者，但正祭時尸祝及佐食皆有俎，今獨言温尸俎，欲見儐尸時祝與佐食不與而別立侑也。云「古文『燅』皆作『尋』」者，論語及左傳與此古文皆作「尋」。云「記或作『燖』」者，按特牲云：「有虞氏之祭也，尚用氣，血腥爓祭用氣也。」注云：「『爓』或爲『燖』。」今此義指彼記或讀之，故云。引春秋傳者，按哀公十二年左傳：夏，「公會吴于橐皋，吴子使大宰嚭請尋盟，公不欲，使子貢對曰〔三〕：盟所以周信也」，「若猶可改，日盟何益？今吾子曰：必尋盟〔四〕。若可尋也，亦可寒也」。服注云：「尋之言重也，温也。寒，歇也，亦可寒而歇之。」鄭引之者，證燅尸俎是重温之義。卒燅，乃升羊、豕、魚三鼎，無腊與膚。乃設扃鼏，陳鼎于門外，如初。扃，古熒反，注同。鼏，亡狄反。○腊爲庶羞，膚從豕，去其鼎者，賓尸之禮殺於初。如初者，如廟門之外，東方北面北上。今文「扃」爲「鉉」，古文「鼏」爲「密」。○去，起吕反。殺，所界反，劉色例反，下皆同。○疏曰：「腊爲庶羞」者，鄭解不燅腊之義。按上燅尸俎則皆在其內，今升鼎言無腊，下載又不見腊體，明從庶羞可知。云「膚從豕去其鼎」，知者，下載體時膚猶在豕鼎，不爲庶羞可知。但正祭時五鼎，今二者皆去其鼎，故云「儐尸之禮殺於初」也。

右徹室內之饋及燅尸俎

乃議侑于賓，以異姓。侑，音又。○議猶擇也，擇賓之賢者，可以侑尸〔五〕。必用異姓，廣敬也。是時，主人及賓有司已復內位。古文「侑」皆作「宥」。○疏曰：云「是時主人及賓有司已復內位」者，下文「侑出俟于廟門之外」，又云主人出迎尸，侑，言侑即賓之賢者，明賓有司主人皆復內位矣。若然，知賓主不先在內，必知出復內位者。上篇云四餕者，二佐食、二賓長餕訖皆出未見入，主人送上餕言退皆有出事，今議侑在内，故云「是時賓主人已復内位」也。宗人戒侑，戒，猶告也。南面告於其位，戒曰：請子爲侑。○疏曰：知「南面告於其位」者，以賓位在門東北面，請以爲侑，明面鄉其位可知。知賓位在門東北面者，下文將獻賓時云「主人降，南面拜衆賓于門東，三拜，衆賓門東北面皆答一拜」是也。云「戒曰請子爲侑」者，按燕禮：公曰：「命某爲賓。」射人傳公命當云：「請子爲賓。」此處命侑當先云：「主人曰：命某爲侑。」宗人傳主人辭戒曰「請子爲侑」。鄭以互文約之，故云然也。侑出，俟于廟門之外。俟，待也。待於次〔六〕，當與尸更入。主人興禮事尸，極敬心也。○疏曰：云「主人興禮事尸，極敬心也」者，正謂立侑以輔尸，使出便迎之，是極其敬心也。司宮筵于户西，南面。爲尸席也。又筵于西序，東面。爲侑席也。尸與侑北面于廟門之外，西上。言與，殊尊卑。北面者，賓尸而尸益卑，西上，統於賓客。○疏曰：云「尸益卑」者，儐尸之禮，以尸爲賓客當在門西，東面北上，今執臣道，門外北面，故云益卑也。主人出迎尸，宗人擯。賓客尸而迎之，主人益尊。擯，贊。○疏曰：按少牢宿尸祝擯，此宗人擯者，以祝不與儐尸，故使宗人爲擯也。云「賓客尸而迎之，主人益尊」者，上篇正祭時主人不迎尸，以申尸之尊，至此賓客尸而迎之，以尸同賓客，是「主人益尊」故也。主人拜，尸答拜。主人又拜侑，侑答拜。主人揖，先入門，右。道尸。○道，音導。尸入門，左；侑從，亦左。揖，乃讓。没霤相揖，至階又讓。○疏曰：經直云「揖乃讓」，鄭知「没霤相揖，至階又讓」者，按上篇鄉飲酒之等入門三揖，至階又讓，故知也。主人先升自阼階，尸、侑升自西階，西楹西，北面東上。東上，統於其席。○疏曰：尸在門外北面西上，統於賓客，至此升堂亦應西上，故決之。云「東上統於其席」，以其賓席以東爲上故也。

右選侑并迎尸及侑

主人東楹東，北面拜至，尸荅拜。主人又拜侑，侑荅拜。拜至，喜之。乃舉，舉，舉鼎也。舉者，不盥殺也。○疏曰：云「舉者不盥殺也」者，決正祭時皆盥訖乃舉鼎，此儐尸禮殺舉者不盥，故云殺也。司馬舉羊鼎，司士舉豕鼎、舉魚鼎以入，陳鼎如初。如初，如阼階下西面北上。○疏曰：云「如初」者，此如上經正祭時陳鼎之事也。雍正執一匕以從，雍府執二匕以從，司士合執二俎以從，司士贊者亦合執二俎以從。匕皆加于鼎，東枋。二俎設于羊鼎西，西縮；二俎皆設于二鼎西，亦西縮。雍正，羣吏掌辨體名肉物者。府，其屬。凡三匕，鼎一匕。四俎：爲尸、侑、主人、主婦。其二俎，設於豕鼎、魚鼎之西，陳之宜具也。古文「縮」皆爲「蹙」。○疏曰：云「雍正羣吏掌辨體名肉物」者，按周禮內饔職：掌「割亨煎和之事，辨體名肉物」。注云：「體名，脊、脅、肩、臂、臑之屬。肉物，胾燔之屬。」此士之雍正所掌，亦依之也。知四俎據「尸侑主人、主婦」者，據下文四者皆有俎，知之也。云「陳之宜具」者，四俎當俱陳於鼎之西，分二俎陳豕鼎、魚鼎之西者，欲使三鼎之西並有俎，故云陳之宜具也。雍人合執二俎，陳于羊俎西，並皆西縮。覆二疏匕于其上，皆縮俎，西枋。並，併也。其南俎，司馬以羞羊匕湆、羊肉湆。其北俎，司士以羞豕匕湆、豕肉湆。豕脀，湆魚。疏匕，匕柄有刻飾者。古文「並」皆作「併」。○湆，去及反。○疏曰：云「其南俎、司馬以羞羊匕湆、羊肉湆」者，匕湆謂無肉直汁，以其在匕湆也，即下文「司馬在羊鼎之東，二手執桃匕枋以挹湆，注于疏匕」是也。云「肉湆」者，直是肉從湆中來，實無汁，下文云「羊肉湆，臑折，正脊一、正脅一、腸一、胃一」是也。按下文次賓羞羊匕湆，司馬羞羊肉湆，此注并云「司馬」，不云次賓，其實羞羊匕湆者是次賓也。又云「其北俎司士以羞豕匕湆、豕肉湆、豕脀、湆魚」者，南俎已是司馬所用於羊湆之等，則此北俎是司士羞豕湆之等。若然，按下文亦次賓羞豕匕湆，司士羞豕脀，此并云司士者，亦據上經正文「司士擊豕」而言，實次賓羞豕匕湆也。云「疏匕，匕柄有刻飾」者，以其言疏，是疏通刻飾之名，若禮記云「疏屏」之類，故知柄有刻飾，亦通柄刻雲氣以飾也。

右門外舉鼎、匕、俎入陳于廟門

主人降，受宰几，尸侑降，主人辭，尸對。几，所以坐安體。周禮大宰：掌贊「玉几、玉爵」。○疏曰：引大宰者，證宰授主人几之義。宰授几，主人受，二手横執几，揖尸。獨揖尸，几禮主於尸。主人升，尸侑升，復位。位，阼階、賓階上位。○疏曰：鄭言此者，主人位常在阼階上，其賓位在户西及在西階上。今恐尸復位在户西，以其未得在户西，故言賓階上位也。主人西面，左手執几，縮之，以右袂推拂几三，二手横執几，進授尸于筵前。衣袖謂之袂，推拂去塵，示新。尸進，二手受于手閒。受從手閒，謙也。主人退，尸還几，縮之，右手執外廉，北面奠于筵上，左之，南縮，不坐。左之者，異於鬼神。生人陽，長左。鬼神陰，長右。不坐奠之者，几輕。○長，丁丈反，後皆同。○

疏曰：云「主人退尸還几縮之」者，以主人橫執几進授尸時，尸二手受於主人手閒時，亦橫受之，將欲縱設於席，故還之使縮以右手執几外廉，故鄉北面縮設於席也。云「左之者異於鬼神」者，謂若上篇以來設神几皆在右，爲生人皆左，是生人陽故尚左，鬼神陰故尚右也。云「不坐奠之者几輕」者，此決下文啐酒坐奠之，言坐是重之，此言坐執之故也〔七〕。主人東楹東，北面拜。拜送几也。尸復位，尸與侑皆北面答拜。侑拜者，從於尸。○疏曰：云以主人授几止爲尸，故主人拜送其尸獨答拜，今侑亦拜，故云「從於尸」。以其立侑以輔尸，故侑從尸拜也。主人降洗，尸、侑降，尸辭洗，主人對，卒洗，揖，主人升，尸、侑升，尸西楹西，北面拜洗。主人東楹東，北面奠爵答拜。降盥，尸、侑降，主人辭，尸對，卒盥，主人揖升，尸、侑升，主人坐取爵，酌獻尸，尸北面拜受爵，主人東楹東，北面拜送爵。降盥者爲土汙手，不可酌。○疏曰：云「主人降洗，尸、侑降，尸辭洗」者，按鄉飲酒：主人降洗，賓降，主人辭降，賓對。此中亦應主人降洗，賓降，主人辭降。主婦自東房薦韭菹醓，坐奠于筵前，菹在西方。婦贊者執昌菹醓以授主婦，主婦不興，受，陪設于南，昌在東方，興，取籩于房，麷蕡，坐設于豆西，當外列，麷在東方。婦贊者執白黑以授主婦，主婦不興，受，設于初籩之南，白在西方，興，退。麷，芳中反。蕡，扶云反。○昌，昌本也。韭菹，醓醢，昌本，麋臡。麷，熬麥也。蕡，熬枲實也。白，熬稻。黑，熬黍。此皆朝事之豆籩，大夫無朝事，而用之儐尸，亦豐大夫之禮。主婦取籩興者，以饌異，親之。當外列，辟鉶也。退，退入房也。○醓，他感反。臡，乃兮反，又人兮反。

枲，思治反。辟，音避。○疏曰：主人先獻，主婦乃後薦者，若正祭則先薦後獻，若繹祭則先獻後薦。故祭義云：「君獻尸，夫人薦豆。」鄭注云：「謂繹日也。」則此儐尸禮與天子、諸侯繹祭同，故亦先獻後薦也。云「昌本」已下等物至此「皆朝事之籩」，麷、蕡、白、黑，形鹽、膴、鮑魚、鱐。醢人云：「朝事之豆」：「韭菹、醓醢、昌本、麋臡、菁菹、鹿臡、茆菹、麇臡〔八〕。」故鄭注此皆據彼而言。又按彼注：「昌本，昌蒲根。」「有骨爲臡，無骨爲醢。」云「蕡熬枲實也」者，按喪服傳云：「苴者，麻之有蕡者也」，「牡麻者，枲麻也」。若然，蕡麻有實，枲麻無實。鄭云蕡枲實者，舉其類耳。其實枲是雄麻無實，若竹器圓曰箄，方曰笥，鄭注論語亦云箄笥，亦是舉其類也。白黑之等無正文，鄭以形色而言之。云「大夫無朝事，而用之儐尸，亦豐大夫之禮」者，按禮記：坐尸於堂，子北面而事之。注云：「天子諸侯之祭朝事，延尸於户外。」是以有北面事尸之禮。是特牲、少牢正祭無朝事於堂，直有室中之事。若然，大夫雖用天子諸侯朝事之籩豆，以其禮殺，故八籩八豆之中各取其四耳。其「韭菹醓醢」者，則無骨之醢。「昌菹醢」者，即周禮麋臡臡，散文亦名醢。又按周禮鄭注云：「韲菹之稱，菜肉通。」「全物若牒爲菹，細切爲韲。」彼昌本不言菹，是細切爲韲，此云昌菹則大夫以昌本爲菹，異於天子諸侯所用也。云「主婦取籩興者以饌異親之」者，鄭意以籩豆俱時設，而籩不使婦贊者，取籩以授主婦者，以籩與豆不同，所實又別，故主婦宜親就房親取之也。

右主人獻尸，主婦薦豆籩

乃升，升牲體於俎也。司馬朼羊，亦司馬載。載右體，肩、臂、肫、骼、臑，正脊一、脡脊一、橫脊一、短脅一、正脅一、代脅一、腸一、胃一、祭肺一，載于一俎。肫，音純。〇言燅尸俎，復序體者，明所舉肩骼存焉，亦著脊脅，皆一骨也。臑在下者，折分之以爲肉湆，俎也〔九〕。一俎，謂司士所設羊鼎西第一俎。〇復，扶又反。折，之設反，下皆同。〇疏曰：云「言燅尸俎復序體者明所舉肩骼存焉」者，上篇少牢載牲體十一，脊脅皆加，並骨二，尸食特舉脊肩骼在於所俎。上文直言「燅尸俎」，嫌所舉在所者不在，故復序其體云，明所舉肩骼存焉。以肩骼一骨前尸所舉，今復序之，明在可知。脊脅雖舉，以其二以並，今脊脅載一骨在正俎，一骨在湆俎，故鄭云「亦著脊脅皆一骨也」。云「一俎謂司士所設羊鼎西第一俎」者，此俎在侑俎之南，故下文注「侑俎」云：「羊鼎西之北俎也。」鄭君知尸俎在南，見羊肉湆俎在豕俎之南，羊尊豕卑，明尸俎在侑俎之南，明北俎在俎之南。已下所注俎之次第，皆據司士、雍人所陳爲次，義可知也。羊肉湆、臑折、正脊一、正脅一、腸一、胃一、嚌肺一，載于南俎。嚌，才計反。〇肉湆，肉在汁中者，以增俎實爲尸加也。必爲臑折，上所折分者。嚌肺，離肺也。南俎，雍人所設在南者。此以下十一俎，俟時而載，於此歷說之爾。今文「湆」爲「汁」。〇疏曰：云「肉湆，肉在汁中者，以增俎實，爲尸加也」者，以決正祭之鼎直升牲體無湆者，以正祭之俎非加，今儐尸增俎，實爲尸加，故有湆也。凡牲體皆出汁，不言湆，又下豕脅亦出於汁，皆不言湆，此特得湆名者，特牲、少牢正祭升牲體於鼎時皆無匕湆，故直云升體於俎，設於尸前。今此升牲體於尸前，匕湆亦升焉，故得湆名。以在俎實無汁，故進羊肉湆，必先進羊匕湆，然後進羊肉湆。見此湆爲肉而有，故在羊肉湆前進之，使尸嘗之，故鄭下注云：「嚌湆者，明湆肉加耳。嘗之以其汁，尚味。」是也。若然，豕亦有匕湆，不名肉湆而名豕脅者，互見爲文。言脅者，見在俎無汁。言肉湇者，見在鼎内時有汁也。若然，羊豕互見爲文，魚何以不言魚湇而云湇魚者？羊先言肉後言湇，使肉前進匕湇，明是湇從肉來可知。魚前無進匕湇，故先言湇，以明魚在湇可知。魚無匕湇者，鄭下注云：「不羞魚匕湇，略小味也。」羊有正俎，羞匕湇、肉湇，豕無正俎，魚無匕湇，隆汙之殺也。上經退臑在下者，以折分，故退之。今此經云臑折，即上經所退臑在下者也。左右體之臑而必取右體之臑折分用之，貴神俎故也。若然，脊脅二骨亦分一骨爲肉湇者，亦是貴神俎故也。云「此以下十有一俎俟時而載於此歷説之爾」者，按下文「卒升賓長設羊俎於豆南，賓降，尸升筵」，唯設此一俎，餘十一俎皆未。又主人、主婦升席時乃設之，是其俟時而載。今於此已下雖未載，因前俎遂歷陳説之耳。十一俎者，即：尸之羊肉湇，一也；豕脅俎，二也；侑之羊俎，三也；豕俎，四也；主人羊俎，五也；羊肉湇俎，六也；豕脅，七也；主婦羊俎，八也；尸侑主人三者皆有魚俎，是其十一。通尸羊正俎，爲十二俎。其四俎，尸侑主人、主婦，載羊體俎，皆爲正俎。其餘八俎，雍人所執二俎益送往還，故有八，其實止二俎也。司士枇豕，亦司士載，亦右體，肩、臂、肫、骼、臑、正脊一、脡脊一、横脊一、短脅一、正脅一、代脅一、膚五、嚌肺一，載于一俎。臑在下者，順羊也。俎，謂雍人所設在北者。

○疏曰：云「臑在下者順羊也」者，以其豕脅不折臑，臑亦在下。順上文羊臑在下由折分，此雖不折順羊，故亦在下也。侑俎，羊左肩，左肫，正脊一、脅一、腸一、胃一、切肺一，載于一俎。侑俎，豕左肩折，正脊一、脅一、膚三、切肺一，載于一俎。侑俎用左體，侑賤。其羊俎過三體，有肫，尊之，加也。豕左肩折，折分爲長兄弟俎也。切肺亦祭肺，互言之爾。無羊湇，下尸也。豕又祭肺，不嚌肺，不備禮。俎，司士所設羊鼎西之北俎也。豕俎與尸同。○下，户嫁反，下同。○疏曰：按少牢載尸俎皆右體，脊脅皆二骨，舉肺一，切肺三，尸主人主婦盡用。腸三胃三，尸正俎用一，湇俎用一，唯有一在此，是以自侑已下及主人、主婦皆用左體脊脅。若然，欬尸俎時左體亦同升於鼎上，不云者，文不具。是以前陳俎時皆設於鼎西，若不同升鼎，則侑主人、主婦俎如特牲執事之俎陳在階閒，不應在鼎側也。若然特牲執事與主人、主婦之俎亦不升鼎，彼爲自異於神，少牢祝與佐食俎亦不升鼎，亦自異於神。此自侑已下悉與尸同鼎者，以儐尸禮益卑，唯尸尊禮詳，侑已下禮略故也。云「其羊俎過三體有胐尊之加也」者，鼎俎數奇，今體數四，故云加。是以少牢祝羊豕體各三，又下文主人羊肉湇俎體亦三。今儐尸之有侑，猶正祭之有祝。必知以胐爲加者，侑豕俎無胐，主人羊肉湇俎亦無胐，故知有胐爲加，以立侑以輔尸尊之，故以胐爲加體也。云「豕左肩折，折分爲長兄弟俎也」者，以下文設薦俎而注云「衆兄弟」。儀禮文薦脅皆不云折，唯兄弟云「先生之脅折」，鄭云：「先生，長兄弟。折，豕左肩之折。」是以知義然也。云「無羊湇，下尸也」者，直云無羊湇不云肉者，以匕湇、肉湇皆無，故直云「無羊湇」以包二者皆無。此二湇尸皆有，侑皆無，故云下尸也。云「豕又祭肺，不嚌肺不備禮」者，上尸羊俎有祭肺，豕俎有嚌肺，是備禮，侑羊俎豕俎皆切肺，故曰不備禮也。阼俎，羊肺一、祭肺一，載于一俎。羊肉湇，臂一、脊一、脅一、腸一、胃一、嚌肺一，載于一俎。豕脀，臂一、脊一、脅一、膚三、嚌肺一，載于一俎。阼俎，主人俎。無體，遠下尸也。以肺代之，肺尊也。加羊肉湇而有體，崇尸惠，亦尊主人。臂，左臂也。侑用肩，主人用臂，下之也。不言左臂者，大夫尊，空其文也。降於侑羊體一，而增豕膚三，有所屈，有所申，亦所謂順而摭也。胙俎，司士所設豕鼎西俎也。其湆俎與尸俎同，豕俎又與尸豕俎同。○摭，之石反。

○疏曰：「無體遠下尸」者，尸用右體，主人用左體，是其相下之義〔一〇〕。今主人正俎全無牲體，故云「遠下尸」也。云「以肺代之肺尊也」者，尸侑一肺，今主人一俎有兩肺，故知以肺代體。肺者，氣之主，食所先，祭尊於腸胃，故以肺代體。云「加羊肉湆而有體，崇尸惠，亦尊主人」者，以俎物雖與尸不同者，肉湆與尸同，至尸酢主人而設之，故曰「崇尸惠」。此非直崇尸惠，亦見尊主人者。侑無羊匕湆，無豕匕湆，而主人盡有，是其尊主人。所有者尊，見下文受酢致爵時。云「不言左臂」者，牲右體貴，左體賤，侑用左體，皆言左肩左肫，今主人用左臂，直云臂，不云左者，大夫尊，故空其文，似若得用右體然。必知是左臂者，以右臂在尸俎故也。云「降於侑羊體一，而增豕膚三，有所屈，有所申，亦所謂順而摭也」者，按禮器注云：「謂若君沐粱，大夫沐稷，士沐粱。」大夫不沐粱，屈於君。士則申，與君同。是亦屈申之義，故引爲證也。云「其湆俎與尸俎同，豕俎又與尸豕俎同」者，以其共用益送之俎，故知同也。

主婦俎，羊左臑，脊一、脅一、腸一、胃一、膚一、嚌羊肺一，載于一俎。無豕體而有膚，以主人無羊體，不敢備也。無祭肺有嚌肺，亦下侑也。祭肺尊，言嚌羊肺者，文承膚下，嫌也。膚在羊肺上，則羊豕之體名同相亞也。其俎，司士所設在魚鼎西者。○疏曰：云「無豕體而有膚，以主人無羊體，不敢備也」者，以主人俎無羊體，故主婦俎亦無豕體，以主人遠下尸，主婦亦遠下尸也。云「無祭肺，有嚌肺，亦下侑也，祭肺尊」者，言「亦」者，亦主人下侑也。侑用肩，主人用臂。祭肺尊，嚌肺卑，侑俎皆祭肺，主婦皆嚌肺，故云下侑也。云「嚌羊肺者，文承膚下，嫌也」者，肺文承膚下，有豕肺之嫌，故須辨之，云嚌羊肺者以別之也。

云「膚在羊肺上，則羊豕之體名同相亞也」者，羊豕雖異，脊脅之等，體名則同。今豕雖直言膚不言體，以豕膚在羊肺之上，使緈羊之體，故云相亞。若然，下文主人獻賓之時，司士設俎，羊骼一、腸一、胃一、切肺一、膚一，所以膚又在肺下者，彼取用之先後，故退膚在下。司士杝魚，亦司士載。尸俎五魚，橫載之，侑、主人皆一魚，亦橫載之，皆加膴祭于其上。膴，火吴反，依注音冔，卜況甫反，劉呼孤反，後同。○橫載之者，異於牲體，彌變於神。膴，讀如殷冔之冔。刳魚時，割其腹以爲大臠也，可用祭也。其俎又與尸豕俎同。○刳，火吴反，又口侯反。臠，力轉反。○疏曰：按上歷説十一俎，尸侑主人之下皆次言豕俎、魚俎，亦是歷説。十一俎獨不陳魚俎於豕俎之下，而陳并於此者，欲見魚水物別於正牲，又欲見魚獨副賓長獻三，故并於此序之。云「橫載之者，異於牲體，彌變於神」者〔一二〕，以其牲體皆橫載於俎，於人爲縮鬼進下生人進腠，上篇少牢正祭升體時云：「下利升豕，其載如羊，無腸胃。體其載于俎，皆進下。」鄭注：「進下，變於食生也。所以交於神明，不敢以食道，敬之至也。」引「鄉飲酒禮進腠」不同，至此儐尸事神禮簡，儐尸禮隆，以尸爲賓客，故從生人禮，牲體皆進腠橫載於俎，異於載魚於正祭之時縮載，故少牢云：司士「升魚」，「十有五而俎，縮載，右首，進腴。」於俎爲縮，於尸爲橫，首向右，腹腴向尸。鄭注云：「右首進腴，亦變於食生也。」若生人則亦縮載，於人爲橫首，亦向右進，鰭脊向人，腹腴向外。今儐尸之禮，載魚宜亦同生人，縮載進鰭，今橫載於人爲縮，不與正祭同，又與生人異，欲見儐尸之禮異於正祭，又不得全與生人同。鄭云「彌變於神」者，牲體既進腠，是已變於神，至於魚載又橫於俎，是彌變於神也。云「膴讀如殷冔之冔」者，讀從士冠禮、郊特牲周弁、殷冔，冔，覆也，可以覆首，此亦取魚腹反覆於上以擬祭。云「其俎又與尸豕俎同」者，謂上司士所設於豕鼎之西者也。

右司馬、司士載俎

卒，升，卒，已也，已載尸羊俎。○疏曰：云「卒升」者，按上有主人酌獻尸，主婦薦籩豆，又升羊俎進於尸前，因歷説十一俎之事。今言「卒升」，還計上升羊俎，故云卒，是以鄭亦云「已載尸羊俎」而言之。此事從上文「獻尸」下盡「乃卒爵」有五節，五節者：從主人獻酒於尸并主婦設籩豆，是其一也；賓長設羊俎，二也；次賓羞羊匕湆，三也；司馬羞肉湆，四也；次賓羞羊燔尸乃卒爵，五也。賓長設羊俎于豆南。賓降，尸升筵自西方，坐，左執爵，右取韭菹，擩于三豆，祭于豆閒。尸取麷蕡，宰夫贊者取白黑以授尸，尸受，兼祭于豆祭。賓長，上賓。○疏曰：上文載羊俎退卒升於十一俎下者，欲就此賓長設羊俎之事，故此言「賓長設羊俎于豆南，賓乃降」。注云「賓長上賓」者，按下三獻時云「上賓洗爵」，注云：「上賓，長也。」是以鄭上下交相曉爲一人者也。雍人授次賓疏匕與俎，受于鼎西，左手執俎左廉，縮之，卻右手執匕枋，縮于俎上，以東面受于羊鼎之西。司馬在羊鼎之東，二手執桃匕枋以挹湆，注于疏匕，若是者三。桃，湯堯反，劉湯姚反，又他羔反，一音由，又食汝反。挹，一入反。○桃謂之歃，讀如或舂或抌之抌，字或作桃者，秦人語也。此二匕者，皆有淺升，狀如飯橾。桃長枋，可以抒物於器中者。注，猶寫也。今文「桃」作「抌」，挹皆爲扱。○歃，初洽反，劉初輒反，下扱同。橾，七感反。抒，食汝反。○疏曰：云「讀如或舂或抌之抌」者，讀從詩「或舂或抌」。彼注：「抌，抒臼也。」云「此二匕者皆有淺升狀如飯橾」，此以漢法況之。言淺升，對尋常勺升深，此淺耳。尸興，左執爵，右取肺，坐祭之。祭酒，興，左執爵。肺，羊祭肺。○疏曰：知「羊祭肺」者，見上載尸羊正俎而云「祭肺一」，故知此羊俎上祭肺。其羊肉湆雖有嚌肺一，此下經乃升，此時未升，故知非嚌肺也。次賓縮執匕俎以升，若是以授尸，尸卻手受匕枋，坐祭，嚌之，興，覆手以授賓，賓亦覆手以受，縮匕于俎上以降。覆，芳伏反，下同。○嚌湆者，明湆肉加耳。嘗之以其汁，尚味。○疏曰：云「嚌湆者，明湆肉加耳。嘗之以其汁，尚味」者，此匕湆似大羹。按特牲大羹不祭不嚌，以不爲神非盛。此嚌之者，明湆肉加，先進其汁而嘗之，尚味故也。以湆肉加，在鼎有汁，在俎無汁，故以匕進汁，是以上注云「肉湆，肉在汁中者，以增俎實爲尸加」是也。特牲大羹自門入，本不在鼎，不調之，此肉湆在鼎已調之，故云「尚味」也。尸席末坐啐酒，興，坐奠爵，拜告旨，執爵以興。主人北面于東楹東，答拜。啐，七内反。○旨，美也。拜告酒美，答主人意。古文曰「東楹之東」。○疏曰：按上篇少牢尸不啐奠，不告旨，大夫之禮尸彌尊，至於儐尸啐酒告旨者，異於神奠具尸，禮彌儐故也。司馬羞羊肉湆，縮執俎，尸坐奠爵，興，取肺，坐絶祭，嚌之，興，反加于俎。司馬縮奠俎于羊湆俎南，乃載于羊俎，卒載，俎縮執俎以降。絶祭，絶肺末以祭，周禮曰：絶祭。湆使次賓，肉使司馬，大夫禮多，崇敬也。○疏曰：引周禮者，按大祝職辨九祭：「七曰絶祭。」注云：「絶末以祭。」引之證絶祭與此同也。云「湆使次賓，肉使司馬，大夫禮多，崇敬也」者，司馬火官，羊又火畜，則羊湆與肉皆當司馬載之。按上文次賓載湇，此經司馬羞肉者，以大夫官多各使載其一，是以云「大夫禮多，崇敬也」。尸坐執爵以興。次賓羞羊燔，縮執俎，縮一燔于俎上，鹽在右。尸左執爵，受燔，揳于鹽，坐振祭，嚌之，興，加于羊俎。賓縮執俎以降。燔，炙。○疏曰：按詩云：「載燔載烈。」注云：「傅火曰燔，貫之加于火曰烈。」烈，則炙也。彼以燔、炙相對則異，此云「燔炙」者，燔之傅火亦是炙類，故曰「燔，炙」。尸降筵，北面于西楹西，坐卒爵，執爵以興，坐奠爵拜，執爵以興。主人北面于東楹東，答拜。主人受爵，尸升筵，立于筵末。

右主人獻尸

主人酌獻侑，侑西楹西，北面拜受爵，主人在其右，北面答拜。不洗者，俱獻閒無事也。主人就右者，賤不專階。○疏曰：此節內從獻有三事：主人獻時，主婦薦籩豆，一也；司馬羞羊俎，二也；次賓羞羊燔，三也。侑降於尸二等，無羊匕湇，又無肉湇。云「不洗者，俱獻閒無事也」者，此則以其獻尸訖，即獻侑，中閒無別酢酬之事，故不洗。凡爵行、爵從，尊者來向卑者，俱獻閒無事則不洗爵。從卑者來向尊，雖獻閒無事亦洗。是以此文獻尸訖，俱獻侑不洗，是爵從尊者來，故特牲賓致爵於主人洗爵者，鄭云：洗洒致爵，爲異事新之。以其承佐食賤，雖就獻閒，以其爵從卑者來，故洗之，故不儐尸。鄭注云：洗致爵者，以承佐食賤新之。是爵從卑者來，故洗也。云「主人就右，賤不專階」者，對主人不就尸階者，尸尊得專階故也。主婦薦韭菹醓，坐奠于筵前，醓在南方。婦贊者執二籩麷蕡以授主婦，主婦不興，受之，奠醴于醢南，蕢在醴東。主婦入于房。醢在南方者，立侑爲尸，使正饌統焉。○疏曰：凡設菹常在右，便其擩。今菹在醢北者，以其立侑以輔尸，故菹在北，統於尸也。侑升筵自北方，司馬横執羊俎以升，設于豆東。侑坐，左執爵，右取菹擩于醢，祭于豆閒，又取醴蕢，同祭于豆祭，興，左執爵，右取肺，坐祭之，祭酒，興，左執爵。次賓羞羊燔，如尸禮。侑降筵自北方，北面于西楹西，坐卒爵，執爵以興，坐奠爵，拜，主人答拜。答拜，拜於侑之右。○疏曰：知「拜於侑之右」者，以其前拜爵時，尸在侑之右。

右主人獻侑

尸受侑爵，降洗，侑降立于西階西，東面，主人降自阼階，辭洗，尸坐奠爵于篚，興對，卒洗，主人升，尸升自西階，主人拜洗，尸北面于西楹西，坐奠爵，答拜。降盥，主人降，尸辭，主人對。卒盥，主人升，尸升，坐取爵酌。酌者，將酢主人。○疏曰：就此事中亦有五節：行事尊主人，故與尸同者，尸酢主人時，主婦亦設籩豆，一也；賓長設羊俎，二也；次賓羞羊匕湇，三也；司馬羞肉湇，四也；次賓羞羊燔，主人迺卒爵，五也。但特牲、少牢主人獻尸，尸即酢主人，主人乃獻祝及佐食，此尸待主人獻侑乃酢主人，不同者，此尸卑達主人之意，欲得先進酒，於侑迺自飲，彼尸尊不達主人，欲自達己意，故先酢主人，乃使主人獻祝與佐食，故不同。是以下文賓長獻尸，致爵主人，尸迺酢之遂賓意，亦此類也。司宮設席于東序，西面。主人東楹東，北面拜受爵，尸西楹西，北面答拜。主婦薦韭菹醢，坐奠于筵前，菹在北方。婦贊者執二籩麷蕡，主婦不興，受，設麷于菹西北，蕡在麷西。主人升筵自北方，主婦入于房。設籩於菹西北，亦辟鉶。〇疏曰：此乃陳主人受酢設席之位。按特牲爲士，按少牢下大夫，皆致爵乃設席。此儐尸受酢即設席者，以其儐尸，尸益卑，主人益尊，故明一等受酢即設席。按上設尸籩云：「興，取籩於房，麷蕡。」注云：「以饌異，親之。」與此婦贊者執二籩麷蕡，主婦不興受，文不同者，凡執籩豆之法，皆兩雙執之。此侑與主人皆二籩，故主婦與婦贊者各執其二，於事便，故主婦不興受設之。上尸籩豆各四，故主婦興取籩豆於房，亦見異饌親之義也。云「設籩於菹西北，亦辟鉶」者，上設侑籩正當豆，此在西北，明辟鉶。云「亦」，亦尸籩當豆西外列，以辟鉶故也。長賓設羊俎于豆西，主人坐，左執爵，祭豆籩，如侑之祭。興，左執爵，右取肺，坐祭之，祭酒，興。次賓羞匕湇，如尸禮，席末坐啐酒，執爵以興。司馬羞羊肉湇，縮執俎，主人坐奠爵于左，興，受肺，坐絶祭，嚌之，興，反加于湇俎。司馬縮奠湇俎于羊俎西，乃載之，卒載，縮執虚俎以降。奠爵於左者，神惠變於常也。言受肺者，明有授。言虚俎者，羊湇俎訖於此，虚不復用。〇疏曰：云「言虚俎者，羊湇俎訖於此，虚不復用」者，此俎，雍人所執，陳奠於羊俎西在南者，自次賓羞匕湇，司馬羞羊肉湇於尸，次賓又羞匕湇於主人，同用此俎，三降皆不言虚，欲見後將更用。至於此言「虚俎」，明其不復用此俎。又見下次賓羞羊燔於主人，則用北之豕俎。用北之豕俎而得羞羊燔者，以其禮殺故也。主人坐取爵以興，次賓羞燔，主人受，如尸禮。主人降筵自北方，北面于阼階上，坐卒爵，執爵以興，坐奠爵拜，執爵以興，尸西楹西答拜，主人坐奠爵于東序南。不降奠爵於篚，急崇酒。○疏曰：燔即羊燔，以主人與尸侑皆用羊體，鄉主婦獻尸以後，悉用豕體，賓長獻尸後悉用魚從，是以知主人之燔羊燔也。云「不降奠爵于篚，急崇酒」者，此下唯有崇酒之文，更無餘事，故云「急崇酒」。侑升，尸侑皆北面于西楹西。見主人不反位，知將與己爲禮。主人北面于東楹東，再拜崇酒，崇，充也。拜謝尸侑以酒薄充滿。尸侑皆答再拜。主人及尸侑皆升就筵。

右主人受尸酢

司宫取爵于篚，以授婦贊者于房東，以授主婦。房東，房户外之東。○疏曰：上文主人獻節凡有三爵，有主人獻尸，獻侑，并受酢。此主婦獻内凡有四爵，即分爲四節解之。四者：主婦獻尸，一也；獻侑，二也；致爵於主人，三也；受尸酢，四也。下文賓長爲三獻爵止，故與主婦亞獻同。此主婦亞獻尸，一節之内從獻有五：主婦設兩鉶，一也；主婦又設糗與脩，二也；次賓羞豕匕湇，三也；司士羞豕脀，四也；次賓羞豕燔尸乃卒爵，五也。主婦洗于房中，出，實爵，尊南西面拜獻尸，尸拜于筵上，受。尊南西面，拜由便也。○疏曰：賓主獻酢無在筵上受法，今尸於筵上受者，以婦人所獻，故尸不與行賓主之禮，故不得各就其階。若然，少牢主人「祝拜於席上，坐受」者，注云：「室内迫狹。」故拜筵上。與此禮異。云「尊南西面，拜由便也」者，此決下文「西面於主人之北拜送爵」。今酌尊因在尊南西面拜獻尸者，便也。言便者，便其西面授尸，故不退主人之北。主婦西面于主人之席北，拜送爵，入于房，取一羊鉶，坐奠于韭菹西，主婦贊者執豕鉶以從，主婦不興，受，設于羊鉶之西，興，入于房，取糗與腶脩，執以出，坐設之，糗在蕡西，脩在白西，興，立于主人席北，西面。糗，去九反。腶，丁亂反，本又作「段」，音同。○飲酒而有鉶者，祭之餘鉶。無黍稷，殺也。糗，糗餌也。腶脩，擣肉之脯。今文「腶」爲「斷」。○餌，音二。擣，丁老反。斷，丁亂反。○疏曰：云「無黍稷，殺也」者，決正祭時有黍稷故也。尸坐，左執爵，祭糗脩，同祭于豆祭，以羊鉶之柶挹羊鉶，遂以挹豕鉶，祭于豆祭，祭酒。次賓羞豕匕湆，如羊匕湆之禮。尸坐啐酒，左執爵，嘗上鉶，執爵以興，坐奠爵拜，主婦答拜，執爵以興。司士羞豕脀，尸坐奠爵，興，受，如羊肉湆之禮。坐取爵，興，次賓羞豕燔，尸左執爵，受燔，如羊燔之禮。坐卒爵，拜，主婦答拜。受爵，酌獻侑，侑拜受爵。主婦主人之北，西面答拜。酌獻者，主婦。今文無西面。○疏曰：同有三等，降於尸二等，無鉶羹與豕匕湆。云三等者：主婦酌獻侑，主婦羞糗脩，一也；司士羞豕脀，二也；次賓羞燔，侑乃卒爵，三也。主婦羞糗脩，坐奠糗于麷南，脩在蕡南。侑坐，左執爵，取糗脩兼祭于豆祭。司士縮執豕脀以升，侑興，取肺，坐祭之。司士縮奠豕脀于羊俎之東，載于羊俎，卒，乃縮執俎以降，侑興。豕脀無湆，於侑禮殺。○疏曰：按上下文尸與侑及主人、主婦但是正俎，皆横執俎以升，又横設於席前。若益送之，俎皆縮執之，又縮於席前。今司士所羞豕脀，是益送之俎，縮執是其常。而言縮執者，以其文承上主人獻侑時無羊肉湆，故主婦獻侑、司士羞豕脀不得相如〔一二〕，是以經特著「縮執俎」見異於正俎，諸文特云「横執、縮執」者，皆此類。次賓羞豕燔，侑受如尸禮，坐卒爵，拜，主婦答拜。

右主婦亞獻

受爵，酌以致于主人，主人筵上拜受爵，主婦北面于阼階上答拜。主婦易位拜於阼階上，辟併敬。○疏曰：此科亦有五節：行事主婦致爵於主人時，主婦設二鉶，一也；又設糗脩，二也；豕匕湇，三也；豕脀，四也；豕燔主人卒爵，五也。云「主婦易位拜於阼階上辟併敬」者，前主婦獻尸侑，拜送於主人北，今致爵於主人，拜於阼階上者，辟併敬主人與尸侑，故易位也。若然，按特牲三獻爵止乃致爵，此未三獻已致爵者，以上篇已有獻於尸，故此不待三獻，又見儐尸禮殺，故早致。主婦設二鉶與糗脩，如尸禮。主人其祭糗脩，祭鉶，祭酒，受豕匕湇，拜啐酒，皆如尸禮，嘗鉶不拜。主人如尸禮，尊也。其異者，不告旨。○疏曰：云主人「拜啐酒」，「嘗鉶不拜」，若然，則啐酒有拜，嘗鉶無拜。按前主婦獻尸，尸坐啐酒，左執爵，嘗上鉶，執爵以興，坐奠爵拜，拜在嘗鉶之下，則嘗鉶有拜，坐啐酒不拜，與此違者，彼拜雖在嘗鉶下，其拜仍爲啐酒拜，在嘗鉶下者，以因坐啐酒，不興即嘗鉶，嘗鉶訖，執爵興，坐奠爵拜，拜仍爲啐酒，是以特牲、少牢尸嘗鉶皆不拜。或此經啐酒之上無拜文，有「者」，衍字也。其受豕脀，受豕燔，亦如尸禮。坐卒爵，拜，主婦北面答拜受爵。

右主婦致爵于主人

尸降筵，受主婦爵以降。將酢主婦。○疏曰：此科内從酢有三：主婦受酢之時，婦贊者設豆籩，一也；司馬設羊俎，二也；次賓羞羊燔，主婦卒爵，三也。以其主婦受從與侑同三，主人受從與尸同五，尊卑差也。主人降，侑降，主婦入于房。主人立于洗東北，西面，侑東面于西階西南。俟尸洗。尸易爵于篚，盥洗爵。易爵者，男女不相襲爵。主人揖尸侑，將升。主人升，尸升自西階，侑從。主人北面立于東楹東，侑西楹西北面立。俟尸酌。尸酌，主婦出于房，西面拜受爵，尸北面于侑東答拜，主婦入于房。司宮設席于房中，南面，主婦立于席西。設席者，主婦尊。今文曰「南面立於席西」。○疏曰：以賓長以下皆無設席之文，唯主婦與主人同設席，故云「主婦尊」。特牲及下大夫主婦設席，亦是主婦尊。婦贊者薦韭菹醢，坐奠于筵前，菹在西方。婦人贊者執麷蕡以授婦贊者，婦贊者不興，受，設麷于菹西，蕡在麷南。婦人贊者，宗婦之少者。○疏曰：按特牲記云：「宗婦北堂，東面北上。」注云：「宗婦，族人之婦，其夫屬於所祭爲子孫者。」是也。彼直云「宗婦」，是特牲宗婦一人而已，不言贊或少，未可定。此大夫禮隆，贊非一人而稱贊，贊主婦及長婦，故云「宗婦之少」者。主婦升筵，司馬設羊俎于豆南，主婦坐，左執爵，右取菹擩于醢，祭于豆閒。又取麷蕡，兼祭于豆祭，主婦奠爵，興，取肺，坐絕祭，嚌之，興，加于俎，坐挩手，祭酒，啐酒。挩，由銳反，注紛悦音同。○挩手者於悦，悦，佩巾，内則曰：「婦人亦『左佩紛悦』。」古文「悦」作「説」。次賓羞羊燔，主婦興受燔，如主人之禮。主婦執爵以出于房，西面于主人席北，立卒爵，執爵拜，尸西楹西北面答拜。主婦入，立于房。尸主人及侑皆就筵。出房立卒爵，宜鄉尊。不坐者，變於主人也。執爵拜，變於男子也。○鄉，許亮反。○疏曰：云「不坐」者，上主人受酢坐卒爵，故云「變於主人也」。「執爵拜變於男子」者，上下經凡男子拜卒爵皆奠爵乃拜，故云變於男子也。

右尸酢主婦

上賓洗爵以升，酌獻尸，尸拜受爵，賓西楹西北面拜送爵，尸奠爵于薦左，賓降。上賓，賓長也。謂之上賓，以將獻異之，或謂之長賓。奠爵，爵止也。○疏曰：尸不舉者，以三獻訖正禮終，欲使神惠均於庭，徧得獻乃舉之，故下文主人獻及衆賓以下訖乃作止爵。若然，特牲及下大夫尸在室内始行三獻，未行致爵，尸奠爵欲得神惠均於室，此儐尸之禮室内已行三獻，至此儐尸，夫婦又已行致爵訖，儐尸又在堂，故爵止者欲得神惠均於庭〔一三〕，與正祭者異。云「上賓賓長」者，上文云「賓長設羊俎」是也。云「謂之上賓以將獻異之」者，言賓中長尊稱輕，上尊稱重，故以將獻變言上賓。云「或謂之長賓」者，少牢云：長賓洗爵獻於尸。少牢尸有父尊屈之，故但云長賓耳，不儐尸，亦云長賓。特牲云：「賓三獻如初。」又不言長賓者，士賓卑。云「奠爵爵止」者，特牲云：「賓三獻如初，燔從如初，爵止。」不儐尸者亦然。

右賓長三獻尸，尸奠爵未舉

主人降洗觶〔一四〕，尸侑降，主人奠爵于篚，辭，尸對，卒洗，揖，尸升，侑不升。侑不升，尸禮益殺，不從。○疏曰：云「侑不升，尸禮益殺」者，儐尸之禮殺於初，今侑不升又殺，故云「益殺」也。主人實觶酬尸，東楹東北面坐奠爵拜，尸西楹西北面答拜，坐祭，遂飲，卒爵，拜，尸答拜，降洗，尸降辭，主人奠爵于篚，對，卒洗，主人升，尸升，主人實觶，尸拜受爵，主人反位答拜，尸北面坐奠爵于薦左。降洗者，主人。○疏曰：此主人酬尸，尸奠於薦左者，不舉。按下經二人舉觶於尸侑，「侑奠觶于右」，注云：「奠於右者，不舉也。神惠右不舉，變於飲酒。」與此不同者，特牲及下不儐尸皆無酬尸之事，此特有之，由儐尸如與賓客飲酒，無故有酬異於神惠，神惠右不舉，侑奠於右是也。侑〔一五〕，一名加者，少牢無侑尸，此乃有，故無加稱。是以主人酬賓，賓奠於左，亦是神惠，故即舉之。特牲及不儐尸皆有酬賓，同是神惠，故皆奠於左也。尸侑主人皆升筵，乃羞。宰夫羞房中之羞于尸、侑、主人、主婦，皆右之。司士羞庶羞于尸、侑、主人、主婦，皆左之。二羞所以盡歡心，房中之羞，其籩則糗餌粉餈，其豆則酏食糝食。庶羞，羊臐豕膮，皆有胾醢。房中之羞，内羞也。内羞在右，陰也。庶羞在左，陽也。○餈，在私反。酏，以支反，劉書支反〔一六〕。食，音寺，下同〔一七〕。糝，素感反。○疏曰：二羞是儐尸用之，故云「盡歡心」。云「房中之羞，其籩則糗餌粉餈」者，周禮籩人職云：「羞籩之實。」鄭注云：「此二物皆粉，稻米、黍米所爲也。合蒸曰餌，餅之曰餈。糗者，擣粉熬大豆，爲餌餈之黏，著以粉之耳。餌言糗，餈言粉，互相足。」是也。云「其豆則酏食糝食」者，周禮醢人職：「羞豆之實。」鄭注云：「酏，餰也。内則曰：取稻米舉糔溲之，小切狼臅膏，以與稻米爲餰。又曰：糝：取牛羊豕之肉三如一，小切之，與稻米。稻米二、肉一合以爲餌，煎之。」是也。若然，按王制云：「庶羞不踰牲。」注云：「祭以羊，則不以牛肉爲羞。」依内則羞用三牲者，據得用大牢者。若大夫已下不用大牢者，則無牛矣。而此引之者，舉其成文以曉人耳。云「庶羞羊臐豕膮皆有胾」，知者，按公食大夫牲皆臐及炙胾，今此鄭直云臐胾不言炙者，公食大夫是食禮，故庶羞並陳。此儐尸飲酒之禮，故主人獻尸皆羊燔，從主婦獻皆豕燔，從酬賓之後迺言司士羞庶羞，則知止有羊臐豕膮、羊胾豕胾，以其燔炙前已從獻訖，故止有膴胾而已。云「房中之羞，内羞也」者，按下大夫不儐尸，云乃羞，宰夫羞房中之羞，司士羞庶羞於尸、祝、主人、主婦内羞在右，庶羞在左是也。云「内羞在右，陰也」者，以其是穀物，故云陰也。云「庶羞在左，陽也」者，以其是牲物，故云陽。大宗伯亦云：「天産作陰德」，「地産作陽德」。鄭亦云：「天産，六牲之屬。地産，九穀之屬。」是其穀物陰，牲物陽者也。

右主人酬尸設羞

主人降，南面拜衆賓于門東，三拜，衆賓門東北面，皆答壹拜。拜於門東，明少南就之也。言三拜者，衆賓賤，旅之也。衆賓一拜，賤也。卿大夫尊，賓賤，純臣也。位在門東。古文「壹」爲「一」。○疏曰：云「拜於門東，明少南就之也」者，以其繼門言之，明少南就之。云「言三拜者，衆賓賤，旅之也」者，按周禮司士職：「孤卿特揖，大夫以其等旅揖。」注云：「特揖，一一揖之。旅，衆也，大夫爵同者衆揖之。」此云旅之者，旅，衆也，衆人共得三拜。云「衆賓一拜，賤也」者，以賤不得備禮，故云賤也。云「純臣也，位在門東」者，此對特牲記云：「公有司門西，北面東上，獻次衆賓。私臣門東，北面西上，獻次兄弟。」此賓皆在門東，故云純臣者，指北面時也。得獻訖在西階下，亦不純臣。故下經云「獻私人於阼階上」，注云：「私人，家臣，己所自謁除也。大夫言私人，明不純臣也。」若然，大夫云私人，見不純臣，士言私臣不言人者，大夫尊，近君。若言私臣，則臣與君不異，故名私人。士卑，無辟君臣之名不嫌，故名私臣。主人洗爵，長賓辭，主人奠爵于篚，興對，卒洗，升酌，獻賓于西階上。長賓升，拜受爵，主人在其右，北面答拜。宰夫自東房薦脯醢，醢在西，司士設俎于豆北，羊骼一、腸一、胃一、切肺一、膚一。羊骼，羊左骼，上賓一體，賤也。薦與設俎者，既則俟於西序端。古文「骼」爲「胳」。○疏曰：按鄉飲酒：「司正升相旅〔一八〕」，「受酬者降席，司正退立于序端。」然則，先事既設，後事未至，其退立之位當在於序端。知此不降者，下文賓執祭以降，宰夫執薦以從，司士執俎以從，無升文，明此不降，退立於序端可知。賓坐，左執爵，右取肺擩于醢，祭之，執爵興，取肺，坐祭之，祭酒，遂飲，卒爵，執以興，坐奠爵拜，執爵以興。主人答拜，受爵。賓坐取祭以降，西面坐委于西階西南。成祭於上，尊賓也。取祭以降，反下位也。反下位而在西階西南，已獻，尊之。祭，脯、肺。○疏曰：凡言「反位」者，或反初位，或上下位異亦爲反，此則初位在門東，今得獻反在西階南，與主人相對，已獻尊之故也。若燕禮士得獻位於東方，亦是尊之者也。云「祭脯肺」者，按經云取脯、取肺祭之，明祭是脯肺。宰夫執爵以從〔一九〕，設于祭東，司士執俎以從，設于薦東。衆賓長升，拜受爵，主人答拜，坐祭，立飲，卒爵，不拜既爵。既，盡也。長賓升者，以次第升受獻。言衆賓長拜，則其餘不拜。○疏曰：知受獻必以長幼次第者，以其下文云「宰夫贊主人酌，若是以辯」，鄭云：「每獻一人，奠空爵於棜，宰夫酌授於尊南。」是以長幼次第受獻也。宰夫贊主人酌，若是以辯。主人每獻一人，奠空爵於棜，宰夫酌授於尊南。今文「若」爲「如」，「辯」皆爲「徧」。辯受爵，其薦脯醢與胥，設于其位，其位繼上賓而南，皆東面，其胥體儀也。徧獻乃薦，略之，亦宰夫薦，司士胥。儀者，尊體盡，儀度餘骨，可用而用之。尊者用尊體，卑者用卑體而已，亦有切肺膚。今文「儀」皆爲「臡」，或爲「議」。○度，大各反。臡，劉音儀。○疏曰：乃薦，謂若燕禮三卿已上得獻即薦，大夫徧獻乃薦，亦其類。云「亦宰夫薦司士脀」者，此約上賓、此衆賓亦同此二人爲之。云「儀者，尊體盡儀度，餘骨可用而用之」者，以其言儀取尊卑得其儀，但尊體既盡，就卑體之中度尊卑之儀而用之，尊者用尊體，卑者用卑體而已也。云「亦有切肺膚」者，按特牲用離肺，知此衆賓用切肺膚者，以其侑用切肺，不敢殊於尸，明衆賓亦不敢殊於侑。

乃升長賓，主人酌酢于長賓，西階上北面，賓在左。主人酌自酢，序賓意，賓卑不敢酢。○疏曰：特牲主人獻長賓訖即酢，此辯獻乃酢者，主人益尊，先自達其意。特牲主人獻內賓辯乃自酢，注云：「爵辯乃自酢，以初不殊其長也。」則此大夫尊，初則殊其長故也。主人坐奠爵拜，執爵以興，賓答拜，坐祭，遂飲，卒爵，執爵以興，坐奠爵，拜，賓答拜，賓降。降反位。

右主人獻賓辯酌自酢

宰夫洗觶以升，主人受酌，降酬長賓于西階南，北面。賓在左，主人坐奠爵拜，賓答拜，坐祭，遂飲，卒爵，拜，賓答拜。宰夫授主人觶，則受其虛爵，奠於篚。古文「酌」爲「爵」。○疏曰：云「宰夫授主人觶，則受其虛爵，奠於篚」者，謂上主人受賓之酢爵，今宰夫既授觶訖，因受取酢之虛爵降，奠於篚也。知然者，上文主人受爵訖，賓降，主人無降文，即云宰夫授觶，主人受之，明主人手中虛爵，宰夫受之，奠於篚可知。若然，知不待酬賓，虛觶受之，奠於篚者，以其下文賓之虛觶奠於薦左，故知非賓虛觶，其賓奠薦左者，後舉之以爲無筭爵也。主人洗，賓辭，主人坐奠爵于篚，對，卒洗，升酌，降復位。賓拜受爵，主人拜送爵，賓西面坐，奠爵于薦左。

右主人洗觶酬賓，賓奠薦左

主人洗，升酌，獻兄弟于阼階上，兄弟之長升，拜受爵，主人在其右，答拜，坐祭，立飲，不拜既爵，皆若是以辯。兄弟長幼立飲，賤不別。大夫之賓，尊於兄弟，宰夫不贊酌者，兄弟以親昵來，不以官待之。○別，彼列反。昵，女乙反。○疏曰：按特牲云「獻長兄弟于阼階上，如賓儀」者，士卑，長兄弟爲貴，殊貴賤，故云如賓儀。長賓坐飲也，至於大夫貴，兄弟賤，兄弟長幼皆立飲，不得如賓儀，故立飲，賤不別也。上文大夫賓貴，使宰夫贊酌，今兄弟酌，不使宰夫贊酌者，爲兄弟是親昵，不以官待之，故兄弟雖賤於賓，不得使人贊酌而親之也。辯受爵，其位在洗東，西面北上，升受爵，其薦脀設于其位。亦辯獻乃薦，既云辯矣，復言升受爵者，爲衆兄弟言也。衆兄弟升，不拜受爵，先著其位於上，乃後云薦脀設於其位，明位初在是也。位不繼於主人，而云洗東，卑不統於尊。此薦脀皆使私人。○疏曰：上經云「兄弟之長升，拜受爵」，嫌衆兄弟亦升，拜受爵，是以此更云升受爵，直爲衆兄弟不拜受爵而言。若然，上賓拜受爵，又拜既爵，衆賓拜受爵，不拜既爵，長兄弟得與衆賓同，衆兄弟又不拜受爵，是其差也。云「先著其位於上，乃後云薦脀設於其位，明位初在是」者，謂經云「其位在洗東，西面北上」，是先著其位於上，乃云升受爵者，謂發此位升堂受爵。又云「薦脀設於其位」者，謂受爵時設薦脀於洗東西面位，是先著其位於上，乃後云薦脀設於其位也。云「位不繼於主人，而云洗東卑，不統於尊」者，按特牲主人卑，故兄弟助祭之位得繼主人於阼階下南陳。此以大夫尊，故兄弟之位在洗東，不繼主人，卑不統於尊故也。云「此薦脀皆使私人」者，上獻賓長及衆賓，使宰夫設薦，司士設俎，又使宰夫贊酌，至於此獻兄弟爲親昵，不以官待之，主人親酌，明亦不以官，使私人薦脀可知。其先生之脀，折脅一、膚一，先生，長兄弟。折，豕左肩之折。○疏曰：知先生是「長兄弟」者，以其文承長兄弟之下，故知先生非老人教學者〔二〇〕。知折是「豕左肩之折」者，以上初亨牲體，明侑俎豕左肩折，注云「折分爲長兄弟俎」是也。其衆，儀也。

右主人獻兄弟於阼階

主人洗，獻內賓于房中，南面拜受爵，主人南面于其右答拜。內賓，姑姊妹及宗婦。獻於主婦之席東，主人不西面，尊，不與爲賓主禮也。南面於其右，主人之位恒左人。○疏曰：知內賓是「姑姊妹及宗婦」者，約特牲記而知也。云「獻於主婦之席東，主人不西面」者，按特牲：「獻內兄弟於房中，如獻衆兄弟之儀，主人西面答拜。」此大夫禮，主人南面拜，不與爲賓主之禮也。云「南面於其右，主人之位恒左人」者，謂人在主人左，若鄉飲酒、鄉射之等於西階上北面，主人在東，賓在西，此南面則主在西，賓在東，故云「恒左人」也。坐祭，立飲，不拜既爵，若是以辯，亦有薦脀。亦設薦脀於其位，特牲饋食禮記曰：內賓立於房中西墉下，「東面南上。宗婦北堂，東面北上。」○疏曰：云「亦設薦脀於其位」者，言「亦」者，亦上先生之等。引特牲記者，欲見內賓設薦之位處。

右主人獻內賓于房中

主人降洗，升，獻私人于阼階上，拜于下，升受，主人答其長拜，乃降，坐祭，立飲，不拜既爵，若是以辯。宰夫贊主人酌，主人於其羣私人不答拜，其位繼兄弟之南，亦北上，亦有薦脀。私人，家臣，己所自謁除也。大夫言私人，明不純臣也。士言私臣，明有君之道。北上，不敢專其位。亦有薦脀，初亦北面在衆賓之後爾。言繼者，以爵既獻爲文。凡獻，位定。○疏曰：云「私人家臣己所自謁除也」者，此乃大夫自謁請於君，除其課役，以補任爲之。云「大夫言私人，明不純臣也」者，大夫尊，近於君，故屈己之臣名爲私人，士卑不嫌近君，故得名屬吏爲私臣也。云「北上不敢專其位」者，以其兄弟北上，今繼兄弟之南亦北上，與兄弟位同，故云「不敢專其位」。云「凡獻位定」者，與上衆兄弟云「其位在洗東，西面北上，升受爵，其薦脀設於其位」，注云：「先著其位於上。」明位初在是。此不先著位於上，俱言「繼兄弟」者，是據獻位爲言〔一一〕，則未獻時在衆賓後矣。按特牲記云私臣位在「門東北面」，是衆賓後也。云「凡獻位定」，則是凡獻以前非定位也。主人就筵。古文曰「升就筵」。

右主人獻私人于阼階上

尸作三獻之爵，上賓所獻爵，不言三獻作之者，賓尸而尸益卑，可以自舉。○疏曰：云「上賓所獻爵」者，三獻是上賓，不言上賓而言三獻者，以其主人、主婦并此賓長備三獻，因號上賓爲三獻，是以事名官者也。云「不言三獻作之」者，對特牲云「三獻作止爵」，故決之。下大夫不儐尸，自作爵者，順上大夫爲文。作其爵者，以神惠均於庭訖，欲使尸飲此酒。但此一節之内有四爵：尸作三獻之爵，一也；獻侑，二也；致爵於主人，三也；受尸酢，四也。司士羞湇魚，縮執俎以升，尸取膴祭祭之，祭酒，卒爵。不羞魚匕湇，略小味也。羊有正俎，羞匕湇，肉湇，豕無正俎，魚無匕湇，隆汙之殺。○汙，音烏。○

疏曰：云「不羞魚匕湆，略小味也」者，對羊豕牲之大，有匕湆之等，魚無，以魚爲小味，故略之也。云「隆汙之殺」者，以有爲隆盛，無者爲殺少也。司士縮奠俎于羊俎南，橫載于羊俎，卒，乃縮執俎以降，尸奠爵拜，三獻北面答拜，受爵。酌獻侑，侑拜受，三獻北面答拜。受爵，酌獻侑，侑拜受，三獻北面答拜〔二二〕。司馬羞湆魚一，如尸禮，卒爵，拜，三獻答拜，受爵。司馬羞湆魚，變於尸。○疏曰：上文尸使司士羞魚，此侑使司馬羞魚，故云「變於尸」也。酌致主人，主人拜受爵，三獻東楹東，北面答拜。賓拜於東楹東，以主人拜受於席，就之。○疏曰：「就之」者，賓於禮當在西階上，今在東楹之東，以主人席在於阼階，是以賓拜於東楹東就之也。司士羞一湆魚，如尸禮，卒爵，拜，三獻答拜，受爵。尸降筵，受三獻〔二三〕，酌以酢之。既致主人，尸乃酢之，遂賓意。○疏曰：「遂賓意」者，賓雖不言，其意欲得與主人抗獻酢之禮。今尸見致爵於主人訖〔二四〕，即酌以酢賓，是遂達之之意〔二五〕。三獻西楹西，北面拜受爵，尸在其右以授之。尸升筵，南面答拜，坐祭，遂飲，卒爵，拜，尸答拜，執爵以降，實于篚。

右尸作三獻之爵，三獻又獻侑及主人〔二六〕

二人洗觶，升實爵西楹西，北面東上，坐奠爵拜，執爵以興，尸侑答拜，坐祭，遂飲，卒爵，執爵以興，坐奠爵拜，尸侑答拜，皆降。三獻而禮小成，使二人舉爵，序殷勤於尸侑。○疏曰：云「三獻而禮小成」者，以此獻爲正，後仍有舉奠加爵之等，終備，乃是禮之大成，故云小成也。云「使二人舉爵序殷勤於尸侑」者，飲酒之禮，酬與無筭爵乃盡歡心，故以旅酬及無筭乃爲殷勤於尸侑也。按鄉飲酒及鄉射、特牲等皆一人舉觶爲旅酬始，二人舉觶爲無筭爵始，今儐尸乃以二人爲旅酬始者，此儐尸別一禮，與彼不同。以其初時主人酬尸，尸奠之，侑未得酬，故使二人舉觶，侑乃得奠而不舉，即與亦奠一爵，一爵遂醻於下，是以須二人舉觶。兄弟之後生者舉觶於其長爲無筭爵者，以其賓長所舉奠酬亦爲無筭爵，以此二觶者皆在堂下，故爲無筭爵。尸不與無筭爵，故舉堂下觶爲無筭爵。其爲旅酬皆從上發尸爲首，故特牲等使一人舉觶爲旅酬與賓長所舉薦右之觶〔一七〕。此賓不舉旅酬，皆從尸舉，故所奠者爲無筭一爵，亦是異於特牲。洗，升酌，反位，尸侑皆拜受爵，舉觶者皆拜送，侑奠觶于右。奠於右者，不舉也。神惠右不舉，變於飲酒。尸遂執觶以興，北面于阼階上酬主人，主人在右。尸拜於阼階上，酬禮殺。○疏曰：決上文尸酢主人，主人東楹東北面拜受爵，尸西楹西北面答拜，是各各於其階。今尸酬主人同於阼階，故云「禮殺」也。坐奠爵拜，主人答拜，不祭，立飲，卒爵，不拜既爵，酌，就于阼階上酬主人。言就者，主人立待之〔一八〕。○疏曰：言「立待之」者，以其不言適阼階上酬主人，明主人不去，立待之可知。主人拜受爵，尸拜送。酬不奠者，急酬侑也。○疏曰：此決上主人酬賓奠之也。尸就筵，主人以酬侑于西楹西，侑在左，坐奠爵拜，執爵興，侑答拜，不祭，立飲，卒爵，不拜既爵，酌，復位。侑拜受，主人拜送。言酌復位，明授於西階上。主人復筵，乃升長賓，侑醻之，如主人之禮。遂，旅也。言升長賓，則有贊呼之。○疏曰：知者若不贊呼之，則當如上文衆賓長升，兄弟之長升，拜受爵，故知有贊呼之也。至于衆賓，遂及兄弟，亦如之，皆飲于上。上，西階上。遂及私人，拜受者升受，下飲。私人之長拜於下，升受兄弟之爵，下飲之。○疏曰：私人位在兄弟之南，今言「下飲」之，則私人之長一人在西階下飲之，其餘私人皆飲於其位，故下經云「卒爵升酌，以之其位相酬辯」是也。卒爵，升酌，以之其位相酬，辯。其位〔二九〕，兄弟南位，亦拜受，拜送，升酌由西階。卒飲者實爵于篚，末受酬者〔三〇〕，雖無所旅，猶飲。○疏曰：凡旅酬之法，皆執觶酒以酬前人，前人領受其意，乃始自飲。此私人末受酬者，後雖無人可旅，猶自飲之訖，乃實爵於篚，以其酒是前人所酬，不可不飲故也。乃羞庶羞于賓兄弟、內賓及私人。無房中之羞，賤也。此羞同時羞，則酌房中亦旅。其始，主婦舉酬於內賓，遂及宗婦。○疏曰：此經論無筭爵、時羞、庶羞於賓及兄弟之等事。云「此羞同時羞，則酌房中亦旅」者，旅酬之下云「乃羞庶羞」，內賓羞在私人之上，私人得旅醻，則房中內賓亦旅可知。

右旅酬從尸及上下無不徧

兄弟之後生者，舉觶于其長。後生，年少也。古文「觶」皆爲「爵」，延熹中詔校書定作「觶」〔三一〕。洗，升酌，降，北面立于阼階南，長在左，坐奠爵拜，執爵以興，長答拜。長在左，辟主人。○疏曰：凡獻醻之法，主人常左，人若北面，則主人在東。今長兄弟北面云「長在左」，則在西，故辟主人也。坐祭，遂飲，卒爵，執爵以興，坐奠爵拜，執爵以興，長答拜，洗，升酌，降，長拜受于其位。舉爵者東面答拜，爵止。拜受答拜不北面者，儐尸禮殺。長賓言奠，兄弟言止，互相發明，相待也。○疏曰：云「儐尸禮殺」者，按特牲兄弟之後生舉觶於其長爲旅酬，又兄弟弟子舉觶於其長爲無算爵，拜送皆北面，此云東面，決上儐尸禮殺也。云「長賓言奠兄弟言止互相發明」者〔三二〕，上文主人醻賓奠爵於薦左，是長賓言奠，此言爵止，是兄弟言止。長賓言奠，明止而未行，此言止，明亦奠薦左〔三三〕，故云互相發明也。云「相待也」者，醻賓雖在前，及其行之相待俱時舉行，故下文云「賓及兄弟交錯其酬，皆遂及私人，爵無算」是也。若二人舉觶於尸侑，侑奠於右，不舉尸即酬主人，主人醻侑，侑醻長賓，至於衆賓，遂及兄弟，遂及私人，依次第行徧，不交錯，所謂旅醻也。

右兄弟舉觶於其長兄弟

賓長獻于尸，如初，無湆，爵不止。賓長者，賓之長次上賓者，非即上賓也〔三四〕。如初，如其獻侑酌致主人受尸酢也。無湆，爵不止，別不如初者，不使兄弟，不稱加爵，大夫尊也。不用觚，大夫尊者也。○疏曰：此論衆賓長加爲爵數多，與上賓異〔三五〕，何者？上賓獻侑致爵於主人時，皆有湆魚從，今無湆魚從，故經云「無湆」也。云「爵不止」者，上賓獻尸時亦止爵〔三六〕，待獻堂下畢，乃舉觶，今尸不止爵即飲，故云爵不止。云「賓長」者，賓之長次上賓者，以其上賓將獻，異之言上賓，此不異其文，明非上文上賓爲賓長者，故以爲次上賓者也。經云「無湆爵不止」〔三七〕，文在「如初」之下，不蒙如初之文，則知與上異，故文在如初下也。云「不使兄弟不稱加爵，大夫尊也」者〔三八〕，此決特牲云長兄弟爲加爵〔三九〕，又衆賓長爲加爵，不言獻，此言獻者，尊大夫，若三獻之外更容有獻〔四〇〕，故云「大夫尊也」。云「不用觚，大夫尊」者〔四一〕，此亦決特牲云「長兄弟洗觚爲加爵」，此用爵，爵尊於觚，故云大夫尊者也。賓一人舉爵于尸如初，亦遂之于下。一人，次賓長者。如初，如二人洗觶之爲也。遂之於下者，遂及賓兄弟，下至於私人，故言亦遂之於下也。上言無湑爵不止〔四二〕，互相發明。○疏曰：此論次賓舉觶於尸，更爲旅酬〔四三〕，如上旅酬之事，但前二人舉觶於尸侑，尸舉旅酬，從上至下皆徧飲，今亦從上至下，故云「亦遂之於下」。云「上言無湑，爵不止，互相發明」者，上經云爵止與上賓奠爵云互相發明，今此又與上文無湑爵不止相發明，是以二文皆在如初之下。

右賓長獻尸，次賓舉爵于尸，更爲旅酬

賓及兄弟交錯其酬，皆遂及私人，爵無筭。筭，數也。長賓取觶酬兄弟之黨，長兄弟取觶酬賓之黨，唯己所欲，無有次第之數也。○疏曰：云「長賓取觶」者，是主人酬賓觶。云「長兄弟取觶」者，是兄弟之後生者舉觶於其長之觶也。尸出，侑從，主人送于廟門之外，拜，尸不顧。拜送之。○疏曰：儐尸之禮，尸侑賓也，故孔子亦云「賓不顧矣」。拜侑與長賓，亦如之，衆賓從。從者，不拜送也。司士歸尸侑之俎，尸侑尊，送其家。主人退，反於寢也。有司徹。徹堂上下之薦俎也。外賓尸，雖堂上婦人不徹。○疏曰：云「徹堂上下之薦俎也」者，按上文堂上有尸侑之薦俎，堂下有賓及兄弟之薦俎，皆徹之也。云「外賓尸，雖堂上婦人不徹」者，按特牲云：「宗婦徹祝豆籩入於房，徹主婦薦俎。」此篇首云：「有司徹。」鄭注云：「徹室中之饋及祝佐食之俎。」爲將儐尸，故使有司徹之。下大夫不儐尸，改饋饌於西北隅，云「有司官徹饋，饌于室中西北隅」。至篇末禮終云「婦人乃徹」，注云：「徹祝之薦及房中薦俎，不使有司者，下上大夫之禮。」然則，此篇首云「有司徹」，别無婦人也。下大夫有司饌陽厭，婦人徹之。篇末云「徹室中之饌」，注云：「有司饌之，婦人徹之，外内相兼，禮殺。」此户外儐尸，亦禮殺，嫌婦人亦徹之，故云雖堂上婦人不徹。婦人必不徹者，異於下大夫也。堂上儐尸猶如堂内之陽厭，故鄭注篇首云：「賓尸則不設饌西北隅，以此薦俎之陳有祭象，而亦足以厭飫神。」是也。

右堂下行無筭爵禮終，尸侑出，主人送于廟門外

若不賓尸，不賓尸，謂下大夫也。其牲物則同，不得備其禮耳。舊説云：謂大夫有疾病，攝昆弟祭。曾子問曰：「攝主不厭祭，不旅不假，不綏祭，不配，布奠於賓，賓奠而不舉。」而此備有，似失之矣。○綏，許恚反，本亦作隋者，同，後皆放此。○疏曰：云「不賓尸，謂下大夫」者，從尸飲七已前皆與上大夫賓尸者同〔四四〕，已後則以此祝侑續之，故云「不賓尸，謂下大夫也」。云「其牲物則同不得備其禮耳」者，謂不備儐尸禮也。引曾子問者，破舊説。按彼上云：「若宗子有罪居于它國，庶子爲大夫，其祭也，祝曰：孝子某使介子某執其常事。攝主不厭祭，不旅，不假，不綏祭，不配。」注云：「皆辟正主。厭，厭飫神也。厭有陰有陽，迎尸之前，祝酌奠，奠之且饗，是陰厭也。尸謖之後，徹薦俎敦設於西北隅，是陽厭也。此不厭者，不陽厭也。不旅，不旅酬也。『假』讀爲『嘏』，不嘏，不嘏主人也。不綏祭，謂今主人也。」又云：「布奠於賓，賓奠而不舉。」是也。云「而此備有似失之矣」者，謂此不儐尸者不厭已下皆有，則非如舊説使昆弟攝者，故云「似失之矣」。則祝侑亦如之。謂尸七飯時。○飯，扶晚反，後皆同。○疏曰：按上篇尸食七飯告飽，祝西面於主人之南，獨侑不拜，侑曰皇尸未實侑，是也。尸食，八飯。○

疏曰：上已七飯，故知此當八飯也。**迺盛俎，臑、臂、肫、脡脊、橫脊、短脅、代脅，皆牢。**盛，音成，注及下同。○盛者，盛於肵俎也。此七體，羊豕，其脊脅皆取一骨也。與所舉正脊、幹、骼，凡十矣。肩未舉，既舉而俎猶有六體焉。○疏曰：按特牲尸食訖乃盛，今八飯即盛者，大夫禮與士相變。若然，此先言臑者，見從下起，不言盛肩，肩未舉，舉乃盛，不言骼，骼已舉先在俎，有司徹不盛俎者，賓尸之禮更無所用，全以歸尸故也。云「盛者，盛於肵俎也」者，以特牲云：「盛肵俎，俎釋三个。」故知盛於肵以歸尸故也。云「此七體羊豕」者，以其五鼎下有魚腊膚，又不升，故唯羊豕也。云「其脊脅皆取一骨也與所舉正脊幹骼凡十矣」者，按上篇載時皆二骨以並，今但盛一骨，不云正脊長脅者，先舉一骨，故不序也。凡骨體之數，左右合爲二十一體。按少牢注云：「肩、臂、臑，肱骨也，膊、骼，股骨也。」鄉飲酒注：「前脛骨三：肩、臂、臑也。後脛骨二：膊、胳也。」又後有髀觳折，特牲記云：「主婦俎觳折。」注云：「觳，後足」也。昏禮不數者，凡體，前貴於後，觳賤於臑，故數臑不數觳，是以不升於鼎。又以髀在肫上，以竅賤，正俎不用。又脊有三分：一分以爲正脊，次中爲脡脊，後分爲橫脊。脅亦爲三分：前分爲代脅，次中爲長脅，後分爲短脅。是其二十一體也。云「而俎猶有六體焉」者，謂三脊三脅皆取一骨盛於肵，各有一骨體在俎，不取以備陽厭也，故云「而俎猶有六體焉」也。**魚七，盛半也。**魚十有五而俎，其一已舉。必盛半者，魚無足翼，於牲象脊脅而已。○疏曰：云「魚十有五而俎」者，按少牢載魚鮒云「十有五而俎」，云其一已舉者，謂尸食時已舉其一，唯有十四在。云「必盛半者魚無足翼於牲象脊脅而已」者，鄭注引春秋緯璇璣樞曰：「魚無足翼，紂如魚，乃討之。」是也。故注云魚無翼者，亦從彼文。魚雖有翼，不能飛。云

「象脊脅」者，六體十二骨，盛六是半，魚無足，象牲脊脅亦盛半，盛半相似，數則不同，以其牲之脊脅則六，魚之半則七也。腊辯無髀。亦盛半也。所盛者，右體也，脊屬焉。言無髀者，云一純而俎，嫌有之。古文「髀」作「脾」。○疏曰：云「亦盛半」者，謂除尸舉，其餘兩半，亦似魚十四盛七爲半。云「所盛者右體」者，以其牲用右，故知此腊亦盛右體。云「脊屬焉」者，按上篇少牢云「腊一純而俎」，脊不折，直爲一段，代脅、長脅、短脅各一骨，左右三脅，脅骨合爲六體，並脊爲七，通肩、臂等十爲十七體，與牲體同。如腊肩，尸食既舉而俎，唯有十六在，言盛半，明脊屬。又凡牲載體者，脊皆屬焉。云「言無髀者云一純而俎嫌有之」者，按上篇少牢載腊云「一純而俎」，不云髀不升，故此明之而云「腊辯無髀」也。按上篇少牢祝俎云腊兩髀在祝俎，不升於鼎，不在神俎已自明矣。今此更明之者，以少牢陳鼎上下大夫皆同。今此下大夫不儐尸，其祝俎腊骼不云無髀，何以明之？卒盛，乃舉牢肩，尸受，振祭，嚌之，佐食受，加于肵。卒，已。佐食取一俎于堂下以入，奠于羊俎東。不言魚俎東，主於尊。○疏曰：按少牢云：「設俎，羊在豆東，豕亞其北，魚在羊東，腊在豕東，特膚當俎北端。」今摭魚腊宜在魚俎東，而繼羊俎言之，以羊尊爲主也。乃摭于魚腊俎，俎釋三个，其餘皆取之，實于一俎以出。个，古賀反。○个，猶枚也，魚摭四枚，腊摭五枚。其所釋者，腊則短脅、正脅、代脅魚三枚而已。古文「摭」爲「揲」。○揲，之石反，劉音與「摭」同。○疏曰：知「魚摭四枚，腊摭五枚」者，以魚盛半，其俎猶有七個在，故摭去四枚，釋三個。腊盛半而俎猶有八體在，摭去五枚，釋三個，皆爲改饌西北隅也。云「腊則短脅、正脅、代脅魚三枚而已」者，以腊右體已盛，脊又屬焉，唯有左在。下文云主人腊臂，主婦腊臑，祝則骼，故知所釋者脅耳。又牲體所釋是脅脊，此腊脊已在盛，半限〔四五〕，故知所釋惟有三脅耳。祝、主人之魚腊取于是。祝、主人、主婦俎之魚腊取於此者，大夫之禮文，待神餘也。三者各取一魚。其腊，主人臂，主婦臑，祝則骼也與？此皆於鼎側更載焉。不言主婦，未聞。○與，音余。○疏曰：按特牲士禮不待神餘，故主人、主婦、祝皆無腊。上大夫之祝當有腊俎，至於儐尸腊爲庶羞，又不載於俎，與此異。此下大夫待神餘，故祝、主人、主婦皆有腊體也。云「其腊，主人臂，主婦臑，祝則骼也與」者，主人用臂，主婦用臑，見於下經，祝無文，而知用骼，以其骼無正文，故云「與」以疑之也。云「此皆於鼎側更載焉」者，上摭時共在一俎，以出及下設時，主人、主婦及祝各異俎，又不同時，故知更載俎。云「鼎側」，則不復升鼎也。云「不言主婦未聞」者，下有主婦俎腊臑，則主婦用腊可知〔四六〕。此經直云祝、主人，不言主婦，未聞其義，或轉寫者脱耳。尸不飯，告飽，主人拜，侑，不言，尸又三飯。凡十一飯。士九飯，大夫十一飯，其餘有十三飯，十五飯。○疏曰：上篇士禮九飯，少牢上下大夫同十一飯，士大夫既不分命數爲尊卑，則五等諸侯同十三飯、天子十五飯可知。佐食受牢舉如儐。舉，肺脊。主人洗，酌酳尸，賓羞肝，皆如儐禮。卒爵，主人拜，祝受尸爵，尸答拜。祝酌授尸，尸以醋主人，亦如儐。其綏祭，其嘏亦如儐。肝，牢肝也。綏，皆當作「挼」。挼，讀爲藏其隋之隋〔四七〕，古文爲「挾」。○疏曰：此主人獻有五節：主人獻尸，一也；酢主人，二也；獻祝，三也；獻上佐食，四也；獻下佐食，五也。又曰：云「『綏』皆當作『挼』」者，按經唯有一綏而云「皆」者，鄭並下佐食綏總破之，故云皆也。云「讀爲藏其隋之隋」者，讀從周禮守祧職云：「既祭則藏其隋。」必讀從之者，義取隋藏之事也。其獻祝與二佐食，其位，其薦胥，皆如儐。主婦其洗獻于尸，亦如儐。自尸侑不飯告飽至此，與儐同者，在上篇。○疏曰：此一節之内，獻數與主人同，唯不受嘏爲異。云「與儐同」者，經既云「如儐」，而注復云「與儐同」者〔四八〕，爲事在上篇而發也。

右下大夫不賓尸與賓尸異同

主婦反取籩于房中，執棗糗，坐設之。棗在稷南，糗在棗南。婦贊者執栗脯，主婦不興，受，設之。栗在糗東，脯在棗東，主婦興，反位。棗，饋食之籩。糗，羞籩之實。雜用之，下賓尸也。栗脯，加籩之實也。反位，反主人之北，拜還爵位〔四九〕。○疏曰：此設籩實，繼在少牢室内西南隅，陰厭神饌也。按周禮籩人職云：饋食之籩，棗、栗、桃、乾䕩、榛實，羞籩之實，糗、餌、粉、餈。又：加籩之實，菱、芡、栗、脯。是鄭據籩人職而言也。云「雜用之下賓尸也」者，按上儐尸者𪍿、蕡、白、黑、糗、餌之等，朝事之籩，羞籩之實各用之而不雜也。按上賓尸，主婦亞獻，尸設籩直有脯、脩二籩，下大夫之禮。主婦亞獻，有四籩者，賓尸之禮。主人獻尸，主婦設四籩，𪍿、蕡、白、黑。故至主婦獻時，直設糗餌與脯、脩二籩，通前四籩六籩。此主人初獻無籩從，故至主婦亞獻設四籩，猶自少於賓尸兩籩。尸左執爵，取棗糗，祝取栗脯以授尸，尸兼祭于豆祭，祭酒，啐酒，次賓羞牢燔，用俎，鹽在右。尸兼取燔㨎于鹽，振祭，嚌之。祝受，加于肵。卒爵，主婦拜，祝受尸爵，尸答拜。自主婦反籩至祝受加於肵，此異於儐。○疏曰：上篇主婦但有獻而已，無籩燔從之事，此篇主婦亞獻尸乃有籩餌之事，其物又異，唯糗同耳，故云「此異於儐」也。上注云「自尸侑不飯告飽至此，與儐同者在上篇」。自祝受加於所以上至主婦反籩與儐尸異，鄭所以不在卒爵上注而在尸答拜下注者，取終一事故也。祝易爵洗，酌授尸，尸以醋主婦。主婦主人之北拜受爵，尸答拜，主婦反位，又拜。上佐食綏祭，如儐。卒爵，拜，尸答拜。主婦夾爵拜，爲不賓尸降崇敬。今文「酢」曰「酌」。○疏曰：按特牲主婦獻尸不夾爵拜，上篇上大夫賓尸，主婦獻尸夾爵拜，此下大夫既不賓尸，主婦宜與士妻同。今夾爵拜者，爲不賓尸降崇敬，故夾爵拜，與上大夫同。言降，謂降賓尸之禮也。主婦獻祝，其酌如儐。拜，坐受爵，主婦主人之北答拜。自尸卒爵至此，亦與儐同者，亦在上篇。○疏曰：經無尸卒爵之文，鄭注云「尸」者，以經有卒爵之文多，故言尸以別之也。宰夫薦棗糗，坐設棗于菹西，糗在棗南。祝左執爵，取棗糗祭于豆祭，祭酒，啐酒，次賓羞燔，如尸禮，卒爵。內子不薦籩，祝賤，使官可也。自宰夫薦至賓羞燔，亦異於儐。○疏曰：按特牲主婦設籩者，士妻卑也。按上尸與主人籩皆主婦設之，至此祝不使主婦而使宰夫設籩，故云「祝賤使官可也」。按禮記注「內子」，卿妻，引春秋趙姬請逆叔隗以爲內子，證卿妻爲內子。今此下大夫妻得稱內子者，欲見此下大夫妻於祝不薦籩，兼見上大夫妻亦不薦籩，故變言內子也。或可散文，下大夫妻亦得爲內子也。云「自宰夫薦至賓羞燔亦異於儐」者，少牢主婦獻祝亦無籩燔從一事，此有籩燔從者，亦異於儐也。主婦受爵〔五〇〕，酌獻二佐食亦如儐。主婦受爵以入于房。

右主婦亞獻尸及祝二佐食〔五一〕

賓長洗爵獻于尸，尸拜受，賓戶西北面答拜，爵止。尸止爵者，以三獻禮成，欲神惠之均於室中，是以奠而待之。○疏曰：此一節之内凡有十爵：獻尸，一也；主婦致爵於主人，二也；主人酢主婦，三也；尸作止爵飲訖酢賓長，四也；賓獻祝，五也；又獻上佐食，六也；又獻下佐食，七也；賓致爵於主人，八也；又致爵於主婦，九也；賓受主人酢，十也。云「賓户西北面答拜」者，按上少牢正祭賓獻與此篇首賓長獻皆云拜送，此特言「答拜」者，下大夫故也。言拜送者禮重，云答拜者禮輕。

主婦洗于房中，酌致于主人，主人拜受，主婦户西北面拜送爵，司宫設席。拜受乃設席，變於士也。○疏曰：此下大夫夫婦致爵之禮，祭統云夫祭有十倫之義，七曰「見夫婦之别焉」，又曰：「尸酢夫人執柄，夫人受尸執足。夫婦相授受，不相襲處，酢必易爵。」彼據夫婦致爵而言。又詩既醉序云：「醉酒飽德。」謂見十倫之義志意充滿，是天子諸侯皆有夫婦致爵之事。但少牢上大夫受致不酢，下大夫受致又酢不致，士受致自致，是上大夫尊，辟君，受致不酢，下大夫與士卑，不嫌得與人君同，夫婦致爵也。云「拜受乃設席，變於士也」者，按特牲禮未致爵已設席，故云異於士。其上大夫正祭未致爵，至賓尸，尸酢主人設席，以有尸賓，故設席在前也。按周禮司几筵云：「祀先王昨席亦如之。」鄭注云：「昨讀如酢，謂祭祀及王受酢之席。」彼受酢時已設席，與大夫禮異也。鄭注周禮司几筵又云：「后諸臣致爵乃設席。」與此禮同者，士卑不嫌，多與君同故也。

主婦薦韭菹醓，坐設于席前，菹在北方，婦贊者執棗糗以從，主婦不興，受，設棗于菹北，糗在棗西，佐食設俎，臂、脊、脅、肺，皆牢。膚三，魚一，腊臂。臂，左臂也。特牲五體，此三者，以其牢與腊臂而七，牢腊俱臂，亦所謂腊如牲體。○疏曰：知是「左臂」者，右臂尸所用，故知左臂也。云「特牲五體，此三者，以其牢與腊臂而七」者，以特牲一牲，故胙俎用五體。

此經云臂脊脅皆牢，牢謂羊豕也。既羊、豕、臂、脊、脅俱有是六，通腊臂是七，是以牲體唯有三，合羊豕則爲六，通腊則爲七也。云「牢腊俱臂，亦所謂腊如牲體」者，腊如牲體，特牲記文。按彼云「腊如牲骨」，骨即體也，故以體言之。但此腊臂直一骨無並，故須云「腊如牲體」也。上文腊摭五枚，左肩、臂、臑、肫、骼，今主人不用肩而用臂者，以其羊豕皆用臂，故腊亦用臂。主人左執爵，右取菹擩于醢，祭于豆閒，遂祭籩，奠爵，興，取牢肺，坐絶祭，嚌之，興，加于俎，坐挩手，祭酒，執爵以興，坐，卒爵拜。無從者，變於士也，亦所謂順而摭也。○疏曰：云「無從者變於士也」者，按特牲主婦致爵於主人，肝燔從，故云「變於士也」。主婦答拜，受爵，酌以醋，户内北面拜。自酢不更爵，殺。○疏曰：此決上主婦受酢時，祝易爵，洗酌授尸，尸以醋主婦，今自酢又不更爵，故云「殺」也。主人答拜，卒爵，拜，主人答拜，主婦以爵入于房。尸作止爵，祭酒，卒爵，賓拜，祝受爵，尸答拜。作止爵，乃祭酒，亦變於士。自爵止至作止爵，亦異於賓。○疏曰：云「作止爵，乃祭酒，亦變於士」者，特牲：「賓三獻如初，燔從如初，爵止。」無祭酒之文。至三獻，作止爵，尸卒爵，亦無祭酒之文。知特牲祭酒訖乃止爵者，以經云「燔從如初」，乃云「爵止」。鄭注云：初亞獻時，祭酒訖乃始燔從。則三獻燔從如初，始云爵止，明是祭酒既訖，乃始止爵。今大夫作止爵乃祭酒，故云變於士。云「自爵止至作止爵亦異於賓」者，此篇首賓尸禮，賓長獻尸奠爵，又云「尸作三獻之爵」，不解以爲與賓同。云「異」者，賓尸止爵在致爵後，其作之在獻私人後，欲神惠之均於庭。此止爵在主婦致爵前，作之在致爵後，欲神惠均於室中，與特牲「燔從如初爵止」同。少牢上篇所以不致爵者，爲賓尸，賓尸止爵者，欲室中神惠均於庭，故止爵也。

特牲再止爵者，一止爵欲神惠均於室中，一止爵者，順上大夫之禮也。祝酌授尸，賓拜受爵，尸拜送，坐祭，遂飲，卒爵，拜，尸答拜〔五二〕，獻祝及二佐食。洗，致爵于主人，洗致爵者，以承佐食賤，新之。主人席上拜受爵，賓北面答拜，坐祭，遂飲，卒爵，拜，賓答拜，受爵。酌，致爵于主婦，主婦北堂，司宫設席，東面。北堂，中房以北。東面者，變於士妻。賓尸不變者，賓尸禮異矣。内子東面，則宗婦南面西上，内賓自若，東面南上。○疏曰：云「東面者，變於士妻」者，按特牲記：「宗婦北堂，東面北上。」注云：「宗婦宜統於主婦，主婦南面。」此東面，故云變於士妻。云「内子東面，則宗婦南面西上」者，此無正文，鄭以意解之。何者？宗婦位繼於主婦，今主婦準特牲在宗婦位易處，則宗婦位亦易處在主婦位南面西上可知。云「内賓自若東面南上」者，亦約特牲記文〔五三〕。主婦席北東面拜受爵，賓西面答拜。席北東面者，北爲下。○疏曰：按特牲：宗婦東面北上〔五四〕。今主婦在宗婦之位東面，鄭以北爲下者，若宗婦之衆則北爲上，今主婦特位立，則依曲禮席東鄉西鄉，以南方爲上，因於陰陽，故「北爲下」。婦贊者薦韭菹醢，菹在南方，婦人贊者執棗糗，授婦贊者，婦贊者不興，受，設棗于菹南，糗在棗東。婦人贊者，宗婦之弟婦也。贊者執景糗授婦贊者，不與受。佐食設俎于豆東，羊臑，豕折，羊脊、脅，祭肺一、膚一、魚一、腊臑。豕折，豕折骨也。不言所折，略之。特牲主婦觳折，豕無脊脅，下主人，羊豕四體，與腊臑而五〔五五〕。○疏曰：云「豕折骨也」者〔五六〕，謂不全體，就體骨中折之，故云折骨。云「不言所折略之」者〔五七〕，謂不言所折骨名，是略之。引特牲主婦觳折者〔五八〕，彼其折是殽折，此不言骨名，是略也。云「豕無脊脅下主人」者，主人於上文有羊脊脅也。云「羊豕四體與腊臑而五」者，上主人牢與腊臂而七，此五是其略也。主婦升筵坐，左執爵，右取菹擩于醢，祭之，祭籩，奠爵，興取肺，坐絶祭，嚌之，興加于俎，坐挩手，祭酒，執爵興，筵北東面立卒爵，拜。立飲拜既爵者，變於丈夫〔五九〕。賓答拜，賓受爵，易爵于篚，洗酌，醋于主人，户西北面拜，主人答拜，卒爵，拜，主人答拜，賓以爵降奠于篚。賓獻及二佐食至此，亦異於賓。○疏曰：異者，謂賓獻及二佐食以下至此奠於篚，異於少牢賓長獻直及祝〔六〇〕，不及佐食，故鄭彼注云：「不獻佐食，將儐尸，禮殺。」是也。乃羞，宰夫羞房中之羞，司士羞庶羞于尸祝主人主婦，内羞在右，庶羞在左。

右賓長獻尸、祝、佐食并致爵主人、主婦

主人降拜衆賓，洗獻衆賓，其薦脀，其位，其酬醋，皆如儐禮。主人洗獻兄弟，與内賓，與私人，皆如儐禮。其位，其薦脀，皆如儐禮。卒，乃羞于賓、兄弟、内賓及私人，辯。自乃羞至私人之薦脀，此亦與儐同者，在此篇。不儐尸，則祝猶侑耳。卒，已也。乃羞者，羞庶羞。○疏曰：此一經論主人獻堂下衆賓、兄弟，下及私人并房中内賓，皆與上大夫禮同之事。

右主人獻衆賓、兄弟、内賓、私人辯

賓長獻于尸，尸醋，獻祝，致，醋，賓以爵降實于篚。致，謂致爵於主人、主婦。不言如初者，爵不止，又不及佐食。○疏曰：上賓長上已獻尸訖，明此是次賓長爲加爵。賓、兄弟交錯其醻，無算爵。此亦與儐同者，在此篇。○疏曰：此堂下兄弟及賓行無算爵，似下大夫無旅酬〔六一〕，故鄭云「此亦與儐同者，在此篇」。若此經兼有旅酬，鄭不得言與儐同。按特牲尸在室内，亦不與旅酬之事，而堂下賓及兄弟行旅酬，又使弟子二人舉觶爲無算爵者，下大夫雖無儐尸之禮，堂下亦與神靈共尊，不敢與人君之禮同。既與神靈共尊，故闕旅酬直行無算爵而已。特牲堂下得獻之後與神别尊，故旅酬無算爵，並皆行之。士賤不嫌與君同，故得禮備也。利洗爵獻于尸，尸醋，獻祝，祝受，祭酒，啐酒，奠之。利獻不及主人，殺也。此亦異於賓。○疏曰：此論佐食事尸禮將畢，爲加爵獻尸及祝之事。云「利獻不及主人殺也」者，此對上文賓長爲加爵及主人，此不及主人，是殺也。又云「此亦異於賓」者，按上少牢無利獻賓，三獻尸即止，此篇首儐尸之禮，佐食又不與，故無佐食獻，故云「異」也。主人出立于阼階上，西面，祝出立于西階上〔六二〕，東面。祝告于主人曰：「利成。」祝入，主人降立于阼階東，西面。尸謖，祝前，尸從，遂出于廟門。祝反，復位于室中，祝命佐食徹尸俎。佐食乃出尸俎于廟門外，有司受歸之，徹阼薦俎。自主人出至此，與賓雜者也。先養徹主人薦俎者，變於士。特牲饋食禮曰：「徹阼俎豆籩，設於東序下。」○疏曰：云「自主人出至此與賓雜者也」者〔六三〕，謂有同有不同，故上少牢直云「祝告曰利成」，此云「祝告于主人曰利成」。上少牢云：「祝入，尸謖，主人降立於阼階東，西面。」此云：「祝入，主人降立于阼階東，西面，尸謖。」彼云「祝先」，此云「祝前」，彼云「祝命佐食徹肵俎，降設于堂下」，此云「祝反，復位于室中，祝命佐食徹尸俎，佐食乃出尸俎于廟門外，有司受歸之」，故云雜。云「先養徹主人薦俎者變於士」者，特牲既餕，祝命佐食徹胙俎，此餕前徹胙薦俎，故云「變於士」。引特牲者，證徹胙薦俎所置之處也。乃養，如儐。謂上篇自司宮設對席至上餕興出也〔六四〕。古文「養」作「餕」。卒養，有司官徹饋，饌于室中西北隅，南面，如饋之設，右几，厞用席。官徹饋者，司馬、司士舉俎，宰夫取敦及豆。此於尸謖改饌，當室之白，孝子不知神之所在，庶其饗之於此，所以爲厭飫。不令婦人改徹饌敦豆，變於始也，尚使官也。佐食不舉羊豕俎，親餕，尊也。厞，隱也。古文「右」作「侑」，「厞」作「茀」。○疏曰：經云「官徹」，則司馬主羊，司士主豕，明還遣此二人舉俎可知。云「宰夫取敦及豆」者，以其宰夫多主主婦之事，此敦及豆本主婦設之，今云官徹明非婦人〔六五〕，知是宰夫爲之也，是以上文云「宰夫羞房中之羞」。又上主婦獻祝，宰夫薦，鄭注云：「內子不薦籩，祝賤，使官可也。」以此言之，則宰夫代主婦設籩豆及敦可知。云「當室之白，孝子不知神之所在，庶其饗之於此，所以爲厭飫」者，此言雜取曾子問、郊特牲、祭義之文。按曾子問說陽厭之事云「當室之白，尊於東房」，鄭云：「得戶明者也。」郊特牲云：「索祭祝于祊，不知神之所在，於彼乎？於此乎？尚曰求諸遠者與？」祭義云：「勿勿乎其欲饗之。」是鄭所取陽厭及祊祭求神之事。云「不令婦人改饌敦豆，變於始也，尚使官也」者，此決少牢初設饌，主婦薦兩豆，宗婦一人贊兩豆〔六六〕，主婦設一敦，宗婦贊三敦，是其始時婦人設之，今使宰夫徹豆敦者，尚使官故也。納一尊于室中，陽厭殺，無玄酒。司宮埽祭。埽豆閒之祭。舊說云：埋之西階東。○疏曰：引舊說者，按曾子問凡幣帛皮圭爲主，命埋之階閒，此豆閒之祭，按舊說埋之西階東，以神位在西，故近西階，是以鄭亦依用也。主人出立于阼階上，西面。祝執其俎以出，立于西階上，東面。司宫闔牖户，閉牖與户，爲鬼神或者欲幽闇。祝告利成，乃執俎以出于廟門外，有司受歸之。衆賓出，主人拜送于廟門外，乃反。拜送賓者〔六七〕，亦拜送其長。不言長賓者，下大夫無尊賓也。○疏曰：賓尸時，「尸出侑從，主人送於廟門之外，拜，尸不顧，拜侑與長賓，亦如之，衆賓從」。鄭注云：「從者不拜送也。」言從者不拜送，則此云拜送者，拜送其長可知。不言長者，下大夫賤，無尊賓，故不別其長也。婦人乃徹，徹祝之薦及房中薦俎，不使有司者，下上大夫之禮。○疏曰：上大夫祭畢將賓尸，有司徹，賓尸禮終，亦有司徹，今婦人徹，故云「下上大夫之禮」也。徹室中之饌。有司饌之，婦人徹之，外内相兼，禮殺。○疏曰：上經「有司官徹饋饌于室中西北隅」者，今使婦人徹之，故云「外内相兼」。外者，謂有司官改饌西北隅内者〔六八〕，謂今婦人徹饋，故云相兼也。

右次賓長并利獻尸祀及餕陽厭〔六九〕

校勘記

〔一〕求終也　「終」，原作「祭」，據四庫本、賀本改。

〔二〕本篇音注同上篇者俱不重出　「音」字原缺，據四庫本、賀本補；「者俱」二字原缺，據四庫本補。

〔三〕使子貢對曰　「對」，原作「問」，據賀本改。
〔四〕今吾子曰必尋盟　「吾」，原作「天」，據四庫本、賀本改。
〔五〕可以侑尸　「侑」，原作「有」，據四庫本、賀本改。
〔六〕待於次　「次」，原作「外」，據賀本改。
〔七〕此言坐執之故也　「坐執之」，賀本作「不坐輕之」。
〔八〕麋鸛　「麋」，賀本作「麋」。
〔九〕俎也　「俎」，賀本作「貶」。
〔一〇〕是其相下之義　「義」，原作「臂」，據賀本改。
〔一一〕云横載之者異於牲體彌變於神者　「體」字原漫漶，據賀本補。
〔一二〕司士羞豕脀不得相如　「相」，四庫本作「湆」。
〔一三〕故爵止者欲得神惠均於庭　「止」，原作「上」，據賀本改。
〔一四〕主人降洗觶　「觶」字原作「爵」，據賀本改。下二「實觶」同。
〔一五〕侑　「侑」字原脱，據賀本補。
〔一六〕劉書支反　「支」，原作「文」，據賀本改。
〔一七〕下同　「下」，原作「不」，據四庫本、賀本改。
〔一八〕司正升相旅　「旅」，原作「依」，據賀本改。

〔一九〕宰夫執爵以從　「爵」，賀本作「薦」。
〔二〇〕故知先生非老人教學者　「先生非」，原作「非先生」，據四庫本、賀本改。
〔二一〕是據獻位爲言　「獻」字原脱，據四庫本、賀本補。
〔二二〕受爵酌獻侑侑拜受三獻北面答拜　此十四字賀本無。
〔二三〕受三獻　「獻」下，賀本有「爵」字。
〔二四〕今尸見致爵於主人訖　「尸」，原作「乃」，據賀本改。
〔二五〕是遂達之之意　上「之」字，四庫本、賀本作「賓」。
〔二六〕右尸作三獻之爵三獻又獻侑及主人　句下，賀本有「尸酢上賓」四字。
〔二七〕故特牲等使一人舉觶爲旅酬與賓長所舉薦右之觶　「一」，原作「二」，「右」，原作「君」，據賀本改。
〔二八〕主人立待之　「待」，原作「守」，據四庫本、賀本改。
〔二九〕其位　「位」，原作「仙」，據四庫本、賀本改。
〔三〇〕末受酬者　「末」，原作「未」，據賀本改。下同。
〔三一〕延熹中詔校書定作觶　「熹」，原作「景」，據賀本改。
〔三二〕云長賓言奠兄弟言止互相發明者　「止」，原作「上」，據四庫本、賀本改。
〔三三〕明亦奠薦左　「左」，原作「右」，據四庫本、賀本改。

〔三四〕非即上賓也　「上」，原作「比」，據呂本、四庫本、賀本改。
〔三五〕此論衆賓長加爲爵數多與上賓異　上「賓」字，原作「寔」，據四庫本、賀本改。
〔三六〕上賓獻尸時亦止爵　「止」，原作「上」，據四庫本、賀本改。
〔三七〕經云無湑爵不止　「止」，原作「上」，據四庫本、賀本改。
〔三八〕云不使兄弟不稱加爵大夫尊也者　「兄弟不稱加」，原作「元利不緡如」，據呂本、四庫本、賀本改。
〔三九〕此決特牲云長兄弟爲加爵　「兄弟」原作「元芽」，據呂本、四庫本、賀本改。
〔四〇〕若三獻之外更容有獻　「容」，原作「客」，據賀本改。
〔四一〕云不用觚大夫尊者　「尊」，原作「辛」，據呂本、四庫本、賀本改。
〔四二〕上言無湑爵不止　「上」，原作「止」，據呂本、四庫本、賀本改。
〔四三〕此論次賓舉觶於尸更爲旅酬　「觶」，原作「觚」，據四庫本、賀本改。下同。
〔四四〕從尸飲七已前皆與上大夫賓尸者同　「飲」，原作「飯」，據賀本改。
〔四五〕此腊脊已在盛半限　「腊」字原脱，據四庫本、賀本補。
〔四六〕則主婦用腊可知　「腊」字原脱，據四庫本、賀本補。
〔四七〕讀爲藏其隋之隋　上「隋」字，原作「隨」，據四庫本、賀本改。
〔四八〕而注復云與儐同者　「復」，原作「後」，據四庫本、賀本改。

〔四九〕拜還爵位　「還」，賀本作「送」。
〔五〇〕主婦受爵　「婦」，原作「人」，據四庫本、賀本改。
〔五一〕右主婦亞獻尸及祝二佐食　「祝」下，原有「主人獻」三字，據賀本删。
〔五二〕尸答拜　「尸」，原作「乃」，據四庫本、賀本改。
〔五三〕亦約特牲記文　「文」，原作「云」，據賀本改。
〔五四〕按特牲宗婦東面北上　「特」，原作「眥」，據吕本、四庫本、賀本改。
〔五五〕與腊臑而五　「五」，原作「玉」，據吕本、四庫本、賀本改。
〔五六〕云豕折骨也者　「折」，原作「所」，據四庫本、賀本改。
〔五七〕云不言所折略之者　「所」，原作「折」，據四庫本、賀本改。
〔五八〕引特牲主婦觳折者　「觳折」，原作「體浙」，據四庫本、賀本改。
〔五九〕變於丈夫　「丈」，原作「大」，據賀本改。
〔六〇〕異於少牢賓長獻直及祝　「祝」，原作「爵」，據賀本改。
〔六一〕似下大夫無旅酬　「下」，賀本作「上」。
〔六二〕祝出立于西階上　「上」，原作「下」，據四庫本、賀本改。
〔六三〕疏曰云自主人出至此與賓雜者也者　「疏曰云自」四字原脱，據賀本補。
〔六四〕謂上篇自司宮設對席至上餕興出也　下「上」字，原作「此」，據賀本改。

〔六五〕今云官徹明非婦人　「婦」，原作「主」，據四庫本、賀本改。

〔六六〕宗婦一人贊兩豆　「贊」，原作「薦」，據賀本改。

〔六七〕拜送賓者　「者」上，原有「也」字，據賀本删。

〔六八〕謂有司官改饌西北隅内者　「隅」，原作「面」，據賀本改。

〔六九〕右次賓長并利獻尸祀及餕陽厭　「次賓長并利獻尸祀及餕陽厭」十二字原缺，據賀本補。

儀禮經傳通解續卷第二十

祭禮四

諸侯遷廟

成廟將遷之新廟，君前徙三日，齋，祝、宗人及從者皆齋。謂親過高祖則毀廟，以昭穆遷之。春秋穀梁傳曰：「作主、壞廟有時日，於練焉壞廟。壞廟之道，易檐可也，改塗可也。」范寧云：「納新神，故示有所加。」鄭玄士虞禮記注曰：「練而後遷也。」禮志云：「遷廟者，更釁其廟而移故主焉。」按：此篇成廟之文，與穀梁相傳也。

徙之日，君玄服，從者皆玄服。周禮司服職曰：「公之服，自衮冕而下如王之服。侯伯之服，自鷩冕而下如公之服。子男之服，自毳冕而下如侯伯之服。孤之服，自絺冕而下如子男之服。卿大夫之服〔一〕，自玄冕而下如孤之服。」玉藻曰：「君命屈狄，再命褘衣。」內司服職曰：「辨外內命婦之服：鞠衣、展衣、緣衣、素紗。」其於祭也，君與夫人皆申其服〔二〕。祭統曰：「公衮冕立于阼，夫人副褘立于東房。」是也。臣及命婦助祭於君，皆盡其服，自祭於家，咸降一等，陰爵不敢申也。雜記曰：「大夫冕而祭於公，弁而祭於己。士弁而祭於公，冠而祭於己。」特牲饋食禮曰：「主婦纚笄宵衣，立于房中。」是也。然鄭氏頓貶公侯，使一同玄冕以祭於己，非其差也。且諸侯專國，禮樂車服王命有之，何獨抑其服乎？玉藻曰：「玄端以祭，裨冕以朝。」孫炎云：「端，當爲冕。玄冕，祭服之下也，其祭先君亦裨冕矣。」孫説爲合，下未即吉，故略同爵弁也。「君命屈狄」與「再命褘衣」者，謂其夫爲君，則命其妻以屈狄，加再等之命，則上公夫人乃褘衣。孫、鄭等改褘衣，非也。又云「一命展衣」者，此則申子男臣妻之服耳。言小國臣妻一命者亦展衣，不命者則亦緣衣。玄又分公卿大夫及其妻爲三等而升降其服。經云孤絺冕，卿大夫玄冕〔三〕，何爲易之？又命小國之卿及内子更同列國之卿孤絺冕，與鞠衣錯易其次，尤非宜。從至于廟，廟，殯宮。羣臣如朝位。列於廟門外，如路門之位。君入，立於阼階下，西向。有司如朝位。立於門内，如門外之位。宗人擯，舉手曰：「有司其請升。」君升，祝奉幣從在左，北面，祝主辭，故在左。禮將遷，故出在户牖閒，南面矣。再拜，興。祝聲三曰：「孝嗣侯某，敢以嘉幣告于皇考某侯，言嗣以遷代，不言國，未忍有之也。成廟將徙，敢告。」卒不奠幣者，禮畢矣，於此將有事於新廟。君及祝再拜，興。祝曰：「請導。」君降立于階下，奉衣服者皆奉以從祝。不言奉主而稱奉衣服者，以毁易祖考，誠人神之不忍。從祝者，祝所以導神也。言皆者，衣服非一稱。周禮守祧職曰：「掌先王先公之廟祧，其遺衣服藏焉。」奉衣服者降堂，君及在位者皆辟也。奉衣服者至碑，君從，有司皆以次從出廟門。奉衣服者升車，乃步。君升車，從者皆就車也。皆就車，謂乘貳車者。凡出入門及大溝渠，祝下擯。神車祝爲左，故於步處則下。至于新廟，筵于户牖間，始自外來，故先於堂。樽於西序下，四時之祭，在室筵隩中，在堂筵序下，是以設樽恒於東方。今惟布南面之席，故置樽於西，以因其便矣。脯醢陳于房中，房，西房也，諸侯左右房也〔四〕。設洗當東榮，南北以堂深。記因卿士，當言東霤。有司皆先入，如朝位。祝導奉衣服者乃入，君從。奉衣服者入門左，門左，門西。在位者皆辟也。奉衣服者升堂，皆反位，君從升，奠衣服于席上，祝奠幣于几東。君北向，祝在左，贊者盥，升，適房，薦脯醢。君盥，酌，奠于薦西，反位。君及祝再拜，興。祝聲三曰：「孝嗣侯某，敢用嘉幣告于皇考某侯，今月吉日，可以從于新廟，敢告。」再拜。君就東廂，西面；祝就西廂，東面。東、西，侯也。祝就西廂，因其便也。在位者皆反走辟，如食閒，走，疾趨也。擯者舉手曰：「請反位。」君反位，祝從在左，卿大夫及衆有司諸在位者皆反位。祝聲三曰：「孝嗣侯某，潔爲而明薦之享。」詩云：「吉蠲爲饎，是用孝享。」君及祝再拜，君反位，東廂之位。祝徹反位。西廂之位。擯者曰：「遷廟事畢，請就燕。」君出廟門，卿大夫有司執事者皆出廟門，告事畢，事，謂内主、藏衣服、斂幣、徹几筵之等。乃曰擇日而祭焉。所以安神。○大戴禮

諸侯釁廟

成廟，釁之以羊。廟新成而釁者，尊而神之。祭器名者成，則釁之以豭也。君玄服立于寢門内，南向，祝、宗人、宰夫、雍人皆玄服。以神事，故亦同爵弁以載君朝服者，謂不與也。宗人曰：「請令以釁某廟。」君曰：「諾。」遂入。雍人拭羊，拭，用帨〔五〕。乃行，入廟門，碑南，北面東上。居上者，宰夫也。宰夫，攝主也。雍人舉羊，升屋自中，中屋南面，刲羊，血流于前，乃降。門以雞，有司當門北面，有司，宰夫、祝、宗人也。雍人割雞屋下，當門。郟室割雞於室中，有司亦北面也。郟室，門郟之室，一曰東、西廂也。釁東西室，有司猶北面，統於廟也。雜記曰：「雍人舉羊，升屋自中，中屋南向，刲羊，血流於前，乃降。門、郟室皆用雞，先門而後郟室。其衈皆於屋下。割雞，門當門，郟室中室。有司皆鄉室而立，門則有司當門，北面。」按小戴割雞亦於屋上，記者不同耳。此不言衈，略也。既事，宗人告事畢，皆退，反命于君。君寢門中南向，宗人曰：「釁某廟事畢。」君曰：「諾。」宗人請就宴，君揖之乃退。大戴禮

校勘記

〔一〕卿大夫之服　「卿」字原脱，傅本、朝鮮本、吕本同。據四庫本、賀本補。

〔二〕君與夫人皆申其服　「申」，原作「中」，傅本、吕本、四庫本同。據賀本、朝鮮本改。

〔三〕卿大夫玄冕　「冕」，原作「冠」，傅本、朝鮮本、吕本、四庫本同。據賀本改。

〔四〕諸侯左右房也　「左」，原作「在」，傅本、朝鮮本、吕本、四庫本同。據賀本改。

〔五〕拭用帨　「用」字原脱，傅本、朝鮮本、吕本、四庫本同。據賀本補。

儀禮經傳通解續卷第二十一

祭禮五

祭法

大宗伯之職：掌建邦之天神、人鬼、地示之禮，以佐王建保邦國。建，立也。立天神、地祇、人鬼之禮者，謂祀之。祭之，享之。禮，吉禮是也〔一〕。保，安也，所以佐王立安邦國者。主謂凶禮、賓禮、軍禮、嘉禮也，目吉禮於上〔二〕，承以立安邦國者，互以相成，明尊鬼神重人事。○疏曰：大宗伯之職者，以上列其官，此列其職也。云「掌建邦之天神、人鬼、地示之禮」者，單言邦，據王爲言也。云「以佐王建保邦國」者，邦國連言，據諸侯爲説也。又曰：云「立天神、地祇、人鬼之禮者，謂祀之。祭之，享之」者，經先云人鬼，後云地祇，鄭則先云地祇，後云人鬼者。經先云人鬼，欲見天在上，地在下，人藏其間。鄭後云人鬼者，據下經陳吉禮十二，先地祇，後人鬼，據尊卑爲次故也。云「禮，吉禮是也」者，按下云「以吉禮事邦國之鬼、神、示」，則此亦吉禮，故云「禮吉禮是也」。云「保安也所以佐王立安邦國者主謂凶禮賓禮軍禮嘉禮也」者，鄭知建保邦國中有凶禮已下者，按下文其次有五禮具，此經直云天神、人鬼、地祇吉禮而已，又邦國之上空云建保，故云建保中有四禮也，是以鄭即云「目吉禮於上〔三〕，承以立安邦國者」，互相成也。互相成者，王國云吉禮，亦有凶禮已下，邦國云四禮，明亦有吉禮矣。以其神非人不事，人非神不福，故又云「明尊鬼神，重人事」也。尊鬼神者，據王國特云吉禮；重人事者，據諸侯特言凶禮已下。各舉一邊，欲見五禮皆重故也。以吉禮事邦國之鬼神示：事，謂祀之祭之享之。故書吉或爲告，杜子春云：書爲告禮者，非是，當爲吉禮。書亦多爲吉禮。吉禮之別十有二。○疏曰：此已下叙五禮，先以吉禮爲上。云「事邦國之鬼神示」者，據諸侯邦國而言者也。以其天子宗伯，若還據天子，則不見邦國。若以天子宗伯而見邦國，則有天子可知，故舉邦國以包王國。又曰：云「事謂祀之祭之享之」者，還據已下所陳先後爲次。若然，經先云鬼，與上下體例不同者，欲見逢時則祭，事起無常，故先云人鬼也。云「吉禮之別十有二」者，從此下經以禋祀、血祭二經天、地各有三享，人鬼有六，故十二也。以禋祀祀昊天上帝，以實柴祀日月星辰，以槱燎祀司中、司命、飌師、雨師；禋之言煙，周人尚臭。煙，氣之臭聞者。槱，積也，詩曰：「芃芃棫樸，薪之槱之。」三祀皆積柴實牲體焉。或有玉帛燔燎而升煙，所以報陽也。鄭司農云：昊天，天也。上帝，玄天也。昊天上帝，樂以雲門。實柴，實牛柴上也，故書「實柴」或爲「賓柴」。司中，三能三階也。司命，文昌宮星。風師，箕也。雨師，畢也。玄謂：昊天上帝，冬至於圜丘所祀天皇大帝。星，謂五緯。辰，謂日月所會十二次。司中司命，文昌第五、第四星，或曰中能上能也。祀五帝亦用實柴之禮云。○疏曰：此祀天神之三禮，以尊卑先後爲次，謂歆神始也。

又曰：按尚書洛誥：「予以秬鬯二卣明禋。」注云：「禋，芬芳之祭。」又按國語云：「精意以享謂之禋。」義並與煙得相叶也。但宗廟用煙，則郊特牲云「臭陽達于墻屋」是也。天神用煙，則此文是也。鄭於禋祀之下正取義於煙，故言禋之言煙也。云「周人尚臭，煙，氣之臭聞」者，此禮記郊特牲之文也。彼云：「殷人尚聲」，「周人尚臭。」尚臭者，取煙氣之臭聞於天。引之者，證煙義也。云「槱，積也。詩云：芃芃棫樸，薪之槱之」者，此大雅棫樸之篇，引之證槱得爲積也。云「三祀皆積柴實牲體焉。或有玉帛燔燎而升煙」者，此司中司命等言槱燎亦用煙也。於日月言實牲，至昊天上帝言禋祀，則三祀互相備矣。但先積柴，次實牲，後取煙，事列於卑祀，義全於昊天作文之意也。但云或有玉帛，則有不用玉帛者。肆師職云：「立大祀，用玉帛牲牷；立次祀，用牲幣；立小祀，用牲。」彼雖總據天地宗廟諸神，今以天神言之，則二大小次祀皆有也。以肆師言之，禋祀中有玉帛牲牷三事，實柴中則無玉，唯有牲幣，槱燎中但止有牲，故鄭云實牲體焉。據三祀有其玉帛，惟昊天具之，實柴則有帛無玉，是玉帛於三祀之内或有或無，故鄭云「或」耳。云「燔燎而升煙，所以報陽也」者，按郊特牲云：「升首於室以報陽。」彼論宗廟之祭，以首報陽，今天神是陽，煙氣上聞，亦是以陽報陽，故取特牲爲義也。鄭司農云「昊天，天也」者，按孝經云：「郊祀后稷以配天。」典瑞亦云：「四圭有邸以祀天。」故云「昊天，天也」。云「上帝玄天也」者，按廣雅云：「乾，玄天。」易文言云：「夫玄黄者，天地之雜也，天玄而地黄。」以天色玄，故謂玄名天。先鄭蓋依此而讀之，則二者異名而同實也。若然，則先鄭與王肅之等同一天而已，似無六天之義，故以天解昊天上帝爲一也。云「昊天上帝，樂以雲門」者，先鄭既無六天，大司樂分樂而序之及六變俱有雲門，不知定取何者以祀天。云「實柴，實牛柴上也」者，按肆師職，此三者皆實牲，先鄭直據實柴爲實牛者，偏據一邊而言耳，其實皆牛也。云「故書『實柴』或爲『賓柴』」者，賓柴無義，後鄭雖不破，當還從實柴也。先鄭云「司中三能三階也」者，按武陵太守星傳云：「三台，一名天柱。上台司命爲大尉，中台司中爲司徒，下台司禄爲司空。」云「司命，文昌宮星」者，亦據星傳云「文昌宮第四曰司命，第五曰司中」，二文俱有司中、司命，故兩載之。云「風師，箕也」者，春秋緯云：「月離於箕，風揚沙。」故知風師箕也。云「雨師，畢也」者，詩云：「月離於畢，俾滂沱矣。」是雨師畢也。若左氏傳云：「天有六氣，降生五味。」五味即五行之味也，是陰、陽、風、雨、晦、明六氣下生金、木、水、火、土之五行，鄭義太陽不變，陰爲金，雨爲木，風爲土，明爲火，晦爲水。若從妻所好言之，則洪範云：「星有好風，星有好雨。」鄭注云：「箕星好風，畢星好雨。」是土十爲木八妻，木八爲金九妻，故東方箕星好風，西方畢星好雨。以此推之，則北官好奥，南官好暘〔四〕，中央四季好寒也，皆是所剋爲妻，是從妻所好之義也。「玄謂昊天上帝，冬至於圓丘所祀天皇大帝」者，按大司樂下文：「凡樂圓鐘爲宫」云云，「冬日至，於地上之圓丘奏之，若樂六變，則天神皆降。」是也。引之，以破先鄭昊天上帝與五天爲一之義。云「星謂五緯」者，五緯即五星：東方歲星，南方熒惑，西方太白，北方辰星，中央鎮星。言緯者，二十八宿隨天左轉爲經，五星右旋爲緯。按元命包云：「文王之時，五星以聚房也。」星備云：「五星初起牽牛。」此云星，明是五緯。又按星備云：「歲星一日行十二分度之一，十二歲而周天。熒惑日行三十三分度之一，三十三歲而周天。鎮星日行二十八分度之一，二十八歲而周天。太白日行八分度之一，八歲而周天。辰星日行一度，一歲而周天。」是五緯所行度數之事，且諸文皆星辰合解之，故尚書堯典云：「曆象日月星辰。」洪範「五紀」亦云星辰。鄭皆星辰合釋者，餘文於義不得分爲二，故合釋。此文皆上下不見祭五星之文，故分星爲五緯與辰別解。若然，辰雖據日月會時而言，辰即二十八星也。按昭七年左氏傳：晉侯問伯瑕「曰：何謂六物？對曰：歲、時、日、月、星、辰是謂也。公曰：多語寡人辰而莫同，何謂辰？對曰：日月之會是謂辰，故以配日。」是其事。但二十八星面有七〔五〕，不當日月之會，直謂之星，若日月所會則謂之宿，謂之辰，謂之次，亦謂之房，故尚書胤征云：「辰弗集于房。」孔注云：「房，日月所會。」是也。云「司中、司命，文昌第五、第四星」者，此破先鄭也。何則？先鄭以爲司中是三台，司命是文昌星，今按三台與文昌皆有司中、司命，何得分之？故後鄭云「文昌第五、第四星」。必先言第五後言第四者，案文昌第四云司命，第五云司中，此經先云司中，後云司命，後鄭欲先説司中，故先引第五證司中，後引第四證司命，故文倒也。按武陵太守星傳云：「文昌宮六星：第一曰上將，第二曰次將，第三曰貴相，第四曰司命，第五曰司中，第六曰司禄。」是其本次也。云「或曰中能」者，亦據武陵太守星傳而言，云：「三台，一名天柱。上台司命爲太尉，中台司中爲司徒，下台司禄爲司空。」引此破先鄭也。云「祀五帝亦用實柴之禮云」者，按禮記祭義云：「大報天而主日，配以月。」祭天以日爲主，故知五帝與日月同用實柴也。若然，五帝與昊天其服同大裘，其牲同繭栗，於燔柴退與日月等者，禮有損之而益，亦如社稷服絺冕。及其血祭，即在五嶽之上，亦斯類也。按春秋緯運斗樞云：「太微宫有五帝座星〔六〕。」即春秋緯文耀鉤云：「春起青受制，其名靈威仰。夏起赤受制，其名赤熛怒。秋起白受制，其名白招拒。冬起黑受制，其名汁光紀。季夏六月火受制，其名含樞紐。」又元命包云：「太微爲天庭，五帝以合時。」此等是五帝之號也。又按元命包云：「紫微宮爲大帝。」又云：「天生大列爲中宮太極星，其一明者大一，常居傍兩星，巨辰子位，故爲北辰，以起節度，亦爲紫微宮。紫之言中，此宮之中，天神圖法，陰陽開閉皆在此中。」又文耀鉤云：「中宮大帝，其北極星，下一明者爲大一之先，合元氣以斗布，常是天皇大帝之號也。」又按爾雅云：「北極謂之北辰。」鄭注云：「天皇北辰耀魄寶。」又云：「昊天上帝，又名大一常居，以其尊大，故有數名也。」其紫微宮中皇天上帝亦名昊天上帝，得連上帝而言，至於單名皇天，單名上帝，亦得。故尚書君奭云：公曰：「君奭，我聞在昔成湯既受命，時則有若伊尹格于皇天。」鄭注云：「皇天，北極大帝。」又掌次云：「張氈案，設皇邸以旅上帝。」上帝即大帝。堯典云：「欽若昊天。」皆是大帝單名之事。月令更無祭五帝之文，故「季夏」云「以供皇天上帝」。鄭分之皇天、北辰、耀魄寶、上帝、大微五帝，亦是大帝單號之事。若然，大帝得單稱，與五帝同，五帝不得兼稱皇天、昊天也。異義天號等六：「今尚書歐陽說曰：『欽若昊天，春曰昊天〔七〕，夏曰蒼天，秋曰旻天，冬曰上天，總爲皇天。』爾雅亦然，故尚書說云：『天有五號，各用所宜稱之。尊而君之，則曰皇天；元氣廣大，則稱昊天；仁覆愍下，則稱旻天；自上監下，則稱上天；據遠視之蒼蒼然，則稱蒼天。』謹按：尚書：堯命羲和，欽若昊天，總敕四時，知昊天不獨春。春秋左氏曰『夏四月己丑，孔子卒』，稱旻天不弔，時非秋天。」「玄之聞也：爾雅者，孔子門人作，以釋六藝之文，言蓋不誤矣。春氣博施，故以廣大言之。夏氣高明，故以遠言之。秋氣或殺或生，故以旻天言之。冬氣閉藏而清察以監下，言之昊天者，其尊大號。六藝之中，諸稱天者以己情所求言之，非必正順於時解。浩浩昊天，求之博施；蒼天，求之高明；旻天不弔，則求天殺生當得其宜；上天同雲，求之所爲當順於時。此之求，猶人之説事各從主耳。若察於時所論從四時天，各云所别，故尚書所云者論其義也，二者相須乃足。此名非必紫微宫之正，直是人逐四時互稱之。」鄭云皇天者，其尊大之號，不逐四時爲名，似本正稱。此經星辰與司中、司命、風師、雨師，鄭君以爲六宗。按尚書堯典「禋于六宗」，但以六宗之義有其數，無其名，故先儒各以意説，詳見立君建國條所引「禋于六宗」注疏，鄭君則以此星也、辰也、司中也、司命也、風師也、雨師也六者爲六宗。按異義：「今歐陽、夏侯説：『六宗者，上不及天，下不及地，傍不及四時，居中央，恍惚無有神助，陰陽變化，有益於人，故郊祭之。』古尚書説：『六宗，天地神之尊者，謂天宗三、地宗三。天宗，日、月、星辰。地宗，岱山、河、海。日月屬陰陽宗，北辰爲星宗，岱爲山宗，河爲水宗，海爲澤宗。祀天則天文從祀，祀地則地理從祀。』謹按：夏侯、歐陽説云宗實一而有六，名實不相應。春秋『魯郊祭三望』言郊天，日、月、星、河、海、山，凡六宗，魯下天子，不祭日月星，但祭其分野星，其中山川，故言三望。六宗與古尚書説同。」「玄之聞也：書曰：『肆類于上帝，禋于六宗，望于山川，徧于羣神。』此四物之類也，禋也，望也，偏也，所祭之神各異。六宗言禋，山川言望，則六宗無山川明矣。周禮大宗伯曰：『以禋祀祀昊天上帝，以實柴祀日月星辰，以槱燎祀司中司命、風師雨師。』凡此所祭，皆天神也。禮記郊特牲曰：『郊之祭也，迎長日之至也。大報天而主日也，兆於南郊，就陽位也。掃地而祭，於其質也。』祭義曰：『郊之祭也，大報天而主日，配以月。』則郊祭并祭日月可知。其餘星也、辰也、司中、司命、風師、雨師，此之謂六宗亦自明矣。」禮論：「王莽時劉歆、孔昭以爲易震、巽等六子之卦爲六宗，漢武即位，依虞書『禋于六宗』

禮用大社，至魏明帝時詔令王肅議六宗，取家語宰我問六宗，孔子曰：『所宗者六，埋少牢於大昭祭時，相近于坎壇祭寒暑，王宮祭日，夜明祭月，幽禜祭星，雩禜祭水旱。』孔安國注尚書與此同，張融評從鄭君，於義爲允。」按月令孟冬云「祈來年于天宗」，鄭云：「天宗，日月星辰。」若然，星辰入天宗，又入六宗，其日月入天宗，即不入六宗之數也。以其祭天主日，配以月，日月既尊如是，故不得入宗也。

以血祭祭社稷、五祀、五嶽，以貍沈祭山林川澤，以疈辜祭四方百物；

不言祭地，此皆地祇，祭地可知也。陰祀自血起，貴氣臭也。社稷，土穀之神，有德者配食焉。共工氏之子曰句龍，食於社，有厲山氏之子曰柱，食於稷，湯遷之而祀棄。故書「祀」作「禩」，「疈」爲「罷」，鄭司農云：「禩」當爲「祀」，書亦或作「祀」。五祀，五色之帝，於王者宮中曰五祀。罷辜，披磔牲以祭，若今時磔狗祭以止風。玄謂：此五祀者，五官之神，在四郊。四時迎五行之氣於四郊，而祭五德之帝，亦食此神焉。少昊氏之子曰重，爲句芒，食於木；該爲蓐收，食於金；脩及熙爲玄冥，食於水；顓頊氏之子曰黎〔八〕，爲祝融、后土，食於火、土。五嶽：東曰岱宗，南曰衡山，西曰華山，北曰恒山，中曰嵩高山。不見四竇者，四竇，五嶽之匹，或省文。祭山林曰埋，川澤曰沈，順其性之含藏。疈，疈牲胸也。疈而磔之，謂磔攘及蜡祭。郊特牲曰：「八蜡以記四方。四方年不順成，八蜡不通，以謹民財也。」又曰：「蜡之祭也，主先嗇而祭司嗇也，祭百種以報嗇也。饗農及郵表畷、禽獸，仁之至，義之盡也。」〇疏曰：此一經言祭地示三等之禮，尊卑之次，亦是歆神始也。云「以血祭祭社稷、五祀、五嶽」者，此皆地之次祀〔九〕，先薦血以歆神，已下二祀不復用血也。又曰：云「不言祭地，此皆地祇，祭地可知也」者，此經對上經祭天，天則大、次、小三者具。此經雖見三祀，唯有次、小祀而已。以其方澤與昊天相對，此經方澤不見者，此血祭下仍有貍沈與疈辜二祀，三祀具得與上天神三者相對，故闕大地也。且社稷亦土神，故舉社以表地示。鼓人職亦云：「靈鼓鼓社祭。」亦舉社以表地，此其類也。若大地方澤當用瘞埋，與昊天禋相對〔一〇〕，故鄭云「不言祭地，此皆地祇，祭地可知也」。云「陰祀自血起」者，對天爲陽祀，自煙起貴氣臭同也。云「社稷，土穀之神」者，按孝經緯援神契：「社者，五土之總神。稷者，原隰之神。五穀稷爲長，五穀不可徧敬，故立稷以表名。」郊特牲亦云：「社者，神地之道。」社者土之神，稷者穀之神。故云土穀之神也。云「有德者配食焉」云云至「而祀棄」，按左氏昭公二十九年傳云：「共工氏有子曰句龍，爲后土」，「后土爲社。」則是死乃配社食之。云「有厲山氏之子曰柱，食於稷，湯遷之而祀棄」者，按左傳云：「有烈山氏之子曰柱，爲稷。」祭法云：「厲山氏之有天下也，其子曰農，能殖百穀。夏之衰也，周棄繼之，故祀以爲稷。」若然，稷祀棄實在湯時。云「夏之衰」者，遷柱由旱，欲見旱從夏起，故據夏而言也。是以書序云：「湯既勝夏，欲遷其社，不可，作夏社。」注云：「犧牲既成，粢盛既潔，祭以其時。而旱暵水溢，則變置社稷。當湯伐桀之時，旱致災，明法以薦而猶旱。至七年，故湯遷柱而以周棄代之，欲遷句龍，以無可繼之者，於是故止。」其旱在夏之時驗也。先鄭云「五祀，五色之帝，於王者宮中，曰五祀」者，先鄭意此五祀即掌次云祀五帝一也，故云五色之帝。後鄭不從者，按司服云「祀昊天與五帝皆用大裘」，當在圓丘與四郊上，今退在社稷之下，於王者宮中，失之遠矣。且五帝天神，當在上經陽祀之中，退在陰祀之內，一何陋也。云「罷辜，披磔牲以祭」者，此先鄭從古書，罷於義未可，故後鄭不從罷，從經疈爲正，其云「披磔牲以祭」，仍從之矣。云「若今時磔狗祭以止風」者，此舉漢法以況疈辜爲磔之義。必磔狗止風者，狗屬西方金，金制東方木之風，故用狗止風也。「玄謂：此五祀者，五官之神，在四郊」者，生時爲五官，死乃爲神，配五帝在四郊。知在四郊者，鄭即引月令四時四立之日迎氣在四郊，並季夏迎土氣，是五迎氣，故鄭云四時迎五行之氣於四郊也。云「而祭五德之帝，亦食此神焉」者，但迎氣迎五方天帝，雖不言祭人帝，按月令四時皆陳五德之帝，大皞、炎帝、黃帝、少皞、顓頊等五德之帝並五人神於上，明知五人神爲十二月聽朔及四時迎氣而陳，故鄭此注及下「青圭赤璋」之下注皆云迎氣時並祭五人帝、五人神也。云「少昊氏之子曰重」已下，按昭二十九年魏獻子問蔡墨曰：「社稷五祀，誰氏之五官？」對曰：「少皞氏有四叔，曰重，曰該，曰脩，曰熙，實能金、木及水。使重爲句芒，該爲蓐收，脩及熙爲玄冥，世不失職，遂濟窮桑，此其三祀也。顓頊氏有子曰犂，爲祝融；共工氏有子曰句龍，爲后土：此其二祀也。后土爲社，稷爲田正。有烈山氏之子曰柱爲稷。」趙商問：春秋昭二十九年左傳曰：顓頊氏之子犂爲祝融，共工氏有子曰句龍爲后土，其二祀五官之神及四郊合爲犂食后土。祭法曰：共工氏霸九州也，其子曰后土，能平九州，故祀以爲社。社即句龍。答曰：犂爲祝融，句龍爲后土，左氏下言后土爲社，謂暫作后土，無有代者，故先師之說犂兼之，因火土俱位南方。此注云「犂爲祝融、后土，食於火、土」，亦惟見先師之說也。云「五嶽東曰岱宗南曰衡山西曰華山北曰恒山中曰嵩高山」者，此五嶽所在，據東都地中爲說。按大司樂云：「四鎮五嶽崩。」注云：「華在豫州，嶽在雍州。」彼據鎬京爲說。彼必據鎬京者，彼據災異，若據洛邑，則華與嵩高並在豫州，其雍州不見有災異之事，故注有異也。按爾雅「江、河、淮、濟爲四瀆」，爲定五嶽不定者，周國在雍州時無西嶽，故權立吴嶽爲西嶽，非常法，爾雅不載，以東都爲定，故爾雅載之也。若然，此南嶽衡，按爾雅霍山爲南嶽者，霍山即衡山也。故地理志揚州霍山爲南嶽者，山今在廬江，彼霍山與冀州霍山在嵩華者别。云「不見四竇者，四竇，五嶽之匹，或省文」者，五嶽、四瀆相對若天地，故設經省文，惟見五嶽也。若然，下云「貍沈祭山林川澤」，五嶽歆神，雖與社稷同用血，五嶽、四瀆、山川之類，亦當貍沈也。爾雅云：「祭山曰庪縣。」或異代法耳。若然，庪縣既非周法，而校人云：「凡將事于四海山川，則飾黄駒。」注云：「王巡守過大山川，則有殺駒以祈沈，禮與？」玉人云：「天子以巡守，宗祝以前馬。」注云：「其祈沈以馬，宗祝亦執爵以先之〔一一〕。」彼亦言祈沈者，祈沈雖非周法，引以況義無嫌也。云「祭山林曰貍，川澤曰沈，順其性之含藏」者，經貍沈祭山林川澤總言，不析别而説，故鄭分之。以其山林無水，故埋之，川澤有水，故沈之，是其順性之含藏也。云「疈，疈牲胸也」者，無正文，蓋據當時疈磔牲體者，皆從胸臆解析之，故以胸言之。云「謂磔禳及蜡祭」者，按禮記月令云「九門磔禳」，又十二月大儺時亦磔禳，是磔牲禳去惡氣之禮也。云「及蜡祭」者，按彼云「蜡也者，索也，歲十二月，合聚萬物而索享之」，謂天子於周之十二月建亥之月，於郊而爲蜡法。此所引郊特牲曰「八蜡」已下，彼據諸侯行蜡法，彼云八蜡以記四方，不作祀，作祀者誤。云「八蜡以記四方者」，謂八蜡之禮以記四方諸侯，知順成不順成。若年不順成，則八蜡不通，以謹民財也。若四方諸侯年穀有不順四時成熟者，其八蜡不得與四方成熟之處通祭八蜡也。云「以謹民財」者，八蜡既不通，明民不得行黨正飲酒奢侈之事，故云以「謹民」。謹民，謂謹節民之用財之法也。「又曰蜡之祭也，主先嗇而祭司嗇」者，彼注云：「先嗇，若神農者。司嗇，后稷是也。」云「祭百種以報嗇也」者，謂合聚萬物而索享之，以報收嗇之功，故云祭百種以報嗇也。云「享農及郵表畷」者，彼注云：農謂田畯，典田大夫。郵表畷，畷，止也，謂田畯督約百姓於井閒之處也。是郵行往來立表畷止於其下，是止息之處有神，亦祭之。云「禽獸仁之至義之盡也」者，八蜡，按彼祭有先嗇，一也；司嗇，二也；農，三也；郵表畷，四也；猫虎，五也；坊，六也；水庸，七也；昆蟲，八也。蜡之中有猫虎，是禽獸也。云「仁之至」者，據饗先嗇、司嗇及農，是仁恩之至。「義之盡」者，據饗猫虎坊與水庸、郵表畷之等，是義之盡。引之者，證祭亦磔牲之事也。

以肆獻祼享先王，以饋食享先王，以祠春享先王，以禴夏享先王，以嘗秋享先王，以烝冬享先王。宗廟之祭，有此六享。肆獻祼、饋食在四時之上，則是祫也，禘也。肆者，進所解牲體，謂薦孰時也。獻，獻醴，謂薦血腥也。祼之言灌，灌以鬱鬯，謂始獻尸求神時也〔一二〕。郊特牲曰：「魂氣歸于天，形魄歸于地，故祭所以求諸陰陽之義也。殷人先求諸陽，周人先求諸陰。」灌是也。祭必先灌，乃後薦腥薦孰。於祫，逆言之者，與下共文，明六享俱然。祫言肆獻祼，禘言饋食者，著有黍稷，互相備也。魯禮三年喪畢而祫於太祖，明年春禘於羣廟，自爾以後，五年而再殷祭，一祫一禘。○疏曰：此一經陳享宗廟之六禮也。此經若細而言之，即有六禮，總而言之，則亦有三等之差。肆獻祼是祫之大祭，以饋食是禘之次祭，以春享以下，是時祭之小祭。若以總用衮冕大牢言之，此亦皆爲大祭也，故酒正注云：「大祭者，王服大裘衮冕所祭。」是也。此六者皆言享者，對天言祀，地言祭，故宗廟言享。享，獻也，謂獻饌具於鬼神也。又曰：云「宗廟之祭有此六享」者，此則吉禮十二之中處其六也。云「肆獻祼、饋食在四時之上，則是祫也、禘也」者，但周法有三年一祫，則文二年大事于太廟，公羊傳云：

「大事者何？大祫也。大祫者何？合祭也。毁廟之主，陳于太祖。未毁廟之主皆升〔一三〕，合食于太祖。」列昭穆，序父子，是祫之義也。若殷則祫於三時，周則秋祫而已。又有五年一禘，禘則各於其廟。爾雅云「禘，大祭」者，禘是總名。祭法「祭天圜丘亦曰禘」，大傳云「王者禘其祖之所自出」，謂夏王郊天亦曰禘。夏殷四時之祭，夏祭亦曰禘，但於周宗廟之祭則有五年禘。禘雖小於祫，大於四時，亦是大祭之名也。云「肆者，進所解牲體，謂薦孰時也」者，薦孰當朝踐後爓祭時，故禮運云：「腥其俎，孰其殽。」鄭云：「孰其殽，謂體解而爓之。」是其饋獻獻以盎齊之節，故云薦孰時。但體解之時必肆解以爲二十一體，故云肆也。云「獻，獻醴。謂薦血腥也」者，此是朝踐節，當二灌後，王出迎牲，祝延尸出户坐於堂上，南面迎牲入，豚解而腥之薦於神坐，以玉爵酌醴齊以獻尸，后亦以玉爵酌醴齊以獻尸，故云謂薦腥也。云「祼之言灌」者，經云祼者，是古之「祼」字取神示之義，故從示。鄭轉從灌者，以鬱鬯灌地降神，取澆灌之義，故從水。言「灌以鬱鬯，謂始獻尸求神時也」者，凡宗廟之祭，迎尸入户坐於主北先灌，謂王以圭瓚酌鬱鬯以獻尸，尸得之瀝地，祭訖啐之，奠之，不飲。尸爲神象，灌地所以求神，故云「始獻尸求神時也」。言始獻，對後朝踐饋獻酳尸等爲終，故此稱始也。「郊特牲曰『魂氣歸于天，形魄歸于地』，故祭所以求諸陰陽之義也」者，人之歙吸出入之氣爲魂，耳目聰明爲魄，人死魂氣歸於天爲陽，形魄歸於地爲陰，祭時作樂爲陽，是求諸陽，灌地爲陰，是求諸陰，故云「求諸陰陽之義也」。云「殷人先求諸陽，周人先求諸陰」者，此二代自相對，殷人先求諸陽，謂未灌先合樂，周人先求諸陰，謂未合樂先灌，故云「求諸陰，灌是也」。引之者，欲見周人祭先灌之意。云「祭必先灌，乃後薦腥薦孰於祫。逆言之者，與下共文，明六享俱然」者，如向所説，先灌訖王始迎牲，次腥其俎，腥其俎訖乃爓，爓祭訖始迎尸入室，乃有黍稷，是其順也。今此經先言肆，肆是饋獻節；次言獻，是朝踐節；後言灌，灌是最在先之事，是於祫逆言之也。言「與下共文，明六享俱然」者，既從下向上爲文，即是於下五享與上祫祭皆有灌、獻、肆三事矣，故云「六享俱然」。云「祫言肆獻灌，禘言饋食者，著有黍稷互相備也」者，祫言肆獻灌，明禘亦有之，禘言饋食，食是黍稷，則祫亦有黍稷矣。著，明也，明有黍稷，互相備矣。云「魯禮，三年喪畢，而祫於太祖」者，此以周衰禮廢無文可明，春秋左氏傳云「周禮盡在魯」，即以春秋爲魯禮，今言魯禮者，指春秋而言也。春秋三年喪畢而祫於太祖，謂若文公二年秋八月大事於太廟，躋僖公〔一四〕。以僖三十三年薨，至文二年秋八月，於禮雖少四月，猶是三年喪畢而爲祫祭也，是魯禮三年喪畢而祫於太祖。太祖，謂周公廟，周公廟中而爲祫祭也。云「明年春，禘於羣廟」者，此明年春禘雖無正文，約僖公、宣公得知矣。按僖公八年及宣公八年皆有禘文，則知僖公、宣公三年春有禘可知。何者？以文公二年祫，則知僖公、宣公二年亦有祫，僖公、宣公二年既爲祫，則明年是三年春禘，四年、五年、六年秋祫，是三年祫，更加七年、八年，添前爲五年禘，故僖公、宣公八年皆有禘，是明年春禘明矣，故云明年春禘於羣廟也。云「自爾以後，五年而再殷祭」者，公羊傳云：殷，大也。除明年春，從四年已後，四年、五年、六年、七年、八年，八年之中四年、五年、六年爲三年祫，七年、八年添前爲五年禘，是五年再殷祭也。云「一祫一禘」者，是禮讖文，謂五年之中爲一禘一祫也。鄭言此者，欲見肆獻祼及饋食三者爲祫禘，從三年喪畢後爲始之意也。從禋祀已下至此吉禮十二皆歆神始，何者？按大司樂分樂而序之云「乃奏黄鍾，歌大吕，舞雲門，以祀天神」，已下下復云：圜鍾爲宮，若樂六變，天神皆降，若樂八變，地示皆出，若樂九變，人鬼可得而禮。鄭云：「天神，則主北辰。地示，則主崑崙。人鬼，則主后稷。先奏是樂，以致其神，禮之以玉而祼焉。」彼先奏是樂以致其神，則天神、地示、人鬼皆以樂爲下神始也。彼鄭云「禮之以玉」據天地，「而祼焉」據宗廟。則此上下天神言煙，地示言血，此宗廟六享言祼，是則天地宗廟皆樂爲下神始，煙血與祼爲歆神始也。又按禮器與郊特牲皆言「郊血，大享腥，三獻爓，一獻孰」者，是薦饌始也。以其郊是祭天而言用血，大享是祫祭先王而言用腥，三獻是社稷而言用爓，一獻是祭羣小祀而言用孰與？此是其先，彼是其後，後爲薦饌可知，故郊言血，大享言腥，三獻言爓，一獻言孰也。○春官○以上經注字音見天神等篇，後皆放此。○

天子祭天地，祭四方，祭山川，祭五祀，歲徧。諸侯方祀，祭山川，祭五祀，歲徧。大夫祭五祀，歲徧。士祭其先。　祭四方，謂祭五官之神於四郊也，句芒在東，祝融、后土在南，蓐收在西，玄冥在北。詩云：「來方禋祀。」方祀者，各祭其方之官而已。五祀，户、竈、中霤、門、行也，此蓋殷時制也。祭法曰：天子立七祀，諸侯立五祀，大夫立三祀〔一五〕，士立二祀。謂周制也。○疏曰：「天子祭天地」者，天地有覆載大功，天子主有四海，故得總祭天地以報其功。天神有六〔一六〕，祭之一歲有九：昊天上帝，冬至祭之，一也；蒼帝靈威仰，立春之日祭之於東郊，二也；赤帝赤熛怒，立夏之日祭之於南郊，三也；黃帝含樞紐，季夏六月土王之日亦祭之於南郊，四也；白帝白招拒，立秋之日祭之於西郊，五也；黑帝汁光紀，立冬之日祭之於北郊，六也；王者各稟五帝之精氣而王天下，於夏正之月祭於南郊，七也；四月龍星見而雩，總祭五帝於南郊，八也；季秋大饗五帝於明堂，九也。地神有二，歲有二祭：夏至之日，祭崑崙之神於方澤，一也；夏正之月，祭神州地祇於北郊，二也。或云建申之月祭之，與郊天相對。冬至祭昊天上帝者，春秋緯云：「紫微爲天帝，北極耀魄寶。」是也。其配之人，以帝嚳配之，故祭法云「周人禘嚳」是也。其五帝則春秋緯文耀鉤云：「蒼帝曰靈威仰，赤帝曰赤熛怒，黄帝曰含樞紐，白帝曰白招拒，黑帝曰汁光紀。」此經直言祭四方，知非祭五天帝於四方者，以上云祭天地則五帝在其中矣，故知非天帝也。按宗伯云：「疈辜祭四方百物。」知此方祀非四方百物者，以此文在山川五祀之上，與大宗伯「血祭社稷、五祀、五嶽」，五祀在五嶽之上，此四方亦在山川之上，故知是五官之神。云「祝融后土在南」者，鄭意以爲黎兼爲后土，土位在南方，故知「祝融、后土在南」。引詩云「來方禋祀」者，是小雅大田之詩，以刺幽王之無道，追論成王之時太平，時和年豐，至秋報祭，招來四方之神，禋絜祭祀。引之者，證四方之義也。云「五祀，户、竈、中霤、門、行」者，此月令文。大宗伯五祀以爲「五官」者，以其在五嶽之上，此五祀在山川之下，又與大夫同祭，故知是户、竈等。云「此蓋殷時制也」者，以天子諸侯大夫同云「祭五祀」，既無等差，故疑殷時制也。按王制云「大夫祭五祀」，文與此同，而鄭云：「五祀，謂司命也、中霤也、門也、行也、厲也。」與此不同者。王制之文上云：天子祭天地，諸侯祭社稷，大夫祭五祀。既有尊卑等級，疑是周禮，故引祭法「五祀」以解之，與此不同，是有地大夫祭五祀，無地大夫祭三祀。○曲禮○天子祭天地，諸侯祭社稷，大夫祭五祀。五祀，謂司命也、中霤也、門也、行也、厲也。此祭謂大夫有地者，其無地祭三耳。天子祭天下名山大川，五嶽視三公，四瀆視諸侯。視，視其牲器之數。諸侯祭名山大川之在其地者。魯人祭泰山，晉人祭河是也。○詳見天神、地祇篇〔一七〕。○王制○燔柴於泰壇，祭天也；瘞埋於泰折，祭地也，用騂犢。壇、折，封土爲祭處也。壇之言坦也，坦，明貌也。折，照哲也，必爲炤明之名，尊神也。地陰，祀用黝牲，與天俱用犢連言爾。○疏曰：禮器云「至敬不壇」，此云「燔柴於泰壇」者，謂燔柴在壇，設饌在地，義亦具禮器及郊特牲疏也〔一八〕。云「地陰祀用黝牲，與天俱用犢連言爾」者，按牧人云：「陰祀用黝牲毛之。」鄭康成注云：「陰祀，祭地北郊及社稷也。」又郊特牲云：郊之「用犢，貴誠也。」彼文雖主南郊，其北郊與天相對，故知俱用犢也。埋少牢於泰昭，祭時也；相近於坎壇，祭寒暑也。王宮，祭日也；夜明，祭月也；幽宗，祭星也；雩宗，祭水旱也；四坎壇，祭四方也。山林、川谷、丘陵能出雲爲風雨，見怪物，皆曰神。有天下者祭百神；諸侯在其地則祭之，亡其地則不祭。昭，明也，亦謂壇也。時，四時也，亦謂陰陽之神也。埋之者，陰陽出入於地中也。凡此以下，皆祭用少牢。相近，當爲禳祈，聲之誤也。禳猶卻也。祈，求也。寒暑不時，則或禳之，或祈之，寒於坎，暑於壇。王宮日壇，王，君也，日稱君，宮，壇營域也。夜明，亦謂月壇也。「宗」，皆當爲「禜」字之誤也。幽禜，亦謂星壇也，星以昏始見，禜之言營也。雩禜，亦謂水旱壇也。雩之言吁嗟也。春秋傳曰：「日月星辰之神，則雪霜風雨之不時，於是乎禜之。」「山川之神，則水旱癘疫之不時，於是乎禜之。」四方，即謂山林、川谷、丘陵之神也。祭山林丘陵於壇，川谷於坎，每方各爲坎爲壇。怪物雲氣，非常見者也。有天下，謂天子也。百者，假成數也。○疏曰：「埋少牢於泰昭，祭時也」者，謂祭四時陰陽之神也。泰昭，壇名也。昭，亦取明也。春夏爲陽，秋冬爲陰，若祈陰則埋牲，祈陽則不應埋之。今總云「埋」者，以陰陽之氣俱出入於地中而生萬物，故並埋之以享陰陽爲義也。用少牢者，降於天地也。自此以下及日月至山林，並少牢也。先儒並云不薦孰，唯殺牲埋之也。「相近於坎壇，祭寒暑也」者，「相近」當爲「攘祈」，攘，卻也。寒暑之氣應退而不退，則祭攘卻之令退也。祈，求也，寒暑之氣應至而不至，則祭求之令至也。寒則於坎，寒，陰也；暑則於壇，暑，陽也。「王宮，祭日也」者，王，君也，宮亦壇也，營域如宮也。日神尊，故其壇曰君宮也。「夜明，祭月也」者，夜明者，祭月壇名也。月明於夜，故謂其壇爲夜明也。「幽宗，祭星也」者，祭星，壇名也，幽，闇也。「宗」當爲「禜」，禜，壇域也。星至夜而出，故曰幽也。爲營域而祭之，故曰幽禜也。「雩宗，祭水旱也」者，亦壇名也。雩，吁嗟也，水旱爲人所吁嗟。禜亦營域也，爲營域而祭之，故曰雩禜也。「四坎壇，祭四方也」者，謂山林川谷丘陵之神有益於人民者也，四方各爲一坎一壇，壇以祭山林丘陵，坎以祭川谷泉澤，故言「坎壇祭四方也」。「山林、川谷、丘陵能出雲爲風雨，見怪物，皆曰神」者，此明四坎壇所祭之神也。怪物，慶雲之屬也。風雨雲露並益於人，故皆曰神而得祭也。「有天下者祭百神」者，有天下，謂天子也。祭百神者，即謂山林川谷在天下而益民者也。天子祭天地四方，言百神，舉全數也。「諸侯在其地則祭之」者，諸侯不得祭天地，若山林川澤在其封内而益民者，則得祭之，如魯之泰山、晉之河、楚之江漢是也。「亡其地則不祭」者，亡，無也。謂其境内地無此山川之等，則不得祭也。○祭法○

大凡生於天地之閒者皆曰命，其萬物死皆曰折，人死曰鬼，此五代之所不變也。生時形體異，可同名。至死，腐爲野土，異其名，嫌同也。折，棄敗之言也。鬼之言歸也。五代，謂黃帝、堯、舜、禹、湯、周之禮樂所存法也。○疏曰：「大凡生於天地之閒者皆曰命」者，總包萬物，故曰「大凡」。皆受天之賦命而生，故云「皆曰命」也。「其萬物死皆曰折，人死曰鬼」者，萬物無知，死者皆曰折，人爲有識，故死曰鬼。「此五代之所不變也」者，言此之名號從黄帝正名百物以來，至堯舜禹湯及周所不變更也。○同上。○有虞氏禘黄帝而郊嚳，祖顓頊而宗堯；夏后氏亦禘黄帝而郊鯀，祖顓頊而宗禹；殷人禘嚳而郊冥，祖契而宗湯；周人禘嚳而郊稷，祖文王而宗武王。禘、郊、祖、宗，謂祭祀以配食也。此禘謂祭昊天於圜丘也，祭上帝於南郊曰郊，祭五帝五神於明堂曰祖、宗，祖、宗通言爾，下有禘郊祖宗。孝經曰：「宗祀文王於明堂，以配上帝。」明堂月令：「春曰其帝太昊，其神句芒；夏曰其帝炎帝，其神祝融；中央曰其帝黄帝，其神后土；秋曰其帝少昊，其神蓐收，冬曰其帝顓頊，其神玄冥。」有虞氏以上尚德，禘郊祖宗，配用有德者而已。自夏已下，稍用其姓代之先後之次。有虞氏、夏后氏宜郊顓頊，殷人宜郊契。郊祭一帝，而明堂祭五帝，小德配寡，大德配衆，亦禮之殺也。○疏曰：此一經論有虞氏以下四代禘郊祖宗所配之人。「有虞氏禘黄帝」者，謂虞氏冬至祭昊天上帝於圜丘，大禘之時以黄帝配祭。「而郊嚳」者，謂夏正建寅之月，祭感生之帝於南郊，以嚳配也。「祖顓頊而宗堯」者，謂祭五天帝、五人帝及五人神於明堂，以顓頊及堯配之，故云祖顓頊而宗堯。祖，始也，言爲道德之初始，故云祖也。宗，尊也，以有德可尊，故云宗。其夏后氏以下，禘郊祖宗，其義亦然，但所配之人當代各别。虞氏云「有」者，以虞字文單，故以「有」字配之，無義例也。夏云「后氏」者，后，君也，受位於君，故稱后。殷周稱「人」，以人所歸往，故稱人。此並熊氏之説也。注云「此禘謂祭昊天於圜丘也」者，但經傳之文稱禘非一，其義各殊。論語云「禘自既灌」及春秋「禘于大廟」，謂宗廟之祭也；喪服小記云「王者禘其祖之所自出也」及大傳云「禮：不王不禘」，謂祭感生之帝於南郊也。以禘文既多，故云「此禘，謂祭昊天上帝於圜丘」。必知此是圜丘者，以禘文在於郊祭之前，郊前之祭唯圜丘耳。但爾雅釋天云「禘，大祭」，以比餘處爲大祭，總得稱禘。按聖證論以此「禘黄帝」是宗廟五年祭之名，故小記云：「王者禘其祖之所自出，以其祖配之。」謂虞氏之祖出自黄帝，以祖顓頊配黄帝而祭，故云以其祖配之。依五帝本紀，黄帝爲虞氏九世祖，黄帝生昌意，昌意生顓頊，虞氏七世祖，以顓頊配黄帝而祭，是禘其祖之所自出，以其祖配之也。肅又以祖、宗爲祖有功，宗有德，其廟不毁。肅又以郊與圜丘是一，郊即圜丘，故肅難鄭云：按易「帝出乎震」，「震，東方」，生萬物之初，故王者制之。初以木德王天下，非謂木精之所生。五帝皆黄帝之子孫，各改號代變，而以五行爲次焉，何大微之精所生乎？又郊祭，鄭玄云：祭感生之帝，唯祭一帝耳。郊特牲何得云「郊之祭，大報天而主日」？又天唯一而已，何得有六？又家語云：季康子問五帝，孔子曰：天有五行：木、火、金、水及土。四分時化育以成萬物，其神謂之五帝。是五帝之佐也，猶三公輔王。三公可得稱王輔，不得稱天王，五帝可得稱天佐，不得稱上天。而鄭云以五帝爲靈威仰之屬，非也。玄以圜丘祭昊天最爲首禮，周人立后稷廟，不立嚳廟，是周人尊嚳不若后稷及文、武，以嚳配至重之天，何輕重顛倒之失所？郊則圜丘，圜丘則郊，猶王城之内與京師異名而同處。○同上。○七代之所更立者，禘郊宗祖，其餘不變也。七代，通數顓頊及嚳也。所不變者，則數其所法而已。變之則通數所不法，爲記者之微意也。少昊氏脩黄帝之法，後王無所取焉。○同上。○禮：不王不禘。王者禘其祖之所自出，以其祖配之。凡大祭曰禘。自，由也。大祭其先祖所由生，謂郊祀天也。王者之先祖，皆感太微五帝之精以生，蒼則靈威仰，赤則赤熛怒，黄則含樞紐，白則白招拒，黑則汁光紀，皆用正歲之正月郊祭之，蓋特尊焉。孝經曰「郊祀后稷以配天」，配靈威仰也，「宗祀文王於明堂，以配上帝」，泛配五帝也。諸侯及其大祖。大祖，受封君也。大夫士有大事省於其君，干祫及其高祖。大事，寇戎之事也。省，善也。善於其君，謂免於大難也。干，猶空也。空祫，謂無廟祫祭之於壇墠。○大傳○趙伯循曰：禮記大傳云：「禮：不王不禘。王者禘其祖之所自出，以其祖配之。」又喪服小記曰：「王者禘其祖之所自出。」又下云「禮：不王不禘」，正與大傳同。則諸侯不得禘禮明矣，是以祭法云「有虞氏禘黄帝」，舜祖顓頊，顓頊出於黄帝，則所爲「禘其祖之所自出」也，「而郊嚳，祖顓頊而宗堯」。「夏后氏亦禘黄帝」，義同舜也，「而郊鯀，祖顓頊而宗禹」。「殷人禘嚳」，殷祖契出自嚳，「而郊冥，祖契而宗湯」。「周人禘嚳」，義與殷同，「而郊稷，祖文王而宗武王」。禘者，帝王立始祖之廟，猶謂未盡其追遠尊先之義，故又推尋始祖所出之帝而追祀之。「以其祖配之」者，謂於始祖廟祭之而便以始祖配祭也。此祭不兼羣廟之主，爲其疏遠不敢褻狎也。鄭玄注祭法云「禘爲配祭昊天上帝於圜丘也」，蓋見祭法所説文在郊上，謂爲郊之最大者，故爲此説耳。祭法所論禘郊祖宗者，謂六廟之外永世不絶者有四種耳，非關配祭也。禘之所及最遠，故先言之爾，何關圜丘哉？然則，春秋書魯之禘何也？曰成王追寵周公故也。祭統云：成王追念周公，賜之重祭，郊、社、大禘、嘗是也。魯之用禘，蓋於周公廟而上及文王，即周公之所出故也。○天子七廟，三昭三穆與大祖之廟而七。此周制。七者，大祖及文王、武王之祧與親廟四。大祖，后稷。殷則六廟，契及湯與二昭二穆。夏則五廟，無大祖，禹與二昭二穆而已。諸侯五廟，二昭二穆與大祖之廟而五。大祖，始封之君。王者之後，不爲始封之君廟。大夫三廟，一昭一穆與大祖之廟而三。大祖，別子始爵者。大傳曰：「別子爲祖。」謂此雖非別子，始爵者亦然。士一廟。謂諸侯之中士、下士名曰官師者。上士二廟。庶人祭於寢。寢，適寢也。○詳見宗廟篇。○王制○天子犆礿，祫禘，祫嘗，祫烝。犆，猶一也。祫，合也。天子諸侯之喪畢，合先君之主於祖廟而祭之，謂之祫，後因以爲常。天子先祫而後時祭，諸侯先時祭而後祫。凡祫之歲，春一礿而已，不祫，以物無成者不殷祭。周改夏祭曰礿，以禘爲殷祭也。魯禮：三年喪畢而祫於大祖，明年春禘於羣廟，自爾之後，五年而再殷祭，一祫一禘。諸侯礿則不禘，禘則不嘗，嘗則不烝，烝則不礿。虞夏之制，諸侯歲朝廢一時祭。諸侯礿犆，互明犆礿文。禘一犆一祫，下天子也，祫歲不禘。嘗祫，烝祫。詳見宗廟篇。○同上。○天下有王，分地建國，置都立邑，設廟祧壇墠而祭之，乃爲親疏多少之數。是故王立七廟，一壇一墠，曰考廟，曰王考廟，曰皇考廟，曰顯考廟，曰祖考廟，皆月祭之。遠廟爲祧，有二祧，享嘗乃止。去祧爲壇，去壇爲墠，壇墠有禱焉祭之，無禱乃止，去墠曰鬼。諸侯立五廟，一壇一墠，曰考廟，曰王考廟，曰皇考廟，皆月祭之。顯考廟，祖考廟，享嘗乃止。去祖爲壇，去壇爲墠，壇墠有禱焉祭之，無禱乃止，去墠爲鬼。大夫立三廟二壇，曰考廟，曰王考廟，曰皇考廟，享嘗乃止。顯考、祖考無廟，有禱焉爲壇祭之，去壇爲鬼。適士二廟一壇，曰考廟，曰王考廟，享嘗乃止。顯考無廟，有禱焉爲壇祭之，去壇爲鬼。官師一廟，曰考廟，王考無廟而祭之，去王考爲鬼。庶士、庶人無廟，死曰鬼。建國，封諸侯也。置都立邑，爲卿大夫之采地及賜士有功者之地。廟之言貌也，宗廟者，先祖之尊貌也。祧之言超也，超上去意也。封土曰壇，除地曰墠，書曰：「三壇同墠。」王、皇皆君也。顯，明也。祖，始也。名先人以君明始者，所以尊本之意也。天子遷廟之主，以昭穆合藏於二祧之中。諸侯無祧，藏於祖考之廟中。聘禮曰：「不腆先君之祧。」是謂始祖廟也。享嘗，謂四時之祭。天子諸侯爲壇墠所禱，謂後遷在祧者也，既事則反其主於祧，鬼亦在祧，顧遠之於無事，祫乃祭之爾，春秋文二年秋「大事于大廟」，傳曰：「毁廟之主，陳於太祖。未毁廟之主，皆升合食於太祖。」是也。魯煬公者，伯禽之子也，至昭公、定公，久已爲鬼，而季氏禱之而立其宫，則鬼之主在祧明矣。唯天子諸侯有主禘祫，大夫有祖考者亦鬼，其百世不禘祫，無主爾。其無祖考者，庶士以下鬼其考王考，官師鬼其皇考〔一九〕，大夫適士鬼其顯考而已。大夫祖考，謂别子也。凡鬼者薦而不祭，王制曰：大夫士「有田則祭，無田則薦。」適士，上士也。官師，中士、下士。庶士，府史之屬。此適士云「顯考無廟」，非也，當爲皇考，字之誤。○詳見宗廟篇。○祭法○父爲士，子爲天子諸侯，則祭以天子諸侯，其尸服以士服。祭以天子諸侯，養以子道也。尸服士服，父本無爵，子不敢以己爵加之，嫌於卑之。父爲天子諸侯，子爲士，祭以士，其尸服以士服。謂父以罪誅，尸服以士服，不成爲君也。天子之子當封爲王者後，乃祀其受命之祖。云「爲士」，則擇其宗之賢者，若微子者，不必封其子爲王者後。及所立爲諸侯者，祀其先君以禮，卒者尸服天子諸侯之服。如遂無所封立，則尸也祭也皆如士，不敢僭用尊者衣物。○小記○武王末受命，周公成文、武之德，追王大王、王季，上祀先公以天子之禮。斯禮也，達乎諸侯大夫及士庶人。父爲大夫，子爲士，葬以大夫，祭以士；父爲士，子爲大夫，葬以士，祭以大夫。末，猶老也。追王大王王季者，以王迹起焉。先公，組紺以上至后稷也。斯禮達於諸侯、大夫、士、庶人者，謂葬之從死者之爵，祭之用生者之禄也。○詳見宗廟篇。○中庸○王爲羣姓立社，曰大社。王自爲立社，曰王社。諸侯爲百姓立社，曰國社。諸侯自爲立社，曰侯社。大夫以下成羣立社，曰置社。羣，衆也。大夫以下，謂下至庶人也。大夫不得特立社，與民族居，百家以上，則共立一社，今時里社是也。郊特牲曰：「唯爲社事單出里。」○詳見地祇篇。○祭法○王爲羣姓立七祀：曰司命，曰中霤，曰國門，曰國行，曰泰厲，曰户，曰竈。王自爲立七祀。諸侯爲國立五祀：曰司命，曰中霤，曰國門，曰國行，曰公厲。諸侯自爲立五祀。大夫立三祀：曰族厲，曰門，曰行。適士立二祀：曰門，曰行。庶士、庶人立一祀，或立户，或立竈。此非大神所祈報大事者也，小神居人之閒，司察小過作譴告者爾。樂記曰：「明則有禮樂，幽則有鬼神。」鬼神謂此與？司命，主督察三命。中霤，主堂室居處。門、户，主出入。行，主道路行作。厲，主殺罰。竈，主飲食之事。明堂月令：「春曰其祀户，祭先脾；夏曰其祀竈，祭先肺；中央曰其祀中霤，祭先心；秋曰其祀門，祭先肝；冬曰其祀行，祭先腎。」聘禮曰：使者出，「釋幣於行」；歸，「釋幣於門」。士喪禮曰：「疾病」，「禱於五祀」。司命與厲其時不著。今時民家或春秋祠司命、行神、山神，門、户、竈在旁，是必春祠司命，秋祠厲也，或者合而祠之。山即厲也，民惡言厲，巫祝以厲，山爲之，謬乎。春秋傳曰：「鬼有所歸，乃不爲厲。」○詳見百神篇。○同上。○王下祭殤五：適子、適孫、適曾孫、適玄孫、適來孫。諸侯下祭三，大夫下祭二，適士及庶人祭子而止。祭適殤者，重適也。祭適殤於廟之奧，謂之陰厭。王子、公子祭其適殤於其黨之廟，大夫以下庶子祭其適殤於宗子之家，皆當室之白，謂之陽厭。凡庶殤不祭。○詳見宗廟篇。○同上。○夫聖王之制祭祀也，法施於民則祀之，以死勤事則祀之，以勞定國則祀之，能禦大災則祀之，能捍大患則祀之。是故厲山氏之有天下也，其子曰農，能殖百穀。夏之衰也，周棄繼之，故祀以爲稷。共工氏之霸九州也，其子曰后土，能平九州，故祀以爲社。帝嚳能序星辰以著衆，堯能賞均刑法以義終，舜勤衆事而野死，鯀障鴻水而殛死，禹能脩鯀之功，黄帝正名百物以明民共財，顓頊能脩之，契爲司徒而民成，冥勤其官而水死，湯以寬治民而除其虐，文王以文治，武王以武功去民之災，此皆有功烈於民者也。及夫日月星辰，民所瞻仰也；山林川谷丘陵，民所取財用也。非此族也，不在祀典。春秋傳曰〔二〇〕：「封爲上公，祀爲大神。」厲山氏，炎帝也，起於厲山，或曰有烈山氏。棄，后稷名也。共工氏無録而王，謂之霸，在太昊、炎帝之閒。著衆，謂使民興事，知休作之期也。賞，賞善，謂禪舜封禹、稷等也。能刑，謂去四凶。義終，謂既禪二十八載乃死也。野死，謂征有苗死於蒼梧也。殛死，謂不能成其功也。明民，謂使之衣服有章也。民成，謂知五教之禮也。冥，契六世之孫也，其官玄冥，水官也。虐、災，謂桀、紂也。烈，業也。族，猶類也。祀典〔二一〕，謂祭祀也。○疏曰：此經總名其功有益於民，得在祀典之事，從此至「能捍大患則祀之」，與下諸神爲總也。「法施於民則祀之」者，若神農及后土、帝嚳與堯及黄帝、顓頊與契之屬是也。「以死勤事則祀之」者，若舜及鯀、冥是也。「以勞定國則祀之」者，若禹是也。「能禦大災」及「能捍大患則祀之」者，若湯及文、武也。「其子曰農，能殖百穀」，農謂厲山氏後世子孫名柱，能殖百穀，故國語云：「神農之子名柱〔二〕，作農官，因名農。」是也。「夏之衰也，周棄繼之」者，以夏末湯遭大旱七年，欲變置社稷，故廢農祀。棄「故祀以爲稷」者，謂農及棄皆祀之以配稷之神。「其子曰后土，能平九州，故祀以爲社」者，是共工後世之子孫爲后土之官。后，君也，爲君而掌土，能治九州五土之神，故祀以爲配社之神。「帝嚳能序星辰以著衆」者，嚳能紀星辰序時候，以明著使民休作有期，不失時節，故祀之也。「堯能賞均刑法，以義終」者，堯以天下位授舜，封禹稷官得其人，是能賞均平也；五刑有宅，是能刑有法也；禪舜而老，二十八載乃殂，是義終也。「舜能勤衆事而野死」者，舜征有苗，仍巡守陟方而死蒼梧之野，是勤衆事而野死。「鯀障鴻水而殛死」者，鯀塞水無功，而被堯殛死于羽山，亦是有微功於人，故得祀之。若無微功，焉能治水九載。又世本云「作城郭」，是有功也。鄭答趙商云：鯀非誅死，鯀放居東裔，至死不得反於朝，禹乃其子也，以有聖功，故堯興之，以爲殺人父用其子，而舜、禹何以忍乎？而尚書云「鯀則殛死，禹乃嗣興」者，箕子見武王誅紂，今與己言，懼其意有慚德，爲説父不肖則罪，子賢則舉之，以滿武王意也。「禹能脩鯀之功」者，謂禹能脩父之功，故祀之。「黄帝正名百物」者，上雖有百物而未有名，黄帝爲物作名，正名其體也。「以明民」者，謂垂衣裳，使貴賤分明，得其所也。「共財」者，謂山澤不障，教民取百物以自贍也。其如上事，故得祀之。「顓頊能脩之」者，謂能脩黃帝之法。「契爲司徒而民成」者，契爲堯之司徒，司徒掌五教，故民之五教得成。「冥勤其官而水死」者，冥，契六世孫，其官玄冥，水官也。「湯以寬治民而除其虐」，謂放桀於南巢也。「文王以文治，武王以武功，去民之災」者，謂伐紂也。「此皆有功烈於民者也」，結上厲山以下也。所得祀之人，有功烈於人故也。「及夫日月星辰，民所瞻仰也」者，釋上文「燔柴於泰壇，瘞埋於泰折，王宮祭日，夜明祭月，幽禜祭星」之等，及上有祭地、祭天、祭四時、祭寒暑、祭水旱，此不言之者，舉日月則天地可知，四時寒暑水旱則日月陰陽之氣，故舉日月以包之也。「非此族也，不在祀典」者，合結上事也。族，類也。若非上自厲山以下及日月丘陵之等，無益於民者，悉不得預於祭祀之典也。按上陳宗廟及七祀並通適殤以下，此經不覆明之者，此經所云謂是外神有功於民，故具載之。其宗廟與殤以下之親屬七祀之等，宫中小神，所以此經並皆不載。○同上。

孔子曰：「嗚呼哀哉，我觀周道，幽厲傷之，吾舍魯何適矣！政亂禮失，以爲魯尚愈。魯之郊禘，非禮也，周公其衰矣！非，猶失也。魯之郊牛口傷，鼷鼠食其角，又有四卜郊不從，是周公之道衰矣，言子孫不能奉行興之。杞之郊也，禹也；宋之郊也，契也：是天子之事守也。先祖法度，子孫所當守。故天子祭天地，諸侯祭社稷。疏曰：「嗚呼哀哉」，是傷歎之辭。言觀周家文武之道，以經幽厲之亂，傷此禮儀法則，無可觀瞻，唯魯國稍可，吾舍此魯國，更何之適而觀禮乎？言魯國尚愈，愈，勝也，言尚勝於餘國，故韓宣子適魯云「周禮盡在魯矣」。杞郊禹，宋郊契，蓋是夏、殷天子之事，杞、宋是其子孫當所保守，勿使有失。按祭法云「夏郊鯀，殷郊冥」，今杞郊禹，宋郊契者，以鯀、冥之德薄，故更郊禹、契，蓋時王所命也。○禮運○諸侯之宮縣，而祭以白牡，擊玉磬，朱干設錫，冕而舞大武，乘大路，諸侯之僭禮也。言此皆天子之禮也。宮縣，四面縣也。干，盾也。錫，傅其背如龜也。武，萬舞也。白牡大路，殷天子禮也。臺門而旅樹反坫，繡黼丹朱中衣，大夫之僭禮也。言此，皆諸侯之禮也。旅，道也。屏謂之樹，樹所以蔽行道。管氏樹塞門，塞猶蔽也。禮：天子外屏，諸侯内屏，大夫以簾，士以帷。反坫，反爵之坫也，蓋在尊南，兩君相見，主君既獻，於此反爵焉〔一三〕。繡黼丹朱，以爲中衣領緣也。繡讀爲綃，綃，繒名也。詩云：「素衣朱綃。」又云：「素衣朱襮。」襮，黼領也。諸侯不敢祖天子，大夫不敢祖諸侯。而公廟之設於私家，非禮也，由三桓始也。疏曰：「諸侯之宮縣」者，諸侯唯合軒縣，今乃有宮縣。又諸侯祭用時王牲，今用白牡。又諸侯擊石磬，今擊玉磬。又諸侯得舞大武，故詩云「方將萬舞」、宣八年「萬入去籥」是也。但不得朱干設錫冕服而舞，今「朱干設錫，冕而舞大武」，諸侯合乘時王之車，今乃乘殷之大路，並是諸侯僭禮也。經云「諸侯不敢祖天子」，而文二年左傳云「宋祖帝乙，鄭祖厲王」；「大夫不敢祖諸侯」，而莊二十八年左傳云：「凡邑有宗廟先君之主曰都。」與此文不同者，此據尋常諸侯、大夫，彼據有大功德者，故異。○郊特牲○三家者以雍徹，子曰：「『相維辟公，天子穆穆』，奚取於三家之堂？」三家，魯大夫孟孫、叔孫、季孫之家也。雍，周頌篇名。徹，祭畢而收其俎也。天子宗廟之祭，則歌雍以徹，是時三家僭而用之。相，助也。辟公，諸侯也。穆穆，深遠之意，天子之容也。此雍詩之詞，孔子引之，言三家之堂非有此事，亦何取於此義而歌之乎？譏其無知妄作，以取僭竊之罪。○程子曰：周公之功固大矣，皆臣子之分所當爲，魯安得獨用天子禮樂哉？成王之賜，伯禽之受，皆非也。其因襲之弊，遂使季氏僭八佾，三家僭雍徹，故仲尼譏之。○或問載朱子曰〔二四〕：程子之説善矣！或以爲成王賜魯以王禮，惟得以祀周公者，未有考。然以魯之郊祀觀之，則初不爲周公之廟而設也，恐其説亦不得通矣。○論語八佾朱文公集注○季氏旅於泰山，子謂冉有曰：「女弗能救與？」對曰：「不能。」子曰：「嗚呼！曾謂泰山不如林放乎？」旅，祭名。泰山，山名，在魯地。禮，諸侯祭封内山川，季氏祭之，僭也。冉有，孔子弟子，名求，時爲季氏宰。救，謂救其陷於僭竊之罪。嗚呼，歎辭。言神不享非禮，欲季氏知其無益而自止。又進林放以厲冉有也。○范氏曰：冉有從季氏，夫子豈不知其不可告也，然而聖人不輕絶人。盡己之心，安知冉有之不能救、季氏之不可諫也？既不能正，則美林放以明泰山之不可誣，是亦教誨之道也。○同上。

校勘記

〔一〕吉禮是也　「吉」，原作「古」，傅本同。據朝鮮本、吕本、四庫本、賀本改。

〔二〕目吉禮於上　「目吉」，原作「自古」，朝鮮本作「自吉」，吕本同。據傅本、四庫本、賀本改。

〔三〕目吉禮於上　「目」，原作「自」，傅本、朝鮮本、吕本、四庫本同。據賀本改。

〔四〕則北官好奥南官好暘　二「官」字，原作「宫」，傅本、朝鮮本、吕本、四庫本同。據賀本改。

〔五〕但二十八星面有七　「面」，原作「内」，四庫本同。據傅本、朝鮮本、吕本、賀本改。

〔六〕太微宫有五帝座星　「座」，原作「坐」，傅本、朝鮮本、吕本、四庫本同。據賀本改。

〔七〕春曰昊天　四字原脱，傅本、朝鮮本、吕本同。據四庫本、賀本補。

〔八〕顓頊氏之子曰黎　「黎」，原作「犂」，傅本、朝鮮本、吕本、四庫本同。據賀本改。

〔九〕此皆地之次祀　「祀」字原脱，傅本、朝鮮本、吕本同。據四庫本、賀本補。

〔一〇〕與昊天禋相對　「禋」，原作「煙」，傅本、朝鮮本、吕本、四庫本同。據賀本改。

〔一一〕宗祝亦執爵以先之　「爵」，原作「勺」，傅本、朝鮮本同。據吕本、四庫本、賀本改。

〔一二〕灌以鬱鬯謂始獻尸求神時也　「鬱鬯謂」原作「群玉請」，傅本、朝鮮本作「群至謂」。據吕本、四庫本、賀本改。

〔一三〕未毁廟之主皆升　「未」，原作「末」，傅本、朝鮮本同。據吕本、四庫本、賀本改。

〔一四〕躋僖公　「躋」，原作「也」，傅本、吕本、四庫本同。據賀本改。

〔一五〕大夫立三祀　「祀」，原作「祭」，傅本、吕本同。據四庫本、賀本改。

〔一六〕天神有六　「天神」，原作「其天」，傅本、朝鮮本同。據吕本、四庫本、賀本改。

〔一七〕詳見天神地祇篇　「詳」，原作「人」，朝鮮本、吕本、四庫本同。據賀本改。

〔一八〕義亦具禮器及郊特牲疏也　「疏」，原作「〇」，朝鮮本、吕本同。傅本脱文。據四庫本、賀本改。

〔一九〕官師鬼其皇考　「皇」，原作「星」，傳本同。據朝鮮本、呂本、四庫本、賀本改。

〔二〇〕春秋傳曰　「傳」，原作「侍」，傳本同。據呂本、四庫本、賀本改。

〔二一〕祀典　「典」，原作「與」，據傳本、朝鮮本、呂本、四庫本、賀本改。

〔二二〕神農之子名柱　「子」字原脱，傳本、呂本、四庫本同。據朝鮮本、賀本補。

〔二三〕於此反爵焉　「此」字原脱，傳本、呂本同。據朝鮮本、四庫本、賀本補。

〔二四〕或問載朱子曰　「載朱子曰」四字原脱，傳本、朝鮮本、呂本、四庫本同。據賀本補。

儀禮經傳通解續卷第二十二

祭禮六

天神

大宗伯：掌建邦之天神、人鬼、地示之禮，示，音祇，下神示、地示之例皆放此，本或作「祇」。○建，立也。立天神地祇人鬼之禮者，謂祀之、祭之、享之。禮，吉禮是也。○疏曰：云「立天神地祇人鬼之禮者，謂祀之、祭之、享之」者，經先云人鬼，後云地祇，鄭則先云地祇，後云人鬼者。經先云人鬼，欲見天在上，地在下，人藏其間。鄭後云人鬼者，據下經陳吉禮十二，先地祇後人鬼，據尊卑爲次故也。云「禮，吉禮是也」者，按下云「以吉禮事邦國之鬼神示」，則此亦吉禮，故云「禮，吉禮是也」。以吉禮事邦國之鬼神示，事，謂祀之、祭之、享之。故書吉或爲告，杜子春云：書爲告禮者，非是，當爲吉禮，書亦多爲吉禮，吉禮之別十有二。○疏曰：此已下叙五禮，先以吉禮爲上。云「事邦國之鬼神示」，據諸侯邦國而言者也。以其天子宗伯，若還據天子，則不見邦國；若以天子宗伯而見邦國，則有天子可知，故據邦國以包王國。又曰：云「事謂祀之、祭之、享之」者，還據已下所陳先後爲次。若然，經先云鬼，與上下體例不同者，欲見逢時則祭〔一〕，事起無常，故先云人鬼也。云「吉禮之別十有二」者，從此下經以禋祀、血祭，二經天地各有三享，人鬼有六，故十二也。以禋祀祀昊天上帝。禋，音因，李音煙。○禋之言煙，周人尚臭。煙，氣之臭聞者。以禋祀祀昊天上帝，以實柴祀日月星辰，以槱燎祀司中司命、飌師雨師，三祀皆積柴、實牲體焉，或有玉帛。燔燎而升煙，所以報陽也。鄭司農云：昊天，天也。上帝，玄天也。昊天上帝，樂以雲門。實柴，實牛柴上也。故書實柴或爲賓柴。玄謂：昊天上帝，冬至於圜丘所祀天皇大帝。○槱，羊九反。燎，良召反。飌，音風。○疏曰：按尚書洛誥：「予以秬鬯二卣明禋。」注云：「禋，芬芳之祭。」又按國語云：「精意以享謂之禋。」義並與煙得相叶也。但宗廟用煙，則郊特牲云「臭陽達于墻屋」是也；天神用煙，則此文是也。鄭於禋祀之下正取義於煙，故言「禋之言煙」也。云「周人尚臭。煙，氣之臭聞」者，此禮記郊特牲之文也。彼云：「殷人尚聲」，「周人尚臭。」尚臭者，取煙氣之臭聞於天。引之者，證煙義也。云「三祀皆積柴、實牲體焉，或有玉帛」者，此司中司命等言槱燎，亦用煙也。於日月言實牲，至昊天上帝言禋祀，則三祀互相備矣。但先積柴，次實牲，後取煙事列於卑祀，義全於昊天矣，作文之意也。但云「或有玉帛」，則有不用玉帛者。以肆師職言之，禋祀中有玉帛牲牷三事，實柴中則無玉，唯有牲幣，槱燎中但止有牲，是玉帛於三祀之內或有或無，故鄭云「或」耳。云「燔燎而升煙，所以報陽也」者，按郊特牲云「升首於室以報陽」，彼論宗廟之祭以首報陽。今天神是陽，煙氣上聞，亦是以陽報陽，故取特牲爲義也。鄭司農云「昊天，天也」者，按孝經云：「郊祀后稷以配天。」典瑞亦云：「四圭有邸以祀天。」故云「昊天，天也」。云「上帝，玄天也」者，按廣雅云：「乾，玄天。」易文言云：「夫玄黃者，天地之雜也，天玄而地黃。」以天色玄，故謂玄名天。先鄭蓋依此而讀之，則二者異名而同實也。若然，則先鄭與王肅之等同一天而已，似無六天之義，故以天解昊天上帝爲一也。云「昊天上帝，樂以雲門」者，先鄭既無六天〔一〕，大司樂分樂而序之及六變俱有雲門，不知定取何者以祀天。云「實柴，實牛柴上也」者，按肆師職，此三者皆實牲，先鄭直據實柴爲實牛者，偏據一邊而言耳，其實皆牛也。云「故書實柴，或爲賓柴」者，賓柴無義，後鄭雖不破，當還從實柴也。「玄謂昊天上帝，冬至於圜丘所祀天皇大帝」者，按大司樂下文「凡樂，圜鍾爲宮」云云，「冬日至，於地上之圜丘奏之。若樂六變，則天神皆降」是也。引之，以破先鄭昊天上帝與五天爲一之義。按春秋緯運斗樞云「大微宮有五帝坐星」，即春秋緯文耀鉤云：「春起青受制，其名靈威仰；夏起赤受制，其名赤熛怒；秋起白受制，其名白招拒；冬起黑受制，其名汁光紀；季夏六月火受制，其名含樞紐。」是五帝之號也。又按元命包云：「紫微宮爲大帝。」又云：「天生大列爲中宮大極星，其一明者大一，常居傍兩星，巨辰子位，故爲北辰，以起節度，亦爲紫微宮。紫之言中，此宮之中，天神圖法，陰陽開閉，皆在此中。」又文耀鉤云：「中宮大帝，其北極星。下一明者爲大一之先，合元氣以斗布常。是天皇大帝之號也。」又按爾雅云：「北極謂之北辰。」鄭注云：「天皇北辰耀魄寶。」又云：「昊天上帝，又名大一，常居，以其尊大，故有數名也。」其紫微宮中皇天上帝亦名昊天上帝，得連上帝而言。至於單名皇天，單名上帝亦得，故尚書君奭云：「公曰：君奭，我聞在昔成湯既受命，時則有若伊尹，格於皇天。」鄭注云：「皇天，北極大帝。」又掌次云：「張氈案，設皇邸，以旅上帝。」上帝即大帝，堯典云：「欽若昊天。」皆是大帝單名之事。月令更無祭五帝之文，故季夏云：「以供皇天上帝。」鄭分之皇天、北辰、耀魄寶、上帝、大微五帝，亦是大帝單號之事。若然，大帝得單稱，與五帝同，五帝不得兼稱皇天、昊天也，詳見祭法總要。○春官○大祝：凡大禋祀，則執明水、火而號祝。明水、火，司烜所共日月之氣，以給烝享，執之，如以六號祝，明此圭潔也。禋祀，祭天神也。○烜，況晚反〔三〕。○疏曰：知「明水火，司烜所共日月之氣」者，按司烜氏職云：「以夫遂取明火於日，以鑒取明水於月。」彼雖不云氣，此水、火皆由日月之氣所照得之，故以氣言之。云「以給烝享，執之，如以六號祝，明此圭潔也」者，經云「執明水、火而號祝」，明知六號皆執之明潔也。號祝執明水、火，明主人圭潔之德。云「禋祀，祭天神也」者，大宗伯昊天稱禋，日月稱實柴，司中之等稱槱燎，通而言之，三者之禮皆有禋義，則知禋祀天神通星辰已下。隋釁、逆牲、逆尸，令鐘鼓，右亦如之。隋，許規反，又惠恚反〔四〕。○隋釁，謂薦血也。凡血祭曰釁，既隋釁後言逆牲，容逆鼎。右，讀亦當爲「侑」。○疏曰：鄭云「隋釁，謂薦血也」者，賈氏云：「釁，釁宗廟。」馬氏云：「血以塗鐘鼓。」鄭不從，而以爲薦血祭祀者，下文云「既祭令徹」，則此上下皆是祭祀之事，何得於中輒有釁廟？塗鼓直稱釁，何得兼言隋？故爲祭祀薦血解之。鄭云「凡血祭曰釁」者，此經文承上「禋祀、肆享、祭祀」之下，即此血祭之中含上三祀，但天地薦血於座前，宗廟即血以告殺，故言「凡血祭曰釁」。云「既隋釁後言逆牲，容逆鼎」者，凡祭祀之法，先逆牲，後隋釁，今隋釁在前，逆牲在後者，以其鼎在門外，薦血後乃有爓熟之事，逆鼎而入，故云容鼎。知鼎在門外者，按中霤禮竈在廟門外之東，主人迎鼎事。云「『右』讀爲『侑』」者，亦上九拜之下，享右之字皆爲「侑」。

來瞽，令皋舞。皋，音嗥，九高反，劉戶報反。○皋，讀爲卒嗥呼之嗥。來、嗥者，皆謂呼之入。○卒，子忽反。呼，火故反。○疏曰：「皋，讀爲卒嗥呼之嗥」者，依俗讀。云「來嗥者皆謂呼之入」者〔五〕，經云瞽人擬升堂歌舞，謂學子、舞人、瞽人言來，亦呼之乃入，皋舞令呼亦來入，故鄭云「來、嗥皆謂呼之入」也。相尸禮，相，息亮反。○延其出入，詔其坐作。○疏曰：凡言「相尸」者，諸事皆相，故以「出入」、「坐作」解之。尸「出入」者，謂祭初延之入室，灌訖退出坐於堂上，南面朝踐，饋獻訖，又延之入室。言「詔其坐作」者，郊特牲云：「詔祝于室，坐尸于堂。」饋獻訖，又入室坐。言「作」者，凡坐皆有作，及與主人答拜皆有坐作之事，故云「詔其坐作」也。既祭，令徹。疏曰：祭訖尸謖之後，大祝命徹祭器，即詩云：「諸宰君婦，廢徹不遲。」是也。○春官○司服：掌王之吉服。用事，祭祀視朝甸凶弔之事，衣服各有所用。○疏曰：王吉服有九，大裘已下是也。又曰：云「用事，祭祀視朝甸凶弔之事」者，是其事各異。云「衣服各有所用」者，謂若祀昊天用大裘之等是也。王祀昊天上帝，則服大裘而冕，祀五帝亦如之。鄭司農云：大裘，羊裘也。○疏曰：「鄭司農云：大裘，羔裘也」者，司裘文，先鄭注云：「大裘，黑羔裘。」然則，凡祭之皆同羔裘，義具於司裘也。○春官〔六〕。○司裘：掌爲大裘，以共王祀天之服。鄭司農云：大裘，黑羔裘，服以祀天，示質。○疏曰：言「爲大裘」者，謂造作黑羔裘。裘言「大」者，以其祭天地之服，故以大言之，非謂裘體侈大，則義同於大射也。云「以共王祀天之服」者〔七〕，謂四時所有祀天之事皆共之，不限六天之大小。直言祀天，按孝經緯鉤命決云：「祭地之禮與天同。」牲、玉皆不同，言同者，唯據衣服，則知崑崙神州亦用大裘可知。又曰：先鄭知「大裘，黑羔裘」者，祭服皆玄上纁下，明此裘亦羔裘之黑者，故知「大裘，黑羔裘」。又云：「服以祀天，示質」者，以其衮已下皆有采章，爲此大裘更無采章，故云質。按鄭志大裘之上又有玄衣，與裘同色，亦是無文采。○天官○大宗伯：

以玉作六器，以禮天地四方。禮，謂始告神時薦於神坐，書曰「周公植璧秉圭」是也。○疏曰：言「作六器」者，此據禮神則曰器，上文人執則曰瑞，對此文義爾。若通而言之，禮神雖不得言瑞，人執者亦曰器，故聘禮云：圭璋璧琮，「凡四器者，唯其所寶，以聘可也。」尚書亦以五瑞爲五器，卒乃復，是其人執亦曰器也。云「禮，謂始告神時薦於神坐」者，此以玉禮神在作樂下神後，故鄭注大司樂云：「先奏是樂以致其神，禮之以玉而祼焉。」是其以玉禮神與宗廟祼同節。若然，祭天當實柴之節也。「書曰周公植璧秉圭是也」者，此金縢文。彼以周公請天代武王死之説爲三壇同墠，又爲壇於南方，周公於前立焉，告大王、王季、文王，故植璧於三王之坐，手秉桓圭。引之者，證植璧於神坐之側事也〔八〕。**以蒼璧禮天，**此禮天以冬至，謂天皇大帝在北極者也。禮神者必象其類，璧圜象天。○疏曰：「此禮天以冬至，謂天皇大帝在北極者也」者，青圭已下有五天，明此蒼璧禮天者是冬至祭圜丘者，按大司樂云：「以雷鼓雷鼗、雲門之舞，冬日至，於地上之圜丘奏之，若樂六變，則天神皆降。」是也。易云：「天玄而地黃。」今地用黃琮，依地色；而天用玄者，蒼玄皆是天色，故用蒼也。**牲幣放其器之色。**放，方往反。○幣以從爵，若人飲酒有酬幣。○疏曰：言「皆」，則上六玉所禮者皆有牲與幣也。言「各放其器之色」，則上蒼璧等六器所有牲幣各放此器之色。又曰：知幣是從爵，非禮神者，若是禮神，當在牲上，以其禮神幣與玉俱設。

若肆師云：「立大祀，用玉帛牲牷。」是帛在牲上。今在下，明非禮神者也。云「若人飲酒有酬幣」者，獻尸從爵之幣無文，故以生人飲酒之禮況之。按聘禮饗時有酬幣，明此幣既非禮神之幣，則獻尸後酬尸時，亦有幣之從爵也。○春官○典瑞：掌玉瑞、玉器之藏。人執以見曰瑞，禮神曰器。瑞，符信也。○疏曰：言「掌玉瑞、玉器之藏」者，玉之美者入天府藏之，凡平者仍在典瑞藏之，故亦言藏也。人執之則曰瑞，即下文鎮圭之等是也。禮神曰器，則下文四圭之等是也。又曰：「人執以見曰瑞，禮神曰器」者，據此文及大宗伯相對而説，散文則人執亦名器，故聘禮記云：「圭璋璧琮，「凡此四器者，唯其所寶，以聘可也。」」又尚書云「五器卒乃復」，皆是人執而名器也。云「瑞，符信也」者，若天子受瑞於天，諸侯不得受瑞於天，唯受瑞於天子，故名瑞，瑞即符信者也。四圭有邸，以祀天。鄭司農云：於中央爲璧圭，著其四面，一玉俱成。爾雅曰：「邸，本也。」圭本著於璧，故四圭有邸，圭末四出故也。或説四圭有邸，有四角也。邸，讀爲抵欺之抵。上帝，玄天。玄謂：祀天，夏正郊天也。○疏曰：此祀天謂夏正郊天也。「司農云於中央爲璧圭，著其四面，一玉俱成」者，云於中央爲璧，謂用一大玉琢出中央爲璧形，亦肉倍好爲之，四面琢各出一圭璧之大小，圭之長短無文。天子以十二爲節，蓋四厢圭各尺二寸，與鎮圭同。其璧爲邸，蓋徑六寸，總三尺，與大圭長三尺又等，故云「一玉俱成」也。云「或説四圭有邸，有四角也」者，此説四角，角即桓矣〔九〕，以無正文，故兩釋之也。云「邸，讀爲抵欺之抵」，音讀之也。云「上帝玄天」者，與大宗伯注同，司農意與孔、王等無六天之義也。「玄謂：祀天，夏正郊天也」者，凡天有六。按大宗伯云「蒼璧禮天」，據冬至祭昊天於圓丘者也。彼又云：「青圭禮東方〔一〇〕，赤璋禮南方，白琥禮西方，玄璜禮北方。」總四時迎氣及總享於明堂之等，祭五方天也。彼惟不見夏正郊所感帝，故知此四圭是夏正郊天。易緯云：「三王之郊一用夏正。各郊所感帝。」即郊特牲云：「兆日於南郊，就陽位。」「于郊，故謂之郊。」是也。○春官○玉人之事，疏曰：云「玉人之事」者，謂人造玉器、玉瑞之事。天子圭中必，必，讀如鹿車縪之縪，謂以組約其中央，爲執之以備失隊。○爲，于僞反。隊，直類反。○疏曰：上列天子及公侯伯之圭，於此獨言「天子圭中必」者，按聘禮記五等諸侯及聘使所執圭璋，皆有繅藉及絇組，絇組所以約圭中央，恐失隊，即此「中必」之類。若然，圭之中必尊卑皆有，此不言諸侯圭，舉上以明下可知。云「讀如鹿車縪之縪」者，俗讀之也，此「縪」、「絇組」一也。四圭尺有二寸，以祀天。郊天，所以禮其神也，典瑞職曰：「四圭有邸以祀天，旅上帝。」○疏曰：此圭典瑞直言所用禮神，不言尺寸，故此言之。此直言尺二寸，按典瑞注先鄭云：「中央爲璧，圭著其四面，一玉俱成。」又云：「圭末四出。」若然，此尺二寸者，未知璧在中央通兩畔總計爲尺二寸，未知除璧之外，兩畔之圭各有一尺二寸。據下祼圭尺有二寸而言，則此四圭圭別有尺二寸，仍未審以璧爲邸，邸徑幾許〔一一〕。禮既無文，不可强記也。引典瑞者，證祀天爲夏正郊所感帝兼國有，故旅祭五帝之事亦以此圭禮神也。○冬官○天子祭天地，歲徧。疏曰：「天子祭天地」者，祭天謂四時迎氣，祭五天帝於四郊，各以當方人帝配之。月令：春曰「其帝太皞」，夏曰「其帝炎帝」，季夏曰「其帝黄帝」，秋曰「其帝少皞」，冬曰「其帝顓頊」。明爲配天及告朔而言之〔一二〕。其雩祭亦然，故月令孟夏云「大雩帝，爲命祀百辟卿士」。既云「祀百辟卿士」，明五方人帝、天子亦雩祀之。其夏正郊感生之帝，周以后稷配之，其於明堂總享五帝，以文王、武王配之，故孝經説云：

「后稷爲天地之主，文王爲五帝之宗。」是也。周人祭明堂時又兼以武王配之，故祭法云周人宗武王是也。知方岳之神是崑崙者，按地統書括地象云：「地中央曰崑崙。」又云：「其東南方五千里曰神州。」以此言之，崑崙在西北，别統四方九州。其神州者是崑崙東南一州耳，於一州中更分爲九州，則禹貢之九州是也。其配地之神，孝經緯既云后稷爲天地之主，則后稷配天南郊，又配地北郊，則周人以嚳配圓丘，亦當配方澤也。「歲徧」者，謂五方之祀迎氣雩祀明堂及郊，雖有重者，諸神皆徧，故云「歲徧」。又曰：「天子祭天地」者，天地有覆載大功，天子主有四海，故得總祭天地以報其功。其天有六，祭之一歲有九：昊天上帝，冬至祭之，一也；蒼帝靈威仰，立春之日祭之於東郊，二也；赤帝赤熛怒，立夏之日祭之於南郊，三也；黄帝含樞紐，季夏六月土王之日亦祭之於南郊，四也；白帝白招拒，立秋之日祭之於西郊，五也；黑帝汁光紀，立冬之日祭之於北郊，六也；王者各稟五帝之精氣而王天下，於夏正之月祭之於南郊，七也；四月龍星見而雩總祭五帝於南郊，八也；季秋大饗五帝於明堂，九也。地神有二，歲有二祭：夏至之日，祭崑崙之神於方澤，一也；夏正之月，祭神州地祇於北郊，二也。或云建申之月祭之，與郊天相對。「冬至祭昊天上帝」者，春秋緯云「紫微爲天帝，北極耀魄寶」是也。其配之人以帝嚳配之，故祭法云「周人禘嚳」是也。其五帝，則春秋緯文耀鉤云：「蒼帝曰靈威仰，赤帝曰赤熛怒，黄帝曰含樞紐，白帝曰白招拒，黑帝曰汁光紀。」○曲禮○祭天掃地而祭。疏曰：燔柴在壇，正祭於地，故云「掃地而祭。」○郊特牲○祭天燔柴於泰壇，用騂犢。燔，音煩。○壇，折封土爲祭處也。壇之言坦也，坦，明貌也。○疏曰：此經論祭感生之帝於南郊，神州地祇於北郊也。「燔柴於泰壇」者，謂積薪於壇上而取玉及牲，置柴上燔之，使氣達於天也。騂犢之義，已具郊特牲疏。按禮器云：「至敬不壇。」此云「燔柴於泰壇」者，謂燔柴在壇，設饌在地，義亦具禮器及郊特牲疏也。○祭法○祭天特牲。疏曰：特，一也。天神尊，尊質，故止一特也。○禮器○祭天地之牛角繭栗。王制○大祝：辨六號，一曰神號。號，謂尊其名，更爲美稱焉。神號，若云昊天上帝。○春官○鼓人：以雷鼓鼓神祀。雷鼓，八面鼓也。神祀，祀天神也。○疏曰：天神稱祀，地示稱祭，宗廟稱享。按下「靈鼓，鼓社祭」，又按大司樂：「以靈鼓祭澤中之方丘。」大地祇與社同鼓，則但是地祇，無問大小皆用靈鼓，則此「雷鼓，鼓神祀」，但是天神皆用雷鼓也。又曰：鄭知「雷鼓，八面」者，雖無正文，按韗人爲皋陶有晉鼓、鼖鼓〔一三〕、皋鼓三者，非祭祀之鼓皆兩面，則路鼓祭宗廟宜四面，靈鼓祭地祇尊於宗廟，宜六面，雷鼓祀天神又尊於地祇，宜八面，故知義然也。○地官○大司樂：以六律、六同、五聲、八音、六舞大合樂，以致鬼神示，以和邦國，以諧萬民，以安賓客，以説遠人，以作動物。六律，合陽聲者也。六同，合陰聲者也〔一四〕。此十二者以銅爲管，轉而相生，黄鍾爲首，其長九寸，各因而三分之，上生者益一分，下生者去一焉。國語曰：「律所以立均出度也。古之神瞽考中聲而量之以制，度律均鍾。」言以中聲定律，以律立鍾之均。大合樂者，謂徧作六代之樂，以冬日至作之，致天神人鬼，以夏日至作之，致地祇物鬽〔一五〕。動物，羽蠃之屬。虞書云：「夔曰：戛擊鳴球，搏拊琴瑟，以詠。祖考來格，虞賓在位，羣后德讓，下管鼗鼓，合止柷敔，笙鏞以閒。鳥獸牄牄，簫韶九成，鳳皇來儀。」夔又曰：「於，予擊石拊石，百獸率舞，庶尹允諧。」此其於宗廟九奏效應。○上生，時掌反。去一，起呂反。度，待洛反。鬽，眉冀反。閒，閒厠之閒。○疏曰：

鄉來説大司樂教國子以樂，自此已下論用樂之事也。云「以六律、六同」者，此舉十二管以表其鍾，樂器之中不用管也。云「大合樂」者，據薦腥之後，合樂之時用之也。此所合樂即下云「若樂六變」、「若樂八變」、「若樂九變」之等。彼據祭天下神，此據正祭合樂。若然，合樂在下神後，而文退下神，樂在後者，以下神用一代樂，此用六代，六代事重，故進之在上。若然，下神不亞合樂，而隔分樂之後者，以分樂序之皆用一代，此三禘下神亦用一代，若不隔分樂，恐其相亂，且使一變、二變之等與分樂所用樂同〔一六〕，故三神在下也。云「以致鬼神示」者，是據三禘而言。云「以和邦國」已下，亦據三禘之祭各包此數事，故鄭引虞書以證宗廟。又曰：云「六律，合陽聲者也。六同，合陰聲者也」者，按大師云：「掌六律、六同以合陰陽之聲。」是以據而言焉。云「此十二者以銅爲管」者，按典同先鄭云「陽律以竹」，「陰律以銅」，後鄭云「皆以銅爲」，與此注義同也。云「轉而相生」已下，據律曆志而言。子午已東爲上生，子午已西爲下生。上生爲陽，陽主息，故三分益一。下生爲陰，陰主減，故三分去一。按律曆志：黄鍾爲天統，律長九寸。林鍾爲地統，律長六寸。太簇爲人統，律長八寸。又云：十二管相生，皆八八上生下生，盡於中吕。陰陽生於黄鍾，始而左旋，八八爲位者。假令黄鍾生林鍾，是歷八辰。自此已下皆然，是八八爲位，蓋象八風也。國語者，按彼景王將鑄無射，問律於伶州鳩，鳩對曰：「律所以立均出度。古之神瞽考中聲而量之以制，度律均鍾。」鄭引之者，欲取以六律、六同均之以制鍾之大小，須應律同也，故鄭云「言以中聲定律，以律立鍾之均」也。云中聲，謂上生下生定律之長短。度律，以律計自倍半而立鍾之均，均，即是應律長短者也。云「大合樂者，謂徧作六代之樂」者，此經六樂即上六舞，故知徧作六代之樂。言徧，作樂不一時俱爲，待一代訖乃更爲，故云徧作也。云「以冬日作之至物鬽」，皆神仕職文。按彼注：致人鬼於祖廟，致物鬽於墠壇，蓋用祭天地之明日，若然，此經合樂據三禘正祭天，而引彼天地之小神及人鬼在明日祭之者，但彼明旦所祭小神用樂無文，彼神既多，合樂之時，當與此三禘正祭合樂同，故彼此文同稱致。但據彼正祭祭天地大神，無宗廟之祭，祭天明日兼祭人鬼，與此爲異也。云「動物羽贏之屬」者，鄭不釋邦國之等，直釋動物者，以尚書不言動物，故釋訖乃引尚書鳥獸之等證之也。虞書者，按古文在舜典，是舜祭宗廟之禮。按彼鄭注：「戛，櫟也，櫟擊鳴球已下數器。」鳴球，即玉磬也。搏拊，以韋爲之，裝之以糠，所以節樂。云「以詠」者，謂歌詩也。云「祖考來格」者，謂祖考之神來至也。云「虞賓在位」者，謂舜以爲賓，即二王後丹朱也〔一七〕。云「羣后德讓」者，謂諸侯助祭者以德讓。已上皆宗廟堂上之樂所感也。云「下管鼗鼓」已下，謂舜廟堂下之樂，故言下。云「合止柷敔」者，合樂用柷，柷狀如漆筩，中有柄摇之，所以節樂。敔狀如伏虎，背有刻以物，櫟之所以止樂。云「笙鏞以閒」者，東方之樂謂之笙，笙，生也。東方生長之方，故名樂爲笙也。鏞者西方之樂，謂之鏞，庸，功也。西方物熟有成功。亦謂之頌，頌亦是頌其成也。「以閒」者，堂上堂下閒代而作。云「鳥獸牄牄」者，謂飛鳥走獸牄牄然而舞也。云「簫韶九成，鳳皇來儀」者，韶，舜樂也。若樂九變，人鬼可得而禮，故致得來儀。儀，匹，謂致得雄曰鳳，雌曰皇，來儀止巢而乘匹。按此下文六變致象物，象物，有象在天，謂四靈之屬，四靈則鳳皇是其一。此六變，彼九成者，其實六變致之，而言九者，以宗廟九變爲限，靈鳥又難致之物，故於九成而言耳。云「夔又曰：於，予擊石拊石，百獸率舞」者，此於下文別而言之，故云「又曰」。夔語舜云：磬有大小，予擊大石磬，拊小石磬，則感百獸相率而舞。云「庶尹允諧」者，庶，衆也。尹，正也。允，信也。言樂之所感，使衆正之官信得其諧和。云「此其於宗廟九奏之效應」者，此經總言三禘大祭，但天地大祭效驗無文，所引尚書惟有宗廟，故指宗廟而言也。然尚書云「祖考」，即此經「致鬼」也。「虞賓」，即此經「以安賓客」。「羣后德讓」，即此經「邦國」也。「鳥獸」、「鳳皇」等，即此經「動物」也。「庶尹允諧」，即此經「以諧萬民」、「以說遠人」也。

乃分樂而序之，以祭，以享，以祀。分，謂各用一代之樂。○疏曰：此與下諸文爲總目。上總云六舞，今分此六代之舞，尊者用前代，卑者用後代，使尊卑有序，故云「序」。若然，經所先云祭地，後云祀天者，欲見不問尊卑，事起無常，故倒文以見義也。

乃奏黃鍾，歌大吕，舞雲門，以祀天神。以黃鍾之鍾、大吕之聲爲均者，黃鍾陽聲之首，大吕爲之合〔一八〕，奏之以祀天神，尊之也。天神，謂五帝及日月星辰也，王者又各以夏正月祀其所受命之帝於南郊，尊之也，孝經說曰：「祭天南郊，就陽位。」是也。○疏曰：此黃鍾言奏，大吕言歌者，云奏據出聲而言，云歌據合曲而說，其實歌、奏通也。知不言歌，歌據堂上歌詩合大吕之調謂之歌者，春秋左氏傳云：晉侯歌鍾二肆，取半以賜魏絳，魏絳於是有金石之樂。彼據磬列肆而言，是不在歌詩亦謂之歌，明不據偏歌毛詩也。襄四年，晉侯饗穆叔，云奏肆夏，歌文王、大明、綿，亦此類也。又曰：云「以黃鍾之鍾、大吕之聲」者，以經云奏，奏者，奏擊以出聲，故據鍾而言。大吕經云歌，歌者發聲出音，故據聲而說，亦互而通也。言爲均者，按下文云「凡六樂者，文之以五聲，播之以八音」，鄭云：「六者，言其均，皆待五聲八音乃成也。」則是言均者，欲作樂，先擊此二者之鍾以均諸樂，是以鍾師云：「以鍾鼓奏九夏。」鄭云：「先擊鍾，次擊鼓。」論語亦云「始作，翕如也」，鄭云：「始作，謂金奏。」是凡樂，皆先奏鍾以均諸樂也。必舉此二者，以其配合，是以鄭云「黄鍾，陽聲之首，大吕爲之合」也。言合者，此據十二辰之斗建與日辰相配合，皆以陽律爲之主，陰吕來合之，是以大師云：「掌六律、六同，以合陰陽之聲。」注云：「聲之陰陽各有合。黄鍾，子之氣也，十一月建焉，而辰在星紀。大吕，丑之氣也，十二月建焉，而辰在玄枵。大簇，寅之氣也，正月建焉，而辰在娵訾。應鍾，亥之氣也，十月建焉，而辰在析木。」以後皆然，是其斗與辰合也。云「奏之以祀天神，尊之也」者，以黄鍾律之首，雲門又黄帝樂，以尊祭尊，故云尊之也。云「天神謂五帝及日月星辰也」者，按下云「若樂六變，天神皆降」，是昊天，則知此天神非天帝也，是五帝矣。知及日月星者，按大宗伯昊天在禋祀中，日月星辰在實柴中〔一九〕，鄭注云五帝亦用實柴之禮，則日月星辰與五帝同科，此下文又不見日月星別用樂之事，故知此天神中有日月星辰可知。其司中已下在槱燎中，則不得入天神中，故下文約與四望同樂也。云「王者又各以夏正月祀其所受命之帝於南郊，尊之也」者，按易緯乾鑿度云：「三王之郊，一用夏正。」郊特牲云：「兆日於南郊，就陽位。」大傳云：「王者禘其祖之所自出，以其祖配之。」若周郊東方靈威仰之等，是王者各以夏正月祀其所受命之帝於南郊，特尊之也。云「孝經説」者，説即緯也，時禁緯，故云「説」。引之證與郊特牲義同，皆見郊所感帝用樂與祭五帝不異，以其所郊天亦是五帝故也。

六變而致象物及天神。變，猶更也，樂成則更奏也。此謂大蜡索鬼神而致百物，六奏樂而禮畢。象物，有象在天，所謂四靈者。天地之神，四靈之知，非德至和則不至。禮運曰：「何謂四靈？麟鳳龜龍謂之四靈。龍以爲畜，故魚鮪不淰；鳳以爲畜，故鳥不獝；麟以爲畜，故獸不狘；龜以爲畜，故人情不失。」○疏曰：云「象物，有象在天，所謂四靈」者，以其天神同變致之。象者，有形象在天物者，與羽贏等同稱物，故知有象在天四靈等也。云「天地之神，四靈之知」者，天則天神，地則土祇，故云「天地之神，四靈之知」也。云「非德至和則不至」者，欲見介物已上皆以樂和感之，未必由德，此天地四靈，非直須樂，要有德至和乃致之也。云「禮運」已下者，欲見象物則彼四靈也。云「何謂四靈」者，記人自問自答。按彼注云「淰之言閃也」，言魚鮪不閃，閃畏人也。獝、狘，飛走之貌，二者皆據「魚鮪不淰」，不可於龜更言魚鮪，以龜知人情，故變言「人情不失」也。按月令孟冬「祈來年於天宗」，鄭注云：「此周禮所謂蜡也。」天宗，日月星。鄭以月令祈於天宗謂之蜡，則此天神亦是日月星辰，非大天神，以蜡祭所祭衆神，祭卑不可援尊，地神惟有土祇，是以知無天地大神也。又尚書云：「簫韶九成，鳳皇來儀。」九成乃致象物者，鄭以儀爲匹，謂止巢而孕乘匹，故九變乃致。此直據致其神，故與大天神同六變也。

凡樂：圜鍾爲宮，黄鍾爲角，太簇爲徵，姑洗爲羽。靁鼓靁鼗，孤竹之管，雲和之琴瑟，雲門之舞，冬日至，於地上之圜丘奏之。若樂六變，則天神皆降，可得而禮矣。

角，如字，古音鹿。徵，張里反。○此禘大祭也。天神，則主北辰。先奏是樂，以致其神，禮之以玉而裸焉，乃後合樂而祭之。大傳曰：「王者必禘其祖之所自出。」祭法曰：「周人禘嚳而郊稷。」謂此祭天圜丘以嚳配之。圜鍾，夾鍾也。夾鍾生於房心之氣，房心爲大辰，天帝之明堂。函鍾，林鍾也。林鍾生於未之氣，未坤之位，或曰天社，在東井輿鬼之外。天社，地神也。黄鍾生於虚危之氣，虚危爲宗廟。以此三者爲宮。用聲類求之，天宮夾鍾陰聲，其相生從陽數。其陽無射，無射上生中吕，中吕與地宮同位不用也。中吕上生黄鍾，黄鍾下生林鍾，林鍾地宮又不用。林鍾上升大簇，大簇下生南吕，南吕與無射同位，又不用。南吕上生姑洗。凡五聲宫之所生，濁者爲角，清者爲徵羽。此樂無商者，祭尚柔，商堅剛也。鄭司農云：雷鼓、雷鼗，皆謂六面有革可擊者也。雲和，地名也。玄謂：雷鼓、雷鼗，八面。孤竹，竹特生者。雲和，山名。○裸，古亂反。大辰，如字，劉音泰。○疏曰：此三者皆用一代之樂，類上皆是下神之樂。列之在下文者，以分樂而序之，據天地之次神，故陳彼天地已下之神，並蜡祭訖，乃列陳此三禘，恐與上雜亂故也。言六變、八變、九變者，謂在天地及廟庭而立四表。舞人從南表向第二表爲一成，一成則一變。從第二至第三爲二成，從第三至北頭第四表爲三成。舞人各轉身南向於北表之北，還從第一至第二爲四成，從第二至第三爲五成，從第三至南頭第一表爲六成，則天神皆降。禮天神必於冬至，禮地祇必於夏至之日者，以天是陽，地是陰，冬至一陽生，夏至一陰生，是以還於陽生、陰生之日祭之也。至於郊天必於建寅者，以其郊所感帝以祈穀實，取三陽爻生之日、萬物出地之時。若然，祭神州之神於此郊與南郊相對，雖無文，亦應取之陰爻生之月，萬物秀實之時也。言「圜丘」者，按爾雅：土之高者曰丘。取自然之丘圜者象天圜。既取丘之自然，則未必要在郊，無問東西與南北方皆可。詳見祭物樂舞條。○春官○凡以神仕者，掌三辰之法，以猶鬼神示之居，卞其名物。猶，圖也。居，謂坐也。天者群神之精，日月星辰，其著位也。以此圖天神、人鬼、地祇之坐者，謂布祭衆寡，與其居句。孝經説郊祀之禮曰：「燔燎掃地，祭牲繭栗，或象天，酒旗坐星，厨倉，具黍稷，布席，極敬心也。」言郊之布席象五帝坐。禮：祭宗廟，序昭穆，亦又有似虚危。則祭天圜丘象北極，祭地方澤象后妃，及社稷之席皆有明法焉。○居句，紀慮反，下紀具反。○疏曰：

序官注云：「神仕者，男巫之俊。」知是巫者。此申「掌三辰之法〔二〇〕，以猶鬼神示之居」〔二一〕，按外傳云：「在男曰覡，在女曰巫。」使制神之處位次主之度，與此文合，故知此神仕是巫。云「以此圖天神、人鬼、地祇之坐者，謂布祭衆寡，與其居句」者，鄭意鬼神祇之居止是布祭於神，神有衆寡多少，或居方爲之，或句曲爲之也。引「孝經説郊祀」者，援神契文。敢問章云：「周公郊祀后稷以配天。」云「郊祀之禮，燔燎掃地」已下至「敬心」之言，釋之也。言「郊之布席」已下，是鄭君語。云「郊之布席象五帝坐」者，按天文有五帝坐星，東方蒼帝靈威仰，南方赤帝赤熛怒，中央黄帝含樞紐，西方白帝白招拒，北方黑帝汁光紀，各於其面，是布神坐也。云「禮：祭宗廟，序昭穆」者，文二年大事於大廟，毀廟之主陳於大祖，未毀廟之主皆升合食，昭南面，穆北面，是人鬼之席坐也。云「亦又有似虚危」者〔二二〕，虚危有墳墓四司，又爲宗廟布席象之，故云又有似虚危也。云「則祭天圜丘象北極」者，北極有三星，則中央明者爲大一，常居傍兩星爲臣子位焉。云「祭地方澤象后妃」者，天有后妃四星，天子象天，后象地，后妃是其配合也。云「及社稷」者，天有天社之星，祭社之位象焉，故云及社稷。「之席」之言，結五帝已下是也。孝經説云「祭牲繭栗」者，據祭地。

以冬日至致天神人鬼。天、人，陽也，陽氣升而祭鬼神。致人鬼於祖廟，蓋用祭天之明日。〇疏曰：言「以冬日至」，此則大司樂云：「冬日至，於地上之圜丘奏之，若樂六變，天神皆降。夏日至，於澤中之方丘奏之。」又曰：鄭云「天、人，陽也」者，此解冬日至祭天神人鬼之意，以其陽，故十一月一陽生之月，當陽氣升而祭之也。云「致人鬼於祖廟，致物鬽於墠壇」，此鄭惟釋人鬼、物鬽，不言致天神之處者，文略，亦當在墠壇也。云「蓋用祭天地之明日」者，當冬至、夏至之日正祭天地之神示，事繁不可兼祭，此等雖無正文，鄭以意量之，故云蓋用祭天之明日也。○春官○大宰：祀五帝，則掌百官之誓戒，與其具脩。祀五帝，謂四郊及明堂。誓戒，要之以刑，重失禮也。明堂位所謂「各揚其職，百官廢職，服大刑」，是其辭之略也。具，所當共。脩，掃除糞灑。○要，一遥反。灑，色賣反。○疏曰：祀五帝則掌百官之誓戒者，謂祭前十日已前誓戒百官，則大宰掌之。「與其具脩」者，使百官供祭祀之具及脩之掃除也。又曰：「五帝」者，東方青帝靈威仰，南方赤帝赤熛怒，中央黄帝含樞紐，西方白帝白招拒，北方黑帝汁光紀。依月令四時迎氣及季夏六月迎土氣於南郊，其餘四帝各於其郊並夏正祭所感帝於南郊〔一三〕，故云祀五帝於四郊也。鄭云「及明堂」者，總饗五帝於明堂。依月令秦用季秋，鄭云：未知周以何月。按下曲禮云：「大饗不問卜。」鄭云：「祭五帝於明堂，莫適卜也。」彼明堂不卜，此下經云「帥執事而卜日」，則此祀五帝不合有明堂。鄭云「及明堂」者，廣解祀五帝之處，其實此處無明堂。云「誓戒，要之以刑，重失禮」者，言「要之以刑」，則服大刑是也。言「重失禮」者，以失禮爲重，故要之以刑。云引明堂位，彼在祭祀之下陳之謂祭日，此是未祭前引之者，欲見祭前誓戒，還用祭日之辭以敕之，故或前或後，其辭同。云「是其辭之略」者，謂誓戒之時，其辭應多，不應唯有此言，故云「辭之略」也。又云「具所當供」者，祭祀之連事祭祀之具，百官共供，故云具謂所當供。又云「脩掃除糞灑」者，按宫人云「掌六寢之脩」，守祧云「其廟有司脩除之」，是其脩掃除糞灑也。前期十日，帥執事而卜日，遂戒。前期，前所諏之日也。十日，容散齊七日，致齊三日。執事，宗伯大卜之屬。既卜，又戒百官以始齊。○諏，子須反。散，西但反。齊，側皆反。○疏曰：「前期」者，謂祭日前夕爲期。云「前期十日」者，即是祭前十一日，大宰帥宗伯、大卜之屬執事之人而卜日。又言「遂戒」者，謂祭前十日遂戒百官始齊。又曰：云「前期，前所諏之日」者，此依少牢所諏之日，即祭日也。凡祭祀，謂於祭前之夕爲期，今言前期十日，明祭前十一日也。卜之後日遂戒，使散齊致齊，故云「十日，容散齊七日，致齊三日」。按禮記祭統云：「散齊七日以定之，致齊三日以齊之。」云「執事，宗伯大卜之屬」者，大宗伯職云：「凡祀大神，享大鬼，祭大示，帥執事而卜日。」謂宗伯涖卜。又按大卜云「大祭祀，視高命龜」，故知執事中有宗伯、大卜之屬。中含有小宗伯及卜師，故言「之屬」。但四時迎氣、冬至、夏至郊天等雖有常時常日，猶須審慎仍卜日，故表記云：「不犯日月，不違卜筮。」注：「日月，謂冬、夏至、正月及四時也。所不違者，日與牲尸也。」假令不吉，改卜後日，故箴膏肓云：「天子郊，以夏正上旬之日。魯之卜，三正下旬之日。」是雖有常時常日，猶卜日也。

及執事，眂滌濯。眂，音視。○疏曰：及，猶至也，謂至祭前夕，大宰眂滌濯。按春官小宗伯「大祭祀眂滌濯」，大宗伯亦云「宿眂滌濯」，彼二官親眂滌濯，大宰尊，亦往涖之。注云「執事初爲祭事前祭日之夕」，知者，按下經及納亨者是祭日，此云「眂滌濯」，儀禮特牲亦云「前祭日之夕，視壺濯及豆籩」，士卑，得與人君同。少牢，大夫禮，當祭日溉祭器者〔二四〕，下人君也。又云：「滌濯謂溉祭器及甑甗之屬」，知然者，按少牢：雍人概鼎匕俎，廩人概甑甗，司宮概豆籩及勺爵。此不言匕、俎、豆、籩、勺、爵者，「之屬」中含之。

及納亨，贊王牲事。亨，普庚反，劉普孟反。○納亨，納牲將告殺，謂鄉祭之晨既殺以授亨人。凡大祭祀，君親牽牲，大夫贊之。○鄉，許亮反。○疏曰：及，猶至也。至納亨者，按禮記明堂位君肉袒迎牲於門，卿大夫贊君，及殺訖納與亨人，故言納亨。云「贊王牲事」者，即是卿大夫贊幣一人也。又曰：云「納亨，納牲將告殺」者，謂牽牲入時也。禮器云：「納牲詔于庭」，殺訖，毛以告純，血以告殺，腥其俎肫，解而腥之，以此訖乃納與亨人爓祭。此言納亨者，以牽牲也。云「謂嚮祭之晨」者，按檀弓云「周人大事以日出」，故知納亨是嚮祭之晨。此祭天無祼，故先迎牲，若宗廟之祭，有祼而後迎牲也。云「既殺以授亨人」者，按亨人職「職外内饔之爨亨」，謂腥其俎後。云「凡大祭祀，君親牽牲，大夫贊之」者，此明堂位文。彼魯侯用天子禮，故引以證天子法。**及祀之日，贊玉幣爵之事。**日，旦明也。玉幣，所以禮神，玉與幣各如其方之色。爵，所以獻齊酒，不用玉爵，尚質也。三者執以從，王至而授之。○齊，才計反。○疏曰：及，猶至也。至祭日，謂質明。贊，助也，執此玉幣爵三者助而授王也。又曰：按特牲、少牢皆質明行事，故知旦明。云「玉幣所以禮神，玉與幣各如其方之色」者，上云祀五帝以爲迎氣於四郊之等，按大宗伯「以玉作六器，以禮天地四方」，又云「青圭禮東方，赤璋禮南方，白琥禮西方，玄璜禮北方」，季夏六月迎土氣於南郊，亦用赤璋。下云牲幣，彼雖幣不是禮神之幣，亦云「各放其器之色」，是其禮神幣與玉，亦各如其方色也。云「爵所以獻齊酒」者，按冪人云：「疏布冪八尊。」八尊者，五齊三酒之尊，以其祭天無祼，故無彝尊也。云「不用玉爵，尚質也」者，對下經享先王用玉爵，尚文。此祭天不用玉爵，故云「尚質」。云「三者執以從，王至而授之」者，謂至此祀圓丘方澤祭所而授之，王親自執玉幣奠於神坐，親酌以獻尸。**祀大神示亦如之。**大神祇，謂天地。○疏曰：云「祀大神」，謂冬至祭天於圓丘。云祀大祇，謂夏至祭地於方澤。「亦如之」者，從掌百官誓戒已下，贊玉幣爵之事已上，皆如祀五帝之禮。又曰：此天謂大天，對五帝爲小天，此地謂大地，對神州之地爲小地〔一二五〕，故云天地也。○

天官○大宗伯：凡祀大神，享大鬼，祭大示，帥執事而卜日，宿，眡滌濯，涖玉鬯，省牲鑊，奉玉齍，詔大號，治其大禮，詔相王之大禮。省，本又作「眚」〔二六〕，息井反。鑊，户郭反。齍，音咨。相，息亮反。○執事，諸有事於祭者。宿，申戒也。滌濯，溉祭器也。玉，禮神之玉也，始涖之，祭又奉之。鑊，亨牲器也〔二七〕。大號，六號之大者，以詔大祝，以爲祝辭。治，猶簡習也，豫簡習大禮，至祭當以詔相王，羣臣禮爲小禮。故書「涖」作「立」，鄭司農讀爲「涖」，涖，視也。○疏曰：「帥執事而卜日」者，謂祭三者鬼神之時，祭前十日，大宗伯先帥執事有事於祭者，共卜取吉日乃齊。云「宿眡滌濯」者，謂祭前一宿視所滌濯祭器，看潔淨以否。云「涖玉鬯」者，天地有禮神之玉，無鬱鬯，宗廟無禮神之玉而有鬱鬯。但宗廟雖無禮神玉，仍有圭瓚璋瓚，亦是玉，故曲禮云「玉曰嘉玉」、郊特牲云「用玉氣」是也。云「省牲鑊」者，當省視亨牲之鑊。云「奉玉齍」者，此玉還是上文所涖者。齍謂黍稷，天地當盛以瓦簋。但齍與上鬯互見爲義，皆始時臨之，祭又奉之。「詔大號」者，謂大宗伯告大祝出祝辭也。云「治其大禮」者，謂天地人之鬼神祭禮，王親行之爲大禮，對下小宗伯治小禮爲小也。「詔相王之大禮」者，謂未至之時詔告之，及其行事，則又相之。又曰：按太宰云：「祀五帝」，「前期十日，帥執事而卜日。」注云：「執事，宗伯、大卜之屬。」此注云「執事，諸有事於祭者」，二注不同者，以其大宰不掌祭事，故云執事，大宗伯、大卜之等卜日而已，此大宗伯主祭祀之事，故總諸有事於祭者也。云「滌濯溉祭器也」者，此滌濯止是蕩滌，以少牢有概祭器，故據而言之，概即拭也。云「玉，禮神之玉也」者，即蒼璧、黄琮、青圭、赤璋之等及四圭、兩圭之類，皆是禮神置於神坐也〔二八〕。按九嬪職云：「贊玉齍。」注云：「玉齍，玉敦，盛黍稷。」與此注玉爲禮神之玉盦，即非玉敦所飾。注不同者，彼九嬪所贊，贊后設之，據宗廟。宗廟無禮神玉，則玉盦不得別解，故爲玉敦。此據天地爲主有禮神玉，故與盦別釋也。大宰云：「祀五帝」，「贊玉幣爵之事。」注云：「三者執以從，王至而授之。」彼所執據五帝，此所奉據昊天與崑崙，故不同。云「始涖之祭又奉之」者，鄭據上云涖，涖，臨視也，直視看而已。下云奉，據手執授王，故云祭又奉之。云「鑊，亨牲器也」者，按特牲、少牢鑊即爨，在廟門之外東壁也。云「大號，六號之大」者，謂若大祝云「辨六號，一曰神號，二曰示號，三曰鬼號，四曰牲號，五曰盦號，六曰幣號」之等，是六號之大者也。云「以詔大祝，以爲祝辭」者，經云「詔大號」，大祝是事神之人，又辨六號，故知所詔是詔大祝爲祝辭。祝辭，則祝版之辭是也。云「羣臣禮爲小禮」者，則小宗伯、小祝行者是也。若王不與祭祀，則攝位。與，音預。○王有故，代行其祭事。○疏曰：攝訓爲代。有故者，謂王有疾及哀慘皆是也。量人云：「凡宰祭，與鬱人受斝，歷而皆飲之。」注云：「言宰祭者，冢宰佐王祭，亦容攝祭。」此宗伯又攝者，冢宰貳王治事，宗伯主祭，事容二官俱攝，故兩言之。○春官

右昊天天神之祀○辭：皇皇上天，昭臨下土，集地之靈，降甘風雨，禮運曰：「地秉陰，竅於山川。」庶物羣生，各得其所，靡今靡古，言覆施均。維予一人某，敬拜皇天之祜〔二九〕。古祝辭則云「嗣王某」，或曰「一人某」，王者親告之辭也。○大戴禮公符篇

小宗伯：兆五帝於四郊，四望、四類亦如之。兆爲壇之營域。五帝：蒼曰靈威仰，大昊食焉；赤曰赤熛怒，炎帝食焉；黃曰含樞紐，黃帝食焉；白曰白招拒，少昊食焉；黑曰汁光紀〔三〇〕，顓頊

食焉。黄帝亦於南郊。鄭司農云：四望，道氣出入。四類，三皇五帝、九皇六十四民咸祀之。玄謂：四望，五嶽四鎮四竇。四類，日月星辰運行無常，以氣類爲之位，兆日於東郊，兆月與風師於西郊，兆司中司命於南郊，兆雨師於北郊。○仰，如字，劉五朗反。熛，必消反。樞，昌朱反。紐，女九反。拒，居禹反，沈又音巨。汁，音叶，劉子集反。竇，音獨，本亦作「瀆」。○疏曰：自此已下，云外神從尊至卑，故先云五帝。此不云大帝者，此文上下唯論四郊，以對國中右社稷，左宗廟，其大帝與崑崙自相對而在四郊之内，有自然之圜丘及澤中之方丘，以其不在四郊，故不言也。又曰：云「兆爲壇之營域」者，按封人云「社稷之壝」，謂壝土爲之，即此壇之營域一也。不言壇者，舉外營域有壇可知。云「五帝：蒼曰靈威仰」之等，此於大宗伯釋訖，但彼據禮神玉幣而言，此據壇域處所而説，故兩處各言之也。「司農云四望道氣出入」者，按上注司農以爲日月星海，後鄭不從矣，今此云「道氣出入」，與上注不同者，以無正文，故兩注有異。若然，云「道氣出入」則非日月星海，謂五嶽之等也，故後鄭就足之，還爲五嶽之屬解之。先鄭云「四類，三皇五帝、九皇六十四民咸祀之」者，按史記云：「九皇氏没，六十四民興。六十四民没，三皇興。」彼雖無三皇五帝之文〔三二〕，先鄭意三皇已祀之，明并祭五帝、三王可知。後鄭不從者，以其兆五帝已下皆據外神大昊、句芒等配祭而已，今輒特祭人帝於其中，非所宜，故不從，是以取五嶽之屬易之也。後鄭注云「四類，日月星辰」者，以其言類，明以氣類而爲位以祭之，故知是日月之等。知「兆日於東郊」者，按祭義云「大明生於東」，故覲禮亦云「拜日於東郊」，玉藻又云「朝日於東門之外」也。又知兆月於西郊者，月生於西。知風師亦於西郊者，以其五行金爲暘，土爲風，風雖屬土，秋氣之時，萬物燥落由風，故風亦於西郊也。云「兆司中、司命於南郊」者，以其南方盛陽之方，司中、司命又是陽，故司中、司命在南郊也。云「兆雨師於北郊」者，以其雨是水，宜在水位，故知雨師在北郊。天子四望，諸侯三望境内山川。按僖三十一年夏四月「猶三望」，服氏云：「三望，分野星，國中山川。」又上文先鄭云「四望，日、月、星、海」，後鄭必知望祭中無天神者，按哀六年云：「初，楚昭王有疾，卜曰：河爲祟。王弗祭。大夫請祭諸郊，王曰：三代命祀，祭不越望。江、漢、睢、漳，楚之望也。」爾雅又云：「梁山，晉望。」又按尚書云：「望於山川。」則知望祭中無天神可知。若天神日月之等，當入四類之内也。若然，尚書云「望於山川」，必知四望非山川，是五嶽四瀆者，以其下云「兆山川丘陵」之等，山川既在下，故知此四望是五嶽之屬，山川之大者也。○春官○掌次：祀五帝，則張大次、小次，設重帟、重案。重，直龍反。○祀五帝於四郊。次，謂幄也。大幄，初往所止居也；小幄，既接祭退俟之處。祭義曰：「周人祭日，以朝及闇。」雖有强力，孰能支之，是以退俟與諸臣代有事焉。重帟，複帟。重案，牀重席也。鄭司農云〔三二〕：五帝，五色之帝。○疏曰：「張大次、小次」者，次謂幄帳也。大幄、小幄，但幄在幕中，既有幄，明有帷幕可知。「設重帟」者，謂於幄中設承塵。云「重案」者，案則牀也，牀言重，謂牀上設重席，不言氈及皇邸，亦有可知。此上氈案不言重席，亦有重席可知，互見爲義。又曰：祀五帝於四郊，即小宗伯「兆五帝於四郊」是也。此謂四時迎氣，月令四立之祭是也。云「次，謂幄也。大幄，初往所止居也；小幄，既接祭退俟之處」者，必兩處設幄者，大幄謂王侵晨至祭所，祭時未到，去壇壝之外遠處設大次〔三三〕，王且止居，故云「大幄初往所止居也」。接祭者與羣臣交接相代而祭，去壇宜近，置一小幄退俟之處〔三四〕。云「重帟，複帟」者，謂兩重爲之。云「重案，牀重席」者，按司几筵：「莞筵繅席，次席三重。」此言重席，亦當有此三重，與重帟不同〔三五〕。五帝五色帝，即靈威仰之屬。○天官○司服：王服大裘而冕。鄭司農云：大裘，羔裘也。○疏曰：鄭司農云「大裘，羔裘也」者，司裘文。先鄭注云：「大裘，黑羔裘。」然則，凡祭之皆同羔裘，義具於司裘也。○春官○大宰：掌百官之誓戒與其具脩，前期十日，帥執事而卜日，遂戒。及執事，眡滌濯，及納亨，贊王牲事。及祀之日，贊玉幣爵之事。天官○注疏詳見昊天天神之祀。

○大司寇：若禋祀五帝，則戒之日，涖誓百官，戒于百族。戒之日，卜之日也。百族，謂府史以下也。郊特牲曰：「卜之日，王立于澤，親聽誓命，受教諫之義也。獻命庫門之內，戒百官也。大廟之內〔三六〕，戒百姓也。」○疏曰：禋之言煙，煙祀五帝〔三七〕，謂迎氣於四郊及總享五帝於明堂也。云「戒之日」者，謂前十日卜之日，卜吉即戒之，使散齊。云「涖誓百官」者，謂餘官誓百官之時，大司寇則臨之。云「戒於百族」者，大司寇親自戒之，其百官所戒者當大宰爲之，是以大宰云：「祀五帝，前期十日，帥執事而卜日，遂戒。」故知大宰戒百官也。若然，大宰云「祀五帝則掌百官之誓戒」，大宰雖云「掌百官誓戒」，戒則親爲之誓，則掌之而不親誓，何者？此司寇卑於大宰，此云「涖誓百官」〔三八〕，豈司寇得臨大宰乎？故知大宰掌之，餘小官誓之，司寇臨之也。又曰：鄭知百族「府史以下」者，以其王之百姓亦同大宰戒之，故知百族府史胥徒也。引郊特牲者，欲見百族非王之親，是府史以下也。云「獻命庫門之內，戒百官也」者，王自澤宮而還，入皋門，至庫門之內，大宰獻命，命即戒百官，又於庫門內而東入廟門，廟門之內戒百姓。彼注云「百姓，王之親也」，族親，故入廟乃戒之。及納亨，前王，祭之日亦如之，亨，普庚反，劉普孟反。○納亨，致牲。○疏曰：鄭云「納亨，致牲」者，謂將祭之晨〔三九〕。祭之日，謂旦明也。此二者，大司寇爲王引道，故云「亦如之」。奉其明水火。明水火，所取於日月者。○疏曰：司烜氏以陽燧取火於日中，以陰鑑取水於月中。明者，絜也。主人明絜水火乃成可得，是明水火所取於日月者也。奉此水火者，水以配鬱鬯與五齊，火以給爨亨也。○秋官〔四〇〕○小司寇：凡禋祀五帝，實鑊水，納亨亦如之。納亨，致牲也。其時鑊水〔四一〕，當以洗解牲體肉。○疏曰：云「禋祀五帝」者，祭天曰燔柴，即禋祀也，故云「禋祀五帝」。五帝所祀，謂四時迎氣總享明堂〔四二〕。「實鑊水」，以擬洗肉所用也。「納亨亦如之」，納亨致牲，謂將祭亨。祭之晨，實以水亨牲也。鄭知實鑊水爲洗解牲肉者，以下云「納亨亦如之」，是實鑊水亨煮肉，故知此是洗肉也。封人云「共其水稾」〔四三〕，亦謂洗牲肉也。○秋官〔四四〕○士師：祀五帝，則沃尸及王盥，洎鑊水。洎，其器反，或音冀。○洎，謂增其沃汁。○疏曰：按特牲、少牢，尸尊不就洗，入門北面，則以盤匜盥手。王盥，謂將獻尸時先就洗盥。洎鑊水，增其沃汁，鑊在門外之東，亨牲之爨。言須鑊水就爨增之，亨實鑊水，此官增之，示敬而已。此直言「祀五帝沃尸及王盥」，其餘冬至、夏至及祭先王先公所沃盥者，按小祝職云：「大祭祀，沃尸盥。」小臣職云：「大祭祀朝覲，沃王盥。」如是，則冬至、夏至及先王先公小祝沃尸盥〔四五〕，小臣沃王盥。鬱人云：「凡祼事沃盥。」惟在宗廟爲祼時。○秋官○充人：掌繫祭祀之牲牷，祀五帝，則繫于牢芻之三月。注曰：牢，閑也，必有閑者，防禽獸觸齧。養牛羊曰芻。三月，一時節氣成。○疏曰：云「充人：掌繫祭祀之牲牷」者，但祭祀之牲皆體全具，故以牷言之也。云「祀五帝」者，上文云「掌繫祭祀之牲牷」，則總養天地宗廟之牲，下別言「祀五帝」，則略舉五帝而已，其實昊天及地祇與四望、社稷之等，外神皆繫之也。又曰〔四六〕：云「牢，閑也」者，校人養馬謂之閑，此養牛羊謂之爲牢。言閑，見其閑衛。言牢，見其牢固。所從言之異，其實一物也。云「必有閑者，防禽獸觸齧」者，按春秋有郊牛之口傷，鼷鼠食其角，自外恐更有禽獸觸齧，故鄭總云焉。云「養牛羊曰芻」者，此經云「繫于牢芻」之，惟據牛羊，若犬豕則曰豢，又不繫之矣。云「三月，一時節氣成」者，釋必以三月之意。按宣三年公羊云「帝牲在于滌三月」，何休云：「滌，宮名，養帝牲三牢之處也。」「三牢者，各主一月，取三月一時足以充天牲。」是其三月之義也。**展牲則告牷**，鄭司農云〔四七〕：展，具也。具牲，若今時選牲也。充人主以牲牷，告展者也。玄謂：展牲，若今夕牲。特牲饋食禮曰：「宗人視牲，告充」，「舉獸尾，告備」。近之。○疏曰：先鄭以爲選牲時，後鄭不從者，若是選牲時，應在牧人，牧人選訖，始付充人，今既在繫養下乃言展牲，則告牷明非初選牲，故不從。玄謂「展牲，若今夕牲」也者，此舉漢法以況之。又引特牲禮者，以其天子禮亡，故舉以言焉。按彼宗人視牲告充亦謂祭前之夕，夕牲時云「舉獸尾」者，士用兔腊，言獸尾止謂兔也〔四八〕。言「近之」者，彼謂士禮引證天子法，故云近之。**碩牲則贊**。贊，助也。君牽牲入，將致之，助持之也。春秋傳曰：「故奉牲以告曰：博碩肥腯。」○疏曰：上經夕牲時，此經據正祭時言「碩牲」者，謂君牽牲入廟，卿大夫贊幣而從，皆云「博碩肥腯」。此充人既是養牲之官，當助持牛紖而牽之。又曰：鄭知有「君牽牲」者，見祭義云：「君牽牲，穆答君，卿大夫序從。」天子亦當然。又引春秋傳者，此春秋左氏傳楚武王侵隨，隨少師請追楚師，季梁止之曰：「天方授楚，楚之羸，其誘我也。臣聞小之能敵大也，小道大淫。」又云：「今民餒而君逞欲，祝史矯舉以祭，臣不知其可也〔四九〕。」公曰：「吾牲牷肥腯，粢盛豐備，何則不信？」對曰：「夫民，神之主也，是以聖王先成民而後致力於神。故奉牲以告曰：『博碩肥腯。』謂民力之普存也。」是其事也。○地官○大司徒：祀五帝，奉牛牲，羞其肆。肆，托歷反，注肆解、肆去同，司農音四，注肆、陳同。○牛能任載地類也。奉，猶進也。鄭司農云：羞，進也。肆，陳骨體也。玄謂：進所肆解骨體。士喪禮曰〔五〇〕：「肆解去蹄。」○疏曰：「羞其肆」者，羞，進也；肆，解也。謂於俎上進所解牲體於神坐前。又曰：鄭解司徒奉牛之意，故云「牛能任載地類也」，故屬地官司徒。鄭司農云「羞，進也。肆，陳骨體也」者，骨體，肩臂脊脅之屬。司農以肆爲四音讀之，故云肆陳也，謂陳牲體於俎上，即體解折節爲二十一體是也，故云「陳骨體也」。「玄謂：進所肆解骨體」者，後鄭之意以肆爲擿音讀之，肆解骨體者，爲七體解之，故引士喪禮曰「肆解去蹄」。按士喪禮曰「特豚，四鬄去蹄」，彼注云：「四解之，殊肩髀。」彼言殊肩髀，與此骨體一也。但彼云「四鬄」，此云「肆解」，其字不同者，鄭直以義讀之，非彼正文，此云肆當彼鬄也。後鄭必不從先鄭爲肆陳骨體爲二十一體者，按禮運云：「腥其俎，孰其殽。」彼注云：「腥其俎，謂豚解而腥之也。」「孰其殽，謂體解而爓之。」祭祀之法，先豚解，後體解，經云「奉牛牲」，謂初牽入時即言羞其肆，明先豚解。又按國語禘郊之事則有全烝〔五一〕，明知不得先有體解。若然，則禘郊之事先全脅始後豚解也。若宗廟則無全烝，先豚解，次體解，禮運所云者是也。○地官〔五二〕○季秋上丁，命樂正入學習吹。吹，昌睡反。○爲將饗帝也。春夏重舞，秋冬重吹也。○爲，于僞反。○疏曰：以下有「饗帝」之文，此有「習吹」之事，故云「爲將饗帝」。其習舞吹必用丁者，取其丁壯成就之義，欲使學者藝業成故也。大饗帝，言大饗者，徧祭五帝也。曲禮曰「大饗不問卜」，謂此也。○疏曰：若祭一帝之時，則禮器謂之饗帝，今云大饗，故知徧祭五帝也。此大饗與帝連文，故謂祭天。禮器：「大饗其王事與？」彼下云「三牲、魚、腊、九州之美味」，是四方助祭之物，故以大饗爲祫也，與此不同。引「曲禮云『大饗不問卜』謂此」者，以曲禮大饗不云帝，此云「大饗帝」，不云不問卜，恐是別事，諸儒多以爲疑，故鄭執之云曲禮所云「謂此也」，鄭必知曲禮大饗非指祫祭，必是此大饗帝者，以周禮：祀大神，享大鬼，帥執事而卜日。若祫祭不得云不問卜也。此既五帝皆饗，莫適卜可從，故知不問卜，謂此也。嘗犧牲，告備于天子。嘗者，謂嘗羣神也。天子親嘗帝，使有司祭於羣神，禮畢而告焉。○疏曰：「嘗犧牲」者，謂嘗祭羣神以犧牲，於時有司嘗祭，其事既畢，告祭備具於天子也。又曰：此「犧牲」之文繼「饗帝」之下，知非欲饗帝之時，使有司展犧牲，告其備具，而云「嘗，謂嘗羣神」者，以四月大雩以祈穀實，雩上帝之後，云「雩祀百辟卿士」，是雩帝之外別雩羣神。九月大饗以報功，明饗帝之外亦饗羣神，故知此「嘗」嘗羣神。云「使有司祭於羣神」者，以其經云「告備于天子」，故知是有司。帝是尊神，故知天子親祭。經云「饗帝」，鄭云「天子親嘗」者，嘗是秋祭之名，因經有「嘗犧牲」之文，雖天子亦曰嘗，以秋物新成故也。○月令○仲夏，命樂師脩鞀鞞鼓，均琴瑟管簫，執干戚戈羽，調竽笙篪簧，飭鍾磬柷敔。鞞，步西反。篪，音池，本又作「箎」。敔〔五三〕，魚呂反，本又作圉。○爲將大雩帝習樂也。脩、均、執、調、飭者，治其器物，習其事之言。○爲，于僞反，下爲民同。○疏曰：鞀，字或從兆下鼓。按周禮小師注云：「鼗，如鼓而小，持其柄搖之，旁耳還自擊。」鄭注詩云：「小鼓在大鼓旁，應鞞之屬也。」鞞鼓者，則周禮鼓人職掌六鼓，「雷鼓，鼓神祀」之屬是也。劉熙釋名云：「鞀，導也，所以導樂作。」「鞞，裨也，裨助鼓節。」「鼓，廓也，張皮以冒之，其中空廓。」琴者，釋樂云：「大琴謂之離。」孫炎云：「聲留離。」廣雅云：「琴長三尺六寸六分，五絃。」劉熙釋名云：「施絃張之。」瑟者，釋樂云：「大瑟謂之灑。」孫炎云：「音之布告如掃灑。」郭景純云：「瑟長八尺一寸〔五四〕，二十七絃。」管者，釋樂云：「大管謂之簥。」音驕。郭景純云：「管長尺，圍寸，併漆之有底。賈氏以爲如篪六孔。」鄭注周禮云：「管如笛而小，並兩而吹之。」簫者，釋樂云：「大簫謂之言。」郭景純云：「編二十三管，長尺四寸。」鄭注周禮：「簫，編小竹管，如今賣飴餳所吹者。」劉熙釋名：「簫，肅也。」干，盾也。戚，斧也。戈，鉤子戟。羽，鳥羽，周禮「羽舞」、「皇舞」之屬是也。竽者，鄭注周禮云：「竽，三十六簧。」釋名云：「竽，汙也，其中汙空。」笙者，鄭注周禮云：「十三簧。」釋樂云：「大笙謂之巢。」郭景純云：「列管匏中施簧，管端大者十九簧。」釋名云：「笙，生也，象物出地所生。」篪者，釋樂云：「大篪謂之沂。」郭景純云：「篪，以竹爲之，長尺四寸，圍三寸，一孔上出，寸三分，名翹，橫吹之。」廣雅云：「八孔。」鄭司農注周禮云〔五五〕：「篪，七孔〔五六〕。」釋名云：「篪，啼也，聲如嬰兒啼。」簧者，竽笙之名也，氣鼓之而爲聲。釋名云：「簧，橫也，於管頭橫施之。」鍾者，按釋樂云：「大鍾謂之鏞。」釋名云：「鍾，空也，内空受氣多。」磬者，釋樂云：「大磬謂之毊〔五七〕。」音囂，以玉石爲之。釋名云：「磬，罄也，聲堅罄罄然。」柷者，釋樂云：「所以鼓柷謂之止。」郭景純云：「柷如漆桶，方二尺四寸，深一尺八寸，中有椎柄，連底挏之，令左右擊。止者，其椎名。」敔者，釋樂云：「所以鼓敔謂之籈。」郭景純云：「敔如伏虎，背上有二十七鉏鋙，刻以木，長尺，櫟之。」又曰：脩者，脩理舊物；均者，均平其聲；執者，操持營爲；調者，調和音曲；飭者，整頓器物：故云「治其器物，習其事之言」也。○月令○命有司爲民祈祀山川百源，大雩帝，用盛樂。乃命百縣雩祀百辟卿士有益於民者，以祈穀實。辟，必亦反。○陽氣盛而常旱，山川百源能興雲雨者也。衆水始所出爲百源，必先祭其本乃雩。雩，吁嗟求雨之祭也。雩帝，謂爲壇南郊之旁，雩五精之帝，配以先帝也。自「鞀鞞」至「柷敔」皆作曰盛樂，凡他雩用歌舞而已。百辟卿士，古者上公，若句龍、后稷之類也。春秋傳曰：「龍見而雩。」雩之正，當以四月。凡周之秋三月之中而旱，亦脩雩禮以求雨，因著正雩此月失之矣。天子雩上帝，諸侯以下雩上公。周冬及春夏雖旱，禮有禱無雩。○句，古侯反。見，賢偏反。○疏曰：正以將欲雩祭，故先命有司爲祈祀山川百源。爲將雩之，漸重民之義也，故先爲民。「大雩帝用盛樂」者，爲民祈穀後天子乃大雩天帝，用上鞀鞞之等，故云「用盛樂」。「乃命百縣雩祀百辟卿士」者，謂天子既雩之後，百縣謂諸侯也，命此諸侯以雩祀古之百辟及卿士等，生存之日能立功有益於人者。又曰：以四月純陽用事，故云「陽氣盛而恒旱」，故制禮此月爲雩。縱令雩祭時不旱，亦爲雩祭。云「雩，吁嗟求雨之祭」者，以雩音近吁。又女巫職云：「凡邦之大災，歌哭而請。」歌哭則吁嗟之類，旱又是大災，故須吁嗟求雨。注春秋者以雩爲遠，謂遠爲百穀求雨，非鄭義也。云「雩帝，謂爲壇南郊之旁雩五精之帝」者，以雩是祭天，當從陽位，以五天總祭，不可偏在四方，故知在南郊也。以春夏秋冬共成歲功，不可偏祭一天，故「雩五精之帝」。以自外至者，無主不止，當以人帝配之。大皥配靈威仰，炎帝配赤熛怒，黃帝配含樞紐〔五八〕，少皥配白招拒，顓頊配汁光紀，故云「配以先帝也」。云「凡他雩用歌舞而已」者，按女巫云「旱暵則舞雩」，是用歌舞，正雩則非唯歌舞，兼有餘樂，故論語云「舞雩詠而歸」是也。云「百辟卿士，古者上公句龍后稷之類也」者，百辟則古之上公，則國語鯀爲崇伯，而禮記祭法有祀之文，社稷五祀，雖爲王朝卿士，兼帶上公之官，故左氏云「封爲上公，祀爲貴神」，是身爲百辟，又爲卿士。按左傳有社稷五官，今直云「若句龍、后稷」，不云句芒、蓐收之等，舉有益於民功之顯者言之。引「春秋傳曰龍見而雩」者，欲明正雩在四月，不在五月也。云「凡周之秋三月之中旱，亦脩雩禮以求雨」者，釋此經大雩在五月之中，爲五月不雨，脩雩祭。作記者言五月之雩是常雩，故記之於五月也。云「天子雩上帝」者，以此云「大雩帝」也。云「諸侯以下雩上公」者，此云「乃命百縣雩祀百辟卿士」是也。云「周冬及春夏雖旱，禮有禱無雩」者，按春秋周七月、八月、九月皆書「雩」，穀梁不譏。成七年「冬大雩」，穀梁云「無爲雩」，是譏其冬雩，是冬無雩也。春秋周之春及周之四月、五月皆無雩文，春夏不雩，雖旱不爲脩雩之祭。其周季夏當有正雩，則龍見而雩是也。按春秋桓五年「秋大雩」，傳云「書不時」，服注：「雩，遠也。」遠爲百穀祈膏雨，言大，別山川之雩也。僖十一年「秋八月，大雩」，十三年「秋九月，大雩」，成公三年秋「大雩」，七年「冬，大雩」，襄五年「秋，大雩」，傳曰「旱」，八年「九月，大雩」，傳曰「旱」，十六年秋「大雩」，十七年秋「九月，大雩」〔五九〕，二十八年「秋八月，大雩」，傳曰「旱」，昭三年秋「八月，大雩」，傳曰「旱」，六年「九月，大雩」，傳曰「旱」，八年秋「大雩」，十六年秋「九月，大雩」，傳曰「旱」，二十四年「秋八月，大雩」，傳曰「旱」，二十五年「秋七月上辛，大雩，季辛又雩」，傳曰「秋書再雩，旱甚」，定元年秋「九月，大雩」，七年秋「大雩」「九月，大雩」，十二年「秋，大雩」，僖二十一年「夏，大旱」，宣七年秋「大旱」，莊三十一年「冬不雨」，僖二年「冬十月，不雨」，三年「正月，不雨，夏四月，不雨」，「六月雨」，傳曰「自十月不雨至于五月，不曰旱，不爲災」，文二年「自十有二月不雨，至于秋七月」，十年云「自正月不雨，至于秋七月」，十三年云「自正月不雨，至于秋七月」。是春秋之中不雨有七，大旱有二，大雩有二十一〔六〇〕，都并有三十。莊三十一年「冬，不雨」，以冬時旱氣以過，故不數。僖二十一年「夏，大旱」，宣七年秋「大旱」，二旱災成，故不數。昭二十五年一月再雩〔六一〕，秖是一旱之事，爲再雩，一雩不數。定七年秋「大雩」，亦一時之事而爲二雩〔六二〕，一雩不數。成七年「冬，大雩」，穀梁云「冬無爲雩」，明亦不數。三十之中，去此六事不數，唯有二十四在。就二十四之中分爲四部：桓五年「秋，大雩」，説雩禮，是一部也；僖二年「冬十月，不雨」，僖三年「正月不雨，夏四月不雨」，説禱禮，是二部也；文二年、文十年、文十三年皆云「正月不雨，至于秋七月」，説旱不爲災，是三部也。此三部總有七條，於二十四去七條，餘有十七條，説旱氣所由，故鄭釋廢疾云「春秋凡書二十四旱」，考異郵説云「分爲四部，各有義焉」，是其事也。凡正雩在周之六月，常事不書。書秋大雩，傳不云旱者，皆過雩也。傳言旱者，皆爲旱脩雩也。雩書月者，爲脩旱雩得禮，故定元年穀梁傳曰：「雩月，雩之正也。秋大雩，非正也。」按玉藻云：「至于八月不雨，君不舉。」注云：「建子之月不雨，盡建未乃始成災。」而僖二十一年「夏，大旱」，未至建未而爲災者，若霧露霑濡，壟中有苗，雖歷時不爲災也。文二年、十年、十三年自十二月、正月不雨，至秋七月是也，至八月不雨乃爲災，若無霧露霑濡，壟中無苗，雖未至八月則爲災，故僖十一年「夏，大旱」是也。穀梁説云：「得雨曰雩，不得雨曰旱。」公羊説：「言雩則旱見，言旱則雩不見。」此二家之説不同。鄭釋廢疾從穀梁之義。雩之與禱所以異者，考異郵説云：「天子禱九州山川，諸侯禱封內，大夫禱所食邑。」又僖公三時不雨，帥羣臣禱山川，以過自讓。凡雩必先禱，故此經云乃命百縣祈祀山川百源，始大雩帝是也。禱者不雩，僖公二年冬十月及三年春正月、夏四月直爲禱祭不爲雩〔六三〕，以非雩月故不雩。○月令

○孟春，乃以元日祈穀于上帝。謂以上辛郊祭天也。春秋傳曰：「夫郊祀后稷，以祈農事。是故啓蟄而郊，郊而後耕。」上帝，太微之帝也。○疏曰：按郊特牲云：「郊之用辛。」鄭注：「凡爲人君，當齊戒自新。」又云：「郊之祭也，迎長日之至。」鄭注引易説云：「三王之郊，一用夏正」，春分而日漸長，故云「迎長日之至」。郊特牲云郊不言祈穀，此經言祈穀不言郊，鄭以爲二祭是一，故此注謂「以上辛郊祭天也」。鄭既以二祭爲一〔六四〕，恐人爲疑，故引春秋傳以明之。按襄七年左傳云：孟獻子曰：「郊祀后稷，以祈農事也。是故啓蟄而郊，郊而後耕。」彼祈農事者〔六五〕，則此祈穀也；彼云郊而後耕，此是祈穀之後即躬耕帝籍，是祈穀與郊一也。云「上帝，太微之帝」者，春秋緯文。紫微宫爲大帝，太微爲天庭，中有五帝座，即是靈威仰、赤熛怒、白招拒、汁光紀、含樞紐。祈穀郊天之時，各祭所感之帝，殷人則祭汁光紀，周人則祭靈威仰，以其不定，故總云「太微之帝」。若迎春之時，前帝後王，皆祭靈威仰，故前注云「迎春，祭蒼帝靈威仰」，特指一帝也。此郊雖祈穀亦是報天，故郊特牲云：「郊之祭也」，「大報天而主日也」。○月令

右五帝上帝之祀

○季康子問於孔子曰：「舊聞五帝之名而不知其實，請問何謂五帝？」孔子曰：「昔丘也聞諸老聃曰：『天有五行：水、火、金、木、土。分時化育，以成萬物，一歲三百六十日，五行各主七十二日也。化生長育一歲之功，萬物莫敢不成。其神謂之五帝。

五帝，五行之神，佐天生物者。而後世讖緯皆爲之名字，亦爲妖怪妄言。古之王者，易代而改號，取法五行。五行更王，終始相生，亦象其義。更，古衡反。王，音旺，下王天同。○法五行更王，終始相生，始以木德王天下，其次以生之行轉相承，而諸説乃謂五精之帝下生王者，其爲義或無可言者。故其生爲明王者，而死配五行。是以太皞配木，炎帝配火，黄帝配土，少皞配金，顓頊配水。』」康子曰：「太皞氏其始之木何如？」孔子曰：「五行用事，先起於木。木，東方萬物之初皆出焉。是故王者則之，而首以木德王天下〔六六〕，其次則以所生之行轉相承也。」木生火、火生土之屬。康子曰：「吾聞句芒爲木正，祝融爲火正，蓐收爲金正，玄冥爲水正，后土爲土正，此五行之主而不亂，稱曰帝者何也？」孔子曰：「凡五正者，五行之官名。五行佐成上帝，而稱五帝。太皞之屬配焉，亦云帝，從其號。天至尊，物不可以同其號亦兼稱上帝。上得包下，五行佐成天事，謂之五帝，以地有五行，而其精神在上，故亦謂之上帝〔六七〕。黄帝之屬，故亦稱帝，蓋從天五帝之號，故王者雖號稱帝，而不得稱天帝而曰天子者，而天子與天其尊卑相去遠矣〔六八〕。曰天王者，言乃天下之王也。昔少皞氏之子有四叔：曰重，曰該，曰脩，曰熙，實能金、木及水。使重爲句芒，該爲蓐收，脩及熙爲玄冥，顓頊氏之子曰黎爲祝融，共工氏之子曰句龍爲后土。此五者，各以其所能業爲官職。各以一行之官爲職業之事。生爲上公，死爲貴神，別稱五祀，不得同帝。」五祀，上公之神，故不得稱帝也。其序則五正不及五帝，五帝不及天地。而不知者以祭社爲祭地〔六九〕，不亦失之遠矣。且士與火水俱爲五行，是地之子也，以子爲母，不亦顛倒失尊卑之序也？康子曰：「陶唐、有虞、夏后、殷、周獨不得配五帝，意者德不及上古耶？將有限乎？」孔子曰：「古之平治水土及播殖百穀者衆矣，唯句龍兼食於社，兼，猶配也。而棄爲稷神。易代奉之，無敢益者，明不可與等，故自太皞以降，逮于顓頊，其應五行而王，數非徒五，而配五帝，是其德不可以多也。」家語五帝〇孔子曰：「誦詩三百，不足以一獻；一獻之禮，不足以大饗；大饗之禮，不足以大旅；大旅具矣，不足以饗帝。誦詩三百，喻習多言而不學禮也。大旅，祭五帝也。饗帝，祭天。毋輕議禮。」謂若誦詩者，不可以强言禮。〇疏曰：此一節明禮之爲貴，貴於衆事。「誦詩三百不足以一獻」者，假令習誦此詩，雖至三百篇之多〔七〇〕，若不學禮，此誦詩之人不足堪爲一獻之祭。言一獻祭羣小祀，不學禮則不能行也。「一獻之禮不足以大饗」者，言雖習一獻小祀，其禮既小，不堪足以行大饗之禮。大饗，謂祫祭宗廟也。「大饗之禮不足以大旅」者，大饗其禮雖繁，仍是去人不遠，其禮可知。大旅是總祭五帝，天與人道隔，其禮轉難，故雖能行大饗之禮，不堪足以行大旅事天。「大旅具矣不足以饗帝」者，大旅雖總祭五帝，是有故而祭，其禮簡略，不如饗帝正祭之備，故云大旅具矣，不堪足以正饗天帝，謂郊祭天也，故典瑞云：「四圭有邸，以祀天，旅上帝。」是祀天重於旅帝〔七一〕。又郊特牲云：「郊之祭，大報天而主日。」是郊爲祭天之重。「毋輕議禮」者，若不學於禮，無得輕脱論議於禮，猶如誦詩三百篇，不能行小祀禮也。又曰：知「大旅祭五帝」者，按典瑞云：「兩圭有邸，以祀地，旅四望。」與上「四圭有邸，以祀天，旅上帝」其文相對。祀地云「旅四望」，則知上云「旅上帝」是旅五帝也。云「饗帝祭天」者，經既云「大旅」，又云「饗帝」，是饗帝與大旅不同，故知此「饗帝」是常祀祭天也。鄭直云「祭天」，則感生之帝與圜丘俱包之也。○禮器○惟聖人爲能饗帝。謂祭之能使之饗也。帝，天也。○疏曰：「惟聖人爲能饗帝」者，以饗帝爲難，惟聖人能之。○祭義○易曰：王用享于帝，吉。伊川先生曰：六二，虚中求益，亦有剛陽之應而以柔居，柔疑從益之未固也，故戒能常永貞，固則吉也。「王用饗于帝吉」，如二之虚中而能永貞，用以饗上帝，猶當獲吉，況與人接物，其意有不通乎？求益於人，有不應乎？祭天，天子之事，故云王用也。○易「益卦」○天子親耕，粢盛秬鬯以事上帝。粢，音咨。秬，音巨。○言無事而居位食禄，是不義而富且貴。○疏曰：「天子親耕，粢盛秬鬯以事上帝」者，按小宰注云：「天地大神至尊，不裸。」此祭上帝有秬鬯者，凡鬯有二，若和之以鬱，謂之鬱鬯，鬱人所掌是也，祭宗廟而灌也。若不和鬱，謂之秬鬯，鬯人所掌是也。謂五齊之酒以秬黍爲之，以芬芳調暢，故言秬鬯，故得以事上帝。大宗伯云「涖玉鬯」者，謂饗大鬼也，棫樸詩云「奉璋峨峨」者，謂據祭宗廟也，故與此不同也。○表記○季冬之月，命大史次諸侯之列，賦之犧牲，以共皇天上帝社稷之饗。共，音恭，下同。○此所與諸侯共者也。列國有大小也，賦之犧牲大者出多，小者出少。饗，獻也。○疏曰：列，次也。來歲方祭祀須犧牲，犧牲出諸侯之國，國有大小，故命大史書列之以共賦也。諸侯同王南面專王之土，故命之出牲，以與王共事天地也。既漫言諸侯，則同姓、異姓皆然也。「賦之犧牲」者，賦稅出也，次之隨國大小出之也。「以共皇天」者，賦牲所共也。「皇天」，天皇大帝也。「上帝」者，靈威仰五帝也。「社稷」者，王之社稷也。諸侯乃自有社稷，而始封亦割王社土與之，故賦牲共王社稷也。享，饗也，出牲以共獻於上帝諸神也。凡在天下九州之民者，無不咸獻其力，以共皇天上帝之祀。民非神之福不生，雖有其邦國采地，此賦要由民出。○疏曰：「雖有其邦國采地，此賦要由民出」者，有邦國，謂諸侯，有采地，謂卿大夫，賦稅所來皆由民出。必由民者，以經中云「天下九州之民」，不云諸侯卿大夫，獨云民，故鄭云此也。○月令○季夏，命四監大合百縣之秩芻以養犧牲，令民無不咸出其力，四監，主山林川澤之官。百縣，鄉遂之屬，地有山林川澤者也。秩，常也。百縣給國養犧牲之芻，多少有常，民皆當出力爲艾之。今月令四爲田。○爲，于僞反，下爲民同。○疏曰：按周禮有山虞、澤虞、林衡、川衡之官，秩芻出於山林。又季冬云「乃命四監，收秩薪柴」，薪柴亦出於山林川澤。云「百縣，鄉遂之屬，地有山林川澤」者，知百縣非諸侯，而云「鄉遂之屬」，以其取芻養牲，不可大遠，故知是畿内鄉遂。仲夏云「乃命百縣雩祀百辟卿士」者，兼外内諸侯也。此云「鄉遂之屬」者，不兼公卿大夫之采邑。「秩，常」，釋詁文〔七二〕。云「今月令四爲田」者，令田監大合秩芻，義亦通也。以共皇天上帝，以爲民祈福。牲以供祠神靈，爲民求福，明使民艾芻是不虛取也。皇天北辰耀魄寶，冬至所祭於圓丘也。上帝，太微五帝。○疏曰：「爲民求福」者，雖是尋常事神，因事神之時爲民祈福。云「是不虛取」者，若不爲民祈福，浪使民艾芻，是在上虛取民力，今還祈福與民，民皆蒙福，是不虛取民力役使之也。云「上帝，太微五帝」者，按周禮司服云「昊天上帝」，鄭以爲昊天上帝秖是一神北極耀魄寶也。知此皇天上帝不秖是耀魄寶之上帝，爲太微者，以周禮司服云：「祀昊天上帝」，「大裘而冕，祀五帝亦如之。」既别云五帝，故知昊天上帝亦唯一神。此月令皇天上帝之下更無别五帝之文，故分爲二。○月令○仲秋，命宰祝循行犧牲：視全具；按芻豢；瞻肥瘠；察物色，必比類；量小大，視長短，皆中度。五者備當，上帝其饗。於鳥獸肥充之時，宜省羣牲也。宰祝，大宰、大祝，主祭祀之官也。養牛羊曰芻。犬豕曰豢。五者，謂所視也，所按也，所瞻也，所察也，所量也。此皆得其正，則上帝饗之，上帝饗之而無神不饗也。○大，音泰。○疏曰：此月鳥獸肥充，因宜省視，故命之「循行犧牲」以下之事也。「視全具」者，亦宰祝所視也，下皆然。王肅云：純色曰犧，體完曰全。食草曰芻，食穀曰豢，皆按行之也。「瞻肥瘠」者，瞻亦視也，肥，充也，瘠，瘦也。「察物色」者，物色，騂黝之别也。周禮：「陽祀用騂」，「陰祀用黝」，「望祀各以其方之色也。」「必比類」者，已行故事曰比，品物相隨曰類。五方本異其色，是比也。太皥配東亦用青，是其類也。「量小大」者，大謂牛羊豕成牲者，小謂羔豚之屬也。「視長短」者，謂天地之牛角繭栗，宗廟之牛角握之屬也。「五者備當上帝其饗」者，上帝，天也，若事事當法，則天神饗之也。又曰：按周禮大宰職：「祀五帝，則掌百官之誓戒。」「及執事，眡滌濯。及納亨，贊王牲事。」故鄭知此視牲由大宰。云「養牛羊曰芻犬豕曰豢」者，按充人云：「祀五帝，繫于牢芻之三月。」是牛羊曰芻。按樂記云：「豢豕爲酒。」周禮槁人云：「掌豢祭祀之犬。」是犬豕曰豢。○月令○牲孕，祭帝弗用。犢者誠慤，未有牝牡之情，是以小爲貴也。孕，任子也。易曰：「婦孕不育。」○疏曰：此易「漸卦」九三爻辭，引之者，證經孕是懷任之意也。○郊特牲○聖人亨以享上帝。亨，普庚反。○亨者，鼎之所爲也。革去故鼎成新，故爲亨。

伊川先生曰：以木巽火，以木從火，所以烹飪也。鼎之爲器，生人所賴至切者也。極其用之大，則聖人亨以享上帝。聖人，古之聖王也。○易「鼎卦」○先王以作樂崇德，殷薦之上帝以配祖考。伊川先生曰：陽始潛閉地中，及其動則出地。奮，震也。始閉鬱，及奮發則通暢和豫，故爲豫也。坤順震發，和順積中而發於聲，樂之象也。先王觀雷出地而奮和暢發於聲之象，作聲樂以褒崇功德，其殷盛至於薦之上帝，推配之以祖考。殷，盛也。禮有殷奠，謂盛也。薦上帝，配祖考，盛之至也。○易「豫卦」○周公宗祀文王於明堂，以配上帝。孝經○注疏見下郊祀條。○魯人將有事於上帝，必先有事於頖宮。頖，本或爲泮，音判。○上帝，周所郊祀之帝，謂蒼帝靈威仰也。魯以周公之故得郊祀上帝，與周同。先有事於頖宮，告后稷也。告之者，將以配天先仁也。頖宮，郊之學也，詩所謂頖宮也，字或爲郊宮。○疏曰：「魯人將有事於上帝，必先有事於頖宮」者，明相見有積漸之義。「有事於上帝」，謂祭天也。「必先有事於頖宮」之中「告后稷」，告以將配天也，是先告卑然後祭尊也。又曰：「上帝，周所郊祀之帝，謂蒼帝靈威仰也」者，孝經云：「郊祀后稷以配天。」喪服小記云：「王者禘其祖之所自出，以其祖配之。」周人出自靈威仰，則后稷配靈威仰也。云「魯以周公之故，得郊祀上帝與周同」者，明堂位云：「祀帝於郊，配以后稷，天子之禮。」故知也。云「先有事於頖宮，告后稷也」者，魯人無后稷之廟，今將祭天，而於頖宮告后稷也。云「將以配天先仁也」者，謂將欲以后稷配天，先以仁恩存偶之也。云「頖宮郊之學也」者，周人立太學於東郊，魯侯太學在公宮東也，小學在郊。詩云：「思樂泮水，薄采其藻。」則魯以小學爲頖宮，頖宮在郊，天子亦以小學爲辟廱，故鄭駁異義云：三靈一廱在郊明矣。○禮器○桓公五年秋，大雩。左氏傳曰：書不時也。傳例云：「十二公傳，唯此年及襄二十六年有兩秋。此發雩祭之例，欲顯天時以指事，故重言秋，異於凡事。」凡祀，啓蟄而郊，言凡祀，通下三句天地宗廟之事也。啓蟄，夏正建寅之月，祀天南郊。龍見而雩，龍見，建巳之月。蒼龍，宿之體，昏見東方，萬物始盛，待雨而大。故祭天，遠爲百穀祈膏雨。始殺而嘗，建酉之月，陰氣始殺，嘉穀始熟，故薦嘗於宗廟。閉蟄而烝。建亥之月，昆蟲閉户，萬物皆成，可薦者衆，故烝祭宗廟，釋例論之備矣。○已上疏見祭統時日條。過則書。卜日有吉否，過次節則書，以譏慢也。○疏曰：祭必當卜，不吉則改卜次旬，故不可期以一日。卜不過三，故限以一月。過涉次日之節，則書以譏其慢〔七三〕。○定公元年九月，大雩。穀梁子曰：雩月，雩之正也。秋大雩，非正也。冬大雩，非正也。秋大雩之爲非正，何也？冬禾稼既成猶雩，則非禮可知。秋禾稼始苗，嫌當須雨，故問也。毛澤未盡，人力未竭，未可以雩也。邵曰：凡地之所生者謂之毛，公羊傳曰：「錫之不毛之地。」是也。言秋百穀之潤澤未盡也。人力未盡，謂耕耘之功未訖。○疏曰：言非必百穀至而雩祀之。設本爲求雨，求雨之意指爲祈穀，故周頌噫嘻之篇歌春夏而同名，至於脩雩祀不異，故此傳言「毛澤未窮，人力未竭」。言人力之功施於種殖，種殖之義在於禾黍。未聞凡品，總稱曰毛，將何所據，解聖人之於四海，不偏一物，愛人之情，特深懷抱。百姓所恃，莫急於食。食雖民天，天不降雨，嘉品不育，時澤之來，普泛無私，雖非百穀，亦沾有渰之潤，公田已流，遂及之惠彌遠，故總凡品爲毛，明天德之道廣。列子言山川之毛指謂草木，公羊所論非專禾麥，寒凉之地本不種苗，鄒衍吹律乃始名生物謂之黍。若以此言之，公羊所言不毛，鄒衍之前，當鄭伯與楚語時也。又上傳云「冬大雩，非正也」，秋亦曰「非正也」，非正是同而問不異，及答之，直釋月雩爲正，則四月龍見，常失正故也。解成七年冬大雩，傳云冬無爲雩也，言用禱禮，明禾稼成不須雩，失時不二，故問同而答異。注當須雨，其解也聖人重謝請，請必爲民，民之本務在於春夏。春夏祈穀，先嚴其犧牲，具其器物，謹脩其禮，冀精神有感，故一時盡力專心求請。求請不得失時，時謂孟夏之節，是月有雨，先種得成茂實，後種更生，故重其二時。時過以往，至於八月、九月，修雩之節不言四月，非正也，故曰是月不雩，則無及矣。謂八月求雨，雩而得之，則書雩，明有所及故也。是月雩不必有雨而曰無及者，人情之意欲其有益，故以兩月請。是年不艾，則無食，指謂九月之雩，雩而得雨，是年有食，雩不得雨，則書旱，旱則一歲無食，故曰是年。傳於仲秋言月，季秋言年，年月之情以表遠近深淺之辭也。雩月，雩之正也。

月之爲雩之正，何也？其時窮，人力盡，然後雩，雩之正也。何謂其時窮人力盡？是月不雨，則無及矣；是年不艾，則無食矣：是謂其時窮人力盡也。雩之必待其時窮人力盡何也？雩者，爲旱求者也。求者請也，古之人重請。何重乎請？人之所以爲人者，讓也。請道去讓也，則是舍其所以爲人也，是以重之。焉請哉？請乎應上公〔七四〕。古之神人有應上公者，通乎陰陽，君親帥諸大夫道之而以請焉。道之謂君必爲先也，其禱辭曰：方今大旱，野無生稼。寡人當死，百姓何依〔七五〕。不敢煩民請命，願撫萬民，以身塞無狀。禱，亦請也。此即請辭也。○疏曰：按月令大雩帝，此言大雩，文與月令同，同祀上帝〔七六〕。帝，天也。而曰上公，義更何取？且雩與禱本自不同，而引禱辭以證雩何？解天子雩上帝，諸侯雩上公。魯與天子同雩上帝，上帝既雩，雩及百辟卿士，有益於民者。即此傳所謂古之神人通乎陰陽，使爲民請雨，故言請哉。請應乎上公，天尊不敢指斥，故請其屬神。考異郵説：「僖公三時不雨，禱於山川，以六過自責。」又曰方今大旱，野無生稼。此注所云「其禱辭」或亦用之，故引以明之耳。夫請者，非可詒託而往也，必親之者也，是以重之。詒託，猶假寄。○成公七年冬，大雩。穀梁子曰：雩不月而時，非之也，冬無爲雩也。疏曰：傳例云：「月雩正也，時雩非正也。」非正者，其時未窮，人力未盡，毛澤已竭，不雩則不及事，故月以明之，則經書秋八月雩、九月雩是也。既過此節，秋不書旱，則冬無爲雩也，故鄭釋廢疾去冬及春夏。按春秋説告異郵三時唯有禱禮，無雩祭之事，唯四月龍星見始有常雩耳。故因載其禱請山川辭云：「方今大旱，野無生稼，寡人當死，百姓何依。不敢煩民請命，願撫萬民，以身塞無狀。」是鄭意亦以不須雩，唯有禱請而已。

因天事天，因地事地，因名山升中于天，名，猶大也。升，上也。中，猶成也。謂巡守至於方嶽，燔柴祭天，告以諸侯之成功也。孝經説曰：「封乎泰山，考績燔燎。禪乎梁甫，刻石紀號也。」○上，時掌反。守，手又反。燎，力妙反，又力弔反。禪，善戰反。○疏曰：「因名山升中於天」者，此還因天事天，但事天非在一所，此謂封禪之時。中，成也，謂天子巡守至方嶽之下，因此有名之大山升進諸侯成功之事，以告於天。又曰：大山，謂方嶽也。「巡守至於方嶽，燔柴祭天，告以諸侯之成功也」，此謂封禪也。太平乃封禪，其封禪必因巡守而爲之者，未太平但巡守而已。其未太平巡守之時，亦燔柴以告至，故王制説：天子巡守，必先柴。若太平巡守之時，初到方嶽，亦燔柴告至之後，乃考諸侯功績。又封土爲壇，更燔柴祭天，告諸侯之成功也。此唯泰山爲之，餘嶽則否，其巡守則每嶽皆至也。而皇氏云：「太平乃巡守。」按詩頌時邁「巡守告祭柴望」，時邁，武王之詩，而有巡守之禮。武王未太平，何得云太平乃巡守，其義非也。云「孝經説曰」至「刻石紀號」，皆孝經緯文也。「封乎泰山」者，謂封土爲壇在於泰山之上。「考績燔燎」者，謂考諸侯功績，燔柴燎牲以告天。「禪乎梁甫」者，「禪」讀爲「墠」，謂除地爲墠在於梁甫以告地也。梁甫是泰山之旁小山也。「刻石紀號也」者，謂刻石爲文，紀録當代號謚。按白虎通云：王者易姓而起，必升封泰山何？告報之義。所以必於泰山何？萬物之所交代之處也。必於其上何？因高告高，順其類，故升封者增高也。下禪梁甫之基，廣厚也。「刻石紀號」者，著己之功迹以自勸也。增泰山之高以報天，附梁甫之基以報地。或曰封者金泥銀繩，或曰石泥金繩封之印璽，故孔子曰：封泰山，觀易姓而王，可得數者七十有餘。三皇禪於繹繹之山，五帝禪於亭亭之山，三王禪於梁甫之山。繹繹，無窮之意。禪於有德者而居之無窮已。亭亭者，制度審諦，道德著明。梁甫者，梁，信也，甫者，輔也，信輔天地之道。今按：書説禪者除地爲墠，而白虎通曰以禪讓有德，其義非也。按史記封禪書，齊桓公欲行封禪，管仲諫止，辭云：自古封禪七十二家，夷吾所識十有二焉。昔有無懷氏封泰山，禪云云；伏犧氏封泰山，禪云云。神農、炎帝、黄帝、顓頊、帝嚳、堯、舜、禹、湯、周成王皆封泰山，唯禹禪會稽，成王禪社首，其餘皆禪云云。云云者，亦泰山旁小山名也。但白虎通與史記禪處不同，未知孰是也。

白虎通又云：王所以巡守何？巡者，循也；守者，收也。謂循行天下，收人道德。太平有遠近不同，政化幽隱有不得其所者，故必自行之，謹敬重民之至也。熊氏云：太平乃巡守。其義非也，已難於上。因吉土以饗帝于郊。吉土，王者所卜而居之土也。饗帝於郊，以四時所兆祭於四郊者也。今漢亦四時迎氣，其禮則簡。○疏曰：「因吉土以饗帝於郊」者，此謂祭五方之帝，因其所卜吉土以爲都，饗祭五方之帝於都之四郊。又曰：「饗帝於郊，以四時所兆祭於四郊者」也，謂木帝於東郊，火帝於南郊，金帝於西郊，水帝於北郊，土帝亦於南郊。又王者各祭感生之帝於南郊，故小宗伯云：「兆五帝於四郊。」謂此也。○禮器○郊之祭，大報天而主日，配以月。主日者，以其光明，天之神可見者莫著焉。○疏曰：「郊之祭」者，謂夏正郊天。「大報天」者，謂於此郊時，大報天之衆神。雖是春祈，天生養之功大，故稱「大報天」。「而主日配以月」者，謂天無形體，縣象著明不過日月，故以日爲百神之主，配之以月。自日以下皆祭，特言月者，但月爲重以對日耳。蓋天帝獨爲壇，其日月及天神等共爲一壇，故日得爲衆神之主也。○祭義○有虞氏禘黄帝而郊嚳，夏后氏禘黄帝而郊鯀，殷人禘嚳而郊冥，周人禘嚳而郊稷。嚳，口毒反。○禘、郊，謂祭祀以配食也。此禘謂祭昊天於圜丘也，祭上帝於南郊曰郊。有虞氏以上尚德，配用有德者。自夏以下，稍用其姓代之。先後之次，有虞氏、夏后氏宜郊顓頊，殷人宜郊契。○契，息列反。○疏曰：此一經論有虞氏以下四代郊禘所配之人。「有虞氏禘黄帝」者，謂虞氏冬至祭昊天上帝於圜丘，大禘之時以黄帝配祭。「而郊嚳」者，謂夏正建寅之月祭感生之帝於南郊，以嚳配也。夏后氏以下，禘郊之義亦然，但所配之人當代各别。○詳見祭法注疏〔七七〕。○郊之祭也〔七八〕。

疏曰：先儒説郊，其義有二：按聖證論以天體無二，郊即圓丘，圓丘即郊；鄭氏以爲天有六，故丘、郊各異。今具載鄭義，兼以王氏難。鄭氏謂天有六天，天爲至極之尊，其體秖應是一。而鄭氏以爲六者，指其尊極清虚之體，其實是一。論其五時生育之功，其别有五。以五配一，故爲六天。據其在上之體謂之天，天爲體稱，故説文云：「天，顛也。」因其生育之功謂之帝，帝爲德稱也，故毛詩傳云：「審諦如帝。」故周禮司服云：王「祀昊天上帝，則大裘而冕，祀五帝亦如之。」五帝若非天，何爲同服大裘？又小宗伯云：「兆五帝於四郊。」禮器云：「饗帝於郊，而風雨節，寒暑時。」帝若非天，焉能令風雨節，寒暑時？又春秋緯：「紫微宫爲大帝。」又云：「北極耀魄寶。」又云：「大微宫有五帝坐星：青帝曰靈威仰，赤帝曰赤熛怒，白帝曰白招拒，黑帝曰汁光紀，黄帝曰含樞紐。」是五帝與天帝六也。又五帝亦稱上帝，故孝經曰：「嚴父莫大於配天，則周公其人也。」下即云：「宗祀文王於明堂，以配上帝。」帝若非天，何得云嚴父配天也？而賈逵、馬融、王肅之等以五帝非天，唯用家語之文，謂太皡、炎帝、黄帝五人帝之屬，其義非也。又先儒以家語之文王肅私定，非孔子正旨。又王肅以郊丘是一，而鄭氏以爲二者，按大宗伯云「蒼璧禮天」，典瑞又云「四圭有邸以祀天」，是玉不同。宗伯又云「牲幣各放其器之色」，則牲用蒼也。祭法又云：「燔柴於泰壇，用騂犢。」是牲不同也。又大司樂云：「凡樂，圜鍾爲宫，黄鍾爲角，太簇爲徵，姑洗爲羽。」「冬日至，於地上之圜丘奏之。若樂六變，則天神皆降，可得而禮矣。」上文云「乃奏黄鍾，歌大吕，舞雲門以祀天神」，是樂不同也。故鄭以云蒼璧、蒼犢、圜鍾之等爲祭圓丘所用，以四圭有邸、騂犢及奏黄鍾之等以爲祭五帝及郊天所用。王肅以郊特牲「周之始郊，日以至」與圓丘同配以后稷。鄭必以爲異，圓丘又以帝嚳配者，鄭以「周郊，日以至」自是魯禮，故注郊特牲云：「周衰禮廢，儒者見周禮盡在魯，因推魯禮以言周事。」鄭必知是魯禮非周郊者，以宣三年正月郊牛之口傷，是魯郊用日至之月。按周郊祭天，大裘而冕，郊特牲云：「王被衮」，「戴冕〔七九〕，璪十有二旒。」故知是魯禮，非周郊也。又知圓丘配以帝嚳者，按祭法云「周人禘嚳而郊稷」，禘嚳在郊稷之上，稷卑於嚳，以明禘大於郊。又爾雅云：「禘，大祭也。」大祭莫過於圜丘，故以圜丘爲禘也。圓丘比郊，則圓丘爲大，祭法云「禘嚳」是也。若以郊對五時之迎氣，則郊爲大，故大傳云：「王者禘其祖之所自出。」故郊亦稱禘。其宗廟五年一祭，比每歲常祭爲大，故亦稱禘也。以爾雅唯云禘爲大祭，是文各有所對也。后稷配天見於周頌，故思文云：「思文后稷，克配彼天。」周若以嚳配圓丘，詩頌不載者，后稷，周之近祖，王業所基，故配感生之帝，有勤功用，故詩人頌之。嚳是周之遠祖，爲周無功，徒以遠祖之尊以配遠尊上帝，故詩無歌頌。或可詩本亦有也，但後來遺落，故正考甫得商之遺頌十二篇，至孔子之時唯五篇而已。以此言之，明詩有遺落也。皇氏云：天有六天，歲有八祭：冬至圜丘，一也；夏正郊天，二也；五時迎氣，五也；通前爲七也；九月大饗，八也。雩與郊禖爲祈祭，不入數。崔氏以雩爲常祭，九也。凡祭天，其服皆大裘。周禮司服文。其尸服亦大裘，故節服氏云「郊祀，裘冕，送逆尸」是也。其樂，除圓丘所用圜鍾爲宮之外，皆奏黃鍾，歌大呂，舞雲門，故大司樂云：「乃奏黃鍾，歌大呂」，「以祀天神。」注云：「天神，謂五帝及日月星辰也，王者又各以夏正月祀其所受命之帝於南郊。」是也。其玉，圓丘用蒼璧，夏正郊天用四圭有邸，其五時迎氣，東方用青圭，南方用赤璋，西方用白琥，北方用玄璜，其中央無文，先師以爲亦用黃琮，熊氏以爲亦用赤璋。鄭注宗伯云：「璧圓象天。琮八方象地。圭鋭象春物初生。半圭曰璋，象夏物半死。琥猛象秋嚴。半璧曰璜，象冬月閉藏，地上無物，唯天半見。」其牲幣各放其玉之色。按「天色玄而用蒼犢」者，但天色雖玄，遠望則蒼，取其遠色，故用蒼也。其祭天之器則用陶匏。陶，瓦器，以薦菹醢之屬，故詩生民之篇述后稷郊天云：「于豆于登。」注云：「木曰豆，瓦曰登。」是用薦物也。匏酌獻酒，故詩大雅美公劉云：「酌之用匏。」注云：「儉以質。」祭天尚質，故酌以用匏爲尊。皇氏云：祭天用宗廟犧尊。皇氏又云：祭天既用犧尊，其陶匏者是盛牲牢之器。今按：陶匏所用如上所陳，而皇氏以匏爲盛牲牢之器，義無此理，其説非也。其祭天之處，冬至則祭於圜丘，圜丘所在，雖無正文，應從陽位，當在國南。故魏氏之有天下，營委粟山爲圜丘，在洛陽南二十里。然則，周家亦在國南，但不知遠近者，其五時迎氣則在四郊。故小宗伯云：「兆五帝於四郊。」鄭云：「春迎青帝於東郊，夏迎赤帝於南郊，季夏迎黄帝亦於南郊，秋迎白帝於西郊，冬迎黑帝於北郊。」司馬法：「百里遠郊。」鄭注書序云：「近郊半遠郊，去國五十里。」謂今河南洛陽相去則然，是天之郊去國皆五十里也。其夏正祭感生之帝亦於南郊，知者，孝經緯云：「祭帝於南郊，就陽位。」是也。其雩祭五天帝亦於國城南，故鄭注論語云：「沂水在魯城南，雩壇在其上。」是也。其九月大饗五帝則在明堂，鄭駁異義云：「明堂在國之南丙巳之地，三里之外，七里之内。」其圜丘之祭，崔氏云：其初先燔柴及牲玉於丘，訖，次乃埽丘下而設正祭。若夏正及五郊，初則燔柴及牲玉於壇，故祭法云：「燔柴於泰壇，祭天也。」次則於壇下埽地而設正祭，故禮器云：「至敬不壇，掃地而祭。」是也。其所配之人，虞、夏、商、周用人各異，文具祭法。圜丘之祭，周人以嚳配之，祭法禘嚳是也。其感生之帝則以后稷配之，五時迎氣及雩祭則以五方人帝配之，九月大饗五帝，則以五人帝及文武配之。以文王配五天帝則謂之祖，以武王配五人神則謂之宗。崔氏云：皆在明堂之上。祖、宗通言，故祭法云：「祖文王。」文王稱祖。孝經云：「宗祀文王於明堂。」是文王稱宗。文王既爾，則武王亦有祖宗之號，故云祖宗通言。其祭天之樂皆用雷鼓，故鼓人云「以雷鼓鼓神祀」是也。其圜丘之祭，皇氏云：祭日之旦，王立丘之東南，西嚮，燔柴及牲玉於丘上，升壇，以降其神。故韓詩内傳云：「天子奉玉升柴加於牲上。」詩又云：「圭璧既卒。」是燔牲玉也。次乃奏圜鍾之樂，六變以降其神，天皇之神爲尊，故有再降之禮。次則掃地而設正祭，置蒼璧於神坐以禮之。其在先燔者亦蒼璧也，次則以豆薦血腥。祭天無祼，故鄭注小宰云：「唯人道宗廟有祼，天地大神至尊，不祼，莫稱焉。」然則祭天唯七獻也，故鄭注周禮云：「大事于太廟，備五齊三酒。」則圓丘之祭與宗廟祫同。朝踐，王酌泛齊以獻，是一獻也，后無祭天之事；大宗伯「次酌醴齊以獻」，是爲二獻也；王進爵之時皆奏樂，但不皆六變，次薦孰，王酌盎齊以獻，是爲三獻也；宗伯次酌醍齊以獻，是爲四獻也；次尸食之訖，王酌朝踐之泛齊，是爲五獻也；又次宗伯酌饋食之醍齊以獻，是爲六獻也；次諸臣爲賓長酌泛齊以獻，是爲七獻也。以外皆加爵，非正獻之數。其尸酢王以清酒，酢宗伯以昔酒，酢諸臣以事酒，其祭感生之帝，則當與宗廟禘祭同，唯有四齊，無泛齊，又無降神之樂，唯燔柴升煙一降神而已。王朝踐獻以醴齊，宗伯亞獻以盎齊，次饋孰，王獻以醍齊，宗伯又獻以沈齊。尸食訖，王獻以朝踐之醴齊，宗伯獻以饋食之沈齊，諸臣爲賓長亦獻以沈齊，不入正數。其五時迎氣與宗廟時祭同，其燔柴以降神及獻尸與祭感生之帝同，但二齊醴盎而已，諸臣終獻亦用盎齊。從上至此，皆皇氏所説。皇氏以圓丘之祭，賓長終獻不取沈齊而取泛者，以禮運約之，沈齊當在堂丘下不可用之，故更上取泛齊。按禮運沈齊在廟堂之下尚得酌之，升堂以獻。又皇氏祭感生之帝及五時迎氣沈齊亦在壇下，賓長皆得用之升壇以獻，何爲圓丘沈齊獨不可用乎？若以圓丘高遠不可下取沈齊，凡齊，泛醴爲尊，盎醍爲卑，賓長終獻秖可以次用醍齊，何得反用泛齊乎？今謂圓丘賓長之獻用沈齊也，以其賓長是臣助祭終獻，遠下於君，故從丘下酌沈齊。又崔氏云：以清酒酢王，昔酒酢后。按司尊彝云：「皆有罍，諸臣之所酢也。」鄭注云：「酌罍以自酢，不敢與王之神靈共尊。」罍盛三酒，唯云諸臣所酢，不云酢王酢后。崔氏所説於義疑也。皇氏於此經之首，廣解天地百神用樂委曲，及諸雜禮制繁而不要，非此經所須，又隨事曲解，無所憑據，今皆略而不載。其必有所須者，皆於本經所須處各隨而解之，他皆倣此。熊氏云：四時迎氣及諸神小祀等，並有降神之樂，則大司樂分樂而序之，以下降神正祭同用其樂。亦是一義也。○郊特牲○**迎長日之至也。**易説曰：「三王之郊，一用夏正。」夏正，建寅之月也。此言迎長日者，建卯而晝夜分，分而日長也。○疏曰：郊祭用夏正建寅之月意，以二月建卯，春分後日長，今正月建寅郊祭，通而迎此長日之將至。又曰：此易緯乾鑿度文。必用夏正，彼文云：「方此之時，天地交，萬物通，所以順四時，法天地之道。」按書傳云：「迎日，謂春分迎日也。」即引「寅賓出日」，皆謂春分。知此迎長日非春分者，此云「兆於南郊，就陽位」，若是春分朝日，當在東郊，故知非也。又下云「帝牛不吉，以爲稷牛」，故知祭天非唯祭日也。**郊用辛，周之始郊，日以至。**言日以周郊天之月而至，陽氣新用事，順之而用辛日。此説非也。郊天之月而日至，魯禮也。三王之郊一用夏正，魯以無冬至祭天於圓丘之事，是以建子之月郊天，示先有事也。用辛日者，凡爲人君當齊戒自新耳。周衰禮廢，儒者見周禮盡在魯，因推魯禮以言周事。○疏曰：王肅用董仲舒、劉向之説，以此爲周郊，上文云「郊之祭，迎長日之至」，謂周之郊祭於建子之月，而迎此冬至長日之至也。而用辛者，以冬至陽氣新用事，故用辛也。「周之始郊日以至」者，對建寅之月又祈穀郊祭，此言始者，對建寅爲始也。鄭康成則異於王肅，上文云「迎長日之至」，自據周郊。此云郊之用辛，據魯禮也。言郊用辛日者，取齊戒自新。「周之始郊日以至」者，謂魯之始郊日以冬至之月。云「始」者，對建寅之月天子郊祭，魯於冬至之月初始郊祭，示先有事，故云始也。又曰：「日以周郊天之月而至」者，謂日體以周郊天建子之月而南至。云「陽氣新用事，順之而用辛日」者，以冬至一陽生，故云「新用事」，「而用辛日」。云「此説非也」者，謂日以周禮郊天之月而日至，陽氣新用事，此等之説非也。謂董仲舒、劉向而爲此説。所以非者，按周禮冬至祭天圓丘，不論郊也；又此下云「戴冕璪十有二旒」〔八〇〕，周禮祀昊天上帝則大裘而冕，是服不同；周禮玉路以祀天，此下云「乘素車」，是車不同也；祭法云「燔柴於泰壇，用騂犢」，周禮蒼璧禮天，牲從玉色。是牲不同也；爾雅曰「非人爲謂之丘」，泰壇則人功所作，是圓丘與泰壇别也。以是知郊與圓丘所祭非一，故云此説非也。云「郊天之月而日至，魯禮也」者，言此經「始郊，日以至」是魯國之禮。必知魯禮者，以明堂云：「魯君孟春乘大路，載弧韣，旂十有二旒，日月之章，祀帝于郊。」又雜記云：「正月日至，可以有事於上帝。」故知冬至郊天魯禮也。云「三王之郊一用夏正」者，證明天子之郊必用夏正。魯既降下天子，不敢郊天與周同月，故用建子之月而郊天，欲示在天子之先而有事也。但魯之郊祭師説不同，崔氏、皇氏用王肅之説〔八一〕，以魯冬至郊天，至建寅之月又郊以祈穀，故左傳云「啓蟄而郊」，又云「郊祀后稷，以祈農事」，是二郊也。若依鄭康成之説，則異於此也。魯唯一郊，不與天子郊天同月，轉卜三正，故穀梁傳云：「魯以十二月下辛卜正月上辛，若不從，則以正月下辛卜二月上辛。若不從，則以二月下辛卜三月上辛。若不從則止。」故聖證論馬昭引穀梁傳以答王肅之難，是魯一郊則止。或用建子之月，則此云「以至」及宣三年正月「郊牛之口傷」是也。或用建寅之月，則春秋左傳云「郊祀后稷，以祈農事」是也。但春秋魯禮也，無建丑之月耳。若杜預不信禮記，不取公羊、穀梁，魯唯有建寅郊天及龍見而雩。云「周衰禮廢，儒者見周禮盡在魯」者，欲見經文實是魯郊而爲周事，故云「因推魯禮以言周事」，誤作周也。從上説郊是周禮，自此以下是魯禮，爲此周、魯雜亂也。按聖證論王肅難鄭云：郊特牲曰「郊之祭，迎長日之至」，下云「周之始郊日以至」，玄以爲迎長日謂夏正也。郊天日以至，玄以爲冬至之日。説其「長日至」於上而妄爲之説，又從其「始郊，日以至」於下，非其義也。玄又云「周衰禮廢，儒者見周禮盡在魯，因推魯禮以言周事」，若儒者愚人也，則不能記斯禮矣。苟其不愚，不得亂於周、魯也。鄭玄以祭法禘黄帝及嚳爲配圓丘之祀，祭法説禘無圓丘之名，周官圓丘不名爲禘，是禘非圓丘之祭也。玄既以祭法禘嚳爲圓丘，又大傳：「王者禘其祖之所自出。」而玄又施之於郊祭后稷，是亂禮之名實也。按爾雅云：「禘，大祭也。」「繹，又祭也。」皆祭宗廟之名，則禘是五年大祭先祖，非圓丘及郊也。周立后稷廟而嚳無廟，故知周人尊嚳不若后稷之廟重。而玄説圓丘祭天祀大者，仲尼當稱昔者周公禘祀嚳圓丘以配天，今無此言，知禘配圜丘非也。又詩思文后稷配天之頌，無帝嚳配圜丘之文，知郊則圜丘，圜丘則郊。所在言之則謂之郊，所祭言之則謂之圓丘。於郊築泰壇象圓丘之形，以丘言之，本諸天地之性，故祭法云：「燔柴於泰壇」，則圜丘也。郊特牲云：「周之始郊日以至。」周禮云：「冬至祭天於圓丘。」知圓丘與郊是一也。言始郊者，冬至陽氣初動，天之始也，對啓蟄，又將郊祀，故言始。孔子家語云：「定公問孔子郊祀之事，孔子對之。」與此郊特牲文同，皆以爲天子郊祭之事。如聖證論之言，王肅所據經傳分明，鄭必别爲其説者。按聖證論馬昭申鄭云：易緯云：「三王之郊，一用夏正。」則周天子不用日至郊也。夏正月陽氣始升，日者，陽氣之主，日長而陽氣盛，故祭其始升而迎其盛，月令「天子正月迎春」是也。若冬至祭天，陰氣始盛，祭陰迎陽，豈爲理乎？周禮云：「冬日至，祭天於地上之圜丘。」不言郊，則非祭郊也。言凡地上之丘皆可祭焉，無常處，故不言郊。周官之制，祭天圓丘，其禮王服大裘而冕，乘玉路，建大常。明堂位云：魯君以孟春祀帝於郊，服袞服，乘素車，龍旂。衣服、車旂皆自不同，何得以諸侯之郊説天子圓丘？言始郊者，魯以轉卜三正，以建子之月爲始，故稱始也。又禮記云「魯君臣未嘗相弑，禮俗未嘗相變」，而弑三君，季氏舞八佾，旅於泰山，婦人髽而相弔，儒者此記豈非亂乎？據此諸文，故以郊、丘爲别，冬至之郊特爲魯禮。按：聖證論王肅與馬昭之徒或云祭天用冬至之日，或云用冬至之月，據周禮似用冬至之日，據禮記郊日用辛，則冬至不恒在辛，似用冬至之月。按：張融謹按郊與圓丘是一，又引韓詩説「三王各正其郊」，與王肅同。又魯以轉卜三正，王與鄭玄同。周禮圓丘服大裘，此及家語服袞冕。家語又云：「臨燔柴，脱袞冕，著大裘，象天。」臨燔柴，輟祭，脱袞著大裘，象天，恭敬之義，既自不通。是張融以家語及此經郊祭並爲魯禮，與鄭玄同。融又以爲圓丘是祭皇天，孟春祈穀於上帝，以龍見而雩，此五帝之等並是皇天之佐，其實天也。融又云：「祀大神，率執事而卜日。圓丘既卜日，則不得正用冬至之日。」此是張融之説。鄭此注云：「以建子之月郊天用辛日者，當齊戒自新。」如鄭此言，是亦不用冬至日也。但郊丘大事，王、鄭不同，故略陳二家所據而言之也。按聖證論及異義皆同穀梁之義，魯轉卜三正之内一郊則止。而崔氏、皇氏以爲魯冬至郊天，夏正又郊，凡二郊，非鄭義也。卜郊，受命于祖廟，作龜于禰宫。受命，謂告之退而卜。○疏曰：郊事既尊，不敢專輒，故先告祖後乃卜郊，如受命也，故禮器云：「魯人將有事於上帝，必先有事於頖宫。」是也。「作龜于禰宫」者，作，灼也，禰宫，禰廟也。先告祖受命，又至禰廟卜之也。卜之日，王立于澤，親聽誓命。澤，澤宫也，所以擇賢之宫也。既卜必到澤宫，擇可與祭祀者，因誓敕之以禮也，禮器曰：「舉賢而置之，聚衆而誓之。」是也。○與，如字，一音預。○疏曰：澤，澤宫也。王在於澤宫中，於其宫以射擇士，故因呼爲澤宫也。王卜已吉，又至澤宫射，以擇賢者爲助祭之人，故云「王立于澤」也，禮器云「舉賢而置之」是也。然王者獵在囿，而主皮射亦在澤，故鄭注鄉射記引尚書傳：「主皮射，陳於澤，然後卿大夫相與射也。」又云：「嚮之取也於囿中，勇力之取也；今之取也於澤宫，揖讓之取也。」澤，習禮之處。「親聽誓命」者，因於澤宫中，又使有司誓敕舊章齊戒之禮，王又親聽受命，故禮器云「聚衆而誓之」是也。獻命庫門之内，戒百官；大廟之命，戒百姓。王自澤宫而還，以誓命重相申敕也。庫門在雉門之外，入庫門則至廟門外矣。大廟，祖廟也。百官，公卿以下也。百姓，王之親也。入廟戒親親也，王自此還齊路寢之室。庫，或爲廐。○還，音旋。重，直用反。○疏曰：王自澤宫而還，至欲致齊之時，有司獻王所以命百官之事，王乃於庫門之内戒百官，大廟之内戒百姓。百官疏，故在公朝重戒之。百姓，王之親屬，故在大廟而重戒之。又曰：以上有「百官」之文，故以「百姓」爲王之親也。王親謂之百姓也者，皇氏云：姓者，生也，並是王之先祖所生。云「王自此還齊路寢之室」者，卜法必在祭前十日，祭義云：散齊七日，致齊三日。又云：七日戒，三日齊。鄭既云「王自此還齊路寢之室」，則此經戒百官、百姓則祭前三日欲致齊之時，以誓命重相申敕也。祭之日，王皮弁以聽祭報。報，猶白也。夙興，朝服以待白祭事者，乃後服祭服而行事也。周禮：祭之日，小宗伯「逆粢省鑊告時于王，告備于王也。」○疏曰：「祭之日，王皮弁以聽祭報」者，報，白也。郊日之朝，天子早起，皮弁服以聽之，小宗伯告日時早晚及牲事之備具也。未郊，故未服大裘，而且服日視朝之服也。引周禮者，證小宗伯既有告事，王皮弁聽之是也。喪者不哭，不敢凶服，氾埽反道，鄉爲田燭。氾，芳劍反，本亦作「泛」。埽，素報反。○謂郊道之民爲之也。反道，剗令新土在上也。田燭，田首爲燭也。○剗，初産反，又初展反。令，力呈反。○疏曰：郊祭之旦，人之喪者不哭，又不敢凶服而出以干王之吉祭也。「氾埽反道」者，氾埽，廣埽也；反道，剗路之土反之，令新土在上也。郊道之民，家家各當界廣埽新道也。「鄉爲田燭」者，鄉謂郊内六鄉也，六鄉之民各於田首設燭照路，恐王嚮郊之早。弗命而民聽上。化王嚴上。○疏曰：「弗命而民聽上」者，合結「喪者不哭」以下至此，並非王命，而民化王嚴上故也。然周禮蜡氏云：「凡國之大祭祀，令州里除不蠲，禁刑者、任人及凶服者以及郊野。」而此云不命者，蜡氏所云有司常事，至郊祭之時王不施命，故云不命。且作記之人盛美民之聽上之義，未必實然也。蜡氏云除不蠲及刑者任人等，此不言者，文不備也。祭之日，王被衮以象天。謂有日月星辰之章，此魯禮也。周禮：王祀昊天上帝，則服大裘而冕，祀五帝亦如之。魯侯之服，自衮冕而下也。○疏曰：當祭之日，王被衮冕。衮冕有日月星辰，以象天也。又曰：此明被衮象天，明堂位云「日月之章」，故衮有日月星辰也。與周不同，故云「此魯禮也」。引周禮以下者，證王禮與魯禮不同。云「魯侯之服，自衮冕而下也」者，證魯侯得用衮冕，故經云「衮」也。魯公得稱王者，作記之人既以魯禮而爲周郊，遂以魯侯而稱王也。皇氏云：魯用王禮，故稱王。或亦當然也。戴冕璪十有二旒。天之大數不過十二。○過，古禾反。○疏曰：首戴衮冕，其璪十有二旒，法則天數也。乘素車，旂十有二旒，龍章而設日月，以象天。設日月畫於旂上。素車，殷路也，魯公之郊用殷禮也。○疏曰：「乘素車」者，乘殷之朴素之車，貴其象天之質也。所建之旂十有二旒，畫爲龍章而設日月「以象天」也者，旂十有二旒，象天數十二也。龍爲陽氣變化，日月以光照下，皆是象天也。又曰：明堂位云：「大路，殷路也。乘路，周路也。」又此上文云「大路繁纓一就」，此云乘素車，故知殷路也。云「魯公之郊用殷禮也」者，公羊傳云：「周公用白牡，魯公用騂剛。」周公既用殷之白牡，故知用殷禮也。兆於南郊，掃地而祭，器用陶匏。觀天下之物，無可以稱其德。○稱，尺證反。○疏曰：燔柴在壇，正祭於地，故云「掃地而祭」。陶謂瓦，器謂酒尊及豆籩之屬，故周禮旊人爲簋匏謂酒爵，此等已具解於上。○特牲，疏曰：郊所以用特牲者，郊謂於南郊祭感生之帝，但天神至尊，無物可稱，故用特牲。郊與配坐皆特牲，故下文云養牲必養二，「帝牛不吉，以爲稷牛」。又召誥云：「用牲于郊，牛二。」是也。然祭天初有燔燎，後有正祭，皆須有牲，故大宗伯云：「實柴，祀日月星辰。」鄭司農云：「實牛柴上也。」鄭康成云：「實牲體焉。」郊唯特牲，得供燔燎、正祭二處所用者，熊氏、皇氏等以爲分牲體供二處所用，其實一特牲也。而月令「郊禖用太牢」者，彼是求子之祭，不與常祭同，故不用犢。我將祀文王於明堂，經云「維羊維牛」者，據文武配祭得用大牢也。若孔安國之義，后稷配天亦用大牢，故召誥云：「后稷貶於天，有羊豕。」按羊人云：「釁積共其羊牲。」注云：「積，積柴。」則祭天用羊者。熊氏云：謂祭日月以下，故燔燎用羊也。祭日月以下既用羊，小司徒云「凡小祭祀，奉牛牲。」鄭注云：「小祭祀，王玄冕所祭。」然則，王者之祭無不用牛。又禮緯云：「六宗、五嶽、四瀆之牛角尺。」則日月以下之祀皆用牛者。蓋日月以下常祀則用羊，王親祭則用牛，故小司徒注云「玄冕所祭」，據王親祭也。此郊特牲指用而言，故下文云「用騂犢」，故牧人云：「陽祀用騂牲，毛之。」注云：「陽祀，祭天於南郊及宗廟。」以此約之，夏殷以上祭感生之帝各用其正之色，其迎五方之帝，其牲上已備陳帝牛、稷牛，其牲雖異，其色宜同。凡配祭之人牲，與天同色也。其四月大雩，九月大饗，其天及配人其牲各依當方之色。其文武泛配則用大牢，其牲色無文，周人尚赤，當用騂也。論語云：「敢用玄牡，敢昭告于皇皇后帝。」注云：「帝，謂大微五帝。」用玄牡者，彼謂告祭也。其四鎮五嶽之等，各用當方之色，故牧人云：「望祀〔八二〕，各以其方之色牲，毛之。」若尋常山川時祭以下，則用純物，不隨四方之色。若國外表貉磔禳之等，則用雜色，故牧人云：「凡時祀之牲，則用牷物。凡外祭毁事，用尨可也〔八三〕。」其常祀之牲，則皆用牡，祈禱之祭或用牝，唯孟春禁之，故月令孟春「犧牲無用牝」。其日月以下及五祀之等常祀用羊，王親祭則用牛，具如前説。

牲用騂，用犢。尚赤者，周也。帝牛不吉，以爲稷牛。養牲必養二也。○疏曰：郊天既以后稷爲配，故養牲養二以擬祭也，若帝牛不吉或死傷〔八四〕以爲稷牛者。爲，猶用也，爲用稷牛而爲帝牛，其祭稷之牛，臨時別取牛用之。又曰：按春秋：宣三年正月，「郊牛之口傷，改卜牛，牛死乃不郊。」公羊云：「曷爲不復卜？養牲養二，卜帝牲不吉，則扳稷牲而卜之。」何休云：「先卜帝牲，養之有災，更引稷牲卜之，以爲天牲養之。」「凡當二，卜爾，復不吉，則止不郊。」帝牛必在滌三月，稷牛唯具。滌，音迪，又徒嘯反。○滌牢中所搜除處也，唯具遭時又選可用也。○疏曰：「帝牛必在滌三月，稷牛唯具」者，此覆説上文帝牛不吉而取稷牛之事。以帝牛既尊，必須在滌三月，今帝牛不吉，故取稷牛已在滌三月也。其祀稷之牛臨時別取，故云「稷牛唯具」。天神既尊，故須在滌，人鬼稍卑，唯具而已，是分別天神與人鬼不同。又曰：「滌牢中所搜除」者，搜謂搜掃清除，故周禮掌養馬者謂之瘦人〔八五〕。云「唯具遭時又選可用也」者，遭時謂帝牲遭災之時，既取稷牲而用之，其祀稷之牲臨時選其可者。凡帝牲稷牲，尋常初時皆卜，取其牲繫於牢芻之三月，若臨時有故乃變之也。○以上郊特牲。○禘郊之事，則有全脀。全脀，全其牲體而升之也。凡禘郊皆血腥也。其王公立飫，則半解其體而升之。大俎謂之房烝〔八六〕。親戚燕饗，則體解節折而升之，謂之折俎，亦謂之殽脀〔八七〕。○詳見國語周語。○郊血。郊，祭天也。○疏曰：「郊血」者，近者爲褻，遠者爲敬，其事非一，今此先從鬼神之事而説也。郊用犢，犢有血有肉，肉於人食啗之，事於人情爲近，血於人食啗最遠，天神尊嚴，不可近同人情，故薦遠人情者以爲極敬也。又曰：知「郊祭天」者，郊特牲云於郊，故謂之郊，是郊爲祭天也。○詳見祭義，又禮器。○夏后氏祭其闇，殷人祭其陽，周人祭日以朝及闇。闇，昏時也。陽，讀爲曰雨曰暘之暘，謂日中時也。朝，日出時也。夏后氏大事以昏，殷人大事以日中，周人大事以日出，亦謂此郊祭也。以朝及闇，謂終日有事。○疏曰：「夏后氏祭其闇」者，以夏后氏尚黑，故祭在於昏時。「殷人祭其陽」者，以尚白，故祭在日中時。「周人祭日以朝及闇」者，以其尚文，祭百神禮多，故以朝及闇也。故季氏之祭大夫之家，禮儀應少，而亦以朝及闇，故夫子譏之。又曰：按洪範庶徵云：「曰雨曰暘。」暘謂亢暘乾燥，日中之時亦明日中乾燥，異於昏明，故讀從曰雨曰暘之暘也。必讀之者，恐人以夜爲陰，晝爲陽，恐終日而祭，故讀從暘也。云「亦謂此郊祭」者，以檀弓大事非止是喪，亦兼諸祭，故云「大事」，亦謂此郊祭。祭日於壇，祭月於坎。疏曰：此經及下經皆據春分朝日，秋分夕月。祭日於壇，謂春分也。祭月於坎，謂秋分也。月爲幽，日爲明，日在壇，月在坎。祭日於東，祭月於西。疏曰：日爲陽在外，月爲陰在內。今祭日於東，用朝旦之時，是爲外。祭月於西，鄉夕之時是爲內。是以别外內，以正其位也。而崔氏云：祭日於壇，祭月於坎，還據上文郊祭之時。今謂若是郊祭日與月當應同處，何得祭日於壇，祭月於坎。日於東，月於西，祭不同處，則崔氏説非也。崔又云：日月有合祭之時，謂郊祭天而主日配以月，其禮大用牛。各祭之時，謂春分朝日，秋分夕月，其禮小，故祭法用少牢。今謂小司徒云：「小祭祀，奉牛牲。」鄭注謂「玄冕所祭」，自玄冕皆用牛也，何得用少牢？今謂祭法日月用少牢，鄭云「禱祈之祭也」，崔氏説又非。崔氏又云：迎春之時兼日月者。今按諸文，迎春迎秋無祭日月之文。小宗伯云：「兆五帝於四郊，四望四類亦如之。」謂四望四類之祭亦如五帝在四郊，故鄭云：「兆日於東郊，兆月與風師於西郊。」不謂兆五帝之時即祭日月，崔説又非。○祭義○節服氏：郊祀裘冕，二人執戈，送逆尸從車。裘冕者，亦從尸服也。裘，大裘也。凡尸服，卒者之上服。從車，從尸車送逆之往來。春秋傳曰：晉「祀夏郊，董伯爲尸。」○疏曰：尸服與王同大裘，節服氏亦大裘，故二人皆裘冕執戈送逆尸。云「從車」者，送逆皆從尸車後。云「凡尸服，卒者之上服」者，按士虞記云「尸服，卒者之上服」，云上服，如特牲士玄端也。不以爵弁服爲上者，祭於君之服，非所以自配鬼神，彼據臣，卒者上服以家祭上服，不得用助祭。此據王，自然用卒者家祭上服，服大裘也。引春秋傳者，是外傳晉語文。○夏官

右郊祀○傳：郊之禮，所以事上帝也。中庸○祭帝於郊，所以定天位也。疏曰：「祭帝於郊，所以定天位也」者，天子至尊而猶祭於郊，以行臣禮而事天也，是欲使嚴上之禮達於下，天高在上，故云「定天位也」，亦即是必本於天也。○禮運○郊者，并百王於上天而祭之也。百王，百神也，或神字誤爲王。言社稷唯祭一神，至郊天則兼祭百神，以喻君兼父母者也。○荀子禮論〔八八〕○禮行於郊，而百神受職焉。言信得其禮，則神物與人皆應之。百神，列宿也。○疏曰：「禮行於郊，而百神受職焉」者，百神，天之羣神也，王郊天備禮則星辰不忒，故云「受職」。○禮運○至敬不壇，掃地而祭。疏曰：「至敬不壇掃地而祭」者，此謂祭五方之天，初則燔柴於大壇，燔柴訖，於壇下掃地而設正祭，此周法也。○禮器○定公問於孔子曰：「古之帝王，必郊祀其祖以配天，何也？」孔子對曰：「萬物本於天，人本乎祖。郊之祭也，大報本反始也，故以配上帝。天垂象，聖人則之，郊所以明天道也。」公曰：「寡人聞郊而莫同，何也？」孔子曰：「郊之祭也，迎長日之至也，周人始以日至之月。冬日至而日長。大報天而主日，配以月。故周之始

郊，其月以日至，其日用上辛。至於啓蟄之月，則又祈穀于上帝。祈，求也，爲農求穀於上帝。月令：孟春之月，「乃以元日祈穀于上帝。」魯無仲冬大郊之事，至於祈農與天子同，故春秋傳曰：「夫郊祀后稷，以祈農事也。是故啓蟄而郊，郊而後耕。」而學者不知推經禮之指歸，皮膚妄説，至乃顛倒神祇，變易時日，遷改兆位，良可痛心者也。此二者，天子之禮也。魯無冬至大郊之事，降殺於天子，是以不同也。公曰：「其言郊何也？」孔子曰：「兆丘於南，所以就陽位也。於郊，故謂之郊焉。」兆丘於南，謂爲圜丘之兆之於南郊也。然則，郊之名有三焉：築爲圜丘以象天自然，故謂之圓丘；圓丘，人之所造，故謂之泰壇。於南郊，在南也，學者謂南郊與圓丘異，若是，則詩、易、尚書謂之圜丘也，又不通泰壇之名。或乃謂周官圜丘，虛妄之言，皆不通典制。曰：「其牲器何如？」孔子曰：「上帝之牛角繭栗，必在滌三月。滌，所以養牲具。后稷之牛唯具，別祀稷時，牲亦芻之，三月配天之時獻，故唯具之也。所以別事天神與人鬼也。牲用騂，尚赤也；用犢，貴誠也；犢，質慤，貴誠之美也。掃地而祭，貴其質也；地，圜丘之地。掃焉而祭，貴其質也。器用陶匏，以象天地之性也。人之作物，無可稱之，故取天地之性以自然也。萬物無可稱之者，故因其自然之體也。」公曰：「天子之郊，其禮儀可得聞乎？」孔子對曰：「臣聞天子卜郊，則受命于祖廟，而作龜于禰宮，禰宮，父廟也。受祭天之命於祖，而作龜於父廟。尊祖親考之義也。卜之日，王親立于澤宮，以聽誓命，受教諫之義也。澤宮，宮也。誓命，祭天所行威儀也。王親受之，故曰受教諫之義。既卜，獻命庫門之内，所以誡百官也。將郊，則天子皮弁以聽報，示民嚴上也。報，白也，王夙興朝服，以待白祭事後服衮。郊之日，喪者不敢哭，凶服者不敢入國門，氾掃清路，行者必止。氾，徧也。清路，以新土無復行之。弗命而民聽，敬之至也。以王恭敬事天，故民聽之，不令而行之也。天子大裘以黼之，被裘象天。大裘爲黼文也，言被之大裘，爲有象天之文〔八九〕，故被之道路，至泰壇而脱之。乘素車，貴其質也。旂十有二旒，龍章而設以日月，所以法天也。既至泰壇，王脱裘矣，服衮以臨燔柴，戴冕璪，十有二旒，則天數也。臣聞之：誦詩三百，不足以一獻；祭羣小祀。一獻之禮，不足以大饗；大饗，祫祭天地。大饗之禮，不足以大旅；大旅，祭五帝也。大旅具矣，不足以饗帝。饗帝，祭天。是以君子無敢輕議於禮者也。」家語郊問○孔子曰：孝莫大於嚴父，注云：萬物資始於乾，人倫資父爲天，故孝行之大，莫過於尊嚴其父也。○疏曰：孝行之大者，莫有大於尊嚴其父也。萬物資始於乾者，易云：「大哉乾元，萬物資始。」是也。云「人倫資父爲天」者，曲禮曰：「父之讎，弗與共戴天。」鄭玄曰：「父者，子之天也。殺己之天，與共戴天，非孝子也。」杜預注左氏傳曰：「婦人在室則天父，出則天夫。」是人倫資父爲天也。云「故孝行之大，莫過尊嚴其父也」者，尊謂崇也。嚴，敬也，父既同天，故須尊嚴其父，是孝行之大也。嚴父莫大於配天，則周公其人也。謂父爲天，雖無貴賤，然以父配天之禮始自周公，故曰其人也。○疏曰：嚴父之大者，莫有大於以父配天而祭也。言以父配天而祭之者，則文王之子、成王之叔父周公是其人也。又曰：云「謂父爲天，雖無貴賤」者，此將釋配天之禮始自周公，故先張此文，言人無限貴賤，皆得謂父爲天。云「然以父配天之禮，始自周公，故曰其人也」者，但以父配天，徧檢羣經，更無殊說。按禮記有虞氏尚德，不郊其祖，夏、殷始尊祖於郊，無父配天之禮也。周公大聖而首行之，禮無二尊，既以后稷配郊天，不可又以文王配之。五帝，天之別名也，因享明堂而以文王配之，是周公嚴父配天之義也，亦所以申文王有尊祖之禮也。經稱周公其人，注順經旨，故曰始自周公也。**昔者周公郊祀后稷以配天，**后稷，周之始祖也。郊，謂圜丘祀天也。周公攝政，因行郊天之祭，乃尊始祖以配之也。○疏曰：前陳周公以父配天，因言配天之事。自昔武王既崩，成王年幼即位，周公攝政，因行郊天祭禮，乃以始祖后稷配天而祀之。因祀五方上帝於明堂之時，乃尊其父文王以配而享之。尊父祖以配天，崇孝享以致敬，是以四海之內有土之君，各以其職貢來助祭也。又曰：云「后稷，周之始祖也」者〔九〇〕，按周本紀云：「后稷，名棄。其母有邰氏女，曰姜嫄，爲帝嚳元妃。出野，見巨人跡，心忻然，欲踐之，踐之而身動如孕者。居期而生子，以爲不祥，棄之隘巷，馬牛過者皆辟不踐，徙置之林中，適會山林多人，遷之；而棄渠中冰上，飛鳥以其翼覆薦之。姜嫄以爲神，遂收養長之。初欲棄之，因名曰棄。棄爲兒，好種樹麻、菽。及爲成人，遂好耕農。帝堯舉爲農師，天下得其利，有功。帝舜曰：『棄，黎民阻飢〔九一〕，爾后稷播時百穀。』封棄於邰，號曰后稷。」后稷曾孫公劉復脩其業。自后稷至王季十五世而生文王，受命作周。按毛詩大雅生民之序曰：「生民，尊祖也。后稷生於姜嫄，文、武之功起於后稷，故推以配天焉。」是也。云「郊，謂圜丘祀天也」者，此孔傳文。祀，祭也，祭天謂之郊。周禮大司樂云：「凡樂，圜鍾爲宮，黄鍾爲角，大簇爲徵，姑洗爲羽。雷鼓雷鼗，孤竹之管，雲和之琴瑟，雲門之舞。冬日至，於地上之圜丘奏之。若樂六變，則天神皆降，可得而禮矣。」郊特牲曰：「郊之祭也，迎長日之至也。大報天而主日也，兆於南郊，就陽位也。」又曰：「郊之祭也，大報本反始也。」言以冬至之後日漸長，郊祭而迎之，是建子之月，則與經俱郊祀於天，明圜丘南郊也。云「周公攝政，因行郊天之祭，乃尊始祖以配之也」者，按文王世子稱：「仲尼曰：昔者周公攝政，踐阼而治，抗世子法於伯禽，所以善成王也。」則郊祀是周公攝政之時也。公羊傳曰：「郊則曷爲必祭稷？王者必以其祖配。王者則曷爲必以其祖配？自内出者，無匹不行；自外至者，無主不止。」言祭天，則天神爲客，是外至也。須人爲主天神乃止，故尊始祖以配天神，侑坐而食之。按左氏傳曰：「凡祀，啓蟄而郊。」又云：「郊祀后稷以祈農事也。」而鄭注禮郊特牲乃引易説曰：「三王之郊，一用夏正。」「建寅之月也。」此言迎長日者，建卯而晝夜分，分而日長也。然則，春分而長短分矣。此則迎在未分之時，至謂春分之日也。夫至者，是長短之極也，明分者晝夜均也，分是四時之中。啓蟄在建寅之月，過至而未及分，必於夜短方爲日長，則左氏傳不應言啓蟄也。若以日長有漸郊可預迎，則其初長宜在極短之日，故知傳啓蟄之郊是祈農之祭也。周禮，冬至之郊迎長日，報本反始之祭也。鄭玄以祭法有周人禘嚳之文，遂變郊爲祀。感生之帝，謂東方青帝靈威仰，周爲木德，威仰木帝，言以后稷配蒼龍精也。韋昭所注亦符此説。唯魏太常王肅獨著論以駁之曰：按爾雅曰：「祭天曰燔柴，祭地曰瘞薶。」又曰：「禘，大祭也。」謂五年一大祭之名。又祭法：「祖有功，宗有德，皆在宗廟。」本非郊配。若依鄭説，以帝嚳配祭圜丘，是天之最尊也。周之尊帝嚳不若后稷，今配青帝，乃非最尊，實乖嚴父之義也。且徧窺經籍，並無以帝嚳配天之文。若帝嚳配天，則經應云禘嚳於圜丘以配天，不應云郊祀后稷也。天一而已，故以所在祭，在郊則謂爲圜丘，言於郊爲壇以象圜天，圜丘即郊也，郊即圜丘也。其時中郎馬昭抗章固執，當時敕博士張融質之，融稱漢世英儒自董仲舒、劉向、馬融之倫皆斥周人之祀昊天於郊，以后稷配，無如玄説配蒼帝也。然則，周禮圜丘則孝經之郊。聖人因尊事天，因下事地，安能復得祀帝嚳於圜丘，配后稷於蒼帝之禮乎〔九二〕？且在周頌思文后稷克配彼天，昊天有成命郊祀天地，則郊非蒼帝，通儒同辭，肅説爲長。伏以孝爲人行之本，祀爲國事之大，孔聖垂文，固非臆説，前儒詮證，各擅一家，自須脩撰備經，斟覆究理，則依王肅爲長，從衆則鄭義已久。王義具聖證之論，鄭義具於三禮。義宗王、鄭是非，於禮記其義文多，卒難詳縷説，此略據機要且舉二端焉。宗祀文王於明堂，以配上帝，明堂，天子布政之宫也。周公因祀五方上帝於明堂，乃尊文王以配之也。○疏曰：云「明堂，天子布政之宫也」者，按禮記明堂位：「昔者周公朝諸侯于明堂之位〔九三〕，天子負斧依南鄉而立。」明堂也者，明諸侯之尊卑也。制禮作樂，頒度量而天下大服，知明堂是布政之宫也。云「周公因祀五方上帝於明堂，乃尊文王以配之也」者，五方上帝即是上帝也，謂以文王配五方上帝之神，侑坐而食也。按鄭注論語云：「皇皇后帝，並謂太微五帝。」在天爲上帝，分王五方爲五帝。舊説明堂在國之南，去王城七里以近爲媟，南郊去王城五十里以遠爲嚴。五帝卑於昊天，所以於郊祀昊天，於明堂祀上帝也。其以后稷配郊，以文王配明堂，義見於上也。五帝，謂東方青帝靈威仰、南方赤帝赤熛怒、西方白帝白招拒、北方黑帝汁光紀、中央黃帝含樞紐。鄭玄云：明堂居國之南，南是明陽之地〔九四〕，故曰明堂。按史記云：「黃帝接萬靈於明庭。」明庭即明堂也，明堂起於黃帝。周禮考工記曰：夏后曰世室，殷人重屋，周人明堂。先儒舊説其制不同。大戴禮云：「明堂，凡九室，一室而有四户八牖，三十六户，七十二牖。以茅蓋屋，上圓下方。」鄭玄據援神契云：「明堂，上圓下方，八牖四闥。」考工記曰：明堂，五室。稱九室者，或云取象陽數也。八牖者，陰數也，取象八風也。三十六户，取象六甲子之爻，六六三十六也。上圜象天，下方法地。八牖者，象八節也〔九五〕。四闥者，象四方也。稱五室者，取象五行。皆無明文也，以意釋之耳。此言宗祀於明堂，謂九月大享靈威仰等五帝，以文王配之，即月令云：季秋「大饗帝」。注云：「徧祭五帝。」以其上言舉五穀之要，藏帝籍之收於神倉，九月西方成事終而報功也。是以四海之内各以其職來祭。君行嚴配之禮，則德教刑於四海，海内諸侯各脩其職來助祭也。○疏曰：云「君行嚴配之禮」者，此謂宗祀文王於明堂以配天是也。云「則德教刑於四海，海内諸侯各脩其職來助祭也」者，謂四海之内六服諸侯，各脩其職貢方物也。按周禮大行人：「以九儀辨諸侯之命」，「廟中將幣三享。」又曰侯服「貢祀物」，鄭云：「犧牲之屬。」甸服「貢嬪物」，注云：「絲枲也。」男服「貢器物」，注云：「尊彝之屬也。」采服「貢服物」，注云：「玄纁絺纊也。」衛服「貢材物」，注云：「八材也。」要服「貢貨物」，注云：「龜貝也。」此是六服諸侯各脩其職來助祭。又若尚書武成篇云：「丁未，祀於周廟，邦甸侯衛駿奔走，執豆籩。」亦是助祭之義也。○孝經○尚書大傳曰：維十有三祀，帝乃稱王而入唐郊，猶以丹朱爲尸。

舜承堯，猶子承父，雖已改正易樂，猶祭天於唐郊，以丹朱爲尸。至十三年，天下既知已受堯位之意矣，將自止郊而以丹朱爲王者後，欲天下昭然知之，然後爲之，故稱王也。晉祀夏郊，以董伯爲尸。於時百執事咸昭然，乃知王世不絶爛然，必自有繼祖守宗廟之君。知當以丹朱爲王者後，使祭其郊也。祖，或爲禮。○尚書大傳

○襄公七年夏四月，三卜郊不從，乃免牲。稱牲，既卜日也，卜郊，又非禮也。○疏曰：周禮大宰職云「祀五帝，前期十日，帥執事而卜日」。然則，將祭十日之前預卜之，蓋一旬一卜也。例稱啓蟄而郊，建寅之月也。此四月三卜，蓋三月二卜，四月又一卜也。春分之前猶是啓蟄節内，於法仍可以卜郊〔九六〕。據傳獻子之言，三卜在春分之後，則初卜即已大晚，故三卜而涉於春分也。人心欲其吉，不吉是不從，不從則不郊，故免牲而不殺也。又曰：僖三十一年夏四月，四卜郊，不從，乃免牲。傳曰：禮，不卜常祀，而卜其牲、日。牛卜日曰牲。牲成而卜郊，上怠慢。此經與彼正同，唯四卜、三卜爲異耳。彼言其非，則此亦非也。今已稱牲，是既卜日矣。牲既成矣而又卜郊，與僖同譏，故云又非禮也。孟獻子曰：「吾乃今而後知有卜筮。夫郊，祀后稷以祈農事也。郊，祀后稷以配天。后稷，周始祖，能播殖者。○疏曰：「后稷，周之始祖，能播殖者」，辨知后稷是何人，不爲能播殖，故祀以祈農事，自謂郊天以祈農耳。按孝經云：「孝莫大於嚴父，嚴父莫大於配天，則周公其人也。」昔者周公郊祀后稷以配天，宗祀文王於明堂，以配上帝。止云配天而祀之，不言祈農也。郊特牲説郊天之義曰：「萬物本乎天，人本乎祖，此所以配上帝也。郊之祭也，大報本反始也。」宣三年公羊傳曰：「郊則曷爲必祭稷？王者必以其祖配。王者則曷爲必以其祖配？自

内出者，無匹不行；自外至者，無主不止。」何休云：「天道闇昧，故推人道以接之。不以文王配者，重本尊始之義也。」據此諸文，則郊祭天者，爲物本於天，故祭天以報本；神必須配，故推祖以配天，止報生成之恩，非求未來之福。此傳專言郊祀后稷主爲祈農事者，斯有旨矣。祭祀者爲報已往，非求將來之福也。但祭爲明神所享，神以將來致福，將來而獲多福，乃由祭以得之。禮器稱「君子曰：祭祀不祈」，祭者意雖不祈，其實福以祭降，以祭獲福，即祈之義也。宗廟之祭，緣生事死，盡其孝順之心，非求耕稼之利。少牢饋食者，大夫之祭禮也。其祭之末，尸嘏主人：使女受福於天，宜稼於田。彼豈爲田而祭哉？神以宜田福之耳。郊天之義，亦由是也。神以人爲主，人以穀爲命。人以精意事天，天以宜稼佑人。以此謂之，祈農本意非祈農也，詩噫嘻序曰：「春夏祈穀於上帝。」禮月令孟春之月曰〔九七〕：「是月也，天子乃以元日祈穀于上帝。」即是郊天之祭也。其下即云「乃擇元辰，天子親載耒耜，躬耕帝籍」，是郊而後耕也。獻子此言正與禮合。孝經止言尊嚴其父祖〔九八〕，述孝子之志，本意不説郊天之祭，無由得有祈穀之言，何休膏肓執彼難此〔九九〕，追而想之，亦可以歎息也。是故啓蟄而郊，郊而後耕。今既耕而卜郊，宜其不從也。蟄，直立反。○啓蟄，夏正建寅之月。耕，謂春分。○夏，户雅反。○疏曰：釋例曰：「曆法：正月節立春啓蟄爲中氣，二月節驚蟄春分爲中氣。」是啓蟄爲夏正建寅之月中氣也。月令祈穀之後即擇日而耕，亦在正月，傳言「既耕而卜郊，宜其不從」，是此卜之時，已涉春分之節時，過不可復郊，故言「耕謂春分」。指釋獻子言耕是春分之節，不謂春分始可耕也。釋例又曰：「僖公、襄公夏四月卜郊，但譏其非所宜卜，不譏其四月不可郊也。孟獻子曰『啓蟄而郊，郊而後耕』，耕謂春分也。言得啓蟄即當卜郊，不得過春分也。」是言此卜在春分之後，故獻子譏之。據傳獻子此言，郊天之禮必用周之三月〔一〇〇〕，而雜記云：「孟獻子曰：正月日至，可以有事於上帝。七月日至，可以有事於祖。七月而禘，獻子爲之也。」此與禮記俱稱獻子，二文不同，必有一謬。禮記後人所録，左傳當得其真。若七月而禘，獻子爲之，則當獻子之時，應有七月禘者。烝嘗過則書，禘過亦宜書，何以獻子之時不書七月禘也？足知禮記之言非獻子矣。○春秋左氏傳○僖公三十一年，夏四月，四卜郊不從，乃免牲，龜曰卜。不從，不吉也。卜郊不吉，故免牲。免猶縱也。○疏曰：龜曰卜，曲禮文也。洪範「稽疑」云：「龜從，筮從。」謂從人之心也。人心欲吉，不從，是不吉也。卜郊不吉，不復爲郊，牲無所用，故免牲。免猶縱放，不殺之也。穀梁傳曰：「免牲者，爲之緇衣纁裳，有司玄端奉送至于南郊，免牛亦然。」左傳無説其事，或然也。桓五年傳例曰：「凡祀，啓蟄而郊。」啓蟄，周之三月也。今於夏四月卜郊者，傳舉節氣有前有却，但使春分未過，仍得爲郊，故四月得卜郊也。故釋例曰：「凡十二月，而節氣有二十四，共通三百六十六日，分爲四時，閒之以閏月，故節不必得恒在其月初，而中氣亦不得恒在其月之半。」是以傳舉天宿氣節爲文，而不以月爲正。僖公、襄公夏四月卜郊，但譏其非所宜卜，而不譏其四月不可郊也。孟獻子曰：「啓蟄而郊，郊而後耕。」耕謂春分也，言得啓蟄當卜郊，不得過春分耳，是言四月得郊也。周禮大宰職云：「祀五帝」，「前期十日，帥執事而卜日。」然則，將祭必十日之前豫卜之也。言四卜郊者，蓋三月每旬一卜，至四月上旬更一卜，乃成爲四卜也。此言「四卜郊不從」，襄七年「三卜郊不從」，公羊傳曰：「曷爲或言三卜，或言四卜？三卜，禮也。四卜，非禮也。三卜何以禮？求吉之道三。」今左傳以爲禮不卜常祀，則一卜亦非，不云四非而三是，異於公羊説。猶三望。三望，分野之星，國中山川，皆因郊祀望而祭之。魯廢郊天而脩其小祀，故曰猶。猶者，可止之辭。○分，扶問反。○疏曰：公羊傳曰：「三望者何？望祭也。然則曷祭？祭泰山河海。」鄭玄以爲：望者，祭山川之名。諸侯之祭山川，在其地則祭之，非其地則不祭。且魯竟不及於河，禹貢「海、岱及淮惟徐州」，徐即魯地，三望謂淮、海、岱也。賈逵、服虔以爲：三望，分野之星，國中山川。今杜亦從之。以襄九年傳曰：「陶唐氏之火正閼伯居商丘，祀大火，相土因之，故商主大火。」昭元年傳云：「辰爲商星，參爲晉星。」楚語云：「天子徧祀羣神品物，諸侯二王後祀天地、三辰及其土地之山川。」注國語者皆云：諸侯二王後祀天地、三辰日月星也，非二王後祀分野星辰、山川也。以此知三望分野之星，國内山川，其義是也。昭七年「夏四月甲辰朔，日有食之」，於時夏之二月，日在降婁。傳稱：「去衛地，如魯地。」於十二次，豕韋，衛地，降婁，魯地。魯祭分野之星，其祭奎婁之神也。此三望者，因郊祀天而望祭之，於法不獨祭也。魯既廢郊天而獨脩小祀故曰猶。公羊、穀梁皆云猶者，可止之辭。左氏曰：卜郊不從，乃免牲，非禮也。諸侯不得郊天，魯以周公故，得用天子禮樂，故郊爲魯常祀。○疏曰：明堂位稱：「成王幼弱，周公踐天子之位以治天下」，「制禮作樂。七年，致政於成王，成王以周公爲有勳勞於天下」，「命魯公世世祀周公以天子之禮樂。是以魯君孟春乘大路，載弧韣，旂十有二旒、日月之章，祀帝於郊，配以后稷，天子之禮也。」是魯以周公之故得用天子禮樂，天子命之則爲常祀，故郊爲魯之常祀也。記言正月，謂周正建子之月，與傳啓蟄而郊其月不同。禮記是後儒所作，不可以難左傳。猶三望，亦非禮也。禮不卜常祀，必其時。而卜其牲、日，卜牲與日，知吉凶。牛卜日曰牲。既得吉日，則牛改名曰牲。○疏曰：上云「卜其牲、日」，則牲之與日俱卜之也，必當先卜牛而後卜日〔一〇一〕，占得吉日，則改牛爲牲。然則，牛雖卜吉，未得稱牲，牲是成用之名，不可改名爲牲，更卜吉凶，明知卜牛在卜日之前也。此言「免牲」，是已得吉日，牲既成矣。成七年乃免牛，是未得吉日，牲未成也。牲成而卜郊，上怠慢也。怠於古典，慢瀆龜策。望，郊之細也。不郊，亦無望可也。春秋左氏傳○公羊子曰：曷爲或言三卜，或言四卜？疏曰：或言三卜，即襄七年夏四月，三卜郊不從，乃免牲是也。三卜，禮也。四卜，非禮也。三卜何以禮？四卜何以非禮？據俱卜也。○疏曰：按曲禮上篇云：「卜筮不過三。」是其舊典之遺存。鄭玄云：「求吉不過三，魯四卜郊，春秋譏之。」是也。三卜禮，謂是魯禮，若天子之郊，則不卜，以其常事。但以魯郊非常，是以卜之，吉則爲之，凶則已之。求吉之道三。三卜，吉凶必有相奇者，可以決疑，故求吉必三卜。○疏曰：周禮大卜掌三王之龜易，義亦通於此。然三卜是禮，理應不書。襄七年「三卜郊」何以書？正以魯人之郊博卜三正〔一〇二〕，襄七年乃在周之四月，以其不時，是以書也。禘嘗不卜，郊何以卜？禘比祫爲大，嘗比四時祭爲大，故據之。○疏曰：「禘嘗不卜」者，即僖八年「秋七月禘于太廟」、桓十四年八月「乙亥，嘗」之類，皆不見卜筮之文，故言此。「禘比祫爲大」，禘之與祫雖皆大祭，但禘及功臣，於祫則否，故以禘爲大。是以文二年「大事於大廟」

之下傳云「五年而再殷祭」，彼注云：「謂三年祫，五年禘，禘所以異於祫者，功臣皆祭也。祫猶合也，禘猶諦也，審諦無所遺失。」盤庚曰：「茲予大享于先王〔一〇三〕，爾祖其從與享之。」義亦通於此也。「嘗比四時祭爲大」者，以此傳配禘，禘既大於祫，則知嘗大於四時，且嘗是秋成萬物薦馨，故以爲盛也。

卜郊，非禮也。禮，天子不卜郊。○疏曰：欲道天子之郊以其常事，故不須卜。魯郊非禮，是以卜之，異於禘嘗耳。**卜郊何以非禮？**據上言，三卜禮。○疏曰：弟子之意以爲上言三卜是禮，何言卜郊非禮乎？答者以爲由魯郊非正，故須卜，何妨天子之郊不卜乎。**魯郊非禮也。**以魯郊非禮，故卜爾。昔武王既没，成王幼少，周公居攝，行天子事，制禮作樂，致太平，有王功。周公薨，成王以王禮葬之，命魯使郊以彰周公之德。非正〔一〇四〕，故卜。三卜吉，則用之；不吉，則免牲。謂之郊者，天人相與交接之意也。不言郊天者，謙不敢斥尊。○疏曰：「謂之郊者」云云，何氏以爲郊特牲云於郊，故謂之郊，禮記非正典，故不從之。又曰：不言郊天者，謙不敢斥尊者。欲道禘於太廟、於莊公、於武宮之屬皆斥尊言之〔一〇五〕。若然，「乙亥，嘗」、「己卯，烝」之屬文不斥言者〔一〇六〕，以是時祭於大廟，小於禘故也。**魯郊何以非禮？**據成公乃不郊，惡之。**天子祭天，**郊者所以祭天也，天子所祭莫重於郊，居南郊者，就陽位也。稾席玄酒，器用陶匏，大珪不琢，大羹不和，爲天至尊，物不可悉備，故推質以事之。○疏曰：「居南郊」云云者，皆出禮記郊特牲。彼文云：「郊之祭也」，「大報天而主日也。兆於南郊，就陽位也。」又云：「莞簟之安，而蒲越、稾鞂之尚。」「酒醴之美，玄酒明水之尚。」「器用陶匏，以象天地之性也。」「大珪不琢，美其質也。」「大羹不和，貴其質也。」鄭氏云：「明水，司烜以陰鑑所取於月之水也。蒲越、稾鞂，藉神席也。」而彼文又云：「祭天掃地而祭焉，於其質而已矣。」而云稾鞂神席，正謂對不爲壇，故言掃地，不全無席。諸侯祭土。土，謂社也。諸侯所祭莫重於社，卿大夫祭五祀，士祭其先祖。○疏曰：「諸侯祭土」者，欲道魯郊爲非禮之意也。天子有方望之事，方望，謂郊時所望祭四方羣神、日月星辰、風伯雨師、五嶽四瀆及餘山川，凡三十六所〔一〇七〕。○疏曰：舊説云：四方羣神是爲四也；通日與月爲六，星是五星，爲十一也；辰是十二辰，爲二十三；風伯雨師爲二十五；五嶽爲三十；四瀆爲三十四；餘小山川爲二：是爲三十六所。注故魯郊非禮也者，正以其所主狹，是以不得祭天地也。無所不通。盡八極之内，天之所覆，地之所載，無所不至，故得郊也。諸侯山川有不在其封内者，則不祭也。故魯郊非禮也。曷爲或言免牲，或言免牛？免牲，禮也；魯卜郊不吉，免之。禮，卜郊不吉，則爲牲作玄衣纁裳，使有司玄端放之於南郊，明本爲天，不敢留天牲。○疏曰：「或言免牛」者，即成七年「王正月，鼷鼠食郊牛角，改卜牛。鼷鼠又食其角，乃免牛」是也。免牛，非禮也。免牛何以非禮？傷者曰牛。養牲不謹敬有災傷，天不饗用，不得復爲天牲，故以本牛名之。非禮者，非天牲不當復見免，但内自省責而已。三望者何？望祭也。疏曰：欲言祭名，文在免牲之下；欲言非祭，因郊天爲之：故執不知問。然則曷祭？祭泰山河海。曷爲祭泰山河海？據郊者主爲祭天。山川有能潤于百里者，天子秩而祭之，此皆助天宣氣布功，故祭天及之。秩者，隨其大小尊卑高下所宜。禮：祭天牲角繭栗，社稷宗廟角握，六宗五嶽四瀆角尺，其餘山川視卿大夫。天燎地瘞，日月星辰布，山縣水沉，風磔雨升。燎者，取俎上七體與其珪寶在辨中，置於柴上燒之。○疏曰：「禮祭天」至「大夫」者，皆王制與禮説文耳。「其餘山川視卿大夫」者，小山川之屬但索牛而已。又曰：爾雅「祭天曰燔柴」者，蓋以燎柴而燔之，故謂祭天爲燔柴。云「地瘞」者，即爾雅云：「祭地曰瘞埋」。李巡曰：「祭地，以玉埋地中。」瘞亦埋也。云「日月星辰布」者，即爾雅云：「祭星曰布。」孫氏云：「既祭布散於地，位似星辰布列。」郭氏曰：「布散祭於地。」然則，爾雅雖不言日月，日月之義宜附於星，故何氏連日月言之。云「山縣」者，爾雅云：「祭山曰庪縣。」郭氏云：「或庪或縣，置之於山。」李氏曰：「祭山，以黄玉及璧，以庪置几上，遥遥而視之若縣，故曰庪縣。」孫氏曰：「庪縣，埋於山足曰庪，埋於山上曰縣。」是也。云「水沉」者，即爾雅：「祭川曰浮沉。」孫氏曰：「置祭於水中，或浮或沉，故曰浮沉。」是也。言「風磔」者，即爾雅云：「祭風曰磔。」孫氏云：「既祭，披磔其牲，以風散之。」李氏曰：「祭風以牲頭、蹄及皮破之以祭，故曰磔。」郭氏曰：「今俗當大道中磔狗」，云以止風，此其象。云「雨升」者，無文，何氏更有所見，蓋患其雨多，祭使上升，故祭雨曰升〔一〇八〕，明上「水沉」是祭川也。又曰：「燎者取俎」云云者，解上「天燎」之文。其七體者，即少牢之肩、臂、臑、肫、胳、正脊、脡脊、横脊、短脅、長脅、代脅之屬也。觸石而出，膚寸而合。側手爲膚，按指爲寸。言其觸石理而出，無有膚寸而不合。不崇朝而徧雨乎天下者，唯泰山爾。崇，重也。不重朝，言一朝也。河海潤于千里。亦能通氣致雨，潤澤及於千里，韓詩傳曰：「湯時大旱，使人禱於山川。」是也。郊望非一，獨祭三者，魯郊非禮，故獨祭其大者。猶者何？通可以已也。已，止。

何以書？譏不郊而望祭也。譏尊者不食而卑者獨食，書者惡失禮也。魯至是郊者，僖公賢君，欲尊明其先祖之功德，不就廢之譏者。春秋不見事不書，皆從事舉可知也。不吉言「不從」者，明已意汲汲欲郊而卜不從爾，所以見事鬼神當加精誠〔一〇九〕。○宣公三年，春王正月，郊牛之口傷，改卜牛。牛死，乃不郊，猶三望。牛不稱牲，未卜日。言牛雖傷死，當更改卜，取其吉者，郊不可廢也。前年冬，天王崩，未葬而郊者，不以王者廢天事。禮記曾子問：「天子崩未殯，五祀不行，既殯而祭。自啓至於反哭，五祀之祭不行，已葬而祭。」○疏曰：按經牛死在正月，郊當用三月，其閒足以養牛。牛雖一傷一死，更當改卜，取其吉者，郊天之禮不可廢也。牛死而遂不郊，故爲非禮也。不郊非禮，則於禮得郊。禮：諸侯爲天子斬衰，天王崩未葬而得郊者，不以王事廢天事也。引曾子問者，舉輕以明重也。初死以至於殯，啓殯以至反哭，於此之閒，五祀之祭不行耳。既殯之後，啓殯以前，五祀之祭猶尚不廢，郊天必不廢矣，故鄭注云「郊社亦然」。王制云：「喪三年不祭，唯祭天地社稷，爲越紼而行事。」鄭玄云：「不敢以卑廢尊。」紼，輴車索。禮，天子殯於西序，欑輴車而塗之，繫紼以備火災，言越紼而行事，是在殯得祭也。按曾子問：「既殯而祭，其祭也，尸入，三飯不侑，酳不酢而已矣。」謂尸唯三飯，祝不侑勸其食，食罷，主人酌酒酳尸，不酢主人。曾子問又云：「已葬而祭，祝畢獻而已。」謂尸飯而侑勸，訖，酳尸，尸酢主人，酢訖，又布祝席，祝坐，主人酌酒以獻祝，獻畢而止，故鄭注云：「既葬彌吉，畢獻祝而後止。」是也。鄭又注彼云：「天子七祀，言五者，關中言之。」按禮記祭法云：王爲羣姓立七祀：曰司命，曰中霤，曰國門，曰國行，曰泰厲，曰户，曰竈。王自爲立七祀。諸侯爲國立五祀：曰司命，曰中霤，曰國門，曰國行，曰公厲。諸侯自爲立五祀。大夫立三祀：曰族厲，曰門，曰行。適士立二祀：曰門，曰行。庶士、庶人立一祀，或立户，或立竈。是其義也。左氏曰：望，郊之屬也。不郊，亦無望可也。已有例在僖三十一年。復發傳者，嫌牛死與卜不從異。○復，扶又反。○公羊子曰：其言之何？據食角不言之。○疏曰：「據食角不言之」者，即成七年「春王正月，鼷鼠食郊牛角，改卜牛，鼷鼠又食其角，乃免牛」是也。緩也。辭閒容之故爲緩，不若食角急也。別天牲主以角書者，譏宣公養牲不謹敬、不潔清而災，重事至尊，故詳録其簡甚。○疏曰：「不若食角急也」者〔一一〇〕，言食角之時，正以有不順之處，爲天所災，不敬簡慢，故不言之耳。「別天牲主以角」者，即王制云：「祭天地之牛角繭栗，宗廟之牛角握，賓客之牛角尺。」是。「重事至尊，故詳録其簡甚」者，正謂言之是也。「何」者之爲緩辭，故以簡慢之甚言矣。言「簡」者，欲取五行傳云簡宗廟之言耳。曷爲不復卜？據定十五年「牛死，改卜牛」。○疏曰：「據定十五年『牛死，改卜牛』」者，據彼經云十五年春王正月，「鼷鼠食郊牛，牛死，改卜牛」是也。養牲養二卜。二卜語在下。帝牲不吉，帝，皇天大帝，在北辰之中，主總領天地五帝羣神也。不吉者，有災。○疏曰：「在北辰之中」者，言在北辰之處紫微宫内也。云「總領天地五帝羣神也」者，總領天地之内五帝羣神也。其五方之帝，東方青帝靈威仰之屬，是其五帝之名，春秋緯文耀鉤具有其文。則扳稷牲而卜之，先卜帝牲養之有災，更引稷牲卜之以爲天牲養之，凡當二卜爾。復不吉，不復郊。○疏曰：「更引稷牲卜之，以爲天牲」者，即定十五年「牛死，改卜牛」者，正謂此。帝牲在于滌三月，滌，宮名，養帝牲三牢之處也。謂之滌者，取其蕩滌絜清三牢者各主一月，取三月一時足以充其天牲。○疏曰：「養帝牲三牢之處也」者，其三牢之文出春秋説文。於稷者唯具是視。視其身體具無災害而已，不特養於滌宮，所以降稷尊帝。郊則曷爲必祭稷？據郊者主爲祭天。王者必以其祖配。祖，謂后稷，周之始祖，姜嫄履大人迹所生。配，配食也。○疏曰：「姜嫄履大人迹所生」者，即詩云：「履帝武敏歆。」又周本紀云：有邰氏女曰姜嫄，爲帝嚳元妃，出野，見巨人迹，心忻然悦，欲踐之，踐之身動如孕者。居期而生子，以爲不祥，棄之隘巷，或棄山林寒冰之上云云。姜嫄以爲神，遂收養長之。初欲棄之，因名曰棄是也。王者則曷爲必以其祖配？據方父事天。○疏曰：「據方父事天」者，言既以爲父特祭，何嫌而要須以祖配祭之乎？故難之。自内出者無匹不行，匹，合也，無所與會合則不行。自外至者無主不止。必得主人乃止者，天道闇昧，故推人道以接之。不以文王配之者，重本尊始之義也，故孝經曰：「郊祀后稷以配天，宗祀文王於明堂，以配上帝。」五帝在大微之中，迭生子孫，更王天下，書改卜者善其應變得禮。○疏曰：「必得主人乃止者，天道闇昧，故推人道以接之」者，正謂天之精神靈不明察矣〔一一〕。又曰：此五帝者即靈威仰之屬。言在大微宮内迭王天下，即感精符云：「蒼帝之始二十八世，滅蒼者翼也。」彼注云：「堯，翼之星精，在南方，其色赤。」「滅翼者斗」，注云：「舜，斗之星精，在中央，其色黄。」「滅斗者參」，注云：「禹，參之星精，在西方，其色白。」「滅參者虚」，注云：「湯，虚之星精，在北方，其色黑。」「滅虚者房」，注云：「文王，房星之精〔一二〕，在東方，其色青。」五星之精是其義〔一三〕。

○穀梁子曰：之口，緩辭也，傷自牛作也。牛自傷口，非備災之道不至也〔一一四〕，故以緩辭言「之」。○疏曰：此「之」爲緩辭，則成七年不言之，爲急辭也。舊解范氏别例云凡三十五，范既總爲例，則言「之」者，並是緩辭也。傳於執衛侯云言「之」，緩辭也，則云其餘不發亦緩可知耳。公喪在外，逆之緩也。衛侯之弟鱄、秦伯之弟鍼等稱「之」者，取其緩之。得逃吴敗六國云「之」者，取其六國同役而不急於軍事也。殺奚齊稱「之」者，緩於成君也。考仲子宫言「之」者，隱孫而脩之緩也。日食言「之」者，不知之緩也，則自餘並緩耳。理雖迂誕，舊説既然不可致詰〔一一五〕，故今亦從之。改卜牛，牛死，乃不郊，事之變也。牛無故自傷其口，易牛改卜復死，乃廢郊禮，此事之變異。○疏曰：公羊傳稱改卜者，「帝牲不吉，則引稷牲而卜之，其帝牲在於滌宫三月，於稷者唯具視」其身體無災害而已，不特養於滌宫。又云郊「必以其祖配」者，「自内出者無匹不行，自外至者無主不止」。今改卜者，取其稷牛，則未審傳意如何。以后稷配郊，必與公羊異也。不言「免牛」而云「不郊」者，牛死不行免牛之禮，故直言「不郊」也。乃者，亡乎人之辭也。譏宣公不恭致天變。○疏曰：重發傳者，嫌牛死與卜郊不從異也。○成公七年，春王正月，鼷鼠食郊牛角，改卜牛。鼷鼠又食其角，乃免牛，不郊，猶三望。不言免牛者，以方改卜郊，吉不未可知。○疏曰：下傳稱免牲，不曰不郊，免牛亦然〔一一六〕。此言免牛，則嫌似不郊，故云不言免牛者，以方改卜郊，未可知也。穀梁子曰：不言日，急辭也。辭中促迫不容「日」。○疏曰：宣三年「郊牛之口傷」，彼言「之」是緩辭，亦不云日。此傳云「不言日，急辭也」者，按宣三年傳言「之」，是牛自傷之緩；此言「其」，是鼠食牛之緩。二者立文雖異，俱是緩辭，則辭閒容「日」亦是緩辭。傳云「不言日，急辭也」者，此已發例，則定十五年、哀元年之類，不言日者，並是急辭也。緩辭不言日者，言「之」既是緩辭可知，故不須更書「日」以見緩也。過有司也，郊牛日，展觓角而知傷。展道盡矣，其所以備災之道不盡也。觓，渠幽反。○有司展察牛而即知傷，是展察之道盡，不能防災禦患，致使牛傷，故不書「日」以顯有司之過。觓，球球然角貌。○疏曰：展，省察也。言「日」，日皆省察牛之觓角而則知傷，是省察之道盡矣。展道雖盡，不能防災禦患，致使牛傷，是其所以備災之道不盡，是故不言日以責有司也。牛角云觓者，詩稱：「兕觥其觓。」又曰：「有觓其角。」是也。「改卜牛，鼷鼠又食其角」，又，有繼之辭也。前已食，故曰繼。其，緩辭也。曰，亡乎人矣，非人之所能也，所以免有司之過也。至此復食，乃知國無賢君，天災之爾，非有司之過也，故言「其」以赦之。○疏曰：上文云「鼷鼠食郊牛角」，不言「其」，此文云又食其角乃變言「其」，故釋之云「其，緩辭也」。「曰亡乎人矣」，亡，無也。至此郊牛復食，乃知國無賢君，非人所不能也。謂國無賢君之故，爲上天之所災，非人力所能禁，所以免有司之過也。謂經言「其」者，所以赦有司也〔一一七〕。「乃免牛」，乃者，亡乎人之辭也。免牲者，爲之緇衣纁裳，有司玄端，奉送至于南郊，免牛亦然。免牲不曰不郊，免牛亦然。郊者用牲，今言免牲則不郊顯矣。若言免牛亦不郊而經復書不郊者，蓋爲三望起爾。言時既不郊而猶三望，明失禮。○疏曰：重發傳者，此再食乃免牛，嫌與他例別，故重發之。又曰：蓋爲三望起爾者，僖三十一年「夏四月，四卜郊，不從，乃免牲，猶三望」。彼不云不郊，此既云免牛，又云不郊者，彼免牲與三望同時，故略去不郊之文。此春免牛夏乃三望，故備言之。○成公十七年，九月辛丑，用郊。公羊子曰：用者不宜用也，九月非所用郊也。周之九月，夏之七月，天氣上升，地氣下降，又非郊時，故加「用」字〔一一八〕。然則郊曷用？郊用正月上辛，魯郊博卜春三月，言正月者，因見百王正所當用也。三王之郊，一用夏正，言正月者，春秋之制也。正月者，歲首。上辛，猶始新，皆取其首先之意。日者，明用辛例，不郊則不日。○疏曰：僖三十一年傳云：「魯郊，非禮也。」彼注云「以魯郊非禮，故卜爾。昔武王既沒，成王幼少，周公居攝行天子事，制禮作樂，致太平，有王功。周公薨，成王以王禮葬之，命魯使郊，以彰周公之德。非正，故卜。三卜吉，則用之；不吉，則免牲」者，是其魯郊博卜春三月之義也。而此傳止言正月者，因見其自今後百代之王正所當用之月也。又曰：「三王之郊，一用夏正」者，易說文也。既用夏正，而此傳特言「用正月上辛」者，但春秋之制也。春秋因魯以制法令，自今以後之郊皆用周之正月故也。云「不郊則不日」者，即僖三十一年「夏四月，四卜郊不從，乃免牲，猶三望」、成七年「春王正月，鼷鼠食郊牛角，改卜牛」、夏五月「不郊，猶三望」之屬，是「不郊則不日」之文也。或曰用然後郊。「或曰用」者，先有事存后稷神名也。晉人將有事於河，必先有事於惡池。齊人將有事於泰山，必先有事於蜚林。魯人將有事於天，必先有事於頖宮。九月郊尤悖禮，故言「用」，小大盡譏之，以不郊乃譏三望，知郊不得譏小也。又夕牲告牷后稷當在日上，不得在日下。○惡，音呼，又作虖，好故反。池，大河反。蜚，禮記作「配」。○疏曰：「晉人」至於「頖宮」者，即禮器云：「魯人將有事於上帝，必先有事於泮宮。」注云：「上帝，周所郊祀之帝，謂蒼帝靈威仰也。魯以周公之故，得郊祀上帝，與周同。先有事於泮宮，告后稷也。告之者，將以配天先仁也。泮宮，郊之學也，詩所謂「頖宮」也，字或爲『郊宮』。」「晉人將有事於河，必先有事於惡池」，鄭注云：「『惡』當爲『呼』，聲之誤也。呼池，嘔夷，并州川。」「齊人將有事於泰山，必先有事於配林」，注云「配林，林名」是也。云「以不郊乃譏三望」云云者，即僖三十一年「夏四月，四卜郊不從，乃免牲，猶三望」。傳云：「猶者何？通可以已也。」「譏不郊而望祭也。」何氏云「譏尊者不食，而卑者獨食」也。云「又夕牲告牷后稷」云云者，言古禮，郊之前日午後陳其牲物，告牲之牷於后稷，則知此經宜云九月用，辛丑郊。○穀梁子曰：九月辛丑，用郊，夏之始可以承春，以秋之末承春之始，蓋不可矣。郊，春事也。僖三十一年「夏四月，四卜郊，不從」，傳曰：「四月，不時。」今言可者，方明秋末之不可，故以是爲猶可也。九月用郊，用者，不宜用也。宮室不設，不可以祭；衣服不脩，不可以祭；車馬器械不備，不可以祭；有司一人不備其職，不可以祭。祭者，薦其時也，薦其敬也，薦其美也，非享味也。疏曰：論用郊而陳宮室者，禮有五，經莫重於祭，祭之盛者〔一一九〕，莫大於郊。傳意欲見嚴父然後至其天，家國備然後祭享，故具説宮室祭服、車馬官司之等，明神非徒享味而已。何得九月始用郊乎？徐邈云：宮室謂郊之齊宮，衣服車馬亦謂郊之所用，言一事闕則不可祭，何得九月用郊？理亦通也。○哀公元年，鼷鼠食郊牛角，改卜牛。夏四月辛巳，郊。穀梁子曰：此該郊之變而道之也，該，備也。春秋書郊終於此，故於此備説郊之變。變，謂郊非其時，或牲被災害。○疏曰：郊，自正月至於三月，郊之時也。三卜，禮之正。凡書郊，皆譏。范例云：書郊有九：僖三十一年「夏四月，四卜郊，不從，乃免牲，猶三望」，一也；宣三年「郊牛之口傷」，「改卜牛，牛死，乃不郊，猶三望」，二也；成七年「鼷鼠食郊牛角」，三也；襄七年「夏四月，三卜郊，不從，乃免牲」，四也；襄十一年「夏四月〔一二〇〕，四卜郊，不從，乃不郊」，五也；定公、哀公並有牲變，不言所食處，不敬莫大，二罪不異，並爲一物，六也；定十五年五月郊，七也；成十七年「九月用郊」，八也；及此年「四月辛巳，郊」，九也。下傳云「子之所言」至「道之何也」，然則據此而言牛有傷損之異，卜有遠近之別，亦在其間也〔一二一〕。於變之中又有言焉。於災變之中，又有可善而言者。○疏曰：郊牛日日展視其觓角而知其傷〔一二二〕，是展道盡矣，即於災變之中有可善而言者。但備災之道不盡，致此天災而鼷鼠食角，故書以譏之也。鼷鼠食郊牛角，改卜牛，志不敬也。郊牛日展觓角而知傷，展道盡矣。展道雖盡，所以備災之道不盡。譏哀公不敬，故致天災。郊自正月至于三月，郊之時也。夏四月郊，不時也；五月郊，不時也。夏之始可以承春，以秋之末承春之始，蓋不可矣。凱曰：不時之中有差劇也。夏始承春、方秋之末，猶爲可也。○疏曰：自正月、二月、三月，此三春之月，是郊天之正時也。若夏四月、五月以後，皆非郊月。如有其郊，並書以示譏。然則，郊是春事也。如郊在四月、五月之中，則是以夏始承春，其過差少。若郊在九月之中，則是以秋末承春，其過極多。則自五月至八月其間有郊，亦以承春遠近爲過之深淺也。九月用郊，用者，不宜用也。在成十七年。郊三卜，禮也；以十二月下辛卜正月上辛，如不從，則以正月下辛卜二月上辛，如不從，則以二月下辛卜三月上辛，所謂三卜也。鄭嗣曰：謂卜辛而三也，求吉之道三，故曰禮也。○疏曰：如嗣之意，以十二月下辛卜正月上辛日爲郊之時，則於此一辛之上卜。不吉以至二卜，不吉以至三卜，求吉之道三，故曰禮也。四卜，非禮也；僖三十一年、襄十一年皆四卜。○疏曰：僖三十一年以十二月下辛卜正月上辛〔一二三〕，不從，則以正月下辛卜二月上辛，不從，則以二月下辛卜三月上辛，所謂「三卜，禮也」。今以三月以前不吉，更以三月下辛卜四月上辛，則謂四卜郊，非禮也。成十年以四月以前四卜不吉，又於四月下辛卜五月上辛，則五卜强也，非禮可知。鄭嗣之意，亦以一辛之中卜至於四、五月也。一辛之上三卜，禮也，四卜、五卜，非禮也。然則，四卜云非禮，五卜變文云强者，四卜雖失，猶去禮近，容有過失，故以非禮言之。若至五卜，則是知其不可而强爲之，去禮已遠，故以强釋之。五卜，强也。成十年五卜。卜免牲者，吉則免之，不吉則否。牛傷，不言傷之者，傷自牛作也，故其辭緩。宣三年「郊牛之口傷」，以牛自傷，故加「之」言緩辭。全曰牲，傷曰牛，未牲曰牛，其牛一也。其所以爲牛者異，已卜日成牲而傷之曰牛，未卜日、未成牲之牛二者不同。有變而不郊，故卜免牛也。已牛矣，其尚卜免之，何也？災傷不復以郊，怪復卜免之。禮，與其亡也寧有，於禮有卜之與無卜，寧當有卜。嘗置之上帝矣，故卜而後免之，不敢專也。嘗置之滌宮，名之爲上帝牲，故不敢擅放也。卜之不吉，則如之何？不免，安置之，繫而待六月上甲始庀牲，然後左右之。庀，具也，待具後牲。然後左右前牛在我用之，不復須卜，已有新牲故也，周禮曰：司門「掌授管鍵，以啓閉國門。」「祭祀之牛牲繫焉。」然則，未左右時，監門者養之。子之所言者，牲之變也〔一二四〕。而曰我一該郊之變而道之，何也？我以六月上甲始庀牲，十月上甲始繫牲，十一月、十二月牲雖有變，不道也。牲有變則改卜牛，以不妨郊事，故不言其變。○疏曰：上言「子」者，弟子問穀梁子辭。「而曰我」者，是弟子述穀梁子自我之意。「我以六月」者，是穀梁子答前弟子之辭。「我以六月上甲始庀牲」，庀，具，猶簡擇未繫之，待十月然後始繫養。若六月簡訖以後有變，則七月、八月、九月上甲皆可揀擇，故傳云「六月上甲始庀牲」，明自六月爲始，七月、八月、九月皆可簡牲。自十月繫之，有變則改卜，卜取吉者。十一月、十二月亦然，是繫之三月也。故傳云「十月上甲始繫牲，十一月、十二月牲雖有變，不道也」是也，待正月然後言牲之變。周正是郊時之正〔一二五〕，如其牛有變，然後言之，二月、三月亦然，重妨郊故也。待正月然後言牲之變，此乃所以該郊。至郊時然後言其變，重其妨郊也。十二月不道，自前可知也。至正月然後道，則二月、三月亦可知也。此所以該郊，言其變道盡。○疏曰：自六月上甲始庀牲，十月始繫牲，自十二月以前牲雖有變不道，自正月然後云牲之變。乃不郊卜免牲，吉與不吉如此之類，皆是該備郊事，言牲變之道盡悉也。郊，享道也。貴其時，大其禮，其養牲雖小，不備可也。享者，飲食之道。牲有變則改卜牛，郊日已逼庀繫之，禮雖小，不備合時，得禮用之可也。子不志三月卜郊，何也？三月，謂十二月、正月、二月也。○疏曰：既言十二月下辛卜正月上辛，正月下辛卜二月上辛，二月下辛卜三月上辛，怪經不書此十二月、正月、二月之卜郊，故問之也。郊自正月至于三月，郊之時也。有變乃志，常事不書。我以十二月下辛卜正月上辛，如不從，則以正月下辛卜二月上辛；如不從，則以二月下辛卜三月上辛；如不從，則不郊矣。意欲郊而卜不吉，故曰不從。郊必用上辛者，取其新絜莫先也。○哀公十三年，公會吴、晉，盟。吴人囚子服景伯，景伯謂大宰曰：「魯將以十月上辛有事於上帝、先王，季辛而畢，何世有職焉。」有職於祭事。○疏曰：七月辛丑盟，囚景伯以還，今景伯稱十月，當謂周之十月。周之十月，非祭上帝先公之時，且祭禮終朝而畢，無上辛盡於季辛之事。景伯以吴信鬼，皆虚言以恐吴耳。○春秋左氏傳

春，其帝大皞，其神句芒。此蒼精之君，木官之臣，自古以來著德立功者也。大皞，宓戲氏。句芒，少皞氏之子曰重，爲木官。○疏曰：「其帝大皞」者，謂自古以來，木德之君其帝大皞也。謂之皞者，按異義：「古尚書説：元氣廣大，謂之皞天。」則皞皞廣大之意，以伏羲德能同天，故稱皞。以東方生養，元氣盛大，西方收斂，元氣便小，故東方之帝謂之大皞，西方之帝謂之少皞。「其神句芒」者，謂自古以來主春立功之臣，其祀以爲神。是句芒者，主木之官。木初生之時句屈而有芒角，故云句芒。言大皞、句芒者，以此二人生時木旺主春〔一二六〕，立德立功，及其死後，春祀之時則祀此大皞、句芒，故言也。此之言據死後享祭之時，不論生存之日，故云其神句芒。句芒言其神，則大皞亦神也。大皞言帝，則句芒當云臣也。互而相通。大皞在前，句芒在後，相去縣遠，非是一時。太皞木王，句芒有主木之功，故取以相配也。又曰：蒼是東方之色，故下云駕蒼龍、服蒼玉。此是蒼精之君也，則東方當木行之君也。云「著德立功」者，著德謂大皞，立功謂句芒也。云「大皞，宓戲氏」者，以東方立德則謂之大皞，德能執伏犧牲，謂

之伏犧，即宓戲也。律曆志云：「太皞作罔罟以田漁，取犧牲，故天下號曰庖犧氏。」又帝王世紀云：「取犧牲以供庖廚食天下，故號曰庖犧氏。」或作「密」戲氏者，密字誤也，當宀下著必〔一二七〕，是古之「伏」字。按帝王世紀云：「大皞帝，庖犧氏，風姓也。母曰華胥。遂人之世，有大人之迹出於雷澤之中，華胥履之，生庖犧於成紀。蛇身人首，有聖德，爲百王先。帝出於震，未有所因，故位在東，主春，象日之明，是以稱大皞，一號黃熊氏。」云「少皞氏之子曰重爲木官」者，按昭二十九年左傳蔡墨云：「少皞氏有四叔，曰重、曰該、曰脩、曰熙。」「重爲句芒，該爲蓐收，脩及熙爲玄冥。」「顓頊氏有子曰犂，爲祝融。共工氏有子曰句龍，爲后土。」是重爲句芒。若然，按楚語云「重爲南正司天，犂爲火正司地」，所以又爲南正、火正不同者。蓋重爲木正兼爲南正司天，犂爲火正兼爲北正司地，故韋昭注國語云：「火，當爲北。」重既顓頊時爲南正。按楚世家高辛氏誅重、犂，依帝繫，顓頊、高辛各有一人爲帝，則重既事顓頊又事高辛。鄭則依命歷序以顓頊傳九世，帝嚳傳十世，則重何得事顓頊又事高辛者？師解「重，人號，雖子孫皆號曰重，猶若羿爲堯時射官，至夏后相之時猶有羿也」，自古以來紀君臣之號。按昭十七年左傳云：「顓頊以來，不能紀遠，乃紀於近，命以民事。」服注云：「自少皞以上，天子之號以其德，百官之號以其徵。自顓頊以來，天子之號以其地，百官之紀以其事。」則伏犧、神農、黃帝、少皞，皆以德爲號也；高陽、高辛、唐、虞，皆以地爲號也。雖以其地爲號，兼有德號，則帝嚳、顓頊、堯、舜，是其德號。

夏，其帝炎帝，其神祝融。此赤精之君、火官之臣，自古以來著德立功者也。炎帝，大庭氏也。祝融，顓頊氏之子，曰犂，爲火官。○疏曰：何胤云：春秋說云：炎帝號大庭氏，下爲地皇，作耒耜，播百穀，曰神農也。云「犂爲火官」者，按昭二十九年左傳云：「顓頊氏有子曰犂，爲祝融。」杜注云：「祝融，明貌。」中央，其帝黄帝，其神后土。此黄精之君、土官之神〔一二八〕，自古以來著德立功者也。黄帝，軒轅氏也。后土，亦顓頊氏之子，曰犂，兼爲土官。○疏曰：按昭二十九年左傳云：「顓頊氏有子曰犂，爲祝融。共工氏有子曰句龍，爲后土。」后土爲土官，知此經后土非句龍而爲犂者，以句龍初爲后土，後轉爲社。后土官闕，犂則兼之。故鄭注大宗伯云：「犂食於火土。」以宗伯别云社稷，又云五祀，句龍爲社神，則不得又爲五祀，故云「犂兼」也。秋，其帝少皞，其神蓐收。此白精之君、金官之臣，自古以來著德立功者也。少皞，金天氏。蓐收，少皞氏之子，曰該，爲金官。○疏曰：按此秋云其帝少皞，在西方金位。左傳昭元年云：「昔金天氏有裔子曰昧，爲玄冥師，生允格、臺駘。」稱金天氏與少皞金位相當，故少皞則金天氏也。又帝王世紀：「少皞帝，號曰金天氏。」云「少皞氏之子，曰該，爲金官」者，按左傳昭二十九年蔡墨云少昊氏之子曰該，又云「該爲蓐收」，是爲金神佐少皞於秋。蓐收者，言秋時萬物摧蓐而收斂。冬，其帝顓頊，其神玄冥。此黑精之君、水官之臣，自古以來著德立功者也。顓頊，高陽氏也。玄冥，少皞氏之子曰脩、曰熙，爲水官。○疏曰：按五帝德云：「顓頊，高陽氏，姬姓也。」又帝王世紀云：「生十年而佐少皞，十二年而冠，二十年而登帝位。在位七十八年而崩，以水承金也。」云「玄冥，少皞氏之子，曰脩、曰熙」者，按昭二十九年左傳云「少皞氏有子曰脩、曰熙」，又云脩及熙爲玄冥」，是相代爲水官也。○季冬，乃畢祀帝之大臣、天之神祇。四時之功成於冬，孟月祭其宗，至此可以祭其佐也。帝之大臣，句芒之屬。天之神祇，司中、司命、風師、雨師。○疏曰：按上孟冬「祈來年於天宗，大割祠於公社，臘先祖、五祀」，是謂蜡祭，則百神皆祭。則一變而致羽物山林之祇，再變而致鱗物川澤之祇，是蜡祭並祭山川，是嶽瀆及衆山川也。孟冬不見者，文不具。孟冬祭嶽瀆因及衆山川，至此又更祭衆山川。山川少於嶽瀆，是孟月祭其宗，此月祭其佐。前孟冬是祭先嗇神農，並祭五帝，但孟月其文不具〔一二九〕。則五帝爲宗，大臣句芒等爲佐，是孟月祭其宗，此月祭其佐也。孟冬祭司中等，是孟月祭宗，此月祭佐，則天神、人鬼、山川等皆有宗有佐也。故鄭先云孟月祭宗〔一三〇〕，至此祭佐，後解帝之大臣天神地祇。若然，山川卑於帝之大臣在先言，故以爲尊卑之序無義例也。熊氏云：孟冬祭宗，至此祭佐惟天。恐非也。○以上禮記月令。

右配帝及帝臣

掌次：朝日，則張大次、小次，設重帟、重案。朝，直遥反。重，直龍反。○朝日，春分拜日於東門之外。次，謂幄也。大幄，初往所止居也〔一三一〕；小幄，既接祭退俟之處。祭義曰：「周人祭日以朝及闇。」非有强力孰能支之，是以退俟與諸臣代有事焉。重帟，複帟。重案，牀重席也。○疏曰：言「朝日」者，謂春分朝日。「則張大次、小次」者，次謂幄帳也，大幄小幄，但幄在幕中。既有幄，明有帷幕可知。「設重帟」者，謂於幄中設承塵。云「重案」者，案則牀也〔一三二〕。牀言重，謂牀上設重席。不言氈及皇邸，亦有可知。上氈案不言重席，亦有重席可知，互見爲義。又曰：知朝日「春分」者，祭義云「祭日於東」，故鄭約用春分也。云「拜日於東門之外」者，謂在東郊，覲禮文。云「次，謂幄也。大幄，初往所止居也；小幄，既接祭退俟之處」者，必兩處設幄者，大幄，謂王侵晨至祭所，祭時未到，去壇壝之外遠處設大次，王且止居，故云「大幄，初往所止居也」。接祭者，與羣臣交接相代而祭，去壇宜近，置一小幄，退俟之處。云「祭義曰周人祭日以朝及闇」，引此已下者，欲見王與臣接祭之時須有小幄也。言「孰能支之」者，謂一日之間，雖有强力，誰能支持乎？云「重帟，複帟」者，謂兩重爲之。云「重案，牀重席」者，按司几筵「莞筵、繅席、次席三重」，此言重席，亦當有此三重，與重帟不同。○天官○大宗伯：以實柴祀日月星辰。實柴，實牛柴上也。故書實柴或爲賓柴。星謂五緯。辰，謂日月所會十二次。○疏曰：云「實柴實牛柴上也」者，按肆師職，此三者皆實牲，先鄭直據實柴爲實牛者，偏據一邊而言耳，其實皆牛也。云「故書實柴或爲賓柴」者，賓柴無義，後鄭雖不破，當還從實柴也。云「星謂五緯」者，五緯即五星：東方歲星、南方熒惑、西方太白、北方辰星、中央鎮星。言緯者，二十八宿隨天左轉爲經，五星右旋爲緯。按元命包云：「文王之時，五星以聚房也。」星備云：「五星初起牽牛。」此云星，明是五緯。又按星備云：「歲星一日行十二分度之一，十二歲而周天。熒惑日行三十三分度之一，三十三歲而周天。鎮星日行二十八分度之一，二十八歲而周天。太白日行八分度之一，八歲而周天。辰星日行一度，一歲而周天。」是五緯所行度數之事。且諸文皆星辰合解之，故尚書堯典云「曆象日月星辰」，洪範「五紀」亦云星辰，鄭皆星辰合釋者，餘文於義不得分爲二，故合釋。此文皆上下不見祭五星之文，故分星爲五緯，與辰別解。若然，辰雖據日月會時而言，辰即二十八宿也〔一三三〕。按昭七年左氏傳：「晉侯問伯瑕曰：『何謂六物？』對曰：『歲、時、日、月、星、辰是謂也。』公曰：『多語寡人辰而莫同，何謂辰？』對曰：『日月之會是謂辰，故以配日。』」是其事。但二十八星面有七〔一三四〕，不當日月之會，直謂之星。若日月所會，則謂之宿，謂之辰，謂之次，亦謂之房，故尚書胤征云：「辰弗集于房。」孔注云：「房，日月所會。」是也。禮記郊特牲曰：「郊之祭也，迎長日之至也，大報天而主日也。兆於南郊，就陽位也。掃地而祭，於其質也。」祭義曰：「郊之祭也，大報天而主日，配以月。」則郊祭并祭日月可知，其餘星也、辰也亦自明矣。○春官○典瑞：掌玉瑞、玉器之藏，辨其名物，與其用事，設其服飾。藏，才浪反。○人執以見曰瑞，禮神曰器。瑞，符信也。服飾，服玉之飾，謂繅藉。○見，賢徧反。藉，在夜反，下同。○疏曰：言「掌玉瑞、玉器之藏」者，玉之美者入天府藏之，凡平者仍在典瑞藏之，故亦言藏也。人執之則曰瑞，即下文鎮圭之等是也。「禮神曰器」，則下文四圭之等是也。云「辨其名物」者，圭璧之等各有名，並物色有異。云「與其用事」者，爲事而用圭璧，謂朝聘朝日祭祀之等皆是也。云「設其服飾」者，謂繅藉在玉，若人之衣服之飾也。又曰：「人執以見曰瑞禮神曰器」者，據此文及大宗伯相對而説，散文則人執亦名器。故聘禮記云：圭璋璧琮，「凡此四器者，唯其所寶，以聘可也。」又尚書云：「五器，卒乃復。」皆是人執而名器也。云「瑞，符信也」者，若天子受瑞於天，諸侯不得受瑞於天，唯受瑞於天子，故名瑞，瑞即符信者也。云「繅藉」，即下文繅五采五就之等也。王晉大圭，執鎮圭，繅藉五采五就以朝日。繅有五采文，所以薦玉，木爲中幹，用韋衣而畫之。就，成也。王朝日者，示有所尊，訓民事君也。天子常春分朝日，秋分夕月，覲禮曰：「拜日於東門之外。」故書鎮作瑱，鄭司農云：晉，讀爲搢紳之搢，謂插之於紳帶之閒，若帶劍也。瑱，讀爲「鎮」。玉人職曰：「大圭長三尺，杼上終葵首，天子服之。」「鎮圭尺有二寸，天子守之。」繅，讀爲藻率之藻。五就，五匝也，一匝爲一就。○疏曰：搢，插也，謂插大圭長三尺、玉笏於帶閒。手執鎮圭尺二寸。「繅藉五采五就」者，謂以五采就繅藉玉也。「以朝日」者，謂以春分朝日於東郊也。

又曰：云「繅有五采文」者，釋「繅」字，以其繅者雜采之名，故云繅有五采，文所以薦玉也。云「木爲中幹，用韋衣而畫之。就，成也」者，鎮圭尺二寸，廣三寸，則此木版亦長尺二寸，廣三寸，與玉同，然後用韋衣之，乃於韋上畫之。一采爲一匝，五采則五匝，一匝爲一就。就，成也，是采色成者也。按聘禮記云：「絇組尺。」彼組不問尊卑，皆用五采長尺以爲繫，所以束玉使不落。絇組繫亦名繅藉者，則曲禮云：「其有藉者則裼。」聘禮云：「上介屈繅以授賓。」是亦名繅藉者也。云「王朝日者，示有所尊，訓民事君也」者，王者父天母地，兄日姊月，故春分朝日，秋分夕月。以王者至尊猶朝日夕月，況民得不事君乎？是訓民事君也。云「天子常春分朝日，秋分夕月」，知者，按祭義云「祭日於東，祭月於西」。又玉藻云「玄端而朝日於東門之外」，又覲禮「春拜日於東門之外」，既春拜日於東，明秋夕月於西，故知春分朝日，秋分夕月也。鄭司農云「晉，讀爲搢紳之搢」者，漢有搢紳之士，亦謂搢笏於紳，故讀從之。云「謂插之於紳帶之閒」者，凡帶有二者：大帶，大夫已上用素，士用練，即紳也；又有革帶，所以珮玉之等。今插笏者，插於紳之外革之內，故云「紳帶之閒」也。云「若帶劍也」者，劍在紳帶之閒同處也。云「玉人職曰：大圭長三尺，杼上終葵首，天子服之」者，按彼注云：「杼，殺也。」終葵首，謂大圭之上近首殺去之，留首不去處爲椎頭，齊人名椎爲終葵首，故名圭首爲椎頭者爲終葵首也。按玉藻云：「天子搢珽，方正於天下。」即此大圭也。云「鎮圭尺有二寸天子守之」者，亦玉人文，引之證經大圭與鎮圭之義也。云「繅讀爲藻率之藻」者，桓二年臧哀伯諫辭也。藻是水藻之文，故讀從之也。云「五就，五匝也。一匝爲一就」者，下文有三采者，亦一采爲一就。下云二采一就者，據臣行聘不得與君同，是以二采。采爲一行，二采共爲一就。

凡言「就」者：或兩行名爲一就，即此上下文是也；或一匝二行爲二就，就即等也。故聘禮記云：「所以朝天子，圭與繅皆九寸。」又云：「繅三采六等：朱、白、蒼。」注云：「以三色，再就。」謂三色，色爲再就，就亦等也，三色即六等。禮記雜記亦云：「三采六等。」注云：「三采六等，以朱、白、蒼畫之再行，行爲一等。」是等爲一行，行亦爲就，據單行言之也。各有所據，故其文有異也。○圭璧以祀日月星辰。圭其邸爲璧，取殺於上帝。○殺，色界反，下同。○疏曰：祭日月，謂若春分朝日，秋分夕月，并大報天，主日配以月，其星辰所祭，謂小宗伯：四類亦如之。注云：「禮風師雨師於郊之屬。」又月令云：「祈來年於天宗。」鄭云：「天宗，日月星辰。」亦是也。祭法埋少牢已下祭日月星辰，謂禱祈而祭，亦用此圭璧以禮神也。又曰：云「圭其邸爲璧」者，上文四圭、兩圭及下璋邸皆言邸，鄭皆以邸爲璧，但此圭云璧不言邸，故鄭還以邸解璧也。云「取殺於上帝」者，但郊天及神州之神雖相對，但天尊地卑，故四二有異，鄭直云象不言殺也，今日月星天神，故以殺言之也。言殺者，取降殺以二爲節也。○同上。○玉人之事，圭璧五寸以祀日月星辰。禮其神也。圭其邸爲璧，取殺於上帝。○疏曰：此圭璧謂以璧爲邸，旁有一圭，故云「圭其邸爲璧」也。云「取殺於上帝」者，按上文四圭以祀天，此日月星辰爲天之佐，故一圭是取殺於上帝也。按典瑞云：「兩圭有邸以祀地，璋邸射以祀山川。」彼山川亦取殺於地，此不言者，文略。彼又有珍圭牙璋，此不言者，亦是文略，並玉人造之可知。○冬官○天子玄端而朝日於東門之外。端，當爲冕，字之誤也。玄衣而冕，冕服之下。朝日，春分之時也。東門，謂國門也。○疏曰：知「端，當爲冕」者，凡衣服皮弁尊，次以諸侯之朝服，次以玄端。按下「諸侯皮弁聽朔，朝服視朝」，是視朝之服卑於聽朔。今天子皮弁視朝，若玄端聽朔，則是聽朔之服卑於視朝，與諸侯不類，且聽朔大，視朝小，故知端當爲冕，謂玄冕也，是冕服之下。按宗伯「實柴祀日月星辰」，則日月爲中祀，而用玄冕者，以天神尚質。按魯語云：「大采朝日，少采夕月。」孔晁云：「大采謂衮冕，少采謂黼衣而用玄冕者。」孔氏之説非也，故韋昭云：「大采謂玄冕也。」少采夕月則無以言之。云「朝日，春分之時也」者，以春分日長，故朝之。然則，夕月在秋分也。按書傳略説云：「祀上帝於南郊，即春迎日於東郊。」彼謂孟春，與此春分朝日別。朝事儀云：「冕而執鎮圭，帥諸侯朝日於東郊。」此云朝日於東門者，東郊在東門之外〔一三五〕，遥繼門而言之也。云「東門，謂國門也」者，以朝事儀云：「朝日東郊。」故東門是國城東郊之門也。○玉藻

右日月星辰○記：王宮，祭日；夜明，祭月；幽宗，祭星。王宮，日壇。王，君也，日稱君，宮壇，營域也。夜明，亦謂月壇也。「宗」皆當爲「禜」，字之誤也。幽禜，亦謂星壇也，星以昏始見。禜之言營也。春秋傳曰：「日月星辰之神，則雪霜風雨之不時，於是乎禜之。」○見，賢徧反。○疏曰：「王宮，祭日」也者，王，君也，宮亦壇也，營域如宮也。日神尊，故其壇曰君宮也。「夜明，祭月」也者，夜明者，祭月壇名也。月明於夜，故謂其壇爲夜明也。「幽宗，祭星」也者，祭星，壇名也。幽，闇也。宗當爲禜，禜，壇域也。星至夜而出，故曰「幽」也。爲營域而祭之，故曰「幽禜」也。云「『宗』皆當爲『禜』」者，以經云「幽宗」，「宗」字無義，而與「禜」字相近，故並讀爲「禜」也。「禜之言營」者，按莊二十五年公羊傳云：「以朱絲營社，或曰脅之，或曰爲闇。恐人犯之，故營之。」是禜有營義，故讀爲「禜」云。○詳見祭法。○祭日於壇，祭月於坎。疏曰：此經及下經皆據春分朝日，秋分夕月。祭日於

壇，謂春分也；祭月於坎，謂秋分也。祭日於東，祭月於西。疏曰：祭日於東，用朝旦之時。祭月於西，鄉夕之時。而崔氏云：祭日於壇，祭月於坎，還據上文郊祭之時。今謂若是郊祭日與月，當應同處，何得祭日於壇，祭月於坎，日於東，月於西，祭不同處？則崔説非也。崔又云：日月有合祭之時，謂郊祭天而主日，配以月，其禮大用牛。各祭之時，謂春分朝日，秋分夕月，其禮小，故祭法用少牢。今謂小司徒云：「小祭祀，奉牛牲。」鄭注謂「玄冕所祭」。自玄冕皆用牛也，何得用少牢？今謂祭法日月用少牢，鄭云：「禱祈之祭也。」崔氏説又非。崔氏又云「迎春之時兼日月」者，今按：諸文迎春、迎秋無祭日月之文。小宗伯云：「兆五帝於四郊，四望、四類亦如之。」謂四望、四類之祭亦如五帝在四郊。故鄭云：「兆日於東郊，兆月與風師於西郊。」不謂兆五帝之時，即祭日月，崔説又非。○祭義○傳：古者，先王既有天下，又崇立於上帝、明神而敬事之，崇，尊也。立，立其祀也。上帝，天也。明神，日月也。於是乎有朝日、夕月以教民事君。禮，天子以春分朝日，以秋分夕月，拜日於東門之外。然則，夕月在西門之外必矣。○國語周語○天子大采朝日，與三公九卿祖識地德；禮：天子以春分朝日，示有尊也。虞説云：大采，衮織也。祖，習也。識，知也。地德所以廣生。昭謂：禮玉藻：天子玄冕以朝日。玄冕，冕服之下則大采，非衮織也。周禮：「王搢大圭，執鎮圭，藻五采五就以朝日。」則大采謂此也。言天子與公卿因朝日以脩陽政而習地德，因夕月以治陰教而糾天刑。日照晝，月照夜，各因其明以脩其事也。日中考政，與百官之政事，師尹維旅、牧、相宣序民事；宣，徧也。序，次也。三君云：師尹，大夫官也，掌以美詔王。維，陳也。旅，衆士也。

牧，州牧也。相，國相也。皆百官政事之所及也。一曰：師尹，公也，詩云：「赫赫師尹。」少采夕月，與大史、司載糾虔天刑；夕月以秋分。糾，恭也。虔，敬也。刑，法也。或云：少采，黼衣也。昭謂：朝日以五采，則夕月其三采也。載，天文也。司天文謂馮相氏、保章氏，與大史相儷偶也。此因夕月而恭敬觀天法，考行度以知妖祥也。日入監九御，使潔奉禘、郊之粢盛，監，視也。九御，九嬪之官，主粢盛、祭服者。而後即安。即，就也。○國語魯語○古者帝王躬率有司百執事，而以正月朝迎日于東郊，所以爲萬物先而尊事天也。祀上帝于南郊，所以報天德。迎日之辭曰：「維某年月上日，明光于上下，勤施于四方。旁作穆穆，維予一人某敬拜迎日東郊。」堯典曰：寅賓出日。此之謂也。○尚書大傳○莊公十八年，日有食之。穀梁子曰：不言日，不言朔，夜食也。何以知其夜食也？曰：王者朝日。王制曰：天子「玄冕而朝日於東門之外。」故日始出而有虧傷之處，是以知其夜食也。何休曰：春秋不言月食日者，以其無形，故闕疑。其夜食何緣書乎？鄭君釋之曰：一日一夜合爲一日。今朔日日始出〔一三六〕，其食虧傷之處未復，故知此日以夜食，夜食則亦屬前月之晦，故穀梁不以爲疑。○疏曰：此是禮記玉藻文，而云「王制」者，謂王者之法制，非是王制之篇也。此魯事而輒言天子朝日者，言王者朝日，所以顯諸侯朝朔也。天子朝日於東門之外，服玄冕，其諸侯則玉藻云「皮弁以聽朔於太廟」，與天子禮異。其禮雖異，皆早旦行事，而昨夜有虧傷之處尚存，故知夜食也。徐邈云：夜食則星無光。張靖策廢疾云：「立八尺之木，不見其影。」並與范意異也。故雖爲天子，必有尊也；貴爲諸侯，必有長也。故天子朝日，諸侯朝朔。

大宗伯：以槱燎祀司中司命、飌師雨師。槱，羊九反。燎，良召反。飌，音風。○槱，積也。詩曰：「芃芃棫樸，薪之槱之。」積柴實牲體焉，燔燎而升煙，所以報陽也。鄭司農云：司中，三能三階也。司命，文昌宮星。風師，箕也。雨師，畢也。玄謂：司中、司命，文昌第五、第四星，或曰中能、上能也。○能，他來反。○疏曰：云「槱，積也。詩云『芃芃棫樸，薪之槱之』」者，此大雅棫樸之篇，引之，證槱得爲積也。云「積柴實牲體焉，燔燎而升煙」者，此司中、司命等言槱燎則以用煙也。云「燔燎而升煙，所以報陽也」者，按郊特牲云：「升首於室以報陽。」彼論宗廟之祭以首報陽，今天神是陽，煙氣上聞，亦是以陽報陽，故取特牲爲義也。先鄭云「司中，三能三階也」者，按武陵太守星傳云：「三台，一名天柱：上台司命爲太尉，中台司中爲司徒，下台司禄爲司空。」云「司命，文昌宮星」者，亦據星傳云：「文昌宮第四曰司命，第五曰司中。」二文俱有司中、司命，故兩載之。云「風師，箕也」者，春秋緯云：「月離於箕，風揚沙。」故知「風師，箕也」。云「雨師，畢也」者，詩云：「月離於畢，俾滂沱矣。」是「雨師，畢也」。若左氏傳云：「天有六氣，降生五味。」即五行之味也，是陰、陽、風、雨、晦、明六氣下生金、木、水、火、土之五行。鄭義大陽不變，陰爲金，雨爲木，風爲土，明爲火，晦爲水。若從妻所好言之，則洪範云：「星有好風，星有好雨。」鄭注云：「箕星好風，畢星好雨。」是土十爲木八妻，木八爲金九妻，故東方箕星好風，西方畢星好雨。以此推之，則北宮好燠，南宮好暘〔一三七〕，中央四季好寒，皆是所尅爲妻，是從妻所好之義也。云「司中、司命，文昌第五、第四星」者，此破先鄭也。何則？先鄭以爲司中是三台、司命是文昌星。今按三台與文昌皆有司中、司命，何得分之？故後鄭云「文昌第五、第四星」。必先言第五，後言第四者，按文昌第四云司命，第五云司中，此經先云司中，後云司命，後鄭欲先説司中，故先引第五證司中，後引第四證司命，故文倒也〔一三八〕。按武陵太守星傳云：「文昌宫六星：第一曰上將，第二曰次將，第三曰貴相，第四曰司命，第五曰司中，第六曰司禄。」是其本次也。云「或曰中能」者〔一三九〕，亦據武陵太守星傳而言。云：「三台，一名天柱：上台司命爲太尉，中台司中爲司徒，下台司禄爲司空。」引此破先鄭也。○詳見祭統。

右祀司中司命飌師雨師

校勘記

〔一〕欲見逢時則祭　「祭」字原脱，傅本、朝鮮本、吕本同。據四庫本、賀本補。

〔二〕先鄭既無六天　「既」，原作「託」，傅本、朝鮮本同。據吕本、四庫本、賀本改。

〔三〕烜況晚反　「晚」，原作「彼」，傅本、朝鮮本、吕本同。據四庫本、賀本改。

〔四〕又惠恚反　「惠」，原作「思」，傅本、朝鮮本、吕本、四庫本同。據賀本改。

〔五〕云來嘷者皆謂呼之入者　「謂」，原作「爲」，傅本、朝鮮本、吕本同。據四庫本、賀本改。

〔六〕春官　傅本、朝鮮本、吕本、四庫本同。句上，賀本有「以上」二字。

〔七〕云以共王祀天之服者　「之」，原作「二」，傅本、朝鮮本、吕本同。據四庫本、賀本改。
〔八〕證植璧於神坐之側事也　「事」，原作「是」，傅本、朝鮮本、吕本、四庫本同。據賀本改。
〔九〕角即桓矣　「桓」，原作「短」，傅本、朝鮮本、吕本同。四庫本作「邸」。據賀本改。
〔一〇〕青圭禮東方　「禮」，原作「檀」，傅本同。據朝鮮本、吕本、四庫本、賀本改。
〔一一〕邸徑幾許　「徑」，原作「經」，傅本、朝鮮本、吕本同。據四庫本、賀本改。
〔一二〕明爲配天及告朔而言之　「及」，原作「夏」，傅本、朝鮮本、吕本同。據四庫本、賀本改。
〔一三〕蕢鼓　「蕢」，原作「蕢」，傅本、朝鮮本、吕本、四庫本同。據賀本改。
〔一四〕合陰聲者也　「陰」，原作「陽」，傅本、朝鮮本同。據吕本、四庫本、賀本改。
〔一五〕致地祇物彪　「物」，原作「鬼」，傅本、朝鮮本、吕本、四庫本同。據賀本改。
〔一六〕且使一變二變之等與分樂所用樂同　「與」，原作「舉」，傅本、朝鮮本、吕本同。據四庫本、賀本改。
〔一七〕即二王後丹朱也　「二」，原作「三」，傅本、朝鮮本、吕本同。據四庫本、賀本改。
〔一八〕大吕爲之合　「吕」，原作「呈」，據傅本、朝鮮本、吕本、四庫本、賀本改。
〔一九〕日月星辰在實柴中　「辰」字原脱，傅本、朝鮮本、吕本、四庫本同。據賀本補。
〔二〇〕禘大祭也至此申掌三辰之法　以上八百一十五字，吕本缺，朝鮮本、四庫本、賀本文字互異，且與宋本相差極大。

〔二一〕以猶鬼神示之居　「居」，原作「者」，傅本、朝鮮本同。據呂本、四庫本、賀本改。

〔二二〕云亦又有似虚危者　「又」字原脱，傅本、朝鮮本、呂本、四庫本同。據賀本補。

〔二三〕其餘四帝各於其郊並夏正祭所感帝於南郊　「正」，原作「玉」，傅本、朝鮮本、呂本同。據四庫本、賀本改。

〔二四〕當祭日溉祭器者　傅本、朝鮮本、呂本、四庫本同。「溉」，賀本作「摡」。

〔二五〕對神州之地爲小地　上「地」字，原作「神」，傅本、朝鮮本、呂本、四庫本同。據賀本改。

〔二六〕省本又作眚　「眚」，原作「責」，傅本、呂本同。四庫本作「貴」。據朝鮮本、賀本改。

〔二七〕亨牲器也　「亨」，原作「享」，傅本、呂本、四庫本同。據朝鮮本、賀本改。

〔二八〕皆是禮神置於神坐也　「置」，原作「致」，傅本、朝鮮本、呂本、四庫本同。據賀本改。

〔二九〕敬拜皇天之祜　「祜」，原作「祐」，傅本、朝鮮本、呂本、四庫本同。據賀本改。

〔三〇〕黑曰汁光紀　「曰」，原作「白」，傅本同。據朝鮮本、呂本、四庫本、賀本改。

〔三一〕彼雖無三皇五帝之文　「皇」，原作「王」，傅本、朝鮮本、呂本、四庫本同。據賀本改。

〔三二〕鄭司農云　「農」，原作「晨」，傅本同。據朝鮮本、呂本、四庫本、賀本改。

〔三三〕去壇壝之外遠處設大次　「去」，原作「夫」，傅本、呂本同。據朝鮮本、四庫本、賀本改。

〔三四〕置一小幄退俟之處　「一小」，原作「小一」，傅本、呂本、四庫本同。據朝鮮本、賀本改。「俟」，原作「侯」，據四庫本、賀本改。

〔三五〕與重帟不同　「帟」，原作「席」，傅本、吕本同。據朝鮮本、四庫本、賀本改。
〔三六〕大廟之内　「大」，原作「七」，傅本、吕本同。據朝鮮本、四庫本、賀本改。
〔三七〕禋之言煙煙祀五帝　二「煙」字，原作「禋」，傅本、朝鮮本、吕本同。四庫本下「煙」字作「禋」。據賀本改。
〔三八〕此云涖誓百官　「云」，原作「不」，傅本、吕本同。據朝鮮本、四庫本、賀本改。
〔三九〕謂將祭之晨　「晨」，原作「辰」，傅本、朝鮮本、吕本、四庫本同。據賀本改。
〔四〇〕秋官　「秋」，原作「地」，傅本、朝鮮本、吕本同。據四庫本、賀本改。
〔四一〕其時鑊水　傅本、朝鮮本、吕本、四庫本同。「時」，賀本作「實」。
〔四二〕謂四時迎氣總享明堂　「享」，原作「亨」，傅本、吕本同。據朝鮮本、四庫本、賀本改。
〔四三〕封人云共其水稾　「封」，原作「卦」，傅本、朝鮮本、吕本同。據四庫本、賀本改。
〔四四〕秋官　「秋」，原作「地」，傅本、朝鮮本、吕本同。據四庫本、賀本改。
〔四五〕則冬至夏至及先王先公小祝沃尸盥　「尸」，原作「王」，傅本、朝鮮本、吕本、四庫本同。據賀本改。
〔四六〕又曰　「曰」上，原有「疏」字，傅本、朝鮮本、吕本同。據四庫本、賀本删。
〔四七〕鄭司農云　此四字原脱，傅本、朝鮮本、吕本、四庫本同。據賀本補。
〔四八〕言獸尾止謂兔也　「止」，原作「正」，傅本、朝鮮本、吕本同。據四庫本、賀本改。

〔四九〕臣不知其可也　「臣」字原脱，傅本、朝鮮本、吕本、四庫本同。據賀本補。

〔五〇〕士喪禮曰　「喪」，原作「長」，傅本同。據朝鮮本、吕本、四庫本、賀本改。

〔五一〕又按國語禘郊之事則有全烝　「烝」，原作「胥」，傅本、朝鮮本、吕本、四庫本同。據賀本改。下同。

〔五二〕地官　「地」，原作「秋」，傅本、朝鮮本、吕本同。據四庫本、賀本改。

〔五三〕敔　「敔」，原作「故」，傅本、吕本同。據四庫本、賀本改。

〔五四〕瑟長八尺一寸　「長」，原作「張」，傅本、朝鮮本、吕本同。據四庫本、賀本改。

〔五五〕鄭司農注周禮云　「注」，原作「主」，傅本、朝鮮本同。據吕本、四庫本、賀本改。

〔五六〕篪七孔　「七孔」，原作「之空」，傅本、朝鮮本、吕本同。四庫本作「七空」。據賀本改。

〔五七〕大磬謂之馨　「馨」，原作「罄」，傅本、吕本同。據朝鮮本、四庫本、賀本改。

〔五八〕黄帝配含樞紐　此六字原在「少皞配白招拒」下，傅本、朝鮮本、吕本、四庫本同。據賀本移此。

〔五九〕十七年秋九月大雩　「七」，原作「九」，吕本同。傅本漫漶。據朝鮮本、四庫本、賀本改。

〔六〇〕大雩有二十一　「二」，原作「一」，傅本、吕本同。據朝鮮本、四庫本、賀本改。

〔六一〕昭二十五年一月再雩　「一」，原作「七」，傅本、朝鮮本、吕本、四庫本同。據賀本改。

〔六二〕亦一時之事而爲二雩　「二」，原作「一」，傅本、吕本同。據朝鮮本、四庫本、賀本改。

〔六三〕夏四月直爲禱祭不爲雩　「直」，原作「有」，傅本、吕本同。據朝鮮本、四庫本、賀本改。

〔六四〕鄭既以二祭爲一　「二」，原作「一」，傳本、吕本同。據朝鮮本、四庫本、賀本改。
〔六五〕彼祈農事者　「祈」，原作「其」，傳本、吕本同。據朝鮮本、四庫本、賀本改。
〔六六〕而首以木德王天下　「首」，原作「君」，吕本、四庫本同。傳本漫漶。據朝鮮本、賀本改。
〔六七〕故亦謂之上帝　「謂」，原作「爲」，傳本、朝鮮本、吕本、四庫本同。據賀本改。
〔六八〕而天子與天其尊卑相去遠矣　「天子與天」四字原漫漶，傳本同。據朝鮮本、四庫本補。
〔六九〕而不知者以祭社爲祭地　「社」，原作「祀」，傳本、朝鮮本、吕本、四庫本同。據賀本改。
〔七〇〕雖至三百篇之多　「至」，原作「得」，傳本、朝鮮本、吕本、四庫本同。據賀本改。
〔七一〕是祀天重於旅帝　「於」字原脱，傳本、朝鮮本、吕本同。據四庫本、賀本補。
〔七二〕釋詁文　「詁」，原作「古」，傳本、朝鮮本、吕本、四庫本同。據賀本改。
〔七三〕則書以譏其慢　「譏」，原作「書」，傳本、朝鮮本、吕本同。據四庫本、賀本改。
〔七四〕請乎應上公　「乎應」，原作「應乎」，傳本、朝鮮本、吕本、四庫本同。據賀本改。
〔七五〕百姓何依　「依」，原作「謗」，傳本、朝鮮本、吕本同。據四庫本、賀本改。
〔七六〕同祀上帝　「上」，原作「五」，傳本、朝鮮本、吕本、四庫本同。據賀本改。
〔七七〕詳見祭法注疏　傳本、朝鮮本、吕本、四庫本同。賀本無「注疏」二字。
〔七八〕郊之祭也　「也」，原作「迎長日之至」，傳本、朝鮮本、吕本、四庫本同。據賀本改。
〔七九〕王被衮戴冕　「衮」，原作「衺」，傳本、朝鮮本、吕本、四庫本同。據賀本改。

〔八〇〕又此下云戴冕璪十有二旒　「戴」，原作「載」，傅本、朝鮮本、吕本、四庫本同。據賀本改。

〔八一〕皇氏用王肅之説　「皇」，原作「王」，傅本、朝鮮本、吕本同。據四庫本、賀本改。

〔八二〕望祀　「望」字原缺，傅本同。吕本作「豊」。據朝鮮本、四庫本、賀本補。

〔八三〕用尨可也　「尨」，原作「尤」，傅本、朝鮮本同。據吕本、四庫本、賀本改。

〔八四〕若帝牛不吉或死傷　「牛」字原脱，傅本、朝鮮本、吕本同。據四庫本、賀本補。

〔八五〕故周禮掌養馬者謂之瘦人　傅本、朝鮮本、吕本、四庫本同。「瘦」，賀本作「庾」。

〔八六〕大俎謂之房烝　傅本、朝鮮本、吕本、四庫本同。「烝」，賀本作「胥」。

〔八七〕亦謂之殽胥　「殽」，原作「餚」，傅本、朝鮮本、吕本、四庫本同。據賀本改。

〔八八〕荀子禮論　「子」字原脱，傅本、朝鮮本、吕本同。據四庫本、賀本補。

〔八九〕爲有象天之文　「爲」，原作「其」，傅本、朝鮮本、吕本、四庫本同。據賀本改。

〔九〇〕云后稷周之始祖也者　「周」下，原有「公」字，傅本、朝鮮本、吕本、四庫本同。據賀本删。

〔九一〕黎民阻飢　「阻」，原作「始」，傅本、朝鮮本、吕本、四庫本同。據賀本改。

〔九二〕配后稷於蒼帝之禮乎　「后」，原作「祀」，傅本、朝鮮本、吕本同。據四庫本、賀本改。

〔九三〕按禮記明堂位昔者周公朝諸侯于明堂之位　「堂位昔者周公」六字，原作「其二端注明堂」，傅本、朝鮮本、吕本、四庫本同。據賀本改。「侯」字原脱，據四庫本、賀本補。

〔九四〕南是明陽之地　傅本、朝鮮本、吕本、四庫本同。「明陽」，賀本作「陽明」。

〔九五〕八牖者象八節也　「牖」，原作「牕」，四庫本作「窻」。「象八節」原作「即八牖」，傳本、朝鮮本、呂本、四庫本同。俱據賀本改。
〔九六〕於法仍可以卜郊　「卜」字原脱，傳本、朝鮮本、呂本、四庫本同。據賀本補。
〔九七〕禮月令孟春之月曰　「孟」，原作「仲」，傳本、朝鮮本、呂本、四庫本同。據賀本改。
〔九八〕孝經止言尊嚴其父祖　「祖」，原作「主」，傳本、朝鮮本、呂本、四庫本同。據賀本改。
〔九九〕何休膏肓執彼難此　「此」字原脱，傳本、朝鮮本、呂本、四庫本同。據賀本補。
〔一〇〇〕郊天之禮必用周之三月　「郊」，原作「郛」，傳本、朝鮮本、呂本同。據四庫本、賀本改。
〔一〇一〕必當先卜牛而後卜日　「牛」，原作「牲」，傳本、朝鮮本、呂本、四庫本同。據賀本改。
〔一〇二〕正以魯人之郊博卜三正　「博」，原作「傳」，傳本、朝鮮本、呂本、四庫本同。據賀本改。
〔一〇三〕兹予大享于先王　「予」，原作「于」，傳本、呂本同。據朝鮮本、四庫本、賀本改。
〔一〇四〕非正　「正」，原作「王」，傳本、呂本同。據朝鮮本、四庫本、賀本改。
〔一〇五〕於武宫之屬皆斥尊言之　「宫」，原作「公」，傳本、呂本、四庫本同。據朝鮮本、賀本改。
〔一〇六〕己卯烝之屬文不斥言者　「文」，原作「又」，傳本、朝鮮本、呂本、四庫本同。據賀本改。
〔一〇七〕凡三十六所　「三十」二字原脱，傳本、朝鮮本、呂本同。據四庫本、賀本補。
〔一〇八〕故祭雨曰升　「雨」，原作「田」，傳本、朝鮮本、呂本同。據四庫本、賀本改。
〔一〇九〕所以見事鬼神當加精誠　「誠」，原作「神」，傳本、朝鮮本、呂本、四庫本同。據賀本改。

〔一一〇〕不若食角急也者　「急」字原脱，傳本、朝鮮本、吕本、四庫本同。據賀本補。

〔一一一〕正謂天之精神靈不明察矣　「正」，原作「止」，傳本、朝鮮本、吕本同。據四庫本、賀本改。

〔一一二〕房星之精　傳本、朝鮮本、吕本、四庫本同。「星之」，賀本作「之星」。

〔一一三〕五星之精是其義　「精」，原作「謀」，傳本、朝鮮本、吕本、四庫本同。據賀本改。

〔一一四〕非備災之道不至也　「備」字原脱，傳本、朝鮮本同。據吕本、四庫本、賀本補。

〔一一五〕舊説既然不可致詰　「詰」，原作「語」，傳本、朝鮮本、吕本、四庫本同。據賀本改。

〔一一六〕牛亦然　「牛」字原脱，傳本、朝鮮本、吕本、四庫本同。據賀本補。

〔一一七〕所以赦有司也　「赦」，原作「放」，傳本、朝鮮本、吕本同。據四庫本、賀本改。

〔一一八〕故加用字　「字」，原作「之」，傳本、朝鮮本、吕本、四庫本同。據賀本改。

〔一一九〕祭之盛者　「之」，原作「而」，傳本、朝鮮本、吕本、四庫本同。據賀本改。

〔一二〇〕襄十一年夏四月　「一」，原作「二」，吕本、四庫本同。傳本漫漶。據朝鮮本、賀本改。

〔一二一〕亦在其閒也　「閒」字原漫漶，朝鮮本同。吕本、四庫本作「明」。據賀本補。

〔一二二〕郊牛日日展視其觓角而知其傷　下「日」字原漫漶，吕本作「月」。據朝鮮本、四庫本、賀本補。

〔一二三〕僖三十一年以十二月下辛卜正月上辛　上「月」字原脱，傳本、朝鮮本、吕本同。據四庫本、賀本補。

〔一二四〕牲之變也　「也」字原脱，傳本、朝鮮本、吕本、四庫本同。據賀本補。

〔一二五〕周正是郊時之正 「周」字原脱，傅本、朝鮮本、吕本同。據四庫本、賀本補。
〔一二六〕以此二人生時木旺主春 「旺」，原作「王」，傅本、朝鮮本、吕本、四庫本同。據賀本改。
〔一二七〕當宀下著必 「宀」，原作「穴」，據吕本、四庫本、賀本改。
〔一二八〕土官之神 傅本、朝鮮本、吕本、四庫本同。「神」，賀本作「臣」。
〔一二九〕但孟月其文不具 「月」，原作「冬」，傅本、朝鮮本、吕本、四庫本同。據賀本改。
〔一三〇〕故鄭先云孟月祭宗 傅本、朝鮮本、吕本、四庫本同。「鄭先」，賀本作「先鄭」。
〔一三一〕初往所止居也 「止」，原作「正」，傅本、朝鮮本、吕本同。據四庫本、賀本改。
〔一三二〕案則牀也 「也」，原作「山」，傅本、朝鮮本、吕本同。據四庫本、賀本改。
〔一三三〕辰即二十八宿也 傅本、朝鮮本、吕本、四庫本同。「宿」，賀本作「星」。
〔一三四〕但二十八星面有七 傅本、朝鮮本、吕本同。「面」，四庫本作「而」。
〔一三五〕東郊在東門之外 下「東」字，原作「南」，傅本、朝鮮本、吕本同。據四庫本、賀本改。
〔一三六〕今朔日日始出 下「日」字，原作「月」，傅本、朝鮮本、吕本、四庫本同。據賀本改。
〔一三七〕則北官好燠南官好暘 二「官」字，原作「宫」，傅本、朝鮮本、吕本、四庫本同。據賀本改。
「燠」，原作「奥」，據四庫本、賀本改。
〔一三八〕故文倒也 「倒」，原作「到」，傅本、朝鮮本、吕本同。據四庫本、賀本改。
〔一三九〕云或曰中能者 「能」，原作「台」，傅本、朝鮮本、吕本、四庫本同。據賀本改。

儀禮經傳通解續卷第二十三

祭禮七

地示

天子祭天地，歲徧。疏曰：地神有二，歲有二祭：夏至之日祭崑崙之神於方澤，一也；夏正之月祭神州地祇於北郊，二也。或云建申之月祭之，與郊天相對。又曰：知方岳之神是崑崙者，按地統書括地象云：「地中央曰崑崙。」又云：「其東南方五千里曰神州。」以此言之，崑崙在西北，別統四方九州，其神州者是崑崙東南一州耳。於一州中更分爲九州，則禹貢之九州是也。其配地之神，孝經緯既云：后稷爲天地之主。則后稷配天南郊，又配地北郊。則周人以嚳配圜丘，亦當配方澤也。○曲禮下○大宗伯：以黄琮禮地。禮地以夏至，謂神在崑崙者也。禮神者必象其類，琮八方象地。○疏曰：云「禮地以夏至」，謂神在崑崙，與昊天相對。蒼璧禮昊天，明黄琮禮崑崙大地可知，故大司樂云以「靈鼓靈鼗」，「夏日至於澤中之方丘奏之。若樂八變，則地示皆出」是也。故鄭彼云：「天神則主北辰，地示則主崑崙。」是即與此同也。云「琮八方象地」者，天圓以對地方，地有四方，是八方也。牲幣放其器之色。放，方往反。○幣以從爵，若人飲酒有酬幣。○疏曰：知幣是「從爵」非禮神者，若是禮神，當在牲上，以其禮神幣與玉俱設。○典瑞：兩圭有邸，以祀地旅四望。兩圭者，以象地數二也，僢而同邸。祀地，謂所祀於北郊神州之神。○僢，昌絹反。○疏曰：云「僢而同邸」者，按王制注：「臥則僢。」彼僢謂兩足相向，此兩圭亦兩足同邸，是足相向之義，故以僢言之。則上四圭同邸者亦是各自兩足相向，但就此兩足相向而言之也。云「地，謂所祀於北郊神州之神」者，以其宗伯所云「黃琮禮地」，謂夏至祭崑崙大地，明此兩圭與上四圭郊天相對，是神州之神。但三王之郊，一用夏正，未知神州用何月祭之？或解郊用三陽之月，神州既與郊相對，宜用三陰之月，當七月祭之。○春官○玉人：兩圭五寸有邸，以祀地。邸謂之柢，有邸，僢共本也。○疏曰：此亦依典瑞所解，謂禮神州之神於北郊，及國有故，旅祭四望，以對四圭有邸祀天及旅上帝也，若大地自用黃琮。云「僢共本也」者，亦一玉俱成兩圭足相對爲僢也。○冬官○祭地，瘞埋於泰折，用騂犢。折，之設反，舊音逝，又音制。騂，私營反，又火營反。○折，炤晳也。必爲炤明之名，尊神也。地陰祀用黝牲，與天俱用犢連言爾。○疏曰：「瘞埋於泰折，祭地也」者，謂瘞繒埋牲祭神州地祇於北郊也。按牧人云：「陰祀用黝牲毛之。」鄭康成注云：「陰祀，祭地北郊及社稷也。」則此云「地陰祀用黝牲，與天俱用犢連言爾」者，然宜用黑犢。今因言以騂犢祭天所用而立其文，祭地承祭天之下，故連言用騂犢也。郊特牲云：「郊之用犢，貴誠也。」彼文雖主南郊，其北郊與天相對，故知俱用犢也。○祭法○牛角繭栗。王制○大宰：祀大示，則掌百官之誓戒，與其具脩。示，音祇，下同。○誓戒，要之以刑，重失禮也。明堂位所謂：「各揚其職，百官廢職，服大刑。」是其辭之略也。具，所當共。脩，埽除糞灑。○疏曰：此祀大祇謂夏至祭地於方澤，謂祭前十日已前誓戒百官，則大宰掌之。「與其具脩」者，使百官共祭祀之具及脩之埽除也。「誓戒要之以刑重失禮」者，言要之以刑，則服大刑是也。言「重失禮」者，以失禮爲重，故要之以刑。引彼明堂位文在祭祀之下陳之，謂祭日，此是未祭前引之者，欲見祭前誓戒還用祭日之辭以敕之，故或前或後其辭同。云「是其辭之略」者，謂誓戒之時，其辭應多，不應唯有此言，故云辭之略也。又云「具，所當供」者，祭祀之連事，祭祀之具，百官共供，故云具謂所當供也。又云「脩，埽除糞灑」者，按宮人云「掌六寢之脩」，守祧云「其廟有司脩除之」，是其脩埽除糞灑也。前期十日，帥執事而卜日，遂戒。前期，前所諏之日也。十日，容散齊七日，致齊三日。執事，宗伯、大卜之屬。既卜，又戒百官以始齊。○諏，子須反。散，西但反。齊，側皆反。○疏曰：「前期」者，謂祭日前夕爲期。云「前期十日，帥執事而卜日」者，即是謂祭前十一日，太宰帥宗伯、大卜之屬執事之人而卜日。又言「遂戒」者，謂卜之後日，即是祭前十日遂戒百官，使散齊、致齊也。云「前期前所諏之日」者，此依少牢所諏之日，即祭日也。凡祭祀，謂於祭前之夕爲期，今言前期十日者，明祭前十一日卜，卜之後日遂戒，使散齊，致齊，故云「十日，容散齊七日，致齊三日」。按禮記祭統云：「散齊七日以定之，致齊三日以齊之。」云「執事宗伯大卜之屬」者，大宗伯職云：「凡祀大神，享大鬼，祭大示，帥執事而卜日。」謂宗伯涖卜。又按大卜云「大祭祀，視高命龜」，故知執事中有宗伯、大卜之屬。中含有小宗伯及卜師，故言「之屬」。但四時迎氣，冬至、夏至郊天等雖有常時常日，猶須審慎仍卜日。故表記云：「不犯日月，不違卜筮。」注：「日月，謂冬夏至正月及四時也。所不違者，日與牲尸也。」假令不吉，改卜後日，故箴膏肓云：「天子郊以夏正上旬之日，魯之卜三正下旬之日。」是雖有常時常日，猶卜日也。及執事，眡滌濯。疏曰：及，猶至也，謂至祭前夕，大宰眡滌濯。按春官小宗伯「大祭祀，眡滌濯」，大宗伯亦云：「宿眡滌濯。」彼二官親眡滌濯，大宰尊亦往涖之。注云：「執事初爲祭祀前祭日之夕。」知者，按下經「及納亨」者，是祭日。此云「眡滌濯」，儀禮特牲亦云「前祭日之夕，視壺濯及豆籩」，士卑得與人君同。少牢大夫禮，當祭日概祭器者，下人君也，注又云：「滌濯，謂概祭器及甑甗之屬。」知然者，按少牢「雍人概鼎、匕、俎，廩人概甑、甗，司宮概豆籩及勺爵」。此不言匕、俎、豆籩、勺爵者，「之屬」中含之。及納亨，贊王牲事。亨，普庚反。○納亨，納牲將告殺，謂鄉祭之晨，既殺以授亨人。凡大祭祀，君親牽牲，大夫贊之。○鄉，許亮反。○疏曰：及，猶至也。「至納亨」者，按禮記明堂位「君肉袒迎牲於門，卿大夫贊君」。及殺訖，納與亨人。故言納亨。云「贊王牲事」者，即是卿大夫贊幣一人也。云「納亨納牲將告殺」者，謂牽牲入時也。禮器云：「納牲詔于庭」，殺訖，毛以告純，血以告殺，腥其俎肫解而腥之。以此訖乃納與亨人爓祭。此言納亨者，以牽牲也。云「謂鄉祭之晨」者，按檀弓云：「周人大事以日出。」故知納亨是鄉祭之晨。此祭天無裸，故先迎牲，若宗廟之祭，有裸而後迎牲也。云「既殺，以授亨人」者，按亨人職外內饔之爨亨，謂腥其俎後。云「凡大祭祀，君親牽牲，大夫贊之」者，此明堂位文。彼魯侯用天子禮，故還以引證天子法。及祀之日，贊玉幣爵之事。日，旦明也。玉幣所以禮神，玉與幣各如其方之色。爵，所以獻齊酒，不用玉爵，尚質也。三者執以從，王至而授之。○齊，才計反。○疏曰：及，猶至也。至祭日，謂質明贊助也。執此玉幣爵三者，助而授王也。又曰：按特牲、少牢皆質明行事，故知旦明也。云「玉幣所以禮神，玉與幣各如其方之色」者，上云「祀五帝」以爲迎氣於四郊之等，按大宗伯：「以玉作六器，以禮天地四方。」又云：「青圭禮東方，赤璋禮南方，白琥禮西方，玄璜禮北方。」季夏六月迎土氣於南郊，亦用赤璋。下云牲幣，彼雖幣不是禮神之幣，亦云「各放其器之色」，是其禮神幣與玉亦各如其方色也。云「爵所以獻齊酒」者，按冪人云：「疏布冪八尊。」八尊者，五齊三酒之尊，以其祭地無祼，故無彝尊也。云「不用玉爵，尚質也」者，對下經享先王用玉爵，尚文，此祭地不用玉爵，故云尚質。云「三者執以從，王至而授之」者，謂至此祀圜丘方澤祭所而授之，王親自執玉幣奠於神坐，親酌以獻尸。○天官○大宗伯：祭大示，帥執事而卜日，宿眡滌濯，涖玉鬯，省牲鑊，奉玉齍，詔大號，治其大禮，詔相王之大禮。省，息井反〔一〕。齍，音咨。相，息亮反。○執事，諸有事於祭者。宿，申戒也。滌濯，溉祭器也。玉，禮神之玉也，始涖之，祭又奉之。鑊，烹牲器也。大號，六號之大者，以詔大祝以爲祝辭。治，猶簡習也。豫簡習大禮，至祭當以詔相王。羣臣禮爲小禮。故書「涖」作「立」，鄭司農讀爲「涖」，涖，視也。○疏曰：「帥執事而卜日」者，謂祭三者鬼神之時，祭前十日，大宗伯先帥執事有事於祭者，共卜取吉日乃齊。云「宿眡滌濯」者，謂祭前一宿，視所滌濯祭器，看潔淨以否。云「涖玉鬯」者，天地有禮神之玉，無鬱鬯，宗廟無禮神之玉而有鬱鬯。但宗廟雖無禮神玉，仍有圭瓚璋瓚，亦是玉，故曲禮云「玉曰嘉玉」、郊特牲云「用玉氣」是也。云「省牲鑊」者，當省視烹牲之鑊。云「奉玉齍」者，此玉還是上文所涖者。齍，謂黍稷，天地當盛以瓦簋。但齍與上鬯互見爲義，皆始時臨之，祭又奉之。「詔大號」者，謂大宗伯告大祝出祝辭也。云「治其大禮」者，祭禮王親行之爲大禮，對下小宗伯治小禮爲小也。「詔相王之大禮」者，謂未至之時詔告之，及其行事則又相之。又曰：按大宰云：「祀五帝」，「前期十日帥執事而卜日。」注云：「執事，宗伯、大卜之屬。」此注云：「執事，諸有事於祭者。」二注不同者，以其大宰不掌祭事，故云執事。大宗伯、大卜之等，卜日而已。此大宗伯主祭祀之事，故總諸有事於祭者也。云「滌濯，溉祭器也」者，此滌濯止是蕩滌，以少牢有溉祭器，故據而言之。溉即拭也。云「玉，禮神之玉也」者，即蒼璧、黄琮、青圭、赤璋之等及四圭兩圭之類，皆是禮神置於神坐也。按九嬪職云：「贊玉齍。」注云：「玉齍，玉敦，盛黍稷。」與此注玉爲禮神之玉齍，即非玉敦所飾。注不同者。彼九嬪所贊，贊后設之據宗廟，宗廟無禮神玉，則玉齍不得別解，故爲六敦。此據天地爲主，有禮神玉，故與齍別釋也。大宰云：「祀五帝」，「贊玉幣爵之事。」注云：「三者執以從，王至而授之。」彼所執據五帝，此所奉據昊天與崑崙，故不同。云「始涖之祭又奉之」者，鄭據上云涖，涖，臨視也，直視看而已。下云奉，據手執授王，故云「祭又奉之」。云「鑊亨牲器也」者，按特牲、少牢，鑊即爨，在廟門之外東壁也。云「大號，六號之大」者，謂若大祝云「辨六號：一曰神號，二曰示號，三曰鬼號，四曰牲號，五曰齍號，六曰幣號」之等，是六號之大者也。云「以詔大祝以爲祝辭」者，經云「詔大號」，大祝是事神之人，又辨六祝，故知所詔大祝爲祝辭。祝辭，則祝版之辭是也。云「羣臣禮爲小禮」者，則小宗伯、小祝行者是也。

若王不與祭祀，則攝位。與，音預。○王有故，代行其祭事。○疏曰：攝，訓爲代。有故者，謂王有疾及哀慘皆是也。量人云：「凡宰祭，與鬱人受嘏，歷而皆飲之。」注云：「言宰祭者，冢宰佐王祭，亦容攝祭。」

此宗伯又攝者，冢宰貳王治事，宗伯主祭事，容二官俱攝，故兩言之。○春官○凡以神仕者，掌三辰之法，以猶鬼神示之居，辨其名物。猶，圖也。居，謂坐也。天者，羣神之精，日月星辰之著位也。以此圖天神人鬼地祇之坐者，謂布祭衆寡，與其居句。孝經説郊祀之禮，曰：「燔燎掃地，祭牲繭栗。或象天，酒旗坐星，厨倉具黍稷，布席，極敬心也。」言郊之布席象五帝坐。禮：祭宗廟，序昭穆，亦又有似虚危。則祭天圜丘象北極，祭地方澤象后妃，及社稷之席，皆有明法焉。○居句，紀慮反，下紀具反。○疏曰：序官注云：「神仕者，男巫之俊。」知是巫者，此中「掌三辰之法，以猶鬼神祇之居」。按外傳云：「在男曰覡，在女曰巫。」使制神之處位次主之度與此文合，故知此神仕是巫。又曰：「以此圖天神人鬼地祇之坐者謂布祭衆寡與其居句」者，鄭意鬼神祇之居止是布祭於神，神有衆寡多少，或居方爲之，或句曲爲之也。引「孝經説郊祀」者，援神契文。敢問章云：「周公郊祀后稷以配天。」「祭地方澤象后妃」者，天有后妃四星，天子象天，后象地，后妃是其配合也。云「及社稷」者，天社之星，祭社之位象焉，故云「及社稷之席」。孝經説云「祭牲繭栗」者，據祭地。以夏日至，致地示物鬽。鬽，眉祕反，後同。○地物，陰也。陽氣升而祭鬼神，陰氣升而祭地祇。物鬽所以順其爲人與物也，致物鬽於墠壇，蓋用祭天地之明日。百物之神曰鬽，春秋傳曰：「螭鬽魍魎。」○墠，音善。○疏曰：言以冬日至、夏日至，此則大司樂云「冬日至，于地上之圜丘奏之，若樂六變，天神皆降。夏日至，於澤中之方丘奏之，地祇皆出」是也。但其時天之神地之祇皆降，仍於祭地之明日更祭此等小神祇，故於此別之也。又曰：鄭云「天人，陽也」者，此解「冬日至，祭天神人鬼」之意。以其陽，故十一月一陽生之月，當陽氣升而祭之也。云「地物，陰也」

者，此解「夏日至」祭地示之意。以其陰，故五月一陰生之月，當陰氣升而祭之也。云「所以順其爲人與物也」者，各順陰陽而在冬、夏至也。云「致物鬽於墠壇」，此鄭惟釋人鬼物鬽，不言致天神之處者，文略，亦當在墠壇也。云「蓋用祭天地之明日」者，當冬至、夏至之日正祭天地之神示，事繁不可兼祭。此等雖無正文，鄭以意量之，故云蓋用祭天地之明日也。云「百物之神曰鬽，春秋傳曰『螭鬽魍魎』」者，按左氏宣公三年，楚子問鼎之大小輕重，王孫滿對曰：「夏之方有德也，遠方圖物，貢金九牧，鑄鼎象物，故民入川澤山林，不逢不若。螭魅魍魎，莫能逢之。」服氏注云：「螭，山神，獸形。魅，怪物。魍魎，木石之怪。」文十八年注：螭，山神，獸形，或曰：如虎而噉虎。或曰：魅，人面獸身而四足，好惑人，山林異氣所生，爲人害。如賈、服義，與鄭異。鄭君則以螭鬽爲一物，故云百物之神曰鬽，引春秋螭鬽以證之。經無魍魎，連引之，以國語「木石之怪夔魍魎」賈、服所注是也。○同上。

○大祝：辨六號，三曰示號。號，謂尊其名，更爲美稱焉。祇號，若云后土地祇。○疏曰：云「號，謂尊其名，更爲美稱焉」者，謂若尊天地人之鬼神示，不號爲鬼神示而稱皇天后土，皆别爲美號焉。云「祇號，若云后土地祇」者，左氏傳云：「君戴皇天而履后土。」地祇謂若大司樂云：「若樂八變，地祇皆出。」○示，與「祇」同。祇，翹移切。凡祭示，則執明水火而號祝。明水火，司烜所共日月之氣，以給烝享。執之，如以六號祝，明此圭潔也。故書祇爲祊，杜子春云：祊，當爲祇。○烜，況晚反。祊，必庚反。○疏曰：知「明水火，司烜所共日月之氣」者，按司烜氏職云：「以夫遂取明火于日，以鑒取明水于月。」彼雖不云氣，此水火皆由日月之氣所照得之，故以氣言之。云「以給烝享，執之，如以六號祝，明此圭潔也」者，經云「執明水火而號祝」，明知六號皆執之。明，潔也。號祝執明水火，明主人圭潔之德。杜子春云「礿，當爲祇」，宗伯「血祭」已下是也。隋釁，逆牲逆尸，令鐘鼓，右亦如之。隋，許規反，又惠恚反〔二〕。○隋釁，謂薦血也，凡血祭曰釁。既隋釁，後言逆牲，容逆鼎。右，讀亦當爲「侑」。○疏曰：鄭云「隋釁謂薦血也」者，賈氏云：釁，釁宗廟。馬氏云：血以塗鐘鼓。鄭不從而以爲薦血祭祀者，下文云「既祭令徹」，則此上下皆是祭祀之事，何得於中輒有釁廟塗鼓？直稱釁，何得兼言隋？故爲祭祀薦血解之。鄭云「凡血祭曰釁」者，此經文承上禋祀、肆享、祭祀之下，即此血祭之中含上三祀。但天地薦血於座前，宗廟即血以告殺，故言凡血祭曰釁。云「既隋釁，後言逆牲，容逆鼎」者，凡祭祀之法，先逆牲，後隋釁，今隋釁在前，逆牲在後者，以其鼎在門外，薦血後乃有爓孰之事，逆鼎而入，故云「容鼎」。知鼎在門外者，按中霤禮，竈在廟門外之東，主人迎鼎事。云「右讀亦爲『侑』」者，亦上九拜之下「享右」之字皆爲「侑」。來瞽，令臯舞。臯，讀爲卒嗥呼之嗥。來嗥者，皆謂呼之入。○呼，火故反。○疏曰：「臯」讀爲卒嗥呼之嗥者，依俗讀。云「來嗥者，皆謂呼之入」者，經云瞽人擬升堂歌舞，謂學子舞人瞽人言來亦呼之乃入，臯舞令呼亦來入，故鄭云來嗥皆謂呼之入也。相尸禮，相，息亮反。○延其出入，詔其坐作。○疏曰：凡言「相尸」者，諸事皆相，故以「出入」、「坐作」解之。尸「出入」者，謂祭初延之入。二灌訖，退出位於堂上，南面朝踐饋獻訖，又延之入室。言「詔其坐作」者，郊特牲云：「詔祝于室，坐尸于堂」，饋獻訖又入室坐。言作者，凡坐皆有作，及與主人答拜皆有坐作之事，故云詔其坐作也。既祭令徹。疏曰：祭訖尸謖之後，大祝命徹祭器，即詩云：「諸宰君婦，廢徹不遲。」是也。○同上。○大司樂：以六律六同、五聲八音六舞，大合樂以致鬼神示。六律，合陽聲者也。六同，合陰聲者也。此十二者以銅爲管，轉而相生。黃鍾爲首，其長九寸。各因而三分之，上生者益一分，下生者去一焉。國語曰：「律所以立均出度也。古之神瞽考中聲而量之，以制度律均鍾。」言以中聲定律，以律立鍾之均。「大合樂」者，謂徧作六代之樂，以冬日至奏之，致天神人鬼，以夏日至作之，致地祇。物鬽，動物羽臝之屬。虞書云：「夔曰：戛擊鳴球、搏拊、琴瑟以詠。祖考來格，虞賓在位，羣后德讓，下管鼗鼓，合止柷敔，笙鏞以閒。鳥獸蹌蹌，簫韶九成，鳳凰來儀。」夔又曰：「於，予擊石拊石，百獸率舞，庶尹允諧。」此其於宗廟九奏效應。○上生，時掌反。去，一起呂反。度，待洛反。閒，閒厠之閒。○疏見天神。乃分樂而序之，以祭以享以祀。分，謂各用一代之樂。○疏見天神。乃奏大蔟，歌應鍾，舞咸池，以祭地示。大蔟，音太，下七豆反。○大蔟，陽聲第二，應鍾爲之合。咸池，大咸也。地祇所祭於北郊，謂神州之神及社稷。○疏曰：地祇卑於天神，故降用大蔟陽聲第二及咸池也。又曰：云「大蔟，陽聲第二，應鍾爲之合」者，以黃鍾之初九下生林鍾之初六，林鍾之初六上生大蔟之九二，是陽聲之第二也。大蔟，寅之氣也，正月建寅而辰在娵訾。應鍾，亥之氣也，而辰在析木，是應鍾爲之合也。云「咸池，大咸也」者，此云咸池，上文云大咸，以爲一物，故云大咸也。云「地祇所祭於北郊，謂神州之神」者，以其下文若樂八變者，是崑崙大地，即知此地祇非大地也，是神州之神可知。按河圖括地象云：「崑崙東南萬五千里曰神州。」是知神州之神也。知「祭於北郊」者，孝經緯文，以其與南郊相對故也。知「及社稷」者，以六冕差之，社稷雖在小祀，若薦祭言之，大宗伯云以「血祭祭社稷、五祀、五嶽」，用血與郊同，又在五嶽之上，故知用樂亦與神州同，謂若日月星與五帝同也。一變而致羽物，及川澤之示；再變而致蠃物，及山林之示；三變而致鱗物，及丘陵之示；四變而致毛物，及墳衍之示；五變而致介物，及土示；六變而致象物，及天神。

變，猶更也，樂成則更奏也。此謂大蜡索鬼神而致百物，六奏樂而禮畢。東方之祭則用大蔟、姑洗，南方之祭則用蕤賓，西方之祭則用夷則、無射，北方之祭則用黃鍾爲均焉。每奏有所感，致和以來之。凡動物敏疾者，地祇高下之甚者易致，羽物既飛又走，川澤有空竅者，蛤蟹走則遲，墳衍孔竅則小矣，是其所以舒疾之分。土祇，原隰及平地之神也〔三〕。象物，有象在天，所謂四靈者。天地之神，四靈之知，非德至和則不至。禮運曰：「何謂四靈？麟、鳳、龜、龍，謂之四靈。龍以爲畜，故魚鮪不淰。鳳以爲畜，故鳥不矞。麟以爲畜，故獸不狘。龜以爲畜，故人情不失。」〇易，以豉反。分，扶問反。知，音智。畜，許又反。鮪，于軌反。淰，音審。矞，休律反，本又作「獝」。狘，休越反。〇疏曰：此一變至六變不同者，據難致易致前後而言。按大司徒五地之物生，動、植俱有。此俱言動物，不言植物者，據有情可感者而言也。又曰：云「變，猶更也」者，燕禮云終，尚書云成，此云變，孔注尚書云：「九奏而致不同，凡樂曲成則終，變更也，終則更奏。各據終始而言。」是以鄭云樂成則更奏也。云「此謂大蜡索鬼神而致百物」者，按郊特牲云：「蜡者，索也。歲十二月，合聚百物而索饗之也。」鄭云：「歲十二月，周之正數，謂建亥之月也。」五穀成於神有功，故報祭之。鄭必知此據蜡祭者，此經總祭百神，與蜡祭合聚萬物之神同，故知蜡也。云「六奏樂而禮畢」者，下云「若樂六變，則天神皆降」，此經亦六變致天神，故云六奏樂而禮畢也。云「東方之祭則用大蔟」云云，此鄭知四方各別祭用樂不同者，以郊特牲云：「八蜡以記四方。」又云：

「四方年不順成，八蜡不通。順成之方，其蜡乃通。」是四方各有八蜡，故知四方用樂各別也。云「每奏有所感，致和以來之」者，總釋地祇與動之神物，雖有遲疾〔四〕，皆由以樂和感之。云「凡動物敏疾者，地祇高下之甚者易致」者，言此欲見先致者，皆由其神易致故也。云「羽物既飛又走，川澤有孔竅」者，此經羽物共川澤，一變致之，是其羽物飛，川澤有孔竅故也，自樂再變已下差緩。云「蛤蟹走則遲，墳衍孔竅則小矣」者〔五〕，以其墳衍在丘陵後，介物在毛物後，由是走遲竅小故也。云「是其舒疾之分」者，謂就此羽物以下、介物以上，先致者疾之分，後致者舒之分，故有前後也。云「土祇，原隰及平地之神也」者，此以下説天地四靈非直有樂，兼有德民，和乃致也。鄭知土祇中有原隰者，按大司徒有五地，山林已下有原隰，今此則經上已説川澤、山林、丘陵及墳衍訖，惟不言原隰，故此土祇中有原隰可知也。又土祇中有平地者，按大宰九職云：「一曰三農，生九穀。」後鄭以三農有原隰及平地，以其生九穀，故知此土祇中非直有原隰，亦有平地之神也。若然，不言原隰而言土祇者，欲見原隰中有社稷，故鄭君駁異義云：五變而致土祇。土祇者，五土之總神，謂社。是以變原隰言土祇，郊特牲云「社祭土而主陰氣」，是社稱土祇，故鄭云土神也。云「象物，有象在天，所謂四靈」者，以其天神同變致之。象者，有形象在天。物者，與羽贏等同稱物，故知有象在天四靈等也。云「天地之神，四靈之知」者，天則天神，地則土祇，故云天地之神四靈之知也。云「非德至和則不至」者，欲見介物以上皆以樂和感之，未必由德，此天地四靈非直須樂，要有德至和乃致之也。云禮運已下者，欲見象物則彼四靈也。云「何謂四靈」者，記人自問自答。按彼注云：「淰之言閃也。」言魚鮪不閃，閃畏人也。獝、狘，飛走之貌，二者皆據魚鮪不淰，不可於龜更言魚鮪，以龜知人情，故變言人情不失也。按大司徒：山林宜毛物，川澤宜鱗物，丘陵宜羽物，墳衍宜介物，原隰宜臝物。此經則以羽物配川澤，臝物配山林，鱗物配丘陵，毛物配墳衍，介物配土祇。與大司徒文不類者，彼以所宜而言，此據難致易致而説，故文有錯綜不同也。按月令孟冬云：「祈來年于天宗。」鄭注云：「此周禮所謂蜡也。」天宗，日月星。鄭以月令祈於天宗謂之蜡，則此天神亦是日月星辰，非大天神，以蜡祭所祭衆神，祭卑不可援尊。地神惟有土祇，是以知無天地大神也。又尚書云：「簫韶九成，鳳皇來儀。」九成乃致衆物者，鄭以儀爲匹，謂止巢而孕乘匹，故九變乃致，此直據致其神，故與大天神同六變也。

函鍾爲宫，太簇爲角，姑洗爲徵，南吕爲羽。靈鼓靈鼗，孫竹之管，空桑之琴瑟，咸池之舞。夏日至，於澤中之方丘奏之，若樂八變則地示皆出，可得而禮矣。

徵，張里反。○地祇，則主崑崙，先奏是樂以致其神，禮之以玉而祼焉，乃後合樂而祭之。函鍾，林鍾也，林鍾生於未之氣，未，坤之位。或曰：天社在東井、輿鬼之外，天社，地神也。以此爲宫，用聲類求之。地宫林鍾，林鍾上生太簇，太簇下生南吕，南吕上生姑洗。凡五聲宫之所生，濁者爲角，清者爲徵、羽。此樂無商者，祭尚柔，商堅剛也。鄭司農云：靈鼓、靈鼗四面。玄謂：靈鼓、靈鼗六面。孫竹，竹枝根之末生者〔六〕。空桑，山名。○祼，古亂反。○疏曰：「八變」者，謂在天地及廟庭而立四表，舞人從南表向第二表爲一成，一成則一變。從第二至第三爲二成，從第三至北頭第四表爲三成，舞人各轉身南向於北表之北，還從第一至第二爲四成，從第二至第三爲五成，從第三至南頭第一表爲六成，則天神皆降。若八變者，更從南頭北向第二爲七成，又從第二至第三爲八成，地祇皆出。此約周之大武，象武王伐紂，故樂記云：「且夫武，其餘始而北出，再成而滅商，三成而南，四成而南國是疆，五成而分陜，周公左，召公右，六成復綴以崇。」其餘大濩已上，雖無滅商之事，但舞人須有限約，亦應立四表，以與舞人爲曲別也。禮地祇必於夏至之日者，以天是陽，地是陰，冬至一陽生，夏至一陰生，是以還於陰生之日祭之也。至于郊天必於建寅者，以其郊所感帝以祈穀實，取三陽爻生之月、萬物出地之時。若然，祭神州之神於北郊，與南郊相對，雖無文，亦應取三陰爻生之月、萬物秀實之時也〔七〕。地言澤中方丘者，因高以事天，故於地上因下以事地，故於澤中取方丘者。水鍾曰澤，不可以水中設祭，故亦取自然之方，丘象地方故也〔八〕。又曰：周之禮，凡祭祀皆先作樂下神乃薦獻，薦獻訖乃合樂也。云「禮之以玉而裸焉，乃後合樂而祭之」者，云「禮之以玉」據天地，「而裸焉」據宗廟，以小宰注「天地大神，至尊不裸」，又玉人、典瑞、宗伯等不見有宗廟禮神之玉，是以知「禮之以玉」據天地，則蒼璧禮天，黄琮禮地是也。「而裸焉」據宗廟，肆獻裸是也。云「函鍾，林鍾也」者，月令謂之林鍾是也。云「林鍾生於未之氣，未，坤之位」者，林鍾在未，八卦坤亦在未，故云「坤之位」。云「或曰：天社在東井、輿鬼之外」者，按星經：「天社六星，輿鬼之南。」是其輿鬼外也。天社坤位皆是地神，故以林鍾爲地宫也。云「以此三者爲宫，用聲類求之」者，若十二律相生終於六十，即以黄鍾爲首，終於南事。今此三者爲宫，各於本宫上相生爲角、徵、羽〔九〕，粗細須品，或先生後用，或後生先用，故云「聲類求之」也。「地宫林鍾，林鍾上生太簇」，太簇爲角。「太簇下生南呂」，南呂爲羽，先生後用也。「南呂上生姑洗」，姑洗爲徵，後生先用，四聲足矣。「凡五聲宫之所生，濁者爲角，清者爲徵羽」者，此總三者宫之所生，以其或先生後用，謂若地宫所生，姑洗爲徵，後生先用，南呂爲羽，先生後用。人宫所生，大呂爲角，後生先用，太簇爲徵，先生後用。以其後生絲多用角，先生絲少用徵，故云「凡宮之所生，濁者爲角，清者爲徵羽」也。云「此樂無商者，祭尚柔，商堅剛也」者，此經三者皆不言商，以商是西方金，故云「祭尚柔，商堅剛」，不用。若然，上文云此六樂者，皆文之以五聲，並據祭祀而立五聲者。凡音之起由人心生，單出曰聲，雜比曰音。泛論樂法，以五聲言之，其實祭無商聲。○同上。

右地示之祭○辭：薄薄之土，承天之神，薄，旁薄也。乃順天成也。興甘風雨，庶卉百穀，莫不茂者，既安且寧。維予一人某，敬拜下土之靈。大戴公冠

小司徒：凡建邦國，立其社稷。疏曰：言「邦國」者，謂立畿外諸侯邦國。「立其社稷」者，諸侯亦有三社三稷，謂國社、侯社、勝國之社，皆有稷配之。言立其社稷，謂以文書法度與之，不可國國身往也。○地官○小宗伯：掌建國之神位，右社稷，左宗廟。庫門內、雉門外之左右。故書「位」作「立」，鄭司農「立」讀爲「位」，古者「立」、「位」同字，古文春秋經「公即位」爲「公即立」。○疏曰：建，立也。言立邦之神位者，從內向外，故據國中神位而言，對下經在四郊等爲外神也。言「右社稷，左宗廟」者，按匠人亦云：「左宗廟，右社稷。」彼掌其營作，此掌其成事位次耳。按禮記祭義注云：「周尚左。」又按桓公二年「取郜大鼎，納于太廟」。何休云：「質家右宗廟，尚親親；文家右社稷，尚尊尊。」若然，周人「右社稷」者，地道尊右，故社稷在右，是尚尊尊之義。此據外神在國中者，社稷爲尊，故鄭注郊特牲云：「國中神莫大于社。」祭義注「周尚左」者，據內神而言。若據衣服尊卑，先王衮冕，先公鷩冕，亦貴於社稷，故云「周尚左」，各有所對，故注不同也。又曰：鄭知「庫門內、雉門外」者，後鄭義以雉門爲中門，周

人外宗廟，故知雉門外、庫門内之左右也。先鄭云「古者『立』『位』同字」者，是古者假借字同也。云「古文春秋」者，藝文志云：春秋古經十二卷，是此古文經所藏之書〔一〇〕。文帝除挾書之律，此本然後行於世，故稱古文。○春官○匠人：營國，左祖右社。王宫所居也。祖，宗廟。王宫當中經之涂也。○疏曰：言「王宫所居也」者，謂經左右前後者，據王宫所居處中而言之，故云王宫所居也。云「王宫當中經之涂也」者，按祭義注云「周尚左」，桓二年「取郜大鼎」，「納于太廟」。何休云：「質家右宗廟，尚親親；文家左宗廟，尚尊尊。」義與此合。按劉向别録云：「路寢在北堂之西，社稷宗廟在路寢之西。」又云：「在明堂辟雍，右宗廟社稷。」皆不與禮合，鄭皆不從之矣。○冬官○王爲羣姓立社，曰大社。王自爲立社，曰王社。諸侯爲百姓立社，曰國社。諸侯自爲立社，曰侯社。大夫以下成羣立社，曰置社。爲，于僞反，注同。○羣，衆也，大夫以下至庶人也。大夫不得特立社，與民族居，百家以上則共立一社，今時里社是也。郊特牲曰：「唯爲社事單出里。」○疏曰：此一節明天子以下立社之義。「王爲羣姓立社，曰大社」者，羣姓謂百官以下及兆民。言羣姓者，包百官也。大社在庫門内之右，故小宗伯云「右社稷」。「王自爲立社，曰王社」者，其王社所在，書傳無文，或云與大社同處，王社在大社之西。崔氏並云：「王社在藉田。王自所祭，以供粢盛。」今從其説，故詩頌云「春藉田而祈社稷」是也。其諸侯國社亦在公宫之右，侯社在藉田。「大夫以下成羣立社，曰置社」者，大夫以下，謂包士、庶。成羣，聚而居，其羣衆滿百家以上得立社，爲衆特置，故曰「置社」。又曰：「此云大夫以下，謂下至士、庶人也」者，大夫至庶人等共在一處也。云「大夫不得特立社與民族居百家以上則共立一社今時里社是也」

者，大夫北面之臣，不得自專土地，故不得特立社。社以爲民，故與民居百家之上則可以立社。知「百家」者，詩頌云：「百室盈止，殺時犉牡。」故曰百家。言以上，皆不限多少，故鄭駮異義引州長職曰「以歲時祭祀州社」，是二千五百家爲社也。雖云「百家以上」，唯治民大夫乃得立社，故鄭駮異義云「有國及治民之大夫乃有社稷」是也。此大夫所立社稷，則田主是也，故鄭駮異義引大司徒職云：「樹之田主，各以其野之所宜木，遂以名其社與其野。」注云：「田主，田神，后土、田正之所依也。」后土則社神，田正則稷神，其義已具郊特牲疏。○祭法○封人：掌設王之社壝，爲畿封而樹之。壝，謂壇及堳埒也。畿上有封，若今時界矣。不言稷者，稷，社之細也。○疏曰：云「掌設王之社壝」者，謂王之三社三稷之壇及壇外四邊之壝皆設置之。直言壝，不云壇，舉外以見內，內有壇可知也。云「爲畿封而樹之」者，謂王之國外四面五百里各置畿限，畿上皆爲溝塹，其土在外而爲封，又樹木而爲阻固，故云「爲畿封而樹之」。又曰：「壝，謂壇及堳埒也」者，堳埒即壝，經不言壇，故鄭兼見之也。云「畿上有封，若今時界矣」者，漢時界上有封樹，故舉以言之。云「不言稷者，社之細也」者，按大司徒及下文皆社稷俱言，此獨言社，不言稷，故解之。按孝經緯，社是五土總神，稷是原隰之神。原隰即是五土之一耳，故云「稷，社之細」，舉社則稷從之矣，故言社不言稷也。稷既原隰之神，但原隰宜五穀，五穀不可徧敬，稷又爲五穀之長，故立稷以表名。孝經注直云「社謂后土」者，舉配食者而言耳。凡封國，設其社稷之壝，封其四疆。壝，維癸反。○封國，建諸侯，立其國之封。○疏曰：言「凡封國」者，封五等之國非一，故云「凡」以廣之。云「設其社稷之壝」者，按禹貢徐州貢五色土，孔注云：「王者封五色土爲社，建諸侯則各割其方色土與之，使立社，燾以黄土，苴以白茅。茅取其絜黄，取王者覆四方。」是封乎諸侯，立社稷之法也。云「封其四疆」者，諸侯百里以上至五百里，四邊皆有封疆而樹之，故云封其四疆也。又曰：「封國建諸侯」者，若典命云〔一一〕：「三公八命，其卿六命，大夫四命，及其出封皆加一等。」是建諸侯也。云「立其國之封」者，封則經云四疆也。造都邑之封域者亦如之。疏曰：云「造都邑」者，謂大都、小都、家邑三等采地有百里、五十里、二十五里，皆有四邊封域，故云之封域也。云「亦如之」者，亦如上諸侯有四疆也。令社稷之職。將祭之時，令諸有職事於社稷者也。郊特牲曰：「唯爲社事，單出里。唯爲社田，國人畢作。唯爲社，丘乘共粢盛，所以報本反始也。」○爲，于僞反。單，音丹。乘，繩證反。共，音恭。○疏曰：春秋祭社皆有職事，令之者，使各依職司而行，故須令之也。又曰：言「將祭之時」者，春秋祭社日皆用甲。未祭之前，令諸有職事於社稷者也。云「唯爲社事，單出里」者，單，盡也，盡往助祭於州長，此據六鄉之中。又云「唯爲社田，國人畢作」者，畢亦盡也，國人盡行。鄭云非徒羡，謂在六遂之中，以下劑致甿，當家之内一人爲正卒，一人爲羡卒，其餘爲餘夫，但田與追胥竭作，餘夫亦行，故云非徒羡也。云「唯爲社，丘乘共粢盛」者，此據三等采地之中，故有丘甸井田之法。按小司徒職云：「九夫爲井，四井爲邑，四邑爲丘，四丘爲甸。」甸方八里，旁加一里則爲一成。成百井，九百夫，一井之地九夫，八家各治一夫，自入共治，一夫税入於君，以供粢盛而祭社，故云「丘乘共粢盛」也。云「所以報本反始也」者，社稷爲土神〔一二〕，是民之本，句龍后稷是民之始。反亦報也，命民共之者，所以報本反始也。引之者，證祭社各有職事。○地官○大司徒：設其社稷之壝而樹之田主，各以其野之所宜木，遂以名其社與其野。社稷，后土及田正之神。壝，壇與埒埒也。田主，田神，后土、田正之所依也，詩人謂之田祖。所宜木，謂若松柏栗也。若以松爲社者，則名松社之野，以别方面。○别，彼列反。○疏曰：云「設其社稷之壝」者，謂於中門之外右邊設大社大稷、王社王稷，又於廟門之屏設勝國之社稷，其社稷外皆有壝埒於四面也。云「而樹之田主」者，謂藉田之内依樹木而爲田主。云「各以其野之所宜木」者，王之田主唯一而已，不得云「各」。今云「各」者，總據邦國都鄙並王者而言也。云「遂以名其社與其野」者，謂假令以松爲社，則名松社之野，餘皆放此也。又曰：云「社稷后土及田正之神」者，鄭義依孝經緯。社者，五土之總神〔一三〕，以句龍生時爲后土官，有功於土，死配社而食。稷是原隰之神，宜五穀。五穀不可徧舉，稷者，五穀之長，立稷以表神名，故號稷。棄爲堯時稷官，立稼穡之事，有功於民，死乃配稷而食，名爲田正也，故云社稷后土及田正之神，雙言之耳。云「壝，壇與埒埒也」者，經直云壝，壝即埒埒。不云壇，以壝在壇之四面爲之，明中有壇可知，故鄭兼云壇也。按禮記郊特牲云：「君南面于北墉下。」鄭注云：「北墉，社内北牆。」彼社雖無室，壇外四面有壁，壁外乃有壝耳。若然，封人云「設王之社壝」者，彼官卑，主設之，此大司徒尊官，直主其制度而已。云「田主，田神，后土、田正之所依也」者，此田主當在藉田之中，依樹木而爲之，故云各以其土地所宜木。云「田主，田神」者，謂郊特牲云先嗇與神農一也，若然，鄭意以田主爲神農，則無后土及田正之神，直以神農爲主，祭尊可以及卑，故使后土、田正二神憑依之同壇共位耳。又引「詩人謂之田祖」者，詩云：「以御田祖。」毛云：「田祖，先穡。」籥章田正，則郊特牲所云司嗇一也。又引「詩人謂之田祖」者，詩云：「以御田祖。」毛云：「田祖，先穡。」籥章亦云：「凡國祈年于田祖。」鄭云：「田祖，始耕田者，謂神農也。」引之者，證田主是神農也。云「所宜木，謂若松柏栗也」者，是論語哀公問社於宰我，對云：「夏后氏以松，殷人以柏，周人以栗。」彼三代所都異處，所宜之木不同，夏居平陽宜松，殷居亳宜柏，周居鎬京宜栗。此經雖據周一代而言，其邦國都鄙異處，所宜之木亦復不同，故云「若松柏栗也」。云「若以松爲社者，則名松社之野」者，此取松爲社，假設而言耳。云「以別方面」者，但四方宜木面各不同，或一方宜松，則以松爲社，以別餘之方面耳。○地官○

天子大社，必受霜露風雨。大，音太。○大社，王爲羣姓所立。○爲，于僞反。○疏曰：「天子大社，必受霜露風雨以達天地之氣也」者，是解社不屋義也。達，通也。風雨至則萬物生，霜露降則萬物成，故不爲屋以受霜露風雨，霜露風雨至是天地氣通也，故云所以通天地之氣也。○郊特牲○小子：掌珥于社稷。珥，音衈，又而志反，一音仍。○鄭司農云：珥社稷，以牲頭祭也。玄謂：「珥」讀爲「衈」，釁禮之事也。用毛牲曰刉，羽牲曰衈。衈社稷，謂始成其宮兆時也。秋官士師職曰：「凡刉珥則奉犬牲。」此刉衈正字與？○刉，音機，或古愛反，又公内反。與，音餘。○疏曰：先鄭云珥「以牲頭祭」，漢時祈禱有牲頭祭。後鄭不從者，按禮記雜記釁廟之禮云：「門夾室用雞，其衈皆于屋下。」衈既爲釁禮，此刉與衈連文，則刉亦是釁禮，非祭祀之法，何得爲牲頭祭乎？是以後鄭爲釁法解之。玄謂「『珥』讀爲『衈』，祈或爲刉」者，以釁法無取於玉珥及祈禱之義，故依士師刉衈爲正也。鄭知刉衈爲釁禮之事，約雜記而知也。云「用毛牲曰刉，羽牲曰衈」者，此相對而言。雜記廟用羊，門用雞，皆云「衈」，散文通也。知「刉衈是社稷五祀始成其宮兆時也」者，凡物須釁者皆謂始成時，是以雜記云「廟成則釁之」是也。云「春官肆師職祈或作畿」者，鄭欲見字有參差非一之義。云「秋官士師職曰凡刉衈則奉犬牲此刉衈正字與」

者，刉從刀，衈從血，於義合，故以此爲正字也。○夏官○春社。春田祭社，大司馬職云。○明堂位○社祭土，日用甲。國中之神莫貴於社。○疏曰：「社祭土」者，土謂五土山林、川澤丘陵、墳衍原隰也，以時祭之，故云社祭土。「日用甲」者，社是國中之貴神，甲是旬日之初始，故用之也。○郊特牲○君南鄉於北墉下。牆謂之墉。北墉，社内北牆。○疏曰：「君南鄉於北墉下，答陰之義也」者，墉，牆也，社既主陰，陰宜在北，故祭社時，以社在南設主壇上北面，而君來在北牆下而南鄉祭之，是對陰之義也。○郊特牲○司服：王祭社稷則希冕。書曰「希繡」。又曰：「希」讀爲「絺」，或作「黹」，字之誤也。希，刺粉米，無畫也，其衣一章，裳二章，凡三也。○黹，展几切，又張里反。○疏曰：「希繡」者，孔君以爲細葛上爲繡，鄭君讀「希」爲「黹」，黹，紩也，謂刺繒爲繡次。但裳主陰，刺亦是沉深之義，故裳刺也。云「希，刺粉米，無畫也」者，衣是陽，應畫。今希冕三章在裳者，自然刺繡。但粉米不可畫之物，今雖在衣，亦刺之不變，故得希名，故鄭特言粉米也。然則，毳冕之粉米亦刺之也。○春官○天子祭社稷皆大牢，諸侯祭社稷皆少牢。王制○大宗伯：以血祭祭社稷。不言祭地，此皆地祇，祭地可知也。陰祀自血起，貴氣臭也。社稷，土穀之神，有德者配食焉。共工氏之子曰句龍，食於社。有厲山氏之子曰柱，食於稷，湯遷之而祀棄。○疏曰：云「以血祭祭社稷」者，此皆地之次祀，先薦血以歆神。又曰：且社稷亦土神，故舉社以表地示。鼓人職亦云「靈鼓鼓社祭」，亦舉社以表地，此其類也。若大地方澤當用瘞埋，與昊天禋相對，故鄭云「不言祭地，此皆地祇，祭地可知也」。云「陰祀自血起」者，對天爲陽祀自煙起，貴氣臭同也。云「社稷，土穀之神」者，按孝經緯援神契云：「社者，五土之總神。稷者，原隰之神。

五穀稷爲長，五穀不可徧敬，故立稷以表名。」郊特牲亦云：社者「神地之道」。社者土之神，稷者穀之神，故云土穀之神也。云「有德者配食焉云云」至「而祀棄」，按左氏昭公二十九年傳云：「共工氏有子曰句龍，爲后土，后土爲社。」則是死乃配社食之。云「有厲山氏之子曰柱，食於稷，湯遷之而祀棄」者，按左傳云「有烈山氏之子曰柱爲稷」，按祭法云：「厲山氏之有天下也，其子曰農，能殖百穀。夏之衰也，周棄繼之，故祀以爲稷。」若然，稷祀棄實在湯時。云「夏之衰」者，遷柱由旱，欲見旱從夏起，故據夏而言也。是以書序云：「湯既勝夏，欲遷其社，不可，作夏社。」注云：「犧牲既成，粢盛既潔，祭以其時而旱暵水溢，則變置社稷。當湯伐桀之時旱致災，明法以薦而猶旱，至七年，故湯遷柱而以周棄代之，欲遷句龍，以無可繼之者，於是故止。」其旱在夏之時驗也。○春官○大司馬：中春教振旅，中，音仲。○兵者凶事，不可空設，因蒐狩而習之。凡師出曰治兵，入曰振旅，皆習戰也，四時各教民以其一焉。○蒐，所留反。○疏曰：云「不可空設，因蒐狩而習之」者，蒐狩是田獵之名，欲行蒐狩先芟草萊，教戰訖乃入防田獵，故云「因蒐狩而習之」。是以書傳文：戰鬬不可空習，故於蒐狩以閑之。閑之者，習之，是其習兵因蒐狩也。云「凡師出曰治兵，入曰振旅，皆習戰」者，按莊公八年正月師次於郎，甲午祠兵。公羊傳曰：「祠兵者何？出曰祠兵。」注云：「禮：兵不徒使，故將出兵必祠於近郊，陳兵習戰，殺牲饗士卒。」又曰：「入曰振旅，其禮一也，皆習戰也。」遂以蒐田獻禽以祭社。春田爲蒐。獻猶致也，屬也。田，其虞人植旌，衆皆獻其所獲禽焉，詩云：「言私其豵，獻豜于公。」春田主祭社者，土方施生也。○豵，子工反。○疏曰：云「獻禽以祭社」者，此因田獵而祭，非月令仲春祭社也。又曰：云「春田爲蒐」者，蒐，搜也，春時鳥獸孚乳，搜擇取不孕任者，故以蒐爲名。○夏官○鬯人：掌共秬鬯而飾之。秬鬯，不和鬱者。飾之，謂設巾。○疏見祭物。凡祭祀社壝用大罍。罍，音雷。○壝，謂委土爲墠壇，所以祭也。大罍，瓦罍。○墠，音善。○疏曰：「壝，謂委土爲墠壇，所以祭」者，謂四邊委土爲壝，於中除地爲墠，墠内作壇，謂若三壇同墠之類也。此經云社壝，謂若封人及大司徒皆云社壝，皆直見外壝而言也。知大罍是「瓦罍」者，旊人爲瓦簋，據外神，明此罍亦用瓦，取質略之意也。○春官○鼓人：以靈鼓鼓社祭。靈鼓，六面鼓也。社祭，祭地祇也。○疏曰：郊特牲云：「社祭土」，「神地之道。」則孝經緯云：「社是五土之總神。」是地之次祀，故舉社以表地祇。大宗伯亦云：「血祭社稷五祀。」亦舉社以表地祇，其實地之大小之祭皆用靈鼓。○地官〔一四〕○舞師：教帗舞，帥而舞社稷之祭祀。羽，析白羽爲之，形如帗也。○帗，音弗。○疏曰：羽舞用白羽，帗舞用五色繒，用物雖異，皆有柄，其制相類，故云「形如帗也」。○詳見祭物。○地官〔一五〕○肆師：社之日，涖卜來歲之稼。社祭土，爲取財焉。卜者，問後歲稼所宜。○疏曰：此社亦是秋祭社之日也。言「涖卜來歲之稼」者，祭社有二時，謂春祈秋報。報者，報其成熟之功。今卜者，來歲亦如今年宜稼以不。但春稼秋穡，不言穡而言稼者，秋穡由於春稼，故據稼而言之。又曰：按郊特牲云：「社祭土而主陰氣也」，「取財于地，取法于天。」又孝經緯云：「社者五土之總神。」故云「社祭土而取財焉」。○春官○喪國之社屋之，薄社北牖。喪，息浪反。薄，本又作亳，步各反。牖，音酉。○絶其陽，通其陰而已。薄社，殷之社，殷始都薄。○疏曰：「喪國之社屋之也」者，喪國社者，謂周立殷社也，立以爲戒，不生成。天是生法，其無生義，故屋隔之，令不受天之陽也。白虎通云：王者諸侯必有誡社者何？示有存亡也。明爲善者得之，爲惡者失之。「薄社北牖」也者，即喪國社也。殷始都薄，故呼其社爲薄社也。周立殷社，爲戒而屋之。塞其三面，唯開北牖，示絶陽而通陰，陰明則物死也。○郊特牲○喪祝：掌勝國邑之社稷之祝號，以祭祀禱祠焉。勝國邑，所誅討者。社稷者，若亳社是矣。存之者，重神也。蓋奄其上而棧其下，爲北牖。○棧，才產反，又士諫反。○疏曰：「以祭祀禱祠」者，祭祀，謂春秋正祭。禱祠，謂國有故，祈請求福曰禱，得福報賽曰祠。又曰：云「勝國邑，所誅討」者，古者不滅國，有違逆被誅討者，更立其賢子弟，還得事其社稷。今云「勝國之社稷」者，亳社也，爲據武王伐紂，取其社稷而事之，故云「若亳社是矣」也。據其地則曰亳，據彼國喪亡即爲亡國之社稷。此注勝之，即爲勝國之社稷，是以郊特牲云「喪國之社」，春秋謂之「亳社」也。云「存之者，重神也」者，君自無道被誅，社稷無罪故存之，是重神也。云「蓋奄其上而棧其下，爲北牖」者，按哀公四年夏六月辛丑，亳社災。公羊傳曰：「亡國之社，蓋揜其上而柴其下。」「爲北牖」者，郊特牲文。郊特牲喪國之社必屋之，爲北牖。不受天陽，使陰明，公羊云「揜其上」，即「屋之」是也〔一六〕。棧其下者，非直不受天陽，亦不通地陰。○春官○士師：若祭勝國之社稷，則爲之尸。以刑官爲尸，略之也。周謂亡殷之社爲亳社。○疏曰：按鳧鷖詩，宗廟、社稷、七祀皆稱公尸，不使刑官。今祭勝國之社稷用士師爲尸，故鄭云用「刑官爲尸」，略之也。云「周謂亡殷之社爲亳社」者，經云「勝國」，注爲亡殷，又云亳社者，據周勝殷謂之勝，據殷亡即云亡國，即郊特牲云「勝國之社必屋之」是也。據地而言即言亳社，春秋「亳社災」是也。○秋官○仲春，擇元日命民社。社，后土也，使民祀焉，神其農業也。祀社，日用甲。○疏曰：「后土」者，謂五官之后土，即社神也，與左傳僖十五年云「君履后土」者別也。但句龍爲配社之人，又爲后土之官也。云「祀社日用甲」者，解經「元日」也。按郊特牲云：祀社，「日用甲，用日之始也。」召誥：「戊午，乃社于新邑。」用戊者，周公告營洛邑位成，非常祭也。○月令

○州長：若以歲時祭祀州社則屬其民而讀法。屬，音燭。○疏曰：上云「歲時」皆謂歲之四時，此云「歲時」唯謂歲之二時春、秋耳。春祭社以祈膏雨，望五穀豐孰。秋祭社者，以百穀豐稔所以報功，故云「祭祀州社」也。云「則屬其民而讀法」者，凡讀法皆因節會以聚民，今既祭因聚民而讀法。○凡州之大祭祀，涖其事。大祭祀，謂州社稷也。涖，臨也。○疏曰：云「州之大祭祀」者，則非國家祭祀。又曰：言「大祭祀」謂「州社稷」者，以上文云「歲時祭祀州社」，此經又因言州之大祭祀，故知還是上文州社也。知有稷者，以其天子諸侯三社皆稷對之，故知兼有稷也。言「州社」者，若言大社、國社之類，又對黨祭禜、族祭酺，故此特言州社也。○地官

○唯爲社事，單出里。唯爲社田，國人畢作。唯社，丘乘共粢盛。爲，于僞反。乘，時證反，又徒偏反。共，音恭。粢，音資。○單出里，皆往祭社於都鄙。二十五家爲里。畢作，人則盡行，非徒羨也。丘，十六井也，四丘六十四井曰甸，或謂之乘。乘者，以於車賦出長轂一乘，乘或爲鄰。○甸，徒練反，又繩證反。○疏曰：「唯爲社事，單出里」者，社事，祭社事也。單，盡也。里，居也。社既爲國之本，故若祭社則合里之家並盡出，故云「單出里」也。此唯每家出一人，不人人出也。「唯爲社田，國人畢作」者，田，獵也。畢，盡也。作，行也。既人人得社福，故若祭社，先爲社獵，則國中之人皆盡行，無得住家也。「唯社，丘乘共粢盛」者，鄕説「祭社用牲」，此明祭社用米也。丘乘者，都鄙井田也。九夫

爲井，四井爲邑，四邑爲丘，四丘爲乘，唯祭社而使丘乘共其粢盛也。粢，稷也。稷曰明粢，在器曰盛。庾蔚云：粢盛所須者少，故丘乘共之也。皇氏云：若天子諸侯祭社，則用藉田之穀，大夫以下無藉田，若祭社，則丘乘之民共之，示民出力也。又曰：「單出里，皆往祭社於都鄙」者，按周禮：都鄙，公卿大夫采地。此卿大夫祭社，其里之人皆往就祭。此據采地言之，故云「往祭社於都鄙」。必知據采地者，以經云「唯社丘乘」，丘乘是采地井田之制，故據采地言焉。其公邑之民所屬鄼鄙縣，遂有祭社之事，則亦往鄼鄙中助之。其六鄉之内，族祭酺，黨祭禜，雖滿百家以上不祭社也。唯其州祭社，其所屬閭民祭社、祭禜、祭酺之時亦皆往也。但此文主於社，故特言社耳。云「人則盡行非徒羨也」者，按周禮小司徒云：「凡起徒役，毋過家一人，以其餘爲羨。」則家一人之外，皆爲羨也。此云「人則盡行，非徒羨」，似羨外更有人者。若六鄉上劑致民一人爲正卒，又一人爲羨卒，其餘爲餘夫，則據都鄙及六遂之外，羨卒外有餘夫，故云「非徒羨」也。云「丘十六井也」以下，皆司馬法文。○郊特牲

右社稷○記：命降于社之謂殽地。殽，户教反。○謂教令由社下者也。社，土地之主也，周禮土會之法有五地之物生。○會，古外反。○疏曰：「命降于社之謂殽地」者，上云政「本于天」，此論政降于地。上既云「必本于天，殽以降命」，此亦當云本於地殽以降命。但上文既具，故此略而變文，直云「命降于社之謂殽地」。命者，政令之命。降下於社，謂從社而來以降民也。社即地也，指其神謂之社，指其形謂之地。法社以下教令，故云之謂殽地。地有五土，生物不同，人君法地，亦養物不一也。又曰：下文「社者，神地之道」，此云「土地之主」，主則神也。大司徒「土會之法有五地之物生」

者，此大司徒文。五地則山林、川澤、丘陵、墳衍、原隰，各有所生。五地總生萬物，人君法之，施政令亦總養萬民也。○禮運○社，所以神地之道。疏曰：「社所以神地之道也」者，言立社之祭，是神明於地之道故也。○郊特牲○祀社於國，所以列地利。疏曰：「祀社于國所以列地利也」者，天子至尊而猶自祭社，欲使報恩之禮達於下也，地出財，故云「列地利也」，亦即是「命降于社之謂殽地」也。○禮運○迺立冢土，戎醜攸行。疏曰：冢土，大社也，亦大王所立，而後因以爲天子之制也。戎醜，大衆也。起大事，動大衆，必有事乎社而後出，謂之宜。○綿詩○厲山氏之有天下也，其子曰農，能殖百穀。夏之衰也，周棄繼之，故祀以爲稷。共工氏之霸九州也，其子曰后土，能平九州，故祀以爲社。共，音恭，下同。○厲山氏，炎帝也，起於厲山，或曰有烈山氏。棄，后稷名也。共工氏無録而王謂之霸，在大昊、炎帝之閒。○大，音太。○疏曰：「其子曰農，能殖百穀」者，農謂厲山氏後世子孫，名柱，能殖百穀，故國語云：「神農之子名柱〔一七〕，作農官，因名農。」是也。「夏之衰也周棄繼之」者，以夏末湯遭大旱七年，欲變置社稷，故廢農祀棄，故祀以爲稷，謂農及棄皆祀之以配稷之神。「其子曰后土，能平九州，故祀以爲社」者，是共工後世之子孫爲后土之官。后，君也。爲君而掌土，能治九州五土之神，故祀以爲配社之神。○祭法○共工氏有子曰句龍，爲后土，共，音恭。○共工在大皞後、神農前，以水名官者。其子句龍，能平水土，故死而見祀。○大皞，音泰。○疏曰：十七年傳郯子言前世名官從下而上，先言炎帝以火名，次言共工以水名，次言大皞以龍名，是共工在大皞後、神農前，以水名官者也。祭法曰：「共工氏之霸九州也，其子曰后土，能平九州，故祀以爲社。」能平九州，是能平水土也。言共工有子，謂後世子耳，亦不知句龍之爲后土在於何代。少皞氏既以鳥名官，此當在顓頊以來耳。后土爲社。方答社稷，故明言爲社。○疏曰：獻子問社稷五祀，既答五祀，當更答社稷。但句龍既爲后土，又亦配社。蔡墨既答五祀，又答社稷，故明言后土爲社也。稷，田正也。掌播殖也。○疏曰：月令云：「孟春行冬令〔一八〕，則首種不入。」鄭玄云：「首種，謂稷也。」周語云：宣王「不藉千畝，虢文公諫曰：『民之大事在農』，『是故稷爲大官。』」然則百穀稷爲其長，遂以稷名爲農官之長。正，長也，稷是田官之長。有烈山氏之子曰柱，爲稷，烈，如字，禮記作「厲山」。○烈山氏，神農世諸侯。○疏曰：魯語及祭法皆云：烈山氏之有天下也，其子能殖百穀，故祀以爲稷。言有天下，則是天子矣。杜注不得爲諸侯也，賈逵、鄭玄皆云：烈山，炎帝之號。杜言神農世諸侯者，按帝王世紀：神農本起烈山。然則，初封烈山爲諸侯，後爲天子，猶帝堯初爲唐侯然也。若然，烈山即神農，而云「神農世爲諸侯」者，按世紀神農爲君總有八世，至榆罔而滅，亦稱神農氏，是總號神農也，故烈山氏得於神農之世爲諸侯，後爲神農也。劉炫以爲烈山氏即神農，非諸侯，而規杜，非也。此及魯語皆云「其子曰柱」，祭法云「農者」，劉炫云：蓋柱是名，其官曰農，猶呼周棄爲稷。自夏以上祀之。祀柱。○上，時掌反。周棄亦爲稷，棄，周之始祖，能播百穀。湯既勝夏，廢柱而以棄代之。○疏曰：棄爲周之始祖，能播殖百穀，經傳備有其事。以其後世有天下，號國曰周，故以周冠棄，棄時未稱周也。書序云：「湯既勝夏，欲遷其社，不可，作夏社。」孔安國云：湯承堯舜禪代之後，順天應人，逆取順守而有慚德，故革命創制，改正易服，變置社稷。而後世無及句龍者，故不可而止。是言成湯變置社稷之由也。湯於帝世年代猶近，功之多少傳習可知，故得量其優劣改易祀。其意欲遷社而無及句龍，棄功乃過於柱，廢柱以棄爲稷也。其五祀之神重犂之輩，若更有賢能，亦應遷徙，但其功莫之能先帝王，不敢改易，故得永流萬代，常在祀典，良由後世之臣弱後王之意，謙故也。

自商以來祀之。傳言蔡墨之博物。○昭公二十九年春秋左氏傳○哀公問社於宰我，宰我對曰：「夏后氏以松，殷人以柏，周人以栗，曰使民戰栗。」宰我，孔子弟子，名予。三代之社不同者，古者立社，各樹其土之所宜木以爲主也。戰栗，恐懼貌。宰我又言周所以用栗之意如此。豈以古者戮人於社，故附會其説與？子聞之曰：「成事不説，遂事不諫，既往不咎。」遂事，謂事雖未成而勢不能已者[一九]。孔子以宰我所對，非立社之本意，又啓時君殺伐之心，而其言已出，不可復救，故歷言此以深責之，欲使謹其後也。○尹氏曰：古者各以所宜木名其社，非取義於木也。宰我不知而妄對，故夫子責之。○論語八佾集注[二〇]○尚書亡篇曰：「太社唯松，東社唯柏，南社唯梓，西社唯栗，北社唯槐。」春秋文義曰：「天子之社稷廣五丈，諸侯半之。」其色如何？春秋傳曰：「天子有大社焉，東方青色，南方赤色，西方白色，北方黑色，上冒以黄土。故將封東方諸侯青土，苴以白茅。援神契曰：「仲春穫禾，報祭社稷以三牲。」白虎通○明堂位曰：春社，天子之祭也。春田祭社。○甫田曰：「以我齊明，與我犧羊，以社以方。」疏曰[二一]：齊與粢同，曲禮曰「稷曰明粢」，此言齊明，便文以協韻耳。犧羊，純色之羊也。社，后土也，以句龍氏配。方，秋祭四方，報成萬物，周禮所謂「羅弊獻禽以祀祊」是也。○詩小雅○雲漢曰：「祈年孔夙，方社不莫。」音慕。○祈年，孟春祈穀於上帝，孟冬祈來年於天宗是也。方，祭四方也。社，祭土神也。○詩大雅○孟子曰：「民爲貴，社稷次之，君爲輕。」社，土神。稷，穀神。建國則立壇壝以祀之。蓋國以民爲本，社稷亦爲民而立，而君之尊又係於二者之存亡，故其輕重如此。是故得乎丘民而爲天子，得乎天子爲諸侯，得乎諸侯爲大夫。丘民，田野之民，至微賤也。然得其心，則天下歸之。天子至尊貴也，而得其心者，不過爲諸侯耳，是民爲重也。諸侯危社稷，則變置。諸侯無道，將使社稷爲人所滅，則當更立賢君，是君輕於社稷也。犧牲既成，粢盛既潔，祭祀以時，然而旱乾水溢，則變置社稷。」盛，音成。○祭祀不失禮，而土穀之神不能爲民禦災捍患，則毀其壇壝而更置之，亦年不順成，八蜡不通之意，是社稷雖重於君而輕於民也。○盡心下集注〔一二〕

○鄭子產伐陳，入之。陳侯免，擁社，以待於朝。免，喪服。擁社，抱社主。示服。○免，音問，喪冠也。擁，芳勇反。○襄二十五年春秋左氏傳○公羊子曰：哀公四年六月辛丑，蒲社災。蒲社者何？據鼓用牲於社，不言蒲。○疏曰：正以社爲積土，非火燒之物，而反書災，故執不知問。注蒲社者，先世之亡國，在魯竟者。公羊解以爲蒲者，古國之名，天子滅之以封伯禽，取其社以戒諸侯，使事上。今災之者，若曰王教絶云爾。左氏、穀梁以爲亳社者，武王滅殷，遂取其社賜諸侯以爲有國之戒。然則傳説不同，不可爲難。按今穀梁經傳皆作「亳」字，范氏云：殷都於亳，武王克紂而班列其社於諸侯，以爲亡國之戒。而賈氏云：公羊曰蒲社也者，蓋所見異。亡國之社也。蒲社者，先世之亡國，在魯竟。社者封也，封土爲社。其言災何？據封土非火所能燒。亡國之社蓋揜之，揜其上而柴其下。故火得燒之。揜柴之者，絶不得使通天地四方，以爲有國者戒。○疏曰：亡國之社蓋揜之者，公羊子不受於師，故言蓋也。「揜柴之者，絶不得使通天地四方」者，即郊特牲云：「天子之大社，必受霜露風雨以達天地之氣也。是故喪國之社屋之，不受天陽也，薄社北牖使陰明也。」是也。然禮記作「薄社」，何氏所見與鄭氏異。云「以爲有國者戒」者，言若不事上當如此。蒲社災，何以書？記災也。戒社者，先王之所以威示教戒諸侯，使事上也。災者，象諸侯背天子，是後宋事彊吳，齊晉前驅，滕薛俠轂，魯衛驂乘，故天去戒社，若曰王教滅絶云爾。○疏曰：不直言何以書者，嫌覆問柴其下何以書，故復舉句而問之。注云「是後宋事彊吳，齊晉前驅，滕薛俠轂，魯衛驂乘」者，春秋説文，謂下十三年黄池之會時也。穀梁子曰：亳社者，亳之社也。亳，亡國也，亳，即殷也。殷都於亳，故國謂之亳社。亡國之社以爲廟，屏、戒也。立亳之社於廟之外以爲屏蔽，取其不得通天，人君瞻之而致戒心。○疏曰：周禮：「建國之神位，左宗廟，右社稷。」彼謂天子諸侯之正社稷霜露者。周禮又云：「決陰事于薄社。」明不與正同處，明一在西，一在東，故左氏曰：「閒于兩社爲公室輔。」是也。其屋亡國之社，不使達上也。必爲之作屋，不使上通天也。緣有屋，故言災。○爲，于僞反〔一一三〕。○公羊、穀梁通修。○莊公如齊觀社，莊公二十三年，齊因祀社蒐軍實以示客，公往觀之。曹劌諫曰：「不可。夫禮，所以正民也。是故先王制諸侯，使五年四王、一相朝也。賈侍中云：王，謂王事天子也。歲聘以志業，閒朝以講禮，五年之閒四聘於王，而一相朝。相朝者，將朝天子先相朝也。唐尚書云：先王，謂堯也。五載一巡守，諸侯四朝。昭謂：以堯典相參，義亦似之，然此欲以禮正君，宜用周制。周禮：中國凡五服，遠者五歲而朝。禮記曰：「諸侯之于天子也，比年一小聘，三年一大聘，五年一朝。」謂此也。晉文公霸時，亦取於此禮。終則講於會，以正班爵之義，終，畢也。講，習也。班，次也。謂朝畢則習禮於會，以正爵位次序尊卑之義。帥長幼之序，訓上下之則，帥，循也。制財用之節，謂牧伯差國大小使受職貢也。其閒無由荒怠。其閒，朝會之閒。夫齊棄大公之法而觀民於社，大公，齊始祖大公望也。君爲是舉舉，動也。而往觀之，非故業也，業，事也。何以訓民？土發而社，助時也。土發，春分也。周語曰：「土乃脉發〔二四〕。」社者，助時求福爲農始也。收攟而烝，納要也。攟，拾也。冬祭曰烝，因祭社以納五穀之要，休農夫也。月令曰：孟冬祀於「天宗，大割祠於公社及門閭」。今齊社而往觀旅，非先王之訓也。旅，衆也。天子祀上帝，上帝，上天也。諸侯會之受命焉。助祭受政命也。諸侯祀先王先公，先王，謂若宋祖帝乙、鄭祖厲王之屬也。先公，先君也。卿大夫佐之受事焉。事，職事也。臣不聞諸侯之相會祀也，祀又不法。」不法，謂觀民也。○國語魯語

王爲羣姓立七祀：曰司命，曰中霤，曰國門，曰國行，曰泰厲，曰户，曰竈。王自爲立七

祀。諸侯爲國立五祀：曰司命，曰中霤，曰國門，曰國行，曰公厲。諸侯自爲立五祀。大夫立三祀：曰族厲，曰門，曰行。適士立二祀：曰門，曰行。庶士、庶人立一祀，或立户，或立竈。爲，于僞反。霤，力又反。○此非大神所祈報大事者也，小神居人之閒，司察小過，作譴告者爾。樂記云：「明則有禮樂，幽則有鬼神。」鬼神，謂此與？司命，主督察三命。中霤，主堂室居處。門、户，主出入。行，主道路行作。厲，主殺罰。竈，主飲食之事。明堂月令：「春曰其祀户，祭先脾；夏曰其祀竈，祭先肺；中央曰其祀中霤，祭先心；秋曰其祀門，祭先肝；冬曰其祀行，祭先腎。」聘禮曰：使者出，「釋幣于行」。歸，「釋幣于門」。士喪禮曰：「疾病」，「禱于五祀」。司命與厲，其時不著，今時民家或春秋祀司命、行神、山神、門、户、竈在旁。是必春祠司命，秋祠厲也，或者合而祠之。山即厲也，民惡言厲，巫祝以厲山爲之，謬乎。春秋傳曰：「鬼有所歸，乃不爲厲。」○譴，棄戰反。此與音餘。使，色吏反。惡言，烏路反。謬，音繆。○疏曰：此一經明天子以下立七祀、五祀之義。「曰司命」者，宫中小神。熊氏云：非天之司命，故祭於宫中。皇氏云：司命者，文昌宫星。其義非也。「曰中霤」者，主堂室神。「曰國門」者，謂城門也。「曰國行」者，謂行神在國門外之西。「曰泰厲」者，謂古帝王無後者也。此鬼無所依歸，好爲民作禍，故祀之也。「王自爲立七祀」者，前是爲民所立，與衆共之，四時常祀及爲羣姓禱祀。「其自爲立」者，王自禱祭，不知其當同是一神，爲是別更立七祀也？「諸侯爲國立五祀」者，減天子户、竈二祀，故爲立五祀也。「曰公厲」者，謂古諸侯無後者，諸侯稱公，其鬼爲厲，故曰公厲。「諸侯自爲立五祀」者，義與天子同。「大夫立三祀」者，減諸侯司命、中霤，故爲三祀也。「曰族厲」者，謂古大夫無後者鬼也。族，衆也。大夫衆多，其鬼無後者衆，故曰族厲。「曰門曰行」者，其大夫無民國，故不言國門、國行也。然鄭注曲禮大夫五祀爲夏殷法，注王制大夫五祀是有采地者，鄭何以知然？曲禮文連於「大夫五祀」，故知非周，而王制立七廟，故知是周禮。以彼推此，大夫三祀，則周諸侯之大夫無地者也。又曰「小神居人之間，司察小過，作譴告」者，以其非郊廟社稷大神，故云「小神」。以其門户竈等，故知「居人間」也。以小神所祈，故知「司察小過」。「作譴告」，謂作譴責以告人。云「幽則有鬼神鬼神謂此與」者，以禮，天神、人鬼、地祇，皆列其名，而樂記直云「幽則有鬼神」，是幽闇之處有細小之鬼神，謂此小祀者與？「與」是疑辭也。云「司命主督察三命」者，按援神契云：「命有三科〔二五〕：有受命以保慶，有遭命以謫暴，有隨命以督行。受命，謂年壽也。遭命，謂行善而遇凶也。隨命，謂隨其善惡而報之。」云「聘禮曰：使者出，釋幣于行。歸，釋幣于門」者，證大夫有門、行。云「士喪禮曰：疾病禱于五祀」者，證士亦有五祀。云「司命與厲，其時不著」者，以其餘五祀，月令所祀，皆著其時，唯司命與厲，祀時不顯著。云「今時民家或春秋祠司命、行神、山神，門、户、竈在旁」者，鄭以無文，故引今漢時民家或有春秋兩時祠司命、行神、山神也。民或然，故云「或」也。其祠此司命、行神、山神之時，門、户、竈三神在諸神之旁列位而祭也。云「是必春祠司命、秋祠厲也」者，漢時既春秋俱祠司命與山神，則是周時必應春祠司命。司命主長養，故祠在春。厲主殺害，故祠在秋。云「或者合而祠之」者，鄭又疑之，以見漢時司命與山神春秋合祭，故云或者合而祠之。云「山即厲也」者，以漢時祭司命、行神、山神、門、户、竈等，此經亦有司命、門、行、户、竈等，漢時有山而無厲，此有厲而無山，故云山即厲也。云「民惡言厲，巫祝以厲山爲之」者，鄭解厲稱山之意。漢時人民嫌惡厲，漢時巫祝之人，意以厲神是厲山氏之鬼爲之，故云「厲山」。云「謬乎」者，謂巫祝以厲爲厲山之鬼，於理謬乎。所以爲謬者，鬼之無後，於是爲厲，厲山氏有子曰柱，世祀厲山之神，何得其鬼爲厲？故云謬也。引春秋傳者，昭七年左傳文。於時鄭良霄被殺而死，其鬼爲厲，子産立良霄之子良止爲後，子大叔問其故，子産曰：「鬼有所歸，乃不爲厲。」引之者，證厲山氏既有所歸，不能爲厲。○祭法

○小子：掌祈于五祀。祈，音機。○故書「祀」作「禩」，鄭司農云：「禩」讀爲「祀」，書亦或爲「祀」。玄謂：祈或爲刉，用毛牲曰刉。刉者，釁禮之事也。刉五祀，謂始成其宫兆時也。春官肆師職「祈」或作「幾」。秋官士師職曰：「凡刉則奉犬牲〔二六〕。」○禩，音祀。刉，音機，或古愛反，又公内反。○疏曰：知刉是五祀「始成其宫兆時也」者，凡物須釁者皆謂始成時，是以雜記云「廟成則釁之」。○夏官

○天子、諸侯、大夫祭五祀，歲徧。五祀，户、竈、中霤、門、行也，此蓋殷時制也。祭法曰：天子立七祀，諸侯立五祀，大夫立三祀，士立二祀。謂周制也。○疏曰：「祭五祀」者，春祭户，夏祭竈，季夏祭中霤，秋祭門，冬祭行也。「歲徧」者，謂五方之帝迎氣雩祀明堂及郊，雖有重者，諸神總徧，故云歲徧。「大夫祭五祀」者，大夫不得方祀及山川，直祭五祀而已。又曰：云「五祀，户、竈、中霤、門、行」者，此月令文。大宗伯五祀以爲五官者，以其在五嶽之上。此五祀在山川之下，又與大夫同祭，故知是户竈等。云「此蓋殷時制也」者，以天子、諸侯、大夫同云祭五祀，既無等差，故疑殷時制也。按王制云：「大夫祭五祀。」文與此同。而鄭云「五祀，謂司命也、中霤也、門也、行也、厲也」，與此不同者，王制之文上云：「天子祭天地，諸侯祭社稷，大夫祭五祀。」既有尊卑等級，疑是周禮，故引祭法五祀以解之，與此

不同。是有地大夫祭五祀；無地大夫祭三祀。解見祭法。○曲禮下○春祀户，祭先脾。春，陽氣出，祀之於户，内陽也。祀之先祭脾者，春爲陽中，於藏直脾，脾爲尊。凡祭五祀於廟，用特牲，有主有尸，皆先設席於奥。祀户之禮，南面設主於户内之西，乃制脾及腎爲俎，奠於主北。又設盛於俎西，祭黍稷、祭肉、祭醴皆三。祭肉，脾一，腎再。既祭，徹之，更陳鼎俎，設饌於筵前，迎尸，略如祭宗廟之儀。○藏，才浪反，後放此。直，丈吏反，又如字，後放此。○疏曰：「春陽氣出祀之於户」者，户在内。從外向内，户又在内，故云「内陽」也。户是人之出入，户則有神，故祭法注「七祀」云：「小神居人之閒，司察小過，作譴告者爾。」此户神則陽氣在户内之神，故云「祀之於户，内陽也」，由位在户内。又秋「其祀門」，注云「秋，陰氣出，祀之於門」者，門在外，從内向外，門又在外，故云「外陰也」。則門神陰氣之神，是陰、陽别氣，在門、户者，與人作神也。又曰：「春爲陽中，於藏值脾，脾爲尊」者，以祭户之時脾腎俱有，先用脾以祭之者，以春爲陽中，於藏值脾，脾既春時最尊，故先祭之，脾爲尊也。所以春位當脾者，牲立南首，肺最在前而當夏也，腎最在後而當冬也，從冬稍前而當春，從腎稍前而當脾，故春位當脾。從肺稍卻而當心，故中央主心。從心稍卻而當肝，故秋位主肝。此等直據牲之五藏所在，而當春夏秋冬之位耳，若其五行所生主五藏，則不然矣。故異義云：今文尚書歐陽説：肝，木也。心，火也。脾，土也。肺，金也。腎，水也。古尚書説：脾，木也。肺，火也。心，土也。肝，金也。腎，水也。許慎謹按：月令春祭脾，夏祭肺，季夏祭心，秋祭肝，冬祭腎。與古尚書同。鄭駁之云：月令祭四時之位及其五藏之上下次之耳。冬位在後而腎在下，夏位在前而肺在上，春位小前故祭先脾，秋位小卻故祭先肝。腎也、脾也俱在鬲下，肺也、心也、肝也俱在鬲上，祭者必三，故有先後焉，不得同五行之氣。今醫病之法，以肝爲木，心爲火，脾爲土，肺爲金，腎爲水，則有瘳也。若反其術，不死爲劇。如鄭此言，五行所主則從今文尚書之説，不同許慎之義。云「凡祭五祀於廟，用特牲」之下，皆中霤禮文。云「祭五祀於廟」者，設祭户祭中霤在於廟室之中，先設席於廟堂之奥。若祀竈、祀門、祀行皆在廟門外，先設席於廟門之奥。雖廟室、廟堂、廟門有别，總而言之皆謂之廟，故云「凡祭五祀於廟」。此謂殷禮也，若周則七祀，加司命與厲也。不審祀之處所，亦當與竈、門、行等俱在廟門之外祀也。若周總在宫内，故宫正注云：「祭社稷七祀於宫中。」此特牲謂特牛，故小司徒云：「小祭祀，奉牛牲。」注云：「小祭祀，王玄冕所祭。」若諸侯或亦當然，其大夫所祭或特羊也。云「有主有尸」者，謂天子諸侯若卿大夫廟無主，則五祀無主也。云「祀之禮，設主於户内西」者，先設席於奥，乃更設席於廟，户西夾北，嚮置主位，設主之人南面，設主於户西位上，使主北面。云「乃制脾及腎爲俎，奠於主北」者，謂設主之後，以割制脾之與腎爲俎實，奠於主北，主既北面奠於主前。云「又設盛於俎西」者，盛謂黍稷，俎在主前稍東，故黍稷之簋在主前稍西。云「祭黍稷、祭肉、祭醴皆三」者，當時惟始設主，未有迎尸，則是祝官祭簋中黍稷，祭俎中脾腎之肉，祭薦之醴，皆三度祭之，黍亦三祭，醴亦三祭，肉亦三祭，故云皆三。云「祭肉，脾一，腎再」者，申明祭肉三度之事。其祭肉三者，脾尊故一祭，腎卑故再祭。云「既祭，徹之，更陳鼎俎，設饌於筵前」者，謂既祭黍稷祭肉醴之後，徹去俎之與盛，更陳列鼎俎，設其饌食於初設奥之筵前。其時主已移於筵上，主人出户迎尸，尸入即筵而坐。但宗廟之祭，尸入之後，始祭籩豆及黍稷醴。其祭户之時，已於西祭黍祭肉祭醴。今迎尸而入，則應坐而饌食，不更祭黍稷、祭肉、祭醴，故云「略如祭宗廟之儀」。祭户所以先設席於奥，乃設饌筵迎尸皆在奥者，就尊之處也。中間設主，祭黍祭肉祭醴。户西者，就户處也。其餘五祀所祭設主，皆就其處也。**夏祀竈，祭先肺。**夏，陽氣盛，熱於外，祀之於竈，從熱類也。祀之先祭肺者，陽位在上，肺亦在上，肺爲尊也。竈在廟門外之東，祀竈之禮，先席於門之奥，東面設主於竈陘，乃制肺及心肝爲俎，奠於主西，又設盛於俎南，亦祭黍三，祭肺心肝各一，祭醴三，亦既祭徹之，更陳鼎俎設饌於筵前迎尸，如祀户之禮。○陘，音刑。○疏曰：知「竈在廟門外之東」者，按少牢及特牲禮文。云「先席於門之奥」，謂廟門外西室之奥，以神位在西，故知在西室之奥。以祀户在户内，故祭在廟室之奥。祀竈在門外，故設主在門室之奥，各從其義。云「東面設主於竈陘」者，謂設主人東面也。竈陘，竈邊承器之物，以土爲之。云「乃制肺」至「主西」者，制謂截割，心肝皆鬲上之物，故從肺類，俱置俎上，奠此俎於主之西。此主位西嚮〔二七〕，故置俎在西而對主也。云「又設盛於俎南」者，盛謂黍稷盛之於簋。皇氏以爲「此祭老婦，盛於盆」，非其義也。云「亦祭黍至醴三」者，亦上祀户之禮。祭必三者，以禮成於三故也。上祀户云「祭肉三，脾一，腎再」，此云「祭肺心肝各一」，亦爲肉祭三也。此醴實於尊，祭三者，始扱一祭，又扱再祭。云「既祭，徹至筵前」者，筵前謂初設廟室奥之筵前，唯特牲、少牢鼎當陳於廟門室之前，稍東西面。「鼎俎」者，以俎就鼎，載肉入，設於筵前，在菹醢之東，其黍稷等設於俎南。此唯云祭黍，或無稷也。此配竈神而祭者，是先炊之人。禮器云：「竈者，是老婦之祭。」**中央祀中霤，祭先心。**中霤，猶中室也。土主中央而神在室，古者複穴，是以名室爲霤。云祀之先祭心者，五藏之次，心次肺，至此心爲尊也。祀中霤之禮，設主於牖下，乃制心及肺肝爲俎，其祭肉心肺肝各一，他如祀户之禮。○藏，才浪反。○疏曰：鄭意言「中霤猶中室」，乃是開牖象中霤之取明，則其地不當棟而在室之中央〔二八〕，故喪禮云：「浴於中霤，飯於牖下。」明中霤不關牖下也。「主中央而神在室」者，所以必在室中，祭土神之義也。土，五行之主，故其神在室之中央也，是明中霤所祭則土神也。故杜注春秋云：「在家則祀中霤，在野則爲社也。」又郊特牲云：「家主中霤而國主社。」社神亦中霤神也。云「古者複穴，是以名室爲霤」云者，解所以謂室中爲中霤之由也。古者，謂未有宫室之時也。「複穴」者，謂窟居也。古者窟居，隨地而造。若平地則不鑿，但累土爲之，謂之爲複，言於地上重複爲之也。若高地則鑿爲坎，謂之爲穴，其形皆如陶竈，故詩云：「陶復陶穴。」是也。故毛云：「陶其土而復之，陶其壤而穴之。」鄭云：「復者，復於土上，鑿地曰穴，皆如陶然。」庾蔚云：複謂地上累土，謂之穴則穿地也。複、穴皆開其上取明，故雨霤之，是以後因名室爲中霤也。云「祀之先祭心者，五藏之次，心次肺，至此心爲尊也」，云「祀中霤之禮，設主於牖下」者，開牖象霤，故設主於牖下也。五祀皆先席於室之奥，此不言者，前祀户注已備言也，此别設主當廟室牖内之下而北嚮也。云「乃制心及肺肝爲俎，其祭肉心肺肝各一，它皆如祀户之禮」者，亦祭竟徹之，更陳鼎俎迎尸，如祭户也。

秋祀門，祭先肝。 秋，陰氣出，祀之於門，外陰也。祀之先祭肝者，秋爲陰中，於藏直肝，肝爲尊也。祀門之禮，北面設主於門左樞，乃制肝及肺心爲俎，奠於主南，又設盛於俎東，其他皆如祭竈之禮。○疏曰：云「祀之先祭肝者，秋爲陰中，於藏值肝」者，以陰氣始於五月，終於十月，其七月、八月爲陰之中，故云「秋爲陰中」。其陽氣始於十一月，終於四月，正月、二月爲陽中，故正月云「春爲陽中」。然陰中之時兼有陽，陽中之時兼有陰，亦是陰陽之中也。今五藏肺最在前，心次之，肝次之，脾次之，腎爲後。肝在心肺之下，脾腎之上，故云「於藏值肝」。然脾在肺心肝之下，腎之上，則是上有肺心肝，下唯有腎，不當其中，而云「春爲陽中，於藏值脾」者，但五行相次，水則次木，故春繼於冬，腎後則次脾，其火後則次土，土後乃次金，故秋不得繼夏，由隔於土，由此脾不得繼肺，隔於心也。爲此，肝之上有肺有心，脾之下唯有腎，俱得爲藏之中也。云「北面設主於門左樞」者，謂廟門外左樞北面以在門外，故主得南鄉而北面設之。云「乃制肝及肺心爲俎，奠於主南，設盛于俎東」者，皆約中霤禮文也。「其他皆如祭竈之禮」者，謂祭心肺肝各一及祭醴三，並設席於奧，迎尸之屬也。冬祀行，祭先腎。冬陰盛，寒於水，祀之於行，從辟除之類也。祀之先祭腎者，陰位在下，腎亦在下，腎爲尊也。行在廟門外之西，爲軷壤厚二寸，廣五尺，輪四尺。祀行之禮，北面設主於軷上，乃制腎及脾爲俎，奠於主南，又設盛於俎東，祭肉腎一，脾再，其他皆如祀門之禮。辟，必亦反，又婢亦反。軷，步曷反。廣，古曠反。○疏曰：知「行在廟門外西」者，約檀弓云「毀宗躐行」。自此以下，皆中霤禮文。「廣五尺，輪四尺」者，謂軷壇東西爲廣，南北爲輪。常祀行神之壇則然，若於國外祖道軷祭，其壇隨路所鄉，而爲廣輪尺數同也。按鄭注聘禮云：「禮畢，乘車轢之而遂行。」唯車之一輪轢耳。所以然者，以兩輪相去八尺，今軷唯廣五尺，故知不兩輪俱轢。云「北面設主軷上」者，以主須南鄉，故人北面設之，其主則鄭注大馭云：「蓋以菩芻棘柏爲神主也。」○月令○孟冬臘五祀。臘，力合反。○臘，謂以田獵所得禽祭也。五祀，門、户、中霤、竈、行也。○疏曰：「臘五祀」者，臘，獵也，謂獵取禽獸以祭五祀也。其臘先祖五祀，謂之息民之祭，其服則黄衣黄冠。又曰：「臘，謂田獵所得禽祭」者，以欲臘祭之時暫出田獵以取禽，非仲冬大閱之獵也。左傳云：「唯君用鮮。」則天子諸侯祭用鮮獸。皇氏云：仲秋獵得禽獸以爲乾豆，至臘用之。其義非也。云「五祀，門、户、中霤、竈、行」者，月令殷禮言之，若周則七祀。○詳見百神祈年條。

○月令○大宗伯：以血祭祭五祀。陰祀自血起，貴氣臭也。故書祀作禩，鄭司農云：禩當爲祀，書亦或作祀。五祀，五色之帝於王者宮中曰五祀。玄謂：此五祀者，五官之神在四郊四時，迎五行之氣於四郊而祭五德之帝，亦食此神焉。少昊氏之子曰重，爲句芒，食於木，該爲蓐收，食於金，脩及熙爲玄冥，食於水。顓頊氏之子曰黎，爲祝融、后土，食於火、土。○禩，音祀。食，此音嗣。少，詩照反。重，直龍反。○疏曰：云「陰祀自血起」者，對天爲陽祀自煙起，貴氣臭同也。先鄭云「五祀，五色之帝於王者宮中曰五祀」者，先鄭意此五祀即掌次云「祀五帝」一也，故云五色之帝。後鄭不從者，按司服云祀昊天與五帝皆用大裘，當在圜丘與四郊上，今退在社稷之下於王者宮中，失之遠矣。且五帝天神當在上經陽祀之中，退在陰祀之内，一何陋也。「玄謂此五祀者，五官之神在四郊」者，生時爲五官，死乃爲神，配五帝在四郊。知在四郊者，鄭即引月令四時四立之日迎氣在四郊，並季夏迎土氣是五迎氣，故鄭云「四時迎五行之氣於四郊」也。云「而祭五德之帝，亦食此神焉」者，但迎氣迎五方天帝，雖不言祭人帝，按月令四時皆陳五德之帝，太昊、炎帝、黄帝、少昊、顓頊等五德之帝並五人神於上，明知五人神爲十二月聽朔及四時迎氣而陳，故鄭此注及下青圭、赤璋之下注，皆云迎氣時並祭五人帝、五人神也。云「少昊氏之子曰重」已下，按昭二十九年魏獻子問蔡墨曰：「社稷五祀，誰氏之五官？」對曰：「少皞氏有四叔，曰重，曰該，曰脩，曰熙，實能金木及水。使重爲句芒，該爲蓐收，脩及熙爲玄冥，世不失職，遂濟窮桑，此其三祀也。顓頊氏有子曰犂，爲祝融；共工氏有子曰句龍，爲后土：此其二祀也。后土爲社，稷爲田正。有烈山氏之子曰柱，爲稷。」趙商問：春秋昭二十九年左傳曰：「顓頊氏之子犂爲祝融，共工氏有子曰句龍爲后土。」其二祀五官之神及四郊合爲犂食后土。祭法曰：「共工氏霸九州也，其子曰后土，能平九州，故祀以爲社。」社即句龍。答曰：犂爲祝融，句龍爲后土，左氏下言后土爲社，謂暫作后土，無有代者，故先師之説犂兼之，因火、土俱位南方。此注云「犂爲祝融、后土食於火、土」，亦惟見先師之説也。○春官○司服：祭五祀則希冕。希，讀爲「絺」，或作「黹」，字之誤也。希，刺粉米，無畫也。其衣一章，裳二章，凡三也。○黹，張里反。○疏曰：云「希，讀爲『絺』，或作『黹』，字之誤也」者，本有此二文不同，故云誤，當從絺爲正也。云「希，刺粉米，無畫也」者，衣是陽應畫，今希冕三章在裳者，自然刺繡，但粉米不可畫之物，今雖在衣，亦刺之不變，故得希名，故鄭特言粉米也。然則，毳冕之粉米亦刺之也。○同上。○司門：凡歲時之門受其餘。鄭司農云：受祭門之餘。○疏曰：「凡歲時之門」者，歲之四時祭門非一，故云「凡」以總之。若月令秋祭門者是祭廟門，此門亦謂國門十二者，除四時祭外，仍有爲水祈禱，故左氏莊公二十五年秋大水，有「用牲于門」之事。○地官

右立祀○蔡墨曰：五行之官是謂五官，實列受氏姓，封爲上公，爵上公。○疏曰：列，謂行列，言五官皆然也。人臣有大功者，天子封爲國君，又賜之以姓。諸侯以國爲氏，言其得封又得姓，兼受之也。祀爲貴神。社稷五祀，是尊是奉。五官之君長能脩其業者，死皆配食於五行之神，爲王者所尊奉。○君長，丁丈反，下文同。○疏曰：五官之君長死則皆爲貴神，王者社稷五祀則尊奉之，如祭配食於五行之神，即下重、該、脩、熙、犂是也。王者祭木、火、土、金、水之神，而以此人之

神配之耳，非專祭此人也。分五行以配四時，故五行之神句芒、祝融之徒，皆以時物之狀而爲之名此五者，本爲五行之神作名耳，非與重、該之徒爲名也。晉語云：「虢公夢在廟，有神人面白毛虎爪，執鉞行在西河，公懼而走。神曰：『無走！帝命曰：使晉襲於爾門。』公拜稽首，覺，召史嚚占之，對曰：『如君之言，則蓐收也，天之刑神也。』」如彼文，虢公所夢之狀，必非該之貌，自是金神之形耳。由此言之，知句芒、祝融、玄冥、后土之徒，皆是木、火、水、土之神名，非所配人之神名也。雖本非配人之名，而配者與之同食，亦得取彼神名以爲配者神名。猶社本土神之名，稷本穀神之名，配者亦得稱社稷也。此五行之官配食五行之神，天子制禮使祀焉，王者所尊奉也。木正曰句芒，句，古侯反，注及下同。○正，官長也，取木生句曲而有芒角也，其祀重焉。○重，直龍反，下文同。○疏曰：正訓爲長，故爲官長，木官之最長也。其火、金、水、土正亦然。賈逵云：總言萬物句芒，非專木生如句。杜誤耳。木正順春萬物始生，句而有芒角，杜獨言木者，以木爲其主，故經云「木正」。且木比萬物芒角爲甚，故舉木而言。劉炫以杜不取賈義，而獨舉於木，而規杜，非也。火正曰祝融，祝融，明貌，其祀犂焉。○犂，力兮反。○疏曰：杜不解祝，則謂祝融二字共爲明貌也。賈逵云：夏陽氣明朗。祝，甚也。融，明也。亦以夏氣爲之名耳。鄭語云：「犂爲高辛氏火正，焞燿敦大」，「光明四海，故命之曰祝融。」又彼文又似由人生名者，彼以其官掌夏德，又稱之，故以夏氣昭明命之耳。金正曰蓐收，蓐，音辱，本又作「辱」。○秋物摧辱而可收也，其祀該焉。○摧，徂回反。水正曰玄冥，冥，亡丁反。○水陰而幽冥，其祀脩及熙焉。土正曰后土。土爲羣物主，故稱后也，其祀句龍焉。在家則祀中霤，在野則爲社。○霤，力救反。○疏曰：后者，君也。羣物皆土所載，故土爲羣物之主，以君言之，故云后土也。賈逵云：句芒祀於戶，祝融祀於竈，蓐收祀於門，玄冥祀於井，后土祀於中霤。今杜云在家則祀中霤，是同賈說也。家，謂宫室之内，對野爲文，故稱家，非卿大夫之家也。言在野者，對家爲文。雖在庫門之内，尚無宫室，故稱野。且卿大夫以下社在野田，故周禮大司徒云：「辨其邦國都鄙之數，制其畿疆而溝封之，設其社稷之壝而樹之田主，各以其野之所宜木，遂以名其社。」鄭玄云：「社稷，后土及田正之神。田主，田神后土田正之所依也，詩人謂之田祖。所宜木，謂若松柏栗也。」是在野則祭爲社也。此野田之社，民所共祭，即月令仲春之月「擇元日，命人社」是也。劉炫云：天子以下，俱荷地德，皆當祭地，但名位有高下，祭之有等級。天子祭地，祭大地之神也。諸侯不得祭地，使之祭社也。家又不得祭社，使祭中霤也。霤亦地神，所祭小，故變其名。賈逵以「句芒祀於戶」云云，言雖天子之祭五神，亦如此耳〔二九〕。杜以別祭五行神，以五官配之，非祀此五神於門、戶、井、竈、中霤也。門、戶、井、竈直祭門戶等神，不祭句芒等也。唯有祭后土者，亦是土神，故特辨之。云「在家則祀中霤，在野則爲社」，言彼社與中霤亦是土神，但祭有大小。郊特牲云：「社，所以神地之道也。地載萬物」，「取財于地」，「教民美報焉。家主中霤，而國主社，示本也。」是在家則祀中霤也。大司徒已下，同此禮也。獻子曰：「社稷五祀，誰氏之五官也？」問五官之長皆是誰。對曰：「少皞氏有四叔，少皞，金天氏。○疏曰：少皞氏有四叔，四叔是少皞之子孫，非一時也，未知于少皞遠近也，四叔出於少皞耳。其使重爲句芒，非少皞使之。世族譜云：「少皞氏其官以鳥爲名。」然則，此五官皆在高陽之世也。楚語云：「少皡氏之衰也，九黎亂德，民神雜擾，不可方物。」「顓頊受之，乃命木正重司天以屬神，命火正黎司地以屬民。」是則重、黎居官，在高陽之世也。又鄭語云：「黎爲高辛氏火正，命之曰祝融。」則黎爲祝融，又在高辛氏之世。按世本及楚世家云：「高陽生稱，稱生卷章，卷章生黎。」如彼文，黎是顓頊之曾孫也。楚語云：「少皡之衰」，「顓頊受之」，即命重、黎。似是即位之初，不應即得命曾孫爲火正也。少皡世代不知長短，顓頊初已命黎，至高辛又加命，不應一人之身綿歷兩代。事既久遠，書復散亡，如此參差，難可考校。世家云：「共工作亂，帝嚳使黎誅之而不盡。」帝誅黎，而以其弟吴回爲黎，「復居火正，爲祝融。」即如此言，黎或是國名官號，不是人之名字。顓頊命黎，高辛命黎，未必共是一人。傳言「世不失職」，二者或是父子，或是祖孫，其事不可知也。由此言之，少皡四叔未必不有在高辛世者也。此五祀者，居官有功，以功見祀，不是一時之人。脩、熙相代爲水正，即非一時也。且傳言「世不失職」，便是積世能官，其功益大，非是暫時有功，遂得萬世承祀，明是歷選上代取其中最有功者，使之配食。亦不知初以此人配食，何代聖王爲之，蓋在高辛、唐、虞之世耳。曰重、曰該〔三〇〕、曰脩、曰熙，實能金、木及水。重，直龍反。該，古咳反。○能治其官。使重爲句芒，木正。該爲蓐收，金正。脩及熙爲玄冥，二子相代爲水正。世不失職，遂濟窮桑，此其三祀也。窮桑，少皡之號也。四子能治其官，使不失職，濟成少皡之功，死皆爲民所祀。窮桑，地在魯北。○疏曰：窮桑，少皡之號，帝王世紀亦然。賈逵云：處窮桑以登爲帝，故天下號之曰窮桑帝。賈以濟爲渡也，言四叔子孫世不失職，遂渡少皡之世。杜以少皡之世以鳥名官，不得有木正、火正，故以濟爲成。

四子能治其官，使不失職，濟成少皞之功。言少皞有王功，子孫能成之，故死皆爲民所祀也。少皞居窮桑，定四年傳稱封伯禽於少皞之墟，故云窮桑地在魯北。地名窮桑，闕，言在魯北，相傳云耳。顓頊氏有子曰犂，爲祝融；顓，音專。頊，許玉反。○犂爲火正。共工氏有子曰句龍，爲后土：此其二祀也。后土爲社，稷，田正也。有烈山氏之子曰柱，爲稷，自夏以上祀之。周棄亦爲稷，自商以來祀之。共，音恭。烈，如字，禮記作「厲山」。上，時掌反。○昭公二十九年春秋左氏傳○注疏詳見前社稷條。○祭五祀，天子諸侯以牛，卿大夫以羊，一説户以羊。竈以雉，中霤以豚，門以犬，井以豕。或曰：中霤用牛，餘不得用豚，井以魚。白虎通○天子祭五祀，執薦者百人侍西房。周禮宗伯：「以血祭祭社稷、五祀。」鄭云：「五祀」，「四時迎五行之氣於四郊，而祭五德之帝也。」或曰：此五祀謂礿、祠、烝、嘗及大祫也。或曰：國語展禽曰：「禘、郊、祖、宗、報，此五者，國之祀典也。」皆王者所親臨之祭，非謂户、竈、中霤、門、行之五祀也。薦，謂所薦陳之物，籩豆之屬也。侍，侍立也。西房，西廂也。侍，或爲待。○荀子正論篇○王孫賈問曰：「與其媚於奥，寧媚於竈，何謂也？」王孫賈，衛大夫。媚，親順也。室西南隅爲奥。竈者，五祀之一，夏所祭也。凡祭五祀，皆先設主而祭於其所，然後迎尸而祭於奥，略如祭宗廟之儀。如祀竈，則設主於竈陘，祭畢，而更設饌於奥以迎尸也。故時俗之語，因以奥有常尊而非祭之主，竈雖卑賤而當時用事。喻自結於君，不如阿附權臣也。賈，衛之權臣，故以此諷孔子。子曰：「不然，獲罪於天，無所禱也。」天，即理也，其尊無對，非奥竈之可比也。逆理則獲罪於天矣，豈媚於奥竈所能禱而免乎？言但當順理，非特不當媚竈，亦不可媚於奥也。○謝氏曰：聖人之言，遜而不迫。使王孫賈而知此意，不爲無益；使其不知，亦非所以取禍。○論語八佾○天子崩，未殯，五祀之祭不行。既殯而祭，其祭也，尸入三飯不侑，酳不酢而已矣。自啓至于反哭，五祀之祭不行。已葬而祭，祝畢獻而已。飯，扶晚反。酳，音胤，又仕覲反。○既葬彌吉，畢獻祝而後止，郊社亦然，唯嘗禘宗廟俟吉也。○疏曰：天子諸侯祭禮既亡，今儀禮唯有大夫士祭禮以言之。按特牲饋食禮：祝延尸於奥，迎尸而入，即延坐三飯告飽，祝侑尸，尸又飯，至於九飯畢。若大夫，依少牢饋食尸食十一飯而畢。鄭注少牢云：士九飯，大夫十一飯也。則其餘有十三飯、十五飯也。按此説，則諸侯十三飯，天子十五飯。又按特牲禮尸九飯畢，主人酌酒酳尸，尸飲卒爵酢主人，主人受酢飲畢，酌獻祝，祝飲畢，主人又酌獻佐食，此是士之祭禮也，今約此而説天子五祀之祭也。「天子崩，未殯，五祀之祭不行」者，以初崩哀感，未遑祭祀，雖當五祀祭時不得行。既殯而祭者，但五祀外神，不可以己私喪久廢其祭，故既殯，哀情稍殺而後祭也。「其祭也，尸入三飯不侑，酳不酢而已矣」者，今喪既殯，不得純如吉禮，理須宜降殺侑勸也，故迎尸入奥之後，尸三飯告飽則止，祝更不勸侑其食，使滿常數也。又熊氏云：三飯不侑，酳不酢而已矣。謂迎尸入奥之後，尸三飯即止，祝不勸侑，至十五飯，於時冢宰攝主酌酒酳尸，尸受卒爵不酢攝主，故云三飯不侑，酳不酢而已者，謂唯行此而已，不爲在後餘事也。「自啓至於反哭，五祀之祭不行」者，謂欲葬之時，從啓殯以後、葬畢反哭以前，靈柩既見，哀摧更甚，故云五祀之祭不行。已葬而祭，祝畢獻而已。「已葬而祭」者，謂已葬反哭殯宮畢而行其祭。但既葬彌吉，尸入三飯之後，祝乃侑尸，尸食十五飯攝主酳尸，尸飲卒爵而酢攝主，攝主飲畢酌而獻祝，祝受飲畢則止，無獻佐食以下之事。所以然者，以葬後未甚吉，唯行此禮而已。而已，是語辭也。皇氏云：已，止也。又曰：經云祝畢獻止，謂祝受獻，祭禮遂畢止，不獻佐食以下。云「郊社亦然」者，王制云：「天地社稷爲越紼而行事。」是與五祀同也。趙商問云：自啓至反哭，五祀之祭不行，注云「郊社亦然」者，按王制云：「唯祭天地社稷，爲越紼而行事。」既云葬時郊社之祭不行，何得有越紼而行事？鄭答：越紼行事，喪無事時，天地郊社有常日，自啓及至反哭自當辟之。鄭言無事者，謂未殯以前是有事，既殯以後，未啓以前是無事，得行祭禮，故有越紼行事。鄭云「郊社有常日，自啓至反哭自當辟之」者，郊社既有常日，自啓反哭當辟此郊社之日，郊社尊，故辟其日，不使相妨。五祀既卑，若與啓反哭日相逢，則五祀辟其日也。鄭言天地社稷去殯處遠，祭時踰越此紼而往赴之，五祀去殯處近，暫往則還，故不爲越紼也。云「唯嘗禘宗廟俟吉也」者，謂爲嘗禘之禮以祭宗廟，俟待於吉，故王制云：「喪三年不祭。」是也。其在喪祭郊社之時，其喪所朝夕仍奠。知者，雜記云：「國禁哭則止，朝夕之奠，即位自因也。」人臣尚爾，明天子得也。○曾子問

小宗伯：兆四望於四郊。兆爲壇之營域。鄭司農云：四望，道氣出入。玄謂：四望，五嶽四鎮四竇。○竇，音獨，本亦作「瀆」。○疏曰：云「兆爲壇之營域」者，按封人云「社稷之壝」，謂壝土爲之，即此壇之營域，一也。不言壇者，舉外營域有壇可知。「司農云四望道氣出入」者，按上注司農以爲日月

星海，後鄭不從矣。今此云「道氣出入」，與上注不同者，以無正文，故兩注有異。若然，云道氣出入則非日月星海，謂五嶽之等也，故後鄭就足之，還爲五嶽之屬解之。天子四望，諸侯三望，境内山川，按僖三十一年夏四月「猶三望」，服氏云：「三望，分野星，國中山川。」又上文先鄭云「四望，日月星海」，後鄭必知望祭中無天神者，按哀六年云：「初，楚昭王有疾，卜曰：『河爲祟。』王弗祭，大夫請祭諸郊。王曰：『三代命祀，祭不越望。江、漢、睢、漳，楚之望也。』」爾雅又云：「梁山，晉望。」又按尚書云：「望于山川。」則知望祭中無天神可知。若天神日月之等，當入四類之内也。若然，尚書云「望于山川」，必知四望非山川，是五嶽四瀆者，以其下云「兆山川丘陵」之等，山川既在下，故知此四望是五嶽之屬，山川之大者也。○春官○玉人之事，兩圭五寸有邸，以旅四望。邸，音帝，劉作核〔三一〕，户古反。○邸，謂之柢，有邸，僢共本也。○僢，昌絹反。○疏曰：此亦依典瑞所解，謂國有故，旅祭四望。云「僢共本也」者，亦一玉俱成兩圭足相對爲僢也。○冬官○司服：祀四望則毳冕。毳，昌鋭反，劉清歲反。○鄭司農云〔三二〕：毳，罽衣也。玄謂：毳，畫虎蜼，謂宗彝也，其衣三章，裳二章，凡五也。○罽，居例反。○疏曰：云「毳罽衣也」者，按爾雅云：「毳氂謂之罽。」則績毛爲之，若今之毛布。但此毳則宗彝，謂虎蜼。而先鄭以爲罽衣，於義不可，故後鄭不從也。○春官○大司樂：奏姑洗，歌南吕，舞大磬，以祀四望。姑洗，陽聲第三，南吕爲之合。四望，五嶽、四鎮、四竇。此言祀者，司中司命、風師雨師，或亦用此樂與？○與，音餘。○疏曰：四望又卑於神州，故降用陽聲第三及用大磬也〔三三〕。又曰：云「姑洗，陽聲第三，南吕爲之合」者，以其南吕上生姑洗之九三，是陽聲第三也。姑洗，辰之氣也，三月建焉而辰在大梁。南吕，酉之氣也，八月建焉而辰在壽星，是南吕爲之合也。云「四望、五嶽、四鎮、四竇」者，以大宗伯五嶽在社稷下、山川上，此文四望亦在社稷下、山川上，故知四望是五嶽、四鎮、四竇也。云「此言祀者，司中司命、風師雨師，或亦用此樂與」者，以此上下更不見有司中等用樂之法。又按大宗伯天神云祀，地祇云祭，人鬼云享，四望是地祇而不云祭而變稱「祀」，明經意本容司中等神，故變文見用樂也。無正文，故云「或」、「與」以疑之也。○同上。○牧人：望祀，各以其方之色牲毛之。望祀，五嶽、四鎮、四瀆也。○疏曰：知望祀是四望者，以其言望與四望義同，故知是四望五嶽等也。○地官○男巫：掌望祀望衍授號，旁招以茅。杜子春云：望衍，謂衍祭也。授號，以所祭之名號授之。旁招以茅，招四方之所望祭者。玄謂：「衍」讀爲「延」，聲之誤也。○疏曰：云「望祀」者，類造禬禜，遥望而祝之。云「望衍」者，衍，延也，是攻説之禮遥望延其神，以言語責之。云「旁招以茅」者，旁謂四方，此男巫於地官祭此神時，則以茅招之於四方也。又曰：子春所云皆無依據，故後鄭不從。「玄謂」破「衍」爲「延」者，「衍」字於六祈義無所取，故破從「延」。云「望祀謂有牲粢盛」者，注大祝已云「類造禬禜皆有牲，攻説用幣而已」，有牲則有黍稷，故此兼云粢盛者也。云「延，進也。謂但用幣致其神」者，此即攻説用幣而已是也。云「二者詛祝所授類、造、攻、説、禬、禜之神號，男巫爲之招」者，以其授號文承二者之下，故知此六神皆授之號，授號知是詛祝者，按詛祝而知也。○春官

右四望望祀三望附。○傳：僖公三十一年夏四月，四卜郊，不從，乃免牲。龜曰卜。不從，不吉也。卜郊不吉，故免牲。免，猶縱也。猶三望。三望，分野之星，國中山川，皆因郊祀望而祭

之。魯廢郊天而脩其小祀，故曰猶。猶者，可止之辭。○分，扶問反。左氏曰：「非禮也。望，郊之細也。宣公三年傳云：「望，郊之屬也。」不郊，亦無望可也。注疏詳見天神郊祀條。○公羊子曰：「天子祭天，諸侯祭土。天子有方望之事，無所不通。諸侯山川有不在其封内者，則不祭也。望者何？望祭也。然則曷祭？祭泰山河海。曷爲祭泰山河海？山川有能潤于百里者，天子秩而祭之，觸石而出，膚寸而合，不崇朝而徧雨乎天下者，唯泰山爾，河海潤于千里。猶者何？通可以已也。何以書？譏不郊而望祭也。注疏見天神。○三正記曰：「郊後必有望。」○楚昭王有疾，卜曰：「河爲祟。」大夫請祭諸郊，王曰：「三代命祀，祭不越望。祟，息遂反。○諸侯望祀竟内山川星辰。○竟，音境。江、漢、睢、漳，楚之望也。睢，七餘反。○四水在楚界。○詳見因事疾病條。禍福之至，不是過也。不穀雖不德，河非所獲罪也。」遂弗祭。哀公六年春秋左氏傳○韓宣子謂子産曰：「寡君寢疾，並走羣望。」晉所望祀山川，皆走往祈禳。○昭公七年春秋左氏傳○成王盟諸侯于岐陽，岐山之陽。楚爲荆蠻，荆州之蠻也。置茅蕝，設望表，與鮮牟守燎。置，立也。蕝，謂束茅而立之，所以縮酒。望表，謂望祭山川，立木以爲表，表其位也。鮮牟，東夷國。燎，庭燎也。○國語晉語

小宗伯：兆山川丘陵墳衍，各因其方。順其所在。○疏曰：大司徒職地有十等，此不云林澤原隰，亦順所在可知，故略不言也。○春官○山虞：若祭山林，則爲主而脩除，且蹕。爲主，主辨

護之也。脩除，治道路場壇。○壇，徒丹反，或音禪。○疏曰：此山林在畿内王國四方，各依四時而祭。云「則爲主」者，謂主當祭事者也。「而脩除」者，謂掃除糞灑。云「且蹕」者，且復蹕止行人也。又曰：云「爲主，主辨護之也」者，按中候握河紀堯受河圖云：「帝立壇，磬折西向，禹進迎舜，契倍位，稷辨護。」注云：「辨護者，供時用相禮儀。」則此云「辨護」者，亦謂供時用相禮儀者也。云「脩除，治道路場壇」者，按守祧職云：「其廟則有司脩除之。」鄭云：「有司恒主脩除。」謂掃除糞灑。場謂墠，即除地之處。壇，神位之所也。○地官○典瑞：璋邸射以祀山川。璋有邸而射，取殺於四望。鄭司農云：射，剡也。○剡，以冉反，或因冉反。○疏曰：此祀山川，謂若宗伯云：兆山川丘陵各於其方。亦隨四時而祭，則用此璋邸以禮神。○春官○玉人：璋邸射素功，以祀山川。邸射，剡而出也，致稍餼，造賓客納稟食也〔三四〕。鄭司農云：素功，無瑑飾也。餼，或作氣，杜子春云：當爲餼。○造，七報反。○疏曰：云「以祀山川」者，謂四望之外，所有山川皆是。云「邸射，剡而出也」者，向上謂之出，半圭曰璋，璋首邪卻之。今於邪卻之處從下向上，總邪卻之名爲剡而出。云「致稍餼，造賓客納稟食也」者，謂賓客在館，主君使人造賓客，納稟食。稟食則米者也。以其經云稍餼，稍稍致之，是食米曰稟者也。○冬官○司服：祀山川則毳冕。鄭司農云：毳，罽衣也。玄謂：毳，畫虎蜼，謂宗彝也，其衣三章，裳二章，凡五也。○疏曰：云「毳罽衣也」者，按爾雅云：「毛氂謂之罽。」則續毛爲之，若今之毛布。但此毳則宗彝，謂虎蜼。而先鄭以爲罽衣，於義不可，故後鄭不從也。○春官○大宗伯：以血祭祭五嶽，以貍沈祭山林川澤。貍，亡皆反，劉莫拜反。沈，如字，劉直蔭反。○陰祀自血起，貴氣臭也。五嶽：東曰岱宗，南曰衡山，西曰華山，北曰恒山，中曰嵩高山。不見四竇者，四竇，五嶽之匹，或省文。祭山林曰埋，川澤曰沈，順其性之含藏。○不見，賢徧反。○疏曰：云「陰祀自血起」者，對天爲陽祀自煙起，貴氣臭同也。云「五嶽：東曰岱宗，南曰衡山，西曰華山，北曰恒山，中曰嵩高山」者，此五嶽所在，據東都地中爲說。按大司樂云：「四鎮五嶽崩。」注云：「華在豫州，嶽在雍州。」彼據鎬京爲說。彼必據鎬京者，彼據災異。若據洛邑，則華與嵩高並在豫州，其雍州不見有災異之事，故注有異也。按爾雅江、河、淮、濟爲四瀆，爲定，五嶽不定者，周國在雍州，時無西嶽，故權立吴嶽爲西嶽，非常法，爾雅不載。以東都爲定，故爾雅載之也。若然，此南嶽衡，按爾雅霍山爲南嶽者，霍山即衡山也，故地理志揚州霍山爲南嶽者。山今在廬江，彼霍山與冀州霍山在嵩華者别。云「不見四竇者四竇五嶽之匹或省文」者，五嶽四瀆相對若天地，故設經省文，惟見五嶽也。若然，下云貍沈祭山林川澤，五嶽歆神，雖與社稷同用血，五嶽四瀆山川之類亦當貍沈也。爾雅云「祭山曰庪縣」者，或異代法耳。若然，庪縣既非周法。而校人云：「凡將事於四海山川，則飾黄駒。」注云：「王巡守過大山川，則有殺駒以祈沈禮與？」玉人云：「天子以巡守，宗祝以前馬。」注云：「其祈沈以馬，宗祝亦執勺以先之。」彼亦言祈沈者，祈沈雖非周法，引以況義無嫌也。云「祭山林曰埋，川澤曰沈，順其性之含藏」者，經埋沈祭山林川澤總言，不析别而說，故鄭分之。以其山林無水，故埋之；川澤有水，故沈之：是其順性之含藏也〔三五〕。○同上。

○鬯人：掌供秬鬯而飾之。秬鬯，不和鬱者。飾之，謂設巾。○疏曰：云「掌共秬鬯」者，此直共秬黍之酒，無鬱也，故注云「不和鬱者」也。鄭知「飾之謂設巾」者，此上下雖無設巾之事，按冪人云：「以疏布巾冪八尊，以畫布巾冪六彝。凡王巾皆黼。」凡尊皆有巾冪，明秬鬯之酒尊亦設巾可知，故知所飾者設巾也。凡山川用蜃。故書蜃或爲謨，杜子春云：謨當爲蜃，書亦或爲蜃。蜃，水中蜃也。鄭司農云：謨，器名，漆尊也。玄謂：蜃，畫爲蜃形。蚌曰合漿，尊之象。○蚌，步項反。曰合，音合，本亦作「含」。○疏曰：「山川用蜃」者，大山川。云「蜃畫爲蜃形」者，亦謂漆畫之。云「蚌曰合漿尊之象」者，蚌蛤一名含漿，含漿則是容酒之類，故畫爲蜃而尊名也。○同上。○大司樂：奏蕤賓，歌函鐘，舞大夏，以祭山川。蕤，人誰反。○蕤賓，陽聲第四，函鐘爲之合。函鐘，一名林鐘。○疏曰：云「蕤賓，陽聲第四」者，應鐘之六三上生蕤賓之九四，是陽聲第四也。云「函鐘爲之合」者，蕤賓，午之氣也，五月建焉而辰在鶉首。函鐘，未之氣也，六月建焉而辰在鶉火。是「函鐘爲之合」也。云「函鐘，一名林鐘」者，此周禮言「函鐘」，月令云「林鐘」，故云一名函鐘也。○同上。○舞師：掌教兵舞，帥而舞山川之祭祀。疏曰：云「掌教兵舞」，謂教野人使知之。國有祭山川，則舞師還帥領往舞山川之祀。○地官○孟春，命祀山林川澤，犧牲毋用牝。爲傷妊生之類。○疏曰：此一節論此春爲四時之首，當脩祀典及祭山川之事。「犧牲毋用牝」者，以山林川澤其祀既卑餘月之時，牲皆用牝，唯此月不用，故注爲傷妊生之類。若天地宗廟大祭之時，雖非正月，皆不用牝。○月令○仲冬，天子命有司祈祀四海、大川、名源、淵澤、井泉。順其德盛之時祭之也。今月令淵爲深。○月令○季冬，乃畢山川之祀。月令○天子祭天下名山大川，五嶽視三公，四瀆視諸侯，其餘山川視伯，小者視子男。視，視其牲器之數。○疏曰：按夏傳云：「五嶽視三公，四瀆視諸侯，其餘山川視伯，小者視子男。」鄭注云：「謂其牲幣粢盛籩豆爵獻之數，非謂尊卑。」按周禮：上公饔餼九牢，飧五牢，饗禮九獻，豆四十；侯伯饔餼七牢，飧四牢，饗禮七獻，豆三十有二；子男饔餼五牢，飧三牢，饗禮五獻，豆二十有四。又五等諸侯膳皆大牢，祭亦大牢，簋皆十有二，祭四望山川用毳冕。鄭注禮器「五獻察，謂祭四望山川也」。又侯伯無別，三公與子男同，今此王制云：「五嶽視三公，四瀆視諸侯。」則三公尊於諸侯。夏傳云：「四瀆視諸侯，其餘山川視伯，小者視子男。」是伯與侯別。今鄭注此云：「視，視其牲器。」又注夏傳：「謂其牲幣粢盛籩豆爵獻之數。」參驗上下，並與周禮不同，不可强解合之爲一。此王制所陳多論夏殷之制，夏傳所說又非周代之禮，鄭之所注者，當據異代法也。此經云「四瀆視諸侯」，夏傳「視諸侯」之下，云「其餘山川視伯，小者視子男」，則此諸侯謂是侯爵者，不得總爲五等諸侯。

諸侯祭名山大川之在其地者。魯人祭泰山，晉人祭河是也。○疏曰：知「魯人祭泰山」者，以論語云：「季氏旅於泰山。」明魯君祭泰山，季氏僭之也。又公羊云：「三望祭泰山河海。」是魯祭泰山。但泰山是齊、魯之界，故齊亦祭之，是以禮器云：「齊人將有事於泰山，必先有事於配林。」禮器又云：「晉人將有事於河，必先有事於惡池。」是晉人祭河也。○王制、尚書大傳通脩。

○天子諸侯祭山川，歲徧。疏曰：「祭山川」者，周禮：「兆五帝於四郊〔二六〕，四望、四類亦如之也。」「歲徧」者，謂五方之帝迎氣雩祀明堂及郊，雖有重者諸神總徧，故云歲徧。「祭山川」者，王制云：「在其地則祭之，亡其地則不祭。」是也。○曲禮下

右山川○記：五嶽者何謂也？泰山，東嶽也。霍山，南嶽也。華山，西嶽也。恒山，北嶽也。嵩高山，中嶽也。五嶽何以視三公？能大布雲雨焉，能大斂雲雨焉。雲，

觸石而出，膚寸而合，不崇朝而雨天下。施德博大，故視三公也。四瀆者何謂也？江、河、淮、濟也。四瀆何以視諸侯？能蕩滌垢濁焉，能通百川於海焉，能出雲雨千里焉。爲施甚大，故視諸侯也。山川何以視子男也？能出物焉，能潤澤物焉，能生雲雨。爲恩多，然品類以百數，故視子男也。書曰：「禋于六宗，望秩于山川，徧于羣神矣。」説苑〇三王之祭川也，皆先河而後海。疏曰：三王之祭川也皆先河而後海者，言三王祭百川之時，皆先祭河而後祭海也。〇學記〇晉人將有事於河，必先有事於惡池。池，大河反。〇惡，當爲呼，聲之誤也。呼池、嘔夷，并州川。〇疏曰：「晉人將有事於河，必先有事於惡池」者，有事於河，謂祭河也。必先告惡池小川，從小而祭也。先告從祀者，然後祭河也。呼池、嘔夷，并州川，夏官職方文。齊人將有事於泰山，必先有事於配林。配林，林名。〇疏曰：「齊人將有事於泰山，必先有事於配林」者，有事於泰山，謂祭泰山也。先告配林，配林是泰山之從祀者也，故先告從祀，然後祭泰山。此皆積漸從小至大之義也。〇禮器〇周公祀泰山，召公爲尸。

校勘記

〔一〕省息井反　「井」，原作「云」，傅本、吕本、四庫本同。據朝鮮本、賀本改。

〔二〕又惠恚反　「惠」，原作「思」，傳本、朝鮮本、呂本同。據四庫本、賀本改。「反」字原脱，傳本、朝鮮本、呂本同。據四庫本、賀本補。

〔三〕原隰及平地之神也　「神」，原作「時」，傳本、朝鮮本、呂本、四庫本同。據賀本改。

〔四〕總釋地祇與動之神物雖有遲疾　「物」，原作「來」，傳本、朝鮮本、呂本、四庫本同。據賀本改。

〔五〕云蛤蟹走則遲墳衍孔竅則小矣者　傳本、朝鮮本、呂本、四庫本同。「孔」，賀本作「空」。

〔六〕竹枝根之末生者　「末」，原作「未」，傳本、朝鮮本、四庫本同。據呂本、賀本改。

〔七〕萬物秀實之時也　「秀實」，原作「實秀」，傳本、朝鮮本、呂本、四庫本同。據賀本改。

〔八〕故亦取自然之方丘象地方故也　「方丘」，原作「丘方」，傳本、朝鮮本、呂本、四庫本同。據賀本改。

〔九〕各於本宮上相生爲角徵羽　「相」，原作「杞」，傳本、呂本同。據朝鮮本、四庫本、賀本改。

〔一〇〕是此古文經所藏之書　「此」字原漫漶，據朝鮮本、賀本補。「此」字，呂本、四庫本作「上」。

〔一一〕若典命云　「若」，原作「君」，傳本、呂本、四庫本同。據朝鮮本、賀本改。

〔一二〕社稷爲土神　傳本、朝鮮本、呂本、四庫本同。「土」，賀本作「上」。

〔一三〕五土之總神　「五」，原作「互」，傳本、呂本同。據朝鮮本、四庫本、賀本改。

〔一四〕地官　「地」字原缺，據傳本、朝鮮本、四庫本補。

〔一五〕地官　傳本、朝鮮本、呂本、四庫本同。「地」上，賀本有「並」字。

〔一六〕即屋之是也　「是」，原作「一」，傳本、朝鮮本、呂本同。據四庫本、賀本改。
〔一七〕神農之子名柱　「子」字原脱，傳本、朝鮮本、呂本、四庫本同。據賀本補。
〔一八〕孟春行冬令　「孟」，原作「立」，傳本、呂本、四庫本同。據朝鮮本、賀本改。
〔一九〕謂事雖未成而勢不能已者　「事」字原脱，傳本、朝鮮本、呂本、四庫本同。據賀本補。
〔二〇〕論語八佾集注　「集注」二字原脱，傳本、朝鮮本、呂本、四庫本同。據賀本補。
〔二一〕疏曰　「疏」原作「賦」，傳本、朝鮮本、呂本、四庫本同。據賀本改。
〔二二〕盡心下集注　「集注」二字原脱，傳本、朝鮮本、呂本、四庫本同。據賀本補。
〔二三〕〇爲于僞反　此句原缺，傳本、朝鮮本、呂本、四庫本同。據賀本補。
〔二四〕土乃脉發　「土」，原作「上」，傳本、呂本同。據朝鮮本、四庫本、賀本改。
〔二五〕命有三科　「三」，原作「二」，傳本、朝鮮本、呂本同。據四庫本、賀本改。
〔二六〕凡犮則奉犬牲　「犬」，原作「大」，傳本、朝鮮本、呂本、四庫本同。據賀本改。
〔二七〕此主位西嚮　「此」，原作「北」，傳本、朝鮮本、呂本、四庫本同。據賀本改。
〔二八〕則其地不當棟而在室之中央　「地」，原作「祀」，呂本、四庫本同。傳本漫漶。據朝鮮本、賀本改。
〔二九〕亦如此耳　「此」，原作「地」，傳本、朝鮮本、呂本、四庫本同。據賀本改。
〔三〇〕曰該　「曰」字原脱，傳本、朝鮮本、呂本同。據四庫本、賀本補。

〔三一〕劉作柭　傅本、朝鮮本、呂本同。「柭」，賀本作「枑」，四庫本作「核」。

〔三二〕鄭司農云　此四字原脱，傅本、朝鮮本、呂本、四庫本同。據賀本補。

〔三三〕故降用陽聲第三及用大磬也　「三」，原作「二」，傅本、朝鮮本、呂本、四庫本同。據賀本改。

〔三四〕致稍餼造賓客納稟食也　以上十字原脱，傅本、朝鮮本、呂本、四庫本同。據賀本補。下文「餼或作氣杜子春云當爲餼〇造七報反」、「云致稍餼造賓客納稟食也者謂賓客在館主君使人造賓客納稟食稟食則米者也以其經云稍餼稍稍致之是食米曰稟食者也」二段同。

〔三五〕是其順性之含藏也　傅本、朝鮮本、呂本、四庫本同。「其順」，賀本作「順其」。

〔三六〕兆五帝於四郊　「兆五」，原作「祀」，傅本、朝鮮本、呂本、四庫本同。據賀本改。「四郊」下，原疊「四郊」二字，傅本、朝鮮本、呂本、四庫本同。據賀本删。

儀禮經傳通解續卷第二十四

祭禮八

百神

先立春三日，大史謁之天子曰：「某日立春，盛德在木。」天子乃齊。大，音太。先，悉薦反。齊，側皆反，本亦作「齋」，下同。○大史，禮官之屬，掌正歲年以序事。謁，告也。○疏曰：「先立春三日」者，周法四時迎氣，皆前期十日而散齋七日，致齋三日。今秦法簡省，故三日也，蓋散齋二日，致齋一日。「盛德在木」者，天以覆蓋生民爲德，四時各有盛時，春則爲生。天之生育盛德在於木位，故云盛德在木。立春之日，天子親帥三公九卿諸侯大夫以迎春於東郊。還反，賞公卿諸侯大夫於朝。還，音旋。朝，直遥反，下同。○迎春，祭蒼帝靈威仰於東郊之兆也。王居明堂禮曰：「出十五里迎歲。」蓋殷禮也，周近郊五十里。賞，謂有功德者有以顯賜之也。朝，大寢門外。○疏曰：十二月節氣有早晚，若節氣晚，則月之節氣在當月之内，若節氣早，月之節氣在前月之中，故立春爲正月之節。有在十二月之時，但至立春之節，雖在十二月即行立春之事。又曰：按周禮大史屬春官，主禮官之屬。云「掌正歲年以序事」者，大史職文。鄭注云：「中數曰歲，朔數曰年。」中數者，謂十二月中氣一周，總三百六十五日四分日之一謂之一歲。朔數者，朔十二月之朔一周，謂三百五十四日謂之爲年。此是歲年相對，故有朔數、中數之別。若散而言之，歲亦年也，故爾雅釋天云：「唐虞曰載，夏曰歲，商曰祀，周曰年。」是也。按釋言云：「告、謁，請。」是謁爲告也。又曰：此立春、立秋云「天子親帥三公九卿諸侯大夫」，立夏、立冬云「親帥三公九卿大夫」，不云「諸侯」，文不備，當亦有諸侯，故立夏下云：「乃封諸侯。」於夏既然，明冬諸侯亦然。在孟春云「賞公卿諸侯大夫於朝」，孟夏云「還乃行賞，封諸侯，慶賜遂行，無不欣説」，孟秋云「還乃賞軍帥武人於朝」，孟冬云「還乃賞死事，恤孤寡」。四時所賞不同者，庾云：順時氣也。春陽氣始著仁澤之時，故順其時而賞朝臣及諸侯也。至夏陽氣尤盛，萬物增長，故用是時慶賜轉廣，是以無不欣説也。秋陰氣始著嚴凝之時，故從其時而賞軍帥及武人也。至冬陰氣尤盛，萬物衰殺，故用是時賞死事者及其妻子也。按賈、馬、蔡邕皆爲迎春祭大皞及句芒，以上云「其帝大皞，其神句芒」故也。今鄭獨以爲蒼帝靈威仰者，以春秋文耀鉤云：「蒼帝靈威仰。」禮器云：「饗帝於郊而風雨節，寒暑時。」是人帝，何能使風雨寒暑得時？又詩及尚書云上帝皆爲天也，周禮司服云：王「祀昊天上帝，則服大裘而冕，祀五帝亦如之」。五帝若是人帝，何得與天帝同服？故以爲靈威仰。上云「盛德在木」者，盛德則靈威仰之盛德也。云「王居明堂禮」者，逸禮之篇名。引之者，證十五里迎春與周不同，故云「蓋殷禮也」。云「周近郊五十里」者，鄭注尚書君陳序云「天子近郊五十里，今河南洛陽相去則然」是也。云

「朝大寢門外」者，大寢則路寢，天子有三朝：一是燕朝，在路寢也；二是治朝，則此路寢門外、應門之內，以其賞賜公卿大夫宜在治事之朝，故云大寢門外；三是外朝，在庫門之外、皋門之內，大詢衆庶，聽斷罪人之處也。命相布德和令，行慶施惠，下及兆民。相，息亮反。施，如字，又始豉反。○相，謂三公相王之事也。德，謂善教也。令，謂時禁也。慶，謂休其善也。惠，謂恤其不足也。天子曰兆民。○疏曰：按公羊隱五年傳云：「三公者何？天子之相也。自陝而東者，周公主之；自陝而西者，召公主之。一相處乎內。」是三公相王之事也。至六國時，一人知事者特謂之相，故史記稱穰侯、范睢、蔡澤皆爲秦相，後又爲丞相也。云「天子曰兆民」者，左傳閔元年晉卜偃之辭也。慶賜遂行，毋有不當。當，丁浪反。○遂，猶達也，言使當得者皆得，得者無非其人。○疏曰：遂是申遂，故尚書云：「顯忠遂良。」商頌云：「莫遂莫達。」是遂爲達。言慶賜之事通達施行，使之周徧。云「使當得者皆得，無非其人也」者，謂當慶賜之人皆是有功可慶賜，無此不合得慶之人。非人，謂無功無德之徒。先立夏三日，大史謁之天子曰：「某日立夏，盛德在火。」天子乃齊。立夏之日，天子親帥三公九卿大夫以迎夏於南郊。還反，行賞，封諸侯，慶賜遂行，無不欣說。說，音悦。○迎夏，祭赤帝赤熛怒於南郊之兆也。不言「帥諸侯」而云「封諸侯」，諸侯時或無在京師者，空其文也。祭統曰：「古者于禘也，發爵賜服，順陽義也。于嘗也，出田邑，發秋政，順陰義也。」今此行賞可也，而封諸侯則違於古。封諸侯，出土地之事，於時未可，似失之。○熛，必遥反。○疏曰：按上迎春云「帥三公九卿諸侯大夫」，今此直云「三公九卿大夫」，故云不言「帥諸侯」。既不帥諸侯而云封諸侯，故鄭解其意云「諸侯當迎夏之時，或無在京師者」，故空其諸侯之文。諸侯既無而得封者，鄭云「或無在京師者」，言或則容有在者，故得封也。或可諸侯身雖不在，遥封之。皇氏以爲迎時不在，至還時諸侯或來，故得封也。然迎夏往反暫時之事，不應迎時未到，還時則來，非其義也。引「祭統」以下，證夏時未可封諸侯，故云「今此行賞可也，而封諸侯則違於古」也。先立秋三日，大史謁之天子曰：「某日立秋，盛德在金。」天子乃齊。立秋之日，天子親帥三公九卿諸侯大夫以迎秋於西郊。還反，賞軍帥武人於朝。帥，所類反，本或作「師」。○迎秋者，祭白帝白招拒於西郊之兆也。軍帥，諸將也。武人，謂環人之屬有勇力者。○拒，音矩。將，子匠反。先立冬三日，大史謁之天子曰：「某日立冬，盛德在水。」天子乃齊。立冬之日，天子親帥三公九卿大夫以迎冬於北郊。還反，賞死事，恤孤寡。迎冬者〔一〕，祭黑帝叶光紀於北郊之兆也。死事，謂以國事死者，若公叔禺人、顔涿聚者也。孤寡，其妻子也，有以惠賜之大功加賞。○叶，本又作「汁」，音協。禺，音寓。涿，丁角反，又作「椓」。○疏曰：亦率羣臣至北郊迎黑帝叶光紀，而顓頊、玄冥配之。不言諸侯，亦如夏空其文也。「還反賞死事」者，還於郊，反亦反於朝也。賞死事，謂人臣有爲國事死者北郊，還因殺氣之盛而賞其家後也。「恤孤寡」者，恤，供給也，孤寡即死事者妻子也。財禄供給之也，舉死事之人證之也。又曰：春秋左傳魯哀公十一年魯師與齊戰，公叔務人曰：「上不能謀，士不能死，何以治民？吾既言之矣，敢不勉乎！」乃與其嬖僮汪錡赴敵皆死，雖無賞賜之文，而亦死事之義，故以證之。哀二十三年晉「知伯親禽顔庚」，注云：「齊大夫顔涿聚。」二十七年「齊師將興」，「屬孤子，三日朝。設乘車兩馬，繫五邑焉。召顔涿聚之子晉曰：『隰之役，而父死焉。』『今君命

女以是邑也，服車而朝。』」是其加賞也。兼平常惠賜養幼少，恤孤寡，亦是也。○月令

右迎氣

天子祭四方，歲徧。諸侯方祀，歲徧。祭四方，謂祭五官之神於四郊也。句芒在東，祝融、后土在南，蓐收在西，玄冥在北。詩云：「來方禋祀。」方祀者，各祭其方之官而已。○句，古侯反。○疏曰：此經直言祭四方，知非祭五天帝於四方者，以上云「祭天地」，則五帝在其中矣，故知非天帝也。按宗伯云「貍辜祭四方百物」，知此方祀非四方百物者，以此文在山川五祀之上，與大宗伯「血祭社稷五祀五嶽」，五祀在五嶽之上，此四方亦在山川之上，故知是五官之神。云「祝融后土在南」者，鄭意以爲黎兼爲后土，土位在南方，故知祝融、后土在南。引詩云「來方禋祀」者，是小雅大田之詩，以刺幽王之無道，追論成王之太平時和年豐，至秋報祭招來四方之神禋潔祭祀。引之者，證四方之義也。「諸侯方祀」者，諸侯既不得祭天地，又不得總祭五方之神，唯祀當方，故云方祀。○曲禮下○大宗伯：

以禮天地四方。以玉作六器，禮，謂始告神時薦於神坐，書曰：周公「植璧秉圭」是也。○疏曰：言「作六器」者，此據禮神則曰器，上文人執則曰瑞，對此文義爾。若通而言之，禮神雖不得言瑞，人執者亦曰器，故聘禮云：「圭璋璧琮，凡四器者，唯其所寶，以聘可也。」尚書亦以五瑞爲五器，卒乃復，是其人執亦曰器也。云「禮謂始告神時薦於神坐」者，此以玉禮神在作樂下神後，故鄭注大司樂云：「先奏是樂以致其神，禮之以玉而祼焉。」是其以玉禮神與宗廟祼同節。若然，祭天當實柴之節也。「書曰：周公『植璧秉圭』是也」者，此金縢文。彼以周公請天代武王死之説爲三壇同墠，又爲壇於南方，周公於前立焉，告大王、王

季、文王，故植璧於三王之坐，手秉桓圭。引之者，證植璧於神坐之側事也。以青圭禮東方，以赤璋禮南方，以白琥禮西方，以玄璜禮北方。禮東方以立春，謂蒼精之帝而大昊、句芒食焉。禮南方以立夏，謂赤精之帝而炎帝、祝融食焉。禮西方以立秋，謂白精之帝而少昊、蓐收食焉。禮北方以立冬，謂黑精之帝而顓頊、玄冥食焉。禮神者必象其類：圭鋭象春物初生；半圭曰璋，象夏物半死；琥猛象秋嚴；半璧曰璜，象冬閉藏，地上無物，唯天半見。○疏曰：云「禮東方以立春，謂蒼精之帝」者，此已下皆據月令四時迎氣皆在四立之日，故以立春、立夏、立秋、立冬言之也。知皆配以人帝、人神者，亦據月令四時十二月皆陳人帝、人神。彼止爲告朔於明堂及四時迎氣配天帝而言，告朔於明堂，告五人帝，告五人神，配以文王、武王。必知迎氣亦有五人帝、五人神者，以其告朔入明堂，至秋總享五帝於明堂，皆以五人帝、五人神配天。若然，迎氣在四郊還是迎五天帝，明知五人帝、五人神亦配祭可知。以其自外至者無主不止，故皆以人帝、人神爲配也。言蒼精、赤精、白精、黑精者，皆據春秋緯運斗樞云太微宫有五帝坐星，文耀鉤亦云靈威仰之等而説也。云「禮神者必象其類」者，即圭鋭已下是象其類也。云「圭鋭象春物初生」者，雜記「贊大行云：圭剡上，左右各寸半」，是圭鋭也。云「半圭曰璋」者，按典瑞云：「四圭有邸以祀天，兩圭有邸以祀地。」是兩圭半四圭。又云「圭璧以祀日月」，是一圭半兩圭。又云「璋邸射以祀山川」，是璋又半一圭，故云半圭曰璋。公羊傳亦云：「寶者何？璋判白。」亦半圭曰璋。云「象夏物半死」者，夏時薺麥死是半死。云「琥猛象秋嚴」者，謂以玉爲琥形猛屬西方，是象秋嚴也。云「半璧曰璜」者，逸禮記文，似半圭曰璋也。云「冬閉藏，地上無物，唯天半見」者，列宿爲天文，草木爲地文，冬時草木枯落，唯天上列宿仍在，故云唯天半見，故用半璧曰璜也。此六玉所用，則上璧下琮，按覲禮加方明，東方圭，南方璋，西方琥，北方璜，與此同。唯上圭下璧與此違者，鄭彼注云：「上宜以蒼璧，下宜以黃琮。而不以者，則上下之神非天地之至貴者也。」彼上下之神是日月，故陳玉與此不同也。此經神不見中央含樞紐者，此四時迎氣皆在四郊，小宗伯云：「兆五帝於四郊。」鄭注云：「黃帝亦於南郊。」是也。

皆有牲幣，各放其器之色。放，方往反。○幣以從爵，若人飲酒有酬幣。○疏曰：言「皆」，則上六玉所禮者皆有牲與幣也。言「各放其器之色」，則上蒼璧等六器所有牲幣各放此器之色。又曰：知幣是「從爵」非禮神者，若是禮神，當在牲上，以其禮神幣與玉俱設。若肆師云「立大祀用玉帛牲牷」，是帛在牲上。今在下，明非禮神者也。云「若人飲酒有酬幣」者，獻尸從爵之幣無文，故以生人飲酒之禮況之。按聘禮饗時有酬幣，明此幣既非禮神之幣，則獻尸後酬尸時亦有幣之從爵也。○春官○四坎壇，祭四方。四方，即謂山林、川谷、丘陵之神也。祭山林丘陵於壇，川谷於坎，每方各爲坎爲壇。○疏曰：「四坎壇祭四方也」者，謂山林川谷丘陵之神有益於人民者也。四方各爲一坎一壇，壇以祭山林丘陵，坎以祭川谷泉澤，故言坎壇祭四方也。○祭法○舞師：教羽舞，帥而舞四方之祭祀。羽，析白羽爲之，形如帗也。四方之祭祀，謂四望也。○疏曰：云「掌教兵舞」，謂教野人使知之。國有祭山川，則舞師還帥領往舞山川之祀，已下皆然。按春官樂師有六舞，并有旄舞施於辟雍，人舞施於宗廟。此無此二者，但卑者之子不得舞宗廟之酎，祭祀之舞亦不得用卑者之子。彼樂師教國子故有二者，此教野人故無旄舞、人舞。又曰：但羽舞用白羽，帗舞用五色繒，用物雖異，皆有柄，其制相類，故云「形如帗」也。云「四方之祭祀謂四望也」，知者，若以四方連百物，則四方不止四望〔二〕。今單云四方，四望、五岳、四瀆亦布在四方，故知四方即四望也。○地官○鬯人：掌共秬鬯而飾之。秬鬯，不和鬱者。飾之，謂設巾。○疏曰：云「掌共秬鬯」者，此直共秬黍之酒，無鬱也，故注云「不和鬱者」也。鄭知「飾之謂設巾」者，此上下雖無設巾之事，按冪人云「以疏布巾冪八尊，以畫布巾冪六彝，凡王巾皆黼」，凡尊皆有巾冪，明秬鬯之酒尊亦設巾可知，故知所飾者設巾也。凡四方用蜃，凡疈事用散。疈，孚逼反，又方麥反。○故書「蜃」或爲「謨」，杜子春云：「謨」當爲「蜃」，書亦或爲「蜃」。蜃，水中蜃也。鄭司農云：脩、謨、概、散，皆器名。玄謂：脩、蜃、概、散，皆漆尊也。蜃畫爲蜃形。蚌曰合漿，尊之象，概，尊以朱帶者，無飾曰散。○疏曰：「司農云：脩、謨、概、散，皆器名」者，先鄭從古云謨，後鄭亦不從之矣。鄭知「脩、蜃、概、散，皆漆尊也」者，以稱散，凡物無飾曰散，直有漆，明概蜃之等漆外別有飾，故知皆尊也。云「蜃畫爲蜃形」者，亦謂漆畫之。云「蚌曰合漿，尊之象」者，蚌蛤一名含漿，含漿則是容酒之類〔三〕，故畫爲蜃而尊名也。云「無飾曰散」者，以對概蜃獻象之等有異物之飾，此無，故曰散。云「疈事」者，即大宗伯云「疈辜祭四方百物」者也。○春官○大宗伯：以疈辜祭四方。鄭司農云：罷辜，披磔牲以祭，若今時磔狗祭以止風。玄謂：疈，疈牲胸也。疈而磔之，謂磔禳及蜡祭。郊特牲曰：「八蜡以記四方，四方年不順成，八蜡不通，以謹民財也。」又曰：「蜡之祭也，主先嗇而祭司嗇也，祭百種以報嗇也。饗農及郵表畷、禽獸，仁之至，義之盡也。」○罷，如字，一芳皮反。磔，張格反。種，童勇反。畷，音綴，又陟劣反。○疏曰：云「罷辜，披磔牲以祭」者，此先鄭從古書「罷」，於義未可，故後鄭不從「罷」，從經「疈」爲正。其云「披磔牲以祭」，仍從之矣。云「若今時磔狗祭以止風」者，此舉漢法以況疈辜爲磔之義。必磔狗止風者，狗屬西方金，金制東方木之風，故用狗止風也。云「疈，疈牲胸也」者，無正文，蓋據當時疈磔牲體者皆從胸臆解析之，故以胸言之。云「謂磔禳及蜡祭」者，按禮記月令云「九門磔禳」，又十二月大儺時亦磔禳，是磔牲禳去惡氣之禮也。云「及蜡祭」者，按彼云「蜡也者，索也，歲十二月，合聚萬物而索享之」，謂天子於周之十二月建亥之月於郊而爲蜡法。此所引郊特牲曰「八蜡」已下，彼據諸侯行蜡法。彼云「八蜡以記四方」，不作祀，作祀者誤。云「八蜡以記四方」者，謂八蜡之禮以記四方諸侯。知順成不順成，若年不順成，則八蜡不通者。若四方諸侯年穀有不順四時成熟者，其八蜡不得與四方成熟之處通祭八蜡也。云「以謹民財也」者，八蜡既不通，明民不得行黨正飲酒奢侈之事，故云以謹民財也。謹民，謂謹節民之用財之法也。「又曰蜡之祭也，主先嗇而祭司嗇」者，彼注云：「先嗇，若神農者。司嗇，后稷是也。」云「祭百種以報嗇也」者，謂合聚萬物而索享之，以報收嗇之功，故云祭百種以報嗇也。云「享農及郵表畷」者，彼注云：農謂田畯，典田大夫。郵表畷，畷，止也，謂田畯督約百姓於井閒之處也。是郵行往來立表畷止於其下，是止息之處，有神亦祭之。云「禽獸，仁之至，義之盡也」者，八蜡者：按彼祭有先嗇一也，司嗇二也，農三也，郵表畷四也，貓虎五也，坊六也，水庸七也，昆蟲八也。蜡之中有貓虎，是禽獸也。云「仁之至」者，據饗先嗇、司嗇及農，是仁恩之至。「義之盡」者，據饗貓虎坊與水庸郵表畷之等，是義之盡。引之者，證祭亦磔牲之事也。○春官○季秋，天子乃厲飾，執弓挾矢以獵，挾，子協反〔四〕，又音協。○厲飾，謂戎服尚威武也。今月令獵爲射。○疏曰：厲飾，謂嚴厲武猛，容飾定本。飾，謂容飾也，俗本作

「飭」，非也。熊氏云：謂戎服者韋弁服也，以秋冬之田，故韋弁服。若春夏則冠弁服，故司服云：「凡甸冠弁服。」義或然也。命主祠祭禽于四方。以所獲禽祀四方之神也，司馬職曰：「羅弊致禽以祀祊。」○祊，鄭音方。○疏曰：謂獵竟也。主祠，謂典祭祀者也。禽者，獸之通名也。四方，四方有功於方之神也。四時田獵皆祭宗廟，而分時各以爲主也。春時土方施生，獵則祭社爲主也。夏時陰氣始起，象神之在内，獵則祭宗廟爲主也。秋時萬物以成，獵則以報祭社及四方爲主也。冬時萬物衆多，獵則主用衆物以祭宗廟而亦報於物有功之神於四方也。此天子獵既畢，因命典祀之官，取田獵所獲之禽還祭於郊，以報四方之神也。冬獵亦何以知然？按鄭注「秋獮祀方」云：「秋田主祭四方，報成萬物。」詩曰：「以社以方。」下云「方，迎四方氣於郊也」，鄭又云：「秋祭社與四方，爲五穀成熟，報其功也。」又司馬冬狩云：「致禽饁獸于郊，入獻禽以享烝。」鄭云：「冬田主用衆，物多衆得取也。」致禽饁獸於郊，聚所獲禽因以祭四方神於郊也。月令季秋，天子既田，『命主祠祭禽四方』是也，入又以禽祭宗廟。」按於經注更相引證始可見矣。其祭四方但用此禽，又用別牲，故甫田云：「與我犧羊，以社以方。」是也。此祀四方者，謂四方五行之神也。○月令

右四方

大司馬：中秋，教治兵，如振旅之陳。疏曰：言「教治兵」者，凡兵出曰治兵，入曰振旅。春以入兵爲名，尚農事；秋以出兵爲名，秋嚴尚威故也。云「如振旅之陳」者，如春振旅時坐作進退、疾徐疏數之法也。遂以獮田，羅弊致禽以祀祊。獮，息淺反。○秋田爲獮，獮，殺也。羅弊，罔止也。秋田

主用罔，中殺者多也，皆殺而罔止。祊，當爲方，聲之誤也。秋田主祭四方，報成萬物，詩曰：「以社以方。」〇疏曰：上文教戰班旗物訖，遂入防行獮田之禮，其法如蒐田之法。云「羅獘致禽以祀祊」者，秋田主用羅，羅止田畢，入國過郊之神位，乃致禽以祀四方之神。又曰：云「祊，當爲方，聲之誤也」者，以祊乃是廟門之外內，惟因祭宗廟及明日繹祭乃爲祊祭。今既因秋田而祭，當是祭四方之神，故云誤也。云「秋田主祭四方，報成萬物」者，以秋物成四方神之功，故報祭之。云「詩曰以社以方」者，詩大雅，引之證方是四方之神也。〇夏官

右祊

小宗伯：兆五帝於四郊，四類亦如之。兆爲壇之營域。鄭司農云：四類，三皇、五帝、九皇、六十四民咸祀之。玄謂：四望，五嶽四鎮四竇。四類，日月星辰運行無常，以氣類爲之位。兆日於東郊，兆月與風師於西郊，兆司中司命於南郊，兆雨師於北郊。〇疏曰：自此以下云外神從尊至卑，故先云五帝。此不云大帝者，此文上下唯論在四郊，以對國中右社稷、左宗廟，其大帝與崑崙自相對，而在四郊之內，有自然之圓丘及澤中之方丘，以其不在四郊，故不言也。又曰：云「兆爲壇之營域」者，按封人云「社稷之壝」，謂壝土爲之，即此壇之營域一也。不言壇者，舉外營域有壇可知。云「五帝蒼曰靈威仰」之等，此於大宗伯釋訖，但彼據禮神玉幣而言，此據壇域處所而說，故兩處各言之也。先鄭云「四類、三皇、五帝、九皇、六十四民咸祀之」者，按史記云：「九皇氏没，六十四民興。六十四民没，三皇興。」彼雖無三皇、五帝之文〔五〕，先鄭意三皇已祀之，明并祭五帝三王可知。後鄭不從者，以其兆五帝已下皆據外

神大昊、句芒等配祭而已，今輒特祭人帝於其中，非所宜，故不從，是以取五嶽之屬易之也。後鄭注云「四類，日月星辰」者，以其言類，明以氣類而爲位以祭之，故知是日月之等。知「兆日於東郊」者，按祭義云「大明生於東」，故覲禮亦云「拜日於東郊」，玉藻又云「朝日於東門之外」也。又知兆月於西郊者，月生於西。知風師亦於西郊者，以其五行金爲暘，土爲風，風雖屬土，秋氣之時萬物燥落由風，故風亦於西郊也。云「兆司中司命於南郊」者，以其南方盛陽之方，司中司命又是陽，故司中司命在南郊也。云「兆雨師於北郊」者，以其雨是水，宜在水位，故知雨師在北郊。○春官

右四類

司民：三年大比，以萬民之數詔司寇，司寇及孟冬祀司民之日，獻其數于王。王拜受之，登于天府。鄭司農云：文昌宮三能屬軒轅角，相與爲體。近文昌爲司命，次司中，次司禄，次司民。玄謂：司民，軒轅角也。天府，主祖廟之藏者。○能，吐才反。○疏曰：云「及孟冬祀司民之日」者，謂司寇於春官孟冬祭祀司民星之日以與司寇爲節，此日司寇獻其民數於王。云「王拜受之，登于天府」者，重此民數，民爲邦本故也。又曰：先鄭云「文昌宮三能屬軒轅角，相與爲體。近文昌爲司命，次司中，次司禄，次司民」，武陵太守星傳：「文昌第一曰上將，第二曰次將，第三曰貴相，第四曰司命，第五曰司中，第六曰司禄。」不見有司民。三台六星，兩兩相居，起文昌東南，別在大微亦無司民之事，故後鄭不從。云「司民，軒轅角也」者，按軒轅星有十七星，如龍形，有兩角，角有大民、小民，故依之也。○秋官

○小司寇：孟冬祀司民，獻民數於王，王拜受之。司民，星名，謂軒轅角也。小司寇於祀司民而

獻民數於王，重民也。○疏曰：年年民數皆有增減，於孟冬春官祭司民之時，小司寇以民數多少獻於王也。又曰：按星經軒轅角有大民、小民之星，是軒轅角也。○同上。○天府：若祭天之司民司禄，而獻民數穀數，則受而藏之。數穀數，上所主反，下所具反。○司民，軒轅角也。司禄，文昌第六星，或曰下能也。禄之言穀也，年穀登乃後制禄。祭此二星者，以孟冬既祭之，而上民穀之數於天府。○能，他來反。上，時掌反。○疏曰：此主祭祀者，祭天之司民司禄在孟冬之時，則主民之吏獻民數穀數，則小司寇受而獻之於王，王得之，登於天府，受而藏之。又曰：云「司民，軒轅角也」者，按武陵太守星傳云：「軒轅十七星，如龍形，有兩角，角有大民、小民。」傳又云：「文昌宮有六星：第一爲上將，第二爲次將，第三爲貴相，第四爲司命，第五爲司中，第六爲司禄。」是其司民在軒轅角，司禄在文昌第六星也。「或曰下能也」者，此按石氏星傳云：「上能司命爲太尉，中能司中爲司徒，下能司禄爲司寇。」是司禄在下能也。以其二處並有司禄，故舉二文以見義也。云「禄之言穀也，年穀登乃後制禄」，言此者，欲見祭司禄在孟冬，則制禄之意也。鄭知祭此二星在孟冬者，見月令孟冬云「祈來年於天宗」，即日月星，是知祭在孟冬也。其獻穀數者，則小司寇職也。○春官

右司民司禄

季春，天子乃薦鞠衣于先帝。爲將蠶求福祥之助也。鞠衣，黄桑之服。先帝，大皞之屬。○疏曰：依禮祭五帝自服大裘，今薦鞠衣，與桑同色，蓋薦於神坐，故知爲蠶求福。云「鞠衣，黄桑之服」者，鄭注内司服云：「鞠衣，黄桑服也，色如鞠塵，象桑葉始生。」菊者，草名，花色黄，故季秋之月云菊有黄

華，是鞠衣黃也，與桑同色，又當桑生之時，故云黃桑之服也。云「先帝大皞之屬」者，以其言先不言上，故知非天，唯大皞之屬，春時惟祭大皞。云「之屬」者，以蠶功既大，非獨祭大皞，故何胤云：總祭五方之帝。其所祭之處，王權、賀瑒、熊氏等並以爲在明堂，以大皞祭在明堂故也。○月令

右先帝

凡始立學者，必釋奠于先聖先師，及行事，必以幣。謂天子命之教，始立學官者也。先聖，周公若孔子。○疏曰：此明諸侯之國，天子命之使立學者，必釋奠於先聖先師，及行事之時，必用幣而行禮。諸侯言「始立學，必釋奠於先聖先師」，則天子始立學亦釋奠於先聖先師也。天子云四時釋奠於先師，不及於先聖者，則諸侯四時釋奠亦不及先聖也。始立學云必用幣，則四時常奠不用幣也。皇氏云：「行事必用幣，謂禮樂器成及出軍之事，其告用幣而已。」今按：「釁器用幣」下別具其文，此行事必用幣，繫於「釋奠」之下，皇氏乃離文析句，其義非也。又曰：此謂諸侯新建國，天子命之始立學也，故王制云「天子命之教，然後爲學」是也。知非天子始立學者，以此下文云「有國故則否」，是廣記諸侯之國，故知此始立學者據諸侯也。但天子立虞、夏、殷、周四代之學，若諸侯止立時王一代之學，有大學、小學耳，其所習經業，皆於時王學中。其鄉學爲庠，故鄉飲酒義曰：「迎賓于庠門之外。」注云：「庠，鄉學也。」若州、黨與鄉同處，共在鄉學，故學記云「黨有庠」，是鄉之所居黨也。州及遂以下皆謂之序，故州長春秋射於序，學記云：「術有序。」鄭云：「術，當爲遂。」是州、遂爲序也。云「先聖，周公若孔子」者，以周公、孔子皆爲先聖，近周公處祭周公，近孔子處祭孔子，故云「若」，「若」是不定之辭。立學爲重，故及先

聖；常奠爲輕，故唯祭先師。此經始立學，故奠先聖、先師。凡釋奠者，必有合也，國無先聖先師，則所釋奠者當與鄰國合也。有國故則不。若唐虞有夔、伯夷，周有周公，魯有孔子，則各自奠之不合也。○疏曰：此謂諸侯之國釋奠之時，若己國無先聖先師，則合祭鄰國先聖先師。謂彼此二國共祭此先聖先師，故云合也，非謂就他國而祭之，當遥合祭耳。若魯有孔子、顔回，餘國祭之不必於魯。若己國有先聖先師，則不須與鄰國合也，當各自祭，故云「有國故則否」。是唐虞有夔龍、伯夷，周有周公，魯有孔子，是國故有此人，則不與鄰國合祭也。○文王世子○始立學者，既興器用幣，興，虛覲反。○興，當爲「釁」，字之誤也。禮樂之器成則釁之，又用幣告先聖先師以器成。○疏曰：此一節明禮樂之器初成，用幣告先聖先師，又釋菜告器成將用，乃退儐之事也。「始立學」者，亦謂天子命諸侯始立教學，又造禮樂之器新成，釁之既畢，乃用幣告先聖先師以器成也。「然後釋菜」，既以幣告後，又更釋菜告先聖先師以器成將用也。故前用幣告其器成，後釋菜告其將用也。「不舞不授器」，凡釋奠禮重，故作樂時須舞，乃授舞者所執干戈之器。今其釋菜之時，雖作樂，不爲舞也。亦既不舞，故不授舞者之器。「乃退儐於東序」，釋菜虞庠既畢，乃從虞庠而退，乃儐禮其賓於東序之中。其禮既殺，唯行一獻，無介無語。如此，於禮可也。又曰：按雜記：「宗廟之器，其名者成則釁之以豭豚。」是器成當釁之，故知「興」當爲「釁」。經言用幣，故知告先聖先師以器成也。然後釋菜，注云：告先聖先師以器成有時將用也。○疏曰：前用幣直云告器成，此釋菜云告器成將用，則兩告不同也。熊氏云：「用幣則無菜，用菜則無幣。」皇氏云：「用幣、釋菜，祇是一告。」其義恐非也。按四時釋奠不及先聖，知此用幣及釋菜及先聖者，以上文始立學釋奠先聖先師，此文亦云「始立學，既釁器用幣」釋菜亦及先聖也，以其始立學及器新成，事重於四時常奠也。故學記云：「皮弁祭菜。」鄭注：「禮先聖先師。」知及先聖者，以彼云「未卜禘，不視學」，則祭菜與視學爲一也。此下文云「天子視學，祭先聖先師」，故知學記祭菜及先聖也。熊氏云：月令釋菜不及先聖者，以其四時入學釋菜，故不及先聖也。王制「釋奠于學」，注以爲「釋菜奠幣」，知非釋奠者，彼是告祭之禮，初天子出師，受成於學，告之無牲，明反告亦無牲也，故謂釋奠時亦不及先聖也。凡釋奠有六：始立學釋奠，一也；四時釋奠有四，通前五也；王制師還「釋奠于學」，六也。釋菜有三：春入學釋菜合舞，一也；此興器釋菜，二也；學記皮弁祭菜，三也。秋頒學合聲無釋菜之文，則不釋菜也。釋幣唯一也，即此釁器用幣是也。以前皆熊氏之説，義或當然也。

不舞不授器。釋菜禮輕也，釋奠則舞，舞則授器。司馬之屬司兵、司戈、司盾，祭祀授舞者兵也。○疏曰：此既釋菜禮輕不可爲舞，所以大胥云「春舍菜合舞」，似釋菜爲舞者。彼謂春欲合舞之時，先行釋菜之禮，不謂釋菜之時則合舞也。

乃退儐于東序，一獻，無介語可也。儐，必刃反。○言乃退者，謂得立三代之學者，釋菜於虞庠，則儐賓於東序。魯之學有米廩、東序、瞽宗也。○疏曰：從釁器以來，皆據諸侯之禮，故云「始立學」。若其諸侯，唯立時王之學，何得云「乃退儐于東序」，故云乃退者「得立三代之學」。得有夏之東序，謂諸侯有功德者得立三代之學，若魯國之比。東序與虞庠相對，東序在東，虞庠在西。既退儐於東序，明釋菜在於虞庠。云「魯之學有米廩、東序、瞽宗也」者，明堂位文也。

○凡學，春官釋奠于其先師，秋冬亦如之。官，謂禮、樂、詩、書之官。周禮曰：「凡有道者、有德者使教焉，死則以爲樂祖，祭於瞽宗。」此之謂先師之類也。

若漢，禮有高堂生，樂有制氏，詩有毛公，書有伏生，億可以爲之也。不言夏，夏從春可知也。釋奠者，設薦饌酌奠而已，無迎尸以下之事。○疏曰：此論四時在學釋奠之事。「凡學」者，謂禮、樂、詩、書之學。於春夏之時，所教之官各釋奠於其先師。秋冬之時，所教之官亦各釋奠於其先師，故云「秋冬亦如之」。猶若教書之官春時於虞庠之中釋奠於先代，明書之師四時皆然。教禮之官秋時於瞽宗之中釋奠於其先代，明禮之師如此之類是也。又曰「官謂禮樂詩書之官」者，謂所教之官也。若春誦夏弦，則大師釋奠也。教干戈，則小樂正、樂師等釋奠也。教禮者，則執禮之官釋奠也。皇氏云：其教雖各有時，其釋奠則四時各有其學備而行之。引周官曰「凡有道者、有德者使教焉，死則以爲樂祖，祭於瞽宗」者，此周禮大司樂文，引之者，證樂之先師也，後世釋奠祭之。然則，禮及詩、書之官有道德者亦使教焉，死則以爲書禮之祖，後世則亦各祭於其學也，故云「此之謂先師之類也」。以大司樂掌樂，故特云「樂祖」。其餘不見者，周禮文不具也。云「若漢禮有高堂生，樂有制氏，詩有毛公，書有伏生」者，皆漢書儒林傳文。按書傳，伏生，濟南人，故爲秦時博士，孝文帝時以書教於齊、魯之閒。「詩有毛公」者，毛公，趙人，治詩，爲河閒獻王博士。高堂生者，魯人，漢興爲博士，傳禮十七篇。藝文志：「漢興，制氏以雅樂聲律世爲樂官，頗能記其鏗鎗鼓舞，不能言其義。」是其事也。其儒林傳，詩、書及禮多矣，而不言者，以其非俊異也。又有傳易及春秋，不引者，以此經唯有詩、書、禮、樂，故不引易與春秋。云「億可以爲之也」者，億是發語之聲，言此等之人後世亦可爲先師也。疑而不定，故發聲爲億。以三時釋奠獨不言夏，故言夏從春可知也。以其釋奠直奠置於物，無食飲酬酢之事，故云「設薦饌酌奠而已，無迎尸以下之事」。釋奠所以無尸者，以其主於行禮，非報功也。○文王世子〔六〕○大胥：春入學，舍采合舞。舍，音釋。采，音菜。○春始以學士入學宮而學之。合舞，等其進退，使應節奏。鄭司農云：舍采，謂舞者皆持芬香之采。或曰：古者士見於君，以雉爲摯，見於師，以菜爲摯。菜，直謂疏食菜羹之菜。或曰：學者皆人君卿大夫之子，衣服采飾。舍采者，減損解釋盛服，以下其師也。月令仲春之月上丁，命樂正習舞釋菜，仲丁，又命樂正入學習樂。玄謂：舍即釋也。采，讀爲「菜」。始入學，必釋菜禮先師也。菜，蘋蘩之屬。○疏，所居反。○疏曰：云「春始以學士入學」者，歲初貴始。云「學宮」者，則文王世子云「春誦夏弦」，「皆於東序」是也。云「合舞，等其進退，使應節奏」者，謂等其舞者或進或退，周旋使應八音奏樂之節合也。按月令注：春合舞者，象物出地鼓舞也。先鄭解舍采三家之説，後鄭皆不從者，按王制有釋菜奠幣，文王世子又云：「始立學」，「釋菜，不舞，不授器。」舍即釋也，采即菜也，故以爲學子始入學釋菜禮先師也。但學子始入學釋菜禮輕，故不及先聖也。其先師者，鄭注文王世子云：「若漢禮有高堂生，樂有制氏，詩有毛公，書有伏生。」知菜是蘋蘩之屬者，詩有采蘋、采蘩，皆菜名。言「之屬」者，周禮又有芹、茆之等，亦菜名也。秋頒學合聲。春使之學，秋頒其才藝所爲。合聲，亦等其曲折，使應節奏。○疏曰：春物生之時，學子入學，秋物成之時，頒分也，分其才藝高下，故鄭云「春使之學，秋頒其才藝所爲」也。云「合聲」者，春爲陽，陽主動，舞亦動，春合舞象物出地鼓舞。秋爲陰，陰主静，聲亦静，故秋合聲象秋静也。但舞與聲遞相合，故鄭云合聲，亦等其曲折，使應節奏也。○春官○孟春，命樂正入學習舞。爲仲春將釋菜。○爲，于僞反。仲春，上丁，命樂正習舞釋菜，樂正，樂官之長也。命習舞者，順萬物始出地鼓舞也。將舞，必釋菜於先師以禮之。夏小正曰：「丁亥，萬用入學。」○長，丁丈反。○疏曰：以春陽既動萬物出地，故王者習舞，所以應之，故孟春命樂正入學習舞。此仲春又云「習舞釋菜」，皆以陽氣動，故此仲春習舞，則大胥「春入學，舍采，合舞」一也。據人所學謂之習舞，節奏齊同謂之合舞。此亦謂之大合樂，故文王世子云「凡大合樂」，注：「春舍菜合舞，秋頒學合聲」。孟春習之，至仲春習而合之，自是春秋常所合樂也，非爲季春而習舞也。故大胥春合舞，秋合聲自是春秋之常事也，孟春習舞及仲春習舞及仲丁習樂並季春合樂，皆在大學，仲春釋菜合舞、季春大合樂皆天子親往，餘則不也。孟夏乃命樂師習合禮樂，爲當月飲酎也。命樂師者，以仲春習舞習樂之時既命樂正，此則稍輕，故惟命樂師。此習禮樂在學也，其事既輕，天子不親往。孟夏又云：「天子飲酎用禮樂。」鄭注：「飲之於朝，正尊卑。」是飲酎在朝，天子親在，不云樂正者，文不備也。飲酎大禮，必樂正在焉。熊氏禮本云：飲之於廟以爲漢禮，獻酎在廟故也。若是獻酎祭廟，當云天子獻酎，不得云飲酎。且夏月時祭已用酎也，何須别云飲酎？故知天子飲酎在朝。仲夏云「樂師脩鞀鞞」，爲「大雩帝，用盛樂」故也。命樂師者，預脩習其事輕，其雩帝用樂之時，則命樂正天子親往。其季夏、孟秋、仲秋以季夏土王，秋又陰始，國無大事，不用樂也。季秋亦得習吹者，爲將大享帝也。其習吹之時，在於學中亦樂師習之，但文不備也。所以習吹者，鄭云「春夏重舞，秋冬重吹」，但以重爲主，其實春亦有吹，秋亦有舞。季秋習吹之時，天子不親往也。按大胥「秋頒學，合聲」，周禮也。月令仲秋無合聲者，殷法也。故不同。或可秋合聲者，即此季秋習吹是也。孟冬「大飲蒸」者，亦用禮樂也，故鄭飲酎之下注云：「季冬云大飲蒸，此言用禮樂，互其文。」明飲蒸亦有禮樂也。此飲蒸大學也，天子親往，故鄭引詩云「十月滌場，躋彼公堂」以證之，公堂則學校也。季冬「命樂師大合吹而罷」者，歲終王與族人燕於大寢，其事輕，故命樂師。知與族人燕者，鄭注引王居明堂禮云「季冬，命國爲酒以合三族」，故知之也。云「將舞，必釋菜於先師」者，以經文「習舞」、「釋菜」文在於後，恐習舞、釋菜共是一事，故云將欲習舞必先釋菜。必知然者，以釋菜之時不爲舞也。故文王世子云「釋菜，不舞，不授器」，是知釋菜無舞也。此云習舞在前，釋菜在後，何知不先習舞乃後釋菜？必知先有釋菜者，以大胥云「舍采，合舞」，舍即釋，故知釋菜在合舞之前。云「夏小正曰：丁亥，萬用入學」者，引之證習舞之意，謂用此萬舞以入學。於舞稱萬者，何休注公羊云：「周武王以萬人服天下。」商頌：「萬舞有奕。」蓋殷湯亦以萬人得天下。此夏小正是夏時之書，亦云萬者，其義未聞。或以爲禹以萬人以上治水，故樂亦稱萬。天子乃帥三公九卿諸侯大夫親往視之。順時達物也。○月令

○天子視學，大昕鼓徵。昕，音欣。○早昧爽擊鼓以召衆也。周禮：「凡用樂」，大胥「以鼓徵學士」。○疏曰：經云「大昕」，昕，明也，恐是盛明之時，故云早昧爽之前。凡物以初爲大，以末爲小〔七〕，必知「早昧爽」者，以云鼓徵衆至，然後天子至。若其盛明始召學士，則晚矣。衆至然後天子至，乃命有司行事，興秩節，祭先師先聖焉。興，猶舉也。秩，常也。節猶禮也。使有司攝其事，舉常禮祭先師先聖，不親祭之者，視學觀禮耳，非爲彼報也。○疏曰：「秩，常也」，釋詁文也。云「舉常禮祭先師先聖」者，此謂因大合樂之時，有在虞庠之中祭先師先聖也。若四時常奠，各於其學之中，又不祭先聖也。云「視學觀禮耳，非爲彼報也」者，解天子不親釋奠之意。所以視學者，觀看有司行禮耳，非是爲彼學士而報先聖先師也。有司卒事

反命。告祭畢也。祭畢天子乃入。始之養也，養，如字，徐羊尚反。○又之養老之處。凡大合樂，必遂養老，是以往焉。言始，始立學也。○疏曰：言「凡大合樂，必遂養老」者，爲其養老是以往焉。「大合樂」者，鄭前注「春合舞，秋合聲」爲大合樂，其實月令季春合樂亦是也。云「言始，始立學也」者，以上文稱云始立學，故以此「始」爲始立學。若然，始立學則之養老，而尋常視學則不養老，何得云「凡大合樂，必遂養老」者？然此云「始之養也」爲下釋奠於先老之學，故云始立學也。若非始立學之後，則視學凡養老於東膠，不釋奠於先老也。皇氏云：若尋常視學，則養老於東膠。若始立學，則養老於東序。以爲周立三代之學，又立周之大學於東，謂之東膠，立小學於西郊，謂之虞庠，故以東膠別也。適東序，釋奠於先老。親奠之者，已所有事也。養老東序，則是視學於上庠。○文王世子〔八〕

右先聖先師○記：大學始教，皮弁祭菜。皮弁，天子之朝朝服也。祭菜，禮先聖先師。菜，謂芹藻之屬。○朝朝，並直遥反。○疏曰：此一節明天子、諸侯教學大理，凡有七種，各依文解之。「大學始教」者，大學謂天子、諸侯使學者入大學，習先王之道矣。熊氏云：始教，謂始立學教。「皮弁祭菜」者，謂天子使有司服皮弁，祭先聖先師以芹藻之菜也。崔氏云：著皮弁，祭菜蔬，並是質素，示學者以謹敬之道矣。又曰：熊氏云：以注「禮先聖先師」之義解經「始教」，謂始立學也。若學士春始入學，唯得祭先師，故文王世子云：「春官釋奠於其先師」，秋冬唯祭先師而已，不祭先聖，故大胥春「釋菜，合舞」，鄭云「釋菜，禮先師」，是春始入學不祭先聖也。皇氏云：以爲始教，謂春時學士始入學也。○未卜禘，不視學。禘，大祭也。天子諸侯既祭乃視學考校，以游暇學者之志意。○疏曰：皇氏云：禘大祭在於夏，天子諸侯視學之時必在禘祭之後。未卜禘，謂未爲禘也。禘是大祭，必先卜，故連言之，是未爲禘祭不視學。所以然者，欲游其學者之志，謂優游縱暇學者之志，不欲急切之，故禘祭之後乃視學考校優劣焉。又曰：「禘大祭」，爾雅釋天文。云「天子、諸侯既祭，乃視學」者，謂於夏祭之時，既爲禘祭之後，乃視學考校當祭之年，故云「未卜禘，不視學」。若不當禘祭之年，亦待時祭之後乃視學也。此視學，謂考試學者經業，或君親往，或使有司爲之，非天子大禮視學也。若大禮視學，在仲春、仲秋及季春，故文王世子云：「凡大合樂，必遂養老。」注云：「大合樂，謂春入學舍菜合舞，秋頒學合聲。於是時也，天子則視學焉。」月令季春大合樂，天子率三公九卿而視學焉，與此別也。視學既在夏祭之後，則天子春秋視學亦應在春秋時祭之後。此舉「未卜禘，不視學」，則餘可知也。熊氏云：此禘謂夏正郊天，視學謂仲春視學，若郊天則不視學。若如熊氏義，禮不王不禘，鄭注何得云「天子、諸侯既祭，乃視學」？既連諸侯言之，則此禘非祭天，熊説非也。○學記〔九〕

大司樂：凡有道者，有德者，使教焉，死則以爲樂祖，祭於瞽宗。道，多才藝者。德，能躬行者，若舜命夔典樂教冑子是也。死則以爲樂之祖，神而祭之。鄭司農云：瞽，樂人，樂人所共宗也。或曰：祭於瞽宗，祭於廟中。明堂位曰：「瞽宗，殷學也。泮宮，周學也。」以此觀之，祭於學宮中。○疏曰：經直言「道」，鄭知是「多才藝者」，以其云道通物之名，是已有才藝通教於學子，故知此人多才藝耳。但才藝與六藝少別，知者，見雍也云「求也藝」，鄭云：「藝，多才藝。」又憲問云：「冉求之藝，文之以禮樂。」禮樂既是六藝，明上云「藝」非六藝也。此教樂之官不得以六藝解之，故鄭云「道，多才藝也」。云

「德能躬行」者，按師氏注：「德行，外内之稱，在心爲德，施之爲行。」彼釋三德、三行爲外内，此云「德能躬行」，則身内有德，又能身行。尚書傳説云：「非知之艱，行之惟艱。」則此人非直能知，亦能身行，故二者皆使教焉。「死則以爲樂之祖，神而祭之」，先鄭云「瞽樂人」者，序官上瞽、中瞽、下瞽皆是瞽矇，掌樂事，故云「瞽，樂人，樂人所共宗也」。云「或曰：祭於瞽宗，祭於廟中」者，此説非，故引明堂位爲證是殷學也。祭樂祖必於瞽宗者，按文王世子云：「春誦夏弦，大師詔之瞽宗。」以其教樂在瞽宗，故祭樂祖還在瞽宗。彼雖有學干戈在東序，以誦弦爲正。文王世子云：「禮在瞽宗，書在上庠。」鄭注云：「學禮樂於殷之學，功成治定與己同。」則學禮樂在瞽宗，祭禮先師亦在瞽宗矣。若然，則書在上庠，書之先師亦祭於上庠。其詩則春誦夏弦在東序，則祭亦在東序也。故鄭注文王世子云：「禮有高堂生，樂有制氏，詩有毛公，書有伏生，億可以爲之也。」是皆有先師，當祭可知也〔一〇〕。祭義云：「祀先賢於西學，所以教諸侯之德。」是天子親祭之。不見祭先聖者，文不備，祭可知。○春官○祀先賢於西學。西學，周小學也。先賢，有道德，王所使教國子者。○疏曰：西學，鄭注云「周小學」，則周之小學在西郊。王制云「養庶老於虞庠」，虞庠在國之西郊是也。又曰：云「西學，周之小學也」者，謂虞庠也，以祀先賢明於虞庠小學。故大司樂云：「凡有道者，有德者，使教焉，死則以爲樂祖，祭於瞽宗。」文王世子又云：「書在上庠。」以此知祭先賢所通之經各於所習之學，若瞽宗則在國虞庠。爲小學者，則在西郊，今祀先賢則於西郊也。○祭義○司勳：凡有功者，銘書於王之大常，祭於大烝，司勳詔之。銘之言名也。生則書於王旌，以識其人與其功也。死則於烝先王祭之詔，謂告其神以辭也，盤庚告其卿大夫曰：「茲予大享于先王，爾祖其從與享之。」是也。今漢祭功臣於廟庭。○識，音志。與，音預，後同。○疏曰：云「凡有功」，謂司勳上文六者，故云「凡」以該之。使「司勳詔之」者，以其司勳知功之有無大小故也。詔之，謂詔司常書之，又以辭使春官告神。又曰：言「生則書於王旌，以識其人與其功也」者，以王建大常，故云王旌。必於王旌識功與人者，王旌車上建之，就旌上書之，欲取表顯示人故也。引「盤庚告其卿大夫」者，盤庚，殷王，欲遷往亳，殷臣民有不肯者，故告之云：我不掩爾善，所以者何？兹予大享於先王之時，爾祖其從先王與在享祭之中。況爾見在不掩可知，何不從我遷乎？引漢法，欲見古者祭功臣在廟庭也。必祭功臣在冬之烝祭者，烝者衆也，冬時物成者衆，故祭功臣。按彼書注以大享爲烝嘗者，此舉冬祭物成者衆而言，其嘗時亦祭之也或可。周時直於烝時祭功臣，殷時烝嘗俱祭，禮異故也。○夏官

右有德有功○盤庚曰：「古我先王暨乃祖乃父胥及逸勤，予敢動用非罰？言古之君臣相與同勞逸，子孫所宜法之，我豈敢動用非常之罰脅汝乎？○疏曰：可遷則遷，即遷是先王舊法。古之賢人遲任有言曰：「人惟求舊，器非求舊，惟新。」言人貴舊，器貴新，汝不欲徙，是不貴舊，反遲任也。古者我之先王及汝祖汝父相與同逸豫，同勤勞，汝爲人子孫，宜法父祖，當與我同其勞逸，我豈敢動用非常之罰脅汝乎？自先王以至於我，世世數汝功勞，我不掩蔽汝善，是我忠於汝也。以此故我大享祭於先王，汝祖其從我先王與在宗廟而歆享之，是我不掩汝善也。汝有善，自作福；汝有惡，自作災。我亦不敢動用非德之賞妄賞汝，各從汝善惡而報之耳。其意告臣，言從上必有賞，違我必有罰也。世選爾勞，予不掩爾善。選，數也。言我世世數汝功勤，不掩蔽汝善，是我忠於汝。○疏曰：

釋詁云：「筭，數也。」舍人曰釋，數之曰筭，選即筭也，故訓爲數。經言世世數汝功勞，是從先王至己常行此事，故云是我忠於汝也。言己之忠，責臣之不忠也。茲予大享于先王，爾祖其從與享之。古者天子録功臣配食於廟，大享烝嘗也，所以不掩汝善。○疏曰：周禮大宗伯祭祀之名：天神曰祀，地祇曰祭，人鬼曰享。此大享於先王，謂天子祭宗廟也。傳解天子祭廟得有臣祖與享之意，言古者天子録功臣配食於廟，故臣之先祖得與享之也。古者，孔氏據已而道前世也，此殷時已然矣。大享烝嘗者，烝嘗是秋、冬祭名，謂之大享者，以事各有對。若烝嘗對禘祫，則禘祫爲大，烝嘗爲小；若四時自相對，則烝嘗爲大，礿祠爲小。以秋冬物成，可薦者衆，故烝嘗爲大；春夏物未成，可薦者少，故礿祠爲小也。知烝嘗有功臣與祭者，按周禮司勳云：「凡有功者，銘書於王之太常，祭於大烝，司勳詔之。」是也。嘗是烝之類，而傳以嘗配之，魯頌曰：「秋而載嘗。」是也。祭統云：「内祭則大嘗、禘是也」，「外祭則郊、社是也。」然彼以祫爲大嘗，知此不以烝嘗時爲禘祫，而直據時祭者，以殷祫於三時，非獨烝嘗也。秋冬之祭尚及功臣，則禘祫可知。惟春夏不可耳，以物未成故也。近代已來，惟禘祫乃祭功臣，配食時祭不及之也。近代已來，功臣配食，各配所事之君，若所事之君其廟已毁，時祭不祭毁廟，其君尚不時祭，其臣固當止矣。禘祫則毁廟之主亦在焉，其時功臣亦當在也。王制云：「犆礿、祫禘、祫嘗、祫烝。」「諸侯礿犆，禘一，犆一，祫，嘗祫，烝祫。」此王制之文，夏殷之制。天子春惟時祭，其夏、秋、冬既爲祫，又爲時祭。諸侯亦春爲時祭，夏惟作祫，不作時祭，秋、冬先作時祭，而後祫。周則春曰祠，夏曰禴，三年一祫在秋，五年一禘在夏，故公羊傳云「五年再殷祭」，禮緯云「三年一祫，五年一禘」，此是鄭氏之意，未知孔意如何。作福作災，予亦不敢動用非德。」善自作福，惡自作災，我不敢動用非罰加汝、非德賞汝乎！從汝善惡而報之。○尚書

仲春，玄鳥至。至之日，以大牢祠于高禖，天子親往，大，音太。○玄鳥，燕也。燕以施生時來，巢人堂宇而孚乳，嫁娶之象也，媒氏之官以爲候。高辛氏之世，玄鳥遺卵，娀簡吞之而生契，後王以爲媒官嘉祥而立其祠焉。變媒言禖，神之也。○契，息列反。○疏曰：知「玄鳥遺卵，娀簡吞之而生契」者，按殷本紀云〔一一〕：簡狄行浴，「見玄鳥墮其卵，簡狄取吞之，因孕生契。」又中候契握云〔一二〕：「玄鳥翔水遺卵，娀簡狄吞之生契。」娀者，簡狄之國名，故大戴禮云：「有娀氏之女曰簡狄。」故云娀簡狄也。云「後王以爲媒官嘉祥而立其祠焉」者，謂高辛氏之世有此吞鳥之異，是爲媒官嘉祥，後代之王立此高辛而爲禖神故也。蔡邕以爲禖神是高辛已前舊有，高者尊也，謂尊高之禖，不由高辛氏而始有高禖。又生民及玄鳥毛詩傳云「姜嫄從帝而祠於郊禖」，又云「簡狄從帝而祈於郊禖」，則是姜嫄、簡狄之前先有禖神矣。而此注立高辛氏爲禖神，是高辛氏已前未有禖神。參差不同者，鄭志焦喬答王權云：「先契之時，必自有媒氏祓除之祀，位在於南郊，蓋以玄鳥至之日祀之矣，然其禋祀乃於上帝也。娀簡狄吞鳳子之後〔一三〕，後王爲媒官嘉祥〔一四〕，祀之以配帝，謂之高禖。」據此言之，則郊媒之祭，契已前祭天南郊，以先媒配之，故謂之郊禖。至高辛氏之時，既簡狄之異，後王以是爲媒官之嘉祥，即以高辛之君立爲禖神以配天，其古昔先媒則廢之矣。高辛氏配之，後謂之高禖。鄭義稷契當堯時，按命曆序云：「帝嚳傳十世。」則稷契不得爲帝嚳之子，是帝嚳後世子孫之子，故鄭注生民云：「姜嫄，高辛氏之世妃。」則簡狄亦

高辛氏之後世之妃。此立爲禖神者，是簡狄之夫不得爲帝嚳。此祭高禖是祭天，故生民傳云：「從於帝而見於天。」高禖爲配祭之人，祭天特牲，此用大牢者，此謂配祭之人也。云「變媒言禖神之」者，按周禮媒氏職注：「媒之言謀也。謀合異類，使和成者。」但不知初爲媒者其人是誰？按世本及譙周古史〔一五〕，伏犧制以儷皮嫁娶之禮。既用之配天，其尊貴先媒當是伏犧也。「媒」字從女，今從「示」旁爲之，示是神，明告示之義，故云「變媒言禖，神之也」。**后妃帥九嬪御。**嬪，毗人反。○御，謂從往侍祠。周禮天子有夫人，有嬪，有世婦，有女御，獨云「帥九嬪」，舉中言也。○從，才用反。**乃禮天子所御，帶以弓韣，授以弓矢于高禖之前。**韣，大木反。○天子所御，謂今有娠者於祠大祝酌酒飲於高禖之庭，以神惠顯之也。帶以弓韣，授以弓矢，求男之祥也。王居明堂禮曰：「帶以弓韣，禮之禖下，其子必得天材。」○疏曰：祭高禖既畢，祝官乃禮接天子所御幸有娠之人，謂酌酒以飲之。飲酒既畢，乃屬帶此所御之人以弓韣，又授之以弓矢於高禖之前而北面也。又曰：「天子所御謂今有娠」者，若總論幸御，則羣妃皆是，何得直云「乃禮天子所御」？故知有娠者。漢書音義：「娠，音身也。」云「王居明堂禮」者，逸禮篇名也。云「禮之禖下，其子必得天材」者，謂禮此所御之人於禖神之前，禖在壇上，御者在下，故云禖下以祭，神必福降，故云「其子必得天材」。○月令

右高禖

古者大史順時覛土，覛，音脉。○覛，視也。**陽癉憤盈，土氣震發，**癉，丁佐反。○癉，厚也。憤，積也。盈，滿也。震，動也。發，起也。**農祥晨正，**農祥，房星也。晨正，謂立春之日，晨中於午也。

農事之候，故曰農祥。日月底於天廟，底，至也。天廟，營室也。孟春之月，日月皆在營室。土乃脉發。脉，理也。農書曰：「春土冒橛，陳根可拔，耕者急發。」先時九日，先，先立春日也。大史告稷曰：「自今至于初吉，初吉，二月朔日也，詩云：「二月初吉。」陽氣俱烝，土膏其動。烝，升也。膏，土潤也。其動，潤澤欲行。弗震弗渝，脉其滿眚，穀乃不殖。」震，動也。渝，變也。眚，災也。言陽氣俱升，土膏欲動，當即發動變寫其氣。不然，則脉滿氣結，更爲災病，穀乃不殖。稷以告以太史之言告王。王曰：「史帥陽官以命我司事，史，太史。陽官。春官。司事，主農事官。曰：「距今九日，土其俱動，距，去也。王其祇祓，監農不易。」祇，敬也。祓，齋戒、祓除也。不易，不易物土之宜。王乃使司徒咸戒公卿、百吏、庶民，百吏，百官也。庶民，甸師氏所掌之民，主耕耨王之籍田者。司空除壇於籍，司空，掌地也。命農大夫咸戒農用。農大夫，田畯也。農用，田器也。先時五日，先耕時也。瞽告有協風至，瞽，樂太師，知風聲者。協，和也，風氣和、時候至也。立春曰融風。王即齊宮，所齊之宮。百官御事各即其齊三日。御，治也。王乃淳濯饗醴，淳，沃也。濯，溉也。饗，飲也。謂王沐浴飲醴酒。及期，期，耕日也。鬱人薦鬯，鬱，鬱金香草，宜以和鬯酒也。周禮鬱人：「掌祼器，凡祭祀賓客」，「和鬱鬯，以實彝而陳之」。共王之齊鬯。犧人薦醴，犧人，司尊也，掌共酒醴者。王祼鬯，饗醴乃行，祼，灌也。灌鬯，飲醴，皆所以自香絜。百吏、庶民畢從。及藉，后稷監之，監，察也。膳夫、農正陳藉禮，膳夫，上士也。掌王之飲食膳羞之饋食。農正，田大夫，主敷陳藉禮而祭其神，爲農祈也。大史贊王，贊，導也。王敬從之。王耕一墢，墢，鉢、伐二音。○一墢，一耜之墢也。王無耦，以一耜耕。班三之，班，次也。三之，下各二其上也。王一墢，公三，卿九，大夫二十七。庶人終於千畝。終，盡耕也。其后稷省功，太史監之；司徒省民，太師監之。省，息井反。○國語周語

右藉田

季春，乃爲麥祈實。爲，于僞反。○於含秀求其成也。不言所祈，承寢廟可知。○月令○孟冬，天子乃祈來年于天宗，大割祠于公社及門閭，臘先祖五祀。此周禮所謂蜡祭也。天宗〔一六〕，謂日月星辰也。大割，大殺羣牲割之也。臘，謂以田獵所得禽祭也。五祀，門、户、中霤、竈、行也。或言祈年，或言大割，或言臘，互文。○疏曰：「祈來年於天宗」者，謂祭日月星辰也。「大割祠於公社」者，謂大割牲以祀公社，以上公配祭，故云公社。「及門閭」者，非但祭社，又祭門閭，但先祭社，後祭門閭，故云及。「臘先祖五祀」者，臘，獵也，謂獵取禽獸以祭先祖五祀也。此等之祭，總謂之蜡。若細別言之，天宗、公社、門閭謂之蜡，其祭則皮弁素服、葛帶榛杖。其臘先祖五祀謂之息民之祭，其服則黄衣黄冠。鄭注郊特牲云：「息民與蜡異也。」按黨正云：「國索鬼神而祭祀，則以禮屬民而飲酒於序，以正齒位。」則飲酒在蜡祭之後。此大飲在蜡祭之前者，若黨正屬民飲酒在蜡之後，故下云「勞農以休息之」，注黨正「飲酒」是也。若天子諸侯羣臣大飲在蜡祭之前，故以大飲叙在祈年之前，然鄭爲大飲之下，注引黨正飲酒者，證其正齒位同在此月，不謂大飲即黨正飲酒也。而熊氏以爲大飲烝在蜡之後，非其義也。

凡蜡皆在建亥之月，而皇氏以爲夏、殷蜡各在己之歲終。若如此，夏家季冬則計耦耕事也，脩耒耜，具田器，不得方始勞農以休息，皇氏之義非也。又曰：知「此周禮所謂蜡」者，以郊特牲：「蜡者索也，索萬物而饗之。」按籥章云：「國祭蜡」，「龡豳頌」，「以息老物」。蜡而後息老，此經亦先祭衆神乃後勞農休息，文與籥章相當，故經廣祭衆神是周禮籥章所謂蜡祭也。而熊氏、皇氏皆爲周禮六樂一變而致羽物，以至六變而蜡祭，此亦廣祭衆神，故指彼一變、二變而爲之蜡也。然彼樂一變、二變，鄭自解爲蜡耳。非周禮正文言蜡，何得云「周禮所謂蜡」也？云「天宗，謂日月星辰」者，以蜡祭唯公社不祭地，故知祭天宗者不祭天。若是祭天，何須稱宗？下季冬云天之神，是天之衆神有司中、司命，不稱宗，明稱宗者謂日月星也。按異義：「六宗〔一七〕，賈逵等以爲天宗三，謂日、月、星；地宗三，謂泰山、河、海。」鄭玄六宗以爲星也〔一八〕、辰也、司中也、司命也、風師也、雨師也，不同賈逵之義。今此云「天宗，謂日月星」者，尚書六宗文承「肆類上帝」之下，凡郊天之時，日月從祀，故祭以日月配，日月在類上帝之中，故六宗不得復有日月。此不云「六宗」而云「天宗」，與彼別也。蔡邕云：日爲陽宗，月爲陰宗，北辰爲星宗也。云「臘謂田獵所得禽祭」者，以欲臘祭之時，暫出田獵以取禽，非仲冬大閲之獵也。左傳云「唯君用鮮」，則天子諸侯祭用鮮獸。皇氏云：「仲秋獵得禽獸以爲乾豆，至臘用之。」其義非也。云「五祀，門、户、中霤、竈、行」者，月令殷禮言之，若周則七祀。云「或言祈年，或言大割，或言臘，互文」者，天宗、公社、門閭、先祖五祀等皆祈年、大割、臘祭之事，故云互也。皇氏云：「天宗，故云祈。社是報功，故云大割。先祖，己之親，故臘祭也。」

勞農以休息之。勞，力報反。○黨正屬民、飲酒、正齒位是也。○疏曰：按黨正職：「國索鬼神而祭祀，則以禮屬民。」此亦祭衆神之後勞農休息，文正相當，故云是此等休息是正齒位。按雜記子貢觀蜡云「一國之人皆若狂」者。按鄉飲酒初立賓行禮，至禮終，説屨升堂而燕，行無筭爵。然則初時正齒位，後則皆狂。蜡祭，蔡邕云：夏曰清祀，殷曰嘉平，周曰蜡，秦曰臘。按左傳云「虞不臘矣」，是周亦有臘名也。○月令○籥章：凡國祈年於田祖，歈豳雅，擊土鼓，以樂田畯。祈年，祈豐年也。田祖，始耕田者，謂神農也。豳雅，亦七月也。七月又有「于耜舉趾，饁彼南畝」之事，是亦歌其類。謂之雅者，以其言男女之正。鄭司農云：田畯，古之先教田者。爾雅曰：「畯，農夫也。」○疏曰：此「祈年於田祖」，并上迎暑迎寒，並不言有祀事。既告神當有祀事可知，但以告祭非常，故不言之耳。若有禮物，不過如祭法埋少牢之類耳。此田祖與田畯所祈當同日，但位别禮殊，樂則同，故連言之也。又曰：「祈年，祈豐年也」者，義取小祝祈豐年，俱是求甘雨使年豐，故引彼解此也。云「田祖，始耕田者，謂神農也」者，此即郊特牲云「先嗇一也」，故甫田詩云：「琴瑟擊鼓，以御田祖，以祈甘雨，以介我稷黍。」毛云：「田祖，先嗇也。」云「七月又有『于耜舉趾，饁彼南畝』之事，是亦歌其類」者，按彼七月云：「三之日于耜，四之日舉趾。同我婦子，饁彼南畝，田畯至喜。」並次在寒暑之下，彼爲風，此爲雅者也。云「謂之雅者，以其言男女之正」，先王之業，以農爲本，是男女之正，故名雅也。「司農云：田畯，古之先教田」者，此即月令「命田舍東郊」，鄭云「田謂田畯」是也。「爾雅曰：畯，農夫也」者，以其教農，故號農夫。○春官

右祈麥祈年

天子大蜡八，蜡，仕詐反。○所祭有八神也。○疏曰：此一節論蜡祭之事，各依文解之。大蜡八

者，即鄭注云：先嗇一，司嗇二，農三，郵表畷四，猫虎五，坊六，水庸七，昆蟲八。所祭之神，合聚萬物而索饗之，但以此八神爲主。蜡云「大」者，是天子之蜡對諸侯爲大，天子既有八神，則諸侯之蜡未必八也。謂若先嗇，古之天子，諸侯未必得祭也。知諸侯亦有蜡者，禮運云：「仲尼與於蜡賓。」是諸侯有蜡也。按周禮大司樂云：「六變而致象物及天神。」鄭云：「有象在天，所謂日月。」此神不數象物及日月者，先嗇、司嗇並是人神，有益於人。水庸之屬在地，益其稼穡，故索而祭之，急其近者故也。天神象物，去人縣遠，雖祭不爲八神之數。歲十二月，合聚萬物而索饗之也。歲十二月，周之正數，謂建亥之月也。饗者，祭其神也，萬物有功加於民者，神使爲之也，祭之以報焉，造者配之也。○疏曰：知是周十二月者，下云「既蜡而收，民息已」，收謂收斂，則詩所謂「十月納禾稼」，又月令孟冬「祈來年于天宗」，是知蜡，周用建亥之月，三代皆然。此經文據周，故爲十二月。皇氏以爲三代各以十二月爲蜡，其義非也，已具於月令疏。云「饗者，祭其神也」者，解經合聚萬物而索饗之，萬物非所饗，但饗其萬物之神。所以饗其神者，萬物所以能功加於民者，神使爲之，故云祭之以報焉。云「造者配之也」者，賀瑒云：謂造此蜡祭，配此八神而祭。主先嗇而祭司嗇，先嗇，若神農者。司嗇，后稷是也。○疏曰：若神農者，「若」是不定之辭，以神農比擬，故云若。司嗇，后稷，無所疑，故不言「若」，直云后稷是也。經云「主先嗇而祭司嗇」者，以先嗇爲主，司嗇從祭。種曰稼，斂曰嗇，不云「稼」而云「嗇」者，取其成功收斂受嗇而祭也。祭百種以報嗇。種，之勇反，後同。○嗇所樹藝之功，使盡饗之。○疏曰：此一經爲下饗農及郵表畷起文。百種則農及郵表畷禽獸等所以祭之者，報其助嗇之功，使盡饗焉。饗農，及郵表畷、禽獸。郵，本亦作「尤」，有周反。畷，丁劣反，又丁衛反。○農，田畯也。郵表畷，謂田畯所以督約百姓於井閒之處也。詩云：「爲下國畷郵。」禽獸，服不氏所教擾禽獸也。○畯，音俊。約，因妙反。○疏曰：此一經總明祭百種之事。農謂古之田畯，有功於民。「郵表畷」者，是田畯於井閒所舍之處。郵，若郵亭屋宇處所。表，田畔。畷者，謂井畔相連畷。於此田畔，相連畷之所造此郵舍，田畯處焉。「禽獸」者，即下文云猫虎之屬。言禽獸者，猫虎之外，但有助田除害者皆悉包之。下特云猫虎，舉其除害甚者。迎猫迎虎，迎其神也。祭坊與水庸。坊，音房。○水庸，溝也。○疏曰：坊者所以畜水，亦以鄣水。庸者，所以受水，亦以泄水。謂祭此坊與水庸之神。曰：「土反其宅，水歸其壑，昆蟲無作，草木歸其澤。」此蜡祝辭也。若辭同，則祭同處可知矣。壑，猶坑也。昆蟲，暑生寒死，螟螽之屬爲害者也。○螽，音終。○疏曰：此以下皆蜡祭之祝辭。土，即坊也。反，歸也。宅，安也。土歸其安則得不崩。「水歸其壑」者，水即水庸。壑，坑坎也。水歸其壑，謂不汎溢。「昆蟲毋作」者，昆蟲，螟螽之屬也。得陰而死，得陽而生，故曰昆蟲。毋作，謂不爲災。「草木歸其澤」者，草，苕稗木榛梗之屬也。當各歸生藪澤之中，不得生於良田害嘉穀也。蜡祭乃是報功，故亦因祈禱有此辭也。一云：祝辭言此神由有此功，故今得報，非祈禱也。又曰：蜡有八神，恐祭處各別，故言「則祭同處可知也」。陳辭有水土、昆蟲、草木者，以其無知，故特有辭也。而先嗇之屬有知，故不假辭也。據此祭草木有辭，則草木當有神。八蜡不數之者，以草木徧地皆是，不如坊與水庸之屬各指一物，故不數。皮弁素服，葛帶榛杖，黃衣黃冠而祭。榛，側巾反。○言祭以息民，服象其時物之色，季秋而草木黃落。祭，謂既蜡，臘先祖、五祀也，於是勞農以休息之。論語曰：「黃衣狐裘。」○勞，力報反，後同。○疏曰：田夫則野夫也，野夫著黃冠，黃冠是季秋之後草色之服，故息田夫而服之也。又曰：上云「蜡」，此云「祭」，故知「既蜡，臘先祖、五祀」。對文蜡、臘有別，總其義俱名蜡也，故月令孟冬「祈來年于天宗，大割祠于公社及門閭，臘先祖五祀」，鄭注云「此周禮所謂蜡」是也。云「於是勞農以休息之」者，即經文「息田夫」是也。「勞農」，王制文。

大羅氏，天子之掌鳥獸者也，諸侯貢屬焉，草笠而至。諸侯於蜡，使使者戴草笠，貢鳥獸也。詩云：「彼都人士，臺笠緇撮。」又曰：「其餉伊黍，其笠伊糾。」皆言野人之服也。○使使，下色吏反。撮，七活反，又七括反。○疏曰：此一節因上蜡祭廣釋歲終蜡時之事。天子掌鳥獸之官，謂大羅也。謂爲大羅者，鄭云「能以羅捕鳥獸者也」。周禮羅氏：「掌羅烏鳥，蜡則作羅襦。」鄭司農云：「襦，細密之羅也。」解者云：順秋冬殺物，故羅氏用細密之羅綱以捕禽鳥矣。然周禮不云掌獸，此云獸者，以其受貢獸故也。「諸侯貢屬焉」者，大羅氏既以羅爲名，能張羅得鳥獸，故四方諸侯有貢獻鳥獸於王者，皆入屬大羅氏也。「草笠而至」者，草笠，以草爲笠也，此諸侯所使貢獻鳥獸之使者著草笠而至王庭也。又曰：「彼都人士，臺笠緇撮」，是小雅都人士篇也，毛詩箋云：「臺，夫須。都人以臺夫須爲笠，緇布爲冠。」云「又曰：其餉伊黍，其笠伊糾」者，此周頌良耜之篇也。引此二詩者，證笠是野人所著之服。

羅氏致鹿與女，而詔客告也。以戒諸侯曰：「好田好女者亡其國。」好，呼報反。○詔使者使歸，以此告其君，所以戒之。○疏曰：「羅氏致鹿與女，而詔客告也」者，詔亦告也，客謂貢鳥獸之使者，羅氏先受貢畢，使者臨去，羅氏又以鹿及女子致與使者而宣天子之詔於使者，令使者反還其國，以告戒其君，故云「詔客告也」。「以戒諸侯曰：好田好女者亡其國」者，此宣詔所告之言也。令使者還其國，以如此告汝君曰，不得好田獵及女色使國亡也。言鹿是田獵所得之物，女是亡國之女，而王所以獲者也，故與之鹿女，明以此爲戒也。一云：豈每國輒與女鹿邪？正當羅氏以鹿與女示使者爾。天子樹瓜華，不斂藏之種也。華，果蓏也。又詔以天子樹瓜蓏而已，戒諸侯以蓄藏蘊財利也。○蓏，力果反。○疏曰：「天子樹瓜華，不斂藏之種也」者，瓜，今之瓜，華，果蓏也，言天子唯樹瓜與果蓏。所以唯樹植此瓜華者，是供一時之食，不是收斂久藏之種。若其可久藏之物，則不樹之，不務畜藏與民爭利。令使者歸告其君，亦當如此，不得畜藏與民爭利。又曰：天子可蓄聚斂藏之物既不種植，戒諸侯不可蓄藏積財利也。八蜡以記四方。四方，方有祭也。○疏曰：「八蜡以記四方」者，言蜡祭八神，因以明記四方之國，記其有豐稔、有凶荒之異也。四方年不順成，八蜡不通，以謹民財也。其方穀不孰，則不通於蜡焉，使民謹於用財。蜡有八者：先嗇一也，司嗇二也，農三也，郵表畷四也，猫虎五也，坊六也，水庸七也，昆蟲八也。○疏曰：「四方年不順成，八蜡不通」者，謂四方之内年穀不得和順成孰，則當方八蜡之神，不得與諸方通祭。所以然者，以謹民財，欲使不孰之方萬民謹慎財物也。又曰：鄭數八神，約上文也。王肅分猫、虎爲二，無昆蟲。鄭數昆蟲合猫虎者，昆蟲不爲物害，亦是其功，猫虎俱是除田中之害，不得分爲二，不言與，故合爲一也。順成之方，其蜡乃通。疏曰：「順成之方，其蜡乃通」者，謂四方之内有順成之方，其蜡之八神乃與諸方通祭。所以然者，以其蜡祭豐饒，皆醉飽酒食，使民歆羡也。皇氏以此一節皆據諸侯之國而爲蜡祭，以記其功，當國不成則不爲蜡，成則爲蜡，義亦通也。既蜡而收，民息已。故既蜡，君子不興功。收，謂收斂積聚也。息民與蜡異，則黄衣黄冠而祭，爲臘必矣。○疏曰：上文雖云「黄衣黄冠而祭」，不云臘之與蜡，似爲一。此文云「既蜡，而收民息已」，先蜡後息民，是息民爲臘與蜡異也。前「黄衣黄冠」在蜡祭之下，故知是臘也，是以云「爲臘必矣」，故月令臘在祈天宗之下。但不知臘與蜡祭相去幾日，惟隋禮及今禮皆蜡之後日。經云「既蜡不興功」者，謂不興農功，若其土功，則左氏傳云：「龍見而畢務，戒事也。」火見而致用，水昏正而栽，日至而畢土功，建亥之月起，日至而畢也。○郊特牲

○籥章：國祭蜡則龡豳頌，擊土鼓以息老物。故書「蜡」爲「蠶」，杜子春曰：「蠶」當爲「蜡」。郊特牲曰：「天子大蜡八，伊耆氏始爲蜡。」「歲十二月而合聚萬物而索饗之也。蜡之祭也，主先嗇而祭司嗇也。」「黄衣黄冠而祭，息田夫也。」「既蜡而收，民息已。」玄謂：十二月，建亥之月也。求萬物而祭之者，萬物助天成歲事，至此爲其老而勞，乃祀而老息之，於是國亦養老焉，月令孟冬「勞農以休息之」是也。豳頌，亦七月也。七月又有「穫稻作酒，躋彼公堂。稱彼兕觥，萬壽無疆」之事，是亦歌其類也。謂之頌者，以其言歲終人功之成。○爲，于僞反。○疏曰：此祭蜡直擊土鼓，按明堂位云：「土鼓葦籥，伊耆氏之樂。」即此，亦各有葦籥可知。言「以息老物」者，謂息田夫萬物也。又曰：子春引郊特牲，後鄭從之，增成其義耳，故還引郊特牲而解之。云「求萬物而祭之者」，即「合聚萬物而索饗之」是也。云「乃祀而老息之」者，老即老物，蜡祭是也。息之者，即息田夫，臘祭宗廟是也。云「於是國亦養老焉」者，即所引月令孟冬勞農以休息之是也。云「豳頌，亦七月也。七月又有『穫稻作酒』等至之事，是亦歌其類也」者，其類，謂穫

稻已下是也。云「謂之頌者，以其言歲終人功之成」者，凡言頌者，頌美成功之事，故於七月風詩之中，亦有雅頌也。鄭注郊特牲云：「歲十二月，周之正數。」故此鄭云建亥解之。知非夏十二月者，以其建亥萬物成，故月令祈來年及臘先祖之等，皆在孟冬月，是十二月據周，於夏爲建亥十月也。○春官○

黨正：國索鬼神而祭祀，則以禮屬民而飲酒于序，以正齒位。國索鬼神而祭祀，謂歲十二月大蜡之時，建亥之月也。正齒位者，鄉飲酒義所謂「六十者坐，五十者立侍」、「六十者三豆，七十者四豆，八十者五豆，九十者六豆」是也。必正之者，爲民三時務農，將闕於禮，至此農隙，而教之尊長養老，見孝弟之道也。黨正飲酒禮亡，以此事屬於鄉飲酒之義，微失少矣。凡射飲酒，此鄉民雖爲卿大夫，必來觀禮，鄉飲酒、鄉射記「大夫樂作不入，士既旅不入」是也。○疏曰：黨正行正齒位之禮，在十二月建亥之月爲之，非蜡祭之禮。而此云「國索鬼神而祭祀」者，以其正齒位禮在蜡月，故言之以爲節耳。當國索鬼神而祭祀之時，則黨正屬聚其民而飲酒於序學中，以行正齒位之法。當正齒位之時，民内有爲壹命以上必來觀禮，故須言其坐之處。又曰：云「國索鬼神而祭祀，謂歲十二月大蜡之時」，是禮記郊特牲文。建亥之月者，是鄭君解義語。言此者，謂行正齒位之禮亦在此月也。云「正齒位者，鄉飲酒義所謂『六十者坐』至『六豆』」者，並是彼文。按彼文謂五十者立侍，六十者乃於堂上而坐。禮：年六十已上，籩豆有加。故不得籩豆耦。而云「六十者三豆，七十者四豆，八十者五豆，九十者六豆」，若然，則堂下五十立者二豆而已。引之者，證此經與彼同是正齒位之法也。云「必正之者，爲民三時務農，將闕於禮，至此農隙，而教之尊長養老，見孝弟之道也」者，春夏秋三時務在田野，闕於齒序之節。隙，閒也，至此十月農事且閒而教之。言尊長養老，即五十已上至九十正齒位是也。但孝弟施於家內，今行尊長養老，則是孝弟之道通達於外者也。云「黨正飲酒禮亡」者，儀禮篇卷並在之日，別有黨正飲酒之禮，見今十七篇內無黨正飲酒之禮，故云亡也。云「以此事屬於鄉飲酒之義，微失少矣」者，但儀禮未亡之時，篇內論正齒位之禮，其義具悉，今將此經之事連屬於鄉飲義，唯有五十已上豆數之言，此經唯有壹命已平觀禮之事〔一九〕。二處相兼比，於儀禮篇中鄉飲酒法義理乃未足，微失於少，故云「微失少矣」。○地官

右蜡

大宗伯：以疈辜祭四方百物。疈，孚逼反，一方麥反。○疈，疈牲胸也。疈而磔之，謂磔禳及蜡祭。郊特牲曰：「八蜡以記四方，四方年不順成，八蜡不通，以謹民財也。」又曰：「蜡之祭也，主先嗇而祭司嗇也，祭百種以報嗇也。饗農及郵表畷、禽獸，仁之至，義之盡也。」○疏曰：云「疈，疈牲胸也」者，無正文，蓋據當時疈磔牲體者皆從胸臆解析之，故以胸言之。云「謂磔禳及蜡祭」者，按禮記月令云「九門磔禳」，又十二月大儺時亦磔禳〔二〇〕，是磔牲禳去惡氣之禮也。云「及蜡祭」者，按彼云「蜡也者，索也，歲十二月，合聚萬物而索饗之也」，謂天子於周之十二月建亥之月於郊而爲蜡法。此所引郊特牲曰「八蜡」已下，彼據諸侯行蜡法。彼云「八蜡以記四方」，不作「祀」，作「祀」者誤。云「八蜡以記四方者」，謂八蜡之禮以記四方諸侯，知順成不順成。若年不順成，則八蜡不通，以謹民財也。若四方年穀有不順四時成孰者，其八蜡不得與四方成孰之處通祭八蜡也。云「以謹民財」者，八蜡既不通，明民不得行黨正

飲酒奢侈之事，故云以謹民。謹民，謂謹節民之用財之法也。「又曰蜡之祭也，主先嗇而祭司嗇」者，彼注云：「先嗇，若神農者。司嗇，后稷是也。」云「祭百種以報嗇也」者，謂合聚萬物而索饗之，以報收嗇之功，故云「祭百種以報嗇也」。云「饗農及郵表畷」者〔二一〕，彼注云農謂田畯，典田大夫〔二二〕。郵表畷〔二三〕，畷，止也，謂田畯督約百姓於井閒之處也。是郵行往來立表畷止於其下，是止息之處有神亦祭之。云「禽獸，仁之至，義之盡也」者，八蜡者：按彼祭有先嗇，一也；司嗇，二也；農，三也；郵表畷，四也；猫虎，五也；坊，六也；水庸，七也；昆蟲，八也。蜡之中有猫虎，是禽獸也。云「仁之至」者，據饗先嗇、司嗇及農，是仁恩之至。「義之盡」者，據饗猫虎坊與水庸、郵表畷之等，是義之盡。引之者，證祭亦礫牲之事也。○春官○鼓人：凡祭祀，百物之神，鼓兵舞、帗舞者。帗，音拂，劉音弗。○兵，謂干戚也。帗，列五采繒爲之，有秉，皆舞者所執。○疏曰：上文神祀、社祭、鬼享文局不及小神，故此更廣見小神之事，故云「凡祭祀百物之神也」。云「鼓兵舞帗舞」者，天地之小神所舞不過此兵舞、帗舞二事，按下舞師山川用兵舞，社稷用帗舞，今此小神等若義近山川者舞兵舞，近社稷者舞帗舞，故六舞之中，唯言此二舞而已。又曰：「兵謂干戚也」者，按司兵云：「祭祀授舞者兵。」鄭亦云：「授以朱干玉戚。」必知兵舞是干戚者，見禮記樂記云干戚之舞，祭統又云朱干玉戚，並是大武之舞，是知兵舞干戚也。又知「帗舞列五采繒爲之，有秉」者，按樂師注：「帗，析五采繒，今靈星舞子持之。」是舉今以曉古，故知之也。○地官○鬯人：掌共秬鬯而飾之，凡疈事用散。秬鬯，不和鬱者。飾之，謂設巾。漆尊無飾曰散。○疏曰：云「疈事」者，即大宗伯云「疈辜祭四方、百物者」也。「無飾曰散」者，以對概蜃獻象之等有異物之飾，此無，故曰散。○注疏詳見祭統酒齊尊彝條〔二四〕。

右百物

祭時，埋少牢於泰昭。祭寒暑，相近於坎壇。昭，明也，亦謂壇也。時，四時也，亦謂陰陽之神也。埋之者，陰陽出入於地中也。凡此已下，皆祭用少牢。相近，當爲攘祈，聲之誤也。攘，猶卻也。祈，求也。寒暑不時，則或攘之，或祈之。寒於坎，暑於壇。○疏見祭法。○籥章：掌土鼓豳籥。杜子春：土鼓以瓦爲匡，以革爲兩面，可擊也。鄭司農云：豳籥，豳國之地竹，豳詩亦如之。玄謂：豳籥，豳人吹籥之聲章。明堂位曰：「土鼓、蒯桴、葦籥，伊耆氏之樂。」○蒯，苦對反，又苦壞反。桴，音孚。○疏曰：子春云「土鼓以瓦爲匡，以革爲兩面，可擊也」，後鄭不從者，土鼓因於中古神農之器，黄帝已前未有瓦器，故不從也。先鄭云「豳籥，豳國之地竹，豳詩亦如之」，後鄭不從者，按下文吹豳詩、豳雅、豳頌，更不見豳籥，則是籥中吹豳詩及雅頌，謂之豳籥，何得有豳國之地竹乎？若用豳國之地竹，當云之籥，故後鄭云「豳人吹籥之聲章」。云豳人吹籥，其義難明，謂作豳人吹籥之聲章，商祝、夏祝之類，聲章即下文豳詩之等是也。「明堂位曰：土鼓、蒯桴、葦籥，伊耆氏之樂」者〔二五〕。鄭注禮運云：「土鼓，築土爲鼓也。」蒯桴，桴謂擊鼓之物，以土塊爲桴。引之者，破子春土鼓用瓦。中春，晝擊土鼓，龡豳詩，以逆暑。中，音仲。○豳詩，豳風七月也。吹之者，以籥爲之聲。七月言寒暑之事，迎氣歌其類也。此風也而言詩，詩，總名也。迎暑以晝，求諸陽。○疏曰：中春，二月也。言迎暑者，謂中春晝夜等已後漸暄，故預迎之耳。又曰：鄭知吹之者，以籥爲之聲者，以發首云「掌土鼓豳籥」，故知詩與雅頌皆用籥吹之也。云「七月，言寒暑之事」者，七月云：「一之日觱發，二之日栗烈。」七月流火之詩，是寒暑之事。云「迎氣歌其類也」者，解經吹豳詩逆暑及下迎寒，皆當歌此寒暑之詩也。云「此風也而言詩，詩總名也」者，對下有雅有頌，即此是風而言詩，詩總名，含豳風矣，故云詩不言風也。「迎暑以晝求諸陽」者，對下迎寒以夜求諸陰也。中秋夜迎寒亦如之。迎寒以夜，求諸陰。○疏曰：言亦如之，亦當擊土鼓歈豳詩也。○春官

右祭時祭寒暑

仲春，天子乃鮮羔開冰。鮮，當爲獻，聲之誤也。獻羔，謂祭司寒也。祭司寒而出冰，薦於宗廟，乃後賦之。○疏曰：「鮮，當爲獻」者，按詩豳風七月云：「四之日其蚤，獻羔祭韭。」故知鮮爲獻也。云「獻羔，謂祭司寒」者，以經云獻羔啓冰先薦寢廟，恐是獻羔寢廟，故云「祭司寒」。左傳直云「獻羔而啓之」，知祭司寒者，以傳云：「祭寒而藏之。」既祭司寒，明啓時亦祭之。云「薦於宗廟，乃後賦之」者，薦於宗廟，謂仲春也，乃後賦之，謂孟夏也，故淩人云「夏頒冰」，左傳云「火出而畢賦」是也。云「火出而畢賦」者，畢，盡也，謂應是得冰之人無問尊卑，盡賦與之。按左傳云「火出，於夏爲三月，於商爲四月，於周爲五月」，則火出季春建辰之月，以周禮「夏頒冰」乃建巳之月，不同者，但建辰火星在卯，火星始出，至建巳火星漸高，總而言之，亦得稱火出。早則三月之末，晚則四月之初，不甚相遠。又三月内有得四月節時，故據夏而言之。按月令季冬「藏冰」，詩豳風：「三之日，納于淩陰。」三之日是建寅之月，不同者，鄭注「豳地晚寒」，所以校一月也。○月令

右司寒○傳：昭公四年，大雨雹，季武子問於申豐曰：「雹可禦乎？」禦，魚呂反，下禦之同。○禦，止也。申豐，魯大夫。對曰：「聖人在上，無雹。雖有，不爲災。疏曰：無雹，謂無害物之雹。雖有，依時小雹，不與物爲災也。劉炫云：既云「無雹」，復云「雖有不爲災」者，言有相形之勢也。「聖人在上無雹」，言必無。「雖有不爲災」，覆見無雹之意，猶論語：「祭肉不出三日，出三日，不食之矣。」古者日在北陸而藏冰，陸，道也。謂夏十二月，日在虚危，冰堅而藏之。○夏，尸雅反，下同。○疏曰：釋天云：「北陸，虚也。西陸，昴也。」孫炎云：「陸，中也。北方之宿，虚爲中也。西方之宿，昴爲中也。」彼以陸爲中，杜以陸爲道者，陸之爲中、爲道，皆無正訓，各以意言耳。杜以「西陸朝覿」，謂「奎星朝見」。昴爲西方中宿，則昴未得見。宿是日行之道。爾雅「高平曰陸」，高平是道路之處，故以陸爲道也。日在北陸，謂夏之十二月也。十二月日在玄枵之次，小寒節，大寒中，漢書律曆志載劉歆三統曆云：玄枵之初，日在婺女八度爲小寒節，在危初度爲大寒中，終於危十五度。是夏之十二月，日在虚危也。於是之時，寒極冰厚，故取而藏之也。周禮凌人：「正歲十有二月，令斬冰。」詩云：「二之日，鑿冰沖沖。」月令：季冬，「冰盛，水腹，命取冰」。鄭玄云：「腹，厚也。」以此知日在北陸謂夏之十二月也。西陸朝覿而出之。朝，如字。覿，徒歷反。○謂夏三月，日在昴畢，蟄蟲出而用冰。春分之中，奎星朝見東方。○昴，音卯。蟄，直立反。奎，苦圭反。○疏曰：覿，見也。西道之宿有早朝見者，於是而出之，謂奎星晨見而出冰也。又曰：杜以西陸爲三月，日在大梁之次，清明節，穀雨中。三統曆云：大梁之初，日在胃七度爲清明節，在昴八度爲穀雨中，終於畢十一度。是夏之三月，日在昴畢。於是之時，蟄蟲已出，有温暑臭穢，宜當用冰，故以是時出之也。曆法：星去日半次，則得朝見。三統曆：春分日在婁四度，宿分奎有十六度乃次婁。則春分之日，奎之初度去日已二十度矣，故春分之中得早朝見東方也。西方凡有七宿，傳言西陸朝覿，於傳之文，未知何宿覿也？服虔以爲「二月日在婁四度，春分之中奎始晨見東方，以是時出冰。月令仲春『天子乃獻羔開冰』是也」。服虔又以此言「出之」即是仲春啓冰，故爲此説。按下句再言「其藏」、「其出」覆此藏、出之文，言「其出之也，朝之禄位，賓食喪祭，於是乎用之」，即是班冰之事，非初啓也，安得以出之爲啓冰也？如鄭玄答其弟子孫皓問曰：西陸朝覿，謂四月立夏之時，周禮夏班冰是也。與杜説異，理亦通也。劉炫云：春分奎星已見，杜以夏三月仍云奎始朝見，非其義也。杜、鄭及服三説，鄭爲近之。今知非者，杜以「西陸朝覿」實是春分二月，故杜此注云：「春分之中，奎星朝見東方。」及下「獻羔啓之」，注云：「謂二月春分，獻羔祭韭。」是也，皆據初出其冰，公始用之時也。所以杜又注云「謂夏之三月，日在昴畢，蟄蟲出而用冰」者，以此傳云「西陸朝覿而出之」，下傳覆之云：「其出之也，朝之禄位，賓食喪祭。」則是普賜羣臣，故杜云「謂夏三月」。又下注云「言不獨共公」，是據普班之時也，故下傳又云「火出而畢賦」是也。然冰之初出在西陸始朝覿之時，冰之普出在西陸朝覿之後，總而言之，亦得稱「西陸朝覿而出之」也。劉炫不細觀杜意，以爲杜既言春分朝見，又言謂夏三月，以規杜失〔二六〕，非也。

其藏冰也，深山窮谷，固陰沍寒，於是乎取之。沍，户故反。○沍，閉也。必取積陰之冰，所以道達其氣，使不爲災。○道，音導。○疏曰：此傳再言其藏、其出者，上言取之、用之之事，下言藏之、出之之禮也。

山則遠而難窮，故言「深山」也。谷則近而易盡，故言「窮谷」也。固，牢也。沍，閉也。牢陰閉寒，言其不得見日寒甚之處，於是乎取之。又曰：周禮鼈人「掌互物」，鄭司農云：「互物，謂龜鼈有甲萳胡。」是沍爲閉也。深山窮谷之冰，至夏猶未釋，陽氣起於下，隔於冰，伏積而不能出，憤發或散而爲雹。藏冰必取此山谷之内積陰之冰，所以道達其氣，使不爲災也。藏冰，凌室所藏不多，積陰之冰不可取盡。不取川池之冰，以示道達陽氣耳，未必陽氣皆待此而達。其出之也，朝之禄位，賓、食、喪、祭，於是乎用之。言不獨共公。○共，音恭。○疏曰：此謂公家用之也。朝廷之臣，食禄在位，大夫以上，皆當賜之冰也。其公家有賓客享食，公家有喪有祭，於是乎用之，言其不獨共公身所用也。周禮凌人云：「春始治鑑，凡内外饔之膳羞鑑焉，凡酒漿之酒醴亦如之。祭祀共冰鑑，賓客共冰，大喪共夷槃冰。」是公家所用冰也。其藏之也，黑牡秬黍，以享司寒。秬，音巨。○黑牡，黑牲也。秬，黑黍也。司寒，玄冥北方之神，故物皆用黑。有事於冰，故祭其神。○冥，亡丁反。○疏曰：此祭玄冥之神非大神，且非正祭，計應不用大牲，杜言「黑牡，黑牲」，當是「黑牡，羊也」。「秬，黑黍」，釋草文也[二七]。啓冰唯獻羔祭韭，藏冰則祭用牲黍者，啓唯告而已，藏則設享祭之禮，祭禮大而告禮小故也。月令於冬云「其神玄冥」，故知司寒是玄冥也，北方之神，故物皆用黑，從其方色也。有事於冰，故祭其寒神。其出之也，桃弧棘矢，以除其災。桃弓、棘箭，所以禳除凶邪，將御至尊故。○邪，似嗟反。○疏曰：說文云：「弧，木弓也。」謂空用木，無骨飾也。服虔云：桃，所以逃凶也。棘矢者，棘赤有箴，取其名也。蓋出冰之時，置此弓矢於凌室之户，所以禳除凶邪，將御至尊，故慎其事，爲此禮也。

此傳言「其出之也」，雖覆上文「出之」之文，其實此「出之」謂二月初出之時，公將用之，故設弓矢也。劉炫云：「此言『出之』，覆上『西陸朝覿』，知是火出時事，二月已啓，此方用弓矢者，二月啓冰始薦宗廟，此公將用之，故設弓矢也。」其出入也時。食肉之禄，冰皆與焉。與，音預。○食肉之禄，謂在朝廷治其職事就官食者。○疏曰：在官治事，官皆給食，大夫以上，食乃有肉，故魯人謂曹劌曰「肉食者謀之」，又説子雅、子尾之食云「公膳日雙雞」，是大夫得食肉也。傳言「食肉之禄」，禄即此肉是也。若依禮常所合食，按玉藻云：「天子日食少牢，諸侯日食特牲，大夫特豕，士特豚。」則士亦肉食。但彼是在家之禮，非公朝常食也。杜言「謂在朝廷治其職事就官食者」，以明在官之食有冰耳。下云「自命夫命婦無不受冰」，謂賜之冰，受以歸，在家用之也。大夫、命婦喪浴用冰。命婦，大夫妻。○疏曰：喪服傳曰：「大夫弔於命婦，錫衰。」命婦弔於大夫，亦錫衰。此傳與彼命婦之文皆與大夫相對，故杜知是大夫妻也。喪大記云：「君設大盤造冰焉，大夫設夷盤造冰焉，士併瓦盤，無冰。」鄭玄云：「禮，自仲春之後，尸既襲，既小斂，先内冰盤中，乃設牀於其上，不施席而遷尸焉，秋涼而止。」士喪禮君賜冰亦用夷盤，是當喪之時，特賜之冰，浴訖乃設，故云「喪浴用冰」。祭寒而藏之，享司寒。○祭寒而藏之，本或作「祭司寒」者，非。○疏曰：上已云「其藏冰也，黑牡秬黍以享司寒」，今復云「祭寒而藏之」，與上一事而重其文者，欲明獻羔而啓之，還是獻之於寒神，故更使「藏之」、「啓之」，文相對也。獻羔而啓之，謂二月春分，獻羔祭韭，始開冰室。○韭，音九。○疏曰：詩云：「四之日其蚤，獻羔祭韭。」四之日，即夏之二月也。告神而始開冰室，始薦宗廟，薦神之後，公遂用之，俱在春分之月。公始用之，公先用，優尊。火出而畢賦，火星昏見東方，謂三月、四月中。○疏曰：十七年傳云：「火出，於夏爲三月，於商爲四月，於周爲五月。」此云「火出而畢賦」，謂以火出而後賦之，以火出爲始也。周禮云「夏頒冰」，謂正歲之夏，即四月是也，故杜兼言四月。自命夫、命婦至於老疾，無不受冰。老，致仕在家者。山人取之，縣人傳之，○山人，虞官。縣人，遂屬。傳，直專反。○疏曰：周禮山虞「掌山林之政令」，知山人虞官也。周禮「五縣爲遂」，是縣爲遂之屬也。輿人納之，隸人藏之。輿、隸皆賤官。○輿，音餘。夫冰以風壯，壯，側亮反。○冰因風寒而堅。而以風出。順春風而散用。其藏之也周，周，密也。其用之也徧，及老疾。則冬無愆陽，愆，過也，謂冬温。夏無伏陰，伏陰，謂夏寒。春無凄風，凄，七西反。○凄，寒也。秋無苦雨，霖雨，爲人所患苦。○霖，音林。○疏曰：詩云「以祈甘雨」，此云「苦雨」，雨水一也，味無甘苦之異，養物爲甘，害物爲苦耳。月令云：「孟夏行秋令，則苦雨數來，五穀不滋。」是霖雨爲人所患，謂之苦也。鄭玄云：「申之氣乘之，苦雨，白露之類，時物得而傷也。」雷出不震，震，霆也。○疏曰：説文云：「震，霹靂震物者。」釋天云：「疾雷爲霆霓。」郭璞云：「雷之急激者謂霹靂。」則霆是震之别名。「雷出不震」，言有雷而不爲霹靂也。下云「雷不發而震」，言無雷而有霹靂也。無菑霜雹，癘疾不降，菑，音災。癘，音例。○癘，惡氣也。○疏曰：霜雹即是菑，言無此菑害之霜雹也。寒暑失時，則民多癘疾。癘疾，天氣爲之，故云降也。民不夭札。札，側八反，一音截，字林作「壯列反」。○短折爲夭，大死爲札。○疏曰：

洪範「六極，一曰凶短折」，孔安國曰：「短未六十，折未三十。」是短折爲少夭之名也。周禮膳夫：「大札則不舉。」鄭玄云：「大札，疫癘也。」謂遭疫癘而大死也。癘疾謂人病，夭札謂人死，故云大死爲札。今藏川池之冰，棄而不用，既不藏深山窮谷之冰，又火出不畢賦，有餘則棄之。風不越而殺，雷不發而震。殺，如字，又色界反，徐色例反。○越，散也。言陰陽失序，雷風爲害。○疏曰：風不以理舒散，而暴疾害物；雷不徐緩動發，而震擊爲害。雹之爲菑，誰能禦之？七月之卒章，藏冰之道也。七月，詩豳風。卒章曰「二之日，鑿冰沖沖」，謂十二月鑿而取之；「三之日，納于凌陰」，凌陰，冰室也；「四之日其蚤，獻羔祭韭」，謂二月春分，蚤開冰室，以獻宗廟。○豳，彼貧反。鑿，在各反。沖沖，直忠反。凌，陵登反，一音陵。蚤，音早。○疏曰：凌人「十二月令斬冰」，月令十二月令取冰，當是即以其月納於凌室也。詩言「三之日納于凌陰」，即是正月矣。不以鑿冰之月即納之者，鄭玄云：「豳土晚寒，故可以正月納冰。」言由晚寒故也。上言將欲頒賦「公始用之」，知蚤開冰室，唯薦宗廟。何休膏肓難此云：「春秋書雹，以爲政之所致，非由冰也。若今朝廷藏冰，亦不於深山窮谷，何故或無雹？天下郡縣皆不藏冰，何故或不雹？若言有之於古者，必有驗於今。此其不合於義，失天人相與之意。」鄭玄箴之曰：「雨雹，政失之所致，是固然也。國之失政，君子知其大者，其次知其小者。藏冰之禮，凌人掌之，月令載之，豳詩歌之。此獨非政與？故其小者耳。夫深山窮谷，固陰沍寒極陰之處，冰凍所聚，不取其冰，則氣畜不泄，結滯而爲伏陰。凡雨水，陽也；雪雹，陰也。雨水而伏陰，薄之則凝而爲雹。雨雪而愆陽，薄之則合而爲霰。申豐見時失藏冰之禮而有雹，推之陰陽，知此伏陰所致，亦聖人之寓言也。詳載其言者，以著藏冰之禮，不可廢耳。」炫謂鄭言是也，申豐寄言於此，以戒失政，其雹不是盡由冰也。○春秋左氏傳

射人：祭侯則爲位。祭侯獻服，不服不以祭。侯，爲位爲服，不受獻之位也。大射曰：「服不侯，西北三步，北面拜受爵。」○疏曰：按大射禮使服不氏負侯，將祭侯之時，先設位於侯西北，北面，服不氏於位受得獻訖，乃於侯所北面祭侯，故引大射受獻之位爲證也。○夏官○梓人：祭侯之禮，以酒脯醢。謂司馬實爵而獻獲者於侯，薦脯醢，折俎獲者，執以祭侯。○折，之設反。○疏曰：鄭云「謂司馬實爵獻獲者於侯」已下，皆依大射而言。彼雖諸侯禮，天子射亦然。又此不辨大射、賓射、燕射，則三等射皆同。按大射：「司馬正洗散，遂實爵，獻服不。服不侯西北三步，北面拜受爵。」乃祭侯左个及中。○冬官〔二八〕

右侯○辭曰：惟若寧侯。若，猶女也。寧，安也。謂先有功德，其鬼有神。○女，音汝，下同〔二九〕。○疏曰：祭侯者，祭先有功德之侯。若射侯，則射不寧侯有罪者也〔三〇〕，下文毋或一經是也〔三一〕。舉有功以勸示，又舉有罪以徵之〔三二〕，故兩言之也〔三三〕。毋或若女不寧侯，不屬于王所，故抗而射女。或，有也。若，如也。屬，猶朝會也。抗，舉也，張也。强飲强食，詒女曾孫，諸侯百福。强，其丈反。詒，羊之反，又羊志反。○詒，遺也。曾孫，諸侯，謂女後世爲諸侯者。○遺，唯季反。○冬官梓人

司爟：凡祭祀則祭爟。爟，音貫。○報其爲明之功，禮如祭爨。○疏曰：鄭云「禮如祭爨」者，祭爨，祭老婦也，則此祭爟謂祭先出火之人。○夏官○龜人：上春釁龜，祭祀先卜。釁，許靳反。○釁者，殺牲以血之，神之也。鄭司農云：祭祀先卜者，卜其日與其牲。玄謂：先卜，始用卜筮者。言祭言祀，尊焉，天地之也。世本作曰：「巫咸作筮卜。」未聞其人也。是上春者，夏正建寅之月。月令孟冬云「釁祠龜筴」，相互矣。秦以十月建亥爲歲首，則月令秦世之書，亦或欲以歲首釁龜耳。○疏曰：云「釁者，殺牲以血之，神之也」者，謂若禮記雜記云「廟成則釁之」，廟用羊，門夾室用雞之類，皆是神之，故血之也。先鄭云「祭祀先卜者，卜其日與其牲」，後鄭不從者，以其此官不主卜事，故不從也，故解先卜始用卜筮者。云「言祭言祀，尊焉，天地之也」者，按大宗伯天稱禋祀，地稱血祭，是天地稱祭祀。今此先卜是人，應曰享，而云「祭祀」，與天地同稱，故云「尊焉，天地之也」。云「世本作『巫咸作筮卜』」，未聞其人也」者，曲禮云：「卜筮者，先聖王之所以信時日。」其易所作，即伏犧爲之矣，但未有揲蓍之法，至巫咸乃教人爲之，故巫咸得作筮之名，未聞其源，世本又不言其人，故云未聞其人也。云「是上春者，夏正建寅之月。月令孟冬云『釁祠龜筴』，相互矣」者，然周與秦各二時釁龜策。月令孟冬釁，則周孟冬亦釁之，周以建寅上春釁，秦亦建寅上春釁之，故云「相互也」。云「秦以十月建亥爲歲首，則月令秦世之書，亦或欲以歲首釁龜耳」者，據此注，則周秦各一時釁。此鄭兩解，按月令注云：「周禮龜人『上春釁龜』，謂建寅之月，秦以其歲首，使大史釁龜策，與周異矣。」彼注與此後注義同也。○春官

右先火先卜○傳：孔子曰：臧文仲安知禮？燔柴於奥。文仲，魯公子彄之曾孫臧孫辰

也，莊文之閒爲大夫，於時爲賢，是以非之不正禮也。文二年「八月丁卯大事於大廟，躋僖公」，始逆祀，是夏父弗忌爲宗人之爲也。奥，當爲「爨」字之誤也，或作竈。禮：尸卒食而祭饎爨饔爨也，時人以爲祭火神乃燔柴。○疏曰：「燔柴於奥」者，此非禮之事。奥，音爨，爨以爨煮爲義也。禮，祭至尸食竟而祭爨神，言其有功於人，人得飲食，故祭報之而夏父弗綦爲禮官，謂爨神是火神而遂燔柴祭之，此是失禮而文仲不能諫止之，故云「安知禮」也。又曰〔三四〕：「文仲魯公子彄之曾孫臧孫辰也」者，按世本「孝公生僖伯彄，彄生哀伯達，達生伯氏瓶，瓶生文仲辰」，是公子彄曾孫也。云「莊文之閒爲大夫」者，按莊二十八年臧孫辰告糴於齊，文二年縱逆祀，是莊文之閒爲大夫。云「於時爲賢」者，襄二十四年左傳云：先大夫曰臧文仲，既没，其言立，於後世死猶不朽，是於時爲賢也。云「文二年八月丁卯，大事於大廟，躋僖公始逆祀」者，按文二年公羊傳云：「大事者何？大祫也。」「逆祀奈何？先禰而後祖也。」何休云：「近取法春秋，惠公與莊公當同南面，西上，隱桓與閔僖亦當北面，西上。」閔僖爲兄弟，以「繼代言之，有父子君臣之道」。此恩義逆順，故云「先禰後祖」，此公羊之義也。按外傳云：「躋僖公，弗綦云：明爲昭，其次爲穆。」以此言之，終文公至惠公七世，惠公爲昭，隱公爲穆，桓公爲昭，莊公爲穆，閔公爲昭，僖公爲穆。今躋僖公爲昭，閔公爲穆，自此以下昭穆皆逆。故定公八年順祀先公服氏云：「自躋僖公以來，昭穆皆逆。」是同國語之説，與何休義異。公羊董仲舒説躋僖公逆祀小惡也，左氏説爲大惡也，許君謹按同左氏説，鄭駁之云：兄弟無相後之道，登僖公主於閔主，上不順，爲小惡也。如鄭此意，正以僖在閔上，謂之爲昭，非昭穆也。云「奥，當爲『爨字』之誤也」者，下文云「老婦之祭，盛於盆，尊於瓶」，故知非奥。奥者，夏祀竈神，其禮尊，以老婦配之耳。故中霤禮祭竈先薦於奧，有主有尸，用特牲迎尸，以下略如祭宗廟之禮，是其事大也。爨者，宗廟祭祀，尸卒食之後特祭老婦，盛於盆，尊於瓶，是其事小也。云「或作竈」者，諸禮記本有作竈字，故云「或」也。云「禮：尸卒食而祭饎爨饔爨也」者，特牲記注：「舊説云：宗婦祭饎爨，亨者祭饔爨，用黍肉而已，無籩豆俎。」云「時人以爲祭火神乃燔柴」者，依尸卒食而祭饎爨饔爨，當時失禮，又以此爲祭火神，遂乃燔柴，故文云「燔柴於奧」，明失禮也。皇氏云：弗綦既以逆祀爲是，又以燔柴祭爨爲是。云「祭火神乃燔柴」者，熊氏云：宗伯以實柴祀日月星辰，有大火之次，故祭火神乃燔柴。按異義：竈神，今禮戴説引此燔柴盆瓶之事，古周禮説顓頊氏有子曰犂，爲祝融，祀以爲竈神。許君謹按同周禮。鄭駮之云：祝融乃古火官之長，猶后稷爲堯司馬，其尊如是，王者祭之，但就竈陘一何陋也。祝融乃是五祀之神，祀於四郊，而祭火神於竈陘，於禮乖也。如鄭此言，則祝融是五祀之神，祀於郊奧者，正是竈之神，常祀在夏，以老婦配之，有俎及籩豆設於竈陘，又延尸入奧爨者，宗廟祭後直祭先炊老婦之神在於爨竈，此祝融并奧及爨，三者所以不同也。夫奧者，老婦之祭也，盛於盆，尊於瓶。老婦，先炊者也。盆、瓶，炊器也。明此祭先炊，非祭火神，燔柴似失之。○疏曰：「夫奧者老婦之祭也」者，既譏燔柴於爨，又明祭爨不可以燔柴之義。爨者是老婦之祭，其祭卑，唯盛食於盆，盛酒於瓶。卑賤若此，何得燔柴祭之也？

○禮器

天府：季冬陳玉，以貞來歲之媺惡。問事之正曰貞。問歲之媺惡，謂問於龜大卜職，大貞之屬。陳玉，陳禮神之玉。凡卜筮實問於鬼神，龜筮能出其卦兆之占耳。龜有天地四方，則玉有六器者與？言陳者，既事藏之，不必貍之也。鄭司農云：貞，問也。易曰：「師，貞丈人吉，問於丈人。」國語曰：「貞於陽卜。」○與，音餘。○疏曰：季冬，謂夏之季冬，歲終當除舊布新，故此時常有卜筮來歲之美惡。將卜筮之時，先陳玉以禮神，然後卜筮也。又曰：云「問事之正曰貞」者，禮記少儀云：「問卜筮，曰義與志與？」注云：「義，正事也。志，私意也。」是問卜筮有不正之事，故云問事之正曰貞，即此經云貞者問事之正也。云「問歲之媺惡，謂問於龜大卜職，大貞之屬」者，彼大貞之屬即卜立君、卜大遷、卜大封是也。今此卜來歲之媺惡，亦彼類，故云「之屬」兼此也。云「陳玉，陳禮神之玉」者，玉於卜筮無所施，明以禮神也。云「凡卜筮實問於鬼神，龜筮能出其卦兆之占耳」者，按易繫辭云：「精氣爲物，遊魂爲變，是故知鬼神之情狀與天地相似。」注云：「精氣謂七八，遊魂謂九六。」則筮之神自有七八九六成數之鬼神。春秋左氏傳云：「龜，象。筮，數。」則龜自有一、二、三、四、五生數之鬼神，則知吉凶者自是生成鬼神，龜筮直能出卦兆之占耳。按易繫蓍龜神物、士冠禮注云「筮不於廟堂者，嫌蓍之靈由廟神」。若然，蓍龜亦自有神，而云出卦兆者，但所禮者，禮生成之鬼神，神之尊者無妨蓍龜，亦自有神也。云「龜有天地四方，則玉有六器者與」者，龜有天地四方，龜人職文。龜既有六，明玉亦有六，無正文，故云「與」以疑之。六器之言，若大宗伯云「以玉作六器」之類，故以六器言之也。云「言陳者，既事藏之，不必貍之也」者，七、八、九、六及一、二、三、四、五之鬼神並非天地之鬼神，故云陳，言陳則藏之，不必貍也。先鄭云「貞，問也」者，亦是問事之正曰貞也。云「易曰：師，貞丈人吉，問於丈人」者，此「師卦」彖辭，彼云：「師，貞丈人吉，无咎。」注云：「丈之言長，能御衆，有朝正人之德〔三五〕，以法度爲人之長，吉而无咎。」謂天子諸侯主軍者。云「國語曰：貞於陽卜」者，此吴語黄池之會董褐云：「周室既卑，諸侯失禮於天子，請貞於陽卜，收文武之諸侯。」注云：「貞，正也。」問卜内曰陰，外曰陽。言吴以諸侯失禮於天子，當問於龜，言我當收文武之諸侯矣。引此二文者，證問事正曰貞也。○春官

右卜筮

校人：春祭馬祖，執駒。馬祖，天駟也。孝經説曰：「房爲龍馬。」鄭司農云：執駒，無令近母，猶攻駒也。二歲曰駒，三歲曰駣。玄謂：執，猶拘也。春通淫之時，駒弱血氣未定，爲其乘匹傷之。○令，力呈反。駣，音肇，音道，惕堯反，又徒刀反。爲其，于僞反，下同。○疏曰：馬與人異，無先祖可尋，而言祭祖者，則天駟也。故取孝經説「房爲龍馬」，是馬之祖。春時通淫求馬蕃息，故祭馬祖。先鄭云「二歲曰駒，三歲曰駣」，爾雅、説文云。「玄謂：春通淫之時，駒弱血氣未定，爲其乘匹傷之」者，論語孔子云：「血氣未定，戒之在色。」馬亦如此，故引之而言也。按月令仲夏「縶騰駒」，注云：「爲其牝氣有餘，相蹄齧。」彼牝氣有餘相蹄齧，縶之，不爲駒弱者。縶有二種，此謂二歲者，彼據馬之大者，故不同也。夏祭先牧，頒馬攻特。先牧，始養馬者，其人未聞。夏通淫之後攻其特，爲其蹄齧，不可乘用。鄭司農云：攻特，謂騬之。○騬，音繒，音繩。○疏曰：知「先牧」是養馬者，以其言先牧，是放牧者之先，知是始養馬者。祭之者，夏草茂，求肥充。云「攻特」者，夏通淫後攻其特，爲其相蹄齧，不可乘用故也。秋祭馬社，臧僕。馬社，始乘馬者。世本作曰：「相士作乘馬。」鄭司農云：臧僕，謂簡練馭者，令皆善也。玄謂：僕馭，五路之僕。○相，息亮反。○疏曰：「秋祭馬社」者，秋時馬肥盛可乘用，故祭始乘馬

者。秋而「臧僕」者，亦秋時萬物成教之使善。冬祭馬步，獻馬，講馭夫。馬步，神爲災害馬者。獻馬，見成馬於王也。馭夫馭貳車、從車、使車者。講，猶簡習。○見，賢徧反。從，才用反。○疏曰：馬神稱步，謂若玄冥之步、人鬼之步之類。步與酺字異音義同。云「獻馬，見成馬於王也」者，以秋時萬物成，亦獻成馬於王也〔三六〕。云「馭夫馭貳車、從車、使車」者，馭夫文也。云「講，猶簡習」者，亦謂秋時物成，講之使成也。○夏官○庾人：及祭馬祖，祭閑之先牧。玄謂：閑之先牧，先牧制閑者。散馬耳，以竹括押其耳，頭動搖則括中物，後遂串習，不復驚。○復，扶又反。○疏曰：鄭云「閑之先牧，先牧制閑」者，以其通閑言之也。若然，上文夏祭先牧者，直是先養馬者，非制閑之人。○同上。○甸祝：禂牲禂馬，皆掌其祝號。杜子春云：禂，禱也。爲馬禱無疾，爲田禱多獲禽牲。詩云：「既伯既禱。」爾雅曰：「既伯既禱，馬祭也。」玄謂：禂，讀如伏誅之誅，今侏大字也。爲牲祭求肥充，爲馬祭求肥健。○爲，于僞反。侏，音誅。○疏曰：「杜子春云：禂，禱也，爲馬禱無疾」已下，後鄭皆不從者，以凡言牲者，卜日曰牲，據祭祀之牲，不得據田獵之獸。又禂不得爲禱祈字〔三七〕。「玄謂：禂，讀如伏誅之誅」者，此俗讀也。時有人甘心惡伏誅，故云「伏誅之誅」，此從音爲誅。云「今侏大字也」者，今漢時人傍侏，是侏大之字。此取肥大之意，故云「爲牲祭求肥充」〔三八〕，解經「禂牲」。云「爲馬祭求肥健」，釋經「禂馬」。鄭既解禂爲大，知此皆有祭者，以其言皆掌其祝號，是有祭事。○春官

右牲馬

黨正：及四時之孟月吉日，則屬民而讀邦灋以糾戒之。以四孟之月朔日讀法者，彌親民

者，於教亦彌數。○數，所角反。○疏曰：及，至也。黨正「四時孟月吉日，則屬民而讀邦法」者，因糾戒之如州長之爲也。又曰：云「以四孟之月朔日讀法者，彌親民者，於教亦彌數」者，上文州長唯有建子、建寅及春秋祭社四度讀法，此黨正四孟及下文春秋祭禜并正歲一年七度讀法者，以其鄉大夫管五州去民遠，不讀法，州長管五黨去民漸親，故四讀法，黨正去民彌親，故七讀法。鄭云「彌親民」者，則非直徒解黨正而已。按下族師十四度讀法，彌多於此，故鄭總釋云「彌親民」者，於教亦彌數也。春秋祭禜亦如之。禜，榮敬反。○禜，謂雩禜水旱之神。蓋亦爲壇位，如祭社稷云。○疏曰：黨正不得與州同祭社，故亦春秋祭禜神也。又曰：鄭知「禜，謂雩禜水旱之神」者，按禮記祭法云「雩禜祭水旱」，按昭公元年左氏傳子産云「水旱癘疫之」不時，「於是乎禜之」，皆是禜祭水旱神也。云「蓋亦爲壇位，如祭社稷云」者，以其大司徒及封人等皆云社稷有壇，又祭法王宫祭日及雩禜祭水旱等皆是壇名，故知亦如社稷有壇位。無正文，故言「云」以疑之也。凡其黨之祭祀，教其禮事，掌其戒禁。其黨之民。○疏曰：此一經並是民之所行，上州之祭祀大喪義異。此祭祀已下，雖是民之所行，民者冥也，非教不可，故黨正皆教其禮事也，因掌其戒命督禁之。經云「凡其黨之祭祀」之等，言「凡」，是廣及之言，故云「其黨之民」也。

○地官○族師：月吉，則屬民而讀邦灋。月吉，每月朔日也。故書上句或無「事」字，杜子春云：當爲正月吉，書亦或爲戒令政事，月吉則屬民而讀邦法。○疏曰：云「月吉，每月朔日也」者，以其彌親民教亦彌數，故十二月朔皆讀之。云「故書上句或無『事』字」者，則「月」與上「政」字連，「政」又爲「正」字，故杜子春云當爲正月吉。但族師親民讀法宜數，若爲正月之吉，則與黨正同，於義不可。云「書亦或爲戒令政事，月吉則屬民而讀邦法」者，此義還與經同，於義爲得，後鄭從之，故引之在下也。春秋祭酺亦如之。酺者，爲人物災害之神也。故書酺或爲步，杜子春云：當爲酺。玄謂：校人職又有冬祭馬步，則未知此世所云蝝螟之酺與？人鬼之步與？蓋亦爲壇位如雩禜云。族長無飲酒之禮，因祭酺而與其民，以長幼相獻酬焉。○蝝，悅全反。酺與，音餘。下步與同〔三九〕。○疏曰：族師於春秋祭祀酺神之時，亦如上月朔讀灋也。鄭知「酺者爲人物災害之神」者，凡國之所祭者皆恐與人物爲災害，謂若州長、黨正所祭社禜亦爲水旱與人物爲災害，明此亦是恐與人物爲災害之神也。云「故書酺或爲步，杜子春云：當爲酺」者，校人職云「馬步」，亦爲行步之字，而子春破之從酺者，子春亦無正文，直以此經今文爲正，故依之也。云「謂校人職又有冬祭馬步」者，彼是與馬爲害，故祭之。引之者，證此酺亦與人物爲害。云「則未知此世所云蝝螟之酺與？人鬼之步與」者，但此經云酺不知何神，故舉漢法以況之。但漢時有蝝螟之酺神，又有人鬼之步神，未審此經酺定當何酺〔四〇〕，故兩言之。以無正文，故皆云「與」以疑之也。云「蓋亦爲壇位如雩禜云」者，上黨徐雩禜〔四一〕，鄭云蓋亦爲壇位如祭社稷云，已疑禜爲壇位。今此文約與雩禜同，故言「云」以疑之。云「族長無飲酒之禮」者，按上州長春秋習射有飲酒禮，黨正十月農功畢，亦有飲酒禮，皆得官物爲之，今此族卑，不得官物爲禮，故云「族無飲酒禮」也。云「因祭酺而與其民，以長幼相酬獻焉」者，鄭必知因祭酺有民飲酒之禮者，按禮記禮器云：「周旅酬六尸，曾子曰：周禮其猶醵與？」鄭注彼云：「合錢飲酒爲醵，旅酬相酌似之也。」即引明堂禮乃命國醵，鄭據禮記明堂禮皆有醵法。醵即合錢飲酒，以不得官酒，故須合錢耳。○同上。

○肆師：若國有大故，則令國人祭。大故謂水旱凶荒。所令祭者，社及禜酺。○疏曰：知大故是「水旱凶荒」者，以其命國人祭，明大故是天下皆有，故知水旱凶荒。凶荒，謂年穀不熟。知「所命祭」是「社及禜酺」者，經云命國人祭，按地官州祭社，黨祭禜，族祭酺，於六遂之中亦縣祭社，鄙祭禜，酇祭酺，皆是國人所祭之事也。歲時之祭祀亦如之。月令仲春「命民社」，此其一隅。○疏曰：云「歲時之祭祀」者，上經據禱祈非時祭，故此經見其常祭也。云「亦如之」者，亦命國人祭也。又曰：凡言「歲時」者，謂歲之四時，月令唯見一時，故鄭云「此其一隅」也。若然，月令唯言春者，特舉春祈而言，舉一隅可以三隅反，則餘三時亦祭也。○春官

右禜酺

校勘記

〔一〕迎冬者　「冬」，原作「以」，傅本同。據朝鮮本、吕本、四庫本、賀本改。

〔二〕則四方不止四望　「望」，原作「方」，傅本、朝鮮本、吕本同。據四庫本、賀本改。

〔三〕含漿則是容酒之類　傅本、朝鮮本、吕本、四庫本同。「類」，賀本作「器」。

〔四〕挾子協反　傅本、朝鮮本、吕本、四庫本同。「子」，賀本作「于」。

〔五〕彼雖無三皇五帝之文　「皇」，原作「王」，傅本、朝鮮本、吕本、四庫本同。據賀本改。

〔六〕文王世子　傅本、朝鮮本、吕本、四庫本同。句上，賀本有「並」字。

〔七〕以末爲小　「末」，原作「未」，傅本、吕本同。據朝鮮本、四庫本、賀本改。

〔八〕〇文王世子　此四字原脱，傅本同。據朝鮮本、吕本、四庫本、賀本補。

〔九〕學記　傅本、朝鮮本、吕本、四庫本同。句上，賀本有「並」字。

〔一〇〕當祭可知也　「當」，原作「書」，傅本、朝鮮本、吕本同。據四庫本、賀本改。

〔一一〕按殷本紀云　「按殷」，原作「雲殼」，傅本、朝鮮本、吕本、四庫本同。據賀本改。

〔一二〕又中候契握云　「握」，原作「極」，傅本、朝鮮本、吕本、四庫本同。據賀本改。

〔一三〕娀簡狄吞鳳子之後　傅本、朝鮮本、吕本、四庫本同。「鳳」，賀本作「鳦」。

〔一四〕後王爲媒官嘉祥　傅本、朝鮮本、吕本、四庫本同。「爲」上，賀本有「以」字。

〔一五〕按世本及譙周古史　「史」，原作「本」，傅本、朝鮮本、吕本、四庫本同。據賀本改。

〔一六〕天宗　「天」，原作「人」，吕本同，傅本作「入」。據四庫本、賀本改。

〔一七〕按異義六宗　「六」字上原有一字漫漶，吕本、四庫本作「玄」，賀本無，此據賀本删。

〔一八〕鄭玄六宗以爲星也　「玄」，字原泐損，吕本、四庫本作「云」。據賀本補。

〔一九〕此經唯有壹命已平觀禮之事　傅本、朝鮮本同。「平」，吕本、四庫本作「下」，賀本作「上」。

〔二〇〕又十二月大儺時亦磔禳　「大」，原作「夫」，傅本、朝鮮本、吕本同。據四庫本、賀本改。

〔二一〕云饗農及郵表畷者　「郵」，原作「郛」，傅本、吕本同。據朝鮮本、四庫本、賀本改。

〔二二〕彼注云農謂田畯典田大夫　「典」，原作「英」，傅本、朝鮮本同。據吕本、四庫本、賀本改。

〔二三〕郵表畷　「郵」，原作「鄙」，傳本同。據朝鮮本、呂本、四庫本、賀本改。

〔二四〕注疏詳見祭統酒齊尊彝條　「彝」，原作「遺」，傳本此字脱。據朝鮮本、呂本、四庫本、賀本改。

〔二五〕明堂位曰土鼓蒯桴葦籥伊耆氏之樂者　「者」，原作「名」，傳本、朝鮮本、呂本同。據四庫本、賀本改。

〔二六〕以規杜失　「杜」，原作「度」，傳本、朝鮮本、呂本同。據四庫本、賀本改。

〔二七〕釋草文也　「草文」，原作「文章」，傳本、朝鮮本、呂本同。據四庫本、賀本改。

〔二八〕〇冬官　原作「可東自〇」，傳本、朝鮮本同。據呂本、四庫本、賀本改。

〔二九〕下同　「同」，原作「商」，傳本、朝鮮本、呂本同。據四庫本、賀本改。

〔三〇〕則射不寧侯有罪者也　「則射」，原作「尚爵」，傳本、朝鮮本、呂本同。據四庫本、賀本改。

〔三一〕下文毋或一經是也　「文」，原作「之」，「或」原作「惑」，傳本、朝鮮本同。據呂本、四庫本、賀本改。

〔三二〕又舉有罪以徵之　「有」，原作「言」，「徵」，原作「志」，傳本、朝鮮本、呂本同。據四庫本、賀本改。

〔三三〕故兩言之也　「兩」，原作「子」，傳本、朝鮮本同。據呂本、四庫本、賀本改。

〔三四〕又曰　「又」，原作「疏」，傳本、朝鮮本、呂本同。據四庫本、賀本改。

〔三五〕有朝正人之德　傅本、朝鮮本、呂本、四庫本同。「朝」，賀本作「幹」。

〔三六〕亦獻成馬於王也　此下原有「者以秋時萬物成亦獻成馬於王也」十四字，傅本、朝鮮本、呂本同。據四庫本、賀本删。

〔三七〕又禂不得爲禱祈字　「又」，原作「人」，傅本、呂本同。據朝鮮本、四庫本、賀本改。

〔三八〕故云爲牲祭求肥充　「充」字原漫漶，傅本同。據朝鮮本、呂本、四庫本、賀本補。

〔三九〕酺與音餘下步與同　「酺」，原作「步」，傅本、朝鮮本、呂本、四庫本同。據賀本改。「下步與同」四字原脱，傅本、朝鮮本、呂本、四庫本同。據賀本補。

〔四〇〕未審此經酺定當何酺　「此」，原作「其」，傅本、朝鮮本、呂本同。據四庫本、賀本改。

〔四一〕上黨徐雩禜　傅本、朝鮮本同。「徐」，呂本、四庫本作「祭」，賀本作「正」。